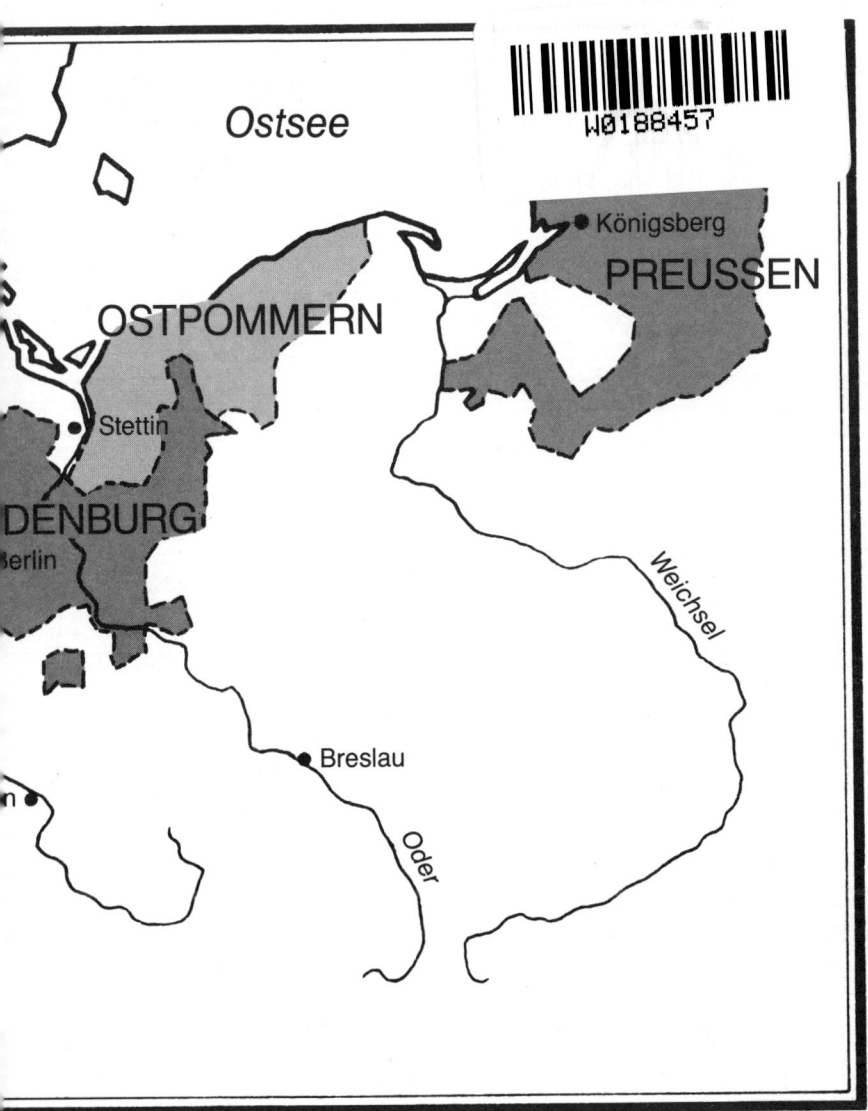

Die Ausdehnung Brandenburg-Preußens während der
Regentschaft des Großen Kurfürsten 1640–1688

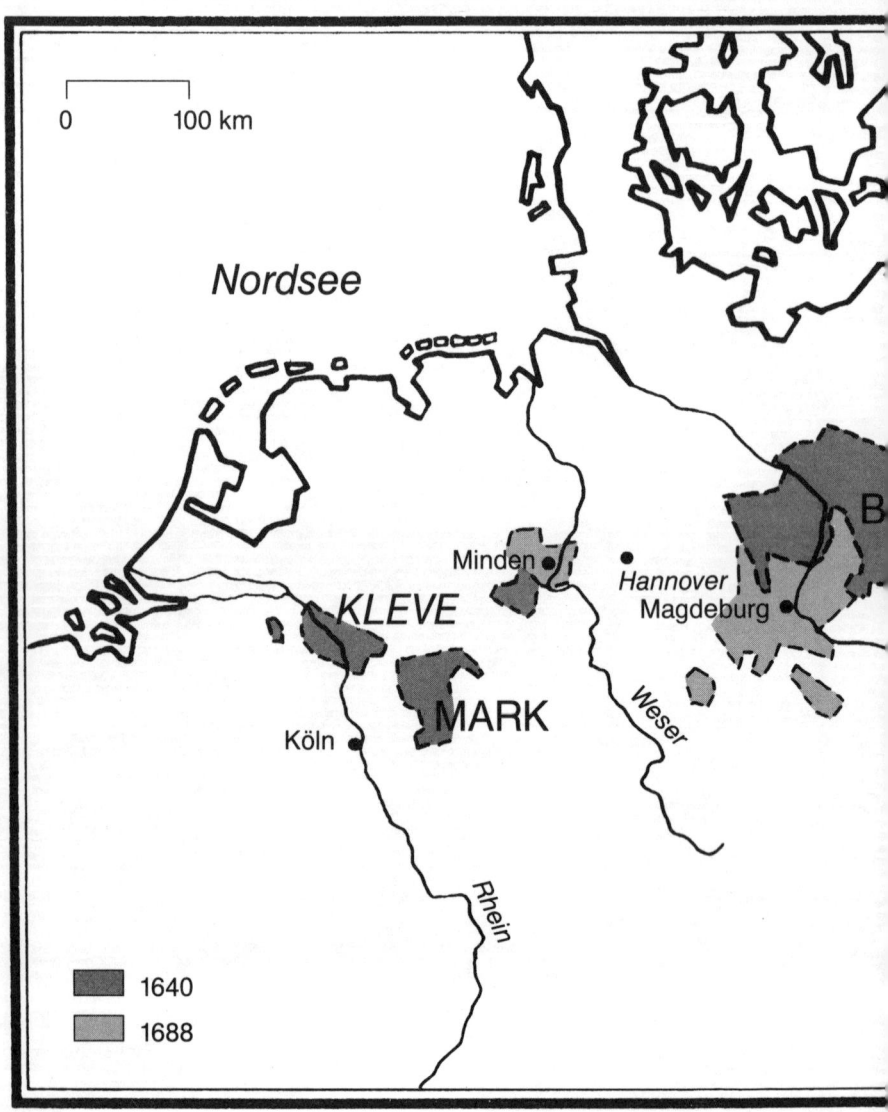

Nordsee

0   100 km

KLEVE

MARK

Minden

Hannover
Magdeburg

Köln

Weser

Rhein

B

1640
1688

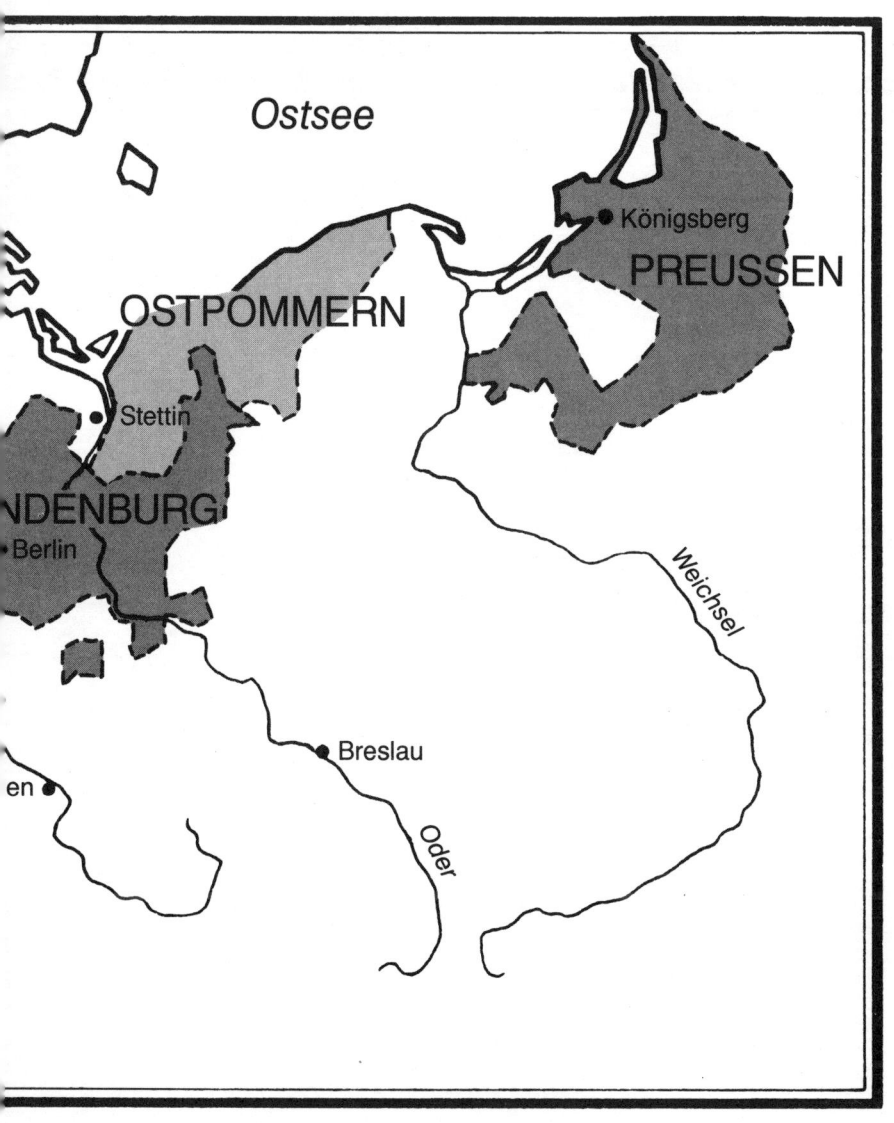

Die Ausdehnung Brandenburg-Preußens während der
Regentschaft des Großen Kurfürsten 1640–1688

Dieter und Renate Sinn

Der Alltag in Preußen

Societäts-Verlag

Die Deutsche Bibliothek – CIP-Einheitsaufnahme

Sinn, Dieter:
Der Alltag in Preußen / Dieter und Renate Sinn. –
Frankfurt am Main: Societäts-Verl., 1991
ISBN 3-7973-0499-4
NE: Sinn, Renate

Alle Rechte vorbehalten · Societäts-Verlag
© 1991 Frankfurter Societäts-Druckerei GmbH
Satz: Fotosatz Janß, Pfungstadt
Herstellung: May + Co, Darmstadt
Printed in Germany 1991
ISBN 3-7973-0499-4

Friedrich II. kann als der Regent genannt werden, mit welchem die neue Epoche in die Wirklichkeit tritt, worin das wirkliche Staatsinteresse seine Allgemeinheit und seine höchste Berechtigung erhält. Friedrich II. muß besonders deshalb hervorgehoben werden, daß er den allgemeinen Zweck des Staates denkend gefaßt hat, und daß er der erste unter den Regenten war, der das Allgemeine im Staate festhielt, und das Besondere, wenn es dem Staatszwecke entgegen war, nicht weiter gelten ließ.

Hegel, Vorlesungen über die Philosophie der Geschichte

Inhalt

Vorwort

Dieses Buch ist keine Biographie Friedrichs des Großen. Im Zentrum steht vielmehr die Frage nach den Untertanen, die in seinem Staat lebten.

Oft ist das Leben Friedrichs II. mit der schweren Jugend, dem Glanz seiner Königsjahre, seiner Menschenverachtung voll Spott und Zynismus im Alter dargestellt worden. Das Bild vom „Philosophen von Sanssouci" mit seinen Windspielen, vom sparsamen Herrscher mit despotisch-diktatorischen Zügen ragt fast wie eine Idylle aus dem 18. Jahrhundert heraus, abgehoben von zum Vergleich herangezogenen politischen Größen mit ähnlicher Machtfülle im 19. und 20. Jahrhundert, also Napoleon und Hitler. Seine sieg- und trickreichen Schlachten werden nach wie vor bewundert und analysiert wie die imposante Höhe, zu der er seinen Staat im Kräftespiel Europas gesteigert hatte. Kaum ins Gewicht fallen dabei seine ungern eingestandenen Halbsiege und Niederlagen, die in Statistiken abgedeckten Zahlen der „Blessierten" oder in seinen Diensten Gefallenen; wir sind nicht mehr erstaunt über den Reichtum und Luxus der von ihm privilegierten Oberschicht der Adligen, der Kriegsgewinnler, Wirtschafts- und Finanzbosse oder der bestechlichen Jasager-Beamten – all das gab es damals wie heute.

Wir lassen das gängig gewordene bürgerliche Geschichtsbild von Friedrich dem „Großen", ja „Einzigen" beiseite und stellen demgegenüber die schlichte und vordringliche Frage, wie denn der kleine Mann, der Untertan, im Preußen-Staat Tag für Tag gelebt hat. Wir krempeln seine Taschen um, zählen seine Klimpergroschen nach, gucken ihm in den Suppenteller und in seine Wohnung, beobachten seine Arbeit und prüfen, was ihm unterm Strich persönlich geblieben ist. Der Untertan spielte unterm Blickwinkel des fleißig arbeitenden Steuerzahlers, und nur unter diesem, seine eigentliche Rolle. Der Untertan: Das war der Arbeiter und Bauer.

Wir fallen einerseits nicht herein auf die raffinierte Diplomatie und Volksbevormundung als beschwichtigende Glücksverheißung – jene Würze im Regierungsrezept aller Herrschenden, ob diktatorischen oder demokratischen Zuschnitts –, wir kümmern uns aber andererseits um zaghafte Ansätze des Widerstandes derjenigen,

11

an denen die so sehr gepriesenen Früchte jenes Wohlfahrtsstaates der Hohenzollern vorbeigegangen sind. Wir betrachten den Staat Friedrichs des Großen also nicht anhimmelnd von außen nach oben, sondern kritisch von innen nach unten.

Den Maßstab eines Geschichtsbildes können gewiß nicht die Getretenen und Armen und Ausgestoßenen geben, wenn es sich um vereinzelte Ausnahmeerscheinungen dreht. Die Ausschußware Mensch entsteht immer wieder, man kann sie abtun mit Nietzsches Satz: „Was fällt, soll man auch noch stoßen!" Bedenklich wird es aber, wenn hinter der ebenso glänzenden wie gefürchteten Fassade dieses preußischen Macht- und Militärstaates die Massenarmut und gar Verelendung breitester Bevölkerungsschichten sich als Tatsache herausstellt.

Diese erste systematische Gesamtdarstellung des Lebens im preußischen Alltag des 18. Jahrhunderts will aus der Perspektive der Untertanen die These des historisch umwälzenden Fortschritts überhaupt in Frage stellen, gerade weil und sofern feudalstaatliche Sozialstrukturen da und dort – wenn auch in verkappter Form – staatstragend erhalten geblieben waren und den Anspruch eines radikalen Neuanfangs in Zweifel ziehen. Zu fragen wäre also, ob statt von „Neuanfang" prinzipieller von „Variationen" historischer Grundstrukturen unter gewandelten Begriffen gesprochen werden sollte. Denn Geschichte läßt sich nicht dadurch neu beginnen, daß man Traditionen ein- und abreißt wie altehrwürdige Gebäude und andere mit scheinbar neuem Stil daraufsetzt.

Das Buch folgt in seinem Aufbau analog dem Aufbau der Feudalpyramide des altpreußischen Staates: Gemäß der spezifischen Art der damaligen Besteuerung der Untertanen ruhte die Finanzierung des Staates hauptsächlich auf den Schultern der Arbeiter in den Städten und der Bauern auf dem Land. Auf dieser Finanzbasis war die gesamte Wirtschafts-, Heeres-, Zoll- und Handels-, Innen-, Außen- und d. h. Machtpolitik errichtet, eben das ganze Gefüge des Staates samt seiner kaum oder überhaupt nicht besteuerten feudalen Oberschicht, von der selbst der König abhing und an deren Widerstand manch einer seiner gut gemeinten Vorschläge zur Verbesserung der sozialen Lage der Arbeiter und Bauern scheiterte.

Die Arbeiter in den Städten sind zu unterscheiden in Zunfthandwerker und Manufakturarbeiter. Die Zunfthandwerker waren eingebettet in ihre aus dem Mittelalter stammenden Ordnungen, Regeln, Satzungen, Bräuche und Gewohnheiten; Arbeitsethos und Frömmigkeit boten ihnen sozialen Schutz und Status, gaben ihnen die erforderlichen Rückversicherungen gegen Reglementierungen oder Neuerungen des Staates.

Solche Zunftabsicherungen genossen die Jahrhunderte jüngeren Manufakturarbeiter nicht; sie waren daher anfälliger gegenüber Eingriffen in ihr tägliches Leben, die der Aufschwung der Manufakturwirtschaft zur Zeit Friedrichs II. mit sich brachte.

Die vom Staat begünstigte Aufweichung des Zunftstandes durch Unzünftige betraf in erster Linie das Arbeitsethos, nicht das Arbeitsrecht. Vor dem Gesetz waren beide gleich; ein zünftiger Handwerker wurde nicht weniger oder anders bestraft als ein unzünftiger. Aber der Zünftige, der seine eigene Zunftgerichtsbarkeit besaß und anerkannte, fand im Rechts- wie im Notfall in seiner geschlossenen Gesellschaft entschieden mehr Rückhalt als der Unzünftige, der leichter dem Räderwerk des sozialen Abstiegs ausgesetzt war.

Wie die Handwerker in den Städten besaßen auch die Bauern auf dem Lande ähnlich tragende Gehäuse in ihren spezifischen Bräuchen und ihrem Aberglauben, ebenfalls seit Jahrhunderten stabil überliefert und in der Zuverlässigkeit sicher verbürgt.

Den politischen Rahmen, innerhalb dessen sich das Alltagsleben der Untertanen abspielte, findet der Leser in der „Einführung", die nach inhaltlichen Komplexen unter dem Aspekt „Preußens Hunger" auf Land und Menschen, Geld, Heer und Macht geordnet ist. Absicht und Aufgabe dieses Buches ist es nicht, in der Interpretations- und Darstellungsweise der bürgerlichen Historiker und Hofbiographen des 19. Jahrhunderts fortzufahren. Der zeitliche Abstand zu diesem Staat und seine Vergleichsansätze mit ähnlich despotischen Ein-Mann-Regierungen neuerer Zeit erlauben es, andere Fragen aufzuwerfen. Vor allem die nach dem Verhältnis der Staatsform bzw. -idee zu ihren praktischen Konsequenzen, die jeden einzelnen betrafen, der in diesem Staat zu leben hatte.

Eine Staatsform bewährt sich nicht genuin aus sich selbst heraus, sondern einzig an dem Maßstab, den sie als Bedingung der

Lebensmöglichkeit bietet. Somit stellt das Leben in einem Staat den Wertmaßstab dieses Staates selbst dar.

Das Buch stützt sich auf die vorhandenen gedruckten Quellen. Ungedruckte Quellen haben wir nur zu Spezialfragen herangezogen und auf Archivmaterial lediglich dort zurückgegriffen, wo sachliche Divergenzen zu entscheiden waren. Auch haben wir weitgehend vermieden, den „Gelehrtenstreit" zu füttern und einzelne Autoren mit ihren Ansichten gegeneinander auszuspielen.

Preußens Hunger

Die preußischen Kurfürsten und Könige zwischen 1640 und 1806 haben ihren Staat aus einer bescheidenen Mittelmacht zu einer europäischen Großmacht geführt. Grundlage ihrer erfolgreichen Politik war das gut und immer besser ausgebildete und hochgerüstete Heer. Nur mit dem Instrument des ständig wachsenden Heeres konnte der Staat seinen enormen politischen Machtzuwachs im Kräftespiel Europas erreichen.

Das preußische Land war vom Beginn seines historischen Aufschwungs an sehr karg, dünn besiedelt und ohne nennenswerten Wohlstand. Die Wirtschaft war agrarisch bestimmt: Etwa 80 Prozent der Gesamtbevölkerung lebte auf dem Land von und mit der Landwirtschaft. Die Bauern erarbeiteten den größten Teil des Staatseinkommens. Das in den Städten konzentrierte Handwerk trug wegen seiner meist geringen Betriebsgrößen und Produktionen erst an zweiter Stelle dazu bei.

Nur die dünne Oberschicht der Bevölkerung, die meist adeligen hohen Offiziere und königlichen Beamten, die Monopolisten und Manufakturisten, Bankiers und Juden, war als wohlhabend zu bezeichnen, wobei der Landadel nur wenig mehr als ein Prozent der Gesamtbevölkerung ausmachte; breiter war die Schicht des Mittelstandes mit gerade hinreichendem Einkommen; in erheblicher Überzahl aber stand darunter die Masse der Arbeiter und Bauern, der Armen.

Preußens Hunger läßt sich in vier Zielrichtungen verfolgen: Der *Landhunger* des Staates wurde befriedigt durch Erbschaft, Heirat, Kauf, Tausch oder Verpfändung – ohne Rücksicht auf die Bevölkerung. Zu dieser friedlichen Art des Landerwerbs kam die kriegerische, vor allem zur Zeit Friedrichs des Großen, die Annexion Schlesiens. An den Anfang des Aufschwungs des Staates Brandenburg-Preußen setzte der Große Kurfürst, der Urgroßvater des „Alten Fritz", zur Stillung des *Menschenhungers* seine Einwanderungspolitik (= Peuplierung). Die durch den 30jährigen Krieg nahezu um die Hälfte dezimierte oder ausgewanderte Bevölkerung der Mark Brandenburg, Kleves und Hinterpommerns mußte ersetzt werden.

Die ersten Ansiedler in der Mark waren Holländer, die das zünftige Handwerk neu belebten und zum wirtschaftlichen Aufschwung viel beitrugen. Mit Erlaubnis des Großen Kurfürsten durften sich 1671 50 aus Wien vertriebene reiche Schutz-Juden-Familien niederlassen, die so genannt wurden, weil sie pro Familie bei befristeter Aufenthaltsgenehmigung jährlich ein Schutzgeld an den Staat zu zahlen hatten, also finanziell brauchbar waren. Sie wurden hoch besteuert, mußten als nicht Wehrfähige Beiträge zur Rekrutenkasse und zur Feuersozietät leisten und dazu Gebühren bei jeder Veränderung (Heirat) ihres Familienstandes. Die jüdische Gemeinde hatte bei Gesetzesübertretungen oder Geschäftsverlusten einzelner Juden solidarisch zu haften. Dafür erhielten die Juden die Erlaubnis, Handel mit Waren oder Geld am Wohnort, auf Messen, Wochen- und Jahrmärkten zu betreiben. Im Jahr 1700 hatte sich die Zahl der Juden auf 2500 erhöht, bis zum Ende des 18. Jahrhunderts waren es immerhin 8000 geworden.

Dank der Aufhebung des Toleranzediktes von Nantes (1685) durch König Ludwig XIV. von Frankreich konnte der Große Kurfürst von den 400000 Franzosen, die ihre Heimat verließen, darunter etwa 200000 Hugenotten, auf einen Schlag mindestens 20000 französische Protestanten (= Hugenotten) in sein Land ziehen. Sie waren durchweg beruflich qualifizierte Facharbeiter wie Kaufleute, Goldschmiede, Juweliere, Uhrmacher, Bildhauer, Hut-, Tuch- und Strumpfmacher, Färber; sie bauten Tabak, Obst und Gemüse an. Die Reicheren von ihnen gingen nach England und Holland, die Ärmsten, dafür aber meist Fleißigeren von ihnen durften sich dagegen in Brandenburg nützlich machen, ohne sie wäre der Aufschwung des Gewerbes undenkbar. Denn sie gründeten erste Manufakturen und trugen zur Vergrößerung des Warenangebotes wesentlich bei. Sie erreichten sogar hohe Positionen in der Verwaltung und beim Militär. Sie erhielten eine mehrjährige Befreiung von Steuern und Abgaben, unentgeltliche Zuweisung von Bauplätzen und Bauholz, Befreiung von Einquartierung und allen Abgaben, mit Ausnahme der Akzise, und kostenlose Erteilung der Bürger- und Meisterrechte. Der Große Kurfürst zahlte der Kolonie eine jährliche Rente von 40000 Talern, die sie auch von Friedrich II. erhielt.

Zu den Peuplierungsmaßnahmen kam die Neuregelung des

Steuerwesens durch den Großen Kurfürsten. Er führte nach dem Vorbild der wirtschaftlich entwickelteren Länder Westeuropas ein sehr einfaches Steuersystem ein: die Kontribution als Steuer für die Bauern und die Akzise als Steuer für die Stadtbürger. Dieses Steuersystem bestand bis 1786 (Tod Friedrichs II.) bzw. 1806/1807 (Ende des altpreußischen Staates).

Von der Kontribution befreit waren die Landadligen, also die Gutsherren. Dafür mußten die Landbewohner (Bauern) eine indirekte Akzise zahlen, wenn sie Waren in der Stadt kauften, zusätzlich zur festgesetzten Kontribution (= Kopf- und Grundsteuer). Von der Akzise (= Verbrauchssteuer, Torzölle) befreit waren der Adel, königliche Beamte, Kirchenbedienstete, Schullehrer und Staatsdiener; dazu eingewanderte Handwerker für eine bestimmte Zahl von (meist sechs) Jahren. Alle Steuergelder flossen in die Hofstaatskasse, welche die Kabinettsmitglieder einsehen durften. Nur Friedrich II. ließ sich nicht über die Schulter schauen, sondern bewahrte den Staatsschatz ausschließlich seinem eigenen Einblick, nicht, ohne dabei einer ziemlichen Geheimnistuerei zu frönen. Kontribution und Akzise: Das waren die beiden Finanzsäulen, auf denen der Staat Brandenburg-Preußen aufgebaut war und womit er seinen *Geldhunger* stillte.

Die strenge Trennung von Stadt- und Landsteuer hatte eine ebenso strenge Trennung von Stadt- und Landbevölkerung, von städtischen und ländlichen Berufen zur Folge – einschließlich der Unvermischbarkeit beider: Der Stadtbürger (Handel, Handwerk, gelehrte Berufe; Braurecht) war grundsätzlich vom Adelsbesitz auf dem Lande ausgeschlossen wie vom Militär-(= Offiziers-)beruf der Landadligen, er diente nicht mit der Waffe und war von der Pflicht der Rekrutenstellung befreit; umgekehrt war es Landbewohnern (Bauern) verboten, sich in den Städten mit städtischen Berufen anzusiedeln, was freilich zu einer beträchtlichen Behinderung des Wachstums der Städte und des städtischen Gewerbes führte. Grund dafür war die erbuntertänige Schollengebundenheit der ländlichen Bevölkerung und der bäuerlichen Rekruten. Sie basierte auf einer im Jahr 1616 für das Herzogtum Pommern-Stettin erlassenen Bauerordnung, in der die Bauern ausnahmslos als leibeigen und schollengebunden erklärt wurden. In dem berühmten Rezeß des Großen Kurfürsten am Schluß des Landtages von 1653 wurde die Leibeigenschaft festgeschrieben mit dem Satz: „Die Leibeigenschaft thut an den Orten, wo sie introduciert und gebräuchlich, allerdings verbleiben."

Leibeigenschaft bedeutete nicht nur Schollengebundenheit (= Abwanderungsverbot) und Menschen und Sachen als Eigentum des Gutsherrn, sondern auch die Verurteilung der Untertanen (= Bauern) zu mehr oder weniger zeitlich fixiertem Frondienst für den Gutsherrn.

Nur auf diesen beiden Hauptsäulen konnte der preußische Staat wachsen, und nur mit den daraus fließenden Steuergeldern konnte er seine Armee unterhalten. Der preußische Staat war vom Grund her ein Arbeiter- und Bauernstaat, wenn man den Begriff „Arbeiter" weit genug faßt und darunter die städtischen Berufe, vor allem die Zunfthandwerker und Manufakturarbeiter, versteht.

Die strenge Zuordnung von Grundbesitz zum Adel, von Handel und Gewerbe zum Bürger (mit gegenseitiger Ausschließlichkeit), sowie die fortdauernde Abhängigkeit der Landbevölkerung als Bauern vom adligen Grundherrn und als Rekruten vom adligen Grundherrn als Offizier, vertieften die scharfe Grenzziehung zwischen Stadt und Land, verhinderten den Zustrom der ländlichen Bewohner in die Stadt und umgekehrt der Stadtbewohner mit ihrem Gewerbe auf das Land. Damit war freilich auch der wechselseitige Kapitalaustausch erschwert.

Die zweite Leibeigenschaft (die erste lag vor den Bauernkriegen 1525) verhinderte die Abwanderung der enteigneten Bauern in die Städte. Daher nahm die Bevölkerung auf dem Land schneller zu als in den Städten. Auch enteignete Bauern blieben an den Gutshof (= Scholle) gefesselt. Flohen sie trotzdem und widerrechtlich in die Städte, hatten sie höchstens Aussicht, als Tagelöhner ihr Leben zu fristen. Die meisten entlaufenen Untertanen schlossen sich dem großen Zug der Bettler und Vagabunden an, der sich über Landstraßen und durch Städte schleppte. In den Städten konnten sie nicht unterkommen, weil hier einerseits die strenge Zunftordnung herrschte und andererseits in den aufkommenden Manufakturen nur qualifizierte Facharbeiter gebraucht wurden, die in der Regel aus dem Ausland (Ausland = Nicht-Preußen) hereingezogen wurden. Die entlaufenen Landuntertanen endeten meistens in den Zucht- oder Arbeitshäusern, wo sie schwerer Zwangsarbeit unterworfen wurden.

Friedrich Wilhelm I., der Vater des „Alten Fritz", zementierte Preußen als Militär- und Beamtenstaat und baute die erforderliche finanzielle Basis dafür weiter aus: Er förderte die Wirtschaft der Städte durch Unterstützung des Gewerbes und des Landes durch Ertragssteigerung. Die beiden Staatssäulen füllte auch er mit Menschen: Zu Beginn des 18. Jahrhunderts erhielt seine „Französische Kolonie" beträchtlichen Zuwachs durch einwandernde Pfälzer (sie waren ursprünglich Hugenotten, die sich zunächst in der Pfalz niedergelassen hatten), durch Wallonen, Orangeois und französische Schweizer.

In den Jahren 1731/1732 siedelte er etwa 20 000 protestantische Salzburger überwiegend in Ostpreußen auf königlichen Domänen oder auf brachliegendem Land an, wo die Pestseuche 1709/10 gewütet und viele Menschenleben gefordert hatte. Die Salzburger erhielten Unterstützung von ihm, Zehrgeld für die lange Anreise und machten sich vor allem durch den Kartoffelanbau nützlich. 1730 waren schon Protestanten aus Böhmen, Sachsen und der Oberlausitz gekommen. Es waren Handwerker, Spinner, Tuch- und Leineweber, die in Berlin, Böhmisch-Rixdorf, Nowawes, Schöneberg, Köpenick, Friedrichshagen und Bockshagen ihr Unterkommen fanden.

Sein Hauptaugenmerk richtete der König auf die Förderung der städtischen Wirtschaft: Er gründete 1713 das 1723 faktisch verstaatlichte „Königliche Lagerhaus" zu Berlin mit 4000 Beschäftigten, eine große Wollmanufaktur zum Zwecke der Montierung (= Uniformierung) der Armee, vor allem bezüglich Tuchen, die für Offizieruniformen gebraucht wurden. Die Uniformtuche für die Rekruten ließ er in Heimarbeit auf dem Lande herstellen. Hauptabnehmer der produzierten Stoffe war, jedenfalls bis zum Ende des Siebenjährigen Krieges, das Heer. Die Soldaten wurden seit 1714 alle zwei Jahre, seit 1724 jedes Jahr neu eingekleidet. Er erließ ein Wollausfuhrverbot und sicherte damit der Manufaktur (= Fabrik) das Monopol, bestimmte aber auch gleichzeitig die Einkaufspreise im Lande.

Soldaten und deren Angehörige in Berlin und anderen Garnisonsstädten beschäftigte er während ihrer langen Freizeit vom

Dienst (zehn Monate und mehr pro Jahr) in der Wollwirtschaft (Wollbereitung und -spinnen) – sehr zum Ärger der einheimischen zünftigen Wollhandwerker, zumal unter den Soldaten auch viele Ausländer arbeiteten, die – so die Zunfthandwerker – ihrem Gewerbe die Arbeit wegnahmen. Soldatenkinder faßte er im großen Militärwaisenhaus zu Potsdam (1724) zusammen, wo sie versorgt und erzogen wurden, d. h. Kinderarbeit verrichten mußten.

Das Lagerhaus beschäftigte nicht nur zahlreiche Wollhandwerker im Dienst des eigenen Heeres, sondern es exportierte seine Tuche vor allem nach Rußland (1725 bis 1738). In dieser Zeit war die russische Armee ausschließlich mit preußischen Tuchen uniformiert.

Die Zweiteilung der Untertanen, d. h. der politisch Unmündigen, die als ordentliche Staatsbürger in erster Linie zu gehorchen hatten, in Stadt-Bürger und Land-Bauern, der Steuern in Akzise und Kontribution, war einzig und allein ausgerichtet auf die Bedürfnisse des Heeres: von seinem Bekleidungsbedarf lebte die Wollproduktion, von seinem Nahrungsbedarf lebten Ackerbau und Viehzucht, von seinem Waffenbedarf die Gewehr- und Kanonenfabriken.

Zu einem weiteren Hauptanliegen des preußischen Staates gehörte schließlich der *Machthunger* auf der Basis des Militärs. Preußen unterhielt damals die bestgerüstete Armee der Welt. Friedrich Wilhelm I. erzog sein Heer in unbarmherzig hartem Drill einschließlich schnell fälliger Prügelstrafen wie Gassen- oder Spießrutenlaufen – er hieß daher im Volksmund der „Drillfeldwebel". Zugleich gab er aber dem preußischen Staat eine militärische Herrschaftsbasis, die einmalig im damaligen Europa war. Er ging daher als „Soldatenkönig" in die Geschichtsschreibung ein.

Unter den europäischen Mächten rangierte seine Armee der Stärke nach an vierter Stelle (nur Frankreich, Österreich und Rußland hielten noch mehr Soldaten unter den Waffen), obwohl Preußen unter den europäischen Staaten flächenmäßig an zehnter, der Einwohnerzahl nach aber erst an dreizehnter Stelle stand. Preußen nannte man aber nicht deswegen „Militärstaat", weil es ein im Vergleich zum Land und zur Bevölkerungszahl unverhältnismäßig starkes stehendes Heer unterhielt, sondern weil dieser Staat bis in den kleinsten Lebensnerv hinein militärisch diszipliniert war.

Stehende Heere gab es schon zu verschiedenen Zeiten und in verschiedenen Ländern, die aber mit Militarismus nichts zu tun hatten. Es gab die bewaffneten Heerhaufen der deutschen Bauern zu Beginn des 16. Jahrhunderts, es gab das Insurgenten-(= Aufständischen-)Heer in Baden und der Pfalz, es gab die Arbeiterheere 1920 an der Ruhr.

Unter „Militarismus" versteht man demgegenüber ein stehendes Heer, dessen einziger Zweck darin besteht, die politische Macht des Staates zu verkörpern und zu fördern. Vor dem 30jährigen Krieg kannte man nur die für den Krieg gekauften und danach wieder entlassenen Landsknechtshaufen. Das erste stehende Heer mit 4000 Mann überhaupt in Europa schuf der Große Kurfürst im Jahr 1644. Die Untertanen eines militaristischen Staates waren vornehmlich dazu da, das Heer mit Rekruten zu beliefern, zu ernähren und zu bezahlen, denn ohne großes stehendes Heer würde die Macht des Staates in sich zusammenfallen.

Brandenburg-Preußen war aus seiner Entwicklungsgeschichte heraus zum Militärstaat prädestiniert; Brandenburg war ursprünglich nichts anderes als eine Militärkolonie des Stammlandes Ostpreußen. Preußens Hunger, das hieß spezifiziert: Landhunger, Geldhunger, Menschenhunger und Machthunger.

Friedrich II. formulierte in seinen Politischen Testamenten von 1752 und 1768 die Ziele der Politik seines Hauses Brandenburg: „Bringt unser Haus große Fürsten hervor, bewahrt das Heer seine jetzige Kriegszucht, legen die Herrscher im Frieden zurück, um im Krieg Geld zu haben, benutzen sie die Ereignisse mit Geschick und Besonnenheit, so zweifle ich nicht, daß der Staat allmählich wächst und sich vergrößert und daß Preußen mit der Zeit zu einer der bedeutendsten Mächte Europas wird."

Die Devise des „Einsiedlers von Sanssouci" lautete: Eroberungspolitik, Machtinteresse, rigorose Kriegsführung, Bevorzugung des Adels, Demütigung der Beamten und Gelehrten, Verachtung der Steuerzahler als „canaille". Die Wertschätzung seiner Soldaten bringt das vielzitierte Königswort: „Kerls, wollt ihr denn ewig leben?" zur Genüge zum Ausdruck.

Die Untertanen wurden in Disziplin gehalten durch die preußischen Kardinaltugenden: Treue, Unterordnung, Gehorsam, bedingungslose Einsatzbereitschaft, Abtretung von Eigenverantwortung an Vorgesetzte, Pflichtbewußtsein und Diensteifer, Pünktlichkeit, Genauigkeit und Unbestechlichkeit.

Im Militärstaat Preußen kamen die Steuergelder in erster Linie dem Heer zugute, an zweiter Stelle der Wirtschaft und erst an dritter Stelle der verbal oft verkündeten, in der Tat aber kaum geförderten Wohlfahrt der Untertanen.

An Steuergeldern trug der Adel, die wichtigste Stütze des Throns, so gut wie nichts bei. Denn der vom Adel geforderte „Generalhufenschoß" war eigentlich keine Steuer, sondern es drehte sich um aus dem Mittelalter stammende, daher traditionell kleinere Beiträge, die in mündlich geschlossenen sog. Gesellschaftsverträgen ausgehandelt worden waren und bald auf den Rang einer nur symbolischen Abgabe herabsanken.

Die Steuerlast traf die Bauern indes härter als die Städter; sie hatten etwa 40 Prozent ihres Reinertrages abzugeben. Hinzu kam ihre Pflicht, die Armee zu rekrutieren: Das Heer bestand in seinen unteren Rängen ausschließlich aus Bauern und Bauernsöhnen. Die Stadtbevölkerung (Gewerbe- und Handelsleute und deren Söhne, Geistliche und Lehrer) war vom Heeresdienst befreit.

Friedrich II. forcierte die Peuplierungspolitik noch mehr als seine Vorgänger und Vorfahren. Von 1686 bis 1805 wurden etwa 350 000 Kolonisten ins Land gezogen, die meisten von ihnen auf dem Land angesiedelt. Allein zur Zeit Friedrichs II. wurden etwa 300 000 Menschen in eigens für sie angelegten Dörfern untergebracht. Sie fütterten seinen Geldhunger (Wirtschaft) und seinen Machthunger. Die Hauptbefriedigung seines Landhungers lag freilich in der Annexion Schlesiens. Er konnte nach dem Ersten Schlesischen Krieg (1742 in Breslau per Friedensschluß besiegelt und in den Friedensschlüssen von 1745 [Dresden] und 1763 [Hubertusburg] bestätigt) ein Gebiet von 40 000 Quadratkilometern und 1,5 Millionen Einwohner seinem Land zuschlagen. Das Königreich Preußen wuchs dadurch auf insgesamt 160 000 Quadratkilometer mit 4,5 Millionen Einwohnern.

Mit Schlesien war Friedrich II. von Österreich eine Provinz zugefallen, die alsbald die ergiebigste seiner Monarchie war und ein Drittel aller Staatseinnahmen aufbrachte. Schlesien sollte rund 100 Jahre die wirtschaftlich wichtigste Provinz Preußens bleiben. Schon nach dem Zweiten Schlesischen Krieg konnte der König zwei Millionen Taler mehr als Maria Theresias Vater, Kaiser Karl VI., sein österreichischer Amtsvorgänger als Landesherr, und d. h. mehr als 4,5 Millionen Taler jährlich plus 40 000 Rekruten aus Schlesien für sein Land verbuchen.

Die durch die drei Schlesischen Kriege wesentlich bestimmte Außenpolitik Friedrichs II. wirkte trotz der großen Verluste an Menschen und Material belebend auf seine Wirtschaftspolitik, vor allem, als es 1763 galt, Zerstörtes wieder auf- und Erhaltengebliebenes weiter auszubauen. Er führte konsequent die auf Wirtschaft und Finanzen ruhende Heerespolitik weiter, gründete ein eigenes Generaldirektorium (= V. Departement) für das „Commercien- und Manufakturwesen", förderte verstärkt die Manufakturen durch finanzielle Zuschüsse, Steuererleichterungen, Privilegien und Monopole, sorgte für die weitere Beschaffung von Fachkräften und schützte die inländischen Produkte durch Zölle und Einfuhrverbote. Die Manufakturen entwickelten sich bald zur produktivsten Form gewerblicher städtischer Tätigkeit.

Bereits kurz nach seinem Regierungsantritt unterzeichnete Friedrich II. am 27. Juli 1740 eine Instruktion für das neu errichtete V. Departement. Drei Hauptaufgaben erhielt die Behörde übertragen: „1. um die jetzigen Manufakturen im Lande zu verbessern; 2. die Manufakturen, so darin noch fehlen, einzuführen, und 3. so viele Fremde von allerhand Conditionen, Charakter und Gattung in das Land zu ziehen, als sich immer nur thun lassen will."

Der König brauchte Menschen, Menschen und nochmals Menschen, freilich nicht als Individuen, sondern als Steuerzahler. Er brauchte die Arbeitskräfte qua Steuerzahler zur Finanzierung seiner immer weiter wachsenden Armee. Er hofierte geradezu ausländische Facharbeiter, indem er ihnen staatliche Unterstützung zukommen und sie sogar zu selbständigen Unternehmern aufsteigen ließ. Wanderten sie aber in ein anderes Land ab, unterzog er sie samt ihren Familien schärfster Repressalien.

Der Hunger des Staates nach *Geld, Menschen, Land* und *Heer* wurde immer gefräßiger und kulminierte schließlich im Haupthunger, der *Macht* hieß. Das Heer war das „Schwungrad der preußischen Wirtschaft". Die Armee verschlang unter Friedrich II. jährlich etwa 70 bis 85 Prozent der gesamten Staatseinnahmen.

Auf eine einfache Formel gebracht: Je mehr Vergrößerung des Landes = desto mehr Bevölkerung; je mehr Bevölkerung = desto mehr Steuerzahler; je mehr Steuerzahler = desto mehr Steuereinnahmen zur Finanzierung der Armee, des Adels und des Hofstaates. Das heißt zusammen unterm Strich: desto mehr Macht des Staates.

Preußens Hunger mit seinen vier wichtigsten Ausprägungen war letztlich begründet in der geographischen Lage des Landes. Der Hohenzollernsche Hausbesitz war stark zersplittert und über ganz Norddeutschland ausgebreitet mit Kleve, Mark und Ravensberg im Westen, der Mark Brandenburg im Zentrum und Ostpreußen im Osten. Das Land reichte vom Rhein bis zur Memel, es war ein „Aggregat von Territorien", ein „Königreich der Grenzstriche", wie es Voltaire formuliert hat.

Diese Zerstückelung bot in der Entstehungsgeschichte des Staates Brandenburg-Preußen immer wieder den Anreiz zum Erwerb neuer, Grenzen abrundender Gebiete zur geopolitischen Schließung des gesamten Staatsgebietes.

Die geographische Zersplitterung des Kernlandes erlaubte einerseits, je nach Bedarf Allianzen mit Nachbarstaaten zu schließen oder auch zu brechen, andererseits – und hauptsächlich – machte aber gerade diese Zersplitterung das Staatsgebiet leicht angreifbar. Diese Situation fand Friedrich II. in historisch ausgeprägtem Maße vor. In einem Brief an den befreundeten Kammerjunker von Natzmer hatte er als Kronprinz bereits 1731 Pläne zur fortschreitenden Vergrößerung und Konsolidierung Preußens, zur Festigung des Staatsgebildes entworfen, die zugleich zur militärischen Verteidigung des Staates beitragen sollten. Er dachte zur Abrundung des Staates an Polnisch-Preußen (= Westpreußen) und Schwedisch-Pommern (= Vorderpommern), an Mecklenburg, Jülich und Berg. Sein Blick richtete sich besonders auf die ostelbischen Gebiete, für die er später gern seine rheinischen Besitzungen ausgetauscht hätte. Im Lauf seiner Regierungszeit erreichte er sein Ziel bis auf eines: Zu gern hätte er das reiche und kulturell hochstehende Sachsen seinem Staatsgefüge einverleibt. Das sollte ein nie erreichter Traum bleiben.

Preußen war nicht nur ein zwar aufsteigendes, aber unfertiges und unzusammenhängendes Staatsgebilde im Herzen Europas,

sondern es war ständig bedroht von ebenfalls stark expandierenden großen Nachbar-Rivalen wie Österreich mit seinem Habsburger Kaiserhaus, wie vom übermächtigen, überallhin ausgreifen-
den Militärstaat Frankreich, wie nicht zuletzt von Rußland.
Friedrichs II. erster und einzig entscheidender Schritt zur
Schließung des Staatsgebildes war die Annexion Schlesiens, nicht
nur als Rache für die immer wieder vom Kaiser gebrochenen alten
Erbverträge und Anrechte auf Schlesien, sondern vor allem als
wesentliche Abrundung seines Staates und zur Bekämpfung und
Beschränkung der Macht des Kaiserhauses, das zu zerstören nie
seine Absicht war. Sein erklärtes Ziel war die Errichtung eines
Machtgleichgewichts in Europa im Interesse der Sicherung des
Friedens.

Betrachtet man den Hunger Preußens unter diesem Gesichtspunkt, so bleibt unbestritten, daß Friedrich II. das Ziel seiner Politik erreicht hat. Bei seinem Tod hatte er sein Herrschaftsgebiet in
der Tat konsolidiert und fast verdoppelt, die Bevölkerungszahl auf
das 2½fache erhöht und die Heeresstärke gegenüber der Zeit des
Großen Kurfürsten, also innerhalb von rund 140 Jahren, von 4000
auf 195 000 Mann gesteigert. Preußen war *die* respektierte Großmacht im Kräftespiel Europas geworden.

Angesichts dieser Erfolgsbilanz muß die Frage gestellt werden:
wie lebten denn die Untertanen dieses Staates, die Bürger und
Bauern, die ja nicht nur steuerzahlende Arbeiter und Rekruten,
sondern auch noch Menschen waren? Merkten sie etwas vom sog.
„Wohlstand", von der „Wohlfahrt", vom „Gemeinwohl", der die
„landesväterliche Fürsorge" König Friedrichs II. expressis verbis
galt? Wie stand es um ihre Gesundheit, um die Hygiene, um die
Wohnverhältnisse, was hatten sie zu essen und wieviel verdienten
sie für ihren Lebensunterhalt? Wie sahen ihre täglichen Arbeitsbedingungen aus?

In Berlin kam nach dem Siebenjährigen Krieg vor allem die Sei-
den- und Baumwollmanufaktur zur Blüte, wohingegen die Lei-
nenmanufakturen keine bedeutende Rolle spielten. Dem Aufbau
der Manufakturen ließ Friedrich II. in Anknüpfung an seine Vorgänger, vor allem den Großen Kurfürsten, den Ausbau des Kanal-
netzes folgen, er differenzierte das Recht in Ge- und Verboten, regelte das Zoll- und Steuersystem und gründete 1765 die „Preußi-

sche Staatsbank" – mit dem Gedanken, ein Zentralinstitut zur Finanzierung der Wirtschaft zu schaffen. Ein guter Gedanke, wie viele Friedrichs II., allein er scheiterte am heftig vorgetragenen Widerstand der Kaufleute und Beamten.

Der Landwirtschaft blieb die Aufgabe, für die Ernährung von Heer und Bevölkerung zu sorgen. Getreide (= Gerste, Hafer, Weizen und Roggen) war das Hauptnahrungsmittel. Getreide und Wolle, die wichtigsten Erzeugnisse der Bauern und der Städter, durften nicht exportiert werden. 1766 verfügte Friedrich II. ein Einfuhrverbot von nicht weniger als 490 Artikeln, auf die Ausfuhr von Wolle setzte er 1774 die Todesstrafe.

Hauptkäufer von Getreide und Wolle war der Staat. Der Staat legte Vorratskammern (sog. „Magazine" für Lebensmittel und Rüstungsgüter) an, die zu guten Zeiten gefüllt und deren Bestände in schlechten Zeiten (wie Mißernten) an die Bevölkerung zu meist erschwinglichen Preisen verkauft wurden. Damit griff der Staat freilich auch unmittelbar in die Preisregulierung ein. Friedrich II. versuchte, auch ebenso guten Willens, die Produktionsmethoden der Landwirtschaft nach englischem Vorbild und das Leben der Bauern im guts- und grundherrlichen Feudalsystem zu verbessern, scheiterte aber (Domänenbauern ausgenommen) am Widerstand des konservativen und reaktionären Landadels, gegen dessen Vorrechte er so gut wie nichts ausrichten konnte und wollte.

Friedrich II. pflegte vor allem das Seidengewerbe (sein Steckenpferd, das er auch in Schlesien durch Ansiedlung breitmachen wollte). Ihm ließ er die stärkste Unterstützung zukommen. Wenn auch die Seidenindustrie nie so recht florierte, war Preußen bis in die achtziger Jahre doch so weit, mit seiner wirtschaftlichen Leistungsfähigkeit europäischen Maßstäben standzuhalten.

Das Handwerk wurde der größte Gewerbezweig. Wie lebten die zünftigen Handwerker und Manufakturarbeiter in den Städten?

Die Getreideproduktion konnte gesteigert werden, zumal die gutsbesitzenden Landadligen das lukrative Geschäft gerochen hatten. Deren Reichtum kratzten die Bauern in täglicher und harter Fronarbeit zusammen. Wie lebten die untertänigen Bauern auf dem platten Land?

Zum Zwecke der Erhöhung der Staatseinnahmen verfeinerte Friedrich II. das Steuersystem der Akzise durch die Einführung

der „Regie" (1766), verband mit der Salzsteuer ein Kaffee-, Tabak-
und Branntweinmonopol – und traf die Untertanen am Lebensnerv. Keine Steuer war so verhaßt wie diese. Wehrten sich die
Untertanen dagegen?

Sein Plan, den preußischen Militärstaat durch die Staatswirtschaft finanziell abzusichern, darf als Erfolg bewertet werden. Weniger Neben- als Hauptziel blieb durchweg der von Friedrich II.
immer wieder betonte, aber nie erreichte, nicht einmal für erforderlich erachtete Wohlstand der Untertanen. Im Pflichtbegriff, im
Diensteifer für die Krone unter Einsatz des Lebens, wurde die
Frage nach dem privaten Glück erstickt.

Es wird Friedrich II. vorgeworfen, seine Wirtschaftspolitik habe
den Staat zu mächtig werden lassen, so daß er sich überall ein-
mischen konnte, privaten Unternehmungsgeist eher lähmte als förderte, andererseits Manufakturen untertützte, deren Produkte am
Markt vorbeigingen. Auch die Landwirtschaft konnte sich durch
ihre feudale Bindung nicht frei entwickeln wie im Ausland. Einzig
sein Hauptinteresse, das Heer, führte Preußen in die europäische
Spitzenposition, die von keinem anderen Staat erreicht wurde.

Streng hielt er am althergekommenen feudalen Ständestaat
fest: Der Adel (= der erste Stand im Lande) stellte die Offiziere
und die hohen Beamten. Dafür wurde er von Friedrich II. bis zurück zum Großen Kurfürsten in seinem sozialen Bestand und in
seinen Privilegien geschützt; die Bauern lieferten die Masse der
Rekruten und durch ihre Abgaben und Dienste unter den gleichen Bedingungen der überkommenen feudalen Klammer dem
Adel die finanzielle Grundlage; dafür wurden die Bauern als Arbeitskräfte und Steuerzahler vor dem Aufkauf ihrer Stellen (gegen
das „Bauernlegen" stand der „Bauernschutz") abgesichert.

Die in Handel und Gewerbe tätigen Bürger stellten die andere
große Gruppe der Steuerzahler dar. Auch sie erhielten dafür vom
Staat wirtschaftliche Unterstützung durch Zölle und Monopole
(eine Art „Städterschutz"). Aber sie ließen sich nicht so ohne weiteres in das Feudalsystem integrieren wie die Bauern; ihren Hang
zur Selbständigkeit betrachteten die preußischen Herrscher daher
durchaus mit Mißtrauen. Aus der Schicht der gebildeten Bürger
und der höheren Beamtenschaft erwuchs schließlich die kritische,
freilich rigoros unterdrückte Haltung gegenüber dem König. Blie-

ben Adel und Bauern im Feudalsystem festzementiert, so erlaubte der freiere Rahmen des Bürgertums eher, wenn auch beschränkter als etwa in Frankreich, England oder den Niederlanden, die Tendenz zur Selbständigkeit und Kritik.

So blieb es dem in seinem Selbstbewußtsein noch keineswegs gefestigten Bürger- und Beamtentum vorbehalten, die strenge ständische Gesellschaftsordnung allmählich von innen aufzulockern. An die Stelle von Ahnentafel und Privileg des Adels setzten sie Arbeit und Leistung. Die geistige Bildung dieser Schicht (Gelehrte, Theologen, Schriftsteller oder Fabrikanten) erreichte nach und nach ein Selbstwertgefühl, in dem es keine Standesschranken mehr geben sollte.

Die Freimaurerlogen (auch Friedrich II. war Freimaurer) entwickelten sich auf dem Rücken der ständischen Gesellschaftsordnung und wurden schließlich ein wesentliches Vehikel des fortschrittlichen Denkens.

Vor allem aber prägte sich in der zweiten Hälfte des 18. Jahrhunderts eine starke, wachsende und gärende große Schicht der Arbeits- und Besitzlosen (der 4. Stand) aus, der von der Staatspyramide Ausgestoßenen oder Vertriebenen; jene, die am Spinnrad oder am Webstuhl, in Armenhäusern und Strafanstalten ihren knappen Lebensunterhalt verdienen mußten. Diese Schicht paßte überhaupt nicht in das feudale System. Friedrich II. interpretierte Faulheit und Unzuverlässigkeit bei der Arbeit gern als Charakterschwäche und ahndete sie dementsprechend mit harten Strafen. Ein inneres Verständnis für Armut besaß er ebensowenig wie für die Möglichkeit der Unterdrückten und Ausgebeuteten, sich dagegen zu erheben.

Als in Schlesien die Weber Aufmüpfigkeiten, ja Aufstände wagten, empfahl er seinem Schlesienminister, dem Grafen Hoym, er solle Prediger zu ihnen schicken, um sie zu beruhigen. Der Gedanke einer großen Bürgerrevolution, wie sie drei Jahre nach seinem Tod in Frankreich losbrach, kam weder ihm noch seinen Adligen.

Beide Gesellschaftsblöcke, der aufgeblähte Adels- und höhere Beamtenapparat auf der einen Seite, und die Gärmasse dazu, das Proletariat auf der anderen Seite, blieben einander fremd. Aber gerade diese Hefe-Schicht barg den Zündstoff in sich, kräftig und

brutal genug, um schließlich das Feudalsystem auseinanderzu-
sprengen.

Genau 20 Jahre nach Friedrichs II. Tod war das immense Kar-
tenhaus seines Staates in sich zusammengefallen. Die Agonie war
von innen angelegt, von außen zum Ausbruch gebracht. Die Niederlage der heruntergekommenen preußischen Armee bei Jena
und Auerstedt am 14. Oktober 1806, besiegelt im Frieden von Til-
sit am 9. Juli 1807, offenbarte die beispiellose Katastrophe. Alt-
Preußen wurde erschlagen unter der lapidaren Wucht der historischen Dialektik. Preußen verlor rund die Hälfte seines Staatsgebietes (= 189000 Quadratkilometer Land), und von 9,75 Millionen
Einwohnern verblieben Preußen 4,9 Millionen. Preußen mußte
1807 alle Gebiete westlich der Elbe abtreten und wurde östlich der
Elbe auf die Gebiete zurückgestutzt, die es unter Friedrich II. erreicht hatte, also abzüglich der Erwerbungen durch die zweite und
dritte polnische Teilung 1793 und 1795. Die Reparationszahlun-
gen waren so hoch, daß der Staat sich gezwungen sah, Zwangsan-
leihen und Sondersteuern heranzuziehen. Die von der Siegermacht verordnete Kontinentalsperre traf die Textilbranche bis ins
Mark, der Getreidepreis wurde enorm herabgedrückt, das Staats-
einkommen sank rapide.

Der Traum von Preußens Hunger war zu Ende, das alte Preußen
bankrott.

Sein einzigartiges stehendes Söldnerheer – Ziel und Stolz des
Staates – wurde von einem Volksheer bezwungen. Der allmächtige
Feudalstaat zerfiel unter dem Zugriff eines Bürgerlichen namens
Napoleon. Sollte darin die Rechtfertigung des Staatsgebäudes für
die Ausbeutung seiner Untertanen gelegen haben?

Der vierfach ausgerichtete Machthunger Preußens fand in der
Regierungszeit Friedrichs II. seinen Höhepunkt und Abschluß,
freilich nicht auf gradlinigem und ausgeglichenem Weg, sondern
in Extremen, dem Charakterbild dieses Mannes entsprechend.

Auf der einen Seite: Friedrich „der Große", „der Einzige", wie
andere mit dem Beinamen „Groß" ausgezeichnete Führerfiguren
und Staatenlenker (z. B. Darius I., Alexander, Peter, Katharina,
Karl, der „Große" Kurfürst) herausgehoben bis fast vergöttlicht,
einzigartig und unverwechselbar, vermeintlich Maßstäbe für alle
Zeiten setzend. Historische „Größe" beruhte in erster Linie auf

militärischer Leistung, also auf errungenen Siegen. In der Laufbahn Friedrichs II. wird sein Sieg über die Franzosen bei Roßbach als unbestrittener Höhepunkt gefeiert, zumal der militärische Erfolg hinauswies auf ein langsam wachsendes Nationalbewußtsein, so daß mit dem Namen Friedrich „der Große" ein politisches und zukunftweisendes Bekenntnis höchsten Grades ausgesprochen wird.

Außerdem kam ihm ein Glücksfall zugute, für den er selbst nichts konnte: die Wiederentdeckung des Nibelungenliedes durch den Lindauer Arzt J. H. Obereit im Jahr 1755. Dieses Werk aus dem Mittelalter, 1757 teilweise und 1782 vollständig veröffentlicht, stärkte in Rückbesinnung auf germanische Heldentaten das aufkommende Selbstwertgefühl der Deutschen und erhob Friedrichs Roßbach-Sieg über die Franzosen zu einem historischen Ereignis ersten Ranges.

Auf der anderen Seite: sein militärisches Scheitern ebenso „großen" Ausmaßes, seine Niederlagen bei Hochkirch oder Kunersdorf, die als sein Stalingrad bezeichnet wurden und die ihn an den Rand des Selbstmordes per Giftpillen trieben.

Die Extreme zwischen bejubelter Größe seiner Feldherrenkunst und verurteilter bis verdammter Unfähigkeit und Unbeliebtheit: dieser Zwiespalt griff von seiner Person auf seinen Staat im ganzen über vom gefürchteten Machtstaat bis zu dessen Niedergang; dieser Zwiespalt prägte aber auch das Leben *in* diesem Staat zwischen gefördertem Luxus der dünnen Oberschicht und Verknechtung und Ausbeutung der breiten Masse der Unterschicht.

Das Denken in den Kategorien des Feudalstaates, der Staatsform absolutistischer Fürsten, legte es den Herrschern nahe, ihr Land als ihr Werk und ihre Leistung zu betrachten, sogar als ihr und ihrer Familie Eigentum. Feudales Denken war vom Anfang des feudalstaatlichen Systems an reines Besitzdenken, und dieses Besitzdenken betraf nicht nur Sachen, sondern auch Menschen, die de jure wie de facto als Sachen bis hin zum Status der Untertanen als Leibeigenen verstanden werden durften und die es im Land Friedrich Wilhelms I. und Friedrichs II. noch wie zuvor im Mittelalter gab.

Friedrichs II. Lebensweg war gespannt zwischen schwerer Jugend unter der Knute des Vaters und einsamem, verbittertem Alter; zwischen der glücklich-unbeschwerten privaten Zeit als Kronprinz in Rheinsberg (1736 bis 1740) und dem öffentlichen Höhepunkt seiner geschichtlichen Laufbahn im Siebenjährigen Krieg.

Friedrich II. wurde in einen Staat und in eine Zeit hineingeboren, die bestimmt waren durch die Geschichte seiner Familie, seiner Vorfahren, eben des Hauses Hohenzollern. Familiengeschichte und Staatsgeschichte waren miteinander gewachsen und untrennbar eins, in Brandenburg-Preußen nicht anders als im Österreich der Habsburger Familie oder im Rußland der Romanow- bzw. Romanow-Holstein-Gottorf-Familie oder im Frankreich der Bourbon-Familie. Sein Vater Friedrich Wilhelm I. und sein Urgroßvater, der „Große Kurfürst", waren die Fix- und Leitsterne. Sein Großvater indes, der erste König in Preußen, Friedrich I., wurde mit dem Kennzeichen des Unsterns, des Nicht-Vorbildes gebrandmarkt.

Friedrich II. wurde außerdem in eine politisch instabile Zeit hineingeboren: 1711 war der Habsburger Kaiser Joseph I. gestorben; 1714 wurde der Bruder der preußischen Königin, der Kurfürst von Hannover, als Georg I. König von England; 1715 starb König Ludwig XIV. von Frankreich.

Tod und Machtwechsel auf den Thronen bedeuteten zugleich eine Änderung der politischen Konstellation. Die große Allianz zwischen Spanien und Habsburg begann zu zerbröckeln; die Position der Hannoverschen Dynastie in England wirkte auf die preußisch-deutsche Politik zurück; die glanzvolle Machtstellung Frankreichs war an ihren äußeren und inneren Grenzen angelangt. Mit dem Tod Ludwigs XIV. hatte Europa sein monarchisches Zentrum verloren und war von nun an in allen seinen politischen Entscheidungen von England abhängig.

In diesem politisch ungewissen Gefüge in Europa lag Preußen, das geographisch uneinheitliche Staatengebilde, auf dem Weg von einem Kleinstaat zu einer europäischen Großmacht.

Die Ansätze zu einer militärischen Konsolidierung des Staates schienen auf dem ersten preußischen Königsthron leichtfertig aufs Spiel gesetzt. Das Preußen Friedrichs I. mit seinem schon stattlich angewachsenen Heer war von den größeren Mächten nur so lange nicht ungern gesehen und geduldet, als dieses Heer als gut bezahlte Hilfstruppe an andere Staaten ausgeliehen wurde, wodurch der Staat geschwächt blieb. Friedrich I. ließ sein Land im

Inneren ungeschützt und nach außen offen, somit anfällig und angreifbar.

Unter Friedrich I. schien die Konsequenz im Aufbau der militärisch begründeten Macht zwecks eigenem Nutzen unterbrochen. Diese Konsequenz ging über ihn hinweg, der vom Großen Kurfürsten eingeschlagene Weg wurde erst von Friedrich Wilhelm I. und erst recht von Friedrich II. beharrlich fortgesetzt und forciert.

Friedrich I. stand ganz im Banne Ludwigs XIV., vor allem begeistert von dessen barocker Pracht- und Lebensentfaltung, vom Luxus der großen und teuren Hofhaltung, die er imitierend auskostete und dabei den Macht- und Landhunger, den Drang nach Gebietserweiterung seines Staates verkümmern ließ. Prunksucht und schöngeistige Interessen lagen ihm mehr als die Sorge um die Festigung seines Staatsgebietes.

Gerade weil Gebietserweiterung kein spezifisch preußischer Hunger war, sondern Österreich ebenso wie Rußland oder Frankreich plagte, von den kleineren Territorialfürsten einmal abgesehen, mutete seine Sorglosigkeit dem expandierenden Ausland gegenüber besonders leichtsinnig an, denn die Kriege des 17. und 18. Jahrhunderts waren alle Eroberungskriege, viel mehr als Verteidigungskriege zur Bewahrung und Erhaltung des einmal erreichten Staatsumfangs.

Weil aber Preußen ein so zerrissenes und unzusammenhängendes Staatsgebilde darstellte, war die gesamte preußische Außenpolitik von seinen Vorgängern wie Nachfolgern in besonderem Maße auf Gebietserweiterung und Konsolidierung der Macht hin orientiert.

Der erste König in Preußen tat so gut wie nichts, um die Zersplitterung seines Staates einzudämmen und dadurch die darin begründete Schwäche dieses Staates zu mildern; statt das Land zu festigen, gab er es geradezu preis. Seine Hofhaltung war ebenso aufwendig wie enorm und teuer, als herrsche er in einem abgeschlossenen Staatsgebilde, wie es Österreich-Ungarn-Böhmen oder Frankreich waren. Er gefiel sich weniger darin, die geerbte militärische Macht zugunsten seines Staates einzusetzen, als vielmehr darin, die Pseudo-Macht im Hofprunk zur Schau zu stellen.

Er machte aus Berlin die große Residenz eines kleinen Staates. Unter seiner Regierungszeit wurde Berlin mit Cölln, Dorotheenstadt, Friedrichstadt und Friedrichswerder eine stattliche Einheit, er erweiterte die Stadt um seinen Hof herum, sie wurde sozusagen zum Schauplatz seines aufwendigen Lebensstils. Er ließ das Stadtschloß durch Andreas Schlüter umbauen, ließ Paläste in Berlin und Charlottenburg entstehen, rief die Preußische Akademie ins Leben, gründete die Universität Halle, die Sozietät der Wissenschaften, baute die späteren Königinnenschlösser Lietzenburg – das spätere Schloß Charlottenburg – und das Gartenschloß Monbijou, die Sophienkirche wurde 1712 errichtet und im selben Jahr der Neubau des Domes geplant, Königswusterhausen und Rheinsberg im märkischen Umland kann man als Ableger königlichen Schönheitssinnes bewerten.

König Friedrich I. begnügte sich mit der puren Repräsentanz, mit dem Vorführen und Ausleben seines Standes und seines Selbstverständnisses als absolutistischer Herrscher, er ließ es nicht auf eine Macht- und Bewährungsprobe ankommen, es genügte ihm als Zeichen seiner königlichen Stellung, sich von willigen Höflingen in großer Zahl wortwörtlich „hofieren" zu lassen.

Das änderte sich, als Friedrich Wilhelm I. 1713 an die Macht kam und jede Form von Ausschweifung und Luxus abschaffte, denn er trat ein schlechtes Erbe an: Der Staat war im Ausland durch die Hofhaltung hoch verschuldet, und der Hof selbst von zu vielen unnützen Höflingen bevölkert. Also beseitigte er die überflüssigen Hofämter und kürzte drastisch die Gehälter. Spartanische Sparsamkeit hieß seine Devise, und um sie durchzusetzen, gliederte er die Hierarchie der Hofgesellschaft um: An die Stelle von Zivilisten traten Militärs; ein Generalfeldmarschall ersetzte den Oberkämmerer, ein Generalleutnant den Grandmaître, ein Generalmajor den Schloßhauptmann, Oberste die Kammerherren, Hauptmänner die Kammerjunker usw. Mit einem Schlag war gewissermaßen aus dem barock-friedlichen Hof ein militärisch-martialischer geworden. Gleichzeitig unterstellte er die gesamte Wirtschaft des Landes allein militärischen Zwecken. Preußen war auf den weiteren Weg zum Militärstaat gebracht, wobei die Staatsmacht absolut wurde, wichtiger und höher veranschlagt als das Leben der Untertanen. Über die Frage nach der „Wohlfahrt" der einzelnen setzte er sich rigoros hinweg.

Betrachtet man die beiden so unterschiedlichen Arten der

Lebens- und Hofhaltung, in der sich großväterlicher und väterlicher Charakter ausdrückten als Erbmasse, die sich in Friedrich II. vereinen und summieren mochten, so ergeben sich daraus zwei Anlagen, die im Leben Friedrichs II., auf Jugend und Alter bezogen, verschieden stark in Erscheinung traten: Einerseits die prunkliebende Seite mit der Neigung zur Staatsrepräsentanz im Bau von Prachtschlössern (Sanssouci, Neues Palais), in glanzvollen Militärparaden als Machtschau, in jugendlicher Geselligkeit einschließlich Frauenaffären (Dorothea Ritter) – andererseits die geizigen, militärischen bis despotischen Züge der Untertanen-Behandlung. Es waren extreme Anlagen, die aus der Geschichte seiner Hohenzollernfamilie kamen, die sich in seinem Lebensweg wie in der Geschichte seines Staates niederschlugen und für die er immer wieder einen Mittelweg zumindest für sich suchte, ein vermittelndes Gleichgewicht seines eigenen Seelenhaushaltes.

Friedrich Wilhelm I. erzog seinen Sohn in puritanischer Strenge und religiöser Ergebenheit, denn die Gottesfurcht war die einzige Bindung, die er als Beschränkung absolutistischer Fürstenmacht gelten ließ. Ruhm und Ruhmsucht suchte er dem Sohn als seelischen Stachel frühzeitig einzuimpfen, denn Ruhm bedeutete auf der militärisch-ethischen Ebene des Königsstandes ungefähr das, was der Begriff der Ehre dem Adligen und besonders dem adligen Offizier zu gelten hatte. Es ist gut verstehbar, daß der Vater außer sich vor Zorn und Wut und in aufbrausende Brutalität geriet, als er einsehen mußte, daß der Sohn musische Neigungen bevorzugte, die sich im Anschluß an das großväterliche Erbe mit leichtem und leichtsinnigem Lebenswandel, mit Prunksucht und Verschwendung entwickeln könnten, sehr zum abermaligen Schaden des Staates.

Reibungen zwischen dem Herrscher und seinem Erben finden sich immer wieder in Fürstenbiographien, aber selten so scharf und gegensätzlich geprägt wie im Falle Friedrich Wilhelms I. im Verhältnis zu seinem Sohn. Der Vater war auf seine Art das Musterbeispiel eines Königs: vor allem fleißig und arbeitsbesessen wie kein vergleichbarer Herrscher seiner Zeit in Europa, streng pietistisch bis engstirnig im Religiösen, ein guter Landesvater und sparsamer Gutsherr seiner Domänen, vor allem aber Soldat durch und durch in Lebensstil und Kleidung, freilich kein sonderlich kriegerischer Soldat. Soldatisch war sein Charakter. Er liebte die Jagd (sein Sohn nicht), war ein wackerer Zecher und Pfeifenraucher im Kreise seiner soldatischen Männerrunde (sein Sohn nicht), seine Gemütsart war ausgesprochen polternd, derb, unkultiviert, jähzornig und unbeherrscht, ohne jeden Sinn für geistige oder gesellige Verfeinerung (sein Sohn nicht), und zwar so tyrannisch, daß selbst seine Frau unter der puritanischen Strenge litt und sich in ihr Eigenleben zurückzog, zu dem der König keinen Zugang fand.

Friedrichs Mutter, Sophie-Dorothea von Hannover-England (aus dem Welfen-Haus), war eine geistreiche und am Hof wie in Diplomatenkreisen beliebte Königin, eine Liebhaberin der schönen Literatur mit eigener Bibliothek in ihrem Schloß Monbijou, feinsinnig, gütig, zartfühlend und verbindlich, dabei gerecht gegenüber ihren Kindern; sie liebte den Glanz und Schimmer und die ansprechende Außenseite der Dinge, war voll Geschmack allem Schönen aufgeschlossen, schätzte das gepflegte Gespräch und feine Hofsitten; neben ihrem total unliterarischen und ungehobelten Gemahl wirkte sie geradezu wie ein Fremdkörper am Königshof. Umgekehrt war aber auch der König eine recht exotische Erscheinung, verglichen mit den glanzvollen Fürstenspiegeln seiner Epoche.

Von der Mutter erbten die Kinder die sensiblere, verzärtelte Seite des Charakters, eben das, was der Vater als verweichlichten Dilettantismus an seinem Sohn so sehr verurteilte. Welfisch war aber auch Friedrichs II. scharfe Geistigkeit, die strategische Begabung – wohingegen der Eigensinn und der Stolz sogar stuartisch sein mochten.

Der musischen Seite mit der Vorliebe für Musik, Literatur und Philosophie und der verstandesmäßig-nüchternen Seite mit den Zügen der Selbstbeherrschung und Unterwerfung – der persönlichen Aufopferung bis zur Todesbereitschaft, die er auch von seinen Untergebenen forderte (jedenfalls im Krieg) – entsprach seine menschenfreundlichere Einstellung in jungen Jahren und die zynische Menschenverachtung im Alter. Das Hohenzollernerbgut drückte sich wohl mehr in der Arbeitswut, der kalkulierten Geldpolitik und dem Verantwortungsgefühl aus, das sich in der zweiten Lebenshälfte Friedrichs II. stärker ausprägte.

Im Alter von 16 Jahren durfte der Kronprinz anläßlich eines

Staatsbesuches seinen Vater nach Dresden begleiten. Er lernte den Hof Augusts des Starken kennen, des Kurfürsten von Sachsen und gleichzeitig Königs von Polen. August überschüttete seine Gäste aus dem prüden Preußen mit unerhörtem Glanz und Luxus und verschwenderischer Gastfreundschaft, einschließlich Jagden und Festessen und Feuerwerk und Schauexerzieren seiner Soldaten; seine Hofdamen und Maitressen schwelgten in ihren Roben und Reizen, daß dem jungen Kronprinzen, ewig bei zu knapper Kasse gehalten, die Augen übergehen mußten.

Am sächsischen Hof wurde dem Jüngling ein Lebensstil vorgeführt, der ihm in krassem Gegensatz zur nüchternen Atmosphäre in Berlin erscheinen mußte. So lebte exemplarisch ein reicher und kunstsinniger Fürst, viel anders konnte es am Hof seines Großvaters nicht zugegangen sein.

Friedrich war denn auch so infiziert, daß er sich diesen ausschweifend lebenden und großzügigen Sachsenherrscher zum Vorbild nehmen wollte.

Schließlich lernte er in seinem besten Freund beides ineins kennen: einen kultivierten und lockeren bis leichtsinnigen Lebensstil, zugleich die strenge und beherrschte Art der Lebensgestaltung: in Leutnant Hans Hermann von Katte nämlich, einem Offizier in der Armee seines Vaters, dem er sich um so mehr und bereitwilliger anschloß und anvertraute, je näher der Zeitpunkt gedieh, wo es zum Bruch zwischen dem Kronprinzen und seinem Vater kam.

Wie er sein Leben zu führen und seinen Charakter zu formen haben würde, das hatte ihm der Vater unmißverständlich und früh genug eingebleut. Er war 12 Jahre alt, als er Zeuge eines Gesprächs wurde, das sein Vater mit General Friedrich Wilhelm von Grumbkow führte. Der Vater sagte zum General und sah dabei seinen Sohn skeptisch an: „Ich möchte wohl wissen, was in diesem kleinen Kopfe vorgeht. Ich weiß, daß er nicht so denkt wie ich; es gibt Leute, die ihm andere Gesinnungen beibringen und ihn veranlassen, alles zu tadeln; das sind Schufte." Darauf redete er seinen Sohn direkt an mit der Ermahnung und Lehre zugleich: „Fritz, denke an das, was ich dir sage. Halte immer eine gute und große Armee, du kannst keinen besseren Freund finden und dich ohne sie nicht halten. Unsere Nachbarn wünschen nichts mehr, als uns über den Haufen zu werfen, ich kenne ihre Absichten, du wirst sie auch noch kennenlernen. Glaube mir, denke nicht an die Eitelkeit, sondern halte dich an das Reelle. Halte immer auf eine gute Armee und auf Geld. Darin besteht die Ruhe und die Sicherheit eines Fürsten."

In diesem Satz hatte der Vater, vielleicht unbewußt, auf seine Art genau die beiden Eigenschaften zum Ausdruck gebracht, zwischen denen sein Sohn, noch unentschieden hin- und hergerissen, schwankte: die Eitelkeit und das Reelle – und um das Reelle ging es dem Vater allein: um die Armee und das Geld für die Armee. Unter Geldausgaben verstand er Militärausgaben.

Ein anderer Satz Friedrich Wilhelms I. mag, nicht obwohl, sondern weil er in fast poetischer Form geäußert wurde, wie eine Art Regierungsprogramm der beiden preußischen Könige für die Jahre der militärischen Konsolidierung des Staates klingen. Er lautet: „Ein reiches Land ohne Heer ist ein Garten ohne Zaun."

Das Heer ist es, die militärische Macht ausschließlich, die den Staat einzäunt, nach innen und gegen außen, begrenzt, abrundet, ihm eine stabile Gestalt gibt, zugleich mit dem Anspruch versehen, Macht und Grenze gleichermaßen auszudehnen.

Insofern mag die Militärpolitik dieser beiden Könige wie in einem Brennglas dasjenige Problem auf einen Punkt konzentrieren, das von ihrer Zeit an maßstäblich geblieben ist und über die Politik einer kleinen europäischen Mittelmacht zu *der* Politik aller Machtstaaten geworden ist. Hier, im Preußen des 18. Jahrhunderts, wurde sozusagen die Spirale angedreht, die sich weiter- und hochschraubte vom lokalen Wettrüsten (im Dienst des von alters legitimierten Schutzgedankens) zum internationalen Hochrüsten bis hin zur Dialektik von absoluter Macht (totaler Schutz) oder absoluter Vernichtung (Stichwort: „verbrannte Erde").

Von diesem Entwicklungsstand aus darf gefragt werden, ob der Gedanke des Schutzes des eigenen Staates im Ursprung aggressiv motiviert sei (was durch die Kriegspolitik und -taktik Friedrichs II. bestätigt würde), oder ob der Schutzgedanke eher einer Antwortsituation nahekomme, was freilich die permanente Gefahr der Überrumpelung und damit Staats-Schwäche implizieren würde. Friedrich Wilhelm I. sprach jedenfalls von einem reichen Land als Voraussetzung und Legitimationsbasis (als conditio sine qua non) für ein schlagkräftiges Heer. Je reicher das Land, desto größer der erlaubte Luxus des Heeres bis hin zur Verarmung des Landes auf Kosten eben dieses militärischen Luxus.

Jedenfalls waren für ihn die Parolen: Armee und Geld für die Armee, Grenzerweiterung seines Landes aufgrund der eingeleiteten Entwicklung zum erhofften, nicht erfüllten Reichtum dieses Landes hin die beiden Fixpunkte, unter die er die Erziehung seines Sohnes stellte. Also erzog er den Kronprinzen, indem er alles unterdrückte und untersagte, was dem Sohn Spaß machte: zu allererst seine Liebe zur Literatur, seine unsoldatische Leidenschaft für das Lesen. Die Lektüre entwickelte sich von den Romanen, die der Neunjährige verbotenerweise verschlang, bis zur literarischen Auseinandersetzung mit Voltaire bei gleichzeitigem Rückgang seines Interesses an der eingepaukten Religion, an deren Stelle allmählich die Religion der zeitgenössischen Intelligenz trat, nämlich die Vernunftreligion der Aufklärung.

Großvater und Vater: Staatsprunk und Staatsdisziplin – das hieß für den Kronprinzen: Musik, Dichtung, Philosophie – und Drill, Reglement, unterwürfiger Gehorsam; das hieß aber auch: leben *im* Staat und Leben *im Dienste* des Staates; das hieß letztlich: Leben in der Welt seiner 3000 Bände umfassenden Bibliothek (darunter Descartes, Locke, Voltaire, Bayle) und Leben und Kämpfen auf dem Schlachtfeld (insgesamt etwa 10 Jahre seiner 74 Jahre).

Der Konfikt zwischen Vater und Sohn, zwischen den beiden Erbgütern, war also vorprogrammiert und unausbleiblich. Er entzündete sich wiederum zweifach: an der geplanten Heirat und dem Fluchtversuch Friedrichs II.

Die geplante Doppelhochzeit zwischen dem Kronprinzen und der englischen Prinzessin Amalie einerseits und Friedrichs Lieblingsschwester Wilhelmine, der späteren Markgräfin von Bayreuth, mit dem Prinzen of Wales andererseits hätten auf rein privater Ebene durchaus in die Familientradition beider Häuser gepaßt, es wäre eine Verbindung in dritter Generation geworden – allein politische Erwägungen ließen das Projekt scheitern: die familiäre Bindung Preußen – England wurde vom Habsburger Kaiserhof hintertrieben und pflanzte zugleich einen Keil zwischen Friedrich Wilhelm I. – der in den Einfluß seines alten Freundes und Kriegsgefährten aus den Feldzügen von 1709 und 1715 und jetzigen Vertreters des Kaisers, des Generals Graf Seckendorff, geriet – und seine Gemahlin, die Königin Sophie-Dorothea, die das englische Projekt forcierte und die Annäherung Preußens an den Wiener Hof ungern sah. Der Kaiser bot für die Freundschaft Preußens seine Unterstützung der preußischen Erbansprüche auf das Herzogtum Berg an.

Der Kronprinz kam so in die Schußlinie zwischen Vater und Mutter, zugleich zwischen Preußen–Wien und Preußen–London. Er heiratete schließlich (1733) Prinzessin Elisabeth-Christine von Braunschweig-Bevern, eine Nichte der Kaiserin. Die Ehe mit dem ungeliebten, schüchternen Mädchen brachte ihm schließlich die Rehabilitation in den Augen des Vaters. Friedrich selbst entzog sich zunächst dem seelischen Druck, indem er geschickt zwischen Vater und Mutter lavierte und aus diesem privaten und politischen Hin und Her um seine Person bereits den Entschluß faßte, sich zu retten, indem er floh.

Eine Flucht hätte ihn aber nicht nur von dem zunehmenden Druck, den sein Vater auf ihn ausübte, befreit, sondern möglicherweise auch aus den Zwängen des Heiratsprojektes gerettet. Sein Plan war, mit Hilfe englischer Fürsprache in Paris vorübergehend Asyl zu finden, ausgerechnet in jener Stadt, deren höfischem Lebensstil unter Ludwig XIV. sein Großvater Friedrich I. so sehr verfallen gewesen war. Mag sein, daß seine Wahl von Paris politisch einleuchtend und vertretbar war, mag auch sein, daß er unbewußt einem Erbinstinkt folgte, um in Frankreich zwar nicht der Prunksucht, so doch seinen eigenen Leidenschaften unbehelligt nachgehen zu können. Jedenfalls dürfte ihm Paris als der Ort in Europa erschienen sein, der seinen musischen Neigungen mehr entgegenkam als Berlin.

Die Gelegenheit schien günstig, zudem gut vorbereitet durch seine Freunde, die Leutnante Katte und Keith, als der König eine Reise nach Süddeutschland unternahm.

In der Nacht vom 4. zum 5. August 1730 wollte der Kronprinz sich aus der Scheune stehlen, in der sein Vater mit Untergebenen in der Nähe des Dorfes Steinfurt bei Sinsheim Quartier bezogen hatte. Er kam nicht weit, wurde bespitzelt, eingefangen und dem Vater ausgeliefert, schlimmer, als er es jemals zuvor gewesen war. Denn der Vater glaubte allen Grund zu haben, in der Flucht seines Sohnes und Thronerben einen persönlichen Affront zu sehen, einen Widerstand gar, den es brutal zu brechen galt, ein politisches Vabanquespiel womöglich, das nicht nur die Gunst des Vaters, sondern die politische Zukunft des Staates zu verscherzen drohte.

Es entsprach nicht dem ungeschlachten Charakter des Vaters, einen psychologisch zu deutenden Hintergrund zu unterstellen, es entzog sich seiner Einsicht, daß für den Sohn private Interessen höher rangieren könnten als staatliche, daß er einen Sohn herangezogen hatte, der keine oder wenig Neigung zeigte, nahtlos in seine Fußstapfen zu treten und ebenso nahtlos das begonnene Lebenswerk fortzuführen, die Errichtung des Staates nämlich auf militärischen Fundamenten. Der König mußte mit äußerster Strenge alles verhindern, was ein Sichausbreiten des großväterlichen, als liederlich abqualifizierten Erbes begünstigt hätte.

Also waren seine Strafmaßnahmen zur Unterdrückung der weibisch-verweichlichten, geistigen oder noch schlimmer künstlerischen Neigungen des Sohnes rein militärische. Wie er selbst aus Preußen einen Militärstaat bildete, so mußte nun auch sein auf dem Lebensweg noch wankender Sohn auf ein unerbittliches militärisches Fundament gestellt werden.

Daß der Kronprinz seinen blauen Uniformrock als Sterbekittel bezeichnete, mag für sich sprechen. Daß der Vater seinen Fluchtversuch glattweg als Desertion beurteilte, ein Delikt, auf dem die Todesstrafe stand, mochte den Kronprinzen einerseits zu einer ersten und ernsthaften Auseinandersetzung mit dem Problem seines Todes gezwungen haben, noch drastisch veranschaulicht durch den väterlichen Befehl, bei der Hinrichtung des Freundes Katte durch das Schwert vom Fenster seiner Haftzelle im Schloß von Küstrin zusehen zu müssen; das mochte er andererseits und ganz allgemein als Einübung in das Leid und die Schmach und die Niedertracht verstehen, die ein Mensch über einen anderen zu bringen fähig ist.

Welche Auslegung, welche Betroffenheit auch schwerwiegender gewesen sein mochte: diese frühen Lebenserfahrungen des Achtzehnjährigen sollten jedenfalls prägend werden für seinen weiteren Lebensweg.

Er mußte sich einerseits verstellen, heuchlerisch und verschlagen werden, wenn er seine privaten Neigungen nicht in sich abtöten lassen wollte – und er mußte andererseits sein Selbstwertgefühl wiedererlangen, indem er seinem Vater bewies, daß er nicht dieser feingeistige Schwächling war, der wie sein Großvater aus der Art schlug und die Sicherheit des Staates aufs Spiel setzte, sondern Mannes genug, die starke Erbschaft seiner Familie und die Pflicht im Dienste des Staates auszutragen.

Dabei reifte wohl die Einsicht und wuchs damit zugleich auch die Annäherung an den Standpunkt des Vaters, daß er dessen eingeschlagenen Weg als den einzig richtigen erkannte und anerkannte – im Unterschied zu dem des Großvaters –, denn die Militär- und Machtpolitik des Vaters brachte dem Staat tatsächlich Schutz und Achtung im internationalen Kräfteverhältnis. Einsicht und Annäherung bedeuteten aber zugleich auch einen Kraftakt der Selbstüberwindung.

Weniger die Todesdrohung dürfte das Motiv seiner charakterlichen Umkehr oder zumindest Verlagerung des Schwergewichts von seinen persönlich-privaten Neigungen zu den Pflichten gegenüber seiner Familie und seinem Staat gewesen sein, als vielmehr sein am Widerstand wachsendes Selbstbewußtsein, das ihn dazu zwang, aus dem Entweder-Oder seiner Anlagen und Vorlieben ein Sowohl-als-Auch zu formen. Es war also ein Problem der psychisch-geistigen Gewichtung, das er zu lösen hatte und ihn zum Mann reifen ließ.

Die beiden Lebensstränge stießen gelegentlich auf fast paradoxe Art und Weise zusammen, z. B., als der bereits „der Große" genannte König nach der verheerenden Niederlage von Hochkirch 1758, Nacht und Tod und Schuld um sich und auf sich, seinen Vorleser de Catt im Zelt empfing – mit Versen aus Racines „Mithridate", als gebe es jetzt nichts Wichtigeres zu tun.

Er trug damit den Zwiespalt seines Erbes auf seine Weise aus, indem er seine soldatische und seine poetische Ader hart und übergangslos aufeinandersetzte.

Erst im Alter sollten die beiden auseinanderstrebenden Pendel seiner Anlagen sich vereinen, als er sich zu Kaiser Marc Aurels Stoizismus einfand, zur Gemütsruhe der Seele, zur Ataraxie.

Der höchst persönlichen, immer wieder durchreflektierten und niedergeschriebenen eigenen Lebenserfahrung erwuchs daher auch sein Welt- und Menschenbild. Es blieb zwiespältig: auf der einen Seite die Achtung des Menschen auf der Basis der nie über-

41

wundenen Leidensfähigkeit, kompensiert und genossen im geistreich geschliffenen Gespräch mit den führenden Köpfen seiner Zeit, Voltaire vor allen – auf der anderen Seite das ebenso wenig erlahmende Bewußtsein und die daraus folgende Selbstsicherheit dessen, der sich überwunden, der auch körperliche Widerstandskraft aus seinem Lebenswillen wie seiner Lebenspflicht geformt hatte, dem aus dem gleichen Motiv Zynismus und vor allem pure Menschenverachtung zugewachsen waren.

Menschenachtung und Menschenverachtung, das waren die beiden Pole, die beiden Kräfte, mit denen er seinen Staat regierte. Hochachtung des Adels – und Verachtung der Masse der Untertanen waren die logische Folge.

Friedrichs II. Lebenserfahrung und Lebenseinstellung mit seinem daraus resultierenden Lebens- und Weltbild waren aber keineswegs nur unbedachte Übertragungen des persönlich-privaten Schicksals und Rasters auf den oder die anderen ihm untergebenen Menschen. Friedrich II. hatte die gedankliche Auseinandersetzung mit einem Problem nie gescheut – das wäre ein Widerspruch zu seiner Natur gewesen –, sondern gesucht und zu fassen versucht.

Die eine Seite seines Menschenbildes legte er literarisch nieder in seinem Frühwerk „Antimachiavell" (das man als eine Art Regierungsprogramm verstehen kann), indem er das von Machiavelli herangezogene Typusbild eines Fürsten in der Person des Cesare Borgia zu widerlegen suchte. Diese Widerlegung sprach sozusagen sein menschenfreundliches und -hochachtendes Weltbild aus in der Borgia-Gegenfigur Heinrichs IV. Es war die rein gedankliche Konzeption der Idealfigur eines Herrschers, als Ideal aber auch zugleich eine Utopie, ein Gebilde, das nicht als Natur des Menschen zugrunde gelegt werden konnte, sondern im Rahmen des Geforderten, des Postulatorischen und letztlich praktisch Uneinlösbaren steckenbleiben mußte (weshalb er auch sein Regierungsprogramm in der Regierungspraxis nicht durchhalten konnte).

Die These, die die philosophische Anthropologie zum Dualismus Machiavell – Antimachiavell anbietet, lautet: Humanität sei eine zur Geschichte der Menschheit gehörige Idee und keine naturgeschichtliche Tatsache: Als Idee eine Richtschnur, erstrebenswert gewiß, aber ebenso gewiß unerreichbar. Die andere Seite sei-

	Bevölkerungszahl in Berlin	Bevölkerungszahl insgesamt	stehendes Heer	Staatseinnahmen jährlich	Davon Ausgaben für das stehende Heer jährlich	Private Hinter- lassenschaft
Kurfürst Friedrich Wilhelm ("Der Große Kurfürst") 1640–1688	6 000 (= 1648) 10 000 (= 1680) 17 400 (= 1685) 20 000 (= 1688)	1,5 Millionen	4 000 (= 1644) 7 800 (= 1646) 15 000 (= 1659) 30 000 (= 1686)	2,5 Mill. Taler (= 1688)	1,6 Mill. Taler (= 1688)	850 000 Taler (= 1688)
Kurfürst Friedrich III. seit 18. Januar 1701 Friedrich I., König in Preußen ("Der schiefe Fritz") 1688–1713	56 000 (= 1710)	1,65 Millionen	31 000 (= 1709) 40 000 (= 1713)	4 Mill. Taler (= 1713)	2,4 Mill. Taler (= 1713)	1 Mill. Taler (= 1713)
Friedrich Wilhelm I. = König in Preußen ("Soldatenkönig" "Drillfeldwebel") 1713–1740	58 122 (= 1730) 78 000 (= 1732)	2,2 Millionen (= 1733)	40 000 (= 1713) 80 000 (= 1740)	4,3 Mill. Taler (= 1713) 6,9 Mill. Taler (= 1740)	3,1 Mill. Taler (= 1713) 5 Mill. Taler (= 1740)	8,7 Mill. Taler (= 1740)
Friedrich II. = König von Preußen ("Friedrich der Große", "Der Alte Fritz") 1740–1786	100 000 (= 1740) 125 385 (= 1754) 125 878 (= 1766) 137 468 (= 1776) 140 625 (= 1780) 147 388 (= 1786)	2,5 Mill. (= 1740) 3,9 Mill. (= 1752) 4,2 Mill. (= 1756) 5,8 Mill. (= 1786)	80 000 (= 1740) 133 000 (= 1751) 135 000 (= 1752) 195 000 (= 1786) Zum Vergleich 1740: 100 000 (Österreich) 100 000 (Rußland) 160 000 (Frankreich)	7,7 Mill. Taler (= 1740) 7,9 Mill. Taler (= 1756/7) 14 Mill. Taler (= 1762) 20 Mill. Taler (= 1766/86)	5,3 Mill. Taler (= 1740) 9,4 Mill. Taler (= 1752) 10,4 Mill. Taler (= 1769/70) 13 Mill. Taler (= 1786)	51,3 Mill. Taler (= 1786)
Zum Vergleich: 1800	172 122	9,5 Mill. 20–30 Mill. (Frankreich) 6–10 Mill. (England)		Zum Vergleich: 688 Mill. Goldmark (= 1889–93) 1,4 Milliarden Goldmark (= 1909–13) 90 Milliarden Reichsmark (= 1939)		
1806 1807		9,7 Mill. 4,9 Mill. (nach Tilsit)	235 000 (= 1806) 42 000 (= 1807)			

nes Menschenbildes lieferte ihm eben diese Natur des Menschen selbst, sozusagen als factum brutum. Beide Erfahrungen und Überlegungen, die Idee der Humanität, der Gerechtigkeit, der Güte, Weisheit und Friedensliebe – wozu Friedrich II. auch den Schutz und die Wohlfahrt des Staates und seiner Untertanen rechnen mochte – und die Naturtatsache der Grausamkeit, der Gehässigkeit bis zum „gerechten" Krieg, vom Vertragsbruch und Verrat bis zur Desertion, hatte Friedrich II. als Mitglied seiner Familie und als Herrscher seines Staates vollzogen.

Nennt man diese Dialektik: Leben *im* Staat oder Leben *im Dienst* des Staates; nimmt man Marc Aurel als Stoiker oder Feldherr: nimmt man Friedrich II. als Philosophen von Sanssouci oder als genialen und trickreichen Schlachtenlenker, als Anhänger des Defensivkrieges oder als tatsächlichen Aggressor, die Idee der Humanität oder die Realität der Staatsvernunft, d. h. Humanität im Dienste der Untertanen oder Staatsvernunft als oberste Lebensmaxime der Untertanen, der sie sich bis zur Selbstaufopferung zu unterwerfen haben – der Dualismus Antimachiavell – Machiavell, Borgia – Heinrich IV., Knechtung oder Aufklärung: welche Seite mag für Friedrich II. am Ende überwogen haben? Das Ideal oder die Tatsache? Oder – mit den Worten seines Vaters wiederholt: die Eitelkeit oder das Reelle?

Unterm Strich blieb die Einsicht in die Natur des Menschen, und er tendierte von der Vorstellung des Menschen als des besten aller Lebewesen zur praktischen Erfahrung des Menschen als eines kriegerischen Lebewesens, grausam und blutgierig: Homo homini lupus.

Um zu einer derart tragfähigen Überzeugung zu kommen, bedurfte es einer vernichtenden Niederlage wie der von Hochkirch, in der nicht nur Friedrichs II. Heer geschlagen wurde, sondern aus der er selbst als Person und Herrscher lieber tot als lebendig hervorgegangen wäre. Das Schicksal und Leben des einzelnen zählte ihm nichts mehr, wenn nur der Staat bestehen blieb – unter seiner Führung oder der eines anderen, besseren. Das Schlachtfeld von Hochkirch verließ er als Geschlagener, voll Ekel und Abscheu über die Schlechtigkeit der Menschheit, voll Hader mit seinem Schicksal.

Behielt Machiavelli mit seinem Cesare Borgia nicht doch recht, wenn er die Natur der Menschheit gegen das Ideal ihrer Humanität verteidigte? Aufgeklärte Humanität blieb dem jungen Friedrich II. ein Idealbild, Menschenverachtung und eiskalter Zynismus waren die Grundhaltung, mit der der alte König seinen Untertanen begegnete.

Zu entscheiden bliebe die Frage, ob ein Herrscher das Recht habe, sich, seine Biographie und schließlich seine Familiengeschichte seinem Staat aufzuprägen, oder ob einem Staat an sich der Vorzug zu geben wäre, der unabhängig von der Beeinflussung eines Herrschers sozusagen automatisch funktioniert, rein technisch, nur zusammengehalten im harten Gerüst von Gesetzen, die sich im Lauf der Zeit optimal abgeschliffen und aus dem Gesellschaftsvertrag zwischen Menschen einen solchen zwischen Computern gesetzt hätten. Beide Auswege mögen gleichermaßen abschreckend gelten, ob sie von heute aus gesehen in die Vergangenheit oder in die Zukunft weisen.

Des Königs Untertanen – die Steuerzahler

Zunfthandwerker

Standesordnung

Die soziale Bevölkerungsstruktur des Mittelalters herrschte in der friderizianischen Zeit des aufgeklärten Absolutismus noch weitgehend vor. Aus dem 14. Jahrhundert stammen die ersten Stadt- und Bürgerbücher, denen bereits eine genau geregelte Abstufung innerhalb der Einwohnerschaft zu entnehmen ist.

Bis ins 19. Jahrhundert unterschied man zwischen Bürgern und Einwohnern. Bürger konnte nur werden, wer Hausbesitz und persönliche Freiheit nachweisen konnte, wer nicht in Streitigkeiten verwickelt war und wer sein Bürgergeld entrichtet hatte. Das finanzielle Vermögen war einzig ausschlaggebend für die Aufnahme in die Bürgerschaft. Viele Einwohner erlangten keine Bürgerrechte, entweder weil sie nicht vermögend waren oder Berufe ausübten, die die Voraussetzungen nicht erfüllten, wie z. B. städtiche Bedienstete niederen Ranges, Torschreiber oder Stadtknechte, Bierbrauer und -zapfer, Ziegelknechte usw. Auch Verordnete der Bürgerschaft und Stadtschreiber gehörten ebensowenig dazu wie Geistliche mit niederen Weihen.

Die Bürgerschaft gewann man vor dem Rat auf dem Rathaus. Wer Bürger wurde, erhielt Mitbesitz an der städtischen Allmende (= Feldmark: Weide, Wald und Wasser), Braugerechtigkeit, Zollfreiheit und Rechtsschutz, so daß er nur noch vom Stadtgericht belangt werden konnte. Wer kein Bürger oder kein Hausbesitzer war, also nur zur Miete wohnte oder gar in einer Bude hauste, durfte nicht brauen und besaß auch keinen Anteil an der städtischen Feldmark. Bürgersöhne und Bürgerfrauen konnten Bürgerrechte erwerben und mußten sich verpflichten, der Gemeinde gegenüber Gehorsam zu geloben, den Bestimmungen des Rates Folge zu leisten, rechtes Maß und Gewicht zu halten und auf einen moralischen Lebenswandel zu achten.

In den seltensten Fällen waren Frauen Hausbesitzer, wenn,

dann drehte es sich um Meisterwitwen. Der Besitz eines eigenen Hauses bedeutete zugleich die Voraussetzung für die volle Ausübung der politischen Rechte. Da aber dazu die Wehrfähigkeit gehörte, die Frauen verschlossen war, kamen sie auch trotz Besitz eines Hauses nicht in den Genuß dieser politischen Rechte[1].

An der Spitze der städtischen Sozialordnung standen der Stadtadel (= Patriziat) und die Großkaufleute, eine zahlenmäßig kleine Schicht. Notare, Advokaten, Künstler, Ärzte, Beamte, Gelehrte, Händler, Krämer und vor allem Handwerker stellten die breite Mittelschicht des Bürgertums dar. Am unteren Ende der bürgerlichen Skala rangierten die Budenbesitzer und Ladendiener, Kutscher und Arbeiter. In Berlin wie in anderen Städten stand die Ratsherrenaristokratie der regierten Bürgerschaft geschlossen gegenüber wie auf dem Lande der Adel dem Bauern.

Der streng geburtsständische Aufbau der preußischen Gesellschaft wurde im „Allgemeinen Landrecht" (1794) so definiert: „Der Bürgerstand begreift alle Einwohner des Staates unter sich, welche, ihrer Geburt nach, weder zum Adel noch zum Bauernstand gerechnet werden können; und auch nachher keinem dieser Stände einverleibt sind" (2. Teil, 8. Titel § 1).

Von dieser allgemeinen Definition wurde noch der Bürger „im eigentlichen Verstande" unterschieden, der „in einer Stadt seinen Wohnsitz aufgeschlagen und daselbst das Bürgerrecht gewonnen hat".

Friedrich II. trennte noch stärker als seine Vorgänger den Stand des Adels und der höheren Staatsbeamten im Zivil- oder Militärdienst vom Stand der Bürger. Bürgerliche Beamte fanden sich erst in den unteren Rängen bei den Vortragenden Räten des Generaldirektoriums und in den Provinzialbehörden. Laut „Allgemeinem Landrecht" hieß es: „Adlige sollen in der Regel keine bürgerliche Nahrung und Gewerbe treiben."

Damit war die Abstinenz von bürgerlichen Berufen in Handel und Gewerbe für die Adligen zum Gesetz geworden, das großenteils bis 1945 in Geltung blieb. Allein der Adel war zum Besitz adliger Güter berechtigt. Bürgerliche bedurften zum Erwerb adliger Güter der „besonderen landesherrlichen Erlaubnis". Wie von bürgerlichen Berufen waren die Adligen auch von bürgerlichen Eheschließungen ausgeschlossen. Friedrich Wilhelm I. hatte bereits

1739 ein „Edict wider die allzu ungleiche und zum Theil schänd-
liche Heyraten derer von Adel in den königlichen Landen" erlassen; das „Allgemeine Landrecht" verschärfte das Eheverbot „wegen Ungleichheit des Standes" (2. Teil, 1. Titel § 30 ff.). Ehen des
Adels mit Angehörigen des Bauern- und Bürgerstandes waren
ausdrücklich verboten, erlaubt wurden später solche zwischen Adligen und dem höheren Beamtenstand, mit Gelehrten, Künstlern,
Kaufleuten und reichen Unternehmern.

Wer zum ersten Stand gehörte, waren nicht einfach Personen,
sondern Herren. Sie konnten ihre Herrschaft ausüben als weltliche Fürsten kraft Geburt und Erbfolge, als geistliche Herren kraft
ihres Amtes oder als Räte der Stadt kraft ihrer Wahl durch die Bürgerschaft. Solche Herrschaftsstände bestanden im Reich bis 1806,
in Österreich bis 1918. Wer diesem Stand angehörte, war der Staat
in Person, der Repräsentant einer bestimmten Bevölkerungs-
gruppe, niemals und nirgendwo aber ein Vertreter des Volkes. Das
Volk, und das war die große Mehrzahl der Bevölkerung, hatte ver-
fassungsrechtlich keine Stimme und wurde auch nicht mitgezählt.
Die unter dem Patriziat plazierten Kaufleute und die in Zünften
zusammengeschlossenen Handwerker bildeten den eigentlichen
Kern des Bürgertums.

Dieses Denken in Standeskategorien bedeutete eine lebenslängliche Festlegung: Von ganz wenigen Ausnahmen abgesehen blieb
jeder, was er einmal war. Wer als Bauer, Bürger oder Herr geboren war, der blieb es und der hatte auch gar kein Bedürfnis, vor
allem keine Berechtigung, aus seiner Standesschranke herauszu-
treten. „Schuster, bleib bei deinem Leisten": Dieser Slogan charakterisierte innerhalb wie außerhalb des Zunftdenkens genau die
Angewiesenheit auf seinen Stand. Es war ein Stufenleiterdenken,
das die Blütezeit des Handwerks im 15. und 16. Jahrhundert
ebenso prägend bestimmte wie die Zeit seines Niedergangs im 17.
und 18. Jahrhundert (erste Auflösung der Zünfte: 1669). Hand-
werkliches Können galt um 1500 ebenso als große Auszeichnung,
wie um 1800 es eine Ehre geworden war, zum Stand der wissenschaftlich Gebildeten zu gehören.

Innerhalb der Stadtbevölkerung spielten die Juden eine besondere Rolle. Sie sind seit 1290 in Berlin nachweisbar. Ihnen oblag
es, Geschäften nachzugehen, die Christen verboten waren: näm-

lich Geldgeschäften, dem Handel mit Geld als Ware, mit Kreditvergabe einschließlich Wucherzinsen. Aus ihren Geldquellen schöpften mittelalterliche Landesherren wie noch Friedrich II., der sich von den Juden seinen Siebenjährigen Krieg finanzieren ließ. Die Juden waren geschützt durch kaiserliche und päpstliche Privilegien, zu deren Erlangung sie allerdings sehr hohe Geldbeträge zu zahlen hatten. Als privilegierte Juden unterstanden sie dem „Königsschutz", und ihr äußerlich sichtbares Merkmal waren lange schwarze Gewänder mit einem Spitzhut.

Seit 1317 unterstanden die Juden der Berliner Gerichtshoheit. Sie konnten bei Nachweis von Haus und Vermögen wie auch andere Einwohner die Bürgerrechte erwerben (seit 1791), lebten vermischt unter den Christen – ein Getto gab es noch nicht –, wurden aber nie voll integriert. Sie hatten eine eigene Schule samt Lehrer und Friedhof, den „Judenkiever". Als in der Mark und in Berlin 1348/1349 eine große Pestseuche ausbrach, schoben die Berliner die Schuld an dieser Seuche den Juden in die Schuhe. Sie wurden in der Mark und Berlin erstmals verfolgt.

Eine gewisse, von Friedrich II. nicht sonderlich geschätzte Rolle spielten die Juden in Schlesien. Unter Ferdinand II. (1619–1637) erhielten die Juden infolge des dringenden Geldbedürfnisses der Habsburger im Jahr 1628 das Recht, ungestört die Jahrmärkte zu besuchen und sich ihren Platz in der Wirtschaft zu erringen. Sie breiteten sich rasch aus, verdienten an ihren gewohnten Geldleihen und betrieben einen oft hausiermäßig gehandhabten Warenhandel, machten sich bei Fürsten und Herrschaften unentbehrlich, denen sie als Pächter von Zöllen, Akzisen, Mauten, Schäfereien, Vorwerken oder Brauhäusern Bargeld auf den Tisch legten.

Bargeld war damals sehr rar. Bald schon nahm der Handel der Juden derart überhand, daß die Kaufmannschaften sich beschwerten und der Kaiser gezwungen war, ihnen Einhalt zu gebieten. Sie durften nur noch Branntweinausschank vornehmen und an wenigen von der Regierung erlaubten Orten sich aufhalten. Trotzdem gingen sie ihren gewohnten Geschäften weiter nach, ignorierten die Verbote und breiteten sich weiter aus.

Zunftregeln und -bräuche

Die auf den altgermanischen Genossenschaftsgedanken zurückreichende Zunftverfassung des städtischen Handwerks war eine überregionale Organisation von korporativer Geschlossenheit, die ihren Mitgliedern Solidarschutz bot, für den Absatz ihrer Arbeiten sorgte und den Lebensstandard garantierte. Zunft heißt mittelhochdeutsch das „Sich Ziemende": Der Zünftige wußte, was sich ziemte, was sich gehörte, was gute alte Sitte war.

„Zunft" bedeutete eine Lebensform in Selbstverwaltung mit festem wirtschaftlichem Fundament, mit strengen Moralnormen, mit Befugnis der Rechtsprechung; „Zunft" bedeutete ein festgefügtes System sozialer Sicherheit für die Meister in erster Linie, aber auch für die Gesellen, die zur „Zunftfamilie" gehörten.

Die Handwerksmeister waren durchweg in Zünften oder Gilden (später Innungen) zusammengeschlossen. Die ersten Zünfte in Deutschland waren: Schiffer (in Worms, 1106), Schuhmacher (in Würzburg, 1128), Bettziechenweber (in Köln, 1149), Schuhmacher (in Magdeburg, 1158). Der erste Innungsbrief für das Bäckerhandwerk stammte aus dem Jahre 1272 in Berlin. Eine der herausragendsten und mächtigsten der Zünfte war die der Goldschmiede der ehemals bedeutenden freien und Reichsstadt Augsburg.

Die Zünfte entfalteten ein reges Gemeinschaftsleben, gaben ihren Mitgliedern nicht nur ein soziales Eigenwertgefühl im Gefüge der städtischen Sozialordnung, sie überwachten auch die Qualität der Meisterarbeiten, schützten die Mitglieder im Konkurrenzkampf und sicherten ihnen die Existenzgrundlage. Aus diesem Grunde waren die Handwerker darauf bedacht, einer Zunft anzugehören. Fest verankert in der Tradition der Zünfte mit ihrer Sozialdisziplinierung, ihrem Standes- wie Qualiltätsbewußtsein und ihrer Exklusivität war die Einteilung ihrer Mitglieder in Meister – Gesellen – Lehrlinge.

Handwerker sein bedeutete nicht nur manuelles Können, sondern vielmehr das genaue Wissen um das Ethos des Handwerks. Der Stand der Handwerker galt als der Stand der „Ehre". Standeslose und Unehrliche blieben ausgeschlossen. Nicht zur gesellschaftlichen Gruppe der „Ehrbaren" gehörten Leute wie Tagelöhner (bedürfnislos, unwissend und bescheiden), Kleinbürger (behäbig, gemütlich und schwerfällig) oder Proletarier (fix, roh und auftrumpfend).

Nicht in die Zunft aufgenommen und damit „unehrlich" waren: Pfuscher (= die sich nicht an ihr Handwerk hielten und einem anderen „ins Handwerk pfuschten", wenn also etwa ein Schreiner Schlosserarbeiten ausführte), Hofhandwerker, handwerkende Soldaten, Juden und Zigeuner, ebenso Fron-, Turm-, Holz- und Feldhüter, Totengräber, Nachtwächter, Bettler, Gassenkehrer, Bachfeger, Schäfer, Besenbinder, Abdecker und Kohlenbrenner, in der Regel auch Landhandwerker[2].

Dieses Wissen war fast wichtiger, als eine „zünftige" Arbeit abzuliefern, also eine fachmännische, eine tüchtige, eine handwerklich gekonnte. In der festen ständischen Ordnung wußte jeder, was sich für seinen Stand schickte. Der Adlige kannte seine „Tugenden", der Handwerks-Bürger seine „Ehre" und der Bauer sein „Recht". Keiner sollte in die Belange eines anderen Standes eingreifen. So war es z. B. einem Zunftbürger strikt verboten, ein „unehrliches Handwerk" zu betreiben: also etwa Totengräber oder Gassenkehrer zu sein oder einem solchen bei der Arbeit zu helfen. Auch durfte er sich nicht dem Handel widmen. Erst der unter ihm stehende Proletarier verlor das Gefühl für das „Schickliche" und „pfuschte dem anderen ins Handwerk". Zum exklusiven Charakter des Standesbewußtseins der Zünfte gehörte unbedingt das Verbot, daß „Ehrliche" mit „Unehrlichen" verkehrten. Das war ein strenger Sittenkodex, der wie ein ungeschriebenes Gesetz beachtet wurde.

Dieser streng geschlossene Charakter der Standesorganisation der Zünfte zeigte sich auch äußerlich, wenn z. B. Zunftmitglieder bei Umzügen anläßlich hoher weltlicher oder kirchlicher Festtage unter ihrer Fahne oder ihrem Zunftzeichen durch die Straßen schritten und dem mittelalterlichen Stadtbild einen malerischen Glanz von Würde verliehen. In katholischen Gegenden hatten die Zünfte ihren eigenen Altar mit ihrem Standesheiligen in der Kirche. Patrone der Fleischerzunft waren die Heiligen Lukas und Bartholomäus; die Schuhmacher verehrten Krispin; die Schmiede Eligius und Petrus; die Maurer Andreas; die Zimmerleute die Heilige Familie; die Bäcker Katharina und Joseph; die Schneider den heiligen Homobonus. An der Spitze der Zunft fungierte der Obermeister, der die Zusammenkünfte der Mitglieder, die „Quartale" in der Herberge leitete. „Herberge" hieß der Versammlungsort oder das Vereinslokal. Hier wurden Lehrbuben oder „Stifte" in die Zunft aufgenommen, hier fanden die Gesellen- und Meisterprüfungen statt, hier wurden aber auch Verfehlungen von Zunftmitgliedern ausgesprochen und die Strafen verhängt.

Lehrbuben

Wer ein „ehrliches" Handwerk erlernen wollte, verließ als Knabe sein Elternhaus und zog in das Haus des Meisters, der an die Stelle des Vaters trat und die weitere Erziehung des Lehrlings übernahm. Das Verhältnis Landesvater – Landeskind bzw. Obrigkeit – Untertan setzte sich fort im Gefüge Meister – Lehrbub[3]. In der Herberge richtete der Obermeister das Wort an den Lehrjungen und belehrte ihn über seine Pflichten. Die Lehrzeit betrug drei Jahre, sofern die Eltern des Lehrlings Lehrgeld bezahlten. Wenn nicht, dauerte sie vier Jahre. War der Lehrjunge der Sohn eines Zunftmeisters, so mußte er kaum Lehrgeld bezahlen, und seine Lehrzeit verkürzte sich auf zwei Jahre. Bis ins 17. Jahrhundert hinein war es in vielen Städten üblich, daß die Söhne von Meistern schon mit der Geburt als Gesellen eingeschrieben wurden. Sie hatten es auch in der Lehre und auf der Wanderschaft leichter als andere.

Ehe der eigentliche Unterricht im gewählten Handwerk begann, mußte der Lehrjunge bereits bestimmte Zunftbräuche genau befolgen. Dazu gehörte das „Aufdingen vor offener Lade", also das Einschreiben ins Zunftmitgliedsbuch im Kreis der Meister, das feierliche Versprechen, die Lehrjahre „redlich" auszustehen und sich streng nach den Handwerksregeln zu verhalten[4].

Von nun an hatte der Lehrjunge seinen festen Platz in der Zunft und somit in der städtischen Gesellschaft, was er auch äußerlich und öffentlich zu zeigen hatte: so mußte z. B. der Hutmacherlehrjunge stets eine schwarze Schürze umbinden, einem Töpferlehrjungen war es umgekehrt nicht gestattet, gewichste Stiefel, ein Chemisett oder eine blaue Schürze zu tragen. Und dem Schornsteinfegerjungen war es nicht erlaubt, einen Zylinder aufzusetzen, das stand allein dem Meister zu.

Lief ein Lehrjunge seinem Meister davon etwa in der Absicht, bei einem anderen Zunftmeister unterzukommen, so galt das als „Schimpf" und wurde nach Zunftregeln hart bestraft. Der Lehrjunge hatte nach den Gesellen die Stube zu betreten, sich nach ihnen zu Tisch zu setzen, aber vor ihnen vom Essen aufzustehen und die Stube zu verlassen. In Gegenwart von Gesellen durfte er nicht rauchen. Als erster aber mußte er in der Werkstatt erscheinen und durfte sie abends erst als letzter verlassen. Hier war er für die Sauberkeit des Handwerkszeugs verantwortlich und mußte dafür sorgen, daß alle Geräte an ihrem vorgeschriebenen Platz aufgehoben waren.

Pedantisch achtete bereits der Lehrjunge darauf, nur solche Arbeiten auszuführen, die ihm „zugeschrieben" waren. Das lehrte ihn die Arbeitsdisziplin. Was darüber hinaus von ihm gefordert wurde, empfand er wiederum als „Schimpf", etwa Schuhschnallen zu putzen, den Meistertisch zu decken oder gar Holz zu hacken, Wasser zu schleppen, Eßbesteck und -geschirr zu säubern. Das gehörte nicht zu seinem Handwerk – also fühlte er sich durchaus zu Recht vom Meister schlecht behandelt. Waren die Lehrjahre „ausgestanden", mußte der Lehrjunge ein Gesellenstück vorlegen, um in den Gesellenstand aufzurücken.

Gesellen

Was als Gesellenstück galt und anerkannt wurde, war je nach den einzelnen Städten und Zünften verschieden und wiederum nach alter Tradition genau vorgeschrieben. In Leobschütz (Schlesien) z. B. mußte der Schmiedelehrjunge als Gesellenstück einen breiten Ring und zwei Hufeisen anfertigen; der Töpfer einen akkurat geformten Topf; der Weber ein fehlerfreies Stück („Schock" genannt) Leinwand; der Damastweber ein Tisch- oder Mundtuch (Serviette); der „Raufanzkehr" mußte einen engen, „russischen" und einen weiten, besteigbaren Schornstein fegen; der Barbier den Haarschnitt „kurz" machen und den Bart „sauber" einseifen. Weil immer gleiche Gesellenstücke verlangt wurden, konnte ihre Qualität leicht bewertet werden, was dem Prüfling wiederum garantierte, gerecht und „ehrbar" behandelt zu werden.

War das Gesellenstück gut gelungen und von den Meistern

akzeptiert worden, wurde der Lehrjunge vom Obermeister „frei"
gesprochen, in der Regel unter Anwesenheit aller anderen Zunftmitglieder. Dabei mußte z. B. der Böttcherlehrling dreimal „ge-
schliffen" werden, dreimal mußte der „Schleifgeselle" die Um-
frage abhalten, ob jemand gegen die Regel des Schleifens verstoßen habe. Wenn nicht, wurde der Lehrling zum Gesellen erklärt,
mußte auf die Gasse laufen und „Feuer" rufen und sich von den
Gesellen mit Wasser überschütten lassen. Erst danach erhielt er
den Kranz auf den Kopf, wurde zum Gesellenessen und -umtrunk
eingeladen und galt von nun an als ehrlicher Geselle.

Nach dem „Freispruch" stand dem „Jung-Gesellen" das Zunftrecht zu, seinen Meister zu verlassen, was meist geschah. Der Geselle ging auf Wanderschaft, die freie Zeit war gekommen, Land
und Leute kennenzulernen. Er konnte getrost auf Wanderschaft
gehen und sich nach einer neuen Arbeitsstelle umsehen, weil es in
fast allen Städten, den größeren jedenfalls, Zünfte und Zunftmeister gab und eben die Herberge, die nicht nur das gesellschaftliche
Zunftlokal war, sondern auch so etwas wie eine Arbeitsvermitt-
lungsstelle, ein Arbeitsamt.

Die Herberge wurde von einem Herbergsvater geführt, der
auch den „Kasten", die Truhe oder „Lade" verwaltete, in der die
Urkunden und Beiträge der Mitglieder aufbewahrt wurden. Weil
die „Lade" zu feierlichen Anlässen geöffnet war, legte man auch
auf ihre innere Verzierung großen Wert. Sauber angezogen, den
Hut in der Hand, tat er drei gemessene Schritte vor die Lade der
neuen Herberge und grüßte mit den Worten: „Guten Tag, Glück
herein: Gott ehre ein Ehrbar Handwerk, Meister und Gesellen...". Oder auch: „Mit Gunst, guten Tag..."

Er wartete unter dem Zunftzeichen seines Handwerks, das in
der Herberge hing. Der erste Geselle und dann der Meister hießen ihn willkommen und fragten nach seiner Herkunft und der
letzten Arbeitsstätte. Bei einem Glas Branntwein gab er Auskunft,
überließ dem Obermeister seine Papiere und erhielt dafür von
ihm das Abzeichen seiner Zunft, sozusagen den Ausweis seines
Zunftstandes.

Wenn Gesellen einen Lehrling freisprachen, wenn sie einen Zu-
wanderer in der Herberge zum Umtrunk einluden oder beim
„Fremdmachen" verabschiedeten[5], wenn sie in der Stadt beim

Meister um Arbeit nachfragten, immer mußten sie feste Sitten berücksichtigen, jedes Wort und jede Bewegung war ihnen vorgeschrieben.

Zum Zunft-Brauch der Maurergesellen gehörte es z. B., den Spruch herzusagen, daß sein Handwerk „unter Kaiser Karl II. im Jahre 876 aufgerichtet" worden sei. Machte einer bei seinem „Spruch" einen Fehler, wurde er abgewiesen. Alte, arbeitsscheue Gesellen, „Stromer", suchten auf den Herbergen die Neulinge auszubeuten, zur Bezahlung von Zechen zu zwingen. Fand der Geselle Arbeit, wurde er gegen Einstandsgeld in den Gesellenverband aufgenommen. Das geschah vor der Lade unter formelhaften Wechselreden.

Der Stolz jeder Zunft war der „Willkomm", der bis zu zwei Liter fassende Messing- oder Silberbecher, der an Festen, wie z. B. beim Zunftball, den Meistern und ihrer Familie gereicht wurde. Dafür schenkten die Gefeierten wohl als Schmuck am Willkomm ein geöhrtes Geldstück. Hatte der Geselle seine Lehr- und Wanderjahre „ehrlich" ausgestanden, seine Meisterarbeit abgeliefert und seinen Einstandsbetrag bezahlt, wurde er in den Kreis der Zunftmeister aufgenommen, machte sich selbständig, ließ sich nieder und gründete einen Hausstand.

Zunftmeister

Im Meisterstück steckte das ganze handwerkliche Können, es war das Qualitäts- und Gütesiegel seiner fachlichen Qualifikation.

Als Schmied beschlug der Meister ein Rad, als Töpfer fertigte er einen in Farbe und Glätte fehlerlosen Topf, der Weber machte mit drei verschiedenen Farben, „drei Schützen", ein feineres Stück als das Gesellenstück war, der Damastweber webte ein $3\frac{1}{2}$ m langes, 2,4 m breites Tuch, der Barbier mußte glatt rasieren, der Schornsteinfeger beurteilte eine Feuerungsanlage und lieferte eine Zeichnung dazu.

Das Meisterstück als Nachweis der Kenntnisse und Fähigkeiten wurde erst im 15. Jahrhundert allgemein eingeführt. Entscheidungen wurden von den Meisterversammlungen (sog. „Morgensprachen") getroffen; nur die Meister waren Vollgenossen der Zünfte. An der Spitze standen zunächst landesherrliche Beamte, später die gewählten Zunftmeister („Aldermann"). Die Zunftordnungen (Zunftstatuten, „Schragen") wurden von der Stadtobrigkeit bestätigt oder erlassen und regelten wirtschaftliche und organisatorische Fragen wie Betriebsgröße, Arbeitszeit und Rohstoffbezug[5a]. Mit dem Meisterzeugnis wurde eine Belehrung über die Pflichten erteilt. Es war besonders verboten, den anderen die Kundschaft zu „stören" oder sie schlechtzumachen.

Die Meisterprüfung und die Aufnahme in die Zunft war meist mit einem hohen Einstandsgeld verbunden. Armen Handwerkern fiel es schwer, zu Zunftmitgliedsehren zu kommen, oft gelang ihnen dies nur über die Heirat einer Meisterwitwe. Wer einen „Scharren" oder einen Stand auf dem Marktplatz besaß und an bestimmten Markttagen dort seine Ware verkaufen konnte, galt zwar bereits als reich, der Erwerb der Handwerksmeisterschaft war aber prinzipiell an den Besitz eines eigenen Hauses gebunden, was den Besitz des Bürgerrechts einschloß. Auch dem kleinen Handwerker wurde der Erwerb von Grund und Boden erleichtert, er zahlte dafür einen nur mäßigen jährlichen Grundzins. Die Einrichtung der Erbpacht war weit verbreitet und üblich. Mit gemieteten Wohnungen mußten solche Vorlieb nehmen, die als (zugewanderte) Fremde galten. Ihre Mietverträge wurden nicht schriftlich abgefaßt, sondern mündlich. Beide Parteien zahlten den sog. „Gottespfennig", d. h. einen kleinen Beitrag, der zugunsten der Stadtarmen verwendet wurde[6].

Zum Erscheinungsbild des Zunftmeisters gehörte außer dem Meisterstück der Besitz des Bürgerrechts und eines Hauses sowie die Eheschließung. Sobald einer Zunftmeister geworden war, hatte man ihn mit „Meister" anzureden, und es galten für ihn die Gesetze, Sitten und Gebräuche der Gesellen nicht mehr. Die Zunft hatte ihre eigenen Meister-Gesetze.

Die Zunft erfaßte wie die Kirche das ganze Leben des Meisters und seiner Familie. Starb ein Meister, kümmerte sich die Zunft um den Fortbestand des Meisterbetriebes und der Witwe. Auch sie mußte bei ihrer Heirat mit einem Zunftmeister den Nachweis der ehrlichen Herkunft, also eine Art Sippenreinheit, und einen sittlichen Lebenswandel vorweisen können. Die „ehrliche" Geburt war das Gütesiegel des Zunftmeisters. Ohne ehrliche Geburt gab es keine Ehrbarkeit und kein ehrbares Handwerk. Dem Maurermeister dienten z. B. die sog. „Sieben Worte" als Erkennungszeichen seiner Zünftigkeit. Das waren sieben fest vorgeschriebene Sätze, in denen siebenmal das Wort „ehrbar" vorkam. Ehrbare Männer und Frauen waren immer zugleich Kinder ehrlicher Leute.

Die Zunftordnung war das „Grundgesetz" der Handwerker, daher war sie ihnen heilig. Feierliche Zunftversammlungen fanden stets bei geöffneter Lade statt in strenger Ordnung, bei brennenden Kerzen, mit Eingangs- und Schlußgebet.

Erst zu Ende des 18. Jahrhunderts, jedenfalls aber im 19. Jahrhundert, lockerte sich die Geburtsschranke. Nun trat an die Stelle der Ehrbarkeit das moderne Ethos der bürgerlichen Tüchtigkeit. Der ehrbare Meister vertrat seinen Stand und rückte als Person ihm gegenüber in den Hintergrund, der tüchtige Meister dagegen wuchs aus dem Stand heraus und rückte seine Persönlichkeit in den Vordergrund. Wer seinen Stand aber verließ, unehrbar heiratete oder der Religion abschwor, hatte sich automatisch unehrbar gemacht. Auf diese Schranke nahm der moderne Tüchtige keine Rücksicht mehr. Unehrbar wurde nicht nur, wer nach unten ausbrach, Tüchtiger oder auch bloß Tagelöhner wurde, sondern auch, wer seinen Stand nach oben verließ und in den höheren Stand der Gelehrten eintrat. Viele Söhne ehrbarer Meister wurden tüchtige Gelehrte, galten aber nicht mehr als ehrbar. Schon der Begriff „ehrbarer Gelehrter" war ein Widerspruch in sich.

Dem ehrbaren Handwerksmeister war z. B. Ehrgeiz, Karrieredenken, Aufsteigenwollen verpönt. Er hatte nicht nur kein Interesse, sondern es war ihm durch die Standesehre verboten, ein anderer werden zu wollen, als er war und seine Vorfahren früher gewesen waren.

An Fastnacht hielten die Zünfte ihre Bälle ab. In Oppeln z. B. gab es Bälle bei den Böttchern, den Schneidern, Schuhmachern, Fleischern und Schiffern. Da zogen die Zunftgenossen nachmittags vor dem Ballabend mit Musik hinter ihrem „Willkomm" über den Markt, um das Rathaus und in den Tanzsaal.

Bei solchen Gelegenheiten kam es immer wieder leicht zu Ausschreitungen. In den Stadtverordnungen fanden sich wiederholt Verbote, die sich besonders gegen die Übergriffe der Gesellen bei ihren Quartalen richteten.

So verbot 1546 die Stadt Breslau den Gesellen, sich nach ihrem

Gefallen beim Trinken zu strafen, zu raufen, über Tisch und Bänke zu ziehen, zu schlagen und zu treten: „Es soll auch hinfürder keine Zeche guten Montag halten. Auch sollen die Handwerksgesellen, wenn sie von einer Herberge in die andere oder zum Bade, oder zum Aus- und Einbeleiten gehen, weder große noch kleine Kannen vor sich hertragen lassen, noch bei Tag oder Nacht mit Trommelschlag dahinziehen. Auch wollen und setzen wir hinfür, daß die Gesellen, Hochzeitsknechte und andere beim Tanze sich nicht mit Frauen oder Jungfrauen schwenken, herumwerfen, reißen noch sonst irgendwie verdrehen, sondern sich ehrbar in den Arm nehmen und sich in gebührender Zucht verhalten."

Bestimmte Ruhetage im Jahr wurden auch bei den Berufen eingehalten, deren Arbeit ununterbrochen ihren Fortgang hatte. Ein Prediger des 15. Jahrhunderts beantwortete die Frage: „Ob die Müller sündigen, wenn sie an Festtagen die Mühle gehen lassen, aber am Tage des Heiligen Martin auf keinen Fall mahlen wollen, selbst wenn kein Mensch Brot hätte?" mit dem Satz: „Sagt ihnen, daß die Festtagsarbeit keine Sünde sei. Die Ruhe am Martinsfest aber haben die Müller aus eigener Überlieferung, und sollten sie daher an diesem Tage arbeiten, dann wäre das nur ein Verstoß gegen ihre Überlieferung, aber ebensowenig Sünde, als wenn sie an anderen Festtagen mahlen."

Ein Festbrauch, der auch über den engen Kreis der Berufsgenossen hinauswirkte, war das Richtfest der Zimmerleute. Wenn das neue Haus aufgerichtet war, wurde aus Latten am Giebel ein Kreuz angebracht mit einem grünen Busch aus Baumzweigen. An jedem Kreuzarm hing ein Tuch für den Maurer- und den Zimmermeister. Der Polier (von franz. parler = sprechen, reden; davon abgeleitet Parlierer, Polier = Sprecher der Gesellen, Altgesell) stand neben dem Kreuz, weiter unten die Zimmerleute. Die Rede, die der Polier nach altem Brauch und in alten formelhaften Wendungen hielt, schloß mit Hochrufen, die der Reihe nach auf den Hausherrn, die Frau, die Kinder, die Meister und die Gesellen und „alle, die beim Bau nur eine Hand gerührt haben", ausgebracht wurden. Darauf folgte der Hebeschmaus: Wurst, Bier, Branntwein. Die einst vorgetragenen langen, gereimten Zimmermannssprüche sind heute vergessen.

Die Begriffe „Ehrbarkeit" und „Nahrung"; Zunftsatzungen

„Ehre" bzw. „Ehrbarkeit" und „Nahrung" waren Grundbegriffe zünftlerischen Denkens. „Ehrbar" oder „ehrlich" bedeutete zunächst soviel wie „ehelich". Verwandtschaft bis zum 4. Grad galt als Ehehindernis (4. Lateran-Konzil 1215).

Die eheliche Treue hielt lebenslang und wurde auch noch eine Zeitlang nach dem Tod des Gatten verlangt. Die Trauerzeit betrug sechs Monate für Witwer, ein Jahr für Witwen [7]. Jeglicher Verkehr während dieses Trauerzeitraumes war streng verboten. Wer das Verbot überschritt, konnte mit zwei Wochen Gefängnis bestraft werden, eine Witwe machte sich „infam" und ging ihrer und ihres Mannes Erbschaft verlustig. Seit dem 12. Jahrhundert unterstand die Ehe der geistlichen Gerichtsbarkeit, erst Joseph II. (1765– 1790, Habsburger Kaiser, Sohn und Mitregent Maria Theresias) unterstellte sie in seinem Ehepatent von 1783 der landesherrlichen Gerichtsbarkeit, die preußische Gesetzgebung schloß sich an. Ehebruch wurde mit vier Wochen Gefängnis bei Wasser und Brot bestraft, im Wiederholungsfall drohte die Todesstrafe [8]. Im Falle von Kindesmord wurde die Strafe des Ertränkens oder Einsackens verhängt; auch Strafen von glühendem Zangenriß oder der Durchstoßung des Leibes mit einem Pfahl waren dafür üblich. Auf Abtreibung und Bigamie stand die Schwertstrafe.

Die auf die Zeit Kaiser Karls V. (1500–1558) zurückgehenden „ehrbaren" Ehesitten wurden nirgendwo genauer befolgt als im Zunftdenken. Ein uneheliches Kind konnte Feldmarschall oder Minister werden, nicht aber etwa Schuhmacher- oder Schneidermeister. In der Oberschicht der Adligen war die uneheliche Geburt nicht unbedingt ein „Makel", begründet durch die oft gepflegte Haltung von Maitressen. Wer nicht im Geburtsbrief lückenlos bis ins 4. Glied die eheliche Abstammung nachweisen konnte, konnte auch kein Zunfthandwerker werden. Kaiser Joseph II. versuchte zwar 1783 diese Schranke zu durchbrechen und unehelichen Adelssöhnen die Erlernung eines Handwerks zu ermöglichen, scheiterte aber an den strengen Zunftregeln. Der Geburtsbrief allein galt als Legitimationsschein für das Handwerk, die kaiserliche Legitimation nutzte nichts dagegen. Deshalb hieß es im Reichsgewerbegesetz vom 14. 8. 1731 u. a.: „Demnach auch öfters vorgekommen, das bey denen Handwerckern . . . zwischen denen unehelich erzeugten und ehelich gebohrenen Kindern ein Unterschied gemacht werden wolle, wie auch denen, so von Uns als Kayserl. Majestät . . . legitimiert worden . . ., so soll erstgemeldeter Unterschied aufgehoben seyn."

Der Unterschied wurde nicht wie befohlen aufgehoben.

So war es z. B. 1733 einem Schneider nicht möglich, in die Schneider-Zunft aufgenommen zu werden, weil er der Sohn einer Amme war. 1743 wurde von der Weberzunft ein Lehrbub entlassen, weil sich seine uneheliche Geburt herausgestellt hatte. Der Begriff der „Ehrbarkeit" qua Ehelichkeit war selbstverständlich für das Handwerker-(Klein)Bürgertum des 17. und 18. Jahrhunderts. Das war „Rechtschaffenheit" und „altdeutsche Redlichkeit".

„Ehrbarkeit" bedeutete ein ganzes Bündel voll Regeln mit überwiegend verbietendem Charakter und negativen Tugenden: Als Laster galten Trunksucht und Gefräßigkeit, Unordentlichkeit in Kleidung und Anstand, Unhöflichkeit oder Unehrerbietigkeit gegenüber der Obrigkeit. Ein Frauenzimmer, das gut, häuslich und umgänglich, dazu noch sparsam war, rangierte höher als ein hübsches Mädchen mit „properem" Aussehen. Lieber einfach und in simpler weißer Leinwand mit einem simplen Häubchen auf dem Kopf daherkommen als im geringsten putzsüchtig, so sollte die Meisterfrau aussehen [9].

Zum Begriff der „Ehrbarkeit" mit hohem Qualitätsstandard der Produkte und der Ausschließung gesellschaftlicher Außenseiter gehörte weiter die „Nahrung". Darunter verstand man nicht nur das standesgemäße Auskommen des Meisters mit eigenem Haus und Platz für Gesellen und Lehrbuben. „Nahrung" bedeutete ein ganzes Programm der Lebensführung [10], die Auffassung einer geordneten Welt auf der Basis von Frömmigkeit, Recht und Pflicht. „Das Handwerk soll seinen Mann ernähren", ein alter Handwerkerspruch, der aber auch bedeutete, der Handwerker solle nicht mehr arbeiten, als er zu einem „lustigen", d. h. angenehmen Leben bei mäßigen Ansprüchen brauchte. Dieser aus der Scholastik herkommende Begriff verbürgte den Handwerkerwohlstand in protestantischen Ländern mehr als in katholischen, weil die Protestanten „nüchterner" dachten und lebten als die Katholiken. Unter den Protestanten waren es die Calvinisten mit ihrer Propagierung von Abstinenz, Frugalität und Arbeitsamkeit, die eher dem Ideal entsprachen als die Lutheraner, die noch weiter gingen und alle „Ergötzlichkeiten" einschließlich des Lachens verdammten[11].

Zur „ehrbaren" Lebensführung mit dem „ehrbaren" Auskommen kam die „wohlanständige" Existenz des Meisters. Als Hauptzweck der Zunft galt die „Beförderung der Ehre Gottes"[12].

Schon die rein körperliche Berührung mit einem „Unehrbaren" oder „Unehrlichen" konnte den Verlust der eigenen Ehrbarkeit nach sich ziehen. Der „ehrbare" Handwerker weigerte sich z. B., bei der Errichtung oder Reparatur von Richtstätten mitzuwirken. Was mit dem Tod außerhalb des Sterbens, auch im verwandtschaftlichen Bereich, zusammenhing, machte „unehrbar". So rangierte der Scharfrichter auf der gleichen „unehrbaren" Stufe wie der Selbstmörder oder Abdecker. Der „ehrbare Tod" war der natürliche, der gottgewollte, nicht der erzwungene. „Die Handwerker müssen so seyn, als ob sie von Tauben gelesen wären." Dieser als Spruch oft gebrauchte Satz umreißt die Exklusivität des Handwerker-Selbstverständnisses sehr genau. Dazu kam ein gerüttelt Maß an Brauch und Gewohnheiten, die das ganze Leben des Meisters festzementierten.

Zum „ehrbaren" Brauch gehörte die strikte Einhaltung der Arbeitsruhe an Sonn- und Feiertagen „zur höheren Ehre Gottes", der gesellige Verkehr der Handwerksmeisterfamilien untereinander, die Pflicht der Gesellen, Meisterwitwen oder -töchter zu heiraten und für ein standesgemäßes Begräbnis zu sorgen.

„Verstirbt ein Meister, Haußfrau, Kinder oder Haußgenossen, sollen die Jüngsten Meister die Leiche zur Grabstätte tragen", hieß eine der vielen Zunftvorschriften. In Lübeck, Kiel und München wurde von der Zunft eine „Totenkasse" eingerichtet, in die jeder Meister einzuzahlen hatte. War ein Meister beim Leichenbegräbnis verhindert und schickte keinen „ehrbaren" Vertreter, machte er sich strafbar.

Aus den Zunftsatzungen: „Die Meistersöhne, so das 21. Jahr ihres Alters zurückgelegt, können, nachdem sie bei dem gewöhnlichen Examen bestanden und sich wegen ihrer Geschicklichkeit legitimiert haben, als Meister ernannt und eingeschrieben, auch selbigen ein Meisterbrief ... ertheilet werden, wofür sie nur die Hälfte der Gebühren erlegen sollen ...

Diejenigen Gesellen, so sich mit Meisterwitwen oder -Töchtern verehelichen, sollen in demselben Alter der Meistersöhne zum Meisterrecht admittiret werden; und in diesem Fall wird ihnen die übrige Zeit der Jahre, wo sie als Gesellen arbeiten sollen, erlassen. Jedoch verstehet sich von selbst, daß sie die ihnen aufgegebenen Probestücke machen und sich wegen ihrer Geschicklichkeit legitimieren...

Das Wandern der hiesigen Landeskinder und Gesellen außerhalb Unsern Landen und Provinzen soll ohne vorherige Erlaubniß schlechterdings verboten sein...

Alle Complotte, Zusammenrottierungen und Aufwiegelungen unter Gesellen... werden hiermit bei Festungs- und anderen Leibesstrafen verboten. Sollten sich aber, es sei unter Meister oder Gesellen, sogar welche finden, die sich unterstünden, durch Schließung gewisser Contracte mit Auswärtigen einige Meister oder Gesellen aus dem Lande zu locken, selbige sollen drei Tage, denen andern zum Exempel, öffentlich an den Pranger gestellet, hernach aber auf eine ihrem Verbrechen proportionirliche Zeit nach der Festung gebracht werden...

Der Lehrling soll im Winter nicht länger wie von 7 Uhr des Morgens bis Abends um 8 Uhr und des Sommers von 6 Uhr des Morgens bis Abends um 8 Uhr, außer der Essenszeit, arbeiten, damit derselbe durch übermäßige Arbeit nicht ohne seine Schuld untüchtig und verdrießlich gemacht werde...

Der Meister muß mit seinen Lehrjungen vernünftig, und nicht gewaltsam umgehen, ihn auch... im Christentum gehörig unterrichten lassen..."[13]

War die Zunft die wirtschaftliche Heimat des Handwerkers (seine „Nahrung"), so die Kirche seine geistige. Oft gehörte er außerdem noch einer Freimaurerloge an. Von kirchlicher Seite sprach ihn besonders der Pietismus an, bei den Freimaurerlogen oder im Verband der Rosenkreuzer, die bis Ende des 18. Jahrhunderts starke Einflüsse auch auf Gesellenverbände ausübten, mochte es ein gewisser mystischer oder eschatologischer Hang gewesen sein, zu dem er sich hingezogen fühlte.

Wo Frömmigkeit das Leben so intensiv prägte wie das der Zunftangehörigen, war auch der Weg zur zeitgenössischen Frömmelei oder zum Aberglauben nicht weit, was sich vor allem auf dem Gebiet der medizinischen Versorgung zeigte. Ein neugeborenes Kind durfte nicht auf die linke Seite gelegt werden, weil es sonst sein Leben lang „linkisch" werde.

Man ging nicht einfach zum Arzt, sondern vertraute viel lieber alten Volksweisheiten. Warzen z. B. wurden geheilt, indem man eine Drahttraufe um sie legte, sie festzog und die Warze herausriß. Bei Zahnschmerzen ging man zum Barbier, der mit dem einem Brecheisen nicht unähnlichen Gerät schnell mit Ziehen Linderung verschaffte. Versagten alle Hausmittel gegen Fieber, holte man beim Metzger Rat, der schon öfter geholfen hatte, wenn er einen Krebs rückwärts ins Wasser warf[14]. Gegen epileptische Anfälle „plünderte" man Gehenkte aus oder man kurierte mit dem Blut der Gerichteten. Menschenfett (Armesünderfett) galt als gutes Mittel gegen Schwindsucht.

Eine bewährte Sterbehilfe bestand darin, dem Kranken mit einem Ruck das Kissen unterm Kopf wegzuziehen, daß er eher vor Schreck als an seiner Krankheit starb. Befanden sich Hühner- oder Taubenfedern im Bett, rechnete man mit einem schweren Tod. In solchem Fall half es, den Kranken auf ein Brett zu legen, bevor er starb, erkaltete und steif wurde. Dazu öffnete man das Fenster, damit seine Seele leichter hinauskomme. Auch war es ratsam, dem Kranken das Hemd auszuziehen, damit er nicht daran kauen könne, weil sonst noch andere Familienmitglieder sterben müßten. Man schloß ihm die Augen und verklebte sie sogar, damit er nicht denjenigen in den Tod nach sich ziehe, den er zuletzt angesehen hatte.

Gesellenunruhen und „Ehren"-Rechte

Gesellen und Zunftmeister wachten über die Sitten: die Gesellen über die Sitten der Wanderschaft, die Meister über die Sitten der Gesellen und Lehrbuben und über die politischen und wirtschaftlichen Rechte der Zunft. Umgekehrt wachten auch die Gesellen über die Meister nach den Gesetzen ihres alten Brauchs.

1744 hatte ein Breslauer Tuchscherermeister versucht, den Gesellen die herkömmlichen Feiertage zu kürzen. Daraufhin wurde er von den Gesellen „gescholten", die Gesellen zogen weiter. Lehrjungen konnten nicht mehr zu Gesellen freigesprochen werden, und der Tuchscherermeister konnte nicht mehr arbeiten, weil er seine Schere nicht selbst schleifen durfte. Das hätte ihn schon „unehrlich" gemacht. Wer sich aber „unehrlich" gemacht hatte, verlor den Schutz der Zunft, d. h. konkret: Er konnte seine Werkstatt schließen. Der Streit zog sich drei Jahre hin, bis der Meister seinen Fehler eingesehen und die gestrichenen Feiertage wieder bewilligt hatte. Im 14. Jahrhundert gründeten die Gesellen nach dem Vorbild der Zünfte Gesellenbruderschaften, um ihre Interessen gegenüber ihren Meistern zu wahren.

Der Korpsgeist innerhalb der Gesellenverbände war durchaus vergleichbar mit dem Korpsgeist der Studentenverbindungen, obgleich Studenten und Gesellen oft auf Kriegsfuß miteinander lebten. Im September 1791 hatten z. B. Studenten der Universität Mainz sich erdreistet, einigen Schreinergesellen auf dem Tanzboden die Mädchen abspenstig zu machen. Die Gesellen holten sich ihre „Ehre" wieder, indem sie nach Zünften geordnet zur Universität zogen, Fensterscheiben einwarfen und die Studenten verprügelten – aber keinen einzigen Professor. Sie marschierten mit ihren Zunftzeichen durch die Straßen und griffen jeden Studenten an, der ihnen in die Quere lief. Es kam zu blutigen Schlachten, Militär mußte eingesetzt werden, um die Ordnung in der Stadt wiederherzustellen.

Im berühmten Dresdner „Flegelkrieg" hatte ein Ratsherr der Stadt einen Schreinergesellen einen „Flegel" geschimpft. Gesellen forderten die Wiederherstellung ihrer „Ehre", wozu der Ratsherr nicht bereit war. Stadtverwaltung und Regierung, durch die Französische Revolution aufgeschreckt und nervös geworden, fürchteten ähnliche Aufstände und Unruhen wie in Frankreich und ließen sogar scharfgeladene Kanonen gegen die Gesellen vorfahren. Militär stürmte die Herbergen der Gesellen, sperrten sie ins Gewandhaus ein – ohne Erfolg. Die Gesellen ließen den „Flegel" nicht auf sich sitzen. Erst als der Ratsherr persönlich und unterwürfig um Abbitte nachsuchte, wurde der Streit beigelegt und die Arbeit wiederaufgenommen.

Zum Brauch der Gesellen gehörte auch, eine Waffe als Merkmal des freien Mannes zu tragen und eine eigene Zunft-Gerichtsbarkeit als Merkmal des freien Standes anzuerkennen.

Jahrhundertelang wehrten sie sich gegen alle Verbote des Waffentragens. Das war nur den „höheren" Ständen erlaubt. Lediglich ein Zugeständnis machten sie: Statt des Schaufechtens mit der Waffe für gefordertes Geld übten sie das waffenlose „Fechten" für milde Gaben. Fechten aber hieß in der Gesellensprache: betteln. Im 18. Jahrhundert breitete sich das Bild vom bettelnden Wandergesellen aus[15].

Zunftnormen gab es überall, wo es Handwerker gab, und Handwerker gab es vor allem in den Städten. So verließen die Gesellen auf ihrer Wanderschaft nie die Heimat ihrer Zunftordnung.

Gesellenunruhen, ja -aufruhr gab es immer wieder; Gesellenaufstände z. B.: 1722 in Reichenberg; 1723 in Hamburg und Hannover; 1724 in Würzburg; 1744 in Erlangen und Breslau; 1775 Streik der Berliner Seidenwirkergesellen; 1790 in Braunschweig; 1793/1794 Aufstände schlesischer Weber (zusammen mit Bauern), Niederschlagung durch Militär; zuvor, im April 1793, Streiks und Demonstrationen von Handwerkern und „Sansculotten" in Breslau. Militär schoß in die Menge und tötete 30 Menschen; 1794/1795 Streiks und Demonstrationen von Berliner Handwerkergesellen[16]. 1784 mußte Friedrich II. in Berlin Militär einsetzen, denn ein Geselle hatte an der Beisetzung eines Selbstmörders teilgenommen, was als „Schimpf" galt und zu heftigen Gesellenunruhen geführt hatte.

Zur Zeit König Friedrich Wilhelms I. wurde 1731 das Reichsgewerbegesetz von Kaiser Karl VI. (1711–1740, Vater Maria Theresias) erlassen, um gegen die „läppische" Sitte des „Hobelns", des „Schleifens", des „Predigens", „Taufens" und „Grüßens" einzuschreiten. Denn das „Schmähen", „Schelten" und „Auftreiben"[17] traf nicht nur Zunftmeister, sondern erfaßte ganze Städte, vor allem, als unter Friedrich II. der „blaue Montag" mit den üblichen Trinkgelagen, Zotereien und dem Kraftprotzentum abgeschafft werden sollte.

Die an der Gesellenehre verübten Vergehen mochten recht gering und alltäglich gewesen sein, stets reagierten die Gesellen mit Schärfe: wenn etwa der Meister den gerechten Lohn vorenthielt, wenn beim Fronleichnamsumzug die den Gesellen zustehende Ordnung nicht gewährt wurde, wenn ein Meister einen Gesellen beschäftigte, der einmal seinen Handwerksgruß vergessen hatte: Dann stand die „Ehre" auf dem Spiel.

Unehrlich machte sich sofort, wer einen Hund oder eine Katze tötete, Aas anrührte oder verendetes Vieh aus dem Stall schaffte und vergrub, wer mit einem Abdecker ging, fuhr oder trank, wer dessen Weib oder Kind zu Grabe tragen half, wer mit einem „Ehrlosen" aus einem Glas trank.

In den letzten Jahren der Regierungszeit Friedrichs II. kam es in Berlin zu einem großen Gesellenaufruhr, weil ein Maurergeselle einem anderen eine tote Katze in den Speiskübel geworfen hatte. Sofort warf der „Beleidigte" sein Handwerkszeug weg, verließ mit allen anderen Gesellen die Baustelle und zog durch die Straßen Berlins. Die übrigen Maurer der Stadt schlossen sich ihnen an, bis der „Schimpf" vom Handwerk genommen wäre. Die Bevölkerung geriet in Aufregung; das Militär mußte eingesetzt werden, um die in ihrer „Ehre" gekränkten Maurergesellen zu beruhigen. Eine ganze Woche lang dauerten diese Gesellenunruhen.

Bei anderer Gelegenheit hatten Artilleristen beim Übungsschießen einen Galgen getroffen. Friedrich II. gab den Befehl, den Galgen wieder aufzurichten. Die Handwerker weigerten sich aber, es stand gegen ihre Ehre, „Pfusch" zu reparieren. Also mußte der Magistrat der Stadt zur Richtstätte hinausziehen, den ersten Schlag tun und die Stadtfahne darüber schwenken. Dann erst gingen die Zimmerleute, Maurer und Schmiede an die Arbeit.

„Was ist Zucht und Ehrbarkeit?" fragte der Altgesell einen einreisenden Handwerksgenossen, der spontan antworten mußte: „Handwerksbrauch und -Gewohnheit". Derartige Sitten- und Zunftbegriffe mögen gerade in der aufgeklärten Zeit Friedrichs II. als kleinkariert und überlebt betrachtet worden sein, nicht vergessen werden dürfen jedoch die positiven Züge dieses Ehrbegriffes. So gehörte es zu einem ehrbaren Lebenswandel, Kinder in die Predigt zu schicken, Ehrerbietung gegen weltliche und geistliche Obrigkeit zu bezeigen; Höflichkeit und Bescheidenheit waren selbstverständliche Tugenden, Felddiebstähle galt es anzuzeigen und im Falle der Erkrankung eines Mitgesellen dessen Arbeit mit zu übernehmen (sie nannten das „Frondienste"). Starb ein Zunftgenosse, trugen sie seinen Sarg zum Grab und kümmerten sich, auch finanziell, um die Witwe, der ein Geselle beigegeben wurde, damit sie das Geschäft ihres Mannes weiterführen konnte.

Innerhalb der Zünfte („Eigene Gerichtsbarkeit" auch nach 1731

gestattet) gab es strenge Straftaxen bei Verstößen gegen Innungs-
artikel und Handwerksgewohnheiten[18], für Versäumnisse bei der
Arbeit, für Trunkenheit, Schwatzhaftigkeit und dumme Buben-
streiche, schlechte oder betrügerische Arbeiten[19]. Streitereien
wurden vor dem Zunft-Schiedsgericht ausgetragen. Wer erst nach
10 Uhr abends seine Stube im Wohnhaus seines Meisters betrat, bei
dem er lebte, mußte eine Strafe von 10 Talern bezahlen[20].

Noch nach 1848 hatte ein Schneidergeselle in Dresden keinen
anderen Wunsch als gute Kost, eine ordentliche Schlafstelle,
freundliche Behandlung beim Meister und der Polizei – und bitte:
der Meister möge ihn nicht per Du anreden.

Es widersprach der Standesehre des Gesellen, mit einem Tagelöhner in einer Stube zu schlafen; wer ihn gar Proletarier
schimpfte, mußte zerknirscht den Ausdruck zurücknehmen.
Selbst nach 1870 galt es noch als Schimpf, wenn man einen Gesellen als Arbeiter bezeichnete[21]. Und wer gar – noch 1878! – mit um-
gebundener Schürze die Straße überquerte oder auf der Straße
sein Brot aß, mußte 15 Taler Strafe zahlen. Undenkbar war es übrigens, auf der Wanderschaft einen Regenschirm zu tragen. An die
Stelle des Degens war der derbe Knüppel getreten[22].

In katholischen Ländern tanzte man lieber als in protestantischen, dafür war der Wohlstand in protestantischen Ländern
höher als in katholischen[23]. Tanzvergnügungen gaben sich Gesellen
und Burschen gern hin, denn neben dem Kirchgang bot sich hier
die einzige Gelegenheit, ein Mädchen kennenzulernen. Das Tanzen machte nicht nur stolz, sondern fast „hoffähig", vor allem seit
sich herumgesprochen hatte, der junge König Friedrich II. habe
nach seinem feierlichen Einzug in Breslau (3. Januar 1741) während eines zwei Tage später angesetzten großen Balles der Stände
und Bürgerschaft mit einer der vornehmsten Damen Schlesiens
den Tanzreigen eröffnet[24].

Karfreitags- und Fronleichnamsprozessionen eigneten sich in
katholischen Gegenden weniger, um Mädchen „anzumachen". Die
Zünfte nahmen geschlossen daran teil (in München waren es z. B.
83 Gruppen und Wagen)[25]. Juden „und andere Schergen" mußten sich dabei hervortun, den feierlichen Umzug verunglimpfen
und verhöhnen und den Ärger der Bürger hervorrufen, bis sie zu
einem abgesprochenen Bildstock kamen, wo Gesellen und Bur-

schen sie nach Herzenslust verprügeln durften. Über Juden kursierten die wildesten Gerüchte: Hostienschändung sagte man ihnen sozusagen genuinerweise nach, denn 1510 waren in Berlin wegen dieses Vergehens 38 von 100 verdächtigen Juden auf dem Neuen Markt verbrannt worden; Jüdinnen könnten nur dann gebären, wenn sie Christenblut getrunken hätten. Von Hamburg kam das Gerücht herüber, Jüdinnen würden sich mit Christenblut „parfümieren"[26]. Es ergötzte Jung und Alt, wenn in einem durch die Gassen getragenen Puppenspiel gezeigt wurde, wie Kasperle einen Juden totschlug; Handwerksburschen machten sich in Frankfurt/Oder in den 1790er Jahren einen Spaß daraus, mit Judenmädchen zu flanieren.

Waren die wandernden Handwerksgesellen lange Zeit aus dem Stadtbild verschwunden, so erfährt das 20. Jahrhundert eine rege Wiederbelebung, vor allem seit den achtziger Jahren, überwiegend bei den Maurer- und Zimmerleuten. Die meisten von ihnen gehören einem „Schacht", einer Zunft an, wie etwa der „Vereinigung der ehrbaren, rechtschaffenen fremden Zimmer- und Schieferdeckergesellen" in Mannheim, der „Gesellschaft der rechtschaffenen Maurer- und Steinhauergesellen zu Frankfurt am Main", der „Axt und Kelle, Verein zur Förderung und Erhaltung von Kultur und Bauhandwerk" in Frankfurt am Main. Es gibt die „Rolandsbrüder", die „Freiheitsbrüder", die „freien Vogtländer". Die Gesellschaft der rechtschaffenen fremden Gesellen ist die älteste Zunft im Bauhandwerk, pflegt getrennt die ältesten überlieferten Riten für das „Maurer- und Steinhauerhandwerk" und für die „Zimmer- und Schieferdeckergesellen", „wie sie vor Jahrhunderten entstanden und im Laufe der Jahre gewachsen sind"[26a]. Man findet alle voneinander unabhängigen Gesellschaften heute wieder in jeder größeren Stadt. Eintreten kann jeder unverheiratete Mann bis zu 30 Jahren mit einer fachmännisch und erfolgreich abgeschlossenen Berufsausbildung im Baugewerbe. Wer neu in eine Zunft kommt, wird vom Altgesellen der Herberge eingehend unterwiesen. Sobald er sich entschließt, in die Fremde zu gehen, wird er auf einem Gesellenabend „eingebunden". „Die Ehrbarkeit wird ihm während der Einführung in das Zunftzeremoniell eingebunden, und er ist somit rechtschaffener Fremder mit allen Rechten und Pflichten gemäß den altüberlieferten Zunftgebräuchen. Er sollte noch ca. sechs Wochen in seiner Erwanderungsstadt bleiben, um sich mit den Riten der rechtschaffenen fremden Gesellen auf dem ehrbaren Handwerkssaal ausführlich vertraut zu machen, um sodann gut gewappnet frisch und frei in die Welt hinauszuziehen."[26b] Speziell auf die einzelnen Zünfte bezogene, also nicht offizielle Rituale, dürfen anderen gegenüber nicht ausgeplaudert werden. Ein von der Zunftidee überzeugter Lehrling darf an Gesellenabenden teilnehmen – in der Kluft.

Die „Kluft", die Zunftkleidung, ist, mit kleinen Differenzierungen je nach Zunftzugehörigkeit und Beruf, typisch wie eh und je: breitkrempiger schwarzer Schlapphut, Koks oder Zylinder, schwarzer Samt- oder Manchesteranzug (mit flatternden Hosenbeinen), Jacke und Weste je nach Beruf mit schwarzen oder andersfarbigen Biesen, Perlmuttknöpfen, der „Staude", dem kragenlosen weißen Hemd, und der „Ehrbarkeit", einem je nach Gesellschaft schwarzen (so bei den rechtschaffenen fremden Gesellen), blauen oder roten Schlips. Schwarze Schuhe oder Stiefel. Im Ohrring am linken Ohr des rechtschaffenen fremden Gesellen ist sein Handwerkswappen zu sehen, an der Zunftuhrkette baumeln die Wappen der Städte, in denen er gearbeitet hat. Weiterer Schmuck, wie Orden oder Abzeichen, selbst zu viele Knöpfe am Anzug, sind verpönt. Den „freien Vogtländer" erkennt man an seiner Zunftnadel mit den Symbolen der Bauhandwerker: Hammer, Zirkel und Säge.

Der „Charlottenburger" oder auch „Berliner", der Wandersack des wandernden Handwerksgesellen, ist nicht ein gewöhnliches Stoffpaket, sondern ein genauestens zusammengeknotetes, 80 × 80 cm großes buntes Tuch, das entweder mit den Bildern der Zunft, auch mit dem eigenen Namen bedruckt ist oder die „Visitenkarte" der Zunftschneider zeigt. Einen echten zünftigen Gesellen erkennt man an seinem ordentlich ca. 30 cm dicken und ca. 70 cm langen „Charlottenburger" bzw. „Berliner", wobei jedes in diesem Tuch gesondert zusammengeschnürte Bündel ebenfalls „Charlottenburger" oder „Berliner" genannt wird.

Das säuberliche Zusammenknoten des „Charlottenburgers" bzw. „Berliners" will gelernt sein, wenn man bedenkt, daß alle Gegenstände des täglichen Gebrauchs, außer den Geräten am Arbeitsplatz, darin verstaut sein müssen, vom wichtigsten Werkzeug bis zur Unterwäsche, den Socken, Hemden, Waschutensilien, dem Schuhputzzeug. Der „Stenz", der Wanderstab, gehört ebenso zur Ausstattung. Hier kann man wahre Prachtexemplare bewundern. Bedingung ist, daß der „Stenz" aus einem Naturstock mit schlangenförmig eingewachsenen Schlingpflanzen besteht, an dem der Geselle seine Schnitzkunst unter Beweis stellen kann.

Der wandernde (oder auch reisende) Geselle braucht vor niemandem seinen Hut ziehen, ja, er darf ihn nur zum Essen und Schlafen und bei besonderen Anlässen, wie etwa vor offener Lade, abnehmen. Wie ehedem muß er stets sauber gekleidet sein, darf nicht betrunken durch die Lande tippeln, während der Wanderschaft nicht heiraten, keine Schulden machen, andererseits aber auch nur das besitzen, was er bei sich tragen kann.

Beginnt ein Gesellenneuling bei den rechtschaffenen fremden Gesellen seine Wanderschaft, geht er „auf die Walz", kommen Kameraden oft aus weiter Umgebung zur Herberge. Von hier aus begleiten sie ihn im „Gänsemarsch", also einer hinter dem anderen, zur Stadtgrenze. Der „Leithammel" trägt eine Flasche „Köm" (Schnaps) am „Charlottenburger" über der Schulter, dabei wird „geschallert" und zwischendrin aus dem „Kömbuddel" getrunken. Von nun an darf der Wandergeselle die Stadtgrenze erst wieder nach drei Jahren und einem Tag überschreiten. Während der Wanderzeit ist es streng verboten, sich seiner Heimatstadt auf mehr als 50 km zu nähern (ausgenommen bei schweren Krankheiten oder Sterbefällen in der Familie). Er wandert, „tippelt" und verschmäht öffentliche Verkehrsmittel, mit gelegentlicher Ausnahme der Eisenbahn, auch läßt er sich gern mal per Anhalter mitnehmen. Er ist überparteilich (Politik bilde nur Mauern, und er will ja über Mauern hinweg in andere Länder), ist überreligiös und übernational. Der Weg führt ihn bisweilen durch ganz Europa. Heute wie in früheren Zeiten lockt ihn die Neugier auf andere Menschen, andere Bräuche und Lebensgewohnheiten, vor allem Arbeitspraktiken; ihre Wanderschaft betrachten sie als Lebensschule.

Ein Vierteljahr tippeln, ein Vierteljahr arbeiten: das ist die Regel. Während der Beschäftigungszeit sind die rechtschaffenen fremden Gesellen kranken-, renten- und arbeitslosenversicherungspflichtig. Eine neue Arbeitsstelle bzw. Beendigung einer

Beschäftigung muß den betreffenden Ämtern mitgeteilt werden. Während ihrer Tippelzeit wird gegen einen günstigen Beitrag freiwilliger Krankenversicherungsschutz gewährt.

Die Herbergen sind für alle Zunftmitglieder stets ihre Anlaufstellen, wo sie bei ihrer Ankunft nach altem Handwerksbrauch „ausgeschenkt" werden, was heißt: sie werden mit einem Trunk begrüßt (wie etwa bei den rechtschaffenen fremden Gesellen). Das Zu- und Abreisen beinhaltet seine vorgeschriebenen Rituale. Der Ankömmling trägt sich ins Zugereistenbuch ein und nimmt für die Zeit seines Aufenthalts am Ort am Zunftleben teil, tauscht seine Erfahrungen aus, holt Rat ein, kann sich mit einheimischen Gesellen unterhalten, erhält jedmögliche Unterstützung.

Bei den rechtschaffenen fremden Zimmer- und Schieferdeckergesellen wird die Gesellschaft von einem Alt-, einem Buch- und einem Dosengesellen geführt, bei den rechtschaffenen fremden Maurer- und Steinhauergesellen von einem Wortführer sowie einem Herbergs- und Krankenbesucher. Der Wandergeselle darf am Ankunftstag in der Herberge für eine Nacht kostenlos schlafen, im Winter gibt es einen Tag zusätzlich kostenlose Verpflegung. Vom „Komodeheißer" erfährt der Ankömmling, wer in der letzten Zeit wohin weitergezogen, wer in der Stadt gerade „geschrieben" ist (so etwa bei den rechtschaffenen fremden Gesellen).

Die Herberge ist meist ein Gasthaus mit Übernachtungsmöglichkeiten und einem zum Handwerkssaal umfunktionierten Klubraum. Es gibt aber auch zunfteigene Häuser wie das der rechtschaffenen fremden Gesellen in Hamburg. Sie nennen den Herbergswirt Vater, die Wirtin Mutter, deren Sohn und Tochter Bruder und Schwester. An den regelmäßig stattfindenden traditionellen Gesellenabenden, zu denen auch in Abständen die einheimischen Gesellen kommen, werden auf dem ehrbaren Handwerkssaal zuerst sämtliche formellen Angelegenheiten geregelt (z. B. finanzielle Belange der Gesellschaft). Dabei ist jeder Unzünftige ausgeschlossen. Alles wird demokratisch und per Handschlag vollzogen.

Der Ausschluß von Unzünftigen bei diesen Handlungen stammt aus der Zeit der Zunftverbote und wird heute als altüberliefertes Brauchtum aufrechterhalten.

Nach diesem Zunftzeremoniell geht es am Handwerkstisch zum

gesellschaftlichen Teil mit weiteren traditionellen Gepflogenheiten über.

Eine Hierarchie unter den wandernden Handwerksgesellen gibt es nicht. Jeder paßt auf jeden auf. Handelt einer nicht vorschriftsmäßig, d. h., ist er betrunken oder hat seinen Hut nicht auf dem Kopf, wird er „getrudelt". Die „Trudel" ist bei den „freien Vogtländern" ein achtkantiges, 1,20 m langes Holz, auf dem der zu Bestrafende hin- und hergezogen wird. Bei den rechtschaffenen fremden Gesellen gehört zum Trudeln „ein stabiler Trudeltisch, eine zwölfkantige Trudel, ein Trudelbur, ein Anschieter, vier Trudelknechte und einige Gesellen, sowie nach Möglichkeit noch die Herbergsschwester. Der Anschieter wirft einem Gesellen irgendeine Verfehlung vor, die vom Trudelbur mit einer Lage Trudeln ‚bestraft' wird. Ist er ‚geständig', so wird er von den Trudelknechten rücklings auf die Trudel bugsiert und bei einem Lied auf der sich drehenden Trudel im Takt hin- und hergeschoben. Bei besonders hartem ‚Vergehen' bekommt er noch die Herbergsschwester als Auflage, die sein Kreuz mit ihrem Gewicht zusätzlich auf die Trudel drückt. Vergnüglich wird es allerdings für ihn, wenn einmal kantholz gemacht wird und er in die Oberlage kommt."[26c] Diese „Bestrafung" wird heute noch gepflegt, doch mehr als lustiges Brauchtum denn als echte schmerzhafte Tortur.

Dem Usus des „Klatschens" wird außer an Gesellenabenden gern bei Richtfesten o. ä. Anlässen gefrönt, wobei sich mindestens zwei Gesellen, besser jedoch vier, sechs, zum großen Rundklatsch gegenübersitzen und zu Marschmusik oder Walzermelodien sich selbst oder gegenseitig in bestimmter Reihenfolge und genauem Rhythmus in die Hände klatschen.

Neben den „Trudel-Abenden" werden u. a. Abende veranstaltet, an denen „geschallert" wird und, nicht zu vergessen, gibt es für solche, die besonders lernbegierig sind, z. B. Modellierabende (wie bei den rechtschaffenen fremden Gesellen).

Eine eigene Sprache kommt hinzu. Der Meister (Arbeitgeber) wird z. B. „Krauter" genannt, arbeiten „schenigeln", Hunger haben heißt „schmachten", das Brot ist ein „Weichling", trinken heißt „schmoren", singen „schallern", einer Zunft beitreten „erwandern". Sie bleiben so lange, wie ihnen die Arbeit „schmeckt", doch trotzdem nicht länger als sechs Monate an einem Ort. „Schmal-

72

machen" bedeutet, daß der Geselle „bei Krautern, Innungen, Handwerkskammern, Gewerkschaften, Schlachter-, Bäcker- und Brauereien etc. nach einer kleinen Reiseunterstützung, einem Wegzehr, einem Labetrunk oder einem kostenlosen Nachtquartier usw. fragt. Die hierfür anzuwendenden Sprüche sind den Umständen entsprechend verschiedener Art"[26d].

Natürlich gibt es einige Unterschiede zwischen „ehemals" und „heute"; zwei wesentliche: damals bestand für einen Gesellen „Wanderzwang", während der heutige Geselle aus völlig freiem Entschluß auf die „Walz" gehen kann, wann und wohin er will. Zum anderen mußte damals das „Wanderbuch" von der Polizeidirektion des jeweiligen Heimatortes für den auf Wanderschaft ziehenden Gesellen ausgestellt werden, heute gleicht das Wanderbuch einem Reisepaß, der in vier Sprachen abgefaßt ist und von der Dachorganisation der europäischen Gesellenzünfte, der C.C.E.G. (Confederation Compagnonnage européen, europäische Gesellenzünfte), ausgestellt ist. Diese Organisation, 1968 in Paris/ Tours gegründet, hat seit 1978 einen beratenden Status im Europarat in Straßburg. In diesem Wanderbuch werden während der Tippelei täglich offizielle Eintragungen vorgenommen. Nach Beendigung seiner Wanderzeit kann sich der Geselle „einheimisch" melden und bleibt weiterhin in seiner Zunft „geschrieben".

Mit Hauptsitz in Paris (113 Häuser in ganz Frankreich) sind die „Compagnons du Devoir" eine sich immer stärker international ausbreitende Vereinigung von hohem Niveau, die ihren Mitgliedern Sprachkurse und berufliche Fortbildung bietet. Die Gesellenvereinigung nimmt die Meisterprüfung in zwei Sprachen ab, 5 bis 6 Jahre und länger ist die „Lehrzeit".

Hervorgegangen aus der Handwerksorganisation von Frankreich, Irland und Deutschland, haben die „Compagnons" ihren ersten Sitz auf deutschem Boden im „Kölner Fettenhof, Association Ouvriere des Compagnons du Devoir", der zweite Sitz befindet sich neuerdings im „Rosenhof" bei Aachen. Neben den Zimmerleuten gibt es u. a. Schmiede, Dachdecker, Konditoren. Die Farbe ihrer Schärpen weisen ihre Berufsrichtung aus, z. B. steht rot für Metall, grün für Leder, weiß für Stein.

Mit einem völlig neuen Phänomen des fortschrittlichen 20. Jahrhunderts mögen sich die traditionsbewußten Wandergesellen nur sehr schwer anfreunden, nämlich mit dem Auftauchen (bis jetzt allerdings nur sehr weniger) „Wandergesellinnen".

Zum Lebensstandard der Zunfthandwerker (Berlin)

Zur Zeit Friedrichs II. konnte ein gutbürgerlicher „ehrbarer" Zunft-Handwerksmeister durchaus eine standesgemäße „Nahrung" haben. Um 1760 besaßen in Berlin etwa zwei Drittel der Handwerksmeister ein eigenes Haus, wie es zur Handwerksgerechtigkeit und zum Bürgerrecht gehörte.

Graf Lehndorff, der Kammerherr von Elisabeth-Christine, der Gemahlin Friedrichs II., berichtete, daß es zur Zeit der Besetzung Berlins durch die Russen, Österreicher und Sachsen im Siebenjährigen Krieg vielen Handwerkern ausgesprochen gut gehe, weil die „ausländischen" (= gefangenen) Offiziere monatlich ohne weiteres 50000 Taler und mehr für handwerkliche Erzeugnisse ausgaben. „Handwerker und Kaufleute werden reich", schrieb er am 5. Mai 1761, „während der Adel zugrunde geht. Bei den Kaufleuten herrscht jetzt ein außerordentlicher Reichtum und Luxus. Sie fahren sechsspännig, halten eine große Dienerschaft und sind aufs prächtigste eingerichtet, während wir (= die Adligen) uns immer mehr einschränken müssen."

Besonders am Sonntag entfaltete der wohlhabende Meister seinen Lebensstandard. Nach dem morgendlichen Kirchgang traf er sich gern mit Standesgenossen auf dem Kirchplatz zum Plausch. Oft lud er fürs Mittagessen seine Sonntagsgäste ein, Verwandte, den Pfarrer, hielt auf Gebildete wie Ärzte oder Gelehrte, Buchhändler oder Juristen unter seinen Gästen. Manch kunstsinniger Handwerksmeister machte sich auch eine Ehre daraus, einen Künstler aus dem Theater in der Behrenstraße kennenzulernen und ihn sogar einzuladen, damit der hungernde Künstler aus der verrufenen Klasse der Kommödianten sich an seinem Mittagstisch sattessen konnte.

Er ging zu den Bällen, die in der „Ressource", der Bürgergesellschaft, stattfanden. Es gab schon eine Leihbücherei, aus der er sich mit Werken der französischen Aufklärung oder zeitgenössischen Romanen eindeckte[27].

In einem großen Meisterhaus war genug Platz für eine Gesellschaft von 30 oder 40 Gästen, die sich in der Herrenstube oder in einem kleineren Zimmer daneben einfanden, wohingegen sich Gesellen und Lehrbuben in der eigens unterhaltenen Gesellenstube trafen, oft sogar 50 oder 60 Personen. Der Hausherr gab sich altväterlich, trug seinen eleganten Schlafrock, die Meisterin bevorzugte ihre Festtagstracht mit einem Häubchen auf dem Kopf.

Um zwölf Uhr gab es Mittagessen. Stehend sprach man in allen drei Zimmern das Tischgebet, nach alter Sitte psalmodierend langsam und ausgiebig. Das Mittagessen war für alle dasselbe, die Gesellen erhielten jedoch Bier, während der Hausherr mit seinen Gästen dem Wein zusprach. Das Essen zog sich nach französischer Sitte gern in die Länge. Danach sprach man wieder gemeinsam das Dankgebet, dem der Meister und Hausherr in der Gesellenstube eine Predigt folgen ließ mit allerhand Ermahnungen zu einem christlichen Lebenswandel.

Am Nachmittag hielt der Herr seinen Mittagsschlaf, die Gäste und die Gesellen suchten Zerstreuung und Abwechslung, etwa im Garten oder auf der Kegelbahn. Jeder Gast war gleichermaßen willkommen, wenn er sich nur der Hausordnung unterwarf. Dabei konnte der Meister zwar durchaus patriarchalisch auftreten und über seine Hausordnung wachen, durfte sich aber nicht das Recht nehmen und Gesellen maßregeln. Er hatte seine gesellschaftlichen Grenzen zu kennen, denn jederzeit konnte der Geselle ihn vor der Zunft verklagen. Er fuhr am besten, wenn er sich stets unparteiisch gab.

Nach dem obligatorischen Sonntagskirchgang, -essen und -schlaf spazierte der Meister mit seiner Familie vor das Stadttor ins Grüne, mehr, um sich zu zeigen, als seiner Gesundheit mit der meist ständig und stundenlang sitzenden Tätigkeit einen Dienst zu erweisen. Dann kam das Kaffeekränzchen, solange das Kaffeetrinken noch erlaubt war. Man ging auch gern in die Wirts- oder Zunftstube, wo die Handwerker wieder völlig unter sich blieben. Neben Gerücht und Tratsch wurde gelegentlich auch die Tagespolitik gestreift, und man räsonierte unbekümmert über die Schikanen der französischen Steuereintreiber gegen Ende der Regierungszeit Friedrichs II. Ein voller Genuß war es, einem durchreisenden Fremden zu lauschen, der vielleicht sagen und beruhigen konnte, daß es in anderen Ländern auch nicht besser sei.

Dabei ist interessant zu hören, daß die durch die verschiedenen Dialekte bedingten Sprachschwierigkeiten dadurch „internationalisiert" wurden, daß man sächsisch sprach. Das Sächsische war das am besten verständliche Hochdeutsch[28].

Die Verlöbnisfeier und Hochzeit reglementierte der Staat, nicht die Zunft. 1748 wurde in Lübeck eine aus dem 17. Jahrhundert stammende Bestimmung erneuert, wonach ein „kostbares Verlöbnißmahl gänzlich" verboten war, an der Mahlzeit sollten nicht mehr als 10 Personen teilnehmen, nicht mehr als vier Essen für Mittag und Abend waren erlaubt. Wer im Sommer später als um 10 Uhr abends, im Winter um 9 Uhr abends erst fortging, mußte zwei Taler Strafe zahlen. In Kurbraunschweig wurde 1774 der Polterabend verboten. 1785 das „Zerdeppern" von irdenem Geschirr. Die Geschenke sollten bei Strafe den Wert von zwei Talern nicht überschreiten.

Ganz anders und sehr im Unterschied zum wohlhabenden Meisterhaushalt ging es bei der Mehrzahl der ärmeren Handwerker zu. Deren Häuser waren z. Z. Friedrichs II. in der Regel recht klein, hatten selten über 50 qm Wohnfläche. Im zweiten Geschoß wohnten oft Mieter oder solche Handwerker, die mit dem Hausbesitzer die Werkstatt teilten, welche im Erdgeschoß oder Keller lag. Die im Erdgeschoß der Handwerkerhäuser gelegenen Arbeits- und Verkaufsräume an der Straßenfront dienten zugleich als Ausstellungsräume. In einfachen Handwerkerhäuschen mit drei oder vier Zimmern, oft ohne Kammer, mit Küche, waren nicht selten Rekruten einquartiert und mußten sich miteinander abfinden.

Die Lebensansprüche waren äußerst gering. Schon der Kauf eines Bleistiftes für den achtjährigen Sproß war ein Ereignis, das königliche Gefühle weckte.

Eng ging es zu: Die Familie mit den Kindern – das Baby in der Wiege, fest eingewickelt wie ein Paket – lebte mit Gesellen und Lehrbub in einem Raum, der zugleich als Werkstatt und nicht selten auch nachts als Schlafstube diente. In der zweiten Stube lebten die Großeltern, oft eine Stube ohne eigenes Fenster. Die Küche war klein und muffig, denn neben dem Küchenherd stand z. B. bei einem Goldschmiedemeister der Amboß, auf dem das auf dem Herd geschmolzene Gold oder Silber bearbeitet wurde. Eigene Schmelz- oder Glühöfen konnte der Meister sich nicht leisten. Kinder und Lehrbuben mußten beim Licht des Herdfeuers oder der stinkenden Funzel arbeiten und auf das Mittagessen auf dem Herd aufpassen. Dreizehn Stunden saßen so oft sechs, sieben, acht Personen in der kleinen Stube im Rauch und bei kläglichem Dämmerlicht.

Die Stubenböden waren entweder aus Stein oder mit Dielen belegt. Man hielt sie sauber, indem man sie mit feinem Sand bestreute. Dieses Sandstreuen erzeugte aber einen Staub, der sich auf die Lungen setzte, weshalb Schwindsucht eine häufige Krankheit war. Reinlichkeit spielte keine so große Rolle. Ein einziges Handtuch neben der Stubentür benutzten alle Hausbewohner die Woche lang.

Die Möblierung bestand aus schlecht gearbeitetem, mit Ölfarbe gestrichenem Holz, der Ofen war aus Ton oder Eisen. In Kästen und Truhen wurde das Geschirr der Hausfrau zur Schau gestellt. Statt Zinngeschirr war Steinzeug oder Töpferware im Siebenjährigen Krieg Mode geworden. Bei Hofe aß man ebenfalls aus Steingutgeschirr, wie Graf Lehndorff unterm 27. August 1757 schrieb, freilich nicht aus finanziellen Gründen, sondern deshalb, weil das bessere (Gold-)Geschirr zwecks Rettung vor den Kriegsereignissen verpackt und sicher verstaut war.

Nach Arbeitserfordernis wurde ausnahmsweise auch sonntags gearbeitet. Kinder, Gesellen und Lehrbuben schliefen meistens auf dem Dachboden, das Dach war mit Holzläden nur schlecht verschlossen, weshalb es im Winter aufs Bett schneien konnte. Hier wurde auch die Wäsche getrocknet, die im Winter steif fror und klamme Luft erzeugte. Die Dachstube war möbliert mit einem Schemel, dem Bett und der Wäschekiste. Wasser oder gar einen Ofen gab es nicht.

Der Tageslauf der Handwerker begann in der Regel sehr früh, um vier Uhr morgens fiel zur Sommerzeit in der Werkstatt der erste Hammerschlag, im Winter zwei Stunden später. Morgen-, Tisch- und Abendgebete waren üblich. Eine besondere Eßkultur pflegte der Handwerker nicht, mit der Hand „nach der Schüssel" zu fahren oder nach der heißen Kartoffel zu greifen, war selbstverständlich. Die Gestaltung des Feierabends übernahm der Meister, indem er – wenn er lesen konnte – bei flackerndem Talglicht etwas vorlas, oder, indem sich Meister, Gesellen, Lehrbuben und Frauen vor dem Haus auf der Gasse dem gemütlichen Tratsch hingaben.

Die Handwerksmeister fanden den Mittelpunkt ihres Lebens weniger im Anhimmeln der königlichen Politik als im christlichen Glauben. Der Kern ihrer Ehrbarkeit war die Frömmigkeit, das war ihre oberste Tugend und der Quell ihres Gerechtigkeitssinnes. Wenn der Meister abends vorlas, so in erster Linie aus der Bibel, dem Katechismus oder Gesangbuch, dazu aus dem Spruchbuch oder biblische Historien. Beliebt war auch das Kochbuch der Großmutter, und – besonders nach dem Siebenjährigen Krieg – erste Biographien über den König und seinen großen Krieg. Die „Wirtembergische Chronik" von Archenholz wurde viel gelesen[29]. Sie rangierten neben Räuber- und Ritterromanen und Berichten über Hexenverbrennungen (der letzte Hexenprozeß in Berlin war 1728). Besaß ein Handwerker gegen Ende des 18. Jahrhunderts eine der neuen Enzyklopädien, galt er als außerordentlich gebildet. Gern las er natürlich in Büchern, die sich mit seinem Handwerk befaßten – und alte Techniken beschrieben. Gegen jede Neuerung innerhalb seines Berufes blieb er aber streng immun. Ein aufgeklärter Mensch konnte einfach kein ehrbarer Handwerker sein – und umgekehrt.

„Zum Biere" holte man auch Werthers Leiden hervor, August von Kotzebues Theaterstücke oder Reisebeschreibungen, vor allem solche, die an die Gesellenwanderzeit erinnerten. Als Inbegriff der Wissenschaft zählte der Robinson Crusoe. Vom Geist von Weimar blieb der Handwerker verschont, er ärgerte sich höchstens mit seinem König über diesen „Götz von Berlichingen".

Wer weit über seinen Lebenskreis hinausblicken konnte, der stellte neben die Biographie Friedrichs des Großen die neue über Peter den Großen. Keineswegs beliebt waren im nüchternen Preußen nur „erfundene" Geschichten, keine Spur von bloßer Phantasiebefriedigung. Brauchte man seelische Stärkung, dann war es das Vorbild des Königs als Landesvater, der sich Tag für Tag um das Wohlergehen seiner Untertanen sorgte und dem man Verständnis und Einsicht in die Belange der Handwerker einfach unterschob. Man war so sehr Preuße, daß man die Österreicher haßte – wie auch der König. Ein Geselle stand schon an der Grenze der Ehrbarkeit, wenn er ein gebürtiger Österreicher war.

Die Regel war eher gar keine oder nur eine mangelhafte Schulbildung. Noch 1818 besuchte fast ein Drittel der schulpflichtigen
Berliner Kinder keine Schule, 1820 konnte ein Drittel der schlesischen Handwerksmeister nicht einmal ihren Namen schreiben[30].
Sprach der Handwerker nicht über sein Handwerk, dann befrie-
digte er seine Klatschsucht mit den neuesten Anekdoten oder
Affären aus dem Königshaus oder dem königlichen Theater.

Es galt im Zunftleben jedenfalls keineswegs als Schimpf, wenn
der Meister nicht lesen und schreiben konnte. Arbeitsverträge
wurden mündlich ausgehandelt. Verstand ein Handwerker mehr
als sein Handwerk, so war man geneigt, ihm dies von seiner Ge-
werbsfähigkeit und „ehrbaren" Tugend abzuziehen. Bildung
konnte einen Zunftmeister eher verdächtig machen, als es seinem
Zunftstatus guttat[31]. Beim Bier- und Weinumtrunk fiel ihm nicht
ein, über Kunst, Natur, Politik oder Philosophie zu sprechen. Die
Themen: Haus, Handwerk, Nachbarn, Freunde und städtischer
Klatsch genügten ihm völlig. Wenn nur sein gemütlicher, zufriede-
ner Lebensalltag nicht gestört wurde.

Das ganze Bildungsgut hatte der Handwerker sich auf seiner
Wanderschaft als Geselle erworben. Die Gesellenlehrjahre rangierten daher auf gleicher Höhe wie die Universitätsjahre des Akade-
mikers. Und er empfand es als Bildungsmakel, als 1763 die Wan-
derpflicht aufgehoben wurde[32]. Die Wanderjahre blieben die
große Zeit im Leben des Meisters, und er dachte gar nicht ungern
an die täglichen Plackereien zurück, an die Unsauberkeit und das
tägliche Entlausen, an die Schikanen des Herbergsvaters oder die
Scherereien mit der Polizei. Über den Wanderjahren leuchtete ein
Glanz, vergleichbar mit der viel besungenen Burschenherrlich-
keit.

Die Unternehmungslust des Wandergesellen wich rasch dem or-
dentlichen Lebensweg des Meisters, eingebunden in sonntäg-
lichen Kirchgang, Zusammenkunft mit Zunftgenossen – täglich
ehrbare Arbeit. Nach einem dreizehnstündigen Arbeitstag hatte
er wenig Lust, durch viel Neues seinen Tagestrott stören zu lassen.
Mit seiner Hände Arbeit das tägliche Brot ehrlich verdienen:
darin bestand sein soziales Selbstbewußtsein.

Der Handwerker heiratete in der Regel erst, wenn er seine Frau
„ernähren" konnte, also selten vor dem 25. Lebensjahr, jedenfalls

nach Antritt der Meisterschaft[33]. Da es Zunftsitten entsprach, Meisterwitwen zu ehelichen, weil sie die Konzession für das Gewerbe in die Ehe mitbrachten[34], war die Meisterin meistens 15 bis 20 Jahre älter als der Meister. Liebe war in solchen Ehen kaum vorauszusetzen. Wichtiger war die „Gewöhnung des Zusammenlebens"[35]. Die Meisterfrau fand ihre Erfüllung weniger als Geschlechtspartnerin, sondern vielmehr in der Rolle als Arbeitsgehilfin ihres Mannes.

Die Kindersterblichkeit war recht hoch. Bis ins 17. und 18. Jahrhundert war man über den Tod eines Kindes nicht sonderlich betrübt, sofern es noch nicht im arbeitsfähigen Alter von vier oder fünf Jahren war. Ein Kind wurde erst dann als vollständiger Mensch akzeptiert, wenn es leichte Arbeiten verrichten konnte. Starb eines sehr früh, so war es kaum eines Andenkens würdig. Es gab ja genug andere. Deshalb schaffte man sich soviele sozusagen auf Vorrat an, daß bei Verlusten immer noch genügend übrig blieben, um die Eltern bei der Arbeit zu unterstützen. Mit sieben Jahren galt ein Kind als Erwachsener, eben als Arbeitskraft[36]. Daher waren die Eltern auch gegen den Schulbesuch eingestellt. Spätestens mit sieben Jahren hätte der Schulunterricht beginnen sollen, aber von diesem Alter an brauchte man sie gerade im Sommer für die Arbeiten in der Werkstatt, im Stall und auf dem Feld.

Arbeiter-und Soldatenstadt Berlin

In Preußens Haupt-, Residenz- und Garnisonstadt Berlin lebten die meisten Bewohner als Handwerker und Ackerbürger und betrieben „städtische Landwirtschaft". Sie pflegten in der Regel nebenberuflich Ackerbau und Viehhaltung in kleinerem Ausmaß nicht nur auf der städtischen Feldmark am Rande der Stadt, sondern auch innerhalb der Stadt. 1784 ärgerten sich durchreisende Besucher über die enormen Misthaufen vor den Häusern und über den bestialischen Gestank, der von Schweinemästereien herrührte. Sofern die Einwohner das Bürgerrecht besaßen, stand ihnen Anspruch auf Acker und Braugerechtigkeit zu[37]. Sie waren also Landwirt, Brauer und Handwerker gleichzeitig.

Die Anlage der Stadt Berlin im 18. Jahrhundert war durchaus

rationell: In der Innenstadt befanden sich die größeren, mehrstöckigen Häuser – fünfstöckige gab es z. Z. Friedrichs II. noch nicht –, darum herum zog sich ein Ring von Vorstädten mit meist niedrigeren Häusern. In der Innenstadt lebten etwa drei Fünftel der Gesamtbevölkerung Berlins, davon waren annähernd die Hälfte Hausbesitzer. In den Vorstädten gab es noch zahlreiche Fachwerkhäuser, während in der Innenstadt die steinernen Häuser überwogen.

Bedingt durch die große Wohnungsnot, hob Friedrich II. 1765 seinen Grundsatz „Kauf bricht Miete" auf. Auf Staatskosten wurden zahlreiche ein- und zweistöckige Häuser durch drei- und vierstöckige ersetzt. Es entstanden die typischen lichtarmen Berliner Zimmer (da die Anlage von Seitenflügel und Quergebäude zwischen ersterem und Vorderhaus nicht genug Helligkeit bot).

Die sehr hellhörigen Häuser im Berlin um 1790 waren parallel zur Straßenflucht exakt angelegt, drei- und vier-, gelegentlich dann auch fünfstöckig mit Seiten- und Hintergebäuden, in denen 12 bis 16 Familien wohnten [38].

Beim Tod König Friedrichs I. (1713) war Berlin eine glänzende Residenzstadt, ein guter Boden für Künste. Das änderte sich unter dem Soldatenkönig Friedrich Wilhelm I. Nach wenigen Jahren war der Glanz verschwunden, und die Stadt glich einem Heerlager. Berlin war zwar Garnisonstadt, bildete aber keinen „Enrollierungsbezirk", d. h., Berlin war nicht gezwungen, Rekruten für die Armee zu stellen. Zwar hatte Friedrich Wilhelm I. den Versuch unternommen, innerhalb der Stadt Soldaten zu werben, was aber nach dem Bericht einer „geschriebenen" Zeitung vom Dezember 1714 in seinen ersten beiden Regierungsjahren zu einer Abwanderung von 17 000 Menschen, darunter 7000 bis 8000 Handwerkern, führte [39]. Deshalb unterließ er in Berlin die Rekrutenaushebung, d. h., die ansässigen Handwerker blieben vom Militärdienst verschont. Für Potsdam und Brandenburg führte Friedrich II. im Jahre 1740 dieselbe Regelung cin.

Potsdam war eigentlich keine Neugründung, sondern ursprünglich ein Fischernest, später eine bedeutende Burg und ein kümmerliches Städtchen. Der Große Kurfürst hatte um 1660 die Mauern niedergerissen, ein neues Schloß gebaut, Kolonisten herbeigelockt, bevorzugt Holländer, mit denen er eine Seidenweberei gründete, Glashütten und eine Fayence-Fabrik ins Leben rief, Weinberge anlegte, Alleen entlang der Kanäle baute. Er machte u. a. jedem Bauern zur Pflicht, vor seiner Hochzeit 12 Bäume zu pflanzen, um das Land aufzuforsten und die Schäden des Dreißigjährigen Krieges (Kahlschlag) zu beheben.

Potsdam galt als ein „lustiger Ort". Unter Friedrich I. wich der gemütliche holländische Charakter, ein höfisch strenger, französischer Stil herrschte nun vor. Friedrich Wilhelm I. ließ Schloß und Park nach zweckmäßigen Grundsätzen ummodeln. Unter ihm wurde Potsdam Soldatenstadt, es entstanden sog. Soldatenhäuser, das waren einige größere Gebäude für je 10 Soldatenfamilien, im übrigen wurden in den Bürgerhäusern die Mansardendachkammern für je sechs unverheiratete Soldaten hergerichtet. Wiederum wurden Bauhandwerker, vor allem Zimmerleute, seßhaft gemacht und ebenfalls vom Militärdienst befreit. Sie erhielten unentgeltlich Baugrund, Baumaterial und Bauzuschüsse, manche sogar ganze Häuser samt Inhalt als Geschenk.

Die langen Berliner Straßenzüge mit den zweigeschossigen Häusern, in Reih und Glied gebaut wie eine „ausgerichtete" Soldatenkompagnie, waren belebt von Zivil- und Militärpersonen. Durch die Einquartierung war die Militärpräsenz überall und jederzeit spürbar, sie konnte bis in den Intimbereich ausufern. Einquartierung wurde von den Bürgern stets als Last, nicht als Ehre empfunden. 1740, beim Regierungsantritt Friedrichs II., gehörte ein Fünftel der Berliner Bevölkerung zum Heer. Einschließlich Soldatenfamilien schwankte danach der Militäranteil an der Zahl der Zivilbevölkerung zwischen ein Viertel bis ein Drittel. Erst später wurden auch in Berlin für die Soldaten Kasernen gebaut.

Den Bürgern war von Friedrich Wilhelm I. genau vorgeschrieben, in welchem Umfang sie die einquartierten Soldaten natural zu versorgen hatten. Die Soldaten benahmen sich wie die Herren im Haus, die Soldatenfrau beanspruchte Küchenbenutzung mit Koch- und Waschgelegenheit, und Soldatenkinder mußten nicht selten von Bürgerfrauen gepflegt werden, andernfalls sie verprügelt wurden. Im Laufe der Zeit gingen die reicheren Bürger dazu über, durch Geldbestechung die Soldaten wieder auszuquartieren. Und man war froh, das verhaßte „blaue Militärtuch" aus dem Haus zu haben.

Täglich wurden Soldaten gedrillt und für die Paraden exerziert. Auffallend im Berliner und Potsdamer Stadtbild waren natürlich die „Langen Kerls" des Königs, die etwa sechs Fuß hochgewachsen sein mußten (1 Fuß = 31 cm). Der Militärstaat Preußen fand hier seinen täglich sichtbaren Ausdruck. Der Soldatenstand war zu ehren („Der Mensch beginnt beim Leutnant"), der Zivilstand wurde herabgewürdigt, der Stand der Wissenschaftler verspottet[40].

König Friedrich Wilhelm I. ging gern mit dem Stock durch die Straßen spazieren und prügelte seine bürgerlichen Untertanen bei geringstem Anlaß, vor allem, wenn er Faulheit oder Müßiggang annahm. Rasch verprügelt wurden auch die Bürger, wenn sie einem Offizier den Weg versperrten. Auch zur Zeit Friedrichs II. war der preußische Korporalstock gefürchtet. Die militärische Überpräsenz führte dazu, daß im preußischen Bürgertum um 1770 eine offene antimilitaristische Gesinnung wuchs. Die Verprügelung der Bevölkerung nahm solche Ausmaße an, daß Friedrich II. 1754 gegen die Prügelsucht seiner Soldaten per Dekret einschreiten mußte: „Das Gouvernement läßt bitten, daß die Regimenter ihren Offiziers, Unteroffiziers und Gemeinen befehlen, daß sie keinen Bürger schlagen, widrigenfalls es an den König gemeldet, und sie davor bestraft werden."[41]

Zur Zeit Friedrich Wilhelms I. hatten die Bürger jeden zweiten Tag vor ihren Häusern zu kehren „bis auf die Mitte des Steindammes zu"[42], bei trockenem Wetter hatten sie „vorhero mit Wasser zu sprengen". Es war üblich, gefüllte Nachttöpfe und -stühle aus dem Fenster auf die Gasse zu schütten. Gegen menschlichen und tierischen Gestank war man unempfindlich. Nachttöpfe konnten die Einwohner in die Spree schütten unter der Vorlage, sie „ganz tieff ins Wasser" zu tauchen[43].

Über ganz Berlin hing auch noch zur Zeit Friedrichs II. ein stechender Fäkaliengestank. Das „stinkende Preußen" wurde allerdings noch übertroffen von Paris, wo Kloakenfeger in allen Gassen und Straßen zu finden waren. Ekelerregende Dunstschwaden der Abdeckereien lagen über Faubourg Saint-Marcel, Droschken waren mit Fäkalien übersät, der Schlamm des Kots deckte sogar das Straßenpflaster zu. Überall faulige Dämpfe der vergifteten Luft, Urinbäche und Kothaufen. In Paris wurde 1794 der erste Lehrstuhl für Hygiene eingerichtet. Bis gegen Ende des 18. Jahrhunderts gab es weder Ventilatoren noch Wasserspülung, kaum Schwemmkanalisation und noch weniger Desinfektionsmethoden; im Gegenteil, man hielt die Fenster der Wohnungen dicht geschlossen, um Durchzug und Gestank von draußen möglichst zu meiden.

Wie in Berlin stapften die Pariser Lumpensammler oft ohne Hemd und Strümpfe barfuß durch die Straßen, man nannte sie „wandelnde Misthaufen". Konzentriert fanden sich die unhygienischen Zustände in Krankenhäusern, Kasernen, Irrenanstalten und Gefängnissen.

Ein Arzt berichtete von einem Kerkerbesuch, wo oft nur der Kopf der Insassen aus dem Kotberg herausschaute, während der Rest des Körpers darin versunken war. Der Arzt sah sogar noch einen Vorteil darin, weil die betreffende Frau oder der Mann kaum Kleidung besaß und immerhin zur Winterzeit im Kotberg etwas Wärme fand.

Voltaire machte aus seinen stinkenden Zeitgenossen sogar so etwas wie einen Gottesbeweis mit dem Argument, Gott stinke nicht, also seien die stinkenden Pariser auch nicht nach seinem Ebenbild geschaffen. Gott existiere, weil man ihn nicht riechen könne.

Gegen Reinlichkeit durch Waschen waren indes alle Bevölkerungsschichten eingestellt. Vom König bis zum Bettler galt die Parole, das Waschen mache „debil", und Intimpflege habe Kinderlosigkeit zur Folge. Schmutz schütze außerdem vor Sonnenbräune, denn die im Grunde blasse Hautfarbe zählte noch immer als Standeszeichen der vornehmen Gesellschaft.

Graf Lehndorff berichtete von der Flucht des Hofstaates der Königin nach Spandau (unterm 16. Oktober 1757), um sich vor der Besetzung und Plünderung Berlins in Sicherheit zu bringen. Königin und Prinzessinnen nebst Dienern fanden Unterkunft in einer Fünf-Zimmer-Wohnung der Festung, eines der Zimmer diente als Toilette: „Ein großer Raum ... mit Patronen, Uniformen für vier Regimenter und einem Korbe mit Stroh, wo die Damen und die Herren in bunter Reihe sich von den Folgen ihrer Verdauung befreien."

In der Residenzstadt Berlin gab es zu Friedrichs II. Zeiten noch keine Bürgersteige, keine Kutschen, außer den rumpelnden Chaisen der Hofbediensteten, der Beamten, Offiziere und reich gewor-

denen Bürger. Als Straßenbeleuchtung dienten an die Haus-
wände gesteckte Pechfackeln. Wollte man abends spazierengehen,
nahm man eine Fackel mit, um den Heimweg wiederzufinden.
Überall lag Schmutz, im Winter waren die Straßen nicht geräumt.
Schnee, Matsch und Glatteis tauten erst im Frühjahr weg.

1826 kamen Gasbeleuchtungen auf, in London 1825[44]. Eine
Kanalisierung gab es selbst zu August Bebels Wanderzeiten 1867
noch nicht. Für menschliche Bedürfnisse dienten Kübel[45], die alte
Frauen unter weiten Röcken wegtrugen und in die Spree schütteten. Für den gröbsten Müll waren die Straßenfeger zuständig.

Essen, Kleidung und Staatstreue

Frühstück und Vesper wurden am Arbeitsplatz eingenommen,
Mittag- und Abendessen gemeinsam am Küchentisch. Um 8 Uhr
das Frühstück, um 11 Uhr das Mittagessen, das bis 12 Uhr dauerte,
um 16 Uhr gab es Vesper und um 19 Uhr wurde Feierabend geboten.

Zu jedem Hauptessen gab es eine warme Vorsuppe, entweder
aus Magermilch oder Kofent, einem billigen Schwachbier, das aus
dem zweiten Aufguß gebraut wurde. Dahinein brockte oder
tunkte man sein Brot. Zum Mittagessen gab es nicht selten nur
eine Suppe, dazu Brot, das ein fester Bestandteil jeder Kost war
und in überaus reichlichen Portionen gegessen wurde, etwa zwei
bis drei Pfund pro Tag, wobei ein Pfund zwischen 400 und 600
Gramm schwankte. Manchmal mußte man sich zum Mittagessen
auch nur mit einer Scheibe Brot und Salz, abends mit zwei Schei-
ben oder Pellkartoffeln mit Butter und Salz zufriedengeben: nahr-
hafte Hausmannskost ohne Verfeinerung oder Schleckerei[46]. Das
Sattessen als solches zählte.

Brei war das Hauptnahrungsmittel[47], eine Art Brei- und Mus-
Standard, oft als Eintopf gegessen. Beliebt war der Hirsebrei. Brei,
Grütze, Mehlspeisen, später Kartoffeln, standen oft auf dem kleinbürgerlichen Küchenzettel[48]. Mit Brei wurde auch das Kleinkind
während der Abgewöhnung von der Muttermilch und danach ge-
füttert. Bei der „Kußfütterung" schob die Mutter die vorgekaute
Speise mit ihrem Mund zwischen die Lippen des Kindes.

Man mußte sich auch öfter mit einem in Wasser und Salz gekochten dicken Brei aus geschrotetem Kornmehl begnügen, dazu gab es süße Milch oder mit Syrup versüßtes Dünnbier[49]. Der Brei wurde gern heiß gegessen, die Milch oder das Bier dagegen recht kalt getrunken. Neben den Getreideprodukten wählte man verschiedene Gemüsearten wie Erbsen oder Linsen; Bohnen aber so gut wie gar nicht. Dafür viele Kohlarten, Sauerkraut. Auch das Gemüse wurde breidick gekocht. Klöße waren ein beliebtes Sonntagsgericht. Bevor man die Kartoffel kannte, wurden sie vornehmlich aus Gerstenmehl zubereitet. Frischen Aal, Rosinen, gelbe Rüben, Reis und gewelkte Zwetschgen aß man mit Vorliebe. An frischem Obst gab es saure Kirschen und harte, steinige Birnen, auch einige Sorten Äpfel. Der Genuß von tierischen Produkten wie Fleisch gehörte zunächst zum typischen Donnerstagsessen, wurde aber nach dem Siebenjährigen Krieg erst eingeschränkt, dann gestrichen. Die Nahrung war reich an Kohlehydraten und Ballaststoffen.

In wohlhabenderen Familien gab es auch Rind- und Schweinefleisch, das gewöhnlich gekocht genossen wurde. Auch probierte man gern einmal etwas Neues aus, das die eingewanderten Franzosen, Holländer, Pfälzer und Piemonteser auf den Markt brachten, wie Beelitzer Spargel, Teltower Rübchen, neue Apfel- und Kirschsorten, Erdbeeren, auch Bohnen, Blumenkohl, Artischocken, allerlei Salatpflanzen und Kräuter[50].

Wasser, Dünnbier und Kaffee – gegen Ende der Regierungszeit Friedrichs II. („Kaffeeschnüffler") auch Kaffee-Ersatz aus gerösteten Zichorie-Wurzeln, „Preußischer Kaffee" genannt – waren die Standardgetränke der kleinbürgerlichen Familie. Tee war Luxusgetränk oder Medizin, Schokolade ohne Bedeutung, Wein war zu teuer; blieb also ab 1766 („Regie") neben dem Bier nur der Branntwein, der überall in Preußen und Schlesien, solange er noch erschwinglich war, reichlich getrunken wurde. Pfeiferauchen war bei den Marktfrauen üblich, obgleich öffentlich, also auf der Straße zu rauchen bis 1848 verboten war (in ganz Deutschland); das „Tabaktrinken" dagegen war bei Handwerkern sehr beliebt, auch zur Unterdrückung des Hungergefühls.

Die Männerkleidung des Durchschnittsbürgers zur Zeit Friedrichs II. zeigte preußischen Schnitt: Sie war zwar eng, hielt aber warm. Die Schuhe waren schmal, mit großen Schnallen versehen und zwangen zum Langsamgehen, wollte man sich nicht die Knöchel blutig laufen. Die Strümpfe waren über den Knien festgebunden[51], unterhalb der Knie fanden die festgeschnürten Beinkleider ihr Ende. Sie reichten bis an die Hüften, wo auch sie festgebunden waren. Der Rock saß tailliert, wie angegossen, mit Knöpfen oder Binden zugehalten. Auch das Halstuch war festgebunden wie Hemd, Weste und Rock. Die Haare wurden mit Fett beschmiert, mit Mehl bestäubt und im Nacken zu einem Zopf zusammengeschnürt. Darüber saß der Dreispitzhut.

Die Frauen trugen sechs oder sieben Röcke, ohne Höschen, übereinander, was sich beim Urinieren auf der Gasse als vorteilhaft erwies. Ererbte Kleidungsstücke zu tragen, war für den Handwerksmeister ein Scheidungsgrund. Die Frauen trugen gern über den Röcken eine Schürze, ein Mieder und Brusttuch und ein weich fallendes Schultertuch.

Kleiderordnungen reglementierten das Tragen von Schmuck. Städtische „Ambtleute" wurden z. B. in Kurbayern gegen sonntägliche Kirchgängerinnen handgreiflich, weil sie vergoldete Häubchen und Bruststücke trugen. Gold, Silber, Samt und Seide gehörten sich nicht für den Handwerkerstand. Kleiderordnungen wurden das ganze Jahrhundert über erlassen, die letzte 1780 in Mecklenburg[52].

Es war auch nach Zunftregeln nicht „ziemlich", sich „über den Stand" zu kleiden. Gerade der seriöse Handwerker mied jeden unnötigen Zierat oder modische Accessoires.

Als Glücksspiel kannte man damals das Lotto. Viele Meister spielten, gaben es aber nicht zu, und gewann einer, so verschenkte er meistens das Geld, denn der ehrbare Handwerksmeister durfte nicht in den Ruf geraten, knausrig zu sein.

Die Bürger, die Friedrich II. bei seiner Rückkehr aus dem Zweiten Schlesischen Krieg (28. Dezember 1745) nach Berlin als den „Großen", sogar den „Einzigen" feierten[53], nahmen Anteil an seinem Alltagsleben. Die neugierigen Berliner lustwandelten gern zur Baustelle oder den Treibhäusern des Monarchen. Sie sahen ihn öfters aus der Nähe, manche durften sogar mit ihm sprechen, ihre Klagen und Bitten vortragen und wurden auch, wenn sie Glück hatten, von ihm gnädig erhört. Viele nahmen sich den König zum Vorbild. Wie er sein Land regierte, so wollten auch sie ihr Haus bestellen: einfach, bescheiden, pflichtbewußt. Sie ärgerten sich zwar über seine Tabak- und Kaffee-Steuer, waren aber froh, wenn sie im Winter Brennholz und Brot hatten.

Manche betrauerten zutiefst seinen Tod, es gab sogar vereinzelte Verzweiflungstaten wie Selbstmorde deswegen. Sie wußten wohl, daß er tausende Taler hingab für sein goldenes Tafelgeschirr, daß der Bau des Neuen Palais viele Millionen Taler gekostet hatte und der sparsame und geizige König in Wahrheit ein reicher Mann war. Sei's drum: seine nachlässige Kleidung bis an die Grenze der Unsauberkeit und Schlampigkeit mochte sie wieder versöhnlich stimmen. Auch schlug zu Buche, daß er nicht in der teuren Staatskarosse durch die Stadt fuhr, sondern noch in hohem Alter auf seinem Pferd dahertrappelte und sich den Stiefel küssen ließ, man durfte auch ungestraft auf ihn schimpfen.

Als er zu Grabe getragen wurde, gab es kein großartiges Leichenbegräbnis mit Trommelwirbel und tausenden Jammernden mit tränennassen Augen. Graf Mirabeau schrieb: „. . . meine Seele entrüstet sich über das unwürdige Schauspiel, das Berlin meinen erstaunten Augen am Todestage des Helden bot, . . . Alles war düster, niemand traurig; alles war geschäftig, niemand betrübt. Kein Bedauern, kein Seufzen, kein Wort des Lobes!"[54] Es schien, als habe die vom König geforderte Tugend des Fleißes und der Geschäftigkeit keine Zeit für ein paar Trauertränen gelassen. Vielen wurde jetzt erst klar, daß sie ihren großen König eigentlich nie geliebt hatten.

Wurde Friedrichs II. Beerdigung von seinen Untertanen mit nur geringer Anteilnahme gewürdigt, so verhielten sich die österreichischen Untertanen ihrer Kaiserin gegenüber wesentlich rabiater. Als Maria Theresia am 29. November 1780 starb, war der Nimbus ihrer Popularität längst dahin. Die Leute waren über ihre neu eingeführte Tranksteuer derart erbost, daß sie ihren Sarg mit Steinen bewarfen. Grenadiere wurden eingesetzt, um die Überführung ihres Sarges am 4. Dezember 1780 in die Kapuzinergruft in Wien vor schlimmeren Ausschreitungen zu schützen[55].

Zu viele Versprechungen Friedrichs II. waren verbal geblieben. 1772 machte sich eine Anzahl Zunftmeister auf den Weg nach Sanssouci vor das berühmte Schloßfenster, wo die Untertanen darauf warteten[56], daß der König ihre Bittschriften erblicke, um dann den einen oder anderen vor sich zu laden und anzuhören. Bei solcher Gelegenheit sagte der König zu einem der Zunftmeister, er sei kein Feind der hergebrachten Zunftordnung und wolle sich der Sache des Handwerks annehmen. Aber im Grunde mochte er das Zunfthandwerk nicht, denn es stand seiner expandierenden Wirtschafts- und das heißt Manufakturpolitik entgegen.

Zu Weihnachten oder zum Geburtstag wünschten sich die Mädchen gerne eine Puppe, Küchengeschirr aus Zinn; Buben meist Trommeln und Gewehre und Zinnsoldaten, die eine genaue Nachbildung der königlichen Regimenter darstellten. Und sie zogen im Sommer zum Exerzierplatz, um die lebendigen Soldaten unterm Kommando des „Alten Fritz" in Staub und Hitze exerzieren zu sehen, richteten sich an einem zufälligen Blick des Königs auf – und waren doch meistens froh, daß sie als Stadtbuben nicht wie die Bauernbuben zum Militär mußten. Sie gingen gern ins Meisterhaus mit Zimmer, Kammer, Küche und Werkstatt zurück, wo sie oft zeitlebens hausen mußten.

Bei den Kindern beliebt waren auch Murmel- und Ballspiele sowie Drachen steigen zu lassen.

Die Auflösung der Zünfte

So fest gefügt und sicher geborgen Zunfthandwerker ihr Leben in ihrem seit Jahrhunderten gewachsenen Sozial-Gehäuse mit „Ehre" und „Nahrung" führen mochten, so waren doch im 17. und 18. Jahrhundert gravierende Symptome einer inneren Auflösung bis zum unaufhaltsamen Verfall unverkennbar. Die sozialen und finanziellen Absicherungen, welche die Zünfte ihren Mitgliedern garantierten, hatten im 15. und 16. Jahrhundert dazu geführt, daß sich immer mehr Zünfte mit immer mehr Mitgliedern bildeten. Im Laufe des 16. Jahrhunderts entstanden allein in Berlin dreiundzwanzig neue Zünfte. Viele alte Gewerbezweige schlossen sich zusammen, aber auch viele neue Berufsgruppen wie Seidenstikker, Hutstaffierer, Teppichmacher oder Pastetenbäcker gewannen Zunftrang und damit Bürgerrecht. Andere Berufszweige hatten sich innerhalb ihrer Zunft differenziert und spezialisiert wie die Huf-, Waffen-, Messer- und Goldschmiede.

Solche Differenzierungen nach innen und zünftlerische Abriegelungen nach außen, einschließlich der beschränkten Zahl zugelassener Meister, Gesellen und Lehrbuben, dienten nicht nur der Verbesserung der Qualität der Arbeit, sondern vor allem der Ausschaltung ruinöser Konkurrenz, um den alteingesessenen Meistern die „Nahrung" zu sichern. Zur Konkurrenz zählten die Pfuscher oder Störer, die selbst oft Handwerksmeister waren, aber aus welchen Gründen auch immer keiner Zunft angehörten und deshalb auch nicht die Erlaubnis hatten, selbständig ein Gewerbe auszuüben [57].

Zur Hauptabsicherung der „Nahrung" gehörte somit die Wettbewerbsbeschränkung. In einem Zunftbrief der Wollentuchmacher in Hersfeld hieß es 1730: „Kein Meister (soll) den andern die kauffleuth und Laden abruffen und zu sich ziehen." Kein Meister durfte für seine Arbeit Werbung treiben. „Soll kein Meister bey einem Bürger umb Arbeit nachsuchen, oder sich dazu anerbiethen...", aus einem Zunftbrief von 1752. Weiter: „Keiner (soll) dem andern sein gesinde verreitzen, abspannen und verleyten..." Oder: „... soll niemand dem andern greiffen in sein Handwerck".

Gemäß dieser inneren Abgrenzungen der Zünfte untereinander durften z. B. Tischler in ihrer Werkstatt nur Leim und hölzerne Pflöcke benutzen, für Nägel war der Zimmermann aus der anderen Zunft zuständig. Grobschmiede durften keine Schraubstöcke und Schrauben benutzen, denn diese gehörten in die Zunft der Kleinschmiede; noch 1816 verklagte ein Hamburger Grobbäcker einen Weißbäcker, weil er in zwei Backöfen zunftwidrig Grobgebäck gebacken hatte. Gegen derart strenge Geschlossenheit der Zünfte nach außen wie untereinander war bereits der Große Kurfürst angegangen, indem er Zunftmeistern außerzünftlerische Meister aufzwang, sog. Freimeister, die freilich weder Gesellen noch Lehrbuben halten durften. Das Reichsgewerbegesetz von 1731, das als eine neue Handwerksgesetzgebung verstanden werden kann und bis zur Auflösung des Reiches 1806 bestand, bestritt zwar nicht die Autonomie der Zünfte, unterstellte aber spezifische Zunftgebräuche der obrigkeitlichen Erlaubnis, beschnitt die der Zunft eigene Gerichtsbarkeit und erklärte das „Schelten", „Auftreiben", „Schimpfen" als ungesetzlich [58].

Es blieb bei der zünftlerisch geregelten Ausbildung: Lehrling,

Lehrbrief, Wanderjahre, Meisterbrief. Bräuche wie die geschlossene Zunft (= Ausschluß der unehrlichen Gewerbetreibenden und deren Kinder), exzessives Zechen beim Ein- und Abwandern der Gesellen, Zeremonien des Zechens beim Schenken und Umschauen waren schon seit 1530 verboten, in Preußen seit 1672, jetzt aber, 1731, da die Verbote immer wieder durchbrochen worden waren, wurden die Zunftreglementierungen in verschärfter Form erneuert. Verboten waren nun auch Preisabsprachen oder die Weigerung, die Arbeit fortzusetzen, die ein anderer begonnen hatte. Der handwerkliche Tagelohn war bisher von Zünften festgesetzt worden, jetzt wurde er einer „Tax- und Gesindeordnung" durch die Stände untergeordnet.

Dieses Reichsgewerbegesetz von 1731 wurde in Preußen und Sachsen am schnellsten durchgeführt. Unter Friedrich Wilhelm I. wurden in den Jahren 1734–1736 eine Reihe von „General-Privilegia" erlassen, die solche Handwerke schützten, welche sich stark ähnelten und gegeneinander konkurrierten.

Der „General-Zunftartikel" von 1760 griff direkt in die „Ehrbarkeit" ein, erklärte Abdeckerkinder für „ehrlich" und ließ auch weibliche Arbeitskräfte zu, vor allem in den Webereien, denn die Textilmanufaktur etablierte sich zunehmend gegenüber der Weberzunft. Dieser „Zunftartikel" fand zunächst kaum Anklang (mitten im Siebenjährigen Krieg überdies!) und wurde sowenig befolgt wie das frühere Reichsgewerbegesetz. Zwar konnte man gegen „Gesellenladen" in den Herbergen vorgehen und ihre Kassen beschlagnahmen, aber nichts unternehmen gegen althergebrachte Gesellenabsprachen und ihre Wandersitten.

Noch 1860 (!) wurden Gesellen nicht in Herbergen aufgenommen, wenn sie den herkömmlichen „Einreisespruch" nicht kannten und wie ein Unzünftiger einfach um Nachtquartier oder Arbeit baten. August Bebel war noch „fechten" gegangen, obgleich das Fechten unter Strafe verboten war. Zunftrechte wurden im 18. Jahrhundert noch vereinzelt mehr beachtet als Reichsgesetze. Es galt nach wie vor als „unehrbar", wenn einer bei einem Freimeister gelernt hatte. Er wurde von der Zunft nicht freigesprochen. Gesellen büßten ihre Ehre ein, wenn sie bei einem Unzünftigen arbeiteten[59].

Unehrliche Gesellen mit einer Freimeister-Lehre mußten oft

jahrelang auf Wanderschaft gehen, weil sie von keiner Zunft anerkannt und aufgenommen wurden. Für sie wurden die ehedem zünftigen „ehrbaren" Wanderjahre oft Jahre eines wilden Vagabundenlebens, und gerade aus dieser Schicht der heimat- und d. h. zunftlosen Gesellen rekrutierten die preußischen Werber viele Soldaten für die Armee[60].

Der Exklusiv-Charakter der Zünfte wurde sogar noch erhärtet, seit Friedrich Willhelm I. alle Gewerbebetriebe 1718 in den Städten konzentrierte und sie vom Lande ausschloß. Er ließ den selbständigen Zunfthandwerker durchaus bestehen, vorausgesetzt, daß er „tüchtige Waren machte". Erst gegen Ende des 18. Jahrhunderts lockerte sich die Trennung, und bald gab es in Preußen wieder wie früher auf dem Land soviel Schneider und Schuhmacher und Böttcher und Stellmacher und Radmacher wie in der Stadt Zimmerleute und Schmiede und Leineweber.

Einen schweren Rückschlag erlitt das freie zünftlerische Handwerk zweifellos zur Zeit Friedrichs II., als ihm das korporative Monopol genommen und systematisch versucht wurde, ihm immer mehr nichtzünftlerische Freimeister aus der stark gewachsenen und geförderten neuen Sozialschicht der Manufaktur-Handwerker aufzuoktroyieren. Das Zunftleben wurde jetzt unter strenge staatliche Kontrolle gestellt.

Im Berliner Lagerhaus wurden nun gezielt zünftlerische und unzünftlerische Arbeiter zusammengefaßt. Neue Manufakturen durften nur eingerichtet werden, wenn Zünftige und Unzünftige gleichzeitig beschäftigt wurden.

Einen Einbruch in die zünftlerische Geschlossenheit der Handwerker hatten zuvor schon die eingewanderten Niederländer, Hugenotten und Salzburger mit sich gebracht, die ihre Niederlassung in Preußen von der Zusicherung abhängig machten, Zunftfreiheit zu erhalten.

Die Manufakturentwicklung in Preußen nach 1763 durchlöcherte immer stärker die Zunftordnung. Ganze Innungen kamen in Abhängigkeit von Manufakturisten. Sobald erforderlich, griff der Staat zugunsten der Manufakturen und gegen die Zunftrechte ein. Die meisten Handwerker fristeten ihr Leben, in ihrer „Ehre" gekränkt, zwischen bescheidenem Auskommen und bitterer Armut[61].

In der aufkommenden Möbelmanufaktur war es z. B. üblich, die Möbel zu nageln, statt zu leimen. Das widersprach so entschieden der Zunftehre, daß einmal ein Tischlermeister zwar genagelte Fabrikmöbel lieferte, sich aber so sehr schämte, daß er sich danach das Leben nahm.

Gegen den Zunftzwang führte Friedrich II. die Gewerbefreiheit mit dem Prinzip der Tüchtigkeit ein. Was einst in der Zunft als fortschrittlich galt und sich bewährt hatte, die sichere Marktchance nämlich aufgrund der Exklusivität, das wirkte nun verstaubt, antiquiert, ja hemmend. Der Drang und Zwang, Zunftschranken aufzubrechen, um auf dem Markt bestehen und überleben zu können, wuchs in dem Moment, als sich Manufakturisten mit ihren Produkten auf den Markt drängten und zu einem bisher nicht vorstellbaren Ausmaß von Konkurrenz wurden.

Die „Ehrbarkeit" erstarrte immer mehr zu Tradition und bloßem Brauch, so sehr, daß kaum ein einziger neuer, belebender Gedanke darin Platz finden konnte.

Erstarrung und Abkapselung wurden zu einem um so größeren Hemmnis, ja Widerspruch, je expansiver in der Zeit Friedrichs II. die Manufakturen Gewicht und Bedeutung gewannen, wenn auch unterschwellig. Denn bis zum Tod Friedrichs II. wurde in Preußen keine grundlegende Reform der Zunftverfassung durchgeführt[62]. Erst im beginnenden 19. Jahrhundert entstand aus dem Stand der Kaufmannschaft das gebildete Bürgertum, wohingegen Handwerker und Krämer zum niederen Bürgertum absanken.

Auch der Kaufmann, neben dem Handwerker die andere große Schicht der städtischen Gewerbetreibenden, kannte sein Ethos: das hieß genossenschaftliches Denken, berufliche Gewissenhaftigkeit, sittliche Zucht und Frömmigkeit. Seine Geschäftsbücher oder Vertragsabschlüsse begannen mit dem Satz: „Mit Gott". Vor allem gehörte es zum Stand des Kaufmanns, Handschrift, Stil und fremde Sprachen zu beherrschen[63], Gegebenheiten, die dem Handwerksmeister eher hinderlich sein konnten. Aber nur über den Weg seiner Bildung war ihm der Aufstieg in die höhere Schicht der Beamten erleichtert.

Kaufleute besaßen zwar keine Zunftgesetze und -rechte, sahen aber ihre Moral darin, ordentliche Kontobücher zu führen und über Löhne, Preise und Materialien Rechenschaft abzulegen.

Gern pflegten sie eine umfangreiche Korrespondenz, schickten Reisende auf Tour, um ihren Kundenstamm zu vergrößern, trafen untereinander Absprachen über Rohstoff- und Warenpreise. Ihr Ethos hieß Fleiß und Kapitalvermehrung.

Beim Beamten wurde nach der „ehrlichen" Herkunft, nach der Geburt, überhaupt nicht mehr gefragt, wohl aber nach seiner persönlichen Leistung und Qualifikation. Unter Friedrich Wilhelm I. waren bürgerliche Beamte in der Finanz- und Heeresverwaltung durchaus üblich, Friedrich II. dagegen entschied sich zunehmend für adlige, statt bürgerliche Beamte. Der König als oberster Diener des Staates (nicht mehr von Gottes Gnaden) verlangte daher auch von seinen Beamten ein Höchstmaß an Diensteifer. Das konnte er nur von Adligen oder Beamten fordern, unmöglich aber von zünftlerischen Handwerksmeistern.

Vor allem aber wurden die Gesellenverbände, die sich keiner staatlichen Bevormundung unterwerfen wollten, zerschlagen[64]. Gerade der preußische Staat strebte danach, niedrige Löhne durchzusetzen, um dadurch mit den ausländischen Erzeugnissen konkurrieren zu können. Das war aber nur zu erreichen, wenn die Wanderfreiheit der Gesellen, Preußen nach Belieben zu verlassen (seit 1721), eingeschränkt blieb und ihr Lohnniveau dem der Manufakturarbeiter angeglichen wurde.

Das Vordringen der von Friedrich II. so stark geförderten Manufakturen ließ nicht nur die Zünfte in eine schwere wirtschaftliche Krise geraten, sondern beeinträchtigte auch die Lebensart der Gesellen. Nach alter Zunftregel sollten Gesellen z. B. nicht heiraten. Jetzt riß immer mehr der Brauch der Eheschließung bei Gesellen ein, und das Erscheinungsbild des verheirateten Gesellen mit Kindern nahm überhand, mit der Folge, daß der Geselle nicht mehr wie früher bei seinem Meister wohnte, sondern selbst eine Wohnung unterhalten mußte, wozu er finanziell oft nicht in der Lage war. Früher wurde der Geselle nach 14 bis 16 Jahren Meister und blieb dann bis ans Lebensende etwa 30 bis 40 Jahre Meister. Nun aber nahm die Zahl der lebenslangen Gesellen zu.

Neben der Wirtschaft erzwang auch das politische Tagesgeschehen neue Lebensgewohnheiten. So waren Wandergesellen gewohnt, beim Grenzübertritt in ein anderes Land auf Krätze untersucht zu werden[65]. Zur Zeit der Französischen Revolution waren aber die

Grenzpolizisten weder an Krätze interessiert noch an der ord-nungsgemäßen Führung des Wanderbuchs oder gar am Schand-fleck des „Fechtens", sondern daran, ob der Grenzgänzer etwa ein Revolutionär auf der Flucht war. Solch ein Verdacht widersprach der Gesellenehre, sich wie ein Rebell, Bettler oder gar Faulenzer abkanzeln zu lassen.

Geselle-Sein bedeutete ehedem in der noch funktionierenden Zunftverfassung ein Übergangsstadium im Aufstieg vom Lehrling zur Meisterwürde. Durch die wirtschaftlich und politisch bedingte Auflösung dieses Gehäuses aber wurden die Gesellen heimatlos und bildeten später eine eigene, selbständig bestehende Schicht im Handwerkerstand. Die Gesellen wehrten sich zunächst verbis-sen gegen den neuen Zug und Geist der Zeit, gegen jede Moder-nisierung, zweck- und marktorientierte Rationalisierung ihrer Arbeit, gegen das, was dann „Industrialisierung" hieß.

Ein dritter Faktor muß beachtet werden, um den Zerfall der Zünfte zu verstehen: nämlich die große Hungerkrise der Jahre 1770 bis 1773, die man als „Naturkrise" bezeichnen könnte. Es wa-ren die Jahre der schweren Mißernten, nicht nur in Preußen, in ganz Deutschland, die die Brotpreise in die Höhe schnellen ließen. Das Brot kostete 200 bis 300 Prozent mehr als in Normaljahren – bei gleichbleibenden Löhnen.

Das wenige Bargeld wurde in erster Linie für Nahrungsmittel ausgegeben und zuallerletzt für handwerkliche Qualitätsarbei-ten. Nachteilig schlug die schleichende Inflation aufgrund der Geldentwertung zu Buche und vor allem die wachsende Bevöl-kerung, bedingt durch Friedrichs II. Peuplierungspolitik. Das Gleichgewicht zwischen Ackerertrag und Nahrungsbedarf war zerrüttet. Erst ab 1774 besserte sich die Ernte, die Preise stabili-sierten sich allmählich und erreichten 1776 wieder ihr früheres Niveau.

Die Krisenjahre hatten den Konkurrenzdruck der Handwerker erhöht und gleichzeitig ihren Markt schrumpfen lassen. Gerade der „ehrbare", qualitätsbewußte und arbeitsame Zunfthandwerker fand nicht mehr die Kundschaft und die „Nahrung", die ihn frü-her zumindest über Wasser gehalten hatten. Jetzt mußte er hin-nehmen, wie mancher Störer oder Pfuscher oder gar ins Land ge-holter Manufakturarbeiter ihn mit schlechterer Arbeit und billigerem Lohn überrumpelte, sein „ehrbares" zünftlerisches Niveau drückte und auf Dauer schädigte.

Er sah, wie vor seiner Haustür der Manufakturunternehmer reich wurde und zu einem Ansehen eigener Art kam, wie auf der anderen Seite das Proletariat der Armen und Bettler an Boden gewann. Aus seinem früheren mittleren Stand zwischen Stadt-Patriziat und Großkaufleuten oben und Bürgerrechtslosen unten entwickelte sich der neue Status des Mittelstandes.

Das war ein echtes Novum und nicht unbedingt eine logische Folge des untergehenden Handwerks insgesamt, das, wegen des Dreißigjährigen Krieges und seiner Folgen, nicht mehr an die Zeit der handwerklichen Hochblüte des 15. und 16. Jahrhunderts anschließen konnte. Das Wirtschaftsgefüge war zutiefst gestört, und die politische Machtstellung, „die das zunftstolze Handwerk in den blühenden Städten besessen hatte"[66], mußte den kapitalgewaltigen Manufakturisten und Großkaufleuten weichen.

Rang und Bedeutung des sicheren Sozialgefüges der Zünfte konnten nur so lange erhalten bleiben und sich behaupten, wie die Wirtschaft florierte – und zwar uneingeschränkt und unbeeinflußt durch außerzünftlerische Behinderungen, als die die Manufakturentwicklung den Handwerkern zunächst einmal erscheinen mußte. Die außerzünftlerischen, den traditionellen Zunftmarkt zerstörenden Kräfte konnten aber überhand nehmen, weil sie auf ein Potential von Arbeitern zurückgriffen, die nicht mehr an die ehernen Lohn- und Qualitätsstandards der Zünfte gebunden waren.

Vom Standpunkt der exklusiven Zünfte aus gesehen, mußte der als fortschrittlich interpretierte aufbrechende Markt mit seinem Konkurrenzdruck und der Gewerbefreiheit als gezielter Todesstoß verstanden werden.

Diese neue Bewegung und Entwicklung, die mit Pfuschern, Störern und schließlich Freimeistern begonnen hatte und als vorübergehende Ausnahmeerscheinung noch abgetan werden konnte, standardisierte sich als anwachsender Normalfall in dem Moment, als die zünftlerisch nicht mehr gebundenen und verpflichteten Handwerker mit ihren niedrigen Lohnsätzen vom großkaufmännischen Manufakturistenkapital ausgeschlachtet werden konnten, und zwar hemmungslos, eben weil diese billigen und jederzeit austauschbaren Arbeitskräfte keine preisregulierenden Zunftsatzungen mehr zu ihrer eigenen finanziellen Absicherung hinter sich hatten.

Der Verlust der „Ehrbarkeit" und der damit verbundenen „Nahrung" war der erste Quaderstein, auf dem das Großkapital sein mächtiges, im 19. Jahrhundert aufsteigendes Gebäude errichten konnte. Freie Konkurrenz gegen den zünftlerischen Schutz des Marktes – das könnte als Grundsatz der kapitalistischen Industriewirtschaft und -gesellschaft formuliert werden.

Diese fortschrittliche Entwicklung wurde weiterhin und prinzipiell begünstigt durch den Untergang des friderizianisch-preußischen Staates. Die alte Agrarverfassung wurde mit der Bauernbefreiung beseitigt, gleichzeitig aber auch die alte Zunftverfassung durch die aufgeklärte Staatsbürokratie, die die Siegermacht unter Napoleon mitgebracht hatte. Der wirtschaftliche Fortschritt in England trug sein Teil dazu bei, weil der Erfolg voll auf seiner Seite stand.

In der Nationalversammlung in Paris wurde 1791 das Verbot der Zünfte beschlossen und in der Loi Le Chapelier verankert. Im Code Napoléon, dem neuen Gesetzbuch von 1806, blieb vom traditionellen Rang des alten Zunfthandwerks nicht mehr viel übrig, und als 1810 in Preußen die Gewerbefreiheit verkündet wurde, hatte das Zunfthandwerk nominell aufgehört zu existieren, Österreich folgte im Jahre 1859.

Preußen entwickelte sich im 19. Jahrhundert von einer aufkommenden Industriemacht zu einer modernen Großmacht. 1845 erhielt die Monarchie ein einheitliches Gewerberecht. Seit 1825 war die Zulassung zu einem Gewerbe nicht mehr an das Recht der Zünfte gebunden, sondern allein an die Entscheidung der Staatsbürokratie. Staatsrecht überwog immer mehr Zunftrecht.

Solche gesetzlichen Regelungen mochten formell Klarheit schaffen, die Notsituation der weiterlebenden und arbeitenden Handwerksmeister und vor allem -gesellen war damit keinesfalls beseitigt.

Die Meister alten Schlages mochten mit der Zeit aussterben, geblieben aber war die unzufriedene und gärende Schicht der Gesellen, denen der bisher vorausberechenbare Weg in die Zukunft abgeschnitten worden war. Sie schwankten zwischen dem Ideal der früheren Zunftmeister und der Realität der Freimeister hin und her, fanden heute Arbeit und Brot bei einem Meister, morgen bei einem Fabrikanten. Sie hatten Maßstab und Rückgrat, Erbe und gesellschaftliche Heimat verloren, mußten sich mehr oder weniger bedingungslos den Marktchancen anpassen, hatten Angst vor ihrer ungewissen Zukunft wie vor den neuen Maschinen, stemmten sich verzweifelt gegen das Abrutschen in die Masse der armen Arbeiter ohne Arbeitsethos und „Ehre" und sehnten sich nach der alten, glorifizierten Zeit der funktionierenden Zünfte zurück. In ihre Existenz kam ein nostalgisches Moment und von da her wiederum eine rebellische Stimmung, eine Verbissenheit gegen alles Moderne, hieß das nun Gewerbefreiheit oder Industrialisierung oder Marktkonkurrenz. Was früher gelebter Normalzustand war, eskalierte nun zu so etwas wie Sozialutopien, für die sie in den Jahren 1848/1849 auf die Barrikaden gingen. Sie konnten mit den neuen Lebens- und Arbeitsbedingungen um so weniger einverstanden sein, als ihnen trotz erzwungenermaßen hingenommener Anpassung an Marktbedingungen und trotz gedrückten Lohnniveaus keine Aussicht auf Aufstieg und Zukunft geboten wurde. Sie blieben ohne Aussicht auf Meisterwürde, auf Hausbesitz. Die alte Standesordnung der Städte hatte für sie ihre Gültigkeit verloren. Der Verlust ihrer alten Zunftherrlichkeit zahlte sich nicht aus, denn sie erhielten kein gleichwertiges Äquivalent dafür.

Die Gesellen blieben hängen zwischen Zunftzwang und Manufakturfreiheit, zwischen Handwerk und Fabrik. Mit Beharrlichkeit retteten sie wenigstens das alte Solidaritätsprinzip aus der Zunftverfassung in die nach 1848 entstehende Arbeiterbewegung, und im Geist der Gesellenverbände darf die historische Vorform der Gewerkschaft ebenso gesehen werden wie in der alten Herberge die Vorform des modernen Streiklokals.

Die Gesellenvereine waren meistens konfessionelle (katholische) Organisationen. Der herausragendste war der von Kaplan Adolf Kolping (8. 12. 1813 bis 4. 12. 1865, gen. „der Gesellenvater") 1846 gegründete Verein. Kolping war vor seiner Weihe zum Priester (1845) selbst Schuhmachergeselle gewesen und daher mit den Lebensumständen der Gesellen bestens vertraut.

Ähnliche protestantische Vereine waren weniger verbreitet und entstanden im Zusammenhang mit den Jünglingsvereinen (Christlicher Verein Junger Männer). In Preußen war man aber überwiegend protestantisch. Hier ist besonders das Engagement des evangelischen Theologen Johann Hinrich Wichern (21. 4. 1808 bis 7. 4. 1881) hervorzuheben. Er erreichte auf dem ersten deutschen evangelischen Kirchentag in Wittenberg die Gründung des Zentralausschusses für die innere Mission der deutschen evangelischen Kirche. Ab 1856 wurde er Oberkonsistorialrat und Referent für die Gefängnisreform in Berlin, gründete 1856 das „Evangelische Johannisstift" zur Erneuerung des Strafvollzugs.

Die Gesellen blieben lange Zeit die Gärmasse, in der revolutionäre Ideen einen fruchtbaren Boden fanden. Sie beglichen ihre Rechnung auf ihre Art: auf der Liste der Toten des März 1848 stand die Zahl der Gesellen an oberster Stelle. Gebessert hatte sich deshalb nichts. In den Jahren 1847/1848 war ungefähr jeder zweite Maurergeselle arbeitslos, eine Quote, die in zunftgefestigten Zeiten abzufangen gewesen wäre. Die Gewerbefreiheit, die Flagge des kommenden Industriezeitalters, mußte mit einem großen Negativposten erkauft werden: mit dem Verlust desjenigen Lebensstils, der durch die Begriffe „Ehre" und „Nahrung" fest umrissen war, der getragen wurde durch ein soziales, religiöses und im besten Wortsinn: selbst-gerechtes Gefüge, das stabil bestanden hatte, bis in der späteren Regierungszeit Friedrichs II. die Manufakturarbeiter um sich Platz griffen und die Staatswirtschaft ankurbelten, indem sie auf der Basis der widerspruchslos geduldeten, weil ohne Zunftrückgrat hingenommenen massiven Armut die Bedürfnisse des Staates befriedigten, die zwecks seiner Selbsterhaltung, Expansion und Machtentfaltung gefordert wurden: Luxusgüter wie Seidenstoffe, feine Porzellane und Fayencen für den Hof, Gewehre und Kanonen und Uniformen samt Sätteln und Pferdezaumzeug für die stets wachsende Armee.

Manufakturarbeiter ohne Zunft-Ethos, ohne lange gewachsenes Standesbewußtsein dessen, was sich „ziemt", waren zur Befriedigung der Staatsinteressen allesamt nützlicher, weil vor allem billiger, keinesfalls aber besser als Zunfthandwerker.

Manufakturarbeiter

Soldaten-, Frauen- und Kinderarbeit,
Arbeitspflicht und -moral

In der zweiten Hälfte des 18. Jahrhunderts war Berlin mit den mittleren Provinzen des preußischen Staates Kur- und Neumark, Magdeburg, Halberstadt und Pommern zum industriellen Zentrum des Staates geworden, sie bildeten wirtschaftspolitisch fast eine Einheit. Über 80 Prozent aller in der gewerblichen Produktion beschäftigten Arbeitskräfte waren 1769 bereits in der Textilindustrie tätig. Die gewerbliche Produktion war der Schauplatz, auf dem die beiden großen Gruppen der Produzierenden aufeinanderprallten: die Zunfthandwerker und die Manufakturarbeiter.

Beide Gruppen standen sich fast feindselig gegenüber, und es dauerte Jahre, bis es zu einer Anpassung und endlich Vermischung beider kam. Die Situation spitzte sich in den Städten, in Berlin vor allem, deshalb zu, weil seit 1718 durch Friedrich Wilhelm I. jedes Gewerbe auf dem Land verboten, d. h. nur in den Städten erlaubt war. Diese Regelung galt auch noch zur Zeit Friedrichs II. Somit konnten die beiden Gruppen nicht voreinander ausweichen und etwa auf dem Land ihr Glück versuchen.

Die Zunfthandwerker hatten zunächst eine scheinbar bessere Ausgangslage, weil sie alteingeführt und eingesessen waren, ein Lebensterrain besaßen, das sich die Manufakturarbeiter erst erobern mußten.

Die Zunftpolitik verfolgte nach wie vor konsequent den Ausschluß aller Nicht-Zunftmitglieder, was die Manufakturarbeiter hauptsächlich waren. Um so zäher hielten die Zünfte an ihrer alten Politik fest, je mehr innere Auflösungserscheinungen um sich griffen und je mehr die aufkommende Manufaktur (= vorindustrieller fabrikähnlicher Großbetrieb mit Arbeitsteilung) auf den Markt drängte.

Wer waren die Manufakturarbeiter? Woher kamen sie? Wie lebten und arbeiteten sie? Welches war ihr sozialer Status?

Zunft-Interna mußten die Manufakturarbeiter recht abschreckend beeindrucken. Da bestand die Zunftregel, die vorschrieb, daß jeder Meister 12 Gesellen und auf je 3 Gesellen einen Lehrjungen zu beschäftigen habe. Unzünftlerische Manufakturarbeiter konnten unter solchen Arbeitsmarktbedingungen nicht ohne weiteres auf einen stabilen Arbeitsplatz hoffen. Auch hatte sich herumgesprochen, daß gegen Zunftregeln selbst der König machtlos war.

1753 sollte auf Anordnung Friedrichs II. eine Barchentmanufaktur in Brandenburg errichtet werden. Aber die Beschaffung der dazu nötigen Webstühle erwies sich als schwierig. Da bot ein Leineweber sich an, selbst die erforderlichen Webstühle zu bauen. Der König wäre damit einverstanden gewesen, nicht aber die Zünfte, denn der Leineweber gehörte nicht zur Tischlerzunft und durfte somit auch keine Tischlerarbeit verrichten. So scheiterte die königliche Ordre.

Trotz staatlicher Verordnungen verhinderten die Zünfte die Verbreitung holländischer Produktionsmethoden. So kam es, daß die ersten großen Spinnräder sich nicht in Preußen, sondern im annektierten Schlesien verbreiteten.

Der Zunfthandwerker war seinem Berufsethos zufolge kaum daran interessiert, in der Manufaktur zu arbeiten. Er entzog sein Fachwissen der aufkommenden Industrie, die mehr und mehr auf berufsunerfahrene Arbeitskräfte zurückgreifen mußte. Städte und Bürgertum waren andererseits sehr in ihrem Durchsetzungsvermögen geschwächt, seit der ostelbische Adel zur landwirtschaftlichen Großproduktion von Getreide, Holz und Wolle übergegangen war und die Junker den Städten den Getreidehandel entrissen, der unter Friedrich II. staatlich monopolisiert wurde und ausschließlich den Interessen der Junker diente.

Die neuen Manufakturen hatten somit doppelte Startschwierigkeiten: gegen Zünfte und gegen den Adel. Trotzdem setzte sich das freie Gewerbe allmählich durch.

1784 gab es in Berlin: 5 533 Zunft-Arbeiter
                        6 074 Manufaktur-Arbeiter } = 11 607

1801 gab es in Berlin: 6 540 Zunft-Arbeiter
                        23 000 Manufaktur-Arbeiter } = 39 119[1]
                        9 579 Tagelöhner

Berlin umschloß zu Beginn der 80er Jahre noch eine Menge Gärten und Felder. Es gab 1782 etwa 6500 Vorder- und Hinterhäuser; zum Vergleich in Paris: 30000. Berlin war zwar die Residenzstadt, trug aber noch eindeutig ländliche Züge. Immer vorherrschend war der militärische Charakter der Stadt. Im Jahr 1800 lebten in Berlin 172122 Menschen (davon 25220 Militärpersonen); zum Vergleich: in London mehr als eine Million Einwohner, in Paris 547000 Einwohner.

1782 gab es in Berlin:
    13 Tuch- und Zeugmanufakturen mit 3043 Webstühlen
    14 Seidenmanufakturen mit 1083 Webstühlen
    1 Hutmanufaktur mit 37 Arbeitern
    15 Baumwollmanufakturen mit 712 Webstühlen
    Königliche Porzellanmanufaktur mit 500 Arbeitern
    Königliches Lagerhaus mit 99 breiten spanischen und
    10 schmalen Tuchmacherstühlen.

Mit den aufkommenden Manufakturen überwog die Zahl der Lohnarbeiter die der zünftlerisch organisierten Arbeiter immer mehr.

Im Unterschied zum platten Land spielte die Heimarbeit in Berlin zunächst kaum eine wesentliche Rolle. Ins Gewicht fiel aber auffallend die Zunahme von Armen, sie war gegen Ende der Regierungszeit Friedrichs II. gegenüber 1750 um das Neunfache angestiegen.

In Berlin, ja in ganz Preußen, mangelte es nicht so sehr an Einwohnern als vielmehr an qualifizierten Arbeitern. Die eingewanderten oder angelockten ausländischen Arbeiter (am Anfang standen die Hugenotten) konnten den Bedarf bald nicht mehr decken, wenngleich es ohne sie nach 1763 kaum möglich gewesen wäre, eine neue Manufaktur aufzubauen.

Da qualifizierte Zunftarbeiter sich weigerten, ihre Arbeitskraft dem neuen Gewerbe zur Verfügung zu stellen, die Ausländer aber nicht ausreichten, blieb dem preußischen Staat unter Friedrich II. keine andere Wahl, als auf einheimisches Potential zurückzugreifen. In Frage kamen auszubildende Lehrlinge aus den Waisenhäusern, Soldaten in ihrer Freizeit und Frauen.

In der preußischen Armee diente eine große Masse zum Teil recht qualifizierter Arbeiter. Die Soldaten wurden mehrfach gebeutelt. Trotz geringer Entlöhnung mußten sie sich weitgehend selbst unterhalten. Ihr Sold betrug 8 Groschen pro Woche, dazu erhielt der Soldat pro Monat 12 Groschen, um sich Brot kaufen zu können. Das reichte im Preisindex von 1746 für täglich 1½ Pfund Brot (Getreide als Hauptnahrungsmitel = Grundlage der Berechnungen), reichte aber kaum zum Lebensunterhalt; war der Soldat verheiratet und hatte Kinder, schon gar nicht. Der Soldat mußte als Bauer Steuern bezahlen (Kontribution). In der Regel finanzierten die adligen Kompaniechefs aus dem vom Sold abgezweigten Montierungsgeld ihre Offizierspfründe (vgl. unten das Kapitel „Kompaniewirtschaft").

Der Soldat erhielt außerhalb der zwei-, später nur einmonatigen Zeit der Frühjahrs- oder Herbstmanöver – also in 10 oder 11 Monaten pro Jahr, in denen er in den heimatlichen Kanton entlassen und zur Feldarbeit befreit wurde, dabei ein Uniformstück tragen mußte und der Militärgerichtsbarkeit unterstand – nur den halben Sold. War der Soldat nur ein armer Bauer oder Bauernsohn, der vom Ertrag seiner Wirtschaft nicht leben konnte, sah er sich dringend gezwungen, als Lohnarbeiter unterzukommen.

Während der dienstfreien Zeit wurden nur so viele Soldaten in der Garnison gehalten, wie der Wachtdienst erforderte: Jeder Soldat mußte jede vierte Nacht auf Posten ziehen. 1780 gab es in Berlin bei einer Garnisonstärke von 17 383 Mann 6051 Soldatenfrauen und 7498 Soldatenkinder[2]. Die Frauen erhielten zwei Groschen Quartiergeld, sofern sie überhaupt gezahlt wurden. Folge: Hunger und Unterernährung.

Also war nicht nur der Soldat, sondern seine ganze Familie zur Arbeit gezwungen. Im Berlin Friedrichs II. wimmelte es in den Straßen von arbeitenden Soldaten[3]. Die Soldatenarbeiter kamen im Handwerk, in den Manufakturen oder in der Spinnerei unter. Als Soldaten des Königs fragten sie zuerst beim Königlichen Lagerhaus um Arbeit nach.

Viele fanden schon bei Friedrichs II. Regierungsantritt 1740 im Lagerhaus eine Stelle, viele aber nicht. Sie wichen auf Heimarbeit aus, so daß nicht wenige Soldatenunterkünfte und Kasernen wie Werkstätten aussahen[4]. Hier fand sich die Quelle des Soldaten-

Proletariats, eine Humusschicht, die hätte explodieren können, wären die Soldatenarbeiter nicht durch ihren Drill bei der Armee zu fast willenlosen Werkzeugen degradiert worden. Die Soldatentugenden Pflicht, blinder Gehorsam und Diensteifer kamen ihrer Arbeitsmoral zugute. Sie waren ja maschinenmäßige Subordination und Disziplin gewöhnt.

In den 80er Jahren stiegen die Preise rapide an, so daß immer mehr Soldaten in typische Zunftberufe einbrachen und trotz der überlebten Zunftvorschriften mit der Hierarchie: Meister – Geselle – Lehrling zur Beseitigung des Zunftzwangs beitrugen. In der zünftlerisch tätigen Bevölkerung gärte es, aber es fehlte die Stoßkraft der bürgerlichen Revolution, die sich später in Frankreich Luft verschaffte.

Die Manufakturunternehmer wußten zu gut, daß die hungernden Soldaten auf das Zubrot zum geringen Sold angewiesen waren – also drückten sie ihren Lohn. Für den Unternehmer nachteilig war lediglich die Zeit der Manöver, wenn die Truppen des Königs ausmarschierten und die Soldaten ihren Arbeitsplatz verlassen mußten. Die Soldatenarbeiter konnten aber nicht als freie Lohnarbeiter gerechnet werden, denn als Angehörige des Militärs waren sie nicht frei, sondern unterstanden ja dem Schutz der Militärgerichtsbarkeit, mit der sich kein Unternehmer anlegen wollte. Ein zuverlässigeres Arbeitskräftepotential stellten somit die Soldatenfrauen und -kinder sowie die Kinder aus dem Waisenhaus [5].

Weniger im niedergehenden Handwerk als vielmehr in den aufstrebenden Manufakturen wurde Frauen- und Kinderarbeit verstärkt angewendet.

Die Handwerksbetriebe wurden ständig kleiner, oft arbeitete der Meister ohne Gesellen oder Lehrbuben, dafür mußten aber die Familienangehörigen einspringen, die ohne Lohn arbeiteten. In den Handwerksbetrieb zog immer stärker die Heimarbeit ein: Frauen und Kinder waren mit Spinnen beschäftigt, Handwerksmeister nebenberuflich als Wollkämmer oder Färber.

Die Einführung der Frauen- und Kinderarbeit und die Einbeziehung ungelernter und physisch schwacher Arbeitskräfte in den Manufakturen rief den erbitterten Widerstand der Zunfthandwerker hervor. In Berlin kam es 1783 zu heftigen Kämpfen des Posamentierergewerbes gegen die Seidenbandmanufakturisten.

In den Manufakturen wurden Mädchen zwischen sieben bis zwölf Jahren beschäftigt, sie waren billig und ausreichend vorhanden (Ende der großangelegten Peuplierung!), dazu leicht zu beaufsichtigen und zu disziplinieren, vor allem, wenn sie schon den harten Erziehungsdrill aus dem Waisenhaus in den Knochen hatten.

Preußen war trotzdem kein schlechtes Beispiel: in Holland und England, den beiden damals fortschrittlichsten Industrieländern, setzte man schon Kinder zwischen vier bis sechs Jahren ein. Es klingt nicht wenig ironisch, wenn Horst Krüger[6] schreibt: „Die Kinderarbeit wird geradezu zum Kriterium des wirtschaftlichen Niveaus eines Landes erhoben."

Nicht nur das: Sie diente auch als Erziehungsmethode. Im preußischen Staat war nichts anrüchiger als Faulheit. Spielen und Müßiggang ließ man nicht gelten. Den Kindern wurde eingeschärft, daß sie nur durch Fleiß und „Application" künftiges Glück in ihrem bürgerlichen Leben erwarten durften. Für den, der in Not geriet, war nicht der Staat oder die schlechte Wirtschaftslage schuld, sondern ausschließlich er selbst. Armut galt als direkte Folge von Faulheit oder Verschwendung. Friedrich II. sah Kinderarbeit gern, er genehmigte 1752 ausdrücklich das Ansuchen mehrerer Seidenmanufakturisten, Kinder zum Seidenwickeln anzulernen. Sechsjährige Kinder brachten schon genug Geschicklichkeit zum Spinnen mit, also konnte man sie auch ausnutzen. Nicht die geringste Arbeitskraft durfte dem Auf- und Ausbau des Staates verlorengehen.

Friedrich II. schrieb am 14. 4. 1775: „Mein lieber Etats-Ministre von Derschau! Meine landesväterliche Gesinnung ist immer dahin gerichtet, meine Untertanen ... glücklicher zu machen; Dazu gehört aber vorzüglich, daß sie sich zu mehrerem Fleiß und Arbeitsamkeit gewöhnen: Hieran fehlet es aber besonders in der Churmark noch so sehr, die Bauern auf dem Lande lassen ihre Kinder müßig umherlaufen und halten sie zu nichts an. Kinder von acht und neun Jahren können zwar bei der Wirtschaft nichts helfen, doch könnten sie, wenn sie aus den Schulen kommen, spinnen und damit schon ihr Brot verdienen, es würden auch ordentliche Wirte aus ihnen werden, statt daß sie von Jugend auf zur Faulheit sich eignen: Ich werde es demnach gerne sehen, wenn Ihr Euch angelegen sein lasset, wie die jungen Kinder auf dem Lande, die weiter nichts zu tun im Stande sind, mehr zum Spinnen zu gewöhnen, wie solches in den Schlesischen und Sächsischen Gebirgsgegenden geschieht. Die Woll-Fabrikanten klagen so über den Mangel an Spinnern: Auf solche Art würde diesem Mangel abgeholfen werden, die Leute selbst auch mehr verdienen können."[7]

Die Manufakturunternehmer gingen geschickt vor: Sie gaben den oft total verarmten Seidenspinnerinnen einen Geldvorschuß, sozusagen zum Schnuppern am Brocken des Reichtums. Sie entlöhnten die Spinnerinnen aber so gering, daß sie nie in der Lage waren, den Vorschuß zurückzuzahlen. Also waren sie ihrer Willkür gnadenlos ausgeliefert. Sie konnten ohne moralische Bedenken immer mehr Arbeit für immer weniger Lohn fordern. Gerade alleinstehende Mädchen vom Lande, der untertänigen Leibeigenschaftspflicht entflohen, wurden oft sklavenmäßig gehalten.

Ebenso war schon Friedrich Wilhelm I. verfahren. Er gab in einer Instruktion des Generaldirektoriums vom Dezember 1723 genaue Anweisungen, wie Arbeitskräfte zu gewinnen sind. Einen Gesellen z. B. kauft man für Geld ein, gibt ihm eine ortsansässige Magd zur Frau, schießt ihm etwas Wolle vor (verschuldet ihn also) und bindet ihn an den Arbeitsplatz. Die Werbung von Arbeitern war derjenigen von Rekruten für die Armee durchaus ähnlich.

In den Spinnstuben der Manufakturen ging es eng und muffig her. Sie waren die Brutstätten von Krankheiten und häufige Quelle von Prostitution oder Bettelei, um den kargen Lohn etwas aufzubessern. Die Unternehmer hatten nichts dagegen, sie erlaubten den Spinnerinnen sogar, am Neujahrstag betteln zu gehen[8].

Viele hurten allerdings zuviel und waren deshalb in ihrem Beruf wenig leistungsfähig. Deshalb erlaubte eine Polizeiverordnung von 1787 den Unternehmern, die Spinnerinnen nachts einzusperren. Bekannt sei ihre Lebensart, daß sie „des Tages etwas arbeiten, des Abends aber auf den Straßen umherlaufen, um betteln und Hurerey auf den Straßen zu treiben ... Sie kommen kretzig, oder gar venerisch oder auch schwanger in die Spinnerey zurück. Bey der Menge des Volkes steckt eine die andere an, und dies ist gerade die erste Quelle der Entstehung der bittersten Armuth und einer unnötigen Belästigung der Armen-Anstalt."

Je nachdem, zu welcher Arbeit jemand eingeteilt war, wurde er auch bezahlt. Einer Besoldungsliste des Lagerhauses zu Berlin aus dem Jahre 1787 ist zu entnehmen: am meisten erhielten die Wollwäscher und Trockner der spanischen Wolle bzw. die Werkmeister der spanischen Tücher (646 bzw. 630 Taler pro Jahr), gefolgt von den Färbern (530 bis 460 Taler pro Jahr), bis herab zum Presser inländischer Tuche (234 Taler pro Jahr) oder Arbeiter im Wassermaschinenhaus (130 Taler pro Jahr). Wer Garnwäscher war oder Karrenschieber zum Einsammeln der spanischen Tücher und des Urins, erhielt nur 78 Taler pro Jahr.

Besser als den einheimischen Arbeitern erging es den ausländischen. Sie erhielten nämlich vom Staat Pensionen, um sie im Lande festzuhalten. Facharbeiter zählten zu den Spitzenverdienern, groß war dagegen die Masse der ungelernten Hilfskräfte.

Die Manufakturarbeit im 18. Jahrhundert war noch nicht an die Maschine gebunden (= vorindustrielle Zeit), sondern sie basierte auf handwerklicher Grundlage, also auf der physischen Kraft des Arbeiters, seiner Geschicklichkeit und vor allem seinem Arbeitstempo. Um letzteres anzustacheln, vergab man gern die Arbeit stückweise, so daß z. B. die Wolle nach den bearbeiteten Pfunden berechnet wurde. In den Manufakturen wurde in der Regel von 5 Uhr früh bis 12 Uhr gearbeitet, dann Mittagspause, weiter von 13 bis 23 Uhr. Ein 17-Stunden-Tag also. Äußerst harte und ungewohnte Bedingungen für die preußischen Bauern, Handwerker und Manufakturarbeiter gleichermaßen, da die einfachen Menschen des 18. Jahrhunderts trotz aller Disziplinierung zu Faulheit, Trunkenheit und zum Müßiggang neigten. Ihnen fehlte jede Eigeninitiative, denn sie schufteten ja immer für einen anderen: die Bauern für die Gutsbesitzer (Adlige), die Handwerker für den Meister, die Manufakturarbeiter für den Unternehmer. Gewinnbeteiligung oder Verbesserungsvorschläge gab es nicht. Also gehörte zur Disziplin dialektisch notwendig der Hang zum Ausweichen, Sichdrücken. Dieselbe psychische Mentalität übrigens, die das andere Manko des Staates war: die stets drohende Gefahr der Desertion des Soldaten oder des Bauern ins Nachbarland (oft Polen).

Faulheit der Bauern, Bettelei und Müßiggang der Arbeiter, Huren und Stehlen der Manufakturarbeiterinnen: Das war die andere Seite des preußischen Feudal- und sog. Wohlfahrtsstaates.

Im katholischen Frankreich gab es etwa 100 Feiertage, was einer 5-Tage-Woche gleichkam. In England war der 12-Stunden-Arbeitstag üblich. Allein in Preußen wurden mehr Arbeitstage erzielt, indem Feiertage zusammengelegt oder gestrichen wurden wie im katholischen Schlesien oder in Westpreußen. Friedrich II. begründete in einem Edikt vom 12. März 1754 die Einschränkung der protestantischen Feiertage mit dem Hinweis, „unchristlichen Müßiggang" und „Üppigkeit und Schwelgerei" auszurotten. „Michaelis" und die „Drei Könige" wurden auf den nächsten Sonntag verlegt. Um die warenproduzierenden Gutsbesitzer zu unterstützen, schaffte er am 28. Januar 1773 die dritten Feiertage von Weihnachten, Ostern und Pfingsten und den Gründonnerstag ab. Christi Himmelfahrt wurde ebenfalls auf den nächsten Sonntag verlegt. Von den vierteljährlichen Bußtagen blieb nur der Mittwoch nach Jubilate erhalten. Durch diese Maßnahmen schaffte der König eine ganze Woche zusätzlicher Arbeitstage. Von den 17 Feiertagen aus dem Jahr 1754 blieben somit 1773 nur noch acht übrig[9].

Wiederholt griff der Staat gegen den „Blauen Montag" ein und traf damit ein uraltes Gesellenprivileg ins Mark. Im Edikt von 1783 hieß es, der „Blaue Montag" sei „Unfug" und schädige den Staat um eine zweimonatliche Arbeit jährlich.

Um die Arbeitskraft noch effizienter zu gestalten, betrachteten die Manufakturunternehmer alte und abgewirtschaftete Arbeiter als wertlos und störend. Sie sahen sie einfach als Stümper oder „Pfuscher" an und setzten sie auf die Straße. Ein Unternehmer (de Vins) schrieb: „Überhaupt ist dieser alte Mensch ein Stümper, der vermöge seines abgelebten Körpers von der Arbeit nicht viel abkriegen kann (!). Ist dies aber meine Schuld? Ich kann solchen Leuten Herzenskummer nicht abhelfen, wenn ich ihnen den Lohn ihrer Arbeit reiche, so liegt das übrige bei ihnen."

Arbeiter bekamen keine Rente. Sie waren dazu verdammt, sich im Sommer in der Garten- und Feldarbeit nützlich zu machen, sich im Winter der häuslichen Heimspinnerei anzuschließen.

Die Löhne der Arbeiter wurden gedrückt, wo immer es ging. Die Arbeiter waren aber Steuer-(= Akzise-)Zahler. Der Staat dachte nicht daran, die Steuern zu senken, und der Unternehmer dachte nicht daran, die Löhne zu erhöhen. Gleichwohl mußte der

Staat eine zu drückende Armut verhindern, da ihm sonst Steuergelder entgangen wären.

In den Jahren 1753, 1763 und 1770 setzte der Staat die Löhne für einige Gewerbe fest, nicht, um den Untertanen zu Wohlstand zu verhelfen, sondern um seine Steuereinkünfte abzusichern.

Schlimm stand es um Arbeiter, die nicht Tages-, sondern Stücklohn erhielten. Erreichte der Arbeiter nicht die erwartete Qualität, konnte der Unternehmer ungestraft den Stückpreis drücken, d. h., er setzte den Stückpreis willkürlich fest. Diese „Geschäftsmoral" übertrug sich allmählich auch auf die Handwerksbetriebe. Dem Meister blieb es nach alter Zunftordnung überlassen, seine Arbeitskräfte unter den Gesellen und Lehrbuben auszusuchen und zu bezahlen. Bezahlte er seine Leute aber schlecht, so war es nach Zunftverfassung ihnen verboten, zu einem Konkurrenzmeister der Zunft überzuwechseln.

Ein weiterer wichtiger Faktor der Manufakturarbeiter hieß: Es gab nicht das Prinzip der Vollbeschäftigung. Gab es, bedingt durch Konjunkturschwankungen, Modewechsel, Nachwirkungen von Kriegen, weniger Aufträge, schlug sich dies in beträchtlichen Lohnsenkungen nieder. Oft gab es Arbeitsunterbrechungen aus Materialmangel. Fielen Arbeitstage ganz aus, erhielt der Arbeiter überhaupt keinen Lohn.

Gerade die Weber von Nowawes baten wiederholt um Zuweisung von Arbeit. Manchen Winter waren sie vier und mehr Wochen ohne Arbeit, ohne Geld und Brot und somit gezwungen, betteln zu gehen. Hatten sie Arbeit, wurde ihnen der Lohn oft nicht pünktlich ausgezahlt[10]. 1788 erhoben die Weber Klage gegen ihre Manufakturisten, denn 1783 war ihnen versprochen worden, für jeden nicht beschäftigten Webstuhl pro Tag sechs Groschen Warte-Geld zu erhalten. Aber erst vom dritten Tag an. Die häufigsten Arbeitsunterbrechungen von ein bis zwei Tagen blieben unberücksichtigt. Kein Unternehmer dachte daran, seine Arbeiter zu unterstützen. Friedrich II. griff nur gelegentlich helfend ein, vor allem, wenn es um die Seidenindustrie ging. Gegen Ende seiner Regierungszeit kam zur allgemeinen Tendenz der Manufakturunternehmer, die Löhne zu senken, die unregelmäßige Beschäftigung, Arbeitslosigkeit und die ständige Existenzunsicherheit der Nowaweser hinzu.

Man darf davon ausgehen, daß bei besten Arbeitsbedingungen, Rohmaterialien und Vollbeschäftigung im Königlichen Lagerhaus z. B. im Jahre 1766 zwei Taler pro Woche nicht die Regel waren. Es klingt als ausreichend zu hören, daß 1783 die spanischen Weber des Königlichen Lagerhauses bei Vollbeschäftigung pro Woche 3 Taler, 18 Groschen bis sogar 12 Taler verdienten. Realiter war das der Lohn für den Meister samt seinen Gesellen und Lehrjungen. Stillschweigend wurde vorausgesetzt, daß der Meister gutes Garn verarbeitete, worüber er jedoch in den seltensten Fällen verfügte. Schlechtere Qualität wurde aber nicht nur geringer bezahlt, sondern war auch schwerer zu verarbeiten, was sich auf das Arbeitstempo negativ auswirkte.

Nicht besser erging es den Tuchmachern, die meistens auf eigene Rechnung gewebte rohe Tücher an das Lagerhaus lieferten. Sie erhielten für ein Stück von 23 Ellen einen „Macherlohn" von 3 Taler, 16 Groschen, 6 Pfennig. Davon mußten sie ihre Spinner, Zöser und Schlumper bezahlen, so daß kaum mehr als ein Hungerlohn übrigblieb[11]. Im Schnitt ergab sich zu Beginn der 80er Jahre für einen guten Weber ein Wochenlohn von 1 Taler, 16 Groschen.

Nicht die Angaben der Arbeiter wurden in die Berichte der Behörden übernommen, sondern die wesentlich geschönten der Unternehmer, die drei- bis vierfach überhöht waren.

Vom Meisterlohn unterschied sich wiederum der Gesellenlohn. Er lag nach der Rechnung der Unternehmer bei 21 Groschen pro Woche. Für den tatsächlichen Durchschnittslohn darf man gut und gern ein Drittel abziehen, so daß der Geselle auf 12 bis 15 Groschen pro Woche kam. Diese Löhne wurden in Berlin unter Hinweis auf die hohen Lebenshaltungskosten in der Residenzstadt bezahlt. In anderen Städten, wie in Gera, lagen die Löhne um die Hälfte niedriger.

1775 setzten die Unternehmer in Friedrichs II. Sinne eine rigorose Lohnsenkung um 25 Prozent durch mit dem Argument, die Arbeiter konkurrenzfähig zu machen. Daraufhin brachen Streiks aus, die über Berlin hinausgingen. Der Streik wuchs zu einem organisierten Widerstand, wodurch die Behörden sich gezwungen sahen, das Absinken des Lohns weit unter dem Wert der Ware Arbeitskraft abzufangen. Sie griffen auf die „Normalsätze" vor 1775 zurück.

1784 war die Arbeitslosigkeit so verbreitet, daß die Behörde (= V. Departement) eine Verfügung herausgab, wonach zwei Jahre lang kein Geselle Meister werden durfte. Aber auch das erwies sich als schlechter Rat, denn die Gesellen murrten dagegen, versammelten sich – trotz Verbots – und zogen randalierend durch die Stadt. Es blieb dabei: Zu Beginn der 80er Jahre belief sich der Arbeitslohn für eine Elle Zeug, Samt oder Stoff auf 3 bis 14 Groschen pro Tag.

Ein gut bezahlter Seidenwebergeselle konnte die Spitze von 1 Taler 8 bis 12 Groschen pro Woche erreichen. Davon mußte er drei Groschen für seine Schlafstelle, drei Groschen für den Talg oder das Baumöl seiner Beleuchtung und noch den Ziehjungen pro Woche bezahlen. Dazu kamen Abgaben für die Benutzung des Arbeitsraumes, der Heizung und der Geräte. Verglichen mit dem Lohn im Jahr 1756 war zu Beginn der 80er Jahre eine Senkung von 50 Prozent eingetreten.

Nowawes

Gerade in der vom König so „begünstigten" Weber- und Spinnerkolonie Nowawes war die Lage der Arbeiter trotz Sonntagsarbeit besonders schlecht, so daß hier die kritische Geschichtsforschung ihre Hebel ansetzen und die Legende von der „sozialen Politik, welche den Standpunkt vertrat, der Schutz des Kleinen Mannes sei Sache der Regierung" Lügen strafen müßte[12].

Zur Verschlechterung der Lage der Arbeiter trugen vor allem die Hungerjahre 1770 bis 1773, besonders die Jahre 1771/1773 bei, eine unmittelbare Folge der großen Mißernte in Mitteleuropa, die die Nahrungsmittelpreise rapide ansteigen ließ. In Sachsen und in Württemberg lag das Niveau der Löhne im allgemeinen noch niedriger als im übrigen vorindustriellen Deutschland. In Preußen waren gewiß die Nowaweser am schlechtesten dran. Schon während des Siebenjährigen Krieges, um 1761, kamen sie kaum über 104 Taler im Jahr. Zufolge ihrer häufigen Beschwerden darf angenommen werden, daß sie nach dem Siebenjährigen Krieg nur etwa auf 1 Taler pro Woche, also im Jahr auf etwa 50 bis 55 Taler kamen.

Übel genug waren schon die schlesischen Weber dran, die noch um 1790 sich mit 12 bis 15 Groschen pro Woche zufriedengeben mußten. Ihr Vorteil war wiederum, daß die meisten ein Stück Garten oder Ackerland besaßen und wenigstens am Lohn für ihr Essen etwas sparen konnten. Doch auch das reichte nicht aus. So wird von Agnetendorf berichtet, daß im weiten Umkreis keine lebende Katze mehr zu sehen war[13].

In Berlin aber hatte kaum ein Arbeiter ein Stück Garten oder Ackerland. In den Hungerjahren 1771/1772 verdienten Nowaweser Spinner durchschnittlich nur fünf bis sechs Groschen pro Woche, d. h. 22 Groschen pro Monat. Das war so wenig, daß die Nowaweser Spinner es vorzogen, während der Sommermonate als Tagelöhner Feldarbeiten zu verrichten, weil sie dafür etwas besser bezahlt wurden. Das waren die schlimmsten Hungerlöhne, die es jemals in Preußen zur Zeit Friedrichs II. gab. Gerade Nowawes kristallisierte sich immer mehr zum neuralgischen Punkt seiner Peuplierungs- und Sozialpolitik heraus.

Nowawes bei Potsdam gehörte zu den 900 Dörfern, die unter Friedrich II. angelegt und mit Kolonisten besiedelt wurden[13a]. Wie die Gutsbesitzer erhielten im Zuge dieser Peuplierung die Manufakturisten billige Arbeitskräfte und konnten ihre enorme Nachfrage besonders nach Spinnern teilweise abdecken[14]. Auf einen Weber rechnete man etwa fünf bis acht Spinner. Da immer mehr Webstühle in Betrieb genommen wurden, wuchs auch der Bedarf an Spinnern. So entstanden viele Spinnerdörfer in der Nähe von Unternehmungen.

Noch heute gibt es die Weberkolonie Rixdorf bei Berlin[15], auch noch Reste jener Kolonie Nowawes, die im friderizianischen Staat als Musterkolonie gedacht war. Friedrich II. hatte persönlich jene sandige und unfruchtbare Gegend ausgesucht, um sie besiedeln und bebauen zu lassen. Die Keimzelle von Nowawes war das bereits 1375 im Landbuch Kaiser Karls V. nachweisbare Dörfchen Neuendorf, in dem Kleinbauern und Kossäten wohnten und ihr Weidevieh durch die Glienicker Allee und die Lindenstraße ins Freie hinaustrieben.

Die Lindenstraße wurde die spätere Dorfhauptstraße von Nowawes, sie war ein Teil der alten Heerstraße von Potsdam über Teltow nach Berlin und hatte die stattliche Breite von 71,6 Metern.

Die Häuser in Nowawes waren ursprünglich alle in Lehmfach-

werk mit Ziegeldach gebaut, meist Doppelhäuschen für zwei We-
ber- oder Spinnerfamilien. Nach der Straße zu lagen rechts und
links vom Flur je eine zweifenstrige Wohn- und Arbeitsstube, nach
hinten hinaus lag eine kleine Stube oder Kammer. Eine Küche
fehlte. Als Kochstelle diente der mittlere Teil des gemeinschaft-
lichen Hausflurs. Hier befand sich auf jeder Seite ein gemauerter
Kochherd, über beiden erhob sich der Mantelschornstein, durch
den man von unten ins Freie hinaufsehen konnte. Der Flur war
zwei Meter breit, zugig und nur durch das Oberlicht der Haustür
erhellt, also meist ziemlich düster. Vom Flur aus führten zwei
schmale Treppen zum Dachboden mit Bodenkammern hinauf.
Die Hausfrauen mußten also Rücken an Rücken im Flur kochen.
Leicht vorstellbar, wie rasch Streitereien entstehen konnten.

Der Grundriß der Kolonistenhäuschen war der Raumeinteilung
nach überall gleich, wenn auch die Außenmaße differierten. So betrug die Außenfront eines halben Doppelhauses 13 bis 16 Meter,
die Gesamtbreite also 26 bis 32 Meter. Zu jedem Doppelhaus gehörte ½ bis 1 Morgen Gartengelände. Obgleich der Ertrag aus
dem selbstbestellten Gartenland sehr gering war, wurde er für die
Lebenshaltungskosten in Rechnung gezogen, weshalb der Lohn
der Spinner und Weber äußerst niedrig gehalten werden konnte.

1752/1753 war die Kirche erbaut worden, ein einfacher Saalbau
mit Emporen im Innern und einem Turm an der Westseite; die
breiten Straßen und der Kirchplatz wurden mit Maulbeerbäumen
bepflanzt und am Ortsrand befanden sich zwei Plantagen mit zusammen 1000 Sträuchern, die der Seidenraupenzucht dienten,
sich hier aber ebensowenig hielten wie in Potsdam.

1737 kamen die ersten Neusiedler, 1750/1751 wurden böhmische Emigranten bevorzugt, die im Rahmen der Siedlungspolitik
Friedrichs II. hier das Spinner- und Weber-Gewerbe einführten,
und seit dem 21. Juni 1756 nahmen die Kolonisten – 149 Spinner,
7 Streicher und 63 Weber – geschlossen ihre Arbeit auf.

Nowawes wuchs allmählich zu einer recht großen Siedlung mit
einigen Hundert solcher schmucklosen Häuschen. 1764/1765 wurden allein an der Allee nach Glienicke 45 Häuschen erbaut für die
von Friedrich II. beigeholten Maurer und Zimmerleute, die aus
Württemberg und der Schweiz stammten und besonders für die
Errichtung des „Neuen Palais" in Potsdam eingesetzt wurden.

Hundert Jahre lang blieb der Umfang des Dorfes unverändert mit seiner eigentümlichen Form eines langgestreckten Vierecks, dem an der östlichen Schmalseite ein Dreieck aufgesetzt war. Der preußische Staat verpflichtete sich, die Kosten der Übersiedlung nach Nowawes zu übernehmen; die Einwohner erhielten Reise- und Transportgelder, die sog. „Meilengelder". Je besser der Einwanderer qualifiziert war, desto besser sollte er auch finanziell ausgestattet werden. Bekamen die Zugewanderten nicht sofort eine Arbeitsstelle, so erhielten sie „Wartegelder" ausbezahlt. Um die Eingekauften unterzubringen, mußten Juden und Tagelöhner ihre Quartiere vorübergehend zur Verfügung stellen. Eng wurde es freilich, wenn zu den Kolonisten auch noch Soldaten einquartiert waren. Nicht selten kam es zu handfesten Auseinandersetzungen in den Unterkünften, so im Dezember 1749. Erst 1752 wurden die ersten vier Häuser, die für die Einwanderer bestimmt waren, fertig.

Die eigentliche Periode der Spinnerdörfer setzte nach 1763 ein, als die Textilmanufakturen einen lebhaften Aufschwung nahmen. Auch in anderen Provinzen arbeiteten zahlreiche Einwanderer für die Manufakturen. In Schlesien bemühten sich die preußischen Behörden um Einwanderer aus Böhmen. Schon während des Ersten Schlesischen Krieges kamen 200 böhmische Familien nach Schlesien. Im Sommer arbeiteten sie als Landarbeiter, im Winter webten sie Leinwand oder spannen Baumwolle.

In nicht geschlossenen Siedlungen wie Nowawes erhielten die Neuankömmlinge oft Bauholz kostenlos zugewiesen oder auch für eine befristete Zeit Mietzuschuß. War der Zustrom genügend stark, wurden die Zuschüsse sofort abgesetzt. Freilich kam es auch vor, daß man bei Einwanderern falsche Hoffnungen weckte. Den böhmischen Ansiedlern in Nowawes wurden anfänglich je Familie 50 Taler versprochen. Aber nur die ersten fünf Weber erhielten diese Summe, die zweiten 44 Familien nur je 20 Taler, die weiteren 44 Familien je 10 Taler und die letzten 63 Familien sogar nur noch 4 Taler [16].

Weitere Vergünstigungen für die Zugewanderten: Befreiung von verschiedenerlei „Geld-, Sach- und Dienstleistungen" [17]. Darunter fiel vor allem die Befreiung von der Konsumtionsakzise, von gewissen bürgerlichen Lasten wie Einquartierung, Wachestehen, vor allem aber die Befreiung vom Militärdienst. Zugewanderte durften weder freiwillig noch unter Zwang zum Militär geworben werden, auch nicht nur „enrolliert".

1781 wurde die Zunft der Leinen- und Kattunweber gegründet; sie bestand noch in den 30er Jahren des 20. Jahrhunderts. Zu ihren strengen Satzungen gehörten u. a.: Geburtsschein und Lehrbrief, drei Jahre Wanderschaft sowie das Meisterstück zur Erlangung der Meisterwürde. Nach der Zunftsatzung kostete ein Meisterbrief 3½ Taler, und auf Garndiebstahl stand eine Strafe von 10 Talern einschließlich Zunftausschluß.

1785 versuchte zwar Friedrich II. das harte Los der Nowaweser zu erleichtern, indem er 17 Berliner Fabrikanten beauftragte, die Weber auf 110 Stühlen zu beschäftigen. Die schlimmste Notlage behob sich dadurch etwas, kehrte aber sofort zurück, als durch die Steinsche Gesetzgebung vom 1. November 1810 die Gewerbefreiheit eingeführt wurde und jeder Weber selbst für Arbeit, Erwerb und Absatz sorgen mußte.

Trotz strenger Zunftvorschriften und -strafen kam es zu erheblichen Garnunterschlagungen; aus diesem „Schmuhgarn" stellten die Weber auf eigene Rechnung ihre Waren her und ließen sie von ihren Frauen und Kindern von Haus zu Haus gegen geringes, weit unter dem Marktpreis liegendes Geld verkaufen. Die Bettelei griff wie in der Gründungszeit wieder um sich, und 1818 waren die Nowaweser wieder so weit wie zu Beginn ihres Schicksals: mehr als 400 Familien standen vor dem Hungertod.

Ausländische, vor allem englische Fabrikate überschwemmten nach der Aufhebung der napoleonischen Kontinentalsperre den deutschen Markt, und 1837 mußte die preußische Regierung feststellen, daß sämtliche Weberfamilien in Nowawes ohne Beschäftigung waren. Die sandige Bodenbeschaffenheit erlaubte es den Webern immer noch nicht, mit etwas Ackerbau ihre Not zu lindern. Die Armen mußten fortdauernd unterstützt werden, 1847 und 1848 ließ die Regierung kostenlos Brot und Mehl verteilen und beschaffte durch den Bau einer Straße zum Jagdschloß Stern über den Babelsberg einige Arbeitsplätze. Erst nach 1850 kamen etwas bessere Zeiten, als der weitgereiste Regierungsrat Wichgraf eine „Webschule" gründete und Verbesserungen an den Webstühlen einführte, wie er sie in Belgien kennengelernt hatte. Die Aufträge mehrten sich, aber der Wochenlohn kletterte kaum über zwei Taler hinaus[18].

1861 gab es in Nowawes 664 Webmeister und 60 Meisterwitwen mit mehr als 1000 Webstühlen, überwiegend Handwebstühle nach wie vor, auf denen einfache Stoffe wie Futter, Kattun o. ä. gewebt wurden. Eine einschneidende Besserung der finanziellen Lage der Spinner und Weber brachte das Jahr 1899, als zunächst 425 Menschen in der ersten großen Lokomotiv-Fabrik mit einer Jahresproduktion von 108 leichten Lokomotiven Arbeit und Brot fanden. Im Jahr 1900 endlich gab die Preußische Eisenbahnverwaltung den ersten Großauftrag zum Bau von Tenderlokomotiven, die auch ins Ausland exportiert wurden, an Nowawes.

1907 schlossen sich Neuendorf und Nowawes zu einer Gemeinde zusammen mit dem gemeinsamen Namen Nowawes, das 1924 Stadt wurde. 1938 kam Nowawes zur Stadt Babelsberg (Sitz der UFA-Film-Gesellschaft und der Elektrola-Schallplattenfirma). 1939 wurde Nowawes mit Potsdam vereint, von da an ist der Name erloschen. Noch bis in die 30er Jahre des 20. Jahrhunderts konnte man in der Retzowstraße und im Ostteil der Lindenstraße einige jener alten Häuser sehen, die aus der friderizianischen Koloniegründung stammten, und gelegentlich war auch noch das Klappern der alten Handwebstühle aus den Weberhäuschen von damals zu hören.

Nimmt man für die zweite Hälfte des 18. Jahrhunderts als Durchschnittsverdienst eines Textilarbeiters weniger als zwei Taler pro Woche an, so lag der Verdienst von Frauen und Hilfsarbeitern bei etwa einem Taler plus ein paar Pfennigen pro Woche. Dieser Lohn betraf die weitaus größere Masse an Hilfsarbeitern als die an Facharbeitern. Gegen die auseinanderklaffende Schere zwischen sinkenden Löhnen und steigenden Lebensmittelpreisen unternahm der preußische Staat unter Friedrich II. so gut wie nichts.

Maßgebend für das Lebensniveau war nach wie vor der von Friedrich II. bevorzugte Adel, von dem er abhing („... muß conserviret werden ..."). Die Adelsklasse besaß die politische Macht, sie beherrschte den militärisch-bürokratischen Staatsapparat und nutzte ihn zu ihren Gunsten aus. Erhoben sich Manufakturarbeiter, dem Hungertuch nahe, zu einem massiven Aufstand, riefen die Unternehmer die Armee zu Hilfe und ließen die Arbeiter rücksichtslos niederknüppeln und ins Gefängnis werfen. Dort erging es ihnen noch schlimmer.

Ausgerechnet in der Textilindustrie, jenem Wirtschaftszweig, der die Staatsfinanzen aufbessern und den Anschluß an den internationalen Markt liefern sollte, wurden die niedrigsten Löhne gezahlt. Dabei erging es den Manufakturarbeitern zunächst schlechter als den Zunft-Handwerkern, deren „ehrbare" Preise und Warenqualitäten aber gerade in den 70er Jahren dadurch herabgedrückt wurden, daß die Zahl der unzünftlerischen Handwerker (= „Freimeister") stieg, die allemal billiger arbeiteten als die zünftlerischen, freilich nicht zuletzt auf Kosten der Qualität.

Zu dieser antizünftlerischen Bewegung gehörte auch das seltsame Erscheinungsbild, daß schließlich ein Tagelöhner mehr verdienen konnte als ein Zunftmeister. Eine Rettung gab es für ihn nicht; die Hoffnung, im Ausland mehr Geld zu verdienen, wurde durch das erneuerte und strikte Auswanderungsverbot von 1721 abgeblockt. So mußten sich die aufmüpfigen Zunftmeister um 1780 mit dem Argument abspeisen lassen, sie könnten ja in Berlin als Spinner zu ausreichendem Nebenverdienst kommen. Aber wann – bei einem Arbeitstag von durchschnittlich 13 Stunden?

Ein Vertrag

Angesichts der drückenden Existenznot der Nowaweser Weber und Spinner, der alltäglichen Lage in jener Musterkolonie Friedrichs II., mutet ein Vertrag utopisch an, der 1785 geschlossen wurde und der, hätten die Untertanen nach ihm leben können, ihr Leben erträglich hätte gestalten müssen. Noch immer lastete auf allen Untertanen Preußens das strikte Auswanderungsverbot des Jahres 1721. Jetzt aber, 1785, wäre eine Chance gewesen, die Untertanen ziehen und sie im Ausland eine bessere Existenz suchen zu lassen.

Gemeint ist der „Freundschafts- und Handelsvertrag zwischen Seiner Majestät dem König von Preußen und den Vereinigten Staaten von Amerika" (10. September), der bis heute als einer der liberalsten Verträge gilt, die je zwischen zwei unabhängigen Mächten geschlossen wurden. Der Vertrag galt zunächst für die Dauer von

117

10 Jahren, wurde 1799 und 1828 revidiert und erneuert und ist heute noch hinsichtlich seiner allgemein menschlichen Bestimmungen aktuell. Lange vor der „Genfer Konvention zum Schutz der Kriegsgefangenen" (1929) wurden hier Grundsätze über die Wahrung der Humanität in Kriegszeiten formuliert, mehr noch: dieser Vertrag weist direkt auf den Weg zum heute gültigen internationalen Völkerrecht.

Der Vertrag ging vom Grundsatz gegenseitiger Achtung und Toleranz, Fairneß und Partnerschaft sowie unbeschränkter Handels- und Gewerbefreiheit zum Wohle der Untertanen (Preußen) bzw. Bürger (US-Amerikaner) aus. Neben den Bestimmungen, in denen sich die beiden Militärmächte einigten, das Elend des Krieges zu mindern, Blutvergießen und Not der Feinde zu vermeiden und die Behandlung von Kriegsgefangenen zu erleichtern und zu regeln und Gewissens- und Religionsfreiheit zu garantieren, sind von den 27 Artikeln besonders zwei von herausragender Bedeutung.

Der Artikel 2 war so formuliert, daß er nach Aufhebung des strikten Auswanderungsverbotes klang: „Die Untertanen seiner Majestät des Königs von Preußen dürfen alle Küsten und Länder der Vereinigten Staaten von Amerika frequentieren und dort wohnen und mit allen Arten von Produkten, Erzeugnissen und Waren handeln ...", wobei sie keine höheren Zölle, Gebühren oder Abgaben wie die „meistbegünstigten Nationen" (die Einheimischen z. B.) zu zahlen verpflichtet seien, wonach sie sich jedoch verpflichteten, „sich den dort bestehenden Gesetzen und Gepflogenheiten" zu unterwerfen. Dieselben Regelungen wurden auch den amerikanischen Bürgern für den Fall eingeräumt, daß sie sich in Preußen niederließen.

Die allgemeine Formulierung „Die Untertanen" ... „ohne Ausnahme von Personen oder Orten..." (Artikel 1), zu denen also auch Handwerker oder Bauern gehören würden und denen die Erlaubnis „dort zu wohnen" eingeräumt werden sollte, wurde im Artikel 5 beschränkt auf „die Kaufleute, Schiffskommandanten oder andere Untertanen oder Bürger...", solche nämlich, die direkt mit dem Überseehandel befaßt waren, also mit Im- oder Export solcher Waren, mit denen zu handeln die Staatsräson nicht verboten hatte (Artikel 4), der Wirtschaft also nutzten.

Der Vertrag galt demzufolge nur für solche Untertanen, die aus wirtschaftlichen Gründen im Interesse des Staates „dort wohnten", ihre Geschäfte betrieben, sich den dortigen Gesetzen unterwarfen, ihr Eigentum per Testament vererben durften (Artikel 10) und sogar im Falle eines Krieges zwischen beiden Staaten noch neun Monate nach Ausbruch des Krieges „im anderen Lande wohnen" (Artikel 23) bleiben durften, bis sie ihre persönlichen Angelegenheiten geregelt hatten, „wonach sie frei abreisen und all ihre bewegliche Habe ohne Belästigung und Behinderung mitnehmen dürfen" (Artikel 23).

Obgleich der Vertrag völlige Freizügigkeit der Staatsangehörigen und unbeschränkte Gewerbefreiheit ansprach, kamen in der Praxis nur Kaufleute in seinen Genuß. Der Begriff der Untertanen wurde zwar im Artikel 23 aufgelistet in: „Frauen, Kinder, Gelehrte jeglicher Fakultät, Landwirte, Handwerker, Manufakturisten und Fischer", also die breite Masse der Untertanen, freilich ohne ausdrückliche Erwähnung der Bauern, für sie galt aber nicht die Chance „dort zu wohnen", sondern für sie wurde lediglich die Schutzgarantie ausgesprochen, daß im Falle eines Krieges und der Besetzung des Landes durch Feindestruppen (also daheim) „ihre Häuser oder ihre Habseligkeiten nicht verbrannt oder andersweitig vernichtet, noch ihre Felder von der Streitmacht des Feindes, in dessen Macht sie durch Kriegsereignisse fallen sollten, verwüstet werden" (Artikel 23).

So sehr dieser Vertrag, der niemals gekündigt wurde und in dieser Fassung bis 1917, dem Jahr des Kriegseintritts Amerikas gegen Deutschland, bestand, als eine Art drittes (= humanitäres) Politisches Testament Friedrichs II. verstanden werden kann und Anzeichen eines Schutzvertrages zweier Militärmächte für den Kriegsfall – die natürlichen Rechte der Untertanen bzw. Bürger betreffend – trug und ganz im Sinne der preußischen Humanitätspolitik für die „Wohlfahrt" der Untertanen plädierte, eine wahre Befreiung der Lebensbedingungen dieser Untertanen brachte er nicht. Insofern blieb Friedrichs II. große und humane Geste nichts mehr als eine völkerrechtliche Absichtserklärung, die weit über ihre Zeit hinauswies (und einen falschen Nimbus hinterließ), für den realen Zustand der Existenznot aber blieb dieser Vertrag eine Utopie, ein Hoffnungsschimmer, vielleicht vergleichbar mit dem Morgenrot der Französischen Revolution[18a].

Der Vertrag war in französischer und englischer Sprache abgefaßt. Erstmals ins Deutsche übersetzt wurde er 200 Jahre später (1985). Sein vor den Augen der internationalen Öffentlichkeit verbreiteter Inhalt blieb den Untertanen Preußens unbekannt . . .

Zur Notlage nach dem Siebenjährigen Krieg

Getreide war das Hauptprodukt der preußischen Landwirtschaft (noch um 1800). Dafür wurden 54 Prozent des Geldwertes ausgegeben. Friedrich II.: „Die Landwirtschaft ist die erste aller Künste; ohne sie gäbe es keine Kaufleute, keine Dichter und Philosophen. Nur das ist wahrer Reichtum, was die Erde hervorbringt."[19]

Für die Lohnberechnung wird in der Regel der Getreidepreis bei einer Vollbeschäftigung von 14 bis 17 Stunden pro Tag zugrunde gelegt. Niedrigste Löhne für höchste Getreidepreise wurden zu Zeiten der Mißwirtschaften und d. h. Hungersnöte bezahlt. Hungersnöte waren 1530, 1540, 1550, 1560, 1570.

Hungerperioden in Deutschland nach dem Dreißigjährigen Krieg:

1660 bis 1663	1766 bis 1768
1691 bis 1693	1770 bis 1773 Hungerkatastrophe
1698 bis 1699	1780 bis 1784
1709 bis 1712	1787 bis 1790
1724 bis 1725	1793 bis 1795
1739 bis 1741 Hungerkatastrophe	1799 bis 1800
1755 bis 1757	1805 bis 1807
1760 bis 1762	

Rund jedes dritte bis vierte Jahr war ein Hungerjahr. Hungerjahre für Millionen von Menschen, die ohnehin jedes zweite Jahr, oft auch in ihrem ganzen Leben, ungenügend ernährt waren. Auch in England brachte jedes vierte Jahr eine Mißernte mit Hunger[20]. Im letzten Drittel des 18. Jahrhunderts wurden in der Manufakturindustrie die Löhne allgemein gesenkt, besonders in der Kattunmanufaktur erhielten die Weber innerhalb eines halben Jahrhunderts 50 Prozent weniger Lohn.

Die Löhne der Maurer- und Zimmergesellen stiegen infolge der erhöhten Bautätigkeit in Berlin bis 1771 an. Seit 1771 stagnierten ihre Löhne und wurden erst 1801 geringfügig erhöht. Nach 1815 verdiente ein Maurergeselle in Berlin 5 bis 6 Taler pro Woche.

Die Beamtengehälter blieben nach dem Siebenjährigen Krieg fast unverändert bis um 1800. Die Löhne der Handwerker paßten sich in etwa der allgemeinen Preissteigerung nach 1770/1772 an.

Wenn es stimmt, daß Friedrich II. für seine Person nie mehr als 220 000 Taler pro Jahr ausgegeben hat [21], müßte er sich einen Wochenlohn von 458 Talern genommen haben. Dafür hinterließ er der Nachwelt kostspielige Liebhabereien wie 130 mit Brillanten und anderen Edelsteinen besetzte (Tabaks-)Dosen, die einen Gesamtwert von 1½ Millionen Taler ausmachten. Für sein „Neues Palais" bei Potsdam (erbaut 1763 bis 1769) am westlichen Rand des Parks von Sanssouci gab er samt Innenausstattung 22 Millionen Taler aus [22]; kaum mehr, nämlich 25 Millionen Taler, nach dem Siebenjährigen Krieg für das durch Kriegseinwirkung verwüstete Land, wovon der Hauptanteil freilich dem Landadel zugute kam.

Gerade nach dem Siebenjährigen Krieg offenbarte sich die Not in Preußen eklatant. 400 000 Menschenleben hatte der Krieg gefordert, das sind etwa 10 Prozent der Gesamtbevölkerung des preußischen Staates von Beginn des Krieges 1756 an. Die Bewohner der Städte litten unter einer großen Teuerung: die Mieten stiegen, Brennholz wurde knapp, Lebensmittel, vor allem Brot, dessen Preis in fast unerschwingliche Höhe schnellte. Die Lebenshaltungskosten erreichten 1763 den höchsten Stand des ganzen Jahrhunderts.

Der König reagierte auf die Not seiner Untertanen, indem er ihnen die Schuld zuwies mit der Bemerkung: „... alle erhöhten um die Wette den Preis ihrer Lebensmittel und Waren und schienen nur auf ihr gegenseitiges Verderben hinzuarbeiten." Und nun kam der königliche Wunsch nach jährlichen Mehreinnahmen in Höhe von mindestens 12 Millionen Talern, denn er befürchtete bereits jetzt wieder einen neuen Krieg, wozu er gerüstet sein mußte. Das konnte er in dieser höchsten Notzeit nur durch massive Steuererhöhungen erreichen. Seine Beamten wollten ihm nicht folgen, weigerten sich sogar, seine Anweisungen auszuführen. Der König blieb bei seinem Plan und zog französische Finanzbeamte zu Rate.

Drei Jahre nach dem Siebenjährigen Krieg führte er die drükkende „Regie" ein [23].

Die Staatseinkünfte berechneten sich zu $5/7$ aus den Steuern der Bauern (Landwirtschaft) und zu $2/5$ aus Handel und Gewerbe [24].

Kam aber ein armer kriegsgeschädigter Untertan mit der Bitte um Abhilfe für die schlimmste Not, so erhielt er die berühmte Antwort aus dem Mund des Königs: „Am jüngsten Tag Krigt ein jeder alles Wieder was er in dießen Leben verlohren hat", oder auch: „Warum nicht auch Was er bei der sündflut gelitten so seine Keller auch unter Wasser gestanden?" [25]

In einigen Orten des Erzgebirges stieg der Preis des Scheffels Roggen vom Frühjahr 1770 bis zum Frühsommer 1772 auf über das Zehnfache (von 1 Taler 4 Groschen auf 14 Taler), der Preis für ein Sechspfundbrot auf das Sechsfache (von 2 Groschen auf 12 Groschen). Ein Bergarbeiter verdiente pro Woche 24 Groschen, womit er in guten Jahren 12 Sechspfundbrote kaufen konnte. Schon das reichte kaum, um die zumeist kinderreiche Familie zu ernähren, weshalb Kinderarbeit nötig war. Der Arbeitslohn glich sich in den Teuerungsjahren nicht dem Preisanstieg an, weshalb die Kaufkraft des Bergarbeiterlohnes auf zwei Sechspfundbrote pro Woche schrumpfte, was auch die Nebenverdienste von Frau und Kindern nicht abfangen konnten.

Ein Pfarrer schrieb im Herbst 1772: „Ich habe das Elend gesehen ... Die meisten Einwohner sind so notdürftig gekleidet, daß sie ihre Blöße nicht bedecken können, ihre Wohnungen sind von allen Hausgeräten, ihr Lager von Betten leer ... Viele Häuser, die ausgestorben waren, sind von ihren Nachbarn eingerissen, und das Holz verbrannt worden, um ihr und ihrer Kinder Leben auf einige Tage zu fristen ... Viele wissen über keine Krankheiten und Schmerzen zu klagen, aber geschwollen, keuchend, ganz verschmachtet taumeln sie umher, vermutlich sind ihre Eingeweide zusammengeschrumpft. Nur erst vor 14 Tagen hatte man in der Gegend von Eibenstock zwei Kinder, die in den Wald gegangen waren, um sog. Schwarzbeeren zu holen, auf der Straße aus Mattigkeit umgefallen und tot gefunden."

Ein Amtsarzt nannte die Krankheiten „epidemisches Fieber", Pocken und „Geschwulst". Als Ursachen für Pocken und Geschwulst bezeichnete er die Armut der Menschen. Heu, Grummet,

Gartenfrüchte, Gemüse, Obst waren verdorben und ungenießbar, das für vier Groschen gekaufte Pfund Brot mußte für eine ganze Familie in der Woche zur Sättigung ausreichen, was nicht der Fall war. Also griffen die Menschen auf viehische und naturwidrige Speisen zurück, wie: Gras, Disteln, rohen Kohl, schädlichen Kleiebrei, geröstete Haferspreu oder Wicken. „Ja die Not zwang sie endlich selbst sogar auf jene den Füchsen zur Fütterung dienende Kost." Oder: „Kinder hackten von einem verreckten Pferd einen ganzen Sack voll Fleisch ab, woran sich schon mehrere Tage Hunde und Vögel satt gefressen hatten . . ."

In Preußisch-Minden fehlte der Bevölkerung das Geld, um das von Friedrich II. bereitgestellte Brotkorn zu kaufen. In Schlesien wie in Böhmen und Mähren litten die Weber schlimmste Not. Die Weber in den Gebirgsgegenden und die Tuchmacher in den Städten waren bis zu 80 Prozent arbeitslos. Die Menschen bettelten, gingen nachts unter Fenster singen, die meisten aber lagen in ihren verschuldeten Häusern ohne Betten und Stroh und wünschten die Pest herbei, um von ihrem Elend befreit zu werden.

In diesen Notjahren versagten auch die Gewerbe in der Stadt. Denn die Kaufkraft der Städte reichte nicht aus, um die Produkte vom Lande erstehen zu können. In einem Bericht von 1771 hieß es: „Die Meister feiern, die Gesellen bekommen ihren Abschied. Die Lehrjungen gehen spazieren. Die Arbeiter stehen müßig. Die Werkstätten liegen still. Die Handwerker sehen sich um nach Arbeit und die Professionen nach Verlegern. Die Kaufleute suchen neue Freunde, weil sie von den alten viele verloren haben . . ."

Bei der Berechnung der Preise, also der Lebensunterhaltungskosten, spielen nicht nur die Getreidepreise eine Rolle, sondern auch die Preise der Mieten, der Kleidung, des Hausrats und der Heizung. In normalen Erntejahren deckte die noch immer zu wenig effektiv entwickelte Landwirtschaft in Preußen gerade den Landesbedarf an Getreide.

Nach dem Siebenjährigen Krieg folgte ein Jahrzehnt der stetigen Teuerung und der Not. Hinzu kamen Mißernten. 1755 war ein ausgesprochener Regensommer mit enormen Ernteausfällen und schlechtem Saatgut für das kommende Jahr. Während des Siebenjährigen Krieges mußten der Armee große Getreidemengen zur Füllung der Magazine übergeben werden. Seit 1761 stiegen die

Preise, der Ackerbau lag fast völlig darnieder. Infolge der großen Kriegsverluste sah der König sich gezwungen, auf junge Kantonisten von 14 bis 15 Jahren zurückzugreifen, die wiederum als Arbeitskräfte der Landwirtschaft fehlten. Die durch Friedrich II. forcierte Münzverschlechterung, die einen Aufschwung des Handels hatte bewirken sollen, schlug negativ aus. Die Getreidepreise stiegen ab 1762 immer weiter, 1763 kostete in Berlin ein Scheffel Weizen 7 Taler 8 Groschen. Es fehlte an Brot und anderen Lebensmitteln, die Teuerung wurde als erdrückend empfunden. Ein Zeitgenosse schreibt über Berlin (1763): Früh morgens sehe man schon vor den Türen der Bäcker die Menschen in großen Haufen versammelt, welche sich um das schlechte und kaum halb genießbare Brot gräßlich rauften. Der Krieg brachte den Werktätigen nur Hunger und Tod. Lediglich einer kleinen Minderheit (= Oberschicht) von Kriegsgewinnlern, Geldjuden und vor allem Junkern gelang es, diese Jahre „standesgemäß" zu überstehen.

Der Kammerherr der Königin, von Lehndorff[26], schrieb am 16. Februar 1763 die ambivalente Stimmung in sein Tagebuch: „Beim Einzug in Berlin sind wir von der ungeheuren Menschenmenge, die zur Erhöhung des Festesglanzes beitragen will, aufs höchste überrascht. Nicht allein alle Fenster, sondern auch die Dächer sind mit Menschen besetzt, und alle diese Leute bezeigen beim Anblick der Königin eine so aufrichtige Freude, daß diese mit ihren Untertanen zufrieden sein kann. Zu meiner herzlichen Freude sehe ich unter ihnen des Königs Bruder, den Prinzen Heinrich, diesen erhabenen Helden, den Schrecken unserer Feinde, der uns durch seinen Sieg bei Freiberg diesen günstigen Frieden errungen hat, wie wir ihn nie erwarten durften. Kaum ist die Königin da, so erscheint ein Leibjäger des Königs mit der Meldung, daß die Friedensurkunde vollzogen sei und der König alle seine Staaten wiedererhält. Somit hat alle unsere Not ein Ende. Wenn man nun aber bedenkt, welche unzähligen Opfer dieser Krieg hat, wieviel Provinzen verwüstet, wieviel Familien ruiniert worden sind, und das alles, um die Herrscher in dem status quo zu sehen, so möchte man über den Wahnwitz der Menschheit laut aufschreien. Nun ist noch die Münzfrage zu erledigen. Wenn der König nicht schleunigst Hilfe schafft, sind wir alle ruiniert. Die Preise aller Waren haben eine Höhe erreicht, daß uns ein permanenter Notstand droht. Aber man verspricht uns ja Wunder vom Erscheinen des Königs und einen Umschwung aller Verhältnisse."

Dann kamen die schlimmen Jahre 1770 bis 1775 mit dem Jahrhunderthöhepunkt an Notzeit in den Jahren 1771/1772, als die Getreidepreise ins Unerschwingliche hochschnellten. Freilich versuchte Friedrich II. gerade in Notjahren Linderung zu schaffen, indem er seine Getreidemagazine der Bevölkerung öffnete. Im Klartext sah dies aber so aus: 1763 ließ er z. B. aus dem Berliner Magazin Mehl für einen mäßigen Preis verkaufen, doch es handelte sich um „dumpfig" gewordenes Mehl, das er seiner Armee nicht mehr zumuten wollte. Umgekehrt: als 1779 durch gute Ernte die Getreidepreise fielen, klagte er sofort, das Getreide sei so „greulich wohlfeil", wie er es „sein Tage nicht erlebt" habe. Er beklagte diese erschwinglichen Preise, weil sie seinen Landjunkern, die fast vollständig auf Getreideproduktion und -export umgestiegen waren, schadeten. Die Einkommen der Landadeligen sollten aber keinesfalls geschmälert werden, wollte er die Aufkündigung ihrer Ergebenheit nicht riskieren.

Er sorgte sich viel mehr um Preisstabilität, weil sie dem Heer wie den Landjunkern nützte; um die immer wieder verkündete „Wohlfahrt des Volkes" kümmerte er sich in Wahrheit wenig.

Negativ wirkte sich für den Stadtbewohner die Akzise, die Verbrauchssteuer, aus. Denn den größten Teil seines Lohnes mußte der Städter für Lebensmittel ausgeben, auf diese Ausgaben schlug aber noch die verschärfte Akzise zu Buche, so daß folgende Rechnung auszumachen war: Wenn ein Scheffel Roggen einen Taler kostete, so war durch die Akzise das Brot so teuer, als betrage der Roggenpreis 1½ Taler. Zugunsten der Staatseinnahmen mußten also alle Nahrungsmittel und Gebrauchsgüter des täglichen Lebens hoch besteuert werden. Die hohen Steuern konnten aber nur bezahlt werden, wenn die Löhne nicht unter das Existenzminimum absanken. Also trat Friedrich II. gegen alle Lohnsenkungen seiner Beamten ein, nicht aber gegen Lohnsenkungen der städtischen Werktätigen. Sanken aber die Löhne ins Unerträgliche ab, kamen auch nicht die erwünschten Steuergelder ein. Die Notlage des einzelnen Arbeiters fand demnach nur ihren Niederschlag im Saldo der königlichen Kasse.

Zwar wurden Luxuswaren (= Seide und Porzellan), die die

Armen sowieso nicht kaufen konnten, hoch versteuert, aber ihr Umsatz unter den wenigen Reichen trug nicht wesentlich zur Aufstockung der königlichen Kasse bei.

So kam als Ursache für die Notlage der Masse der Einwohner außer den Verlusten durch Kriege und Mißernten noch eindeutig die Akzise hinzu. Um hohe Steuereinnahmen ging es dem preußischen Staat in erster Linie, nicht um die Wohlfahrt des kleinen Mannes. Ein Beispiel: Aus Sachsen konnten jährlich für etwa 12 000 Gulden Eier nach Berlin eingeführt werden. Der Preis dafür wäre erschwinglich gewesen, aber ihre steuerliche Akzisebelastung war wiederum so hoch, daß sie dem kleinen Mann nicht zugute kamen.

Nach Friedrichs II. Vorstellungen sollten die Berliner Brottaxen ständig bei 1 Taler pro Scheffel Roggen gehalten werden. Als Normallage darf man diese Taxe auf das Jahr 1766/1767 ansetzen. Bis dahin fiel der Preis seit 1757, stieg sprunghaft 1770/1771 an, ebenso 1780/1781. Erst 1805/1806 fiel er wieder in die Normallage zurück. Innerhalb eines halben Jahrhunderts hielt sich der angegebene Normalpreis nur in fünf Jahren konstant.

Die Festsetzung von Taxen war oft nicht mehr als tröstende Augenwischerei, denn man umging sie, wo immer es möglich war. So verkauften die Schlächter zwar ihr Fleisch zum Taxpreis, aber es drehte sich um Abfall oder Knochen – für die Armen; die Reichen erhielten das gute und d. h. genießbare Fleisch, weil sie mehr zahlen konnten und sich nicht an den Taxpreis halten brauchten. Die Ärmsten hausten in der Siedlung Nowawes. Das dort angebotene Fleisch und Brot war meist ungenießbar, aber billig. 1799 wurde das Kommißbrot eingeführt, etwa 45 cm lang, 15 cm breit und hoch, schwarz wie die Erde und aus gröbstem Mehl und Kleie gebacken. „Frisch schmeckte es erträglich, doch alt unkräftig; nur der Magen eines Straußes hätte es verdauen können", schrieb ein General. Außerdem wurde das Brot für die Armen meist unter Gewichttaxe gebacken, ein Mißbrauch, der nicht nur in Berlin vorkam. 1784 war das Brot kaum anders als das Kommißbrot später: „fast gar nicht eßbar, sondern ganz schwarz, steinig und voller Sand."

Neben dem Brot und der Kartoffel wurde der Hering zu einem Hauptnahrungsmittel. Zwar pries die Regierung den Hering wegen „seiner Wohlfeilheit", wegen seines vorteilhaften Einflusses auf die menschliche Gesundheit, – der Heringshandel profitierte vor allem seit 1769, als in Emden eine „Heringsfang-Kompanie" gegründet wurde –, aber der Hering wurde gleich so sehr verteuert, daß für Soldaten und Handwerker meist nur die schlechteste Sorte übrig blieb: besonders kleine Fische und ohne Kopf, dafür mit vielen Beschädigungen, die von der Fischfangtechnik herrührten.

Die Preisentwicklung der Nahrungsmittel war in Preußen nicht anders als in Deutschland, in Preußen jedoch beeinflußte die Unterhaltung der Riesen-Armee zusätzlich empfindlich das Preisgefüge. Hinzu kamen die enormen Kosten für die großen Kriege Preußens (abgesehen von der kostspieligen, nie kritisierten, sondern wie selbstverständlich hingenommenen Hofhaltung nicht des Königs privat, sondern seines adligen Anhangs), die sich auf die Jahre 1740 bis 1778/1779 verteilten, also faktisch über die ganze Regierungszeit Friedrichs II.

Den hohen Preisen stand indes die ständig schwindende Kaufkraft der Masse der Bevölkerung entgegen (worauf im Siebenjährigen Krieg immer wieder Graf Lehndorff in seinem Tagebuch hinweist). Der Lohn reichte ständig weniger zum Kauf von Nahrungsmitteln. Noch mehr am Essen sparen konnte keiner, also hielt man sich weitestgehend beim Kauf von Bekleidung zurück, was sich wiederum negativ auf die Textilmanufaktur auswirkte. Statt neue Schuhe zu kaufen oder frisch besohlen zu lassen, schnürte man sich lieber die Lederfetzen um die Füße, man wendete seinen Kittel lieber zweimal und trug ihn, bis er abgewetzt war, als sich einen neuen billigster Qualität zu kaufen.

Der Rock eines Bauern mußte viele Jahre halten, mit Flicken übersät und auch noch weitervererbt. Die ärmlichste Kleidung war jedoch die Uniform des preußischen Soldaten (siehe unten das Kapitel „Kompaniewirtschaft"). Im Lagerhaus verwendete man die schlechteste Wolle für Mannschaftstuche, die überdies noch „ausgestreckt" wurden und schließlich „so dünne und so löchrig wie ein Sieb" waren.

Dies schlug sich negativ auf die Gesundheit der Truppe nieder. Regnete es im Manöver oder im Krieg, war der Soldat gezwungen, die Uniform am Körper trocknen zu lassen. Zog er sie nämlich zum Trocknen aus, lief sie derart ein, daß sie nicht mehr paßte. Einen Mantel besaß der Soldat seit 1740 nicht mehr. Die Hemden waren „rauh wie eine Feile", oft auch von der Soldatenfrau billig selbst genäht. Hinzu kam noch die übliche ausbeuterische „Kompaniewirtschaft" des Hauptmanns, der für die Montierung zuständig und auf eigenen Reibach bedacht war. Die Uniform des preußischen Soldaten bestach also weniger durch Qualität als vielmehr durch die schöne blaue Farbe und den strengen Sitz, der wiederum auf Anweisung Friedrich Wilhelms I. so knapp auf den Körper geschneidert werden mußte, daß auch der letzte Zentimeter Stoff noch gespart werden konnte.

Zog der Fleischpreis an, weil die Viehpreise sich verteuert hatten, so schlug sich das auch auf die Preise des Talges nieder, so daß Talglichtfunzeln zu benutzen schon ein hohes Feiertagsvergnügen wurde. Wollte der etwas bildungshungrige Bürger oder Soldat in seiner Freizeit, also nachts, etwas lesen, mußte er auf Vollmondlicht warten.

Die preußischen Kriege, vor allem der Siebenjährige, hatten viel Holz zur Verfeuerung verschlungen, so daß der Holzvorrat der Wälder Sparsamkeit erforderte. So stiegen auch die Brennholzpreise. 1770 hatte Friedrich II. das Staatsmonopol des Holzhandels befürwortet, verwirklicht wurde es aber erst 1785. Sofort wurde der Holzhandel mit der Akzise belegt, und von einer spürbaren Preissenkung konnte keine Rede sein. Ein Haufen Buchenholz kostete 1776 bis 1781 etwa 12 Taler, nach der Monopolisierung aber 19 Taler; ein Haufen betrug etwa 1½ bis 2 Zentner.

Zum Hunger kam das Frieren und das Betrügen. Von dem derart unpräzise definierten Haufen Holz konnte der Händler leicht ein paar Scheite abzwacken, es blieb immer noch ein Haufen. So führte der König eigens Strafen für Holzdiebstahl ein. Konnte der verurteilte Holzhändler die oft drastischen Geldstrafen nicht bezahlen, mußte er sie im Forstdienst abarbeiten. Wieder genügend Gelegenheit, Holz beiseite zu schaffen. Jedes Gesetz schafft bekanntlich sogleich die Lücke, durch die man ihm entschlüpfen kann. So wurde die Strafe verschärft durch Gefängnishaft mit dem berüchtigten „Willkomm und Abschied", das war die beliebte Strafe des Auspeitschens bei Haftantritt und Haftentlassung. In der von Preußen annektierten Provinz Schlesien sah es nicht anders aus, wohl aber in Sachsen, das, reich und kulturell hochentwickelt, die verheerenden Folgen des Siebenjährigen Krieges rascher verkraftet hatte und die Grundlebensmittel zu „wohlfeilen" Preisen anbieten konnte. Sachsen stöhnte nicht unter der Akziselast wie Preußen und auch nicht unter den vielen Staatsmonopolen. Auch in Wien unter Maria Theresia waren die Preise im Vergleich zu Preußen wesentlich niedriger.

Immer wieder wird in der bürgerlichen Geschichtsschreibung darauf hingewiesen, wie vorbildlich die finanzielle Unterstützung von Gewerbe und Industrie in der Gründerzeit Friedrichs II. gewesen sei. Der Großteil der Manufakturen in der Kurmark wurde mit staatlicher Unterstützung gegründet. An solchen Industrien war der Staat interessiert, die bestimmte Erzeugnisse herstellten, welche der Staat für sich, d. h. die Armee, brauchen konnte.

In der Kurmark soll der König zwischen 1740 und 1786 die Riesensumme von 2,4 Millionen Talern investiert haben. Der König selbst bezifferte die Summe auf 2,7 Millionen Taler[27, 28]. Reinhold Koser kommt sogar auf 9 Millionen Taler. Eingeschlossen sind dabei auch die Ausgaben, die der König für eigene Zwecke machte, etwa für seine Bauten und die nicht unbeträchtlichen Geldgeschenke für den Adel.

Pro Jahr dürfte Friedrich II. etwa 60 000 Taler ausgegeben haben für die Manufakturen und Kolonisten, viel mehr freilich für das Heer, dessen Etat 1786 bei 12 bis 13 Millionen Taler lag. So bleibt von der Legende vom „Beförderer des Gewerbefleißes" nicht viel übrig[29]. Insgesamt waren die Mittel für die Manufakturen recht gering im Vergleich zu den Ausgaben des Staates für sich selbst.

Der Taler

Der Taler hatte 24 Groschen (seit 1821: 30 Groschen) und 12 Pfennige. 1 Taler (seit 1690) = 19,488 g Feinsilbergehalt; nach Friedrichs II. Münzreform von 1750: 1 Taler = 16,7 g Feinsilbergehalt.

Erzherzog Sigismund von Tirol ließ 1484 die ersten Silberstücke prägen, die man später „Taler" nannte. Sie waren 31,8 Gramm schwer, was dem Gewicht einer Unze entsprach. Ihr Wert entsprach wiederum dem Goldgulden.

Seinen Namen erhielt der Taler 1518 vom Grafen Schlick in Joachimstal in Böhmen, weshalb er zunächst „Joachimstaler" hieß. Als Anfang des 16. Jahrhunderts aus Amerika große Silbermengen in Europa eingeführt wurden, begannen zahlreiche Länder des Kontinents mit der Prägung von Talern. Im 16. Jahrhundert war die Kaufkraft des Talers sehr hoch. Für einen Taler konnte man 30 bis 40 Pfund Fleisch oder 5 bis 10 Paar Schuhe kaufen. Ein Handwerker bekam rund 50 Taler pro Jahr, ein reicher Graf ungefähr 4000 Taler pro Jahr.

Der wohl bekannteste Taler stammt aus Österreich, geprägt mit der Büste Maria Theresias. Vor allem nach ihrem Tod 1780 kam der Theresientaler in großer Stückzahl in Umlauf.

Im 19. Jahrhundert wurde der preußische Reichstaler die wichtigste deutsche Münzsorte. Mit dem Wiener Münzvertrag von 1857 wurde er zur Währung fast aller deutscher Staaten. Die letzten Taler wurden nach dem Krieg 1870/1871 geprägt. Diese sog. „Siegestaler" sind noch heute im Münzhandel vertreten.

1873 führte das Deutsche Reich inoffiziell die Goldwährung ein. Aber ein „echter" Taler ist für den Münzsammler noch immer der aus Silber. Bis 1907 blieb der Taler zum Kurs von 3 Mark im Umlauf, er wurde durch ein Dreimarkstück „ersetzt", und dieser „Dreier" hieß im Volksmund noch immer „Taler". Der „Dreier" wurde noch bis 1933 geprägt.

Der Taler mit Groschen und Pfennig war die Währungseinheit in Preußen im 18. Jahrhundert.

Löhne und Preise

Es ist vorerst nicht möglich, komplette Lohn- und Preistabellen aufzustellen, da das überlieferte Material sehr lückenhaft ist. Dies betrifft vor allem die Angaben vor 1740. Aus der Preistabelle ist jedoch klar zu entnehmen, wie sich die durch die „Regie" (1766) bedingte Verteuerung auf einzelne Artikel niederschlug. Außer der „Regie" können als Ursachen der Preissteigerung angeführt werden: Bevölkerungszuwachs oder -abnahme, Ausfuhrverbote und staatliche Reglementierungen des Getreidehandels [30].

Lohntabelle:

Berliner Maurergeselle	1800		104	Taler/Jahr Gesamteinkommen
		davon	15	Taler für Miete
			7	Taler für Beleuchtung und Heizung
			6	Taler für Kleidung
			76	Taler für Nahrung
Berliner Goldschmiedemeister	1786:		400	Taler/Jahreslohn
	1804		650	Taler/Jahreslohn

Der Steuerrat war der „beständige Commissarius" der Kriegs- und Domänenkammer, die dem General-Direktorium (seit 1723) untergeordnet war.

Zum Kreis eines Steuerrates (= Steuereintreibers) gehörten 6 bis 12 Städte, deren allgewaltiger Herr er war, nachdem unter Friedrich Wilhelm I. die kommunale Selbständigkeit der Städte praktisch aufgehoben worden war. In der Laufbahn des Steuerrates lag sein Aufstieg zum Kriegs- und Domänenrat, sogar zum Geheimen Finanzrat im General-Direktorium.

Zweimal im Jahr hatte der Steuerrat die Städte zu besuchen, um Revisionen durchzuführen. Bis zur Einführung der Regie (1766) war mit jedem Besuch einer Stadt eine Kassenvisitation der Akzise- und Zollämter verbunden. Zum Aufgabenbereich des Steuerrates gehörte die Kontrolle des städtischen Etats und der städtischen Güter, die allgemeine Disziplinaraufsicht über die Beamten, die Leitung und Beaufsichtigung der städtischen Polizei, dazu die Oberaufsicht über das Armenwesen, über die Einquartierung von Truppen und über das militärische Servicewesen (Kost und Logis).

Die Steuerräte trafen ihre Entscheidungen stets im Interesse des Militärs.

Untergebene der Steuerräte waren: Fabrikinspektoren und -Kommissarien, also technische Aufsichtsbeamte für solche Städte, in denen Handwerk und Manufakturen zu einer gewissen wirtschaftlichen Bedeutung gekommen waren. In Industriezentren wie Berlin und Potsdam gab es für die einzelnen Gewerbe nochmals besondere Aufsichtsbeamte unteren Ranges.

Aus der wichtigen Funktion der preußischen Steuerräte geht

Wochenlohn

Beruf	Ort	Jahr	Taler	Groschen
Tuchmacher	Berlin	um 1730	1	18
			bis 2	18
Bauarbeiter	Berlin	1748		
Meister				54
Geselle				48
Tagelöhner				30
Baumwollweber	Berlin	1756	2	12
Spinner	Nowawes b. Potsdam	1759		10–20
Weber	Nowawes	1761		18
Bandwirker	Magdeburg	1765	2	
Strumpfwirker	Berlin	1766	max. 3–4	
Spinner	Nowawes	1770/1771		5– 6
Baumwollspinner	Berlin	1774		16–20
Weber	Berlin	1775	4	8
Seidenweber	Berlin	1777	2–3	
Seidenwebergeselle	Frankfurt/Oder	1777	1	8–12
Arbeiter in der				
Gewehrmanufaktur	Berlin	1780	weniger als 1	
Tuchmachermeister	Luckenwalde			
	(bei Berlin)	1783	1	3– 6
Spanischer Maurer	Berlin	1783	3	18
Weber im Lagerhaus	Berlin	1780	1	16
			bis 3	4
Kämmer im Lagerhaus	Berlin	1783	1	12
Spinner im Lagerhaus	Berlin	1783		7– 8
Drucker	Chemnitz	1784	4	
Zünftiger Posamentierer	Berlin	1784	1	6
Spanischer Weber	Berlin	1785	keine 3	
Tuchmacher	Berlin	1786	1	20
Wollspinner	Breslau	1790		12–18
Bergarbeiter				
(meist mit Familie)	Schlesien	1790	1	
Weber	Berlin	1790	selten 2	
Textilarbeiter	Schlesien	1790		6–18
Spanischer Spinner				
im Lagerhaus	Berlin	1790		7–10
Weber	Schlesien	1790		12–15
Tagelöhner	Berlin	1778		8
Tagelöhner	Schlesien	1790		10
Textilarbeiter				
im Durchschnitt (2. Hälfte des 18. Jahrhunderts)			kaum mehr als 1	
Spinner (12–14 Jahre)	Berlin (Armenanstalt)	1687		12
Gesellen	Berlin	1766	1	
Gesellen	Berlin	1783	1	2
Armengeld				
= Existenzminimum	Berlin	1774		6

	Taler	Groschen
Jahresverdienst nach der Gesinde-Ordnung von 1718:		
Lakai	10–12	
Junge von 12 bis 16 Jahren	5– 6	
Knecht für Ackerarbeit, Fuhrdienste ohne Kost	18–20	
Magd für Küchendienste	8–10	
Magd für Hausarbeit	8– 9	
Kammermädchen bei Hofe	12–16	
Amme, unverheiratet und ohne lebendes Kind	12–14	
Amme mit lebendem Kind	16–20	
Kutscher bei Hofe	12–16	
Vorreiter bei Hofe	8–10	
Jahresgehälter der Beamten		
der ostpreußischen Kammer zu Königsberg von 1748:		
Etatminister	1624	
Kammerpräsident	3000	
Geheime Räte	1390–1580	
Kriegs- und Domänenrat	350–1000	
Steuerrat (Stadt)	1000	
Landrat (Land)	900	
Kassendiener	72	
Aktenhelfer und Kopist	50	

In Berlin:

	Taler	Groschen
Kriegsrat	1800	800–1200
Steuerrat	1790	1200–1500
Schreiber bei einem Steuerrat	1790	100

Subalternbeamte:

1. bis 5. Kanzlist	1790	120– 170	
Schulrektor	1747	94	
Konrektor	1747	64	
Lateinschullehrer	1747	53	6
Volksschullehrer	1747	40	4

hervor, daß fiskalische Gesichtspunkte allein ausschlaggebend waren für die gesamte staatliche Wirtschafts-, Finanz- und vor allem Heerespolitik. Die Funktion der Steuerräte übernahmen nach der Einführung der Regie eigens bestallte französische Regie-Beamte.

Entsprechend den Steuerräten in den Städten waren die Landräte auf dem platten Land die Steuereintreiber. Der Landrat galt als der Repräsentant des ansässigen Adels, er war selbst in der Regel ein Adliger und zugleich Beamter des Königs.

– Preistabelle –

1 Scheffel

$$\left.\begin{array}{l} = 42,5 \text{ kg Weizen} \\ = 40,0 \text{ kg Roggen} \\ = 32,5 \text{ kg Gerste} \\ = 24,0 \text{ kg Hafer} \end{array}\right\} = \text{Getreide}$$

1 Pfund   = 400 bis 600 Gramm

Kosten für	Ort	Jahr	Taler	Groschen	Pfennig
1 Scheffel Hafer	in Preußen	Anfang 1771		12	
		Ende 1771	2		
1 Scheffel Kartoffeln	auf dem Lande	von 1771/72		8	
		um 1780		12	
		1790		14–16	
		1791		16–20	
1 Scheffel Roggen	auf dem Lande	1769	1		
		1771	2	21	
		1794/95	2	4	
1 Scheffel Roggen	in Berlin	1762	7–10		
1 Scheffel Roggen	in Schlesien	1799	2		
1 Scheffel Weizen	in Berlin	1763	7	8	
1 Scheffel Kartoffeln	in Berlin	1775		16–20	
1 Pfund Brot	in Berlin	1741			6
		1787			5
1 Pfund Butter	in Berlin	1741		4– 5	
		1762		14	
1 Pfund Rindfleisch	in Berlin	1741		1	6
		1771		1	11
		1775		1	10
		1787		2	8
1 Pfund Kalb- oder Schweinefleisch	in Berlin	1741		1	6
		1775		1	2
1 Pfund Zucker	in Berlin	1741		4– 7	
		1788		8	
		1792		12	
1 Quart Braunbier	in Berlin	vor 1756			6
		nach 1766			9
1 Quart Kofentbier	in Berlin	vor 1756		1	
		nach 1766		1	9
1 Quart Cotbuser Bier	in Berlin	1741		1	6
1 Quart Kuhmilch	in Berlin	1775		1	6
1 Quart Schafsmilch	in Berlin	1775		2	
1 Elle Kattun	in Berlin	1777		15	
		1781	13–14		
1 Elle Hausleinwand	in Berlin	1782		5	5
1 Elle Nessel für Gardinen	in Berlin	1777		7	
1 Elle Manchester	in Berlin	1777	3	4	
1 Elle ganz feines Tuch	in Berlin	1780	4	12	

1 Elle mittleres Landtuch	in Berlin	1780	1	12	
1 vollst. Mannskleidung	in Berlin	1780	1	16 – 2 Taler	
1 Paar Männerschuhe	in Berlin	1790		20 – 1 Taler	
		1792	1	8	
1 Paar Pantoffeln	in Berlin	1763	1		
1 Paar baumwollene Männerstrümpfe	in Berlin	1767		18	
		1776		12	
		1778		18 – 1 Taler	
		1800		20	
1 Peruque	in Berlin	1763	2		
1 Rock, Weste und Hose	in Berlin	1800	13		
1 Nachtmütze	in Berlin	1763	1		
1 Pelzmütze	in Berlin	1763	1	6	
1½ Haufen Brennholz (für eine 6köpfige Familie)	in Berlin	1786	30		
1 Büchse gebrannten Kaffee zu ⅓ Pfund	in Berlin	1781	1		
1 Pfund Westf. Schinken	in Berlin	1740		3	
1 Pfund feiner Tabak	in Berlin	1753	2	8	
1 Pfund Pumpernickel	in Berlin	1775		16	
1 Bouteille Burgunderwein	in Berlin	1754		20	
1 Bouteille Zerbster Bier	in Berlin	1765		2	6
1 Pfund Tee Chinois	in Berlin	1780	3		
1 Pfund Klippfisch	in Berlin	1790		1	5
1 Pfund Stockfisch	in Berlin	1790		1	3
1 Pfund franz. Pflaumen	in Berlin	1790		1	6
1 Pfund Gesundheits-Chocolade	in Berlin	1790		11	
1 Pfund frische Mecklenburger Butter	in Berlin	1790		5	
1 Pfund Speck	in Berlin	1740		3	
1 Pfund Mettwurst	in Berlin	1740		10	
1 Pfund Tee	in Berlin	1740	1	4	
			bis 3	12	
1 Scheffel Kartoffeln (= 35 kg)	in Königsberg	1800	2		
1 Pfund Brot auf Brotkarten für die ärmere Bevölkerung aus der Kommißbäckerei	in Berlin	1800			3 – 4

Brotkartenempf. waren:
arme Stuhlarbeiter, Unter-
offizianten, Boten, Kopisten,
kleinere Handwerker,
Angestellte und niedrige
Beamte

Akzisegeld:	am Potsd. Tor			
pro Elle Stoff des Rockes, wenn er neu war		1735	2	
wenn er alt war		1735	½–1	
für Silber- oder Goldschmuck auf den Kleidern		1739	1 / pro Jahr	
Perückensteuer				
für französische Perücke		1698	25 % ihres Wertes	
für einheimische Perücke		1698	6 % ihres Wertes	
pro Pfund Kaffee		1739	4	
		1772	6	

Sonstige Kosten:	Ort	Jahr	Taler	Gr.
Wer 1000 Bäume pflanzte erhielt eine Prämie		1732	50	
Zahnziehen	in Berlin	1743		
durch einen Arzt				8
durch einen Barbier				2
durch einen Schmied				1
Wer einen Ertrinkenden, Erfrorenen, Erstickten oder Erdrosselten wieder ins Leben zurückholte (das Abschneiden von Erhängten war gegen das Zunftgesetz Pflicht), erhielt eine Belohnung von		1746	10	
Wer Jauche auf die Straße laufen ließ, mußte nach der Gassenordnung vom 23. 6. 1751 eine Strafe bezahlen von		1751	5	
Wer zerbrochenes Glas und Unflat auf den Markt oder andere öffentliche Plätze kippte, mußte eine Strafe bezahlen von		1735	2	
Kehricht auf die Gasse fegen, Strafe:		1735		6

Beerdigungskosten	in Köpenick	1752	Adlige / Bürgerliche	
Adlige / Bürgerliche				
Kirchengeläut			1	12
Prediger			4	2
Kantor			2	1
Küster			2	1

Kosten des Scharfrichters	in Berlin	1757		
mit vier Pferden auseinanderreißen			5	
köpfen			5	
strangulieren			4	
lebendig verbrennen			4	
lebendig rädern			4	
Strick für Erhängen bzw. Scheiterhaufen			2	
Loch ausheben und einscharren			1	
mit glühenden Zangen kneifen			2	
Zunge ganz oder teilweise herausschneiden			5	
abgehauene Hand an den Galgen nageln			1	
an den Pranger stellen und festbinden			1	
herausgeschnittene Zunge an den Galgen nageln			1	
auspeitschen			1	

Kosten in Gasthöfen	in Berlin	1775		
1. Klasse:				
Zimmer vorne heraus				
in der 1. oder 2. Etage			2	
in der 3. Etage				8
1 Stube hinten heraus in der 2. Etage			1	12
1 Stube vorne heraus in der 3. Etage				16
1 Stube hinten heraus in der 3. Etage				10
2. Klasse:				
1 Stube vorne heraus in der 2. Etage				8–10
1 Stube hinten heraus in der 3. Etage				8–10
3. Klasse:				
1 Stube vorne heraus				6
1 Stube hinten heraus				4–6

Wohnverhältnisse

In Berlins Innenstadt lebten bevorzugt reiche Kaufleute, Bankiers und Unternehmer, während die Manufakturarbeiter in die Vorstädte abgedrängt waren. In Cölln lebten die Hofbediensteten, in der Friedrichstadt Beamte aller Rangstufen, auf dem Werder fast ausschließlich Franzosen. Auf dem Wilhelmplatz und in der Wilhelmstraße lagen die vornehmen Paläste (mit weiten Vorgärten) der Staatsminister, Generale und des alten Stadtadels. Im südlichen Teil der Wilhelmstraße ließen sich 1730 böhmische Glaubensflüchtlinge nieder und gründeten eine Weberkolonie. Adlige, Gelehrte, Kaufleute und Bürger wohnten nebeneinander auf der Neustadt. In allen Stadtteilen war jedoch Militär anzutreffen[31], den ganzen Tag lang waren Kommandos zu hören, Marschschritte, das Rumpeln der Karossen reicher Leute oder das Getrappel der Kavalleriepferde. Aus den niedrigen Häusern der Vorstädte drang der Lärm der Wolle-, Seiden- und Leinen-Webstühle auf die Gassen. Die Ärmsten lebten in einstöckigen Holzhütten an meist ungepflasterten Straßen, in zerlumpten Kleidern, umgeben von oft „halb nackenden" Kindern in den Vorstädten von Cölln, Köpenick, Spandau, Stralau. Ungefähr 50 000 Einwohner, etwa ein Drittel der Gesamtbevölkerung Berlins um 1797, lebten in diesen Vorstädten.

Eine andere Vorstadt war 1752 entstanden, bekannt unter dem Namen „Vogtland", meistens von sächsischen und vogtländischen Maurern und Zimmerleuten bewohnt[32]. Es waren Arbeiter und Kleinmeister, die oft nichts besaßen als einen Strohsack für die Nacht, auf die aber die Akzisebeamten und Steuerräte ein besonderes Augenmerk warfen, da immer zu befürchten war, daß sie ihre Steuerschuld nicht beglichen. Weil sie schlecht bezahlt waren, hing ihnen auch der Ruf an, schlechte und minderwertige Arbeit zu leisten.

Die Berliner Wohnungsmieten waren recht hoch. Weber wurden von den Hausbesitzern ungern als Mieter gesehen, weil sie befürchteten, die Erschütterungen der Webstühle könnten zu Rissen im Mauerwerk führen. Die Mietkosten belasteten die Manufakturarbeiter mit etwa 20 bis 25 Prozent ihres Jahreseinkommens. Nicht selten blieben arme Weber ihre Mietkosten schuldig.

Die hohen Mieten brachten es mit sich, daß die Manufakturunternehmer immer mehr Schwierigkeiten hatten, ihre Arbeiter unterzubringen. Daher versuchten sie, diese in unmittelbarer Nähe der Fabrik wohnen zu lassen. Solche Häuser wurden entweder auf Kosten des Staates oder des Manufakturfabrikanten erstellt.

Friedrich II. ließ nach dem Siebenjährigen Krieg zahlreiche Wohnhäuser auf Staatskosten bauen. Da er aber wenig Geld dafür ausgeben wollte, wurde nur schlechtes Baumaterial benutzt mit der Folge, daß die Häuser hinter ihren (der Straße zu gelegenen) gut ausgeführten Fassaden im Innern bald baufällig und unbewohnbar wurden.

Friedrichs II. Hauptinteresse lag weniger darin, wohnliche Häuser zu bauen, als vielmehr, seine vielen Soldaten zu beschäftigen. Andererseits bevorzugte er den Bau großer Häuser und Wohnungen, deren Mieten für Arbeiter und Handwerker freilich unerschwinglich waren. Die Kolonistenhäuser waren aufs Bescheidenste ausgestattet: Küchen und Flure mit groben Mauersteinen gepflastert, die Wände mit Lehm beschmiert, die Decken oft mit Pappe abgesichert. Der Arbeiterfamilie stand in der Regel nur ein Raum zur Verfügung, darin wohnte und schlief man, darin stand der Webstuhl, gelüftet wurde im Winter nicht, um das teure Brennholz zu sparen. Erwachsene und Kinder kampierten auf engstem Raum, Hunger und Krankheiten ausgeliefert.

Graf Lehndorff berichtet von der kleinen Stadt Möckern, wo er 1757 (27./28. Oktober) übernachten mußte: „... Ich habe die Nacht in einem Zimmer zubringen müssen, das über demjenigen lag, in welchem alle Kutscher des Hofes Tabak rauchten und mit einigen häßlichen Mägden sich beschäftigten. Ich war um so mehr gezwungen, ihre unfeinen Unterhaltungen anzuhören, als man in diesem Lande, wo das Holz teuer ist, die oberen Räume durch ein Loch im Fußboden heizt, durch das man nun wohl die Wärme, gleichzeitig aber auch alle übelen Dünste erhält ...“

Auch die im „Fabricken-Haus“ untergebrachten Arbeiter des Lagerhauses genossen keinerlei Bevorzugung. Die Unternehmer verlangten 1794 eine Jahresmiete von 712 Talern, weigerten sich aber, auch nur die geringsten Reparaturen durchführen zu lassen. Im Gegenteil, sie verlangten zusätzlich pro Jahr noch 1 Taler Kaminfegergeld. Selbst nach neun Jahren wurden die abgewohnten Stuben nicht geweißt (1792), die einzige Treppe eines baufällig geworden Hauses mit 48 Familien nicht repariert, Wände und Decken in Stuben und Kammern nicht gereinigt, Fensteröffnungen waren mit Brettern undicht vernagelt, viele Fenster in den Dachluken fehlten ersatzlos. Der Gemeinschaftsbrunnen vor dem Haus war schadhaft, Toiletten gab es sowieso nicht: die Bewohner schütteten ihre Abfälle samt Kot und Urin in eine Gosse innerhalb des Hauses, die Bewohner der oberen Stockwerke sollten zwar ihre Unreinheiten in verschlossenen Kübeln nach unten tragen, warfen aber ihren Müll und Schutt etc. der Bequemlichkeit halber einfach zum Fenster hinaus auf die Gasse, so daß sich der Dreck vor der Haustür oft derart anhäufte, daß man den Hauseingang kaum benutzen konnte.

Waschgelegenheit gab es auch keine. Zum Dach schneite es im Winter herein; keiner wollte Schnee schaufeln, also tropfte das Schmelzwasser im Frühjahr durch die Decken der Stockwerke. Beleuchtung war ebenso „zu kostbar" wie etwa ein Feuerlöscher.

Noch schlimmer als in solchen Lagerhaus-Häusern war es um die Wohnverhältnisse der Soldaten bestellt. 1775 lagen in 1081 Berliner Häusern 4638 unverheiratete Soldaten[33]; in den sog. Kasernen lebten zur gleichen Zeit 856 verheiratete Soldaten. Jede Familie, gleich, wieviel Mitglieder sie hatte, besaß nur eine Stube. Sich in einem besseren privaten Wohnhaus einquartieren zu wollen, fiel keinem Soldaten ein. Die Mietkosten hätten seinen ganzen Sold verschlungen.

Nach dem Siebenjährigen Krieg wurden Kasernen mit sog. „Stubengemeinschaften" gebaut. Hier wurden zusammengelegt: ein verheirateter Soldat mit seiner Familie und vier unverheiratete Soldaten. Sie hausten in einer Stube und einer Kammer zusammen; hier wurde gemeinsam gewohnt, gekocht, geschlafen, gewaschen und vor allem gearbeitet. Hinter der „Gemeinsamkeit" stand die List des Königs, die Desertion der Soldaten, mit der jederzeit zu rechnen war, zu verhindern. Desertierte aber trotzdem z. B. ein unverheirateter Soldat, mußte der verheiratete „Gassenlaufen", weil er nicht genug auf seinen „Kameraden" aufgepaßt hatte.

Mietpreise

Für die Wohnung in einem mäßig komfortablen Haus in Berlin:

	Jahr	Taler
1 Kellerstube, Kammer, Küche	1742	8
1. Stock: 1 Stube, Kammer, Küche	1742	12
Mittelstock: 1 Stube, Kammer, Küche	1742	10
3. Stock: 1 Stube, Kammer, Küche	1742	8
Hinterhof: 1 Stube, Kammer, Küche	1742	6
Mietschulden:		
26 spanische Weber	1790	523
weitere 12 Weber	1790	215
die meisten verheirateten Gesellen	1790	318

Legt man als täglichen Verbrauch eines unverheirateten Mannes für seinen notdürftigsten Unterhalt 2 Groschen zugrunde (täglich: 1½ Pfund Brot zu 7 Pfennig, Gemüse, Fleisch, Salz, Getränke zu 9 Pfennig, für Miete 6 Pfennig und für Holz 2 Pfennig = 24 Pfennig oder 2 Groschen, ohne Bier, Fett, Käse und Hering), so darf davon ausgegangen werden, daß es sich für das Jahr 1750 bei Vollbeschäftigung um das Existenzmittelmaß dreht.

In den 60er Jahren sanken die Preise, stiegen aber seit dem Siebenjährigen Krieg bis 1800 enorm an. In 50 Jahren stiegen die Lebenshaltungskosten um mehr als 100 Prozent. Die Differenz zwischen den Preisen und den Löhnen wurde immer größer, so daß der Verdienst eines verheirateten Familienvaters mit zwei Kindern nach dem Siebenjährigen Krieg immer weniger für das Existenzmittelmaß ausreichte. Zwischen 1750 und 1800 muß von einer „fortschreitenden Verelendung der unteren werktätigen Schichten der Stadtbevölkerung" gesprochen werden[34]. Zur gleichen Zeit nahm das – offiziell streng verbotene – Bettelwesen ebenso überhand wie die Ansprüche an die Armenfürsorge, die aber die Finanzlücken keinesfalls abdecken konnte.

Vor dem Siebenjährigen Krieg war es noch möglich, ein Mittagessen mit Suppe, Fleisch, Erdäpfeln und Erbsen für sechs Pfennig zu erstehen. Danach nicht mehr. Immer mehr Menschen verzichteten auf den Fleischgenuß und stiegen auf Kartoffeln und Gemüse um.

Nach der Einführung der „Regie" (1766) mit der beträchtlichen Erhöhung der Bierpreise ging man dazu über, ein äußerst dünnes und schlecht schmeckendes Bier, Kofent genannt, zu brauen. Der ebenfalls durch die „Regie" verteuerte Kaffee war nun kaum mehr als eine „wässrige Feuchtigkeit". Im Vergleich zu England und Frankreich für dieselbe Zeit (1750 bis 1800) ergibt sich: Der Franzose konnte für einen Tageslohn weniger Weizen, aber mehr Roggen als der preußische Arbeiter kaufen; weniger Brot, aber etwa gleichviel Rindfleisch; Milch und Butter waren in Frankreich wesentlich billiger. Während in Berlin die Mietpreise kräftig anstiegen, blieben sie in Frankreich konstant.

In England sah es zur selben Zeit besser aus. Die Produktivkräfte der aufstrebenden Industrie schlugen ohne die feudalen Abgaben voll auf die Löhne nieder.

Der Wertverlust der Reallöhne seit 1760 wurde in England aufgefangen durch den Übergang von der Manufaktur zur Fabrik; in Frankreich stiegen die Löhne vor allem nach der Revolution von 1789 durch Senkung der Steuern; nur in Preußen hielten sich die feudal-absolutistischen, d. h. ausbeuterischen Verhältnisse bis zur Zerschlagung des Staates 1807 unverändert.

Eheschließung, Krankheit, Sterblichkeit

Eine unmittelbare Folge der rapiden Verschlechterung der sozialen Lage der arbeitenden Volksmasse und Steuerzahler war ein spürbarer Rückgang der Eheschließungen. 1752 bis 1756 heirateten pro Jahr im Durchschnitt 1148 junge Leute, 1762 bis 1774 waren es 902, 1776 bis 1778 824 Paare in Berlin. Das war die niedrigste Quote in der zweiten Hälfte des 18. Jahrhunderts. Erst nach 1779 stieg die Zahl auf 1030 an, ohne den Stand vor dem Siebenjährigen Krieg wieder zu erreichen.

Die Lebenshaltungskosten für eine Arbeiterfamilie mit zwei Kindern betrugen 1750 1 Taler 18 Groschen; 1763 aber 4 Taler 21 Groschen 10 Pfennig. Die Kosten erreichten nie mehr den niedrigen

Stand wie vor dem Krieg. Sinkende oder gedrückte Löhne, schwere Steuerlasten (1766: Regie), mangelhafte bis schlechte, dazu knappe Nahrung waren der Grund für den Rückgang der Eheschließungen und dementsprechend der ehelichen Geburten.

Zur unzureichenden und knappen Ernährung kamen schlechte Wohnverhältnisse und mangelhafte Arbeitsbedingungen, sowohl für Zunfthandwerker wie für Manufakturarbeiter. Diese Schicht, auf der die Hauptsteuerlast ruhte, war zu einer geradezu hündischen Lebensführung verdammt.

Da die Wohnungen in der Regel recht niedrig (1,90 bis 2,00 Meter hoch), unhygienisch, schlecht oder gar nicht gelüftet waren und außerdem oft auch noch als Arbeitsplatz dienten, hatte dies schwere und typische Krankheiten zur Folge. Die Arbeiter, die in Wohnungen oder Manufakturen ihre wenigen Groschen verdienen mußten, sahen blaß und mager aus. Die Weber litten in Berlin wie in Nowawes oder anderswo infolge ihrer ständig sitzenden Tätigkeit an Unterleibserkrankungen, rheumatischen Beschwerden und Schwindsucht. Damit die Webefäden nicht austrockneten, mußte die Werkstatt ständig feucht gehalten werden. Während der Verarbeitung entstanden unaufhörlich feine Baumwollteilchen, die die stickige Luft durchsetzten und eingeatmet wurden, was eine zusätzliche Belastung für die geschwächten Lungen bedeutete. Die hageren und ausgemergelten Gestalten, der eigentlich produzierende Teil der Gesellschaft, fanden kaum Zeit für einen erfrischenden Spaziergang, oft nicht einmal sonntags, ihr einziger Trost war der erhöhte Branntweingenuß, der, ebenfalls von billiger Qualität, wenigstens ein paar Kalorien zusätzlich erbrachte. Die preußische Regierung interpretierte ja den Branntweingenuß als unmittelbare Folge der „Faulheit", weshalb es auch dem König und seiner „Regie" nicht schwerfiel, die Preise enorm zu erhöhen.

Eine der schlimmsten Folgen der Berufskrankheit waren Augenleiden, hervorgerufen durch feinen Staub und Fäserchen der Wolle, die bei manchen Webern eine frühzeitige Sehschwäche, ja Erblindung hervorriefen. Augenzeugen berichteten aus dem Jahre 1785, daß viele spanische Weber wegen „blöden Gesichts" nicht mehr in der Lage seien, feine und besser bezahlte Tuche herzustellen. Kamen sie wegen notgedrungener Bettelei ins Gefängnis, wurden sie auf Pritschen ohne Stroh gehalten, ohne zureichende Nahrung oder gar wärmende Decken. Streiks, z. B. in Potsdam, führten zu keiner Verbesserung ihrer Lage, nur zu Gefängnis.

Die Manufakturarbeiter versuchten vergebens, eigene Krankenkassen nach dem Vorbild der Zunfthandwerker auf die Beine zu stellen, deren Kassen aus lange gepflegter Tradition ihren Mitgliedern nicht unbeträchtliche Hilfsgelder als Kranken- und Altersversorgung zur Verfügung stellen konnten. Verarmte Gesellen konnten aus eigenem Verdienst oft kaum einen Pfennig für den Krankheitsfall zurücklegen, sie profitierten aber von den Zunftkrankenkassen, die sie unterstützten, wenn sie wenigstens einen Monat ihren Beitrag gezahlt hatten.

Die gesundheitliche Versorgung der Bevölkerung sah insgesamt sehr übel aus. Der Arbeiter konnte sich selten einen Arzt leisten. Mußte er ins Krankenhaus (die berühmte „Charité" gab es seit 1726), kam er vom Regen in die Traufe. Die Verpflegung war schlecht wie daheim, die ärztliche Versorgung mangelhaft, operiert wurde oft von Medizinstudenten im Anfangssemester.

In engen, niedrigen, schlauchartigen „Zimmern" stand Bett neben Bett, stinkende Kotkübel unter jedem Bett, die morgens zu leeren des Befehls eines Oberarztes bedurften. Für viele Kranke war es mehr eine Strafe als eine Wohltat, ins Krankenhaus aufgenommen zu werden. Sorgfältige Pflege fehlte ebenso wie Sauberkeit. In den Krankenhäusern entstand schnell das berüchtigte „epidemische Lazarettfieber", statistisch gesehen starb jeder sechste Patient daran.

Aus einer Tagebucheintragung des Grafen Lehndorff vom 10. bis 16. März 1758: „Zur Befriedigung einer langgehegten Neugier gehe ich in die Charité, um alle die Leute zu sehen, die dort wegen Lustseuche in Behandlung sind. Mein Gott! welch schreckliches Bild! Ich bin es lange nicht wieder losgeworden. Man sollte die jungen Leute alle dahinführen, um sie frühzeitig vom Laster abzuschrecken, indem man ihnen seine Folgen vor Augen stellt. Nichts Scheußlicheres als diese Operationen mitanzusehen, die man an diesen Geschöpfen vornimmt, und was mich besonders abstößt, ist die Schamlosigkeit, mit welcher diese Weiber ihre Schamteile zeigen, und die Gleichgültigkeit, mit der sie sich über ihre Lage hinwegsetzen."

Erkrankte Juden hatten es entschieden besser als Christen. Denn das jüdische Krankenhaus in Berlin wurde durch Privatspenden ausreichend finanziert, die christlichen Krankenhäuser dagegen mußten sich mit den spärlichen Mitteln begnügen, die die Armeekasse zur Verfügung stellte. Als Hilfskräfte der Ärzte „dienten" im wörtlichen Sinne oft selber kranke Soldaten.

Schlechte Wohnverhältnisse, krankheitsfördernde Arbeitsplätze, Hunger und Geldknappheit reichten noch nicht aus: Hinzu kam in den Jahren 1771/1772 die entsetzliche Hungersnot. An bösartigem Fieber, Ruhr- und Blattererkrankungen starben mehr Menschen, als geboren wurden. Die Dezimierung der Bevölkerung nahm Tag um Tag zu.

Es fehlte an Arzneien, einer warmen Suppe, an Holz zur Heizung, an Betten und Decken. Die vom Staat eingerichteten „Armen-Cassen" reichten bei weitem nicht aus. In Berlin starben in diesen Jahren 4000 bis 6000 Menschen, und zwar Zivilisten, die Soldaten nicht mitgerechnet.

Der reicheren Bevölkerungsschicht wie Kaufleuten, Händlern, Bankmenschen war die Armut bei der breiten Volksmasse durchaus bekannt, ihr Einfluß bei Friedrich II. reichte aber nicht aus, königliche Maßnahmen durchzusetzen.

Krankheiten mit Todesfolge trafen besonders viele Menschen in den besten Jahren zwischen 20 und 60, also im eigentlichen arbeitsfähigen Alter. Als Todesursachen galten: Schwindsucht, Auszehrung, d. h. Tuberkulose und Verhungern. In der zweiten Hälfte des 18. Jahrhunderts wies Berlin die höchste Selbstmordquote unter allen europäischen Großstädten auf. Auf 1000 an Krankheiten Gestorbenen kamen mindestens acht Selbstmörder in der berechneten Zeit zwischen 1781 und 1786. Auf 1000 Armeeangehörige kamen vier Selbstmörder, besonders in den Monaten April und Mai, wenn der König seine Exerzierzeit abhielt und die Soldaten verpflichtet waren, von ihrem geringen Sold auch noch Wichse, Firnis, Kreide oder gelbe Erde für die Instandhaltung ihrer Uniform auszugeben.

Die Armut der Untertanen

Die öffentliche und private Armenfürsorge war völlig unzureichend. Eine Altersversorgung gab es nicht. Kriege und Epidemien bewirkten, daß zahlreiche Waisen zurückblieben. Der feudale Staat bot den Enteigneten und Verarmten kaum eine Chance, wieder in das normale Leben zurückzufinden. Statt dessen standen neben den Armenhäusern Waisenhäuser, Zuchthäuser, Gefängnisse, Spinn- und Arbeitshäuser bereit. Alle diese Anstalten dienten dem Zweck, billige Arbeitskräfte zu liefern, denen mit härtesten Zwangsmitteln die erwünschte Arbeitsdisziplin anerzogen wurde. Die Gefangenen und Anstaltsinsassen mußten sich weitgehend selbst erhalten.

Vor allem bemühte sich der Staat, den ständig steigenden Bedarf an Spinnern zu decken. Schon im April 1723 hatte das Generaldirektorium begonnen, die Spinnerei auf dem Land einzuführen. Um die Bauern zum Spinnen zu zwingen, waren folgende Zwangsmaßnahmen beschlossen: Alle Jungen und Mädchen sollten Flachs oder Wolle spinnen. Diejenigen, die es nicht konnten oder nicht wollten, sollten vom Abendmahl ausgeschlossen werden. Kein Knecht und keine Magd unter 25 Jahren sollten getraut werden, falls sie nicht spinnen konnten. Diese Maßnahme führte Friedrich II. ebenso im annektierten Schlesien ein. Auch gesetzliche Abgaben wie Gerichtsstrafen, Kontributionen etc. sollten in Form von gesponnenem Garn abgeleistet werden.

In den Städten suchte man alle verfügbaren Arbeitskräfte, vor allem die Stadtarmut, durch Zwang zum Spinnen anzuhalten. Im Edikt von 1723 befahl Friedrich Wilhelm I., daß alle Höckerweiber und herrenloses Gesinde zum Spinnen gezwungen werden. Besonders scharf ging der Gesetzgeber gegen das Gesinde vor, das seinen Dienst auf Gutsherrschaften verlassen hatte und durch Müßiggang zur Dieberei und Hurerei neigte. Alle herrenlosen Weibsleute sollten in den Städten registriert und zwangsverpflichtet werden. Außer dem Spinnerlohn erhielten die Frauen ein Pfund Brot täglich. Wurden sie beim Betteln oder Hausieren erwischt, drohte ihnen Gefängnis mit Wasser und Brot. Friedrich II. setzte diese Politik seines Vaters konsequent fort.

Im Zuchthaus mußten Irrsinnige, Bettler, Schwachsinnige,

Diebe, Ehebrecher und widerspenstige Dienstboten gemeinsam für die Unternehmer Wolle spinnen. Eine Sonderstellung nahm das Zuchthaus in Brieg (Schlesien) ein. Hier wurden auf 50 Webstühlen Baumwollstoffe gefertigt. Das Garn dazu wurde ebenfalls im Zuchthaus gesponnen[35]. Die Zuchthäuser wurden oft an Unternehmer verpachtet oder an Inspektoren, die Verträge mit Manufakturen abgeschlossen hatten. Die Zwangsanstalten stellten also ein nicht unbeträchtliches Kontingent an Arbeitskräften. Im Spandauer Zuchthaus waren 1782 133 Gefangene, im Berliner Arbeits- und Armenhaus 1785 1250 Gefangene untergebracht. Wechselten in Zucht- und Arbeitshäusern häufig die Insassen, blieb die Zahl der Waisenhauszöglinge auf längere Zeit konstant und ihre Arbeitskraft verfügbar. Denn eine besondere Bedeutung besaß das von Friedrich Wilhelm I. im Jahr 1724 gegründete Potsdamer Militärwaisenhaus[36], weil hier nämlich Kinder als Arbeitskräfte gehalten wurden. Ihre Arbeitszeit war von 5 bis 12 Uhr und von 14 bis 16 Uhr festgelegt. Nach der Konfirmierung kamen die Jungen in die Lehre in Woll- oder Seidenfabriken.

Die skrupellose Ausbeutung der Insassen von Zucht-, Arbeits-, Armen- und Waisenhäusern war eine gesetzlich geregelte Erscheinung in der Manufakturperiode. In den Arbeitshäusern und Polizeigefängnissen waren Lumpen, Vagabunden, Bettler und anderes unsicheres Volk untergebracht, Leute aus der ärmsten Schicht der Bevölkerung in der Stadt und auf dem Land.

Größte Hoffnungen für den erwarteten wirtschaftlichen Aufschwung des Staates hatte Friedrich II. in die neue Schicht der Manufakturarbeiter gesetzt. Aber gerade diese Schicht verelendete zunehmend. Die Masse der Armen auf dem untersten Existenzminimum entstammte den Manufakturarbeitern und ihren Familien. Auf ihre Schultern luden die Reichen, die Adligen, die Unternehmer die schwere Last der teuren Preise für Nahrung, Holz, Wohnung, Kleidung etc.

Diese verelendeten Volksmassen mußten die hohen Steuern zahlen. Zoll und Akzise wurden seit 1766 von französischen Regiebeamten eingetrieben, weil der König sich nicht getraute, die harten Abgaben durch eigene, sich zudem gegen diese Maßnahmen wehrenden Untertanen einziehen zu lassen. Die verhaßten Ausländer brauchten kein menschliches Gefühl zu investieren. Der König lieferte sein Volk der grausamsten Mißhandlung dieser unbarmherzigen Fremden aus[37].

Zahlreiche Aussagen von Zeitgenossen klagten über die Tätigkeit der Regiebeamten. Gerade die rücksichtslose Art, Zoll und Akzise zu erheben und einzutreiben, veranlaßte viele Kaufleute, Preußen zu meiden. Das Volk reagierte auf die Verschlechterung seiner Lebenslage mit Spott und offenem Widerstand. Die Erbitterung richtete sich besonders gegen die Verteuerung von Tabak und Kaffee. Der Schmuggel nahm rasch zu. Jeder Schmuggler konnte auf den Beistand der anderen rechnen. 1766 entstand in Berlin ein großer Tumult der Bevölkerung gegen die Akzisebeamten. Friedrich II. versprach den Beamten bei ähnlichen weiteren Vorfällen militärische Unterstützung. „Viele Untertanen sahen in Friedrich II. nicht mehr den gütigen Landesvater, sondern einen durch den langen, blutigen Krieg abgehärteten Tyrannen."[38]

Zu den armen Arbeitern kam noch die große Zahl von verarmten Soldatenwitwen, Invaliden und Soldatenkindern, nicht zu vergessen viele selbständige Zunftmeister und -gesellen, die keine Arbeit mehr finden konnten, weil ihre standesgemäßen Zunftpreise zu hoch oder ihre handwerkliche Qualifikation nicht mehr gefragt waren.

Sie wußten nicht mehr, wie sie auf ehrliche und erlaubte Art ihr tägliches Brot verdienen sollten, lebten von Almosen und vor allem vom verbotenen Betteln. Jeder 10. oder 11. Mensch in der Zeit der großen Teuerung und gleichzeitigen Mißernte galt als „bettelarm".

Die große Zahl der Bettler, die tagsüber und vor allem nachts durch die Berliner Gassen zog, setzte sich aber nicht nur aus Berliner Einwohnern zusammen. Viele durch den Siebenjährigen Krieg vom verwüsteten Land vertriebene Bauern suchten ihr Heil in der Haupt- und Residenzstadt Berlin, dazu abgedankte oder invalide Soldaten des Königs, Brandgeschädigte, und immer mehr Frauen, Kinder und Greise. Sie schimpften zwar „auf ihren König und ihr Vaterland"[39], aber ihr König hatte ja Kritik an seinem Staat „in Maßen" erlaubt, also verpuffte sie. Der preußische Militärstaat bezahlte seine Soldaten miserabel, an seinen abgedankten Invaliden hatte er überhaupt kein Interesse mehr.

Wiederum muß Nowawes erwähnt werden. Hier, in der Weber-

und Spinnerkolonie des Königs, schlug sich die Mißwirtschaft voll nieder. Die Lohnpreise der Arbeiter wurden nicht nur gedrückt, sondern die Arbeiter wurden auch unregelmäßig beschäftigt und außerdem schwer bestraft, wenn sie beim Betteln erwischt wurden. Nowawes war einmal als Paradekolonie der königlichen fortschrittlichen Wirtschaftspolitik gedacht gewesen.

Es klingt eigenartig, daß Friedrich II. im Hungerjahr 1772 eine Kabinettsordre gegen das Betteln erließ und „kräftiges Arbeiten" als Abhilfe vorschlug.

Viele Menschen, die ihre letzten zerlumpten Klamotten versetzt hatten, gingen in Berlin auch im Winter „halb nackend", ihre Körper waren mit Schwären übersät, ihre Kinder aßen aus Not ihren eigenen Kot. Daneben wurde das „erbauende" Fassadenbild gepflegt, etwa die offen geäußerte Empörung der Adligen und der wohlhabenden Oberschicht des Bürgertums über das „unverschämte Betteln und andere Unanständigkeiten". Ihre Hoheit Prinzessin Ferdinand von Preußen beschwerte sich noch 1788, als die Hungerkrise ausgestanden und die Preise einigermaßen stabil geworden waren, beim Berliner Polizeidirektor von Eisenhart über das Betteln im Tiergarten und sogar in der Nähe ihres Palais. Der Polizeidirektor versprach, derartige Belästigungen sofort abzustellen. Ein Jahr später (1789) schlug sogar der märkische Landedelmann von Rochow vor, daß alle Armen auf dem rechten Ärmel ihrer „Kleidung" den Buchstaben „A" aus weißem Tuch aufgenäht tragen sollten. Arme galten im Sozialbild als Ausgestoßene. Auf die Brandmarkung und pferchartige Haltung der Armen in England verwies man dabei um so geneigter, als man von denen im eigenen Lande ablenken konnte.

Vom Betteln zu kriminellen Delikten wie Diebstählen war der nächste Schritt nicht weit, dies, obgleich auf Betteln die Todesstrafe stand wie auf Hoch- und Landesverrat, Mord, Giftmischerei, Straßenraub, Kindestötung, Brandstiftung und Verleitung zur Desertion. Solche Beschuldigten paßten nicht in des Königs friedliches Bild von der „Peuplierung" seines Staates. Wie mutet dabei des Königs gelegentlich befohlene Milde an: Auf das Todesurteil eines wegen „Sodomiterei" angeklagten Kavalleristen schrieb der König eigenhändig an den Rand: „Der Kerl ist ein Schwein; er soll zur Infanterie. Das ist zu gropf."

Obgleich auch auf Abtreibung die Todesstrafe gesetzt war, ließ der König Gnade vor Recht walten und rettete das „gefallene" Mädchen vor dem Tod mit der Auflage, durch spätere Geburten den angerichteten Schaden wiedergutzumachen[40]. Bigamie ließ er nicht nur ungestraft, sondern ermunterte dazu, denn er brauchte ja jeden Menschen als Soldaten und/oder Steuerzahler, gleich, welches Leben er führen mußte.

Friedrich II. befürwortete die Einsetzung sog. „Gassenaufseher" (= Armenwächter oder Armenvögte), die zwischen 7 und 21 Uhr aufgegriffene Bettler zu verprügeln und nach Spandau bei „Karrenstrafe" zu bringen hatten. 20 Wächter reichten 1786 nicht aus. So schlug der derzeitige Berliner Polizeidirektor Philippi vor, die Zahl auf 100 zu erhöhen. Um sie bezahlen zu können, sollte die ohnedies mangelhafte Ernährung im Arbeitshaus noch mehr verschlechtert werden, das dadurch eingesparte Geld werde dann schon ausreichen.

Auch für die Nächte wurde der Polizeiapparat auf Trab gebracht. Jede Nacht wurden in Berlin Razzien durchgeführt. Hauswirten war es verboten, Fremde „ohne Sack und Pack" bei sich aufzunehmen, ihnen Nachtquartier zu bieten. Bestechungsgelder konnten freilich hilfreich sein. Gastwirte witterten das Geschäft und bald waren sie die besten Polizeispitzel. Jeder Fußgänger, ob Einheimischer oder Fremder, mußte sich strengste Kontrollen gefallen lassen. Jeder Bürger war verpflichtet, bei der Polizei Anzeige zu erstatten, wenn er einen beim Betteln erwischt hatte.

Das Bettelproblem wurde so gravierend, daß vom Staat Maßnahmen zur Beseitigung gefordert wurden. Vor allem solle der Staat für Arbeit sorgen. Aber der Parole: „Arbeit für alle" stand die staatliche Wirtschaftspolitik hindernd im Wege, vor allem die noch 1786 geltende strenge Aufteilung in Stadt- und Landgewerbe (= Akziseverfassung), die Gewerbeeinschränkung durch Zünfte und privilegierte Monopolisten, die Abknebelung jeder eigenen Initiative durch staatliche Aufsicht und schließlich das Verbot für Bauernkinder, in der Stadt ein Gewerbe erlernen zu können. Hier galt nach wie vor der „Gesindezwang". Erst unter Napoleon, nach 1806, wurden diese Schranken allmählich gelockert.

Adel, Bürger und Beamte äußerten oft genug ihre Ungehaltenheit gegenüber den Bettlern. Aber die breite Masse der werktätigen Bevölkerung zeigte Verständnis. Schon in den vierziger Jahren befreiten sie verhaftete Bettler aus dem Arbeitshaus. Pöbel und Soldaten ergriffen Partei für sie, Offiziere weigerten sich trotz Befehls, die Wachen der Gassenmeister zu unterstützen.

Verhaßt waren die „Armenwächter", sie galten als „unehrliche" Leute, kein Kutscher des Hofes wollte mit ihnen im Wirtshaus ein Bier trinken, sie wehrten sogar dem Wirt, ihnen Bier auszuschenken, andernfalls sie seine Kneipe boykottieren würden. Die aufgebrachte Volksmenge verfolgte sie mit Steinwürfen. Rettete sich eine ertappte Bettlerin in den Hof des Lagerhauses, konnte sie sicher sein, denn kein Armenwächter wagte sich dorthin, wollte er nicht von den Arbeitern entsetzlich verprügelt werden. 1763 beklagten sich fünf Armenwächter darüber, daß ihnen ihre Wohnungen gekündigt worden seien und sie nirgendwo neu aufgenommen würden. Nicht selten jagte das Volk vom Gassenmeister aufgegriffene Bettler wieder ab und verprügelte ihn. Das königliche Dekret gegen die Unterstützung der Bettler durch die Bevölkerung mußte zwischen 1783 und 1786 viermal erneuert werden – und blieb so gut wie wirkungslos. Bereits im Juli 1745 hatte die Königin verlangt, während ihrer Spaziergänge in der Nähe ihres Schlosses in Schönhausen von Bettlern nicht mehr belästigt zu werden. Vier Armenvögte wurden zu ihrem Schutz abkommandiert – vergebens.

Bald schlug das Pendel um. Aus dem Verständnis für die Lage der Armen seitens der Bürger, Manufakturarbeiter, Tagelöhner und Soldaten wuchs Bewunderung über das Geschick der Armen, Gesetze zu umgehen und z. B. ausgiebig zu schmuggeln.

Prostitution

So hoch auch immer der Wert der preußischen Moral- und Pflichtbegriffe gepredigt wurde, so stark brodelte die Sexualität in der „Hefe" des Volkes, „der niedrigsten Volks-Classe". Die Bordelle florierten. Unter Friedrich Wilhelm I. gab es in Berlin nur drei öffentliche Bordelle, unter Friedrich II. wuchs deren Zahl auf einhundert. In den 80er Jahren mußten jährlich etwa zweihundert Fälle von Geschlechtskrankheiten in der Charité unentgeltlich behandelt werden. Die Dunkelziffer unter den vielen Fällen der heimlichen Prostitution dürfte wesentlich höher gelegen haben. Es gab Berufs-Dirnen, aber auch viele Mädchen und Frauen, die aus Armut sich etwas Geld nebenher verdienen mußten.

Einige Fabrikanten sahen in der Notlage der Arbeiterinnen sofort ihre Chance, heuerten arme Mädchen auf dem Lande an, schafften sie nach Berlin, beschäftigten sie als Bandmacherinnen, bezahlten sie aber so schäbig, daß die Frauen zur Prostitution gezwungen waren. Der Fabrikant vermerkte mit Wohlwollen, „daß sie bey Tage Band machten, und des Abends oder während der Nacht Dienerinnen der Wollust wären und sich dadurch das übrige verdienten. So etwas lasse sich anderswo (als in Berlin) nicht ausführen."[41]

Viele Gastwirte betätigten sich neben Denunziation von Bettlern als Zuhälter. Sie führten Listen, auf denen die Namen und die verschiedenen Preise der Mädchen aus der Nachbarschaft verzeichnet waren, und übernahmen die Vermittlung an zahlungsfähige Gäste. „Der Hausknecht war immer bereit, die Ware herbeyzuschaffen, die sich der Fremde auszusuchen beliebt."

Einen ausgedehnten Mädchenhandel führten sie sog. „Tabagien", das waren kleine illegale Bordelle: „Wenn das Mädchen der Frau, bey der sie wohnt, etwas schuldig ist, das sie nicht bezahlen kann, so verkauft sie solche an den Wirth einer Tabagie, dieser bezahlt der Frau die Schuld, und von nun an ist das Mädchen in seiner Schuld; kann sie ihm das Geld nicht durch ihren Verdienst wieder bezahlen und kann sie außerdem für ihn noch mehr Geld erwerben, so ist es gut für ihn." Nun war das Mädchen vollends dem Wirt ausgeliefert.

Der Bordellbetrieb war in Berlin offiziell zugelassen, wurde aber 1792 durch das „Bordell-Reglement" staatlich beaufsichtigt. In den 80er Jahren des 18. Jahrhunderts kamen die Berliner Bordelle mit Berufs-Dirnen in geschäftliche Hochkonjunktur. Sie wurden nicht nur von Soldaten aufgesucht, sondern bevorzugt auch von Handwerksgesellen und -burschen sowie von sog. „Päkkeljuden"[42].

Man wunderte sich darüber, „wie doch immer der Schneiderbursche die Woche über so viel zusammenschneidern konnte, daß er den ganzen lieben Sonntag sich die Zeit mit den ziemlich teuren

Nymphen vertreiben kann"[43]. Bordelle wurden in Zunfthandwerkerkreisen als „unehrlich" bezeichnet, nicht wegen der unzünftlerischen Arbeit, sondern deshalb, weil dort auch Leute verkehrten, „die über dem Pöbel sind".

Die Wanderjahre brachten den Gesellen meist den ersten Kontakt mit „Winkeldirnen" oder gefälligen Kellnerinnen.

So sehr der anständige und standesbewußte Bürger auch die Maßnahmen begrüßte, die die Obrigkeit gegen Dirnen einsetze, so war ihr „Gewerbe" im prüden Preußen doch unentbehrlich. Es war z. B. erlaubt, sie auf offener Straße auszupfeifen und auszuschimpfen („liederlich Vettel" klang dabei noch zimperlich), sie wurden auch mit „von Stroh geflochtenen Kränzen und Zöpfen, mit Trommeln und Pfeifen zum Schauspiel des Muthwillens"[44] der Bürger durch die Straßen geführt, oder man begleitete sie unter Geschrei und Kotwerfen auf dem Weg ins Zuchthaus, wenn sie einer „Ambtsperson" als unsittlich aufgefallen waren.

Für ein Schäferstündchen mußte ein Soldat in Berlin 1790 sechs Groschen und einen Pudergroschen bezahlen; ein Bürger dagegen – zur gleichen Zeit – zwölf Groschen. In Halle kostete eine Dirne einheitlich für alle Gäste achtzehn Pfennig.

Berliner Bordelle hießen „stille Wirtschaft". Berühmt und vielbesucht waren die Bordelle der Madame Schuwitzn und der Madame Lindemann. In Berlin gab es ganze Viertel, die fast ausschließlich aus Bordellen bestanden. Sie lagen in der Behrenstraße, in der Französischen und der Kanonier-Straße. Sie trugen volkstümliche Namen wie: „Talgfabrike", „Tranpulle", „Zottliger Jude", „Blutiger Finger", „Rotes Läppchen", „Schwarze Schürze", „Diamantene Schnalle". Straßendirnen, die die ganze Nacht über flanierten, hießen „Kurantmenscher". Sie liefen einzeln oder „haufenweise" herum. In Bordelle wurden übrigens auch Soldaten einquartiert. Dirnen wurden beschrieben als Mädchen von schlankem Wuchs, einnehmenden Gesichtszügen und dick geschminkt. Schminke galt als das eigentliche Ingredienz aller feilen Mädchen, sie wurde meist einfarbig über Gesicht und Hals einheitlich aufgetragen.

Die etwas anspruchsvolleren Bordelldirnen wurden von der Bordellwirtin angelernt: Sie gab ihnen einige schöne Stellen aus empfindsamen Romanen zu lesen, ließ sie Dichter und Schau-

152

spiele abschnittweise auswendig lernen, übte sie im Komplimente-
machen und vor allem im Aufputz. Sie zeigten übrigens keine Nak-
kenzöpfe, das war ihr Standeszeichen.

In einer Bordell-Wirtschaft gab es meist zwischen acht und zwölf
Dirnen, nicht nur Mädchen von geringstem Stand, sondern auch
bessere Töchter, die von adligen oder unadligen „Wollüstlingen"
verführt worden und danach von ihrer üblichen Arbeit entwöhnt
waren. Es gab für sie oft keinen anderen Ausweg als das Geschäft
mit der Wollust. Sie hingen vom Bordell-Wirt ab, der ihnen Kleider, Wäsche, Putz, Kost und Quartier gab, alles übermäßig teuer
berechnet, so daß sie den Preis nie abzahlen konnten und in seiner
Schuld blieben, bis sie entweder wegen Untüchtigkeit fortgejagt
oder von einem reichen Kavalier ausgelöst wurden. Ihren Verdienst mußten sie dem Wirt abliefern, der ihnen eine Kleinigkeit
davon als Lohn zurückgab. Viele waren naschhaft und ließen sich
von ihren Gästen mit Kuchen und Zuckerwerk verwöhnen, ließen
sich aber auch gern zu Branntwein, Kaffee, Schokolade oder Wein
einladen. „Manche soffen wie die Packknechte", berichtete Magister Laukhard, der, in der Berliner Garnison stationiert, die Ört-
lichkeiten auskundschaftete. Dirnen redeten ihre Kunden prinzipiell mit Du an, ohne Rücksicht auf Stand oder Freigebigkeit.

Es war in Berlin weder anstößig noch schändlich, in ein Bordell
zu gehen. Auch angesehene Ehemänner gingen dorthin, ihre
Frauen nahmen ihnen Bordellbesuche nicht übel. Viele Männer
kamen aber auch nur aus Neugier oder blieben zum puren Zeitver-
treib. Die „Kurantmenscher" hatten ihren „Strich" in fast allen
Straßen der Berliner Innenstadt, nachts bevorzugten sie die Lin-
denallee, den Schloßplatz, den Lustgarten oder auch den Tiergarten. Sie begnügten sich bereits mit einer Taxe von zwei Groschen.

Die Dirnen in Tabagien und Bordellen waren in drei Klassen
eingeteilt: Zur besten Klasse gehörten die „honetten" Mädchen,
die auch in Tanzsälen auftraten. Sie waren sehr jung und frisch,
gut frisiert und modisch, üblicherweise weiß gekleidet. Sie wohnten teils im Bordell, teils aber auch daheim in der Stadt zerstreut.
Berühmte Tanzsäle waren der „Bosische" in der Neustadt und jener von Herrn Lehmann, der einigen Luxus bot wie Kronleuchter
aus Kristallglas mit brennenden Kerzen und großen Wandspie-
geln, kleinere und niedrige Zimmer daneben oder eine Treppe

höher, gut tapezierte und verschließbare „Logen". Hier machte es sich der Gast mit seinem Mädchen bequem, spendierte Häppchen oder auch eine Bowle Punsch, eine Bouteille Wein für 1 Taler.

Zur mittleren Klasse gehörten die schon etwas älteren, grell geschminkten Mädchen. Sie wurden von Handwerksgesellen bevorzugt und benutzten gelegentlich als „Strich" die abgelegeneren Stadtviertel.

Die niedrigste Klasse wurde von Schiffern aus Hamburg oder Amsterdam aufgesucht, sie waren abgediente und meist infizierte ältere Mädchen oder auch Mamsells, die man „Hausmütterchen" nannte. Es war die Klasse der „skandalösen" Mädchen, oft auch wegen Beischlafdiebstahls vorbestraft.

Aus dem Berliner Bordell-Reglement von 1700:

1. Bordelle sind zwar gesetzlich verboten, aber als notwendiges Übel erlaubt;
2. Jeder Bordellwirt muß eine neu hinzukommende oder abgehende Dirne dem zuständigen „Viertelkommissar" melden;
3. Die im Kontrakt des Wirts festgesetzte Zahl der Dirnen darf nicht überschritten werden;
4. Eine neue Dirne darf nur aufgenommen werden, wenn eine Stelle offen ist;
5. Alle 14 Tage müssen sich die Dirnen von einem „Hurendoktor" visitieren lassen;
6. Jedes Mädchen muß für die Untersuchung dem Doktor zwei Groschen bezahlen;
7. Stellt der Doktor eine Infizierung fest, muß er dies dem Wirt mitteilen, der daraufhin das Mädchen auf der Stube zu behalten hat;
8. Der Wirt muß dieser Anzeige pünktlich nachkommen. Widrigenfalls muß er die Kosten der ganzen Krankheit tragen, von der man erweisen kann, daß man sie von einem seiner Mädchen geerbt hat;
9. Ist die Heilung des infizierten Mädchens durch Reinigungen und Enthaltsamkeit nicht mehr zu beheben, wird es vom Doktor zur unentgeltlichen Behandlung in die Charité eingewiesen;
10. Übernimmt ein Wirt das Mädchen von einem anderen Wirt, muß er dessen Schulden auslösen;

11. Dies gilt auch, wenn das Mädchen für sich wirtschaften will;
12. Will ein Mädchen vom Bordelldienst ausscheiden, und kommt es wegen seiner Schulden zu Klagen, so wird es vom Richter von der Schuld losgesprochen;
13. Kein Wirt soll für ein von einem anderen Wirt übernommenes Mädchen mehr als vier bis fünf Taler zahlen;
14. Jeder Wirt, der Musikunterhaltung bietet, muß für die Erlaubnis dafür pro Tag sechs Groschen an die Armenanstalten abführen[45].

Das Arbeitshaus

Weil das harte Vorgehen der Polizei gegen Bettler keineswegs auf Zustimmung „des Soldaten, des gemeinen Mannes und des Pöbels" stieß, bat der Berliner Polizeidirektor im Frühjahr 1747 eigens darum, daß die Bevölkerung von den Kanzeln herunter ermahnt werde, sich bei Verhaftungen von Bettlern nicht einzumischen: „Die Klagen über diese Exzesse lauffen fast täglich bey mir ein und die Armenwächters sind zu verrichtung ihres Amtes kaum mehr auf die Straßen zu bringen." Ein Edikt vom 28. April 1748 legte fest: „. . . dass weiter kein Bettler, worunter auch abgedankte Soldaten, Handwercks-Bursche und dergleichen Personen zu verstehen sind, auf den Strassen oder vor den Thüren der Allmosen halber geduldet werden soll . . . sonsten aber der Bettler als ein Ungehorsamer sofort nach gehaltenem Verhör bey Befinden seines muthwilligen Bettelns zur Festung oder Spinn-Haus-Arbeit angehalten . . . wird."

Friedrich II. hatte von seinem Vater eigens zum Bau eines großen Arbeitshauses 100 000 Taler geerbt, das er 1742 errichten ließ. Berliner Textilunternehmer lieferten Baum- und Schafwolle zum Spinnen ins Arbeitshaus und holten dort das fertige Gespinst wieder ab. Die Zahl der im Arbeitshaus Verhafteten oder, gelinder gesagt: Dienstverpflichteten wuchs rasch an: von 1752 = 370 Personen, 1771 = 550 Personen, bis 1785 = 1250 Personen. Danach wurde überwiegend Festungshaft verhängt.

Im ersten Artikel der Hausordnung, die den Insassen jeden Sonntag nach der Predigt vorgelesen wurde, hieß es: „Sollen alle

Personen, welche ins neue Arbeitshaus gebracht werden, sich ehrbar, still und fromm verhalten und GOTT und Sr. Königl. Majestät dancken; daß sie nicht mehr betteln dürfen, sondern hier ihre nothdürftige Verpflegung finden." (= Hausordnung vom 15. Mai 1742, erneuert am 4. Juni 1751).

Im Arbeitshaus gab es einen Zuchtmeister, der von früh bis spät über die Einhaltung der Hausordnung wachte und vor allem Fälle von Faulheit zu ahnden hatte: mit 10 bis 20 Peitschenhieben unter Anwesenheit aller Insassen. Weitere Strafe: Entziehung der Kost, Einsperrung bei Wasser und Brot. „Strenge und Härte" wurde jederzeit geübt: Arbeit, Gebet und Schläge.

Wer sich nach der Hausordnung verhielt, konnte andererseits sogar einen besseren Lebensstandard erreichen als ein unbestrafter Arbeiterfamilienvater. Der Arbeitshausinsasse erhielt mittags und abends warmes Essen, zweimal pro Woche ein Stück Fleisch, ansonsten Rindsgeschlinge, Hering oder Wurst mit Gemüse. Abends gab es eine Suppe aus Graupen, Buchweizen, Grütze oder Hirse. Das Arbeitshaus besaß eine eigene Bäckerei, aus der pro Tag jeder 1½ Pfund Brot bekam, das mit einem Groschen pro Pfund berechnet wurde (November 1771). Zum Trinken gab es billiges Kofentbier. Während der großen Teuerungs- und Hungerjahre 1771/1772 wurde das Brot vorübergehend gestrichen und ein aus Reis, Kartoffeln, Rüben, Butter und Salz gekochter Brei verabreicht.

Diese Verpflegung reichte nun aber nicht mehr, die erwartete Arbeitsleistung zu erbringen; so wurden zusätzlich Roggenmehl und Eicheln verbacken. Das Arbeitshaus wirtschaftete ohne Zuschuß aus dem Königlichen Lagerhaus. Zwischen 1761 und 1780 starben im Zucht- und Arbeitshaus 198 Insassen, die Hälfte davon 1771/1773.

Das Arbeitshaus hieß im Volksmund „Ochsenkopf", weil es das angemietete Zunfthaus der Schlachter am Rondell war, deren Hausmarke, eben der „Ochsenkopf", viel verzehrt wurde. Wer jemals darin war, wurde seinen schlechten Ruf nicht mehr los.

Das Bettlerproblem spielte nicht nur in Berlin eine gravierende Rolle. In den Städten aller preußischen Provinzen hatte die Regierung sich damit herumzuschlagen. Ob Kleve, Düsseldorf, Moers, Krefeld, Duisburg, von überall sind Berichte darüber nachzulesen [46]. Ebenso war das Armenproblem übers Land verbreitet. In Berlin wurde 1739 eigens ein „Armen-Direktorium" ins Leben gerufen, dem Vertreter des geistlichen Departements, der Oberkonsistorialpräsident, der Berliner Polizeidirektor und der Königl. Leibarzt vorstanden. Es gab öffentliche und private kirchliche Armenanstalten. Als vorzügliche Einrichtungen galten die Stiftungen der französischen und jüdischen Kolonie. Außerdem gab es die „Königl. allgemeine Wittwenverpflegungsanstalt" (seit 1776), die „Wittwenpensionskasse" (1790) und die „Offizierswittwenkasse" (1792).

Arbeitsfähige Arme erhielten zunächst keine Unterstützung aus der Armenkasse. Es war Aufgabe der Behörden, ihnen Arbeit zu verschaffen. Viele verarmten aber, weil sie keine Arbeit fanden. Um sie vor dem Betteln zu bewahren, erhielten Ende der 80er Jahre arbeitsfähige, aber arbeitslose Arme eine kleine Unterstützung.

1786 gab es Geldbeihilfen pro Person und Monat in Höhe von 4 bis 16 Groschen, durchschnittlich 12 bis 14 Groschen. Die Zahl der Geldbeihilfeempfänger stieg zwischen 1780 und 1785 auf das Dreifache. 1790 waren es 4884 bürgerliche und 1409 Soldaten-Arme in Berlin. Es gab auch Naturalhilfen: Per Erwachsener und Kinder pro Monat 4 Pfund Brot, ab 1771 (Hungerjahr!) erhielten nur noch Kinder pro Monat 3½ Pfund Brot. Kinder zwischen 4 und 12 Jahren sollten pro Tag 1 Pfund erhalten (nicht eingehaltener Plan von 1786). Ihr Brot wurde im Arbeitshaus gebacken, war schmackhafter als Bäckerbrot, dafür wurden pro Pfund nur 400 Gramm gerechnet. 1785 erhielten 779, 1790 4910 Personen Armenbrot.

Auch Holz oder Torf wurde im Winter 1782/1783 zur Beheizung des Raumes (der einzige Ofen stand im einzigen Wohn-, Arbeits- und Schlafraum für eine Durchschnittsfamilie mit 6 Personen) zur Verfügung gestellt.

So gut und „fortschrittlich" die Ansätze des preußischen Staates unter Friedrich II. zur Hebung des Armenwesens gewesen sein mögen, so gelang es dennoch nicht, die arbeitsfähige Masse der Armen in steuerzahlende Arbeiter zu verwandeln. Unmittelbare Folge davon war, daß auch das Hauptziel dieses Staates, die Unterhaltung und Finanzierung einer schlagkräftigen Riesenarmee, versagte, wie die kläglichen Ergebnisse des Bayerischen Erbfolgekrieges (= Kartoffelkrieg) zeigten.

Ansätze zum Widerstand

Passive Formen

Arbeiten, arbeiten und nochmals arbeiten hieß die Hauptdevise preußischer Moral. Als aber der Lohn immer mehr sank, die Preise immer höher stiegen, entstanden die ersten passiven Formen des Widerstandes im um sich greifenden Versuch, den Begriff „Arbeit" von innen auszuhöhlen: Überwiegend die Manufakturarbeiter zeigten zunehmend geringeres Interesse an ihrer schlecht bezahlten Arbeit, d. h., sie schluderten, wurden nachlässig und lieferten schlechte Qualität ab. Vor allem in Nowawes rumorte es, die Beschwerden der Unternehmer über ihre schlechte Arbeit häuften sich bis hin zu dem moralischen Verdacht, die Nowaweser Weber seien schlechte Menschen. Nowawes sollte von einem Weber- zu einem Spinnerdorf degradiert werden.

Zur schlechten Arbeitsqualität kamen Betrügereien und Materialunterschlagungen. So erhöhten die Nowaweser das (bezahlte) Gewicht ihrer Gespinste und Stoffe, indem sie es mit Heringslake, Salzwasser oder Unrat beschwerten. Statt teures Baumöl verwendeten sie billigen Tran, der obendrein noch die Wolle instabil machte. Sie verkauften das Baumöl auf eigenen Preis, verkauften unterschlagene Seide oder gossen Blei in die Seidenrollen. Wurden sie ertappt und vernommen, gaben sie Diebstähle unter dem Hinweis zu, die Not habe sie dazu gezwungen.

1765 wandten sich 17 Woll- und Kattununternehmer schriftlich an den König mit der Bitte, schärfere Strafen gegen Materialveruntreuung einzuführen. Drei Jahre später wurden die erbetenen Strafen verhängt. Da der öffentliche Aushang namentlich genannter Übeltäter in der Regel wieder von den Hauswänden abgerissen wurde, schien es den Behörden wirksamer, in der Zeitung die Namen der Betroffenen bekanntzumachen. Aber da die armen Weber und Spinner meist nicht lesen konnten, verfiel man auf eine Art Rufschädigung: Von den Zeitungen wurden Sonderdrucke hergestellt und diese an die Kammern der Provinzen verteilt. Von dort gelangten die Sonderdrucke in die Hände der Manufakturunternehmer, die sich daraufhin nicht mehr bereit erklärten, bei einem derart namentlich angeprangerten Weber oder Spinner arbeiten zu lassen oder dessen Produkte abzukaufen.

Neue Klagen der Unternehmer über ständige Betrügereien wurden 1780 und 1784 eingereicht. Die Strafen von 1768 wurden jetzt verschärft: Dem Betrüger wurden große Zettel mit dem Tatbestand seines Deliktes um den Hals gehängt, womit er schaulaufen mußte. Auch wer nicht lesen konnte, wußte ein solches Schild zu deuten. Mehr noch: Wer gestohlene Waren einem armen Weber oder Spinner abkaufte, mußte eine empfindliche Geldstrafe leisten. Einer denunzierte den anderen, denn der Denunziant wurde mit fünf Talern belohnt. 1783 wurde schließlich jeder Diebstahl von Garn oder Garnverschlechterung oder betrügerische Gewichtsmanipulationen mit drei bis acht Tagen Gefängnis bei Wasser und Brot bestraft. Zur Haftvollstreckung durften aber nur arbeitsfreie Sonn- oder Feiertage angesetzt werden. Die Haft war in einer Dunkelzelle abzubüßen. Im Wiederholungsfall wurde die Haftstrafe verdoppelt. Trieb aber die Not weiterhin zu derartigen Vergehen, drohte die Festungs- und Zuchthaushaft mit dem berüchtigten „Willkomm und Abschied".

Was „Willkomm und Abschied" bedeutete, wurde 1777 aus dem Zuchthaus Brieg (Schlesien) berichtet[47]. Der Häftling wurde auf eine Bank geschnallt und erhielt eine gepfefferte Tracht Prügel auf den bloßen Hintern bei Haftantritt und -entlassung. Da dies aber nur einen schnell vorübergehenden Schmerz verursachte, wurde der Häftling geradezu „zerdroschen". Geschlagen wurde mit einem Stock oder einer Peitsche, die aus Riemen zusammengeflochten war und eine ungeheure Wucht besaß. Man kümmerte sich nicht darum, ob der Häftling dabei ohnmächtig wurde oder an den erlittenen Wunden erkrankte, was meist der Fall war. Er hatte ja Zeit genug, sich wieder zu erholen, wo nicht, ließ man ihn krepieren. „Ein Zuchthaus ist kein Sanatorium" hieß es. Im Unterschied zur Gefängnis- oder Zuchthausstrafe, über die man sagte, man werde lebendig darin begraben, verschärfte die Festungshaft ihre Strafe durch ein Minimum an Nahrung, die so angesetzt war, daß der Häftling gerade am Hungertod vorbeikam, wenn er sich ordentlich und den Haftbestimmungen entsprechend verhielt.

Obgleich in der Regierungszeit Friedrichs II. nach dem Siebenjährigen Krieg das Strafmaß bedeutend erhöht wurde, sah man in der Regel von Festungshaft ab, damit dem Manufakturunternehmer die Arbeitskraft des Verurteilten trotz Strafverbüßung weitgehend erhalten blieb.

Der Fall der Weber und Spinner in Nowawes blieb örtlich begrenzt und war zu wirkungslos, um Schule zu machen, zumal die Nowaweser als „Königsquäler" abgestempelt wurden.

Von Vorteil war wiederum des Königs Politik, seine Untertanen so unwissend wie möglich zu halten. Wer nicht schreiben noch lesen konnte, hatte keine Möglichkeit, seine Beschwerde schriftlich beim König einzureichen. Bemühte er einen schreibkundigen Unteroffizier-Lehrer oder einen Winkeladvokaten, mußte er ihn teuer bezahlen, wozu das Geld fehlte, und zum anderen wußte er nie so genau, ob sein Anliegen auch Wort für Wort zu Papier gebracht worden war. Denn auch die Verfasser von Beschwerdebriefen konnten per Strafe belangt werden. Also litt man lieber stumm weiter.

Trotzdem sahen gewisse Winkelschriftsteller ein gutes Geschäft darin, herumzuziehen und die Unzufriedenen zur Abfassung von Beschwerdebriefen zu animieren. Sie hetzten die Untertanen auf, entlockten ihnen geradezu ihren Unmut und waren die ersten, die als „Organisatoren des Widerstandes" eine wichtige Rolle spielten. In Nowawes war es der Prediger, der bei den böhmischen Einwanderern sowieso eine größere Rolle spielte als der protestantische preußische Pfarrer. 1768 schrieb der Kriegsrat Richter: „Ansonst ist der Concipient dieser Schrift der Autor vieler Unruhen all dort, der Prediger Moses."

Die Behörden stellten sich fast immer auf die Seite der Unternehmer und kanzelten mit ihnen die unzufriedenen Arbeiter als „bloße Unruhestifter" ab.

Die „ehrbaren" Handwerker dachten noch immer in den uralten Kategorien ihrer Zunft, in deren hierarchischer Ordnung kein Platz für Widerstand war. Wenn geklagt wurde, dann über Disziplinlosigkeit.

Die Nowaweser bildeten wiederum eine Ausnahme. Ihre „Widerspenstigkeit" wurde psychologisch begründet. Ihre böhmischen Gemüter seien recht „verstockt ... und zu keiner Ordnung zu bringen". Täglich wegen Klagen vors Rathaus zitiert zu werden, mußte also am Menschenschlag liegen, der eben kein preußischer war.

Viel eher als gegen den König richtete sich des Volkes Unwille gegen Schikanen des Unternehmers, der in seinen Arbeitern „durchaus böse gesittete Menschen" sah, deren tumultuarisches Verhalten er als „unschicklich" abtat. Da die meisten Zunftmeister und -gesellen selbst Lohnarbeiter in den Manufakturen geworden waren, standen sie demselben Unternehmer gegenüber wie ihre unzünftlerischen Arbeitskollegen.

Die Unternehmer fürchteten den Widerstand der Arbeiter, weshalb sie im Arbeitsvertrag die Klausel mitunterschreiben ließen (oft per Kreuz), daß der Arbeiter sich als „ein ruhiger, treuer und gewissenhafter" Arbeiter zu verhalten gedenke. Selbst bei Arbeitslosigkeit ließen sie sich bescheinigen, daß der Arbeiter „nicht die mindesten Ansprüche einiger Schadloßhaltung" stellen werde.

So in die Zange genommen, blieb noch ein anderer Weg des Widerstandes: die heimliche Abwanderung. Sie wurde ähnlich geahndet wie die Desertion des Soldaten.

Ein mehrtägiger Arbeitsstreik entstand 1758 in der „Cattunfabrique Wulff" in Berlin wegen der Lohnkürzung um 1 Groschen 6 Pfennig. 66 Stück Kattun verdarben dem Unternehmer durch den Streik.

Lohnsenkungen und Preiserhöhungen während des Siebenjährigen Krieges gaben oft zu Streiks Anlaß. So 1756, 1759 und 1763. Gegen Streiks wegen der Erhöhung von Material- und Warenpreisen unternahmen die Behörden nicht viel, rein gar nichts hatten sie aber gegen weitere Lohnsenkungen. Aufgeschreckt wurden die Behörden erst, wenn die Akziseeinnahmen in Gefahr gerieten und Streiks oder Widerstände finanziell zuungunsten des Staates zu Buche schlugen.

1784 ließen die Behörden die Unternehmer „Schwarze Listen" aufstellen mit den Namen derjenigen Arbeiter, die als „schlechte und unruhestiftende verderbliche Arbeyter" galten und von denen die Unternehmer sich zu trennen hätten. Es gab regelrechte Zensuren zwischen „Aufwiegler" (hinter dem Namen), „schlecht und unruhig", „unruhig" und „schlecht"[48]. Vor allem „Hauptanstifter" und „Rädelsführer" beim Widerstandskampf der Arbeiter gegen ihren „Brodherren" wurden hart verfolgt. Jede Organisation der Arbeiter wurde im Keim erstickt, auch das in der Zunft seit Jahrhunderten übliche Zusammentreffen der Gesellen.

1775 geriet die Seidenindustrie in eine schwere Absatzkrise, die Löhne wurden um 25 Prozent gesenkt. Arbeiter fürchteten um ihren Arbeitsplatz und baten den König um Abhilfe. Der König erledigte das Anliegen mündlich: „Gehört für das V. Departement." Auch die Behörde hatte keine Einwände gegen diese Lohnsenkung. So kam es zum Streik, „welcher so weit gegangen, daß die Seidenwürkergesellen sich durch einige unruhige Köpfe verleiten lassen, sich in eine Art von Meuterei einzulassen, aufrührerische Billets auszustreuen und diejenigen aus ihren Mitten, welche friedlich und ordentlich bei ihren Meistern arbeiten wollten, durch Schimpfworte und Drohungen davon abzuschrecken, wodurch dann das V. Departement veranlasset worden, sofort die kräftigsten Maßregeln zu nehmen, um die Rädelsführer zum Verhaft zu bringen, die übrigen Gesellen aber wiederum zu ihrer Pflicht und ruhigen Bearbeitung ihrer Stühle zurück zu führen".[49] Dieser Streik der Gesellen breitete sich bis nach Frankfurt/ Oder aus.

Der Staat unterdrückte zwar den Streik mit Ermahnungen zur Pflicht, Ruhe und Ordnung, unternahm aber nichts. Immerhin erreichten die Streiker, daß eine Art Vergleich geschlossen und die Lohnsenkung auf nur 12 Prozent festgelegt wurde.

Widerstand gegen den Staat gab es damals nicht, ja, diese Einstellung lag völlig außerhalb des praktischen alltäglichen Denkens. Im Pflichtdrill geknebelt, fielen die Arbeiter ebenso wie die Bauern immer wieder auf die berühmte Wurst am Gummi herein.

So gab es z. B. im preußischen Staat durchaus Pensionen für

qualifizierte Arbeiter, aber nicht, um ihren Lebensabend zu sichern, sondern um sie als Arbeitskräfte am Arbeitsplatz zu halten[50]. Die Pension war nichts als ein Lockmittel. Die vielen tausend Seidenarbeiter erhielten keine Pension.

Eine weitere Form des aktiven Widerstandes bildete sich im Solidaritätsbewußtsein heraus: Im Winter 1787/1788 geriet die Seidenindustrie abermals in eine schwere wirtschaftliche Krise. Schon 1786 und 1787 standen in Berlin einige hundert Webstühle still. Viele Seidenmanufakturarbeiter lebten in bitterster Not. Da entschlossen sich 1788 die Behörden, mit finanzieller Unterstützung etwas Abhilfe zu schaffen. Einen gerechten Verteilungsschlüssel für das Geld gab es nicht. Der Oberfabrikenkommissar Holtz verteilte das Geld in seiner Wohnung. Die Arbeiter waren mit der Höhe der Unterstützung unzufrieden, es kam zu Gewalttätigkeiten und Ausschreitungen. Zweimal ließ Holtz die Stadtwache einschreiten und Verhaftungen durchführen. Der königliche Beamte bat sich Geduld aus. Aber Geduld half den arbeitslosen Seidenwirkern nichts, denn sie hatten den Winter ohne Arbeit und Lohn, bei minimalster Nahrung, ohne Brennholz und bei hohen Mietschulden verbringen müssen.

1783 verfiel der Kattunmanufakturist Ermler auf die Idee, Lohngelder einzusparen, indem er billige Lehrlinge einstellte und dafür sechs oder sieben qualifizierte Kattundrucker entließ. Daraufhin erklärten sich die nicht entlassenen Drucker mit den entlassenen solidarisch und drohten, sofort ihre Arbeit niederzulegen, falls der Unternehmer die entlassenen Kollegen nicht wieder einstellte. Der tat das nicht, sondern ließ elf seiner vierzehn Drucker verhaften und in Arrest stecken. Der königliche Beamte verwies auf das alte Recht des Unternehmers, selbst bestimmen zu können, welche Arbeitsleistung er dafür verlangen wolle.

Der Beamte stand voll auf der Seite des Unternehmers und bestätigte die rechtmäßige Verhaftung der „Aufrührer". Die elf Arbeiter erhielten zusätzlich vier Tage Gefängnis „halb bey Wasser und Brod", im Wiederholungsfall wurde ihnen Festungshaft oder Pranger angedroht. Die Kattundrucker waren reine Lohnarbeiter und gehörten keiner Zunft an, also konnten sie sich auch nicht „zünftlerisch" organisieren und sich nicht auf Zunftrechte berufen.

Der absolutistische Staatsapparat war immer in der Lage und jederzeit im Recht, seine Macht- und d. h. Unterdrückungsmittel in Form von Gendarmen, Militär oder Gefängnissen einzusetzen.

Immer wieder machten die Spinner und Weber von Nowawes von sich reden. Diese Siedlung war von Anfang an der Hauptherd des Ungehorsams und Widerstandes gegen Unterdrückung und Ausbeutung. Sie hatten nichts als ihre totale Verarmung und Verelendung auf die Waagschale zu legen, wurden immer unregelmäßig und miserabel bezahlt. Um sie ja nicht zur Besinnung oder Selbständigkeit kommen zu lassen, ließ man sie gleich für zwei Unternehmer schuften. Und jeder schlachtete ihre Arbeitskraft aus.

Die Behörden und der König sahen freilich das Übel. Man versuchte 1783 und nochmals 1785 mit einem „Regulativ für die Cattun-Weber in Nowawes" eine gewisse Beruhigung zu erreichen.

Das Schriftstück wurde in der Kneipe vorgelesen und einstimmig abgelehnt. Die Weber zeigten sich nicht bereit, ihre fertigen Waren abstempeln zu lassen, was durch das Regulativ neu eingeführt werden sollte. Sie wehrten sich gegen die „Schau" und gegen jedes Reglement ihrer Arbeit. Wieder wurde gegen sie der Vorwurf der „Meuterei" erhoben mit der dazugehörigen Folge: Verhaftung und Arrest.

Der Berliner Stadtdirektor Egerland befand die Arreststrafe zu gering, zumal die Weber den Arrest mehr als eine Ruhe denn eine Strafe verstanden, und forderte die Verhängung von zwei bis vier Wochen Zuchthaus in Spandau mit „Willkomm und Abschied". Die Strafe sollte außerdem kürzer und härter sein, damit der Verhaftete bald wieder seine Pflichten als Familienvater übernehmen könne. Die meisten Nowaweser Weber hatten drei bis vier Kinder, die derweilen darben und aus Not stehlen mußten. Der Bericht des Stadtdirektors stammte vom 13. Mai 1786.

Die Nowaweser gaben keine Ruhe. Sie eilten nicht nur mit Stangen und Spießen herbei, um „die Policey Bediente" zu vertreiben, sondern sie unterstützten auch den Kampf anderer Einwohner ihrer Kolonie wie im Mai 1781, als einem Nowaweser Schmied das Handwerkszeug konfisziert werden sollte.

Im März 1786 gab es einen Aufruhr beim Berliner Posamentiergewerk, weil seit den 80er Jahren zu viele Posamentierer herangezogen worden waren, was Lohnsenkungen und billige Frauen-

und Kinderarbeit zur Folge hatte. 250 Familien waren zu viel, um alle mit genügend Arbeit zu versehen. So entließen die Unternehmer 58 Meister und 82 Gesellen, wodurch 192 Bandstühle stillgelegt werden konnten. Ein Unternehmer versuchte, nur noch Frauen und Kinder zu beschäftigen. Gegen ihn entschied das V. Departement für die Posamentierer und forderte den Unternehmer auf, Wartegelder an die Entlassenen zu zahlen.

Damit war der Unternehmer nicht einverstanden und wandte sich an Justizminister Carmer, der dem Unternehmer vorwarf, durch sein Vorgehen gegen die Posamentierer beinahe verursacht zu haben, daß 130 Meister und Gesellen ihre Beschwerde direkt beim König vorgetragen hätten. Das müsse aber verhindert werden, schließlich sei bekannt, daß der König sich der Beschwerden der Bauern sehr annehme und noch schärfer auf die Klagen der Arbeiter reagiere. Der König schlug vor, daß man sich mit dem Unternehmer gütlich einigen solle, trotzdem setzte das V. Departement seine Forderung durch.

Der Unternehmer ließ die Stühle stillstehen und zahlte auch keine Wartegelder. Er beschäftigte vielmehr Unzünftlerische und Frauen und senkte den Lohn. Am 14. März 1786 machten sich 70 Meister und Gesellen nach Charlottenburg auf, wo bei der Manufaktur von Ehrhardt & Co. ausschließlich Frauen beschäftigt wurden. Die Posamentierer beschlossen, die Manufaktur zu zerstören. Tags darauf zog ein großer „Haufen" Posamentierer gegen die Firma los und zerstörte tatsächlich die vorhandenen 20 Posamentierstühle, zerriß die fertige Arbeit und zertrümmerte die Fensterscheibe der Fabrikstube. Der entstandene Schaden belief sich auf 417 Taler. Andere Werkstätten, die sich ebenfalls nicht ans Zunftprivileg hielten und Frauen und auf eigene Rechnung arbeitende Gesellen beschäftigten, wurden kurz darauf ebenfalls zerstört.

Das war ein ungeheurer Vorgang. Friedrich II. urteilte: „... so ist das ja eine noch nie erhörte Bosheit, welche die aller nachdrücklichste Ahndung verdient. Ich bin zwar nicht vor die allzu harten Strafen; aber doch in manchen Fällen ... ist es notwendig, daß das nachdrücklich geahndet wird. Denn läßt man das so hingehen und bestraft das nur so leger, so kommt über acht Tage ein ander Gewerk und macht von neuen einen Tumult ... Ihr habt daher zu besorgen, daß die Sache auf das strengste untersucht wird, und daß besonders die Anstifter dieses Tumults ... ausgeforscht und herausgebracht werden, und diese müssen dann recht mit Nachdruck und gesetzmäßig für ihr grobes Vergehen bestraft werden, ... denn sonsten ist ja kein Fabricant in seinem Haus mehr sicher ..."[51]

Die Strafen lauteten zunächst auf ein bis zwei Monate Festung, wurden dann aber auf vier Wochen Arrest abgemildert.

Die Posamentierer waren faktisch Lohnarbeiter, aber noch weitgehend vom Zunftdenken bestimmt. Die Unternehmer ignorierten die alten Zunftprivilegien und beschäftigten immer mehr ebenso Unzünftlerische wie Frauen und Kinder. Zwischen diesen beiden Positionen mußten der König und die Behörden abwägen. Der König sprach sich für die Unternehmer aus, die Behörden eher für die Posamentierer.

Nun häuften sich in den folgenden Jahren die Unruhen der Zunftmitglieder gegen Unternehmer. 1794 soll es zu einem Aufstand von mehr als 3000 Menschen gekommen sein, bei dem sich die Volksmenge gegen die eingesetzte Polizei zugunsten der Posamentierer verhielt. Die nachfriderizianische Regierung ergriff dann regelmäßig die Partei der Unternehmer. Vor allem unter den Zunftgesellen gärte es. Sie trafen sich monatlich in ihren Herbergen, wo oft genug der Streit mit den Meistern um höhere Löhne und bessere Arbeitsverhältnisse ausbrach. Die Meister fürchteten diese Zusammenkünfte der Gesellen in den Herbergen ebenso wie die Behörden, denn von Gesellenunruhen sprang der zündende Funke leicht über und animierte zur Nachahmung.

Gegen Ende des Jahrhunderts verschlechterte sich die Lage des Handwerks immer mehr, ob es sich um Schreiner, Tischler, Schneider, Schmiede oder Textilarbeiter drehte. Immer weniger Meistern gelang es, einen standesgemäßen Wohlstand zu erreichen. Die Mehrzahl der Meister und Gesellen litt unter dem harten Lohndruck.

Auf der anderen Seite spürten die Manufakturunternehmer immer mehr die aus dem In- und Ausland kommende Konkurrenz. Der Markt war freier geworden, wenngleich man in keiner Weise von einer freien Marktwirtschaft sprechen konnte.

Zu schweren Zusammenstößen zwischen der Polizei und Handwerksgesellen kam es in Berlin 1795, angestachelt durch revolutionäre Flugblattparolen, die schlesische Gesellen nach Berlin mitgebracht hatten – in Breslau schon 1793 –, nun vom Gedankengut der Französischen Revolution angefeuert, die sozusagen wie ein Ventil wirkten und der Stoßkraft des Widerstandes eine Richtung verliehen.

In Berlin florierten die Woll-, Baumwoll- und Bandmanufakturen, die Seidenindustrie hatte schwere wirtschaftliche Einbußen, die Leinenindustrie spielte nur noch eine sehr untergeordnete Rolle. Auch die sächsische und schlesische Leinenindustrie war erheblich zurückgegangen.

Der Widerstandsgedanke, gleich welcher Couleur, war bisher kein ideologischer, er entzündete sich vielmehr regelmäßig an der drückenden Lohnfrage. Widerstand bedeutete allemal Existenzkampf, nie Umstürzung des Staatsapparates.

Die Stoßkraft der nicht-zünftlerisch organisierten Arbeiter blieb spontan und vereinzelt. Hinter den Gesellenunruhen standen aber die Zünfte mit ihren ausgeprägten Organisationen, wie z. B. den Zunft-Krankenkassen, mit deren Geldern Streiks finanziert wurden. Friedrich II. hatte lernen müssen, Widerstände hinzunehmen, vernichten konnte er die Zünfte nicht. Ihm blieb nur die einzige Möglichkeit, die Interessen der Unternehmer weitestgehend zu wahren – zum Nachteil seiner Untertanen.

Das Polizeidirektorium hatte die große Masse der arbeitenden Bevölkerung fest im Zangengriff. Der Apparat der strengen Gesetze, selbst für kleine Vergehen, der hart zuschlagenden Strafjustiz mit Hilfe des immer präsenten Heeres funktionierte einwandfrei.

Die Abschreckungswirkung der Gefängnisse mit ihren engen, muffigen, niedrigen, finsteren und stinkenden Zellen war nahezu unüberbietbar, die menschenunwürdige Behandlung der Gefangenen wie nichtsnutze Tiere war in einem aufgeklärten Staat wie Preußen zur Zeit Friedrichs II. unvergleichlich.

Schnell zerbrach die minimale Kraft des Widerstandes an den harten Bandagen der „Gerechtigkeit". Von innen her war gegen diesen Staat nichts zu unternehmen. Der Anstoß, der Impuls, die Idee und Zielsetzung des Widerstandes mußte erst importiert werden, um ein einheitliches Gesicht zu bekommen. Solange Friedrich II. lebte und herrschte, war sein Staat in Ordnung, Ordnung dabei wortwörtlich verstanden im Sinne von reglementiert, überwacht, kontrolliert, in Schranken gehalten.

Das änderte sich schlagartig nach 1789, als die frische Luft der Revolution aus Frankreich herüberwehte. Unruhen in Preußen gingen vor allem von den Gesellenbewegungen aus. Die harten Maßnahmen dagegen und die scharfen Strafen überstürzten sich, denn nun roch man die Lunte des organisierten Widerstandes. Die Flamme von Revolution, Aufruhr, Bauernaufständen und immer wieder Gesellenunruhen schlug in den Zunder des Staatsgefüges.

Ob in Hamburg, Sachsen, Schlesien oder Preußen selbst: Überall brodelte es, als explodiere nun ein zu lang zurückgehaltener Stau des Unmutes, ja der Wut der Niedergehaltenen, Gedrückten, Ausgebeuteten.

Trotz seines immensen Machtapparates reagierte der Staat hilflos, wie vor den Kopf gestoßen: 1792 mußten die Schulkinder in den westlichen Provinzen Gedichte gegen die Revolution auswendig lernen, 1794 wurde in Warschau die Zeitung verboten, die eine „aufwieglerische" Meinung vertreten hatte, 1797 wurde über den englischen Matrosenaufstand eine Nachrichtensperre verhängt. Der Staat wollte seine Untertanen in der Knute halten, indem er sie nicht aufklärte oder zumindest informierte, sondern schlechtweg in ihrer Unwissenheit ließ.

Gerade aus der von Preußen annektierten, wirtschaftlich erst ausgeschlachteten, dann ruinierten Provinz Schlesien schlug 1793 der Funke herüber. Zunächst hielt das Generaldirektorium die Gesellenunruhen für lokal begrenzt und sah es nicht als erforderlich an, die Zünfte allgemein zu verbieten. Ein Jahr später aber, 1794, rotteten sich in Berlin die Arbeiter mit den Gesellen zusammen, verließen ihre Werkstätten und zogen „haufenweise" durch die Straßen. Die Schuhmacher und die spanischen Tuchweber wurden als Herd der Unruhen erkannt. Die Unruhen nahmen bald den Charakter eines Volksaufstandes an, und die ängstlichen Behörden baten Friedrichs II. Neffen und Nachfolger Friedrich Wilhelm II. dringend um Anweisung, „wie sie sich in solchen Fällen verhalten" sollten. Der preußische Staat stand der Wucht der Volksbewegung ratlos gegenüber. Es lag nie im Denkschema des preußischen Staates, daß ein derart dialektischer Umschwung von totaler Subordination in totale Aufsässigkeit, gelinde ausgedrückt, überhaupt möglich sei. Das Generaldirektorium gab endlich den Erlaß heraus mit dem seltsam anmutenden Argument, im Falle der Beschwerdeführung müsse unbedingt der behördliche Instanzenweg eingehalten werden. Der Strafmechanismus wurde verschärft, rasch wurde die Todesstrafe oder das gefürchtete Gassenlaufen verhängt, was zunächst eine rein militärische, jetzt aber auch zivile Strafe geworden war. Ja, der Militärdienst selbst wurde als Strafe verhängt, denn der Kadavergehorsam herrschte beim Heer noch ungebrochen. Ziel der Strafe war es, den Verurteilten „zu Ordnung und Gehorsam zu gewöhnen". Am 29. Juli 1794 wurde ein „Allgemeines Patent" erlassen „wegen Abstellung des tumultuarischen eigenmächtigen Verfahrens bey Beschwerdeführungen besonders supplicierender Gewerke und Corporationen". Das Generaldirektorium erließ dieses Patent in höchster Eile, sogar unter Umgehung des Behördenweges, denn eigentlich wäre das Justizdepartement dafür zuständig gewesen. Das Patent wurde 1795 voll eingesetzt. Neben dem Gassenlaufen wurden sechs- bis zwölfjährige, ja lebenslängliche Strafen der Karrenarbeit in Spandau für die Teilnehmer des Aufstandes vom 26. Mai verhängt. Im aufrührerischen Schlesien wurde das Gassenlaufen sehr häufig praktiziert, selbst auf puren Verdacht hin.

1798 verlangte König Friedrich Wilhelm III. ein „neues, kurtzes, allgemeinverständliches und zweckmäßiges Publicandum gegen alle und jede Aufläufe". Jetzt wurde nicht mehr nur der Teilnehmer eines „Auflaufs" bestraft, sondern auch derjenige, der nur aus Neugier am Straßenrand zuschaute.

Die Ordnung hatte sich auf den Buchstaben der Gesetze zurückgezogen. Hier funktionierte sie noch, aber der Kampf der Gesellen und der Manufakturarbeiter, nicht gegen die Autorität des Königs, wohl aber gegen die immer deutlicher als Unrecht begriffene Bevorrechtigung und ausufernde Willkür der Unternehmer setzte sich fort.

In den großen Arbeiter- und Gesellenunruhen in Berlin und Schlesien spiegelten sich die neuralgischen Punkte des Staates am deutlichsten wider: die harte Besteuerung auf der einen Seite (= Akziseverfassung) und die wirtschaftliche Beschränkung auf der anderen Seite, beides zur Finanzierung der Riesenarmee als des eigentlichen, wenngleich selbst brüchig gewordenen Machtapparates.

Diese hautnah spürbare Enge des Staatsapparates ließ vor allem keine Aufstiegschancen für Manufakturarbeiter und Gesellen zu. Die ehemals selbständigen Handwerksmeister hatten sich dem Manufakturunternehmer unterwerfen müssen, den allerwenigsten gelang es, selbst ein Kleinunternehmer zu werden. Die meisten scheiterten nach kurzer Zeit an den Marktschranken; sie wurden abhängige und ausgebeutete Lohnarbeiter, für die Gesellen gab es ihrer Tradition gemäß keine verlockende Aussicht, selbst einen Meisterbetrieb auf die Beine zu stellen. Der Weg vom dezentralisierten Meisterbetrieb zum zentralisierten Großbetrieb qua Manufaktur konnte nur gelingen mit Hilfe staatlicher Förderung. Dies aber widersprach dem Zunftprinzip der „Ehrbarkeit". In Berlin gab es 1782 etwa 65 Textilmanufakturen, um 1800 war die Zahl der abhängigen Lohnarbeiter auf 35000 angewachsen. Zünftlerische und unzünftlerische Arbeiter schufteten nebeneinander ihre 14 bis 16 Stunden am Tag, oft auf Stücklohn gesetzt, weil der am leichtesten zu drücken war. Die große Masse der Steuerzahler und Arbeiter vegetierte bei elenden Wohnverhältnissen, schlechter Ernährung, hohen Gesundheitsschäden und Sterbequoten am Rande des Existenzminimums. Der letzte Ausweg, durch Betteln oder Prostitution ein paar Groschen nebenher zu ergattern, war durch härteste Strafen rücksichtslos abgeblockt. Am Horizont winkten bestenfalls die Zwangsarbeitsanstalten, das Arbeits- und Armenhaus, neben Gefängnis, Zuchthaus und Festung, wo der Kreis der Not von vorn begann. Und dort kam der Schwelbrand des Lohnproblems schon gar nicht zum Erlöschen.

Steuerdruck, Staatsfinanzen und die „Regie"

Zu drückend ist die Bilanz der Regierungszeit Friedrichs II., um an die Legende seines „Wohlfahrtsstaates" zu glauben. Frauen- und Kinderarbeit, Arbeitszeiten von 12 bis 17 Stunden täglich, Streichung der Feiertage um die Hälfte, fallende Löhne und steigende Lebenshaltungskosten, Ruinierung des Landes nach dem im Prinzip gewonnenen Siebenjährigen Krieg (Schlesien blieb bei Preußen!), fortdauernde Vermehrung des Heeres, Verelendung und Akzise-Politik, Wohn- und Ernährungsverhältnisse der arbeitenden Masse der Stadt- und Landbevölkerung, Bettler, Prostituierte und Arme im ganzen Land, unzureichende Schulbildung und absinkendes Zunftethos, das alles schlägt zu schwer zu Buche, um den anhimmelnden Charakter bürgerlicher Geschichtsbetrachtung mit den vielen beschönigenden Friedrich-Biographien aufrechterhalten zu können.

Das Bild Friedrichs II. als eines despotischen, ja diktatorischen Herrschers, der seine Staatsinteressen mit rücksichtsloser Härte durchzusetzen pflegte und dem ganzen Land seinen Stempel aufdrückte[52], wird gerade durch die Betrachtung des Lebens seiner Untertanen deutlich. Das einzige und Hauptinteresse seiner feudal-absolutistischen Politik galt den Finanzen als der Basis seiner Militär- und Machtpolitik[53]. Seine Finanz-, Militär- und Außenpolitik diente einzig und allein kriegerischen Zwecken.

Immer, auch nach dem Ende des Siebenjährigen Krieges, rechnete er mit dem möglichen Ausbruch neuer kriegerischer Auseinandersetzungen. Ausgehend von den Erfahrungen des Siebenjährigen Krieges, veranschlagte er nun bedeutend höhere Kriegskosten. War er 1752 von einer vierjährigen Kriegsdauer ausgegangen, wofür er fünf Millionen Taler jährlich zur Verfügung haben wollte, so konzipierte er nun acht Kriegsjahre und zwölf Millionen Taler Kriegskosten pro Jahr[54]. Beide Vorausberechnungen erwiesen sich als falsch.

Die Frage nach den Finanzen des Staates Friedrichs II., die Frage also, wieviel Steuergelder er aus seinen Untertanen herausgewirtschaftet hat, kann nur lückenhaft beantwortet werden. Er äußerte sich zwar in seinen beiden Politischen Testamenten von 1752 und 1768 dazu, diese waren aber nicht für die Öffentlichkeit bestimmt, sondern als Ratschläge für seinen Nachfolger gedacht[55]. Die Angaben sind schöngefärbt, letztgültige Unterlagen wurden vernichtet. Viermal veranschlagte er die Gesamteinnahmen seines Staates: in den Jahren 1768, 1773, 1777 und 1784.

Für 1777 berechnete er: 21 700 000 Taler; für 1784 21 730 000 Taler. Die Gelder stammten aus der Generalkriegskasse, der Schlesischen Provinzialkasse und der Dispositionskasse, über die er allein verfügte, ohne jede Kontrolle der Oberrechenkammer.

Jährlich wanderten in den sog. „Tresor" Gelder, die für militärische Zwecke bestimmt waren. Über den Anteil der Militärausgaben am Staatshaushalt liegen ebenfalls keine letztlich gesicherten Erkenntnisse vor, nur Mußmaßungen anhand von tatsächlichen Ausgaben. Die Militärausgaben für 1769/1770: 10,4 Millionen Taler, für 1784: 15,4 Millionen Taler. Andere Berechnungen besagen für 1785: Gesamteinnahmen = 23 Millionen, Militärausgaben 12 bis 13 Millionen Taler. Man darf davon ausgehen, daß nach dem Siebenjährigen Krieg bei steigenden Gesamteinnahmen ständig etwa 70 bis 80 Prozent für Militärausgaben abgezweigt wurden. Fest steht, daß die Städtebürger Preußens, die Akzisezahler, und die Landbewohner, die Kontribution zahlenden Bauern, die Hauptlast der preußischen Staatsfinanzen zu tragen hatten. Jeder Taler, der in Form von Steuerabgaben zur Finanzierung des Heeres gebraucht wurde, schlug sich direkt auf das Lebensniveau der Untertanen nieder. Der Untertan mußte vor allem nach dem Siebenjährigen Krieg in Preußen mehr Steuern bezahlen als in allen anderen der Landesgröße nach vergleichbaren europäischen Nachbarstaaten. Die Akzisesteuer traf in den Städten Preußens in erster Linie die Armen.

Für Friedrich II.[56] galt die Akzise neben der Kontribution als die Hauptform des staatlichen Steueraufkommens. 1752 bezeichnete der König die Akzise als die gerechteste aller steuerlichen Auflagen, denn sie belaste die Armen nicht, treffe dagegen nur den Luxus der Reichen (Politisches Testament 1752). Das stimmte, solange die Hauptnahrungsmittel Brot, Fleisch und Bier zu erschwinglichen Preisen zu kaufen waren. Nach 1766 sah es aber infolge der „Regie" anders im Lande aus.

Der König war im Volk um so weniger beliebt, je älter er wurde[57]. Das Volk durfte zwar mündlich ungestraft über die Be hörden oder den König seinen Unmut äußern, keinesfalls aber schriftlich. Die Pressezensur war in den 70er Jahren schlimmer als jene, die Friedrich II. kurz nach seinem Regierungsantritt 1740 aufgehoben hatte. „Alles ist zufrieden, jeder will durch ihn ruiniert seyn", lautete eine der vielen Mundparolen. Oder: „Schreiben darf man in Berlin nur über wenige Dinge; man redet aber öffentlich über alles."

Nach dem Ende des Siebenjährigen Krieges befand Preußen sich in einem entsetzlichen Zustand. Zu sehr hohen Menschenverlusten (etwa 10 Prozent der Gesamtbevölkerung = mehr als 400 000) kamen schwere Schäden in den Städten und auf dem Land. Tausende Häuser und Hütten waren niedergebrannt, der Viehbestand stark dezimiert, in der Neumark gab es fast überhaupt kein Vieh mehr, die Kapitalverluste waren übermäßig angestiegen.

Die Lebenshaltungskosten waren sehr hoch, die Einkommen der meisten Untertanen äußerst gering: etwa ein Drittel der Berliner Bevölkerung lebte von Armenunterstützung. Sie litt unter einer großen Teuerung: die Mietkosten waren während des Krieges enorm gestiegen, Brennholz war knapp und teuer, Lebensmittel, vor allem das lebenswichtige Brot, fast unerschwinglich. Die Wirtschaft war stark getroffen. Das Seiden- und Wollgewerbe war fast zum Erliegen gekommen, Bankzusammenbrüche in Amsterdam und anschließend Hamburg lösten 1763 einen beträchtlichen Rückgang der Konjunktur aus. Die Krise griff auf Preußen über. 1766 machte der bedeutende Manufakturunternehmer Gotzkowsky bankrott. Hohe finanzielle Einbußen trafen andere Manufakturisten wie die große Firma Splitgerber & Daum. In den Jahren 1766/1767 kletterte die Zahl der Konkurse auf einen Höchststand: 110 Verfahren liefen vor dem Berliner Kammergericht.

Nach 1763 bereiste Friedrich II. sein Land und machte sich ein Bild über das Ausmaß der Verwüstungen. Er half momentan, wo er nur konnte, ließ aus Heeresbeständen Korn für die Aussaat verteilen, verfügte da und dort Steuernachlässe, aber nur kurzfristig.

Auf die Dauer konnten weder Bauern noch Städter auf wesentliche Steuererleichterungen hoffen. Im Gegenteil: Im Rahmen des „Retablissements", des Wiederaufbaus von Staat und Wirtschaft, sollte der Steuerhaushalt nicht nur stabilisiert, sondern erweitert werden.

Die staatlichen Kassen waren in Preußen nach dem Siebenjährigen Krieg zwar nicht leer, aber mit minderwertigen Münzen gefüllt. Außerdem waren die Akziseeinnahmen gegenüber dem Vorkriegsstand erheblich gesunken. Nach dem Krieg stand keinem der Kopf nach einem neuen Krieg oder gar nach einer „Reform" des Steuersystems, womit eine Erhöhung der Steuerlast gemeint war – außer Friedrich II.

Gewiß: Preußen war nach wie vor von Feinden umgeben: von Österreich, Frankreich, Rußland und England. Für den König Grund genug, auch nach dem großen Krieg ein schlagkräftiges Heer zu unterhalten, wofür das Staatssäckel wohl gefüllt sein mußte. Der Staat hatte von alters her die Aufgabe, den Schutz seiner Untertanen zu garantieren. Also sollten die Untertanen auch dafür bezahlen. Das bisherige Steueraufkommen mußte nach Ansicht Friedrichs II. aber erhöht werden, wollte der Staat seiner Schutz-Pflicht weiter nachkommen. Die Steuererhöhung rechtfertigte er mit dem Gedanken der Friedenssicherung dank steter Kriegsbereitschaft.

Um zu Mehreinnahmen zu kommen, mußte das Finanzwesen geändert werden, und das hieß zunächst, die bisherige Finanzverwaltung sollte neu organisiert werden.

Das Generaldirektorium war gegen Friedrichs II. Forderung nach einer Erhöhung der Steuern, denn das zu Tode erschöpfte Land könne zu seinen schon bestehenden schweren Lasten nicht auch noch diese Steuern auferlegt bekommen.

Die Beamten, allen voran von Massow, lehnten eine steuerliche Mehrbelastung der Bevölkerung rundweg ab. Friedrich II. ließ sich weder von ihren Argumenten noch von ihrem Widerstand beeindrucken. Um sein Ziel zu erreichen, umging er einfach seine Beamtenschaft. Es kam 1765 zum offenen Bruch mit dem Generaldirektorium, der obersten Verwaltungsbehörde, in der seit 1723 die beiden Behörden für das Finanz- und Militärwesen zusammengefaßt waren mit der Generalkriegskasse für die Einnahmen aus der Akzise und der Kontribution und der Generaldomänenkasse für das Privateinkommen des Königs aus seinen Domänen – nebst den Einnahmen aus den Regalien (Salz-, Fischerei-, Bergwerks- und Jagdgelder).

Friedrich II. versetzte dieser alten und von seinem Vater als höchst effizient eingerichteten Behörde einen vernichtenden Schlag, um sein Ziel zu erreichen: Er opferte das preußische Beamtentum französischen Steuerpächtern.

So sehr sein Vater Friedrich Wilhelm I. bewußt sich gegen jede französische Überfremdung seines Staates in Sprache, Lebensgewohnheiten und Kleidung zur Wehr gesetzt hatte, so radikal schlug sich nun der seit früher Jugend franzosenfreundliche Friedrich II. auf die Seite der Franzosen, um mit ihrer Hilfe seine Untertanen bis zum letzten Groschen auswringen zu können.

Die Einführung der Regie war einer der wenigen Wendepunkte in der preußischen Finanzgeschichte und galt als Reaktion auf die gesunkenen Steueraufkommen. „Da die Akziseeinnahmen seit dem Krieg erheblich gesunken waren, habe ich aus Frankreich Regiebeamte für ihre Verwaltung kommen lassen ... Die Akzise ist eine Haupteinnahmequelle. Wenn sie erst wirklich gut verwaltet wird, muß ihr Ertrag noch von Jahr zu Jahr steigen" (Politisches Testament von 1768).

Steuerpächter hatten in Frankreich das Recht der Steuereintreibung mit dem Vorteil inne, daß sie alles, was über die an den Staat zu zahlende Summe hinausging, in die eigene Tasche stecken durften. Sie waren in Frankreich ebenso reiche wie verhaßte Leute, aber doch nicht reich genug, um die Steuern in Preußen in eigener Pacht übernehmen zu können.

Friedrich II. wurde auf sie und ihr System aufmerksam gemacht durch Generalleutnant von Krokow, der 30 Jahre in Frankreich gelebt und Erfahrungen über das französische Steuersystem gesammelt hatte.

Nachdem das Generaldirektorium sich geweigert hatte, dem König bei der Vermehrung der Steuern behilflich zu sein, wandte er sich an die beiden Franzosen de la Haye de Launay und de Candy. Damit löste er die Eintreibung der Steuern aus dem Aufgabenbereich des Generaldirektoriums mit den Provinzialverwaltungen heraus und gründete eine neue selbständige Behörde mit dem französischen Titel: Administration générale des accises et des péages (= Generaladministration der königlichen Gefälle), die unter dem Namen „Regie" ebenso berühmt wie berüchtigt wurde.

Im Juli 1766 – drei Jahre nach Kriegsende – begann die neue Behörde ihre Arbeit. Friedrich II. hatte zunächst für sechs Jahre de Launay mit der Verwaltung der indirekten Steuern, der Akzise und der Zölle beauftragt. An der Spitze der Behörde stand nominell ein zum Schein vorgesetzter Deutscher: Freiherr von der Horst mit einem Jahresgehalt von 4000 Talern. Ihm unterstanden vier französische Generalregisseure: de Launay, de Lattre, de Pernetty und Brière; jeder trug den Titel „Geheimer Finanzrat" und jeder erhielt 15 000 Taler Gehalt pro Jahr (so viel erhielt auch ein friderizianischer Feldmarschall).

Friedrich II. umriß die Aufgabe de Launays sehr genau: „Nehmen Sie nur von denen die bezahlen können: ich gebe sie Ihnen preis." In einem Brief an de Launay nannte er sich „Anwalt der Arbeiter und Soldaten". Der vielgerühmte friderizianische „Sozialismus" ging auf den Satz zurück: daß „die Reichen mit ihrem Überfluß in gewisser Weise zur Entlastung der Armen beitragen und daß zwischen beiden ein gerechtes und verständiges Verhältnis besteht"[58].

Zwischen Theorie und Praxis kam es recht bald zu einem Riß bzw. zu einer Umkehr: Friedrich II. wollte z. B. die Weinsteuer aufs höchste anheben, denn Wein trinke und bezahle der Arme sowieso nicht, wohl aber Branntwein und Bier, weshalb die Branntweinsteuer herabgesetzt und die Biersteuer nur geringfügig erhöht werden sollte. In Wahrheit kam aber bei seiner Steuerreform eine nur kleine Erhöhung der Weinsteuer heraus, eine Verdoppelung der Branntweinsteuer und der Biersteuer.

Die Abgaben für Getreide wurden zwar aufgehoben, dafür aber die alte Bäckereiverordnung von 1744 revidiert und die damals festgesetzte „Brottaxe" erhöht, so daß das Grobbrot bald wieder so teuer war wie früher. Die Steuern auf Fleisch und Getränke, außer dem billigen und dünnen Kofentbier aus Weizen- und Gerstenmalz, sprangen in die Höhe, zum drückenden Salzmonopol kam ein ebenso drückendes Tabak- und Kaffeemonopol, die Lotterie und die Postregie (1766 einem französischen Generalintendanten übergeben). Viele Akzisesätze wurden erhöht, kurz: alles, was der Mensch zum täglichen Leben brauchte, wurde teurer.

Für Berlin galt ein 107 Seiten starkes Verzeichnis mit Gegenständen, auf denen die Akzise lag, jede Seite führte 30 bis 40 Artikel auf. Die Akzisesätze der einzelnen Provinzen wurden denen der Kurmark angepaßt, die zu den höchsten im ganzen Staat gehörten.

Die Steuererhöhung traf mit voller Wucht die Bevölkerung, und zwar nicht nur die städtische, sondern auch die auf dem Land, denn alles, was die an sich von Akzise nicht betroffene ländliche Bevölkerung nicht selbst herstellen konnte, sondern in der Stadt kaufen mußte, also Kleidung, Arbeitswerkzeuge, Genußmittel etc., unterlag der erhöhten Akzise-Verbrauchssteuer, die die Bauern zusätzlich zur Landessteuer (Kontribution) zu zahlen hatten. Was die Adligen für ihre Landgüter aus der Stadt einführten, Bier, Wein oder sonstige steuerpflichtige Gegenstände, blieb von der Akzise befreit. Wohl mußte aber der Bauer seinen Branntwein oder seinen Tabak, den er bei seinem Gutsherrn erstand, versteuern. Nur sieben Prozent der Akziseeinnahmen entfielen auf Waren, die von der reichen Oberschicht verbraucht wurden.

Die Bevölkerung stöhnte unter dem neuen Steuerdruck und haßte die Regiebeamten (von etwa 3000 waren 10 Prozent Franzosen), die sie für den wachsenden Steuerdruck verantwortlich machten. Sie widersetzten sich den Steuereintreibern, und nicht selten kam es zu Handgreiflichkeiten ihnen gegenüber.

Mit den finanziellen Mehreinnahmen durch die Regie war der König keineswegs zufrieden, ja, die erwarteten Mehreinnahmen blieben weit hinter seinen Hoffnungen zurück. Er schob die Schuld nicht den Franzosen in die Schuhe, sondern den deutschen Unterbeamten, die stehlen gewöhnt seien und jeder Korruption zugänglich. Aber auch die französischen Unterbeamten waren keine reinen Engel, sondern ebenso bestechlich bis hin zur Erpressung und der Nötigung zur Unzucht.

1772 verfügte Friedrich II. eine Neuregelung der Regie. Sie sah vor, daß die Regie-Beamten 25 Prozent vom Überschuß in Form von Tantiemen erhalten sollten, den sie über den Reinertrag der Akzise im Etatjahr 1774/1775 erzielen würden. Der König selbst genehmigte sich 75 Prozent vom Überschuß für seine Dispositions- oder Hofstaatskasse, in die nur er Einblick hatte.

Diese Neuerung brachte den Steuerbeamten einen gewissen Anreiz zur Arbeit: derjenige bekam mehr Tantiemen, dessen Büro mehr Überschuß aus der Bevölkerung schlug als der faule und nachlässige. Persönliche Leistung bei der Steuereintreibung wurde damit nicht nur honoriert, sondern über die Rangstellung des Beamten gestellt.

Die Zahl der Regie-Beamten wurde um ein Drittel reduziert, von anfangs 3000 „Kaffeeschnüfflern" waren 1786 nur noch 157 im Dienst. Am 1. September 1772 trat die reformierte Regie in Kraft. De Launay erhielt die selbständige Direktion der gesamten Regie, ihm unterstanden vier Unterregisseure, zwei Franzosen und zwei Deutsche. Das Gehalt des Launays blieb unverändert (15 000 Taler), die beiden Franzosen erhielten je 4000 Taler, die beiden Deutschen je 3000 Taler Gehalt pro Jahr.

An der Spitze der Verwaltung stand die Generaladministration mit der Leitung sämtlicher Akzise-, Zoll-, Lizenz- und Transitabgaben.

Die Monarchie war nun in Provinzialdirektionen eingeteilt: Kur- und Neumark mit 123 Städten, Preußen, Litauen und Pommern mit 117 Städten, Schlesien mit 127 Städten, Magdeburg und Halberstadt mit 49 Städten.

Die Verwaltung der provinzialen Kassen lag in den Händen eines Generaleinnehmers mit 4000 Talern Jahresgehalt. Ihm unterstanden die Stadtaufseher und Stadtkontrolleure als lokale Aufsichtsbeamte. Daneben arbeiteten Visitatoren und Revisoren. Die Visitatoren standen an den Zollstellen und Stadttoren. Die Zollwächter hießen Brigaden und arbeiteten zu Fuß oder zu Pferd an den Landesgrenzen und waren besonders gegen das Schmuggelwesen eingesetzt.

Gehälter und Strafen waren genau geregelt:

Gehälter		Taler/Jahr	
de Launay		15 000	⎫
Finanzräte: 2 deutsche	je	3 000	⎪
2 französische	je	4 000	⎪
Direktoren		1 200	⎬ Mitglieder der Zentralverwaltung
Generalkassierer		2 000	⎪
Buchhalter		800	⎪
Sekretäre		700	⎪
Subalternbeamte		300–400	⎭

Generaleinnehmer	4 000	
Provinzialdirektor	1 200	
Unterdirektor	500	
Generalaufseher	800	
Generalzollaufseher	1 000	Mitglieder der Provinzialverwaltung
Zollinspektor	600	
Zollkalkulator	200	
Visitator	150	
Revisor	150	
Zollknecht	24	

Strafen der Beamten:
Die moralischen Anforderungen an die Beamten waren recht hochgeschraubt: Der König erwartete von ihnen die strengen preußischen Tugenden: Redlichkeit, Fleiß und Genauigkeit. Für den Verfehlungsfall waren folgende Strafen vorgesehen:
Bei erwiesener Bestechlichkeit = Kassation und Zuchthaus,
bei Subordination = Degradierung, im Wiederholungsfall Absetzung,
bei Bruch des Amtsgeheimnisses = Kassation und Festungshaft.

Strafen der Untertanen:
Im Falle von Zahlungsunfähigkeit wurde der Untertan mit einer Geldstrafe belegt. Konnte er auch die nicht bezahlen, erhielt er Zuchthaus. Die Höhe der Zuchthausstrafe regelte sich nach der Höhe der Geldstrafe.

Geldstrafe:	Taler	Groschen	Zuchthaus
		16	1 Tag
	150		8 Monate
	550		11 Monate
	1200		3 Jahre

Das recht feinmaschig aufgebaute System der Steuereintreibung brachte neben größerer Strenge bei der Steuererhebung gleichzeitig eine größere und nicht unerwünschte Kontrolle der Untertanen mit sich. Zu dieser Kontrolle gehörte auch die äußerst unangenehme Erlaubnis der Unterbeamten, Visitationen durchzuführen. Diese Visitationen betrafen nicht nur Hausdurchsuchungen oder Überprüfung von Warenlagern nach Wein, Bier oder Salz,

179

sondern auch Leibesvisitationen, bei denen allerdings zwei Beamte anwesend sein sollten, ausgestattet mit einem Erlaubnisschein der Akzise- und Zollämter.

Daß die Bürger in Berlin im August 1762 durchweg verschimmeltes Brot essen mußten, daß 1781 die „Kaffeeschnüffler" weder Haus noch Küche noch Kammer oder Speicher von ihren rigorosen Durchsuchungen verschonten, die Frauen abtasteten und abrochen-: der ganze Haß der Untertanen entlud sich auf diese Unterbeamten, nach außen hin murrte und maulte man zwar, aber man nahm alles hin, denn man hatte Gehorsam gelernt. Man schwieg auch dazu, als Friedrich II. seine Soldaten statt auf dem Exerzierplatz auf den Feldern der Bauern drillte, daß sie das wertvolle Getreide zertrampelten und sich bei Einquartierungen wie die Herren im Haus aufführten.

Die Strafe der Untertanen im Falle des Widerstandes gegen die Steuerbeamten waren ebenfalls genau geregelt:

Bestrafung nach dem Gesetz vom 5. September 1776:

Widerstand gegen die Visitation	100–500 Taler
Schmuggel mit akzisebaren Waren:	vierfache Höhe des Steuersatzes und Beschlagnahme der Ware

Schmuggel mit akzisebaren Waren:	Bestrafung (nach Edikt vom 23. März 1784)
ohne Gewehr	1 Jahr Festung
mit Gewehr	3 Jahre Festung
mit abgeschossener Kugel	lebenslange Festung
mit tödlichem Ausgang	Hinrichtung durch Räderung

Jeder Druck erzeugt Gegendruck. Je höher der Steuerdruck – desto höher nicht nur der oft persönliche Widerstand der Untertanen, sondern ihre geradezu provozierende Lust zum Schmuggeln. Geschmuggelt wurde in erster Linie Getreide, und zwar an den Grenzen nach Polen und Westpreußen und auf der Messe in Frankfurt/Oder.

Als raffinierte Schmuggler taten sich vor allem die Juden hervor, weshalb in zwei Edikten (26. November 1766 und 2. März 1785) als Strafe der Verlust des Schutzbriefes angedroht war. Friedrich II. war über das Schmuggeln der Juden derart erbost, daß er mit dem Gedanken spielte, sämtliche Juden außer Landes zu verweisen, scheiterte jedoch am Widerstand reicher Finanzjuden, von denen er abhing, und hoher Beamter.

Die Maßnahmen gegen das Schmuggeln, so drastisch sie angesetzt waren, fanden dennoch keinen durchschlagenden Erfolg, und zwar aus drei Gründen nicht. Das Schmuggeln wurde 1. begünstigt durch die geographisch zerstreute Lage des Landes mit großen und schwer übersehbaren Grenzen; 2. durch die moralische Einstellung der Untertanen, die jeden Schmuggler deckten, und 3. durch die nicht ausrottbare Bestechlichkeit der Beamten. In den 21 Jahren ihres Bestehens brachte die Regie nicht die Steuermehreinnahmen, die sich der König erhofft hatte: etwa 700 000 bis 800 000 Taler Mehrertrag pro Jahr. Diesen Mehreinnahmen standen aber die Kosten der Akzise- und Zollverwaltung durch die Regie in Höhe von 300 000 bis 800 000 Taler gegenüber. Trotz der harten Strafen häuften sich die Fälle von Steuerhinterziehung, Betrug und Unterschlagung (= Defraudation), was wiederum ein abscheuliches Spionier- und Spitzelunwesen zur Blüte brachte, vor dem kein Untertan sicher sein konnte.

Rentiert hat sich die Regie für den Staat in viel geringerem Maße als für die französischen Beamten, die noch weniger als Friedrich II. nach dem so lauthals verkündeten Wohlergehen der Untertanen fragten. Angestachelt vom Leistungsprinzip, wirtschafteten die Regie-Beamten – wo immer es ging – in ihre eigenen Taschen.

Vor allem de Launay sonnte sich in der Gunst des Königs und wurde ein reicher Mann dabei. Zu seinem Gehalt von 15 000 Talern kamen pro Jahr noch maximal 25 000 Taler Tantiemen (bei einem Finanzrat 7000 bis 8000 Taler) und beachtliche Geldgeschenke des Königs: Gratifikationen in einer Gesamthöhe von 30 000 Talern. In einer Kabinettsordre vom 18. Juni 1766 gab Friedrich II. bekannt, daß de Launay im Falle seines Ausscheidens aus dem Amt eine Pension von 5000 Taler erhalten solle, die auch nach seinem Tod weiterzuzahlen sei, nämlich an seine beiden in Frankreich lebenden Töchter.

Nachdem Freiherr von der Horst 1774 gestorben war, trat Görne an seine Stelle bis 1781, danach blieb der Posten unbesetzt, so daß de Launay allein an der Spitze der Regie stand.

Bis zu seinem Tod (1786) hielt Friedrich II. kritiklos de Launay die Treue. Erst danach griffen Werder und Mirabeau die Fähigkeiten de Launays an und betrieben seine Absetzung 1787, womit der Regie-Spuk ausgestanden war.

Wie sehr Friedrich II. den Franzosen überschätzte, mag man daraus entnehmen, daß die für ihn vorgesehene Pension auf 5000 Taler pro Jahr von ihm selbst festgesetzt war, aber die eines ausgeschiedenen Unterbeamten auf ganze 36 Taler pro Jahr. Gerade die unteren Beamten erwiesen sich als die wunde Stelle im Regie-Verwaltungssystem, denn sie waren schlecht besoldet, trugen aber die höchste Verantwortung. Eine Fehlrechnung ergab weiterhin die Gegenüberstellung der Verwaltungskosten:

Sie betrugen:

	Jahr	Taler
beim Generaldirektorium	1765/1766	317 752
bei der Regie	1766	833 000
bei der Regie	1772	707 000
bei der Regie	1776/1777	896 316
bei der Regie	1780/1781	958 462
bei der Regie	1785/1786	843 851

Hatten sich demnach die Verwaltungskosten der Regie gegenüber denen des alten Generaldirektoriums mehr als verdoppelt, so stand auf der Einnahmeseite ebenfalls kein erfreuliches Bild:

Die Einnahmen betrugen:	1766/1767	5 585 000
	1767/1768	5 347 254
	1785/1786	7 814 634

Die gesamten Staatseinnahmen blieben konstant von 1765/1766 bis 1786: 20 Millionen Taler. Von der Akzise-Steuer befreit waren: Adel, Beamte, Prediger, Kirchenbedienstete und Schullehrer, seit dem Edikt vom 27. Juli 1740 auch Handwerker, die besonders geschickt waren und sich in Berlin für zwei Jahre niederließen.

Die meisten Handwerke blieben auf dem Land verboten (Ausnahme: Schmiede, Radstellmacher, Leineweber), außerdem war das Gewerbe der Bier- und Branntweinbrennerei auf die Städte beschränkt mit Ausnahme der Domänenämter und Rittergüter, die schon vor dem Jahr 1714 bestanden und ein Privileg dazu besaßen.

Die älteste indirekte Steuer war die von Kurfürst Albrecht Achill (1414–1486) im Jahr 1472 eingeführte Bierakzise. Sie war festgelegt:

Akzise pro Tonne Bier:

Jahr	Groschen	Pfennig
1472	1	
1488		12
1549	8	
1756	9	
1766	18	

1766 18   , also doppelt soviel durch die Regie.

Die älteste Getreidesteuer wurde von Kurfürst Johann Georg (1525–1598) eingeführt:

Steuer pro Scheffel:

1592	1	Roggen oder Gerste;
1648	2	Roggen oder Gerste;
1766	4	Getreide.

Nach den Bestimmungen der Regie lag auf dem Getreide, das zum Brotbacken, Bierbrauen und Branntweinbrennen verwendet wurde, keine Steuer, wohl aber auf dem Getreide, das als Viehfutter benutzt wurde. Ebenfalls steuerfrei war das dünne Nachbier, das an Soldaten und Arme verkauft werden durfte.

Kaufte aber ein Handwerksmeister, der nicht von der Akzise befreit war, Bier, so mußte er Steuer bezahlen. Brauchte z. B. ein Meister mit 26 Gesellen pro Woche 3 Tonnen Bier, hatte er bei Dünnbier 156 Taler pro Jahr Steuer zu zahlen, bei Starkbier aber 273 Taler.

1756 wollte Friedrich II. die Branntweinsteuer beträchtlich erhöhen, um den Verbrauch zu drosseln. Der gemeine Untertan sollte weder so viel trinken noch so viel dafür bezahlen können.

Durch die Regie erhöhte sich die Branntweinsteuer von 5 auf 10 Groschen.

Die Kontribution war zunächst die allgemeine Steuer, die eine ganze Reihe von Abgaben umfaßte. Jede Provinz hatte ihr besonderes System. So gab es in Preußen Schöße (= Steuern) von Hufen, Klauen, Köpfen, Vieh und Getränken; in Brandenburg das Lehnpferdegeld, Huf- und Giebelschöße, Kavallerie-Verpflegungsgeld etc.; in Ostpreußen den Hufenschoß etc.

Die Akzise wurde durch die „Akzise- und Steuerordnung" am 30. Juli 1640 vom Großen Kurfürsten eingeführt. Sie erstreckte sich auf Bier, Wein, Branntwein, Schlacht- und Nutzvieh und die Aussaat. Die Akzise-Ordnung wurde am 15. April 1667 für sämtliche Städte der Kurmark eingeführt, modifiziert am 27. Mai 1680 und endlich 1684. Weitere Steuer-Ordnungen und -Erhöhungen folgten 1701, 1720 und 1739. Es drehte sich um eine reine Konsumtionsakzise (= Verbrauchssteuer) und sie lag auf fast allen Gegenständen, die in eine Stadt eingeführt oder in ihr produziert wurden, also auch z. B. Essig und Stärke.

Gewürze wie Pfeffer, Zimt u. a. und Weine galten als Luxusartikel und wurden höher besteuert.

Die Wein-Kosten und -Steuern für das Jahr 1765/1766:
pro Eimer = etwa 10 Liter:

Sorte	Steuerbelastung Taler	Prozent
Frankenwein	20	29,1
Ungarwein	60	6,4
Champagner	50	11,6
Französischer Wein	15	16,9
Burgunder	40	13,5
Rheinwein	30	25,0
Mosel und Neckar Wein	25	23,3
Spanischer Wein	30	12,8

Die Fleisch-Steuer 1765/1766:
Schweinefleisch sollte wie Brotgetreide und Dünnbier nicht besteuert werden, sie galten als Grundnahrungsmittel. 1 Pfund Fleisch wurde besteuert mit 1 Pfennig (ohne Rücksicht auf die Gattung des Viehs).

Neben dieser sog. „Pfund-Steuer" gab es in Berlin noch eine dreifache Viehsteuer:

Akzise:	Taler	Groschen	Pfennig	pro Vieh
Schlachtakzise	1	13	6	Ochse
		21	6	Kuh
		3	1	Schaf
		10		Schwein
Handlungsakzise		10		Ochse
Fellakzise		1	6	Ochse

Diese drei Steuern wurden nicht nach dem Gewicht (Pfund) berechnet, sondern nach der Stückzahl.

In der Neumark war die steuerliche Belastung noch höher als in der Kurmark. Die Steuer betrug 1766 auf:

Ware	Groschen	Pfennig	Groschen im Vergleich 1756:
1 Pfund Tee	30		8
1 Pfund Kaffee	15		4
1 Pfund Schokolade	8		2½
1 Pfund Kakao	5		1½
1 Pfund Pfeffer	1	6	
1 Tonne Hering	11		
1 Scheffel Salz	2		
1 Zentner Zucker	10 bis 3 Taler 8 Groschen (je nach Güte)		
1 Zentner Reis	12		

Friedrich II. nannte die Regie voll Stolz „mein Werk", wußte aber sehr genau, daß die im Volk als „Blutegel" und „Kaffeeschnüffler" verhaßten Unterbeamten „lauter Schurkenzeug" seien und „eine Bande unwissender Spitzbuben".

Der „Sozialismus" des „Anwalts der Arbeiter und Soldaten" erwies sich als „Volksauspressung" (Mehring) übelster Art. Die moralische Gleichung: Armut = Faulheit paßte ebensowenig wie die andere: Dummheit = Diebstahl. Die angeprangerte Bestechlichkeit der Beamten und die Defraudation des Volkes waren nichts anderes als die direkte Reaktion der armgehaltenen Untertanen gegen die Bevorzugung der reichen (meist adligen) Oberschicht. Am schreiendsten und eklatantesten kam das Mißverhältnis in der durchweg als ungerecht und ungerechgtfertigt verstandenen Bevorzugung de Launays (eines französischen Adligen) zum Ausdruck. Man kann sie einerseits geradezu als Kniefall des Königs vor dem Franzosen und andererseits als brutalen Fußtritt gegen seine Untertanen verstehen[59].

Das Unternehmen der Regie war gewiß keine Glanzleistung der Finanzpolitik Friedrichs II. Friedrich-Biographen übergehen sie daher gern völlig, oder sie begnügen sich mit einer beschönigenden Darstellung. Allein, sie muß entschieden als gravierende Maßnahme gegen seine Untertanen bewertet werden.

„Für einen Deutschen sind 1000 Taler genug", schrieb er im Jahr 1765, als es darum ging, den großen Archäologen und Begründer der deutschen Altertumswissenschaft, Johann Joachim Winckelmann, nach Berlin zu berufen (gescheitert)[60].

Sich selbst erlaubte er pro Jahr nie mehr als 220 000 Taler[61]. Das Gesinde, die junge Hoffnung der ländlichen Untertanen als steuerzahlende Bauern und Rekruten, speiste er mit 2 Talern pro Jahr ab. Friedrich II. verstand sein Königtum nicht mehr wie seine Vorgänger und Nachbarn als Gottesgnadentum, sondern er bezeichnete sich gern fortschrittlich und aufgeklärt als ersten Diener im Staate. Eine solche These, ein solches Selbst- wie Staatsverständnis verliert jede Glaubwürdigkeit angesichts der Existenzmöglichkeiten, die es seinen Untertanen zumutet.

Es wird zu fragen sein, ob und wieweit Friedrich II. seinem als Motiv der Steuererhöhung ins Feld geführten Schutzgedanken gegenüber den Untertanen gerecht wurde, wenn es im vierten und letzten Kriegsfall seiner Regierungszeit noch einmal darum ging, ihn in der Praxis zu bewahrheiten.

Bauern

Die Entstehung des Bauernstandes

Die Bauern bildeten neben der Stadtbevölkerung (Handwerker und Manufakturarbeiter) gemäß der vom Großen Kurfürsten überkommenen Art der Besteuerung die andere große Säule der den Staat tragenden Gesamtbevölkerung. Um die Lage der Bauern als Steuerzahler zu verstehen, vor allem auch, wie die bäuerlichen Lebensbedingungen im Staat Preußen unter Friedrich II. ausgesehen haben, ist unumgänglich, auf den historischen Entstehungsprozeß des Bauernstandes, wie er sich zur Regierungszeit Friedrichs II. ausgebildet hatte, näher einzugehen. Nur von diesem Hintergrund aus kann verstanden und abgeschätzt werden, ob und welche Vor- oder Nachteile die Regierungsmaßnahmen Friedrichs II. bezüglich der bäuerlichen Untertanen konkret bewirkt haben. Seit der Eroberung Galliens durch germanische Invasoren in der zweiten Hälfte des 5. Jahrhunderts gab es freie Formen der bäuerlichen Wirtschaft. Zur Zeit, als sich die fränkischen Könige etablierten, fiel massenhaft Königsland an. Dem König gehörte das Land, das er besiegt und besetzt hatte. In Anlehnung an römisches Vorbild und römisches Recht entstand die königliche Grundherrschaft im weitaus größten Teil des von germanischen Stämmen besiedelten Raumes. Diese königliche Grundherrschaft basierte auf dem Brauch des Feudum, des Lehens.

Feudum oder Lehen bedeutete im mittelalterlichen Latein soviel wie Leihen. Ein Lehen war ein vom Eigentümer an einen anderen geliehenes Gut, das etwa beim Todesfall des Belehnten an den „Leiher" zurückfiel oder auch von ihm zurückgefordert werden konnte. Dieser zunächst auf privatrechtlicher Grundlage geübte Brauch war die Ausgangslage der Organisation des mittelalterlichen Staates. Der oberste Grundherr war somit auch der oberste Lehensherr, je nach dem, wem das Gebiet gehörte, der König, der Markgraf oder die Kirche (Klöster). Lehen hieß also: Landhingabe an einen Belehnten, den Lehensmann oder den Vasallen.

Die Landhingabe war aber keine bedingungsfreie Schenkung, sondern beinhaltete eine Forderung nach dem Motto: do ut des ich gebe, damit du gibst. Was der Belehnte geben mußte, war nicht nur Treue, sondern Gefolgschaft und Dienst, in erster Linie Heeresdienst. Denn der oberste Lehensherr war zugleich auch oberster Kriegsherr mit der Aufgabe, den Frieden zu wahren und sein Land zu schützen.

Der vom König mit Land Belehnte durfte nun ohne weiteres sein „geliehenes" Land weiterverleihen, also der König an den Markgrafen, dieser an den Ritter, dieser an den Bauern oder auch: der König direkt an den Bauern. Diesen nannte man den „Lehnsbauern", der auf seinem „abgeleiteten" Besitz wirtschaftete. Die Lehensstruktur des Staates stammte aus der fränkischen Heeresverfassung des 8. Jahrhunderts, festigte sich im Mittelalter in Mittel- und Westeuropa und zerfiel in Preußen erst 1806.

Der Feudalstaat war also ein Lehensstaat mit einer Vielfalt von Wechselbeziehungen und Abhängigkeiten zwischen Lehensgeber und Lehensnehmer, vom König bis zum Bauern[1]. Da Lehen Landhingabe bedeutete, lag über der gesamten Feudalstruktur des Staates die entscheidende Frage nach dem Landbesitz, verbunden mit Rechten und Pflichten, die an diesen Besitz gebunden waren.

Um die Jahrtausendwende bildeten sich neben der Großgrundherrschaft des Königs, der Kirche oder der Markgrafen die Kleingrundherrschaften des ritterlichen Lehensmannes heraus, also des berittenen Gefolgsmannes des obersten Grundherrn. Der Ritter war der bewaffnete Kriegsmann, der je nach belehntem Land mit einem oder mehreren Knappen den König auf seinen Reisen durch sein Land zu begleiten, ihn zu beschützen und für ihn Krieg zu führen hatte.

Der Landesherr war umgeben von Herzögen, Äbten, Grafen und Rittern, die in seinem Dienst standen und für deren Unterhalt er sorgen mußte[2]. Sie wurden daher je nach dem Ausmaß ihres Dienstes mit dem Land belehnt, worauf sich vermutlich schon Dörfer meist slawischen Ursprungs befanden.

In seiner Freizeit widmete sich der Ritter der Jagd oder dem Vergnügen. An der Bewirtschaftung seines „geliehenen" Landes hatte er zunächst nur wenig Interesse.

„Ritter" hieß im Mittelalter der berittene Kriegsmann. Durch den Ritterschlag wurde er vom König in den Ritterstand aufgenommen, in den engsten Kreis der königlichen Gefolgsleute. Der Stand des Ritters wurde von der dritten Generation an „ritterbürtig", das heißt erblich. Durch die Ritterbürtigkeit entstand der durch Geburt bevorzugte Stand des freien und edlen Geschlechts. „Edel" stammt vom althochdeutschen Wort „adal", was wiederum die Urform des Wortes „Adel" ist. So wurden „Ritter" und „Adliger" und „Edelmann" gleichbedeutende Begriffe.

Für die „ritterbürtigen" Gefolgschaftsdienste erhielt der Ritter einen Erbsitz, althochdeutsch Odal genannt, also ein Stück Heimat auf königlichem Boden oder auch ein Rittergut zu Lehen, um daraus seinen persönlichen Unterhalt bestreiten zu können. Das Rittergut war die vor allem im Osten Deutschlands übliche Form der Landhingabe. Solche Rittergüter waren anfangs oft recht klein und nur auf den persönlichen Bedarf des Rittersmannes ausgerichtet, denn der Ritter war in der Regel kein reicher Mann. Im märkischen Landbuch von 1375 waren Rittergüter von 10 Freihufen ausgewiesen, wofür der Ritter nur ein „Lehenspferd" zu stellen hatte.

An den Besitz eines Rittergutes waren im Mittelalter geknüpft: Steuerbegünstigung, Patrimonialgerichtsbarkeit und Jagdgerechtigkeit. Unter Patrimonialgerichtsbarkeit ist die auf dem Patrimonium = Erbgut basierende niedere richterliche Gewalt des Rittergutsherrn zu verstehen im Unterschied zur höheren Gerichtsbarkeit des Königs oder später des Staates.

Die Rittergüter der Geburtsadligen oder auch Landadligen wurden in Preußen erst 1927 aufgelöst (die Hohenzollern besaßen 1939 noch den größten Besitz von etwa 97 000 Hektar Land). Durch die sog. „Bodenreform" nach dem Zweiten Weltkrieg – unter der Losung: „Junkerland in Bauernhand"[2a] – wurden viele Tausende Rittergüter in der sowjetischen Besatzungszone mit mehr als 2,5 Millionen Hektar Boden enteignet und in landwirtschaftliche Betriebsgenossenschaften umgewandelt.

Erst nach dem Zweiten Weltkrieg fand der seit dem Mittelalter fortdauernde Kampf zwischen untertänigen Bauern und ausbeutenden Rittergutsbesitzern sein Ende. Wie und warum war es zu diesen ewigen Streitereien gekommen?

In der Kolonisationsperiode des deutschen Ostens im 13. Jahrhundert hatten Bauern und Ritter noch als gleichberechtigte Landbesitzer nebeneinander gelebt, und der Bauer hatte durchaus günstige Besitzrechte an seinem Grund und Boden. Dies war die Situation, als 1226 der Deutschherren-Orden nach dem Osten berufen wurde. In diesem Jahr erhielt der Deutsche Orden von Kaiser Friedrich II. die Verfügungsgewalt über das noch zu erobernde Gebiet der heidnischen Pruzzen[3], der Orden wurde also vom Kaiser mit diesem Gebiet belehnt. Der Deutsche Orden führte mit Hilfe vieler Kreuzfahrer aus Deutschland und Polen einen erbitterten Kampf gegen den baltischen Stamm der Pruzzen, der sich über 50 Jahre hinzog und mit der völligen Unterwerfung dieses heidnischen Volkes endete. Damit waren die Ordensritter die neuen Herren des Landes = Landesherren geworden. Der Deutsche Orden war 1190 aus einer in Palästina gegründeten Hospitalgesellschaft hervorgegangen und wurde bereits 1199 vom Papst als Ritterorden anerkannt. Der Gemeinschaft aus geistlichen Streitern wurde das Kulmer Land abgetreten, und die im Pruzzenland zu erobernden Gebiete wurden dem Orden von Kaiser und Papst als Eigenbesitz zugesprochen. Der Hochmeister residierte seit 1309 auf der Marienburg. Die Ordensverwaltung verlieh ihr eigenes Lehensgebiet weiter und forderte für die Landhingabe Geldabgabe in Form von Steuern (Zins). Einerseits holte der Orden per Kolonisation Bauern und Bürger ins Land, siedelte sie an, hielt sie durch großzügige Schenkungen und gutes Besitzrecht im Land, andererseits wurden die unterworfenen Pruzzen zu Unfreien auf dem neuen grundherrlichen Besitz der Ordensdomänen herabgedrückt[4]. Der Orden fand in dem Gebiet zwischen Weichsel und Memel eine zwei Jahrhunderte alte und geregelte Kolonisation vor, die Landbewohner waren Deutsche und Polen. Das Land war das spätere eigentliche Preußen (= Ostpreußen) und das Kulmerland.

Ausgebildet war bereits der soziale Stand des Geburtsadels mit seinen unfreien Knechten und der freien Bauern. Die Knechte setzten sich aus kriegsgefangenen Sklaven zusammen, die die Ländereien des Adels, der berittenen Krieger, zu versorgen hatten. Einen Teil seines Landes gab der Adel aber auch ab an sog. Hintersassen, die er zu Zinszahlungen verpflichtete und die überwiegend bereits schollenpflichtig waren, also zum Inventar des Ritterbesitzes gehörten, für ihn arbeiteten, ihm gehorchen mußten gegen die Erlaubnis, das vom Herrn geliehene Land auch für sich zu nutzen. Die ansässigen Landbewohner versuchten mehrmals und mit polnischer Hilfe, sich gegen die Ordensherren zu erheben und sich von ihrem Joch zu befreien. Sie wurden aber unterworfen mit dem Ergebnis, in ihrer Abhängigkeit noch tiefer zu sinken, als sie vorher standen. Sie wurden zu dem gemacht, was man später unter dem Begriff Leibeigenschaft anprangerte: sie und ihre Nachkommen waren nicht mehr nur dem Boden, sondern der Person des Herrn verpflichtet. Dadurch mußten sie den untersten Rang der Bevölkerung einnehmen.

Die deutschen Ordenskolonisten erhielten große Landflächen beliehen und erbliches Besitz- und Nutzungsrecht an diesen beliehenen Gütern, und zwar in der Regel nach der Kulmer Handveste von 1251.

Die Verleihung von Grund und Boden zu erblichem Besitz- und Nutzungsrecht ohne persönliche Abhängigkeit der Lehensempfänger war nirgendwo auf deutschem oder außerdeutschem Boden so ausgeprägt wie im Ordensland Preußen[5]. Die Ordensleute erwarben zwar die Herrschaft (= Herrlichkeit) über den Grund und Boden und zugleich die Gerichtsbarkeit über Freie und Unfreie, sie waren aber niemals einer Person als oberstem Grundherrn verpflichtet, sondern allein dem Orden. Der verlangte für die Landüberlassung von seinen Ordensherren Zinszahlung, Kornabgabe und vor allem Ritterdienste.

Durch Beleihung und Unterwerfung großer Landesteile war der Orden der oberste Landesherr geworden, der selbst wieder sein beliehenes Land weiterverlieh und von seinen Untertanen Kriegs- und Frondienst abforderte. Im Orden entstand rasch ein großes Reiterheer, mit dessen Hilfe er die oft weit auseinanderliegenden Ländereien überwachen und beherrschen konnte.

Die Ordensleute hatten insofern Glück und wurden in ihrer Aufgabe als Landkolonisatoren dadurch unterstützt, daß in Nordwestdeutschland im 12. und 13. Jahrhundert viele Bauern ihr erbliches Besitzrecht verloren und nach Osten auswanderten, wo es genug Land und wenige Siedler gab. Dieser starke Zustrom bäuerlicher deutscher Auswanderer kam dem Orden zugute und zunutze.

Schulzen wurden vom Orden mit der Aufgabe betraut, Dorfgründungen im Ordensland durchzuführen; für diese Arbeit erhielten die Schulzen gewisse Vorrechte (steuerfreies, vererbbares

Land), nicht zuletzt die niedere Gerichtsbarkeit über die eingewanderten deutschen Bauern. So entstanden Ordensdörfer, kaum Einzelgehöfte, neben den schon bestehenden Ländereien oder Gutsbezirken der Ansässigen.

Die Güter des 15. Jahrhunderts waren immer noch relativ klein, etwa 8 bis 15 Hufe. Sie fielen nach dem Tod des Beliehenen wieder an den Orden zurück, der sie gegen Entgelt von neuem verlieh. Jeder Todesfall brachte dem Orden Geld[6].

Der Orden berief sich dabei auf das Magdeburger Recht, das im Unterschied zum kulmischen Recht die Erbfolge ausschloß. Das nutzte der Orden aus, vor allem seit er nach der Niederlage bei Tannenberg (1410) viel Geld brauchte. Als oberster Lehensherr besaß er übergenug unbebautes Land, aber nicht genug Arbeitskräfte. So nahm er einen Teil seiner ausgedehnten Besitzungen in eigenen Bewirtschaftungsbetrieb und schickte das Getreide, das er nicht selbst verzehren konnte, auf den nächsten Markt (Königsberg). Nach der Niederlage von Tannenberg verschärfte der Orden sein bis dahin freundliches Verhältnis gegenüber seinen Bauern, zumal der Zuzug aus dem Westen, vom Krieg abgeschreckt, nachließ. Da Mangel an Arbeitskräften herrschte, mußten die vorhandenen Bauern so weit wie möglich gehalten und ihre Kräfte ausgenutzt werden[7]. Der Orden verpflichtete sich Gesindekräfte: das waren die Kinder deutscher und preußischer Bauern, denen der Status des Gärtners (mit wenig Landbesitz) verliehen wurde. Daneben wurden freie Landarbeiter angestellt, die als Einlieger in den Dörfern wohnten (ohne eigenen Landbesitz). Auch Zugvieh und Ackergerät unterhielt der Orden.

Mit der Zeit verfestigte der Ordensstaat wieder seine Macht, weshalb er sich seine Arbeitskräfte zu nicht mehr so günstigen Bedingungen verpflichten mußte, wie das früher der Fall gewesen war. Der Machtzuwachs brachte härtere Arbeitsbedingungen mit sich.

Hinzu kam, daß seit dem 15. Jahrhundert die Ritterheere durch bezahlte Söldnerheere abgelöst, die durchs Land ziehenden Ritter auf ihren Gütern seßhaft wurden und immer mehr Hoheitsrechte an sich rissen. Während der Orden die Verwaltungsämter in der Hand behielt, nahmen die Ritter die Möglichkeit wahr, für sich das bäuerliche Land samt den Bauern in einer großbetrieblichen Form zusammenzuschließen. So entstanden die größeren Rittergutswirtschaften mit ihrer spezifischen Arbeitsverfassung, die das Mittelalter überdauerte und noch in der Regierungszeit Friedrichs II. vorherrschte, ja zugunsten des Adels verhärtet wurde. Die Ritterguts-Arbeitsverfassung in Ostpreußen basierte auf der Zwangsarbeit von Unfreien[8].

Die geschichtliche Entwicklung bis ins 16. Jahrhundert führte dazu, daß der Landesherr ihm zustehende Rechte auf andere übertrug. Es konnte passieren, daß der besonders arme Ritter nahe gelegene Bauernstellen angewiesen bekam, um seinen Lebensstandard zu erhöhen. Es konnte auch passieren, daß der Zehnte von der Kirche dem Ritter abgetreten wurde, daß ihm der Landesherr die niedere Gerichtsbarkeit übertrug. Auch geschah es, daß er das Kirchenpatronat erwarb und somit sich einen Einfluß auf die Besetzung der Pfarreien verschaffte.

Der vom Grund- oder Landesherrn als Kriegsmann gebrauchte Ritter konnte so auf legale Weise seine existenzielle Notlage beseitigen und Macht erwerben, d. h., er erlangte eine gewisse obrigkeitliche Stellung. Viele Ritter wurden reiche Leute mit besonderer Machtbefugnis.

Durch diesen Machtzuwachs der Ritter entstand eine frühe Form des später ausgebildeten Drei-Stände-Systems: An oberster Stelle stand der Markgraf, der spätere Kurfürst, unter ihm der Ritter und unter diesem wiederum der Bauer.

Diese Struktur der Grundherrschaft hatte sich bereits im 15. Jahrhundert als Regel herausgebildet. Der König oder Markgraf war von Anfang an der Eigentümer des ganzen Landes, also Landesherr; Ritter und Bauern besaßen ihr Land gleichermaßen vom Landesherrn belehnt.

Aus dem freien Bauern neben dem Ritter wurde über den Weg des Bauern als Mitarbeiter des Ritters der Bauer unter dem Ritter, der Untertan, dessen sozialer Status überdies auf Kinder und Kindeskinder weitervererbt wurde. Dies war die Arbeitsverfassung der Erbuntertänigkeit der Bauern samt Frau und Kindern (Gesindezwangsdienst) für vorgeschriebene Arbeiten. Der Bauer hatte nun nicht mehr direkt den Landesherrn oder Markgrafen über sich, sondern den Ritter, der ehedem sein Nachbar gewesen war. So wurde aus dem nachbarlichen Kriegsmann eine bürgerliche Obrigkeit, der es auch zustand, über eine Regelung von Wald- und Weidenutzung zu verfügen. Der Ritter als Grund- und Gerichtsherr brauchte nicht gleich ein reicher Mann werden, auf jeden Fall aber hatte der Bauer nun einen mächtigen Mann über sich.

Der Bauer behielt seinen Hof unverändert. An seinem Besitz änderte sich zunächst nichts, wohl aber der Besitztitel: Der Bauer erkannte an, daß er seinen eigenen Besitz vom Herrn zu Lehen trage[9]. Als Eigentümer des Landes galt nur derjenige Bauer, der seinen Boden selbst urbar gemacht hatte. Das kam aber nur in seltenen Fällen vor, die große Masse des Bodens, worauf Bauern wirtschafteten und einen Grundherrn über sich hatten, galt nicht als Eigentum, sondern als Lehensgut.

Um 1500 gab es so wenige Arbeitskräfte, daß die Rittergutsherren auch auf alteingesessene deutsche Bauern zurückgriffen, auf Bauern, die ursprünglich persönlich frei und mit kulmischem (Erb-)Recht ausgestattet waren. Je weniger Besitz einer zu verleihen und dafür etwas zu fordern hatte, desto weniger Macht hatte er und desto tiefer stand er auf der Stufe der Lehensleiter. Auf der untersten Stufe stand der Bauer, der besitzlos, d. h. arm und machtlos war. Er war zu arm, um andere (Gesinde) für sich arbeiten zu lassen, also mußte er selbst Hand anlegen. Und diese Schicht bildete die breite Masse der Bauernschaft, aus der die preußischen Könige später ihre Soldaten rekrutierten. Rechtlos war zunächst keiner, weil und sofern sein Stand der Sprosse auf der Stufenleiter des Lehenssystems entsprach.

Das Lehenssystem und das daraus resultierende Arbeitsverhältnis zwischen König und Domänenbauern bzw. Ritter-Gutsherr und privaten erbuntertänigen Bauern basierte einzig und allein auf dem Machtprinzip und dieses wiederum auf der belehnten Landbesitzhierarchie.

In dieser Arbeitsverfassung des Feudalsystems ist der praktische Vollzug des sog. Gesellschaftsvertrages zu sehen, dessen einfachste Formel lautete: do ut des, also eine Art Tauschvertrag, ein Handel zwischen Geben und Nehmen. Der Vertrag funktionierte, weil es immer wieder Menschen gab, die Land suchten, um leben zu können (Kolonisten), und Menschen, die Land zu vergeben hatten, ebenfalls, um leben zu können.

Der auf Gewohnheit, nicht auf geschriebenem Recht basierende

Vertrag war dehnbar. Man kann viel geben und wenig dafür fordern, man kann wenig geben und viel dafür fordern, und man kann vor allem die Forderungen immer mehr spezifizieren. So wurden die Forderungen des landgebenden Adels noch mehr als die des obersten Grundherrn nicht nur immer spezifizierter, sondern raffinierter, ausgeklügelter zuungunsten der Nehmenden, bis hin zur Ausbeutung der Untertanen, und dies desto mehr, je sozial, d. h. besitzrechtlich tiefer sie standen, bis hin zum Fristen des Lebens auf dem Existenzminimum.

Der Deutsche Orden bis zum verkommensten Adligen zur Zeit Friedrichs II. machte sich die Bauern untertan und löste damit die Arbeits- und Lebensfrage ausschließlich zu seinem Vorteil. Gutsuntertänigkeit war damit zur rechtlichen Form der unfreien Arbeitsverfassung geworden.

Die Kolonisation der Slawenländer hatte also überwiegend in der Form der Flurverleihung vom Kaiser (König) an den Markgrafen (Herzog), von diesem an den Ritter (Gutsbesitzer), von diesem an den Bauern stattgefunden[10]. Unerheblich blieb zunächst, ob der Verleihende den größeren oder kleineren Teil seines Landes für sich behielt oder weitergab. Urkunden von 1324 belegen bereits, daß in erster Linie der Bauer den Ritteracker zu bestellen hatte, vom Jahr 1400 an war er bereits zu durchschnittlich vier Tagen pro Woche mit Wagen, Pflug oder zu Fuß dienstverpflichtet.

Im Mittelalter unterschied man noch nicht zwischen öffentlichen (= grundherrlichen) und privaten (= gutsherrlichen) Diensten, es fehlen Urkunden, aus denen hervorgeht, wann genau der Markgraf seine obrigkeitlichen Rechte an den Ritter weiterverliehen hat[11]. Die gutsherrlich-bäuerliche Verfassung einschließlich der Gerichtsbarkeit entwickelte sich jedenfalls durch und mit der Kolonisation. Die Kolonisation und d. h. die Landbesiedlung wurde immer dann akut, wenn das Land durch Pestseuchen (Schwarze-Pest-Epidemie in Europa 1348 bis 1351) oder Kriege (Dreißigjähriger und Siebenjähriger) ausgeblutet, menschenarm und der Boden wüst geworden war. Das Landbesiedlungsproblem spielte über die ganze Zeit des Feudalsystems eine wesentliche Rolle und fand einen Höhepunkt in den „Peuplierungsmaßnahmen" Friedrichs II., der insgesamt etwa 300 000 Kolonisten angesiedelt hatte.

Um die einmal Angesiedelten am Abwandern zu hindern, um

die immer wieder auftretende Landflucht, auch noch zur Zeit Friedrichs II., abzublocken, mußten die Bauern an die Scholle gebunden werden. Bis zum Ende des 14. Jahrhunderts hatten die Bauern nach Kulmer Recht noch keinerlei Beschränkung an ihrem Besitz zu ertragen, sofern sie ihre fälligen Abgaben entrichteten. Weil keine Kolonisten mehr nachkamen, mußten aber die zurückgebliebenen Landleute ans Land gefesselt werden. So entstand 1420 die erste Gesindeordnung im Ordensland mit einer Regelung der Besitzrechte, der Dienste und der Löhne. Jede Gesindeordnung brachte Verschlechterungen für die Bauern, zunächst bedingt durch die Hussitenkriege (1419 bis 1436) und den Dreizehnjährigen Krieg (1453 bis 1466) zwischen dem Ordensland und Polen. Den Krieg verlor der Deutsche Orden, wodurch ein großer Teil des Ordenslandes an Polen fiel [12]. Den Rest des bisherigen Ordenslandes erhielt der Ordensmeister als Lehen von Polen übergeben. Da der Orden nach dem Dreizehnjährigen Krieg kein Geld mehr hatte, um seine Söldner zu bezahlen, beglich er seine Kriegsschuld, indem er den Söldnern viele Ordensländereien abtrat. Die derart zu Land gekommenen Söldnerhauptleute waren meist deutsche Adlige und erhielten durch ihren neuen Landbesitz die Herrschaft über viele deutsche Bauern. Diese Söldnerhauptleute spielten nicht nur als neue Landbesitzer in Ostpreußen bald eine führende Rolle, sondern gelten großenteils als die Ahnherren des später so wichtigen und mächtigen preußischen Adels.

Die Söldnerhauptleute, d. h. der Söldner-Adel, erweiterten ihre Besitzungen immer mehr, bis gegen Ende des 15. Jahrhunderts das Phänomen des Großgrundbesitzes in Erscheinung trat, des landreichen Rittergutes, aus dem sich mit der Zeit eine Machtposition gegenüber dem Landesherrn entwickelte. Die Ordensleute traten als Verwalter des Ordenlandes immer mehr in den Hintergrund. Die neuen Machtverhältnisse regelten sich 1525 durch die Säkularisation des Ordensstaates: Von nun an übernahm der Söldner-Adel die wichtigsten Verwaltungsämter, die bis dahin von Ordensbrüdern wahrgenommen worden waren [13].

Wie nach jeder Landverwüstung und Bevölkerungsdezimierung neigte der Adel dazu, wüst gewordenes Land an sich zu ziehen, es seinem Machtbereich einzugliedern und seine Besitzung zu vergrößern. Im Mittelalter war das die Art der Raubritter, später nannte man das „Bauernlegen", dem zuletzt Friedrich II. im Jahr 1764 Einhalt zu bieten versuchte. Das „Bauernlegen" ist aus dem Lehenssystem zu verstehen und bedeutete das Einziehen von an Bauern in Grundleihe ausgegebenen Höfen durch den Grundherrn; die Landhingabe wurde also rückgängig gemacht.

Die Aneignung von Bauernland geschah zunächst meist legal, bedingt durch die großen Seuchen im Mittelalter. Der Schwarze Tod im 13. und 14. Jahrhundert raffte die Bauern hinweg, ihre Höfe verwaisten, ihr Boden fiel automatisch wieder dem Grundherrn zu. Verwaiste Bauernstellen durften nicht wüst liegenbleiben, die bereits bestellten Äcker wären wieder in ihren Urzustand, in Unkraut und Strauchwerk, zurückgefallen. Hinzu kam der Landerwerb durch den Ritter auf dem Wege des Aufkaufs von Bauernhöfen oder auch, etwa bei Unfähigkeit oder Widerspenstigkeit, durch Absetzung des Bauern. Letztere Möglichkeit wurde von Kurfürst Joachim II. Hektor (1535 bis 1571) 1540 als rechtens abgesegnet [14].

Die Entrechtung des Bauernstandes

In Landtagsabschieden oder -rezessen wurden die persönlichen Rechte und Lebensgewohnheiten der Bauern immer weiter beschnitten. So war es 1472 zu Vorschriften gegen die Tanzlustbarkeit der Bauern gekommen und gegen ihren Usus, unmäßig Branntwein zu trinken.

1518 verlor der Bauer das Recht, das Land zu verlassen, ohne einen gleichwertigen Ersatzmann zu stellen [15], vor allem, seit 1484 vermehrt Klagen über das Weglaufen des Gesindes laut geworden waren. Der Gesindezwangsdienst wurde festgeschrieben und der Gesindelohn normiert. Gleichzeitig erfuhr die niedere Gerichtsbarkeit der Rittergutsbesitzer, die sog. Patrimonialgerichtsbarkeit, eine verschärfte Ausprägung. 1540 hieß es: Verklagt ein Bauer „mutwillig" beim Kammergericht seinen Herrn, so muß er hart bestraft werden; die Strafe wurde auf sechs Wochen Gefängnis „im Turm" festgelegt. Diese Bestimmung wurde 1572 und 1602 erneuert und bestätigt.

Kurfürst Joachim I. Nestor (1499 bis 1535) ging zwar gegen das

Raubrittertum vor, zugleich nahm aber gerade unter seiner Regierungszeit die persönliche Abhängigkeit der Bauern von ihrem Gutsherrn beträchtlich zu durch die Beschränkung des Rechtsweges und des freien Abzugs.

Der neue Adel setzte die Entrechtung und Enteignung der Bauern fort, und zwar ungehemmt, seit die Ohnmacht des landesherrlichen Ordens eklatant geworden war. Mit dem Niedergang der Ordensautorität lief der Niedergang der Rechte des Bauerntums parallel. Die Bauern wehrten sich dagegen; im „Samländischen Bauernaufstand" z. B., der über das ganze Herzogtum Preußen hinwegfegte, kämpften die preußischen Freien gemeinsam mit den Bauern gegen die neue Unterjochung. Das Samland, zwischen Kurischem und Frischem Haff gelegen, war einer der elf Gaue der Pruzzen, der seit 1255 vom Deutschen Orden erobert worden war (das Land kam 1945 unter sowjetische Verwaltung). Die Aufständischen rechneten mit der Milde und der Einsicht von Markgraf Albrecht von Brandenburg-Ansbach (1490 bis 1568), seit 1511 Hochmeister des Deutschen Ordens und seit 1525 Herzog in Preußen, aber sie verrechneten sich. Der Herzog stellte sich auf die Seite der Adligen und verfügte in der entscheidenden Landesordnung von 1526 endgültig die Schollengebundenheit und -pflichtigkeit des männlichen Teils der deutschen Bauernbevölkerung[16]. Bisher hatte es genügt, daß *ein* Sohn das väterliche Gut im Todesfall übernahm, jetzt wurden *alle* Bauern und *alle* Bauernsöhne durch die glebae adscriptio (= Schollengebundenheit) ihrer persönlichen Freizügigkeit beraubt. Die Landesordnung von 1526 traf zwei weitere wichtige Entscheidungen gegen die Bauern: ihnen wurde nämlich das Recht auf persönlichen Besitz und auf dauernde Nutzung ihrer Höfe abgesprochen. Von jetzt an durfte der Gutsherr einen Bauern, der schlecht wirtschaftete, absetzen, ihn zum Verlassen seiner Stelle zwingen – oder ihn nach eigenem Gutdünken zum Kossäten, Einlieger oder Hirten herabdrücken und seinen Hof mit einem besseren Wirt besetzen. Auch die abgesetzten Bauern blieben nach „althergebrachtem Recht" Gutsuntertanen mit den zu diesem Stand gehörenden minimalen Rechten und großen Pflichten[17]. Schließlich räumte die Landesordnung von 1526 dem Gutsherrn die Vormiete ein, d. h. das Recht, wonach alle arbeitsreifen Knechte sich bei ihm zu melden hatten und ihm dadurch die Chance einräumten, die kräftigsten für seine Dienste auszusuchen und in Anspruch zu nehmen.

Durch diese drei Maßnahmen der Landesordnung von 1526 verschaffte sich der Gutsherr ein vergrößertes Angebot an Arbeitskräften, denen verboten war, in die Stadt abzuwandern.

Diese Landesordnung von 1526 fand ihre Ergänzung in der Landesordnung von 1577, die auch dem weiblichen Teil der ländlichen Bevölkerung die Schollenpflichtigkeit brachte[18], d. h., von nun an war die *gesamte* Bauernschaft frondienstpflichtig. Beide Landesordnungen brachten ineins die totale Knebelung der ländlichen Bevölkerung, ihre totale Verfügbarkeit durch den Gutsherrn. Durch diese beiden Landesordnungen war auch der Unterschied zwischen deutschen und preußischen Bauern verwischt, denn die Freiheitsbeschränkungen trafen beide gleichermaßen. Die Frondienste wurden in der Mitte des 16. Jahrhunderts von den Gerichten als gemessene festgelegt. Der Landesherr richtete sich aber in der Regel nicht danach, sondern sprach sich seinen Rittern zu Willen für teils hohe gemessene, überhaupt aber für ungemessene Dienste aus (1607 vom märkischen Kammergericht bestätigt). Damit war der Dienst des Landvolkes für den Grund- bzw. Gutsherrn als große Plage des ganzen Bauernstandes rechtens geworden[19].

Die Verbitterung der Bauern über die Vermehrung der Fronden gerade auch auf Kosten ihrer eigenen bäuerlichen Wirtschaft, der Bauernaufstand von 1525 gegen die übermäßigen Dienstforderungen, nichts hatte ihnen genutzt: Sie waren nicht nur dinglich, sondern auch erbuntertänig, nur noch Arbeitskräfte mit minimalen persönlichen Freiheiten, sie waren absolut hörig geworden.

Die Lage der Bauern hatte sich durch zwei weitere Beschlüsse verschlechtert. 1536 war das Verbot für Adel und Geistlichkeit erlassen worden, Korn- und Viehhandel zu treiben. Wenn der Adel unter Kurfürst Joachim II. Hektor sich mehr der Landwirtschaft widmen sollte, so mußte er auch auf dem Land wohnen, seinen Besitz zu vergrößern suchen und noch mehr Gesinde in Dienst nehmen. Um dies dem Adel zu ermöglichen, erhielt er in Brandenburg 1540 das Recht des Bauernlegens[20]. Nun fand auch in der Mark die Herausbildung größerer Gutswirtschaften statt (etwa 10 bis 70 Hufen).

Zehn Jahre später (1550) verfügte eine neue Landesordnung, daß den Bauern an den wüsten und wieder besetzten Äckern und Feldern der Ritterschaft kein Eigentumsrecht zukam.

In den märkischen Landtagsrezessen zwischen 1536 bis 1602 wurde den Dorfbewohnern untersagt, in anderen Dörfern oder Städten Grundstücke zu besitzen[21]. Damit war die Entwicklung der Gutsuntertänigkeit abgeschlossen.

Immer mehr bildete sich nun das Rittergut zum Staat im Staate heraus[22], der Übergang von der Grundherrschaft zur Gutsherrschaft rundete sich ab, und zwar in der Mark Brandenburg, in Mecklenburg, Pommern, Schlesien, Böhmen, Polen, den baltischen Ländern und nicht zuletzt im Herzogtum Preußen.

Die Enteignung der Bauern zunächst im Osten Deutschlands konnte unter Berufung auf das römische Recht geschehen, das die Privilegien des Adels begünstigte und seit Barbarossa als das Recht des Kaisers bzw. des Königs galt.

In den Gebieten westlich der Elbe vollzog sich eine vergleichbare Entwicklung, nur mußten hier nicht die Bauern im gleichen Maße an die Scholle gebunden werden, weil hier Bevölkerungsverluste durch Kriege oder Abwanderung durch die vorhandene Überbevölkerung leichter abzufangen waren.

Der Ritter östlich der Elbe war nun nicht mehr Krieger, sondern Grundherr, Gerichtsherr und Patronatsherr. Diese soziale und rechtliche Stellung des Ritters bildete den Stand des Landadels, des Junkers. Ein ungeheurer Druck lag auf den Schultern der Bauern, die dem Junker ausgeliefert waren, der seinerseits dem Landesherrn zu gehorchen hatte. Auch bildete sich damals bereits die unter den Preußenkönigen übliche Sitte heraus, daß der Landesherr voll und ganz auf der Seite des Landadels stand, beide zusammen bildeten ein Bollwerk, gegen das der Bauer fast rechtlos, wohl aber machtlos war.

Nach dem Dreißigjährigen Krieg (1648) wurde in Brandenburg das lassitische Besitzrecht vorherrschend und zwar das erbliche, in Pommern das unerbliche[23]. In der Mark Brandenburg waren während des Dreißigjährigen Krieges viele Hufen und Feldmarken wüst und vom Adel eingezogen worden, das gutsherrliche Areal wuchs um die Hälfte seines Bestandes vor dem Krieg (1618). In Ostdeutschland hat sich die Lage der Bauern nach dem Dreißigjährigen Krieg dadurch verschlimmert, daß die Erbuntertänigkeit zum Sieg gelangte[24]. Ihre Enteignung und persönliche Entrechtung vollzog sich im gleichen Maße, wie das gutsherrliche Gebiet sich vergrößerte.

Nach Zeiten der Bevölkerungsdezimierung nutzten die Ritter ihre Chance auf doppelte Weise: einmal eigneten sie sich die besten Böden an, so daß den angesiedelten Kolonisten oft nur Böden schlechter Qualität blieben – zum anderen bildete sich auf der Lehensstufenleiter die entscheidende Frage heraus, ob ein Bodenbesitz erblich oder unerblich sei.

Da der Adelsstand des Ritters von Anfang an erblich war, übertrug sich diese Erblichkeit auch auf seinen Besitzstand. Adelsgüter blieben oft über viele Generationen im Besitz einer Familie bis hin zur Zeit Friedrichs II., als wirtschaftliche Not oder Mißwirtschaft die Adligen zwang, ihre Güter zu verkaufen, in Schlesien sogar ein Güterhandel wie Pferdehandel entstand, wogegen Friedrich II. durch verschiedene Maßnahmen eingriff.

Solange nun der Landesherr Boden an Adlige verlieh, geschah dies auf der Rechtsbasis der Erblichkeit. Entschieden anders sah es aber aus, wenn der Adlige von seinem Bodenbesitz als erblichem Eigentum an Bauern weiter verlieh: Er berief sich unter Zustimmung des Landesherrn auf seine Eigentumsrechte und die damit zusammenhängende Verfügungsgewalt über seinen Boden: er verlieh ihn unerblich und verschaffte sich dadurch die Machtbefugnis, Bauern nach eigenem Gusto anzusetzen oder wieder zu entlassen. Diese Verfahrensweise der Ritter wurde vom Landesherrn 1550 und 1572 als rechtens anerkannt. Wo immer Menschenmangel herrschte, wurden neue Bauern angesetzt[25], stets aber unter dem Rechtsverhältnis, daß der Ritter gegenüber dem neuangesetzten Bauern auf seine älteren Besitzrechte des Bodens pochen konnte.

So führte die Ausbreitung des Rittergutes nicht nur zunehmend zur Unfreiheit der Bauern (über die genaue Festlegung ihrer Dienste und Abhängigkeiten), sondern auch zur Einschränkung ihres Besitzrechtes. Es war demnach eine grundwichtige Frage, ob der Bauer seinen vom Ritter geliehenen Boden erblich oder unerblich besaß.

Erbliches Besitzrecht auf dem Areal eines Rittergutes konnte

z. B. entstehen, wenn der Ritter seine Wirtschaft einschränken wollte und Ackerboden, den er selbst nicht mehr brauchte, einem Bauern zur Bewirtschaftung überließ oder ihm überflüssiges Weideland abtrat. Solche Abtretungen gingen im Lauf der Zeit in das Eigentum des Bauern über, d. h., sie wurden erblicher Besitz. Jederzeit aber konnte der Ritter sein trotz Abtretung nur verliehenes Land wieder zurückfordern. Die Berufung des Bauern auf zeitlangen Besitz und Verjährung von ritterlichen Anspruchsrechten nutzte in der Regel überhaupt nichts, denn der Ritter als der Lehensgebende hatte das seiner höheren Lehensstandesstufe zukommende höhere Recht, den Bauern einfach als unerblichen Besitzer zu erklären. Prozesse des Bauern gegen den Ritter nutzten meistens auch nichts, denn der Bauer lebte ja auf dem Areal des Rittergutes und unterstand somit der Patrimonialgerichtsbarkeit des Ritters, der er sich zu fügen hatte, weil er sie als Lehensnehmer anerkannt hatte.

Anders formuliert: Solange der Ritter nur der Nachbar des Bauern gewesen war, also am Anfang der Kolonisationszeit, mochte der Bauer seinen Besitz durchaus als erblich betrachten. Sobald sich aber um die Mitte des 16. Jahrhunderts der Ritter zum selbst Boden verleihenden Grundherrn aufgeschwungen hatte, sackte der Bauer auf die Stufe des bloßen Arbeiters herab, und sein Besitz blieb ihm nur unerblich mit allen Konsequenzen der Vorläufigkeit und der nahezu rechtlosen uneigentümlichen Abhängigkeit. Damit war der Weg in die totale Leibeigenschaft beschritten[26].

Diese Form der Rittergutsverfassung war im 16. Jahrhundert festgesetzt und abgeschlossen und dauerte bis ins 19. Jahrhundert, in die Zeit der Bauernbefreiung, wovon erste Ansätze auf Maßnahmen Friedrichs II. zurückzuführen sind.

Je mehr der Grundbesitz des Adels anwuchs, desto näher lag es, daß der Adel auf seinem Grundbesitz auch wohnte. Das brachte wiederum seine unmittelbare und oft unangenehme Nähe zum Bauern mit, denn der Herr konnte die Bauern während der Akkerarbeit beobachten und dementsprechend maßregeln. Das gutsherrlich-bäuerliche Verhältnis führte neben der Beaufsichtigung zur Bevormundung des Bauern. Der Herr fühlte sich als Vormund der als dumm eingestuften Bauern, er achtete darauf, daß seine Untertanen pünktlich zur Arbeit kamen und zur Kirche gingen, wo ihnen von der Kanzel herunter wiederum Demut vor Gott dem Herrn wie gegenüber dem Gutsherrn gepredigt wurde. Der Gutsherr fand sich in seiner Funktion als Schutzherr befugt, etwa bei Brand- oder Ernteschäden beratend zur Seite zu stehen. Der Adlige verstand sich nicht als Feind der Bauern, sondern besser als deren weltliche Obrigkeit.

Bei der Verknechtung der Bauern ging der Herr zögernd vor: Zunächst bat er um ihre Dienste und gab ihnen dafür zu essen und zu trinken. Dann schränkte er erst das Trinken ein, zuletzt auch das Essen, gab also nichts Naturales mehr, forderte aber nach wie vor die Dienste, denn er sah in dieser Dienstforderung bereits sein gut verbürgtes Gewohnheitsrecht[27]. Nach römischem Recht verjährten zwar die Dienste nach 30 Jahren, der Herr berief sich aber auf das Recht nach „kundbarem Landesbrauch" und kümmerte sich nicht weiter darum, ob und wie der Bauer seine eigene Wirtschaft noch ordentlich bestellen konnte, wenn er ihm gerade in der Erntezeit nur ½ oder 1 Tag freigab.

Wurde die Verköstigung immer knapper, so dehnte der Herr die Dienste von den gemessenen allmählich in die ungemessenen aus, auch für seine privaten Ansprüche: Bei Krankheiten oder Beseitigung von Hofleichen oder drohenden Gefahren hatte der Bauer für Handreichungen zur Verfügung zu stehen, und zwar bei Tag und Nacht.

Die Gutswirtschaft

Der Begriff des Untertanen auf dem Land ist rechtlich dadurch definiert, daß jeder Mensch, der auf dem Gebiet eines Ritter- oder Domänengutes wohnt und lebt, automatisch untertan, d. h. abhängig bzw. unterworfen ist. Das Unterwerfungsverhältnis bezieht sich auf den Landesherrn (König) ganz allgemein, auf den Gutsherrn im besonderen. Der Begriff des Untertan wurde in der ersten Hälfte des 19. Jahrhunderts generell für Stadt und Land durch den des Staatsbürgers ersetzt[27a].

Auf dem Land war nicht nur der einem Gutsherrn „hörige" Bauer untertan, sondern prinzipiell jeder, der in einem Gutsbezirk wohnte, ob er für den Herrn arbeitete oder nicht, ob er selbst ländlichen Besitz oder gar Eigentum etwa in Erbpacht hatte oder gar nichts sein eigen nannte. Die rechtliche Regelung der ländlichen Untertanenschaft hing also mit dem Gutsgebiet zusammen, nicht primär mit dem Gutsherrn. Untertanenschaft war in Reinform keine persönliche Abhängigkeit, sondern eine rechtliche.

Nun konnten sich Menschen als Bürger oder Bauern auf dem Land niederlassen in einem Gebiet, das nicht zu einer Gutsherrschaft gehörte. Sie waren lediglich dem Landesherrn gegenüber untertan, nicht aber gegenüber dem Gutsherrn. Sie galten als freie Leute oder „Einlieger". Sobald aber ein Einlieger zur Fristung seines Lebensunterhaltes Arbeit auf einem Herrengut annahm, wurde er samt seinen Nachkommen automatisch gutsuntertänig. Dies war auch der Fall, wenn der Einlieger ein zur Untertänigkeit verhaftetes Gut, etwa in Pacht, zur Bewirtschaftung übernahm. Als untertäniger Einlieger lieferte er seine Arbeitskraft dem Gut aus und erhielt dafür die Erlaubnis zur Fronarbeit.

Die meisten Einlieger waren ärmere Leute, mußten sich also arbeitsverpflichten und kamen in der Regel im Rang eines Tagelöhners auf dem Gut unter. Sie besaßen oft nichts und wohnten in bescheidenen Verhältnissen zur Miete.

Zu den nicht bäuerlichen Untertanen gehörten die im Bereich einer Gutsherrschaft wohnenden Handwerker oder die von der Herrschaft aufgenommenen Personen. Die nannte man, sofern sie persönlich frei waren: Schutzuntertanen, Einlieger, Hintersassen, Instleute, freie Dorfeinwohner. Sie verfügten nicht frei über ihre Arbeitskraft, sondern konnten per Verträge zu bestimmten Dienstleistungen als Tagelöhner verpflichtet werden. Sie durften:

1. frei den Wohnsitz wechseln, ohne Loslassungsgeld zu zahlen;
2. waren nicht glebae adscripti (schollengebunden) [28];
3. bekamen als Arbeitsentschädigung nicht wie die Untertanen ein Grundstück zur Nutzung, sondern den ortsüblichen Lohn;
4. durften ihre Herrschaft frei wählen, arbeiteten aber mit den bäuerlichen Untertanen zusammen auf demselben Hof;
5. konnten auf Wunsch der Herrschaft einen Bauernhof übernehmen, wodurch sie bäuerliche Untertanen wurden.

Zu den bäuerlichen Untertanen gehörten viele, die kein herrschaftliches Grundstück besaßen, sondern in einer der Herrschaft

oder dem Bauern gehörenden Wohnung unterkamen und Tagelohn erhielten.

Handwerker waren entweder im Tagelohn beschäftigte landwirtschaftliche Arbeitskräfte, die auf den Gütern wohnten[29], oder
Schutzuntertanen und als solche der Herrschaft zu Diensten verpflichtet. Die arbeitsfähigen Kinder der Handwerker waren, sofern sie nicht selbst ein Handwerk erlernten oder als Gesinde der
Herrschaft dienten, ohnedies verpflichtet, auf Verlangen Hofdienste zu leisten. Sie erhielten dafür Tagelohn. Der Gutsherr hatte
volle Gewalt über den Grund und Boden aller zu seinem Territo-
rium gehörigen großen und kleinen Bauern- und anderen nicht
freien Gütern[30].

Nach dem Allgemeinen Landrecht hatte der Gutsherr das Recht
zur Bestrafung. Faules, unordentliches und widerspenstiges Gesinde durfte mit der ledernen Peitsche auf den Rücken über die
Kleider geschlagen werden, Stockhiebe waren verboten. Ihre Gesundheit und ihr Leben durften nicht in Gefahr gebracht werden[31]. Auch Gefängnis oder Strafarbeit bis zu 48 Stunden waren
erlaubt, für längere Gefängnis- oder gar Todesstrafe mußte der
Gerichtshalter der höheren Gerichtsbarkeit befinden. Der Gutsherr mußte Strafe für die Aufnahme von Bauern bezahlen, die
von Domänen oder anderen Rittergütern entlaufen waren.

Ein adliges Rittergut als Arbeitsstätte der Bauern sah in den meisten Fällen so aus: Da gab es das Gutshaus oder das Schloß, worin
der adlige Gutsherr mit seiner Familie wohnte. Ihm zur Seite lagen
die Wirtschaftsgebäude wie Scheunen, Speicher, Stallungen für
Kühe, Schafe und (Reit)-Pferde. Zu einem Gutsbetrieb gehörte in
der Regel ein Stück Wald – mit dem Recht der Bauern, sich Bau-
oder Brennholz zu holen; dazu gehörte eine Bierbrauerei und
Schnapsbrennerei – mit der Pflicht der Bauern, ausschließlich beim
Gutsherrn Bier und Schnaps zu kaufen; je nach Lage des Gutes
wurde auch eine Ziegelbrennerei betrieben – mit der Pflicht des
Bauern, die Fuhren zu übernehmen; gehörte zum Gut eine Mühle,
so hatte der Bauer die Pflicht, dort sein Mehl mahlen zu lassen; kein
Gutsbetrieb war ohne mehr oder weniger umfangreiches Ackerland
denkbar: der Hauptarbeitsplatz der Bauern; die Bewirtschaftungs-
form war die Dreifelderwirtschaft bis 1763, als Friedrich II. die
Fruchtwechsel- bzw. Vierfelderwirtschaft generell durchführte.

Der Gutsherr besaß darüber hinaus auch das Eigentumsrecht an der Dorfaue, d. h. an allen unbebauten, zu keinem Privatgrundstück gehörenden freien Plätzen im Dorf. Oft gehörten 6/7 der Feldflur dem Gutsherrn, dagegen nur 1/7 den Bauern[32], vornehmlich in Schlesien.

Zu einer Rittergutswirtschaft gehörte nicht nur der landwirtschaftlich genutzte Grund und Boden, sondern das ganze Gebiet, auf dem die dem Gutsherrn untertänigen Bauern wohnten und ihre Äcker, Felder oder Gärten bearbeiteten. Dieses umfassende Gebiet hieß Gemarkung, die oft mehrere Dörfer, selten Einzelhöfe umfaßte. Zur Gemarkung gehörte neben dem Ackerland auch wirtschaftlich nicht benutztes Gebiet wie Weiden, Wiesen und Wälder, die sog. „Gemeinheit", die auch von den Bauern etwa zur Viehweide oder zur Beschaffung von Brenn- und Bauholz benutzt werden durfte.

Das Ackerland war meistens eingezäunt zu sog. „Feldgärten" oder „Wurten", die in der Nähe des Gutshofes oder der Bauerndörfer lagen. Feldgärten wurden ausschließlich vom Gutsbesitzer als Ackerland oder für Gemüsegärten benutzt und von den Untertanen mit Ackergeräten bestellt (= Spanndienst), im Unterschied zu den „Hausgärten", die mit dem Spaten oder kleineren Gartengeräten wie Sense, Sichel, Harke, Forke (= Handdienst) bearbeitet wurden. Sehr großes Ackerland war nicht eingezäunt wie die kleineren Äcker; dieses Ackerland hieß Flur. So kam es, daß auf der Flur gutsherrliche und bäuerliche Äcker nebeneinander lagen und für Außenstehende kaum voneinander zu unterscheiden waren. Ein Acker ging in den anderen über, jeder gehörte aber wiederum einem anderen Bewirtschafter. Der Gutsherr legte fest, welcher Acker auf der Flur von welchem Bauern zu besorgen war. Dies war eine streng einzuhaltende, Flurzwang genannte Regelung. Über die Einhaltung des Flurzwanges wachte ein eigens vom Gutsherrn bestellter Flurschütz. Flurschütz und Dorfschulze legten abends fest, welche Feldarbeiten am nächsten Tag zu verrichten waren, so daß eine gewisse Einheitlichkeit der Ackerbestellung garantiert war.

Die Größe eines Ackers wurde ursprünglich nicht nach Morgen oder Hektar berechnet, sondern nach Hufen. Zunächst bedeutete Hufe nicht speziell das Maß des Ackerlandes, sondern Hufe war der Inbegriff des gesamten bäuerlichen oder gutsherrlichen Besitzes, also einschließlich Wohngebäude, Stallungen, Scheunen etc. Hufe bedeutete nicht Flächenmaß, sondern Besitzumfang, weshalb man auch vom Hufner oder Hufbauern sprach. Der Begriff Hufe ging zurück auf die Anzahl der Pferde, die zur Bestellung des ganzen Bauernbesitzes nötig war. Eine Hufe war demnach so viel Land, wie der Bauer mit einem Pferd pro Tag bestellen konnte. Daher wurde ursprünglich der Viehbestand nach Hufen berechnet. Ein Groß- oder Vollbauer besaß z. B. vier Hufen Land, was bedeutete: er besaß vier Pferde (1 Hufe = 1 Pferd). Die Hufe war somit keine exakte Zahl, sondern die geschätzte Größe der gesamten Wirtschaft. Und diese geschätzte Größe lag der Berechnung der Grundsteuer zugrunde[33].

Somit war auch die Grundsteuer keine persönliche Abgabe des Bauern, sondern eine solche, die auf dem Bauerngut lag, gleich, welcher Bauer das Gut bewirtschaftete. Der dem König zunächst als Ritter, dann als Offizier verpflichtete Gutsherr zahlte keine Grundsteuer für seinen Besitz, sondern nur der dem Gutsherrn verpflichtete Bauer. So unterschied man besteuerbaren (= kontribualen) von steuerfreiem Besitz.

In dieser frühesten Form der Besitzversteuerung lag der Ursprung für die Ausbeutung der Bauern durch den Gutsbesitzer. Der Gutsbesitzer war nämlich verpflichtet, die Grundsteuer an die Staatskasse abzuführen. War aber der Bauer infolge von Mißernten o. ä. nicht in der Lage, seine Grundsteuer zu zahlen, so mußte der Gutsherr ihm das Geld vorschießen mit doppeltem Effekt: einmal war der Bauer durch die Rückzahlungsschuld vom Gutsbesitzer noch mehr abhängig geworden, zum anderen nutzte in der Regel der Gutsherr jede Gelegenheit, sich am Bauern schadlos zu halten, ihn also unter erst finanziellen, dann persönlichen Druck zu setzen. Denn der Gutsherr lebte nicht von den eigens festgesetzten Renten, die ihm der Bauer schuldete, sondern vom finanziellen Ertrag der vom Bauern bewirtschafteten Gutsäcker. Weniger spielten dabei Geld- oder Naturalabgaben eine Rolle, als vielmehr die Arbeitskraft des Bauern, die der Gutsherr mehr oder weniger streng ausnutzen konnte. Das Arbeitsverhältnis zwischen Gutsherr und Bauer war nicht finanziell geregelt wie auf Domänengütern, sondern hing allein von der Willkür des Gutsherrn ab. Naturalabgaben waren für den Bauern meist relativ leicht erschwinglich, es ging dabei um Eier, Hühner, Hasen, gesponnenes Garn etc. Die jährlich zu entrichtenden Geldabgaben dagegen verstand man als Entgelt für das dem Bauern zur Nutzung überlassene Land. Und dieses Entgelt hatte er mit seiner Arbeitskraft abzudienen.

Man unterschied zwischen Hand- und Spanndiensten. Spannfähig war ein Bauer, wenn er auf seinem Hof ein „geliehenes" Gespann unterhielt, also mindestens zwei Pferde oder Ochsen. Mit diesem Gespann bewirtschaftete er seinen eigenen Hof und war vor allem verpflichtet, das Gespann zur Bearbeitung des gutsherrlichen Hofes zur Verfügung zu stellen. Hier lag für den Gutsherrn die Chance der Ausbeutung: denn zur Saat- oder Erntezeit verlangte er den Volleinsatz eines bäuerlichen Gespanns – oft auf Kosten der bäuerlichen Eigenwirtschaft. Nach harter Tagesarbeit auf dem Gutshof waren Tiere und Bauer oft zu müde, um dann noch den Bauernacker sorgfältig zu versorgen.

War der Bauer vom Gutsherrn als Kleinbauer mit nur einem Pferd oder Ochsen oder gar keinem eingesetzt, so war er zu Handdiensten verpflichtet, also zu körperlicher Arbeit mit handlichem Ackergerät. Diese gutsherrliche Arbeit mit Spann- oder Handdiensten verstand man begrifflich exakt unter Fronarbeit, Scharwerk, in Schlesien Robot genannt („Robot" stammt aus dem Tschechischen).

Reiche Bauern mit mehreren Hufen Land schonten ihre persönliche Arbeitskraft, indem sie Gesinde oder diensttaugliche Kinder zur Arbeit auf den Gutshof schickten; der ärmere Bauer mußte dagegen selbst „Hand" anlegen. Wer mit einem Gespann zur Gutshofarbeit verpflichtet war, mußte auch einen Gespannführer stellen, der für die ordnungsgemäße Versorgung der Tiere und Wagen oder Ackergeräte verantwortlich war. Wieder eine Chance für den Gutsherrn, an der Qualität des Gespanns zu kritisieren und den Bauern zu drücken. Der Gutsherr schrieb in der Regel sehr genau vor, welche bestimmte Ackerfläche in welcher Zeit zu bearbeiten war.

Die vorgeschriebene Zeit wurde nicht nach Stunden berechnet, sondern nach Wochentagen, so daß die Arbeitskraft des Bauern rechtens bis in die Nacht hinein ausgedehnt werden konnte. Waren die wöchentlichen Arbeitstage festgelegt, sprach man von gemessenem, standen sie je nach Bedarf offen, von ungemessenem Frondienst.

Die Erbuntertänigkeit blieb bis zum Ende des 18. Jahrhunderts die Grundlage der ländlichen Arbeitsverfassung in den ostelbischen Provinzen des preußischen Staates[34]. Rittergüter, die bäuerliche Untertanen besaßen, wurden ausschließlich von diesen Untertanen bewirtschaftet: alle Feld- und Hofarbeiten. Zugtiere und Geräte erhielt der Bauer von der Herrschaft. Dieser „bäuerliche Besatz" ist das Kennzeichen jeder unfreien Arbeitsverfassung. Der Gutsherr selbst hielt keine oder wenige Arbeitstiere im Stall und wälzte so die erhebliche öffentliche Abgabe, den Horn- und Klauenschoß, auf die Bauern ab. Nachteil: Die Bauern behandelten den Besatz, der ja nicht ihnen gehörte, in keiner Weise schonend, so daß er oft vom Gutsherrn ergänzt und ersetzt werden mußte. Scharwerksgespanne wurden nicht selten so schlecht vom Bauern behandelt, daß die Tiere trotz voller Weide nicht allein aufstehen konnten[35].

Der Agrarstaat Preußen

Die größeren Teile Preußens lagen im Osten des Staates an Elbe, Oder, Weichsel und Memel mit Schlesien, Pommern, Ost- und Westpreußen; die kleineren im Westen an Rhein und Weser mit Jülich, Kleve, Mark, Berg, Ravensberg und Minden; in der Mitte lag das Kernstück, das Kurfürstentum Brandenburg. Es wurde von seinen westlichen Gebieten durch große nichtpreußische Länder, vor allem Hannover, getrennt[36].

Preußen war ein Agrarstaat. Die Landwirtschaft bildete neben den städtischen Handwerken und Manufakturen den anderen Hauptpfeiler des Staates. Die Bauern stellten den größeren Anteil der Steuerzahler gegenüber den Städtern; etwa vier Fünftel oder rund 80 Prozent der Bevölkerung lebte auf dem Land und von und mit der Landwirtschaft[37].

Der größte landwirtschaftliche Grundbesitzer in Preußen war der König als Landes- und oberster Lehensherr[38]. Der Besitz der Krone oder das Domänenland betrug etwa ein Drittel der gesamten Fläche des Landes. Das Domänenland war erbliches Kroneigentum. Seit Friedrich Wilhelm I. (1713) wurde das Domänenland vorwiegend von bürgerlichen Pächtern[39] bewirtschaftet. Mit den Einnahmen aus seinem Domänenland finanzierte der König einen großen Teil seines Bedarfs für die Hofhaltung wie die Staatsverwaltung und das Militär.

Während in den Ländern westlich der Elbe die Grundherrschaften überwogen, hatten sich in den Ländern östlich der Elbe die Gutsherrschaften oder Gutswirtschaften herausgebildet als Sonderform der aus der Zeit des Mittelalters entstandenen Getreide-, Produktions- und Rechtsbasis[40]. Diese Sonderform der Verfügungsgewalt über den Grundbesitz war im Höchstmaß durch Friedrich II. legalisiert worden. Der mehr oder weniger abgeschlossene Machtbereich der lokalen Adelsherren stand dem umfassenden Machtbereich des Landesherrn (des Königs) gegenüber[41].

Zum Landadel zählte im 18. Jahrhundert etwa ein Prozent der Gesamtbevölkerung – 20 000 Adelsfamilien auf zwei Millionen Einwohner –, ihm gehörte gut ein Zehntel des ganzen Landes[42]. Dieses Obereigentum des Adels erstreckte sich über die Hälfte des Landes mit der dazugehörenden Landbevölkerung.

In Ostpreußen waren etwa 55 Prozent der Bauern direkte Untertanen des Königs, also Lehens- oder Domänenbauern, in Schlesien waren es dagegen nur rund sieben Prozent[43]. Neben das Domänenland der Krone und das Gutsland des Adels trat das Land der sog. freien Bauern, denen in Ostpreußen und Litauen etwa ein Sechstel des Landes als Eigentum gehörte.

Gegenüber den dem königlichen Landesherrn gehörenden Domänengütern galten die Rittergüter des Landadels wie die Güter von geistlichen (Klöster, Kirchen) oder weltlichen Körperschaften (Stadtmagistrate) als private Güter. Dementsprechend unterschied man auch königliche von privaten Bauern auf der einen Seite, freie Bauern auf der anderen Seite. Bei der Fürstenabfindung nach 1918 blieben die Domänen grundsätzlich Staatseigentum und konnten seit 1919 für Siedlungszwecke benutzt werden.

Die spezielle Rechtsform der landadligen Gutsverfassung fand ihre volle Legalisierung, als der Große Kurfürst nach altem Lehensprinzip von den Landadligen etwas wollte und etwas anderes dafür geben mußte. Es ging um das Steuerbewilligungsrecht.

Der Große Kurfürst sah sich nach den Erfahrungen des Dreißigjährigen Krieges zum permanenten Schutz des Landes genötigt, ein ständig unter Waffen und zur Verfügung stehendes Heer aufzustellen – und dazu brauchte er Steuergelder.

Das Geld für die bisher üblichen Söldnerheere war von den Ständen (Städte und Adel) nur von Fall zu Fall zur Deckung der Kriegskosten bewilligt worden, also nur für ein Heer in Kriegszeiten, nie aber auch für Friedenszeiten. Für eine Armee in Friedenszeiten brachten die Stände kein Verständnis auf, ja, mehr noch: die Kleve-Märkischen Stände verweigerten ihrem Landesherrn sogar die Anwerbung von Soldaten in Friedenszeiten aus Furcht und Besorgnis, der Kurfürst von Brandenburg-Preußen (1640 bis 1688) könne das im Krieg und Frieden, also ununterbrochen unter Waffen stehende Heer gegen die Stände selbst einsetzen, wie es tatsächlich auch 1662 in Königsberg geschehen war.

Im Jahre 1644 hatte der Große Kurfürst ein kleines „stehendes" Heer von 4000 Soldaten unter seinem Oberbefehl aufgebaut, geriet aber in finanzielle Schwierigkeiten und mußte im Interesse seines Heeres für eine Konsolidierung seiner Finanzen sorgen, d. h., sich von den jeweiligen Steuerbewilligungen des Landadels unabhängig machen.

Es kam zu jahrelangen Auseinandersetzungen zwischen dem Großen Kurfürsten und den Ständen, bis auf jenem denkwürdigen, für Adel wie für Bauern gleichermaßen hochbedeutsamen Landtagsrezeß vom 26. Juli 1653 in Stargard die Entscheidung fiel[43a].

Der Große Kurfürst setzte nämlich ein Tauschgeschäft durch, das unter dem Begriff „Entmachtung des Adels" in die Geschichte einging und wie ein innenpolitischer Schachzug aussah, aber viel eher ganz dem Denken in den Kategorien des Lehenssystems entsprach und die Formel des „do ut des" voll zur Geltung brachte. Der Große Kurfürst forderte von den Ständen die selbständige Erhebung der Kontribution (= Heeressteuer) von der ländlichen Bevölkerung für die Vermehrung, Ausstattung, Unterhaltung und Bezahlung seines „stehenden" Heeres (= miles perpetuus).

Auf jenem Landtagsrezeß von 1653 willigten zunächst die märkischen Adligen in die Steuererhebung durch kurfürstliche Beamte ein, freilich nur für die Dauer von sechs Jahren. Der Einzug der

Steuern war bislang das vornehmste Privileg der Adligen, nun verzichteten sie darauf und traten dem Großen Kurfürsten ihr eigenes Recht ab, das Steuergeld direkt von den Bauern einzuholen.

Der Große Kurfürst berief nach 1653 den Landtag nicht mehr ein, die Kontribution wurde aber weiterhin von ihm erhoben. Die von den Adligen abgetretenen Privilegien konnten nun nicht mehr zurückgefordert werden [44].

Nach dem Frieden von Oliva (1660) erhielt das Herzogtum Preußen die volle Souveränität, d. h., die polnische Lehenshoheit wurde aufgehoben, was für den Großen Kurfürsten machtpolitisch von hoher Bedeutung war. Nun war der Kurfürst nicht mehr Lehensträger der polnischen Krone, sondern konnte sein Land souverän regieren. Dadurch entfielen nicht nur die jährlichen Zahlungen an die polnische Krone, sondern den Ständen war auch die Möglichkeit genommen, gegen ihren Landesherrn beim polnischen König Klage zu erheben [45]. Jetzt erst konnte er auch bei den Ständen von Kleve und Mark das Recht auf Steuereinzug durchsetzen. Die Provinz Ostpreußen folgte in den Jahren 1661 bis 1663 [46]. Damit war der alte Dualismus zwischen Landesherr (= Kurfürst) und Ständen zugunsten des Landesherrn entschieden.

Bisher waren die einzelnen Landesfürsten par inter pares (untereinander gleich). Das änderte sich mit den schicksalhaften Jahren 1653 und 1660. Jetzt war der (seit 1675 „Große") Kurfürst der primus inter pares (der erste unter seinesgleichen), womit zugleich der erste Schritt zur Königswürde (1701) getan war. Ein „Generalkriegskommissariat" wurde mit der Aufgabe der Steuererhebung zur Heeresfinanzierung betraut. Seit 1674 funktionierte die „Generalkriegskasse" als Dauereinrichtung. In sie flossen alle Steuern des Landes („Kontribution") für das Heer, denn sie waren von Anfang an zu diesem militärischen Zweck eingeführt worden.

Was gab aber der Große Kurfürst den Ständen für ihren Verzicht? Er bestätigte ihnen in Form einer Garantie des Landesherrn ihre sozial privilegierte Stellung als Gutsherren, er gab ihnen die unumschränkte „Gutsherrlichkeit", d. h. das volle und unbeschränkte Verfügungsrecht über die Bauern, die von jetzt an mehr als jemals zuvor vom Gutdünken und der Willkür ihrer Gutsherren abhingen, und zwar auf Gedeih und Verderb.

Das streng feudal gedachte Tauschgeschäft hieß also: Der Große

Kurfürst kaufte den Ständen das stehende Heer ab und gab ihnen dafür die Bauern als Leibeigene bzw. Erbuntertänige preis[47], wozu u. a. das verschärfte Recht auf körperliche Züchtigung einschließlich Gefängnisstrafe[48] gehörte. Die „Entmachtung" des Adels um des Heeres willen brachte den Bauern auf völlig legalem Rechtsweg entwürdigendste Lebensbedingungen, „egyptische Frohndienste"[49], wie später Friedrich II. die Leibeigenschaft verurteilte, einerseits, sie brachte aber auch andererseits eine gewisse Abwertung des Adelsstandes, die wiederum erst durch Friedrich II. aufgehoben wurde.

Jedenfalls war das Paradox entstanden: Die Bauern mußten für die Finanzierung des Heeres direkt dem Landesherrn gegenüber aufkommen, eben jenes Heeres, dem sie vor allem seit Friedrich Wilhelm I. auch noch als Rekruten zu dienen hatten. Der Gutsherr war seit 1653 in einer Person: Arbeitgeber, Gerichtsherr, Lehensherr, Kirchenpatron und verfügte über Polizeigewalt. Außerdem genoß er das gesetzliche Recht der Grundsteuerfreiheit. Die Vorrechte jenes Landtagsrezesses von 1653 wurden erst allmählich abgetragen und in verschiedenen Ansätzen, so 1808, 1848, sogar erst in den 70er und 90er Jahren des 19. Jahrhunderts[50] aufgehoben.

Während unter Friedrich Wilhelm I. die Tendenz stark vertreten war, adlige Grundherrschaften für die staatlichen Domänen aufzukaufen, trat unter Friedrich II. eine entscheidende Wende ein: In seinem Politischen Testament von 1752 verfügte er die prinzipielle Erhaltung adliger Güter zum Zwecke der sozialen und d. h. wirtschaftlichen Absicherung des Adels. Von nun an war es Bürgerlichen verboten, adlige Güter zu erwerben. Gleichzeitig untersagte Friedrich II. den Behörden, adlige Güter in den Domänenbesitz zu ziehen. Nach seinem Willen sollte der adlige Grundbesitz die materielle Basis des preußischen Adels bleiben[51], denn er brauchte den adligen Nachwuchs für seine militärischen Zwecke als Offiziere und für seine Ämter bzw. Behörden als Beamte, im Unterschied zu seinem Vater Friedrich Wilhelm I., der auch Bürgerliche zugelassen hatte.

Die adligen Güter hatten verschiedene Besitzgrößen und Landumfang und waren häufig stark verschuldet. Friedrich Wilhelm I. war im Jahre 1717 den Landadligen entgegengekommen[52], indem er die adligen Lehen allodifizierte (d. h. die Rechtsform der Leihgabe („Lehen") wurde in vollen und unabhängigen, d. i. erblichen Eigenbesitz umgewandelt), und in der Lehensverfassung von 1723 erlaubte er jeder adligen Familie, über die weitere Lehensgestaltung zwischen Adel und König frei zu entscheiden. Der König hatte 1717 als oberster Lehensherr gegen Zahlung einer geringen Steuer auf sein Vorrecht als Obereigentümer des Landes verzichtet, so daß die adligen Lehen nun zu ungebundenem, vererbbarem und verkäuflichem Eigenbesitz des Adels wurden.

Die Zahl der Rittergüter, der Gutsherrschaften, war aber zu gering (etwa 6600), um die 20 000 adligen Familien [53] wirtschaftlich restlos versorgen zu können. Da der Adel an städtischer Wirtschaft, Handel und Zunft-Handwerk sich aber nicht beteiligen durfte, mußte der Überschuß im Militär- und Staatsdienst abgefangen werden, ohne die Verarmung eines Teils des Landadels gänzlich ausschließen zu können.

So sah in groben Umrissen die wirtschaftliche und soziale Lage der Adligen als Gutsherren aus, für die die Bauern als Untertanen zu arbeiten hatten. Die agrarische Form des Landes, nicht nur Preußens, sondern ganz Deutschlands, brachte es mit sich [54], daß die Bauern fast überall einen Grundherrn über sich hatten. Grundherr konnte sein: der Fürst, die Kirche, ein Adliger oder auch ein Bürger. Wo es Grundherren gab, lebten die Bauern im Zustand der Abhängigkeit, d. h., sie hatten Verpflichtungen gegenüber ihrem jeweiligen Grundherrn, die im allgemeinen rechtlich geregelt waren.

Die (soziologische) Gliederung des Bauernstandes

Je nach Besitzrecht an der Scholle und den daraus resultierenden Dienstpflichten entwickelten sich vom Mittelalter her verschiedene soziale Ausformungen innerhalb des Bauernstandes. Es kam darauf an, ob ein Bauer seinen Boden als Eigentum besaß oder nicht, man sagte: eigentümlich oder uneigentümlich, ob er seinen Besitz auf seine Nachkommen weiterzuvererben das Recht hatte oder nicht, ob nur sein Bauernhof dem Gutsherrn gehörte oder auch der Bauer selbst als Person.

So standen sich zunächst die beiden großen Gruppen der *freien* und der *untertänigen* Bauern gegenüber.

214

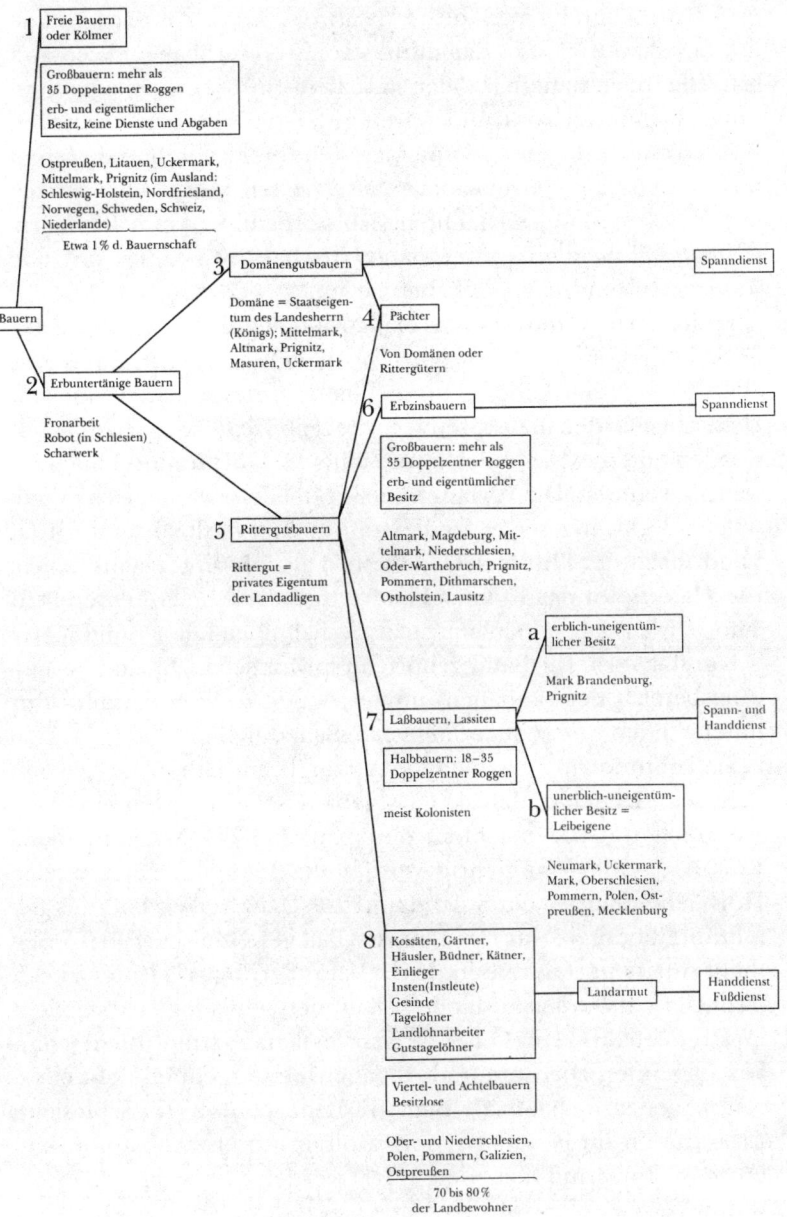

Freie Bauern nannte man solche, die ihre Äcker erb- und eigentümlich besaßen. Ihr freies Eigentum war also vererbbar und verkäuflich. Die freien Bauern standen in keinem gutsherrlichen oder gutsuntertänigen Verband und waren eine Art Mittelstufe zwischen Bauern und Adligen. Sie unterstanden direkt dem Landesherrn und waren meist Großbauern[55], sie galten vornehmer als die untertänigen Bauern, nannten sich selbst nicht einmal Bauern, weil sie selbst selten schwere landwirtschaftliche Arbeit leisteten, sondern Insten für sich arbeiten ließen.

Freibauern waren gewissermaßen ein Relikt aus der Zeit der Ostkolonisation im Mittelalter, sie galten als Nachfahren der „Preußisch Freien", die bei ihrem Übertritt zum Christentum vom Deutschen Orden in Ostpreußen sofort als freie Bauern behandelt wurden und diesen Sonderstatus bis ins 18. Jahrhundert hinein bewahren konnten. Die Vorfahren der Freibauern waren nach kulmischem Recht angesetzte Siedler und galten deshalb samt ihrem Land (nach der „Kulmer Handveste") als erb- und eigentümlich. Die Hauptstadt des Kulmer Landes hieß (und heißt heute noch) Thorn. Die Freibauern nannte man deshalb auch Kölmer und später Schatullbauern. Ihr Land gehörte ursprünglich nicht zum Verwaltungsbereich der Domänenkammer, sondern die Schatullbauern unterstanden direkt der königlichen Schatulle.

Sie konnten auf verschiedene Art zu ihrem Landbesitz gekommen sein. Denkbar, daß sie Forstgebiete selbst rodeten und wirtschaftlich nutzbar machten; denkbar, daß ein Markgraf oder Kurfürst seinem langjährig verdienten Beamten, Förster oder Hofküchenmeister ein Stück Land aus Dankbarkeit oder als Belohnung übergab, was meistens der Fall gewesen sein dürfte. Seltener dürfte ihr Landbesitz durch Veräußerung von Rittergütern samt Gerichtsbarkeit zustande gekommen sein. Obgleich sie nicht im strengen Sinne im Lehensverhältnis standen und von den daraus folgenden Diensten und Abgaben weitestgehend befreit waren, haben sich später die Begriffe Lehnschulzen (in Schlesien), Erbschulzen (in Pommern) oder Kölmer (in Ostpreußen) eingebürgert. Im Landbuch der Mark werden sie bereits 1375 erwähnt[56].

Freibauern waren meist finanziell recht gut gestellt und fühlten sich selbst wie Gutsherrn, obgleich sie keine Ritter waren, was auch darin zum Ausdruck kam, daß der adlige Rittergutsbesitzer in der Armee als Offizier diente, der Freibauer dagegen als Unteroffizier und der untertänige Bauer als Gemeiner. Nach kulmischem Recht angesiedelte Freibauern fanden sich in Ostpreußen und Litauen[57], aber auch in der Uckermark, Mittelmark und Prignitz.

Freibauern zahlten eine geringe Steuer (Zins) und stellten ihre Gespanne nur zur Verfügung, wenn der König durchs Land reiste oder Burgen und Festungen bauen ließ. Dafür kam ihnen die Domänenkammer entgegen, indem sie im Falle von Neubauten oder Unglücksfällen Remission (= Geldrückgabe) erstattete. Ihr Vorteil bestand zweifellos in ihrer Freiheit, ihr Nachteil trat im Falle von Zahlungsschwierigkeit zutage, denn sie hatten ja keinen Gutsherrn über sich, der für sie einsprang und den geschuldeten Steuerbetrag vorschoß.

Freibauern galten als Elite innerhalb der ganzen Bauernschaft, weil sie ihre Güter nicht nur erblich, sondern auch eigentümlich besaßen und ihre Kinder auch nicht zu Zwangsdiensten verpflichtet waren. Sie stellten weniger als 1 Prozent der Gesamtbauernschaft dar. Außer den Freibauern kam allen anderen Bauern der Status der sich weiter vererbenden Untertänigkeit zu (= Erbuntertänigkeit).

Erbuntertänig waren sowohl die königlichen Domänenbauern wie die privaten Bauern als Hörige der adligen Rittergüter. Der Status der Erbuntertänigkeit regelte im lehensrechtlichen Denken des Feudalstaates die Pflichten des Gutsherrn einerseits und die dafür zu erbringenden Leistungen der Bauern andererseits.

Pflichten des Gutsherrn:

a) Er mußte seinem bäuerlichen Untertan eine Existenzmöglichkeit bieten, ihm also Arbeit verschaffen;

b) er mußte für Alte und Kranke sorgen, sofern Verwandte dies nicht übernehmen konnten; sie hießen „Altsitzer";

c) er mußte ihm einen Hof samt Zubehör (= eiserner Bestand oder Hofwehr wie notwendigstes Mobiliar) zur eigenen Nutzung zur Verfügung stellen, dazu Vieh, Saatgut, Ackergerät, sogar Nahrung geben und in Notzeiten durch Mißernten, Viehseuche, Hagelschlag, Brand usw. für ihn aufkommen;

d) er mußte seiner Funktion als Arbeitgeber, Gerichtsherr, Patronatsherr und Polizeiorgan gerecht werden[58];

e) er mußte seine Untertanen bei kriegerischen oder rechtlichen Übergriffen schützen;

f) er mußte für die auf den Untertanen ruhenden staatlichen Steuern aufkommen und die Reparaturen von Gebäuden durchführen.

Demgegenüber standen die *Pflichten des untertänigen Bauern*:

a) Er war an die Scholle gebunden; er durfte ohne Erlaubnis seines Dienstherrn die Scholle, also die Dienststelle, den Dienstort oder seinen Arbeitsplatz nicht verlassen und etwa den Wohnsitz wechseln, ohne einen Ersatzmann gleicher Arbeitsleistung zu stellen. Verließ der Bauer seinen Dienstort, mußte er Loslaßgeld bezahlen und erhielt dafür einen „Entlaßschein" oder die „Kundschaft" seines Gutsherrn, ohne den er bei keinem anderen Gutsherrn in Arbeit genommen werden durfte. Die untertänige Bindung an den Herrn erstreckte sich auf die gesamte Bauernfamilie und war erblich [59];

b) er durfte ohne Erlaubnis seiner Herrschaft nicht heiraten;

c) er war verpflichtet, seine arbeitsfähigen und -kräftigen Kinder (Söhne und Töchter) oder Ersatzpersonen (Knechte und Mägde) auf das Gut zur Arbeit zu schicken. Dies hieß Gesindezwangsdienst (er basierte für die Kurmark auf der Gesindeordnung vom 18. Dezember 1681) [60]; der Gesindezwangsdienst begann für die Kinder, die nicht dringend daheim gebraucht wurden, mit dem 10. Geburtstag und dauerte bei Domänen-Bauernkindern zunächst 3 Jahre [61]; bei Gutshof-Bauernkindern mindestens 5 Jahre. Der Gesindezwangsdienst war in Österreich bis 1918 in Kraft.

d) Er war zu Abgaben (Natural- oder Geldabgaben) und zu Diensten (Hand- und/oder Spanndiensten) verpflichtet für eine gemessene oder ungemessene (Tage pro Woche) Zeit im Jahr (Zeit der Aussaat und/oder Ernte oder das ganze Jahr über). Dies verstand man unter Fron, Robot oder Scharwerk;

e) abgesehen von den vorgeschriebenen Diensten (d) mußte er seine Arbeitskraft, falls erforderlich, dem Gutsherrn zusätzlich gegen Barentschädigung (= Lohn) zur Verfügung stellen;

f) sofern die vom Bauern geforderten Dienste nicht benötigt wurden, hatte er einen Geldbetrag zu leisten [62];

g) er hat sowohl den Ritteracker sowie den zur Eigennutzung überlassenen Boden des Gutsherrn so sorgfältig wie nur möglich zu bestellen, z. B. die ihm überlassenen Pferde und Ackergeräte in voll einsatzfähigem Zustand zu halten.

Die Pflichten der untertänigen Bauern waren so angelegt, daß sie je nach Bedarf oder Willkür des Gutsherrn milder oder strenger beansprucht werden konnten, ohne daß der Gutsherr sich gleich schuldig machte, den Rechtsstatus zu verlassen. Dementsprechend waren die Bemühungen der sog. „Bauernbefreiung" nicht so angelegt, den Bauern schlagartig aller seiner Pflichten zu entbinden, sondern lediglich ihm innerhalb dieser Pflichten gewisse Erleichterungen zu verschaffen, wie etwa die Dienstzeit pro Tag oder Woche zu verkürzen. Der Bauer blieb demnach immer Dienstbauer auf privatrechtlicher Basis. Die Dienstpflichtigkeit des untertänigen Bauern war somit auch nicht das persönliche Schicksal des einzelnen Bauern, sondern ein Rechtszustand, der an seinem meist von seinen Vorfahren übernommenen erbuntertänigen Hofbesitz hing.

Diesen Zustand der Dienstpflichtigkeit der Bauern schrieb in Zusammenfassung der historischen Entwicklung das Allgemeine Preußische Landrecht von 1794 fest.

Den *Domänenbauern* ging es im 18. Jahrhundert im allgemeinen besser als den Rittergutsbauern, weil sie vor den gutsherrlichen Rechten und Rechtsausdehnungen bis Rechtsübergriffen geschützt waren durch Generalpächter und die königlichen Beamten, die auf korrekte Durchführung und Beachtung der königlichen Anweisungen bestanden.

König Friedrich Wilhelm I. hatte das Domänenland, das vor seiner Zeit widerrechtlich in Adelsbesitz gelangt war[63], mit aller Härte wieder an sich gezogen, die Rittergüter zurückgekauft und durch „innere Kolonisation" seinen Domänenbesitz erweitert, damit freilich auch seine Macht ausgebaut. Er betrieb in entschiedenem Maße noch Domänenpolitik, viel mehr als Friedrich II., der die Domänengüter gleichermaßen wie die Rittergüter seiner allgemeinen Landwirtschaftspolitik unterstellte und beiden seine Förderungsmaßnahmen zugute kommen ließ[64]. Diese Förderungsmaßnahmen galten einer mächtigen Erweiterung der Landwirtschaft, also dem gezielten Getreideanbau, denn Getreideprodukte (Brot und Branntwein) galten dringender denn je als Hauptnahrungsmittel. Er ordnete auf Domänen- wie auf Rittergütern die Umbrechung von Weideflächen an, die Trockenlegung von Mooren und die Rodung von Wäldern, um sie in Ackerflächen umzuwandeln. Dazu begann er neben wirtschaftlicherem Düngebetrieb eine verbesserte und vermehrte Viehhaltung einzuführen (= Stallfütterung), sowie die Umwandlung der Dreifelderwirtschaft in die sog. Fruchtwechselwirtschaft[65].

Domänenbauern genossen Freizügigkeiten und Lebenserleichterungen, die Gutshofbauern nicht zukamen. So brauchten sie z. B. nicht um die Erteilung eines Heiratskonsens nachsuchen und mußten bei Arbeitsplatz- bzw. Wohnsitzwechsel auch kein Loskaufgeld zahlen. Diese Erleichterung hatte Friedrich Wilhelm I. am 17. August 1717 eingeführt, Friedrich II. bestätigte diese Verfügung in seinen Kabinettsordres vom 15. November 1743 und vom 8. Juli 1750 nochmals. Seit dem 25. April 1729 erhielten die Domänenbauern für Neubauten oder Reparaturen ihrer Höfe kostenlos Holz aus den königlichen Forsten, der Gesindezwangsdienst blieb auf drei Jahre begrenzt (Edikt vom 8. November 1773) und sie konnten auch nicht verpflichtet werden, einen wüst gewordenen oder heruntergewirtschafteten Hof zu übernehmen, weil es dank guter Wirtschaftspolitik des Königs so gut wie keine wüsten Höfe mehr auf Domänengebiet gab.

Domänenbauern besaßen ihre Höfe meist nicht erblich, ja es gab 1719 noch königliche Leibeigene, definiert als „Bauern, deren Person und Vermögen dem Herrn gehört". Erst nach dem Siebenjährigen Krieg hob Friedrich II. den Gesindezwangsdienst für Domänenbauern vollkommen auf, und 1777 verwandelte er ihr nichterbliches Besitzrecht in erbliches[66].

Domänenbauern lebten in der Uckermark, Mittelmark, Prignitz, Altmark und in Masuren, sie waren freie Leute und konnten auch nicht wider ihren Willen gezwungen werden, auf königlichen Vorwerken zu dienen, denn über jeder Zwangsanforderung stand das königliche Reglement.

König Friedrich Wilhelm I. hatte seinen Domänenbesitz (= ein Drittel der gesamten Landesfläche des Staates Brandenburg-Preußen war land- und forstwirtschaftlich genutzte Domänenfläche) bis auf wenige Ausnahmen nicht selbst bewirtschaftet, sondern in Pacht vergeben.

Mit Hilfe seiner *Pächter* erwirtschaftete er etwa die Hälfte der gesamten Staatseinnahmen. Gegen Ende seiner Regierungszeit beliefen sich die Staatseinnahmen auf 6,9 Millionen Taler, etwa die Hälfte davon, nämlich 3,3 Millionen Taler, stammten aus seiner Domänenwirtschaft. Das mag insofern für seine Domänenpolitik sprechen, als nämlich zu Beginn seiner Regierungszeit im Jahr 1713 die Domäneneinkünfte nur 1,8 Millionen Taler betrugen [67].

Etwa 1110 bis 1500 Pachtunternehmer arbeiteten im Auftrag des Königs. Diese Domänenpächter waren seit 1713 prinzipiell Bürgerliche, niemals Adlige. Sie waren zunächst Leute mit bescheidenen Standesansprüchen [68], deren Söhne wieder als Pächter bestellt wurden und erst allmählich zu geringem Wohlstand kamen. Ihr Dienstverhältnis war behördlich geregelt, ihre Pachtverträge wurden zunächst auf Zeit abgeschlossen, hielten in der Regel aber lebenslang. Man unterschied daher die Zeitpacht von der rechtlich bessergestellten Erbpacht.

Der Pächter genoß einen eigenen Status, denn Pachtrecht war eigentlich nicht mehr Bauernrecht und der Pächter war rechtlich betrachtet auch kein Bauer mehr, wenngleich er die Lebensart der Bauern beibehielt [69]. Sein sozialer Stand sah ähnlich aus wie der der Freibauern, er fungierte als Mittelstand zwischen Bauern und dem König und achtete genau auf die im Pachtvertrag ausgehandelten Pachtbedingungen. Sein Ziel lag in der strengen Einhaltung der vereinbarten Sollerträge. Es stand ihm nicht wie dem Rittergutsadligen zu, die Bauern durch Mehrbelastungen zu schinden.

Neben den Pächtern auf Domänengütern gab es auch Pächter auf Rittergütern. Rittergüter der Landadligen konnten von recht unterschiedlicher Größe sein, die umfangreichsten lagen in Ostpreußen und Schlesien. Die Rittergutsbesitzer gaben ihre Güter in Pachtverwaltung, weil sie, vor allem zur Zeit Friedrichs II., als Offiziere in der Armee dienen mußten, deshalb nicht mehr ununterbrochen auf ihrem Gut wohnen und es nicht mehr selbst bewirtschaften konnten.

Abwesenheit vom eignen Gut war der eine Grund, Pächter anzustellen. Der andere Grund hing meist mit der Größe des Gutes zusammen. Rittergüter waren zunehmend große und voneinander getrennt liegende Ländereien geworden, die der Gutsbesitzer, auch wenn er nicht abwesend sein mußte, unmöglich selbst verwalten konnte. Deshalb setzte er auf ferner liegenden Gütern Pächter ein, die sozusagen an seiner Statt den Gutsbetrieb regierten und im Sinne des Gutsherrn auf möglichste Ausnutzung der bäuerlichen Arbeitskräfte aus waren. Sie konnten sich daher das gleiche Recht wie der Gutsherr herausnehmen und die Bauern überfordern (mit Recht Unrecht tun) [69a]. Solche abgezweigten Gutswirtschaften, Filialen sozusagen, hießen Vorwerk. Bestand die Gutswirtschaft vorwiegend in Ackerwirtschaft, so sprach man von Ackerwerk.

Innerhalb der großen Gruppe der *Rittergutsbauern* unterschied man wiederum nach Besitzrecht, Dienstverpflichtungen und nicht zuletzt Leistungen als Steuerzahler verschiedener Gruppen. Es gab reiche Bauern mit schlechtem Besitzrecht, und es gab Bauern mit gutem Besitzrecht, was aber nicht ohne weiteres gleichbedeutend war mit persönlichem Wohlstand [70].

Die gutsuntertänigen Bauern waren *Erbzinsbauern* oder *Hochzinser*. Sie waren zwar einem Gutsherrn als Obereigentümer verpflichtet, besaßen ihren Boden aber erblich-eigentümlich und verkäuflich, waren persönlich frei und hatten das Recht auf Vermögen. Ihre Dienste und Abgaben (= Zinsen) gegenüber dem Gutsherrn resultierten aus ihrem Bodenbesitz [71].

Viele Neusiedler in den Kolonisationsgebieten, also im Oder- und Warthebruch, Prignitz und Pommern, von Sachsen bis Polen überdies, waren den Erbzinsbauern gleichgestellt, genossen aber zusätzliche Rechte wie die Freistellung vom Heeresdienst und geringere Fronleistungen auf den Rittergütern. Ihren Bruttoreinertrag berechnete man wie den der Freibauern auf mehr als 35 Doppelzentner Roggen (als Berechnungseinheit), sie galten als Großbauern und hatten Spanndienste zu leisten. Ihr Erbzinsrecht war bis 1850 in Kraft.

Erbzinsbauern mochten ursprünglich Freibauern gewesen sein, waren aber im Laufe der Jahrhunderte gutsuntertänig geworden. Sie wurden gelegentlich auch als Pächter angestellt. Erbzinsbauern als Rittergutspächter hatten sich vor allem nach dem Dreißigjährigen Krieg in der Mark heimisch gemacht. 1681 wurde in der Gesindeordnung verfügt, daß ein Pächter, der mindestens vier Jahre im Dienst war, bei Wegzug einen gleichwertigen Ersatzmann zu stellen hatte. Die Erbzinsbauern zahlten einen der Größe ihres

Hofes entsprechend hohen Zins, wurden dafür aber weniger zu Gutshofdiensten herangezogen, nahmen innerhalb der Bauernschaft auch eine etwas gehobene Stellung ein, lebten selten in bodenärmeren Gebieten und galten als Großbauern. Sie leisteten Spanndienste und schickten in der Regel Gesinde zur Hofarbeit. Meist hielten sie vier bis acht oder noch mehr Pferde, womit ihre Güter vom Herrn reichlich ausgestattet waren. Sie waren hauptsächlich deutsche Bauern. Sie konnten vor Gericht klagen und beklagt werden, hatten das Recht auf Eigentum an ihrem Vermögen, konnten Verträge abschließen, durften Erben einsetzen, waren aber in ihrer Freiheit beschränkt. Sie mußten beim Verlassen auch einen Gewährsmann stellen, wurden Untertan, wenn sie ihren Wohnsitz auf dem Besitz der Obrigkeit aufschlugen, mußten einen Eid leisten, seit 1645 genügte der Handschlag. Sie verpflichteten sich der Obrigkeit zum Zwangsdienst auf drei Jahre. Seit 1651 mußten sie ihre Kinder dem Herrn zum Dienst anbieten. In der Gesindeordnung von 1681 wurde die ganze Bauernfamilie in der Mittelmark und Prignitz vom Gutsherrn abhängig gemacht. Der Herr duldete keine ledigen Leute in seinem Bezirk, sie mußten mit 20 Jahren heiraten und sich ansässig machen.

Laßbauern oder *Lassiten* (von der Lasse = der Hörige) bildeten die große Mehrheit der erbuntertänigen gutsherrlichen Bauern. Lassiten verfügten nicht über Eigentums-, sondern nur Nutzungsrechte an ihrem Boden, ihr Besitz war rechtlich als Laß-Besitz definiert. Auch ihre Ackergeräte besaßen sie nicht als Eigentum, sondern nur zur Nutzung; sie gehörten dem Gutsherrn.

Da der Lassit sein Gut nicht als Eigentum besaß, durfte er es auch nicht ohne Einwilligung des Gutsherrn verkaufen, verschenken oder verpfänden. In Erbfällen blieb das Gut ungeteilt im Besitz des Gutsherrn, der es an den Nachfolger (Erben) weitervergeben konnte, wodurch dem Laßbesitz eine gewisse Erblichkeit zukam. Vom Hofgut war die Hofwehr (= eisernes Inventar) untrennbar (= mußte beim Hof bleiben, gleich, wer ihn bewirtschaftete), auch wenn der Bauer Teile davon selbst angeschafft hatte, die ihm gehörten. Was „eisern" zum Gut gehörte, war durch „Landesbrauch" bestimmt, gleich, ob der Bauer oder der Gutsherr den Hof erbaut hatte. Kaufte der Lassit dem Gutsherrn die Eigentumsrechte ab, wurde er automatisch in den Stand des Erbbauern gesetzt. In der Mittelmark und Prignitz waren die Bauern meistens Lassiten. Sie galten als Halb- oder Viertelbauern mit nur zwei bis vier Pferden, erwirtschafteten zwischen 18 und 35 Doppelzentner Roggen und waren zu Spann- und Handdiensten verpflichtet.

Nach der Gesindeordnung von 1769 bekamen die Laß-Kinder das Recht, die Nachfolge auf dem vom verstorbenen Vater bewirtschafteten Hof zu erzwingen. Zum Kennzeichen des lassitischen Besitzrechtes gehörte die jederzeit mögliche Revokabilität (= Rückforderung) des Hofes durch den Gutsherrn[72].

Das lassitische Besitzrecht hatte sich in verstärktem Maße nach dem Dreißigjährigen Krieg herausgebildet. Bei Neubauten oder Reparaturen war der Gutsherr zur Unterstützung verpflichtet, etwa durch Gestellung von Bauholz und Beiträge für die Brandkasse.

Die Laßbauern wurden erst nach 1800 volle Eigentümer ihres Bodens, die Spanndienste entfielen und für den Erwerb des Eigentumsrechts mußten sie dem Gutsherrn eine Zahlung leisten.

Laßbauern waren erblich vor allem in der Mark Brandenburg, sie durften also ohne Einrede des Gutsherrn den Erben als Nachfolger bestimmen, das Nutzungsrecht wurde auf lebenslang ausgedehnt. Dafür nahm sich der Gutsherr das Recht, die kräftigsten Kinder für seinen Hofdienst auszusuchen, wenn er schon in Erbfragen kein Mitbestimmungsrecht mehr hatte. Laßbauern, die ihre Höfe erblich besaßen, durften frei über ihre Güter verfügen, sie verlassen und vererben, an wen sie wollten. Vor allem in der Mittelmark war die Nichteigentümlichkeit (= nur Nutzungsrecht), aber zugleich Erblichkeit üblich[73].

Laßbauern, die ihren Boden nicht als Eigentum besaßen und keinerlei Rechte auf Vererbung hatten, waren die am schlechtesten gestellten untertänigen Gutshofbauern in großer Mehrheit. Sie hatten lediglich Nutzungsrechte, teils auf Lebenszeit, teils auch nur auf Kündigung[74], waren zu ungemessenen Frondiensten verpflichtet und besaßen weder ihre Sachen (Habseligkeiten) noch sich selbst als Privatperson als Eigentum. Der Mensch wurde wie eine Sache behandelt und auch gehandelt, er konnte verkauft, verschenkt oder verspielt und verpfändet werden ohne jede Chance und ohne jedes Recht, dagegen Einspruch zu erheben. Es waren Menschen, auf die sich Rechte nur in negativer Form niedergeschlagen hatten: nicht-eigentümlich, nicht-erblich, nicht-persönlich, nicht-gemessen. Sie standen sozusagen auf der alleruntersten Sprosse der Lehensleiter und machten den Stand der Menschen aus, die man *Leibeigene* nannte. Leibeigene gab es auf Domänen- und Rittergütern fast überall. Es war jene rechtlose große Gruppe, die hemmungslos ausgebeutet werden durfte.

Im Augsburger Reichsabschied von 1555 waren den Grundherren ausdrücklich die Gefälle aus der Leibeigenschaft zugesprochen worden.

Neben den Großbauern mit viel Land und entsprechend hohem Rohertrag und den Klein- oder Halbbauern gab es im Lehenssystem die ebenfalls weitverbreitete Gruppe der *Viertel-* oder gar nur *Achtelbauern* mit kaum den Lebensunterhalt abdeckender Bodennutzung, mit nur einem oder gar keinem Pferd oder Ochsen, lediglich einer Kuh oder ein paar Schafen oder Hühnern. Sie waren nicht spannfähig und wurden daher zur Handarbeit herangezogen.

Hier muß zunächst die Gruppe der *Kossäten* genannt werden. Ihr geringes Ackerland lag nicht auf der Flur, sondern außerhalb in Wurten, also einem Stückchen Land, das nicht mehr in Äcker aufgeteilt werden konnte.

Hier war nun die Palette der Existenzmöglichkeit recht variabel. Es konnte sein, daß ein Kossät mehr ungünstig gelegenes Land nutzen durfte als ein Halbbauer oder daß er wenig Land, dafür aber zwei schäbige Pferde besaß, und doch keinen Spanndienst leisten mußte. Hand- und Fußdienste waren daher die Regel[75]. Der Kossät war zwar von Sonntagsdiensten befreit, mußte aber widerspruchslos arbeiten, wenn der Gutsherr es wünschte. Wollte er sein Brot backen, mußte er um einen halben arbeitsfreien Tag beim Gutsherrn nachsuchen, wie überhaupt eine Dienstfreiheit genau reglementiert war: Wollte er sein abgebranntes Haus wieder instandsetzen, konnte er ein Jahr Dienstbefreiung erhalten, denn er mußte alle Arbeiten eigenhändig ausführen, da ihm aus Zeitgründen kein anderer helfen konnte. Für die Beerdigung eines nahen Angehörigen stand ihm ein ganzer dienstfreier Tag zu; wollte er ein Grab herrichten, so nur ein halber; wollte er aber lediglich am Leichenbegängnis bis zum Grab teilnehmen, so galt die dienstfreie Zeit nur so lange, bis die Leiche zu Grabe getragen und beerdigt war.

Erwies sich der Kossät als tüchtige Arbeitskraft, so konnte er ohne weiteres vom Gutsherrn auf einen größeren Bauernhof gesetzt werden mit den dazu gehörenden Fronpflichten; umgekehrt durfte der Gutsherr einen weniger tüchtigen Bauern absetzen und ihm lediglich eine Kossätenstelle anweisen[76].

Vor allem nach dem Dreißigjährigen Krieg, als viele Bauernhufen zum Gutsherrenland eingezogen wurden, geschah häufig die Umwandlung von Bauern- in Kossätenstellen, was eine wesentliche Verschlechterung der bäuerlichen Rechte, geradezu ihre weitere Entrechtung bedeutete. Diese Entrechtung folgte genau dem Lehensdenken: aus erblichem Besitz wurde unerblicher, aus halbbäuerlichem wurde ein viertelbäuerlicher gemacht bis hinab zur totalen Enteignung, dem Stand der Besitzlosen.

Dasselbe wie die Kossäten waren die sog. *Gärtner*, nach ihrem Land, das nicht mehr als Acker, sondern nur noch als Garten zu nutzen war, so genannt. In Niederschlesien hießen sie Dreschgärtner, in Oberschlesien Robotgärtner. Die Gärten waren meist eingezäunte Wurten in der Nähe des Guts- oder Bauernhofes, am Dorfrand oder auf der gemeinen Weide.

Die Dreschgärtner konnten geringe Eigentumsrechte an ihren Gärten besitzen, nicht aber die Robotgärtner[77]. Die Dreschgärtner wurden zum Säen des Getreides eingesetzt und für Erntearbeiten, sie erhielten für ihre Arbeit die 10., 11. oder 12. Garbe. Auf fünf bis sechs Bauern kamen im Durchschnitt zwei bis drei Kossäten oder Gärtner je adliges Gut. Zur Stelle eines Dreschgärtners gehörte ein Wohngebäude für die Familie und dazu allenfalls zwei oder drei Morgen Land (ein Morgen = soviel Ackerfläche, wie ein Gespann an einem Morgen umpflügen kann).

Ihre Dienste bestanden in Erntearbeiten = Mähen, Einbinden des Getreides, Wenden bei Regen, Ziehen von Wasserfurchen etc. Dafür wurden sie natural entlohnt (Garben), nicht also mit Geld oder Kost. Für diese Arbeiten waren 3 Personen nötig: der Dreschgärtner mit Frau und Kind oder Magd; in gewöhnlichen Diensten = alle zum Wirtschaftsbetrieb eines Gutshofes erforderlichen Handarbeiten auf Feldern, Wiesen oder in Gutsgärten. Ihr Lohn war die „Hebe" (= 18. Scheffel des Ausdruschs), Kost oder eine Geldsumme.

Die Robotgärtner waren nicht Eigentümer ihres Bodens und

standen oft im Pachtverhältnis[78]. Ihre Arbeitszeit war nicht nur ungemessen, sondern auch unregelmäßig. Sie begann nach der Bestimmung des Gutsherrn um 8 oder 10 Uhr morgens und dauerte bis in die Nacht. Für die fast tägliche Handarbeit (1 bis 3 Personen hatten ein Stück Land bis zu 30 Morgen zu bearbeiten) gab es ebenfalls die „Hebe", dazu aber freie Hütung des Viehs im Wald, freies Brennholz und Waldstreu. Die Handdienste der Kossäten oder Gärtner waren auch dort erforderlich, wo das Gut eigene Gespanne unterhielt[79].

Kossäten oder Gärtner rechnete man auch zur sog. „unterbäuerlichen" Schicht, sie hatten oft mehrjährige Arbeitsverträge und blieben meistens lebenslang auf dem Gut in Arbeit. Ihre Stelle konnte ihnen aber jederzeit gekündigt, ja, sie durften ohne weiteres zum Verlassen ihrer Wohnung genötigt werden.

Auf der gleichen Stufe wie die Kossäten standen die *Häusler, Büdner* oder *Kätner*, die nach ihren Wohnverhältnissen so genannt wurden. Katen hießen die Behausungen von geringsten Lebensansprüchen. Häusler besaßen wie die Kossäten so wenig Land, daß sie nicht davon leben konnten und auf Nebenerwerb angewiesen waren. Seit dem Edikt von 1670 konnten Häusler, die sich drei Jahre ununterbrochen an einem Ort aufgehalten hatten, gezwungen werden, ein wüstes Gut zu übernehmen.

Friedrich II. hatte im Oder- und Warthebruch viele Kolonisten als Häusler eingesetzt. Er wollte keine landlosen Leute, sondern seßhafte Kleinbesitzer mit genügend Zeit und guter Arbeitskraft für die größeren Güter. Auch hier stellten sich die auf königlichen Domänengütern angesiedelten Häusler besser und waren persönlich freier als die auf Rittergütern. Wesentlich war immer ihre Handfertigkeit und persönliche Geschicklichkeit.

In Pommern war nach dem Dreißigjährigen Krieg ein starker Rückgang der Vollbauern und Kossäten zu verzeichnen, dafür nahmen die Häusler und Insten zu[80]. Die Häusler durften dort ihre paar Schafe, Schweine oder Gänse auf den Feldern der Gutsbesitzer oder -pächter mitweiden[81]. In Niedersachsen hießen die Häusler „Brinksitzer", in Schlesien auch „Angerhäusler", in Ostpreußen und Pommern „Instleute".

Insten oder *Instleute* besaßen in der Regel etwas Land zur Nutzung. Ihr Land war aber so wenig ergiebig, daß sie als Guts-*Tage-*

löhner, also als reine Lohnarbeiter arbeiteten. Sie erhielten üblicherweise auf freiwilliger Basis Arbeitsverträge (seit 1550) für ein ganzes Jahr und dafür den 9. oder 10. Scheffel Ausdrusch, Kost und etwas Bargeld, bei täglicher und ganztägiger Arbeit allerdings. Insten waren sehr gefragte Arbeitskräfte, und nicht selten stellten sie sich, besonders, wenn sie auf Domänengütern arbeiteten, besser als mancher Bauer.

Der Inste (= Dienstmann) hatte keine feste Wohnung wie die Häusler, sondern mußte da und dort sein Unterkommen suchen[82] und zur Miete wohnen. Arbeitete er aber für wenig Geld täglich auf dem Gut, erhielt er vom Gutsherrn eine freie Wohnung (Kate) zur Verfügung gestellt, Futter für eine Kuh oder Kleinvieh und etwas Land drumherum (maximal 1 ha). Landarbeiter oder Guts-Tagelöhner genossen demnach eine zeitlich begrenzte Sicherheit ihrer Existenz[83] und waren handdienstpflichtig[84].

Hatte der Inste viel zu tun, brachte er eine Hilfskraft mit, oft Scharwerker oder Hofgänger genannt (Bursche oder Magd). Nicht selten lebten Insten und Scharwerker samt Familien in einer Kate beisammen[85]. Sie besaßen wenig Hausrat, galten als sorglos und unwirtschaftlich und konnten weder mit Korn noch mit Viehfutter haushalten. Sie heirateten sehr früh und benutzten ihre Kinder zum Viehhüten, die Schule besuchten sie kaum. Für die Insten-Burschen war der Militärdienst meist eine angenehme Abwechslung. Insten galten als verstohlene (Feld- und Holzdiebstähle) und scheue Wesen von stumpfem oder rohem Gesichtsausdruck[86].

Die Katen in Pommern waren oft aus Lehm und Fachwerk gebaut, mit niedrigem, schadhaftem Strohdach gedeckt, Fensterscheiben waren nicht selten blind oder zerbrochen und mit Brettern vernagelt oder mit Papier zugeklebt[87]. Der Flur war mit Feldsteinen ausgelegt, die Stube hatte einen holprigen Lehmfußboden. In der Küche stand der Herd oder „Schweef", in der Stube daneben ein aus Flußsteinen zusammengemauerter Ofen, darum oft eine Ofenbank; in der Mitte der Tisch, dessen Beine aus soliden Mauersteinstücken bestanden, ein paar Stühle, zwei Betten für Mann, Frau und zwei Kinder zwischen 2 und 14 Jahren. Zwischen den Betten stand die „Lade". Zum Mobiliar einer Kate gehörte obligatorisch ein Webstuhl und ein Spinnrad. Die Decke war sechs Fuß hoch (= 1,80 Meter), mit dickem Papier benagelt, worin sich vom Dachbodenraum durchrieselnder Torfmull, Heusamen oder sonstiges Gemüse ansammelte. An die Stube oder Hauptkammer schloß sich eine fensterlose kleine Kammer an, unmittelbar daneben war der Stall für ein paar Schweine, ein Kalb oder eine Kuh, Kaninchen, Hühner oder Gänse angebaut[88]. Die Katen waren eng und dumpf, zum Teil ohne Schornstein; Menschen und Vieh lebten miteinander.

Im Tagelohn arbeitende Kossäten, Häusler, Insten oder Einlieger stellten einen großen Teil der ostdeutschen Landarbeiter dar.

Die Bevölkerung des preußischen Staates wuchs zwischen 1740 und 1800 um etwa drei Fünftel. Diese Zuwachsrate ging hauptsächlich auf die Gruppe der Landarbeiter oder der „unterbäuerlichen Arbeitskräfte" zurück[89]. Sie machten zugleich jene soziale Schicht aus, die man „Landarmut" oder „Ortsarme" nannte.

Mit einem Tagelöhner konnte der Gutsherr verfahren wie mit jedem Bauern: Er konnte ihn als Belohnung für gute Arbeit zum Bauern mit allen Rechten und Pflichten befördern – oder einen nicht tauglichen Bauern wegen schlechter Arbeit zum Tagelöhner degradieren. Tagelöhner konnten nicht-erstgeborene Bauernsöhne sein, die sich Geld verschafften, ehe sie in den Nutzungsbesitz eines Bauernhofes kamen, es konnten aber genausogut Kossäten oder Häusler sein, die, aus welchem Grunde immer, ihre Nutzungs- und Besitzrechte verloren hatten.

Nach der Landregulierung von 1811 galt der Grundsatz: Wer kein Land besitzt, darf auch nicht mehr an der Weide teilhaben. Die Folge war: Die Ortsarmen mußten ihre paar Schafe, Schweine und Gänse verkaufen oder schlachten und von nun an ihr Fett für die Küche oder ihre Wolle für die Kleidung vom kargen Tagelohn anschaffen. Ihre Hauptnahrung bestand aus Kartoffeln und Salz.

Gegenüber den Insten waren *Einlieger* solche Arbeitskräfte, die überhaupt nichts zur Eigennutzung besaßen, also weder Haus (Kate) noch Land. Einlieger wohnten wie Insten bei den Häuslern zur Miete und zwar so, daß der Mehrteil der Zinsbelastung des Häuslers auf die Insten und Einlieger abgewälzt und mit deren Mietschuld verrechnet wurde. Betrug der Grundzins des Häuslers z. B. acht Taler, so hatten sieben davon die Mieter zu zahlen[90].

Die Einlieger waren ursprünglich besitzlose freie Leute, wurden aber erbuntertänig, sobald sie begannen, für ein Herrengut zu arbeiten, wodurch sie vom Gutsherrn abhängig wurden. In diesem Fall wurden freilich auch ihre Kinder erbuntertänig.

Gesindezwangsdienst und Leibeigenschaft

Beide Begriffe klingen nach tiefstem Mittelalter, verbunden mit den dunklen Bildern der härtesten Sklaverei, mit Not und Pein und menschenunwürdigsten Lebensbedingungen. Man stellt sich zerlumpte Gestalten vor, die aneinandergekettet in die Schlacht geführt und wie selbstverständlich als Kanonenfutter verheizt wurden. Solche Vorstellungen aus der Zeit der Zarinnen Elisabeth und Katharina von Rußland haben ihren Wahrheitsgehalt und wohl auch ihre Berechtigung, denn es drehte sich eben um russische Verhältnisse, die man mit dem Gefühl der moralischen Abwertung und Verwerflichkeit abtut.

Allein, Gesinde und Leibeigene gab es auch im Westen überall, wo die Rittergutsverfassung das Arbeits- und damit auch Lebensverhältnis regelte, auch im aufgeklärten Preußen Friedrichs II., hier sogar in besonderem Maße, weil kein preußischer König den Adel so „feudal" hofierte und hofieren mußte wie er, um überhaupt sein Regierungskonzept und seine aufgeklärte Staatsidee durchsetzen und durchhalten zu können.

Gesinde und Leibeigene gehörten in das soziale Gefüge, das beim Regierungsantritt Friedrichs II. voll ausgebildet war und funktionierte. Mißstände, die mit diesen beiden Begriffen verknüpft waren, blieben ihm durchaus nicht verborgen. Auf Beschwerden der Bauern reagierte er in der Regel spontan und so gut er konnte, worüber vor allem Berichte über seine Revue-Reisen durch Schlesien ein anschauliches Bild vermitteln. Aber einmal ging es ihm weniger um das einzelne Schicksal dieses oder jenes Bauern, sondern in erster Linie um die Erhaltung seiner Arbeitskraft, die er sowohl für die Landarbeit wie für das Heer unbedingt brauchte – zum anderen dachte er im Falle einzelner Erleichterungen besonders geschundener Untertanen nie daran, das ganze System zu ändern, was eine Verbesserung der Lebensmöglichkeiten grundsätzlich in die Wege geleitet hätte: bei allen seinen

Versuchen hatte er mit den Widerständen der Adligen zu kämpfen, oft ist er gescheitert, er, wie übrigens auch der Kaiser und König von Österreich-Ungarn.

Wenn er schon das System nicht ändern wollte, weil es sein Staatssystem war, so wird um so interessanter sein zu sehen, welche partikularen Erleichterungen er durchsetzen konnte, die man unter dem Begriff der Bauernbefreiung zusammenfaßt. Auch bei diesen Bemühungen stand er nicht allein, die Bewegung der Bauernbefreiung war eine europäische Angelegenheit.

Ehe wir nach seinen Maßnahmen im einzelnen fragen, muß festgehalten werden, was es genauer mit dem Gesinde und den Leibeigenen auf sich hatte. Der Begriff Gesinde hatte im 18. Jahrhundert durchaus keinen anrüchigen Klang, sondern bezeichnete nichts anderes als den sozialen Status des Bauern als dienende Klasse im Feudalsystem.

Mit Gesinde war der Hauptbestandteil der landwirtschaftlichen Arbeitskräfte gemeint. Die Gesindepersonen entstammten alle dem Bauernstand und wurden auch dazu gerechnet. Die meisten landwirtschaftlichen Arbeiten, ob auf dem Feld, in der Vieh- oder Hauswirtschaft, beim Säen und Ernten vor allem, wurden vom Gesinde verrichtet, weil das Arbeitskräfte waren, die zu jeder Zeit bei Tag und Nacht zur Verfügung standen und einsatzbereit zu sein hatten.

Gesinde gab es auf Domänengütern ebenso wie auf adligen, sie gehörten zur Arbeitsverfassung aller Güter. In sog. „Gesinde-, Hirten- und Schäferordnungen" wurde ihre rechtliche Lage festgelegt und ihre persönliche Freiheit immer mehr eingeengt; so 1518 noch ohne nähere Arbeitszeitbestimmung und ohne Festsetzung der Strafen im Falle des Entlaufens. In den Ordnungen von 1550 und 1575 wurde festgehalten, daß der Gutsherr, der entlaufenes Gesinde in Arbeit nimmt, mit fünf Talern Strafe zu belegen ist. Von nun an wurde der „Entlaßschein" oder die „Kundschaft" üblich. Vom Mittelalter her gab es zahlreiche solcher Ordnungen, die alle darauf bedacht waren, soviel wie nur möglich die Gesinde-Arbeitskraft auszubeuten, um die Betriebswirtschaft eines Gutes zu garantieren, denn das Gesinde mußte zu einem großen Teil die fronenden Bauern ersetzen, die, je besser sie besitzrechtlich gestellt waren, desto weniger persönlich Hofdienste ausführten. Gesinde mußte zuverlässig verfügbar sein, was nur unter Zwangsmaßnahmen möglich schien.

Gesinde betreffende Zwangsvorschriften reichten oft bis in den privatesten Bereich hinein. So hatte Kurfürst Joachim Friedrich in seiner Regierungszeit von 1598 bis 1608 unter Berufung auf Gesindeordnungen von 1472, 1527 und 1531 genau bestimmt, wie sich Gesinde auf Kirmessen zu verhalten habe, was Gesindeleuten bei Taufen und Hochzeiten zustand, welche Kleider sie zufolge ihrer Standeszugehörigkeit tragen durften, und zwar aus welchem Stoff die Kleider zu sein hatten und welchen Schmuck man dazu anlegen dürfte; es war festgelegt, wieviel Bier an Werktagen, Sonn- und Feiertagen, wieviel an Familienfeiertagen getrunken werden durfte[91] usw. Als Besitzlose hatte das Gesinde wenige Rechte, dafür aber viele Pflichten, und da die Besitzlosen auch keine Grundsteuern zahlen mußten, wurden sie nicht in den Steuerlisten erfaßt, traten also als unterster Stand im Staat offiziell kaum oder gar nicht in Erscheinung.

Gesindeordnungen häuften sich, so: 1635, 1653, 1670 und 1681; 1685 für Ucker- und Neumark, Crossen und Züllichau. Die „Erweiterte und erklärte Bauern- und Schäferordnung" vom 1. Juli 1645 regelte für Schwedisch-Vorpommern: „Die Bauern sind in unserem Land und Herzogtum keine Erbzins- oder Pachtleute, sondern Leibeigene", werden zu ungemessenen Frondiensten „ohne Limitation und Gewißheit" verpflichtet, dürfen kein „Dominium" haben, nicht der Vater, sondern die Obrigkeit (= Gutsherr) hat das Recht, Söhne für die Arbeit auszusuchen, dürfen sich nicht anderswo niederlassen oder ohne Wissen des Herrn heiraten oder ein Handwerk erlernen.

Der Große Kurfürst hatte die 1620 auf drei Jahre festgelegte Gesindedienstzeit auf unbestimmte Zeit aufgehoben, verpflichtete die Kinder eines Verstorbenen, dessen oder einen anderen wüst gewordenen Hof zu übernehmen. Strengste Strafen drohten jedem Gesindemenschen, der sich davor drücken wollte und gar davonlief. Sein Name wurde an den Galgen geschlagen[92]. Bauern wie Soldaten hatten die Aufgabe, Entlaufene einzufangen, um sie der Verurteilung zu ewiger Gefängnis- und Besserungsarbeit auszuliefern. Das Abzugs- wie Loskaufgeld war so hoch angesetzt, daß es fast unerschwinglich war: Das Loskaufgeld betrug 1696 pro Person 4 bis 6 Taler und 1773 unter Friedrich II. gar: 20 Taler pro Mann, 10 Taler pro Gesindefrau und 6 bzw. 3 Taler pro Gesindesohn bzw. -tochter[93]. Erst später wurden die Loskaufgelder abgeschafft.

Im Rahmen des sog. „Bauernschutzes" – wobei es um die Erhaltung der bäuerlichen Arbeitsstellen und die Sicherung des Bauernlandes und nicht um den Schutz der einzelnen Bauern ging, sowie um die Bewahrung vor dem zeitbedingten Brauch der Adligen, Bauernland an sich zu ziehen und der eigenen Gutswirtschaft einzuverleiben (= Bauernlegen) – hob Friedrich II. nach dem Siebenjährigen Krieg wenigstens auf seinen Domänen den Gesindezwangsdienst auf[94]. Das Bauernlegen war gewiß kein Willkürakt der Adligen, sondern nach dem Dreißigjährigen Krieg im Interesse der Erhaltung und des Wiederaufbaus von zerstörtem Ackerland sogar gesetzlich gestattet. Friedrich II. konnte seine Maßnahmen nur durchführen, weil er auf seinen Domänen, vor allem in Ostpreußen, nicht mit dem Widerstand der Adligen zu rechnen hatte.

Das Bauernlegen hatte es auf allen Gütern mit sich gebracht, die Frondienstzeit von der gemessenen in die ungemessene auszudehnen. So war es schon viel, als Friedrich II. von den adligen Gutsbesitzern auf dem Weg des Wunsches oder des Vorschlages verlangte, die Dienste um einen Tag zu verkürzen, wobei er wie seine Vorgänger nicht gerade mit bestem Beispiel voranging, denn die preußischen Trockenlegungsarbeiten im Interesse der Landgewinnung wurden oft unter unmenschlichen, ungemessenen Arbeitsbedingungen in Regen und Schlamm, bei miserabler Verköstigung durchgeführt, so bei den Arbeiten am Müllrosekanal (1662 bis 1669), am Havelländischen Bruch (1718 bis 1724), am Oderbruch (1746 bis 1753), am Masurischen Kanal (1764 bis 1776), an den Warthe- und Netzebrüchen (1767 bis 1785) und am Drömling (1778 bis 1792).

Immer wieder wurden Versuche unternommen, in den Zwangsgesindedienst eine allgemeine und für alle Provinzen gültige Regelung zu bringen. Während der Regierungszeit Friedrichs II. allerdings ohne durchschlagenden Erfolg. So mußten in der Altmark und in allen Teilen der Kurmark Gesindekinder in Wahrheit nicht nur drei bzw. fünf Jahre dienen, sondern so lange, bis sie auf eine volle Bauernstelle gesetzt werden konnten. 1769 wurde verfügt, daß alle Untertanen, die in eine Zunft eintreten wollten, noch ein volles Jahr dem Gutsherrn zu dienen hatten. Die Deklaration vom 15. Mai 1743 schränkte jene vom 18. März 1737 wieder ein, nach der die Verheiratung von Gesindetöchtern innerhalb der Provinz frei gestattet war. Auch blieb der Brauch bestehen, daß der Gesindebauer bei Dienstantritt einen Eid auf den König zu leisten, Annahme- wie Abzugsgeld zu erbringen und den Heiratskonsens des Gutsherrn einzuholen hatte.

Friedrichs II. Gesindeordnung vom 15. März 1767 erneuerte jene aus dem Jahr 1633, die dem Gutsherrn das Vormiet-Recht bestätigte[94a], unter den Bauernkindern die auszusuchen, die ihm als Arbeitskräfte am geeignetsten erschienen, die also besonders robust, gehorsam und willig waren.

Nach den Bestimmungen des Allgemeinen Preußischen Landrechts (1794) durfte im ausdrücklichen Anschluß an den alten Landtagsrezeß von 1550 jeder Gutsherr mit den Diensten verfahren „wie es von alters üblich war." Die Bestimmungen von 1794 blieben die gleichen wie die vor dem Dreißigjährigen Krieg, d. h., die Dienstzeit blieb ungemessen, wenn auch die gemessene unter dem Beschwerdedruck des Gesindes häufiger eingehalten wurde.

Das schwere Los der ungemessenen Dienste war eine direkte Folgeerscheinung des Bauernlegens durch den Adel nach dem Dreißigjährigen Krieg. Gewisse Erleichterungen versuchten die Könige Friedrich Wilhelm I. und Friedrich II. in Edikten von 1714 (= Wiederherstellung aller früher vorhandenen Bauernstellen innerhalb von sechs Monaten), 1717 (= Wiederbesetzung der Stellen auch durch Kossäten), 1739, 1749 und noch 1764. Von nun an war dem Adel die Einziehung wüster Bauern- und Kossätenstellen unter Strafe verboten, die Wiederbesetzungsfrist wurde auf ein Jahr verlängert. Der Adel schluckte das Verbot, bestand aber auf seinem alten Recht, einen Bauern wegen Ungehorsams einfach abzusetzen, das hieß in der Regel, mit einem noch willigeren neu zu besetzen. An den minimalen Rechtsansprüchen der Bauern hatte sich nichts gebessert. Der Erlaß vom März 1737 half ihm wenig, in welchem Friedrich Wilhelm I. den Befehl verkündet hatte, „daß kein Landesvasall, von denen Markgrafen an bis auf den geringsten, einen Bauern ohne begründete Raison und ohne den Hof gleich wieder zu besetzen, aus dem Hofe werfe".

Die Maßnahmen des gegen das Bauernlegen durch Adlige gerichteten Bauernschutzes probierte Friedrich II. zuerst in Schlesien aus, seit 1749 wesentlich verschärfter im ganzen Königreich. Aber die Bestimmungen wurden immer wieder von einzelnen Gutsherren durchbrochen, vor allem in Ostpreußen, so daß Friedrich II. 1772 erneut für den Bestand der Bauerngüter eintreten, dafür freilich eine Amnestie für alle adligen Verbotsübertretungen vor dem Stand von 1749 zusichern mußte.

In Schlesien hatte Friedrich II. in Schlabrendorff einen Provinzialminister, der mit aller Härte gegen die schlesischen Adligen das Verbot durchsetzte. Alle Bauernhöfe, die nach 1756 eingezogen worden waren, mußten die Adligen wieder herausrücken.

Das Bauernschutzgesetz wurde in Ostpreußen so gut wie gar nicht durchgeführt, in Westpreußen wurde es mit Erwerb des Landes 1772 sofort eingeführt. In den anderen Provinzen Brandenburg und Pommern beließ man es beim Besitzstand von 1756 wie in Schlesien. Im Zusammenhang mit der „Bauernbefreiung" verlor das Gesetz seine Wichtigkeit immer mehr, erst 1806, dann 1816 und 1826[95].

So gut das Bauernschutzgesetz von Friedrich II. gemeint gewesen sein mag, so sehr er deshalb mit seinen adligen Gutsherren in mehr oder weniger scharfe Auseinandersetzungen geriet, und soviel die Bauern in ihren Stellen davon profitieren mochten, so trat doch eine Entwicklung ein, die das Gesetz noch von einer anderen Seite durchlöcherte: Nach 1763 zog nämlich der technische Aufschwung in manchen Gutsbetrieb ein und gab dem Gutsherrn übergenug Grund, Bauern massenhaft zu vertreiben, weil ihre Arbeitskräfte nicht mehr gebraucht wurden. Der Gutsherr war auf den Einzug neuen Bauernlandes nicht mehr angewiesen, weil seine Gutswirtschaft und d. h. Getreideproduktion durch den Übergang von der Drei- zur Vierfelderwirtschaft beträchtlich gesteigert werden konnte. Von nun an herrschten zwei Fluren mit gutsherrlichen und bäuerlichen Äckern vor[96]. Sehr säuberlich wurde vor allem in Pommern zwischen den beiden Fluren getrennt. Die gesteigerte Getreideproduktion brachte die Adligen auf den Geschmack des Geldverdienens. Jeder Gutsherr wollte aus seinem Lehensgut soviel wie nur möglich herausschlagen. Also beschlossen viele, ihren Besitz, den sie anderen zur Nutzung überlassen hatten, noch wirtschaftlicher zu gestalten. Sie gingen dazu über, aus den Bauern Pächter zu machen. Sie zettelten regelrechte Konkurrenzkämpfe unter den Bauern an, und derjenige Bauer durfte ganz nach Vorschrift des Bauerngesetzes sein Land behalten, der die meiste Pacht zahlen konnte. Hatte ein Bauer sich als zahlungsfähig erwiesen, so wurde sein Pachtvertrag auf sechs, sogar auf 12 Jahre abgeschlossen. Blieb aber die jährlich zu zahlende Pachtsumme aus, so war er selbst schuld, wenn der Gutsherr ihm die Pachtstelle entzog. In diesem Fall aber hatte der Bauer keinerlei Recht mehr auf weitere Beschäftigung, auch nicht, wenn seine Pachtzeit regulär noch nicht abgelaufen war. Kein Gericht konnte ihm zu einer anderen Stelle verhelfen.

Durch diesen Trick der Pachtverträge wurde zwar mancher Bauer von einem Lassiten zu einem Zeitpächter, gebessert hatte sich aber sein Rechtsstand überhaupt nicht, lediglich der Gutsherr hatte den Bestimmungen des Bauernschutzgesetzes Genüge getan, wohl das Lob seines Königs dafür eingeheimst, und wenn er jetzt mehr oder weniger willkürlich Zeitpächter einsetzte, hatte er auch noch das volle Recht dazu.

Solche Verwandlungen von Lassiten in Zeitpachtbauern fanden recht häufig um 1780 in Pommern statt. Der Gutsbesitzer konnte einen Pächter überdies dadurch sehr einfach loswerden, indem er den zu zahlenden Pachtbetrag erhöhte. Denn der Lebensstandard des Gutsbesitzers steigerte sich mit den wachsenden Marktchancen für Getreide, also brauchte er immer mehr Geld, das man Pachtrente nannte, welches er nur bekommen konnte, wenn er den Pächter in der gleichen Art unter Druck setzte wie zuvor den Lassiten.

Die Verfassungsform des Rittergutes war bis Ende des 18. Jahrhunderts abgeschlossen und gefestigt. Die soziale Struktur des Bauernstandes vom Freien oder Kölmer über den Lassiten bis zum Kossäten und Landlosen blieb bei wenigen Veränderungen im Besitzrecht und der Arbeitszeit bestehen. Sie fand sich nicht nur im Staat Preußen, sondern auch in anderen Teilen Deutschlands, z. B. Schlesiens, Holsteins, Schleswigs. In Reinform bestand diese Rittergutsverfassung im Gebiet zwischen Böhmerwald, Erzgebirge und Elbe. Wo die Bewohner ursprünglich slawisch waren, wurde die Hörigkeit bzw. Erbuntertänigkeit wesentlich schärfer gehandhabt, und die Besitzrechte waren durchweg schlechter als in den Gebieten, wo deutsch gesprochen wurde. Diese Grenze läßt sich auch zwischen Ober- und Niederschlesien feststellen [97].

Je weiter östlich, um so schlechter stand es um die Bauern, was zum großen Teil in der slawischen Mentalität mitbegründet sein mochte. Die unterwürfige Natur der Slawen wurde vor allem in Polen und Rußland von den Gutsherren ausgenutzt, diente aber nicht selten den weiter westlich wohnenden Gutsherren als Vorbild für den Grad der Unterdrückbarkeit der Bauern [98].

Der Große Kurfürst hatte in dem schon erwähnten Landtagsrezeß von 1653 die Bauern der Uckermark und Neumark als *Leibeigene* bezeichnet und ausdrücklich festgesetzt [99]: „Die Leibeigenschaft thut an den Orten, wo sie introduciert und gebräuchlich, allerdings verbleiben." Wer nicht als Leibeigener gelten wollte, mußte sich von seinem Gutsherrn eine entsprechende Urkunde darüber ausstellen lassen, was üblicherweise so gut wie gar nicht geschah. Ohne den Besitz einer solchen Urkunde war der Bauer ein Leibeigener. Zum Tauschgeschäft des Großen Kurfürsten mit den Landständen 1653 im Interesse der Finanzierung seines stehenden Heeres gehörte es, die Leibeigenschaft der Bauern immer weiter auf Kosten der Bauern mit erblichem Besitzrecht auszudehnen.

Der Große Kurfürst konnte sich auf die Bauern-, Schäfer- und Gesindeordnung von 1616 berufen, in der für das Herzogtum Pommern-Stettin die Bauern ohne Ausnahme als leibeigen galten (= „homines proprii et coloni glebae adscripti"). Der Leibeigene [100] galt als schollengebunden, zu unbegrenzten Frondiensten verpflichtet, Felder, Wiesen und Wälder waren Eigentum des Gutsherrn, Erbrecht gab es nicht. Der Gutsherr durfte nach Willkür den Bauernhof des Leibeigenen einziehen und den Bauern samt Familie auf einen anderen, je nachdem auch schlechteren Hof versetzen. Ohne den Besitz einer Freilassungsurkunde war es dem Leibeigenen nicht möglich, auf einem anderen Gutshof unterzukommen.

Diese Bestimmung des Leibeigenen wurde 1645 auch im Herzogtum Vorpommern eingeführt. In ganz Pommern blieben die

Bestimmungen bis ins 18. Jahrhundert in Kraft. Lediglich in Ostpreußen galten weiterhin einige Bauern als freie Leute, und ihre Kinder durften „ziehen, wohin sie wollten". In Ostpreußen war es demnach auch nicht üblich, entlaufene Bauern oder Gesinde zu suchen, einzufangen und an den Gutsherrn wieder auszuliefern, was in anderen Provinzen nicht selten mit militärischer Gewalt geschah.

Königsberg war die einzige Stadt in Brandenburg-Preußen, die für die Bauern Partei ergriff, freilich weniger, um die Lage der Bauern zu verbessern, sondern um ihnen den Geschmack an der Flucht ins benachbarte Polen zu nehmen.

In den westlichen Provinzen herrschten gemessene Frondienste vor, in den östlichen, vor allem in Schlesien, ungemessene. Der Leibeigene war noch weniger als ein Erbuntertan, er war ein Arbeitssklave, der nicht nur kein Vermögen besaß, sondern auch keines erwerben durfte. Tat er das dennoch, so gehörte jeder von ihm erworbene Nagel oder Hammer automatisch dem Herrn. War der Bauer ein Leibeigener, so fiel im Sterbefall alles, was er besaß, samt seiner Kleidung, dem Herrn zu. Der Herr hatte also das Recht, sich am Leibeigenen total zu bereichern, seinen Besitz auf dessen Kosten zu vermehren und ihn wie ein Ackergerät dort einzusetzen, wo er gerade gebraucht wurde. Der Status des Erbuntertans brachte demgegenüber jedoch immer noch den Vorteil, als Bestandteil des Gutes zu gelten und nur in seiner Stellung mit dem Gut verkäuflich zu sein. Ohne Rückhalt des Gutshofes und Lebens im Gutsverband verkäuflich war der Leibeigene per Gesindeordnung von 1681.

Der Begriff „Leibeigener" wird in der Uckermark bereits 1383 erwähnt, 1632 und 1643 folgen die Neumark und Mecklenburg, wo der Leibeigene nicht einmal gegen Gestellung eines Ersatzmannes abziehen durfte, seine Schollengebundenheit galt also lebenslang. In der Gesindeordnung von 1722 wurde unter Berufung auf die „Bauern-, Schäfer und Gesindeordnung" von 1616 nicht nur für Hinterpommern, sondern auch für die Mark und Uckermark das „Recht der Leibeigenschaft" ausdrücklich bestätigt[101].

In der Gesindeordnung von 1769 wurde für die Mark der Begriff Leibeigenschaft durch Erbuntertänigkeit ersetzt, für die Neumark aber erst 1801, nachdem diese Regelung im Allgemeinen Preußischen Landrecht bereits 1794 kodifiziert worden war.

Der Begriff „Leibeigenschaft" war vor allem für die östlichen Gegenden sehr gebräuchlich, und noch 1744 wurden bäuerliche Leibeigene in Königsberg öffentlich zum Verkauf angeboten[102]. Friedrich II. versuchte mehrmals, die Leibeigenschaft abzuschaffen, scheiterte aber am Widerstand der Rittergutsbesitzer (wie sein Vater Friedrich Wilhelm I. 1719), so daß schließlich nur der Begriff Leibeigenschaft für den Begriff Erbuntertänigkeit formell ersetzt wurde (in der Bauern-, Schäfer- und Gesindeordnung von 1755), ohne die Lage der Betroffenen im geringsten zu verbessern. 1763 wurde diese begriffliche Regelung zwischen dem König und den Landadligen fixiert, die sich aber nach wie vor besonders in Hinterpommern auf die alte Bauern-, Schäfer- und Gesindeordnung von 1616 beriefen.

1781 wollte Joseph II. von Österreich ebenfalls die Leibeigenschaft in Böhmen, Mähren und Österreichisch-Schlesien abschaffen, es blieb aber auch hier bei der bloßen Proklamation.

Direkte Einwirkung hatte Friedrich II. nur auf die Domänenbauern. Am 23. Mai 1763 verfügte er: „Es sollen absolut und ohne das geringste Raisonnieren alle Leibeigenschaften, sowohl in königlichen, adligen und Stadteigentumsdörfern von Stund an abgeschafft werden." Im Dezember 1763 erklärten sich die Stände von Stettin mit der Abschaffung des Begriffs Leibeigenschaft bereit, nicht aber mit der Aufhebung der ungemessenen Frondienste. Am 30. Dezember 1764 kam in Pommern eine neue Bauernordnung zustande, die aber über eine Umarbeitung der Bauern-, Schäfer- und Gesindeordnung von 1616 nicht hinauskam. Sie stellte zwar fest, daß die Bauern in Pommern[103] keine leibeigenen Sklaven seien, die verschenkt, verkauft oder traktiert werden dürften; alles, was sie erwerben, dürften sie als freies und vererbbares Eigentum ansehen, aber Acker und Hofwehr, Wiesen, Gärten und Häuser gehörten nach wie vor dem Gutsherrn.

Am 8. November 1773 wurde für Ostpreußen und das ein Jahr zuvor dazu erworbene Westpreußen verfügt, daß Leibeigenschaft aufgehoben sei, nicht aber die Erbuntertänigkeit mit den dazugehörenden Frondiensten. Die Frage der Bestimmung der gemessenen und ungemessenen Frondienste blieb offen bis zum Tod Friedrichs II. 1786 und darüber hinaus[104].

Die Leibeigenschaft in West- und Mitteldeutschland belief sich auf 5 bis 10 Prozent der Landbevölkerung, in den östlichen Teilen mit harter Gutsherrschaft lag der Prozentsatz wesentlich höher. Hinter ihr stand eine tausendjährige Tradition, die bis in die Spätphase des Römischen Reiches zurückzuverfolgen war.

Die Bauernbefreiung

Auch dieser Begriff mag dazu verleiten, sich ein radikaleres und entscheidenderes Ereignis vorzustellen, als es vor 200 Jahren tatsächlich gewesen ist. Zu leicht vermutet man bei der Bauernbefreiung und beim Bauernschutz umwälzende, schlagartige und epochemachende Vorgänge, möglicherweise auch solche, die das feudale Staatssystem revolutioniert hätten.

So sehr auch beide geschichtliche Erscheinungen miteinander zusammenhängen mögen, so darf nicht übersehen werden, daß sie nur innerhalb des geltenden Feudalsystems und mit seinen Mitteln durchgeführt werden konnten, ohne jedoch Entscheidendes zur Überwindung dieses Systems beitragen zu wollen. Dazu waren andere, militärisch-politische und von außen wirkende Anstöße erforderlich, die sich erst in der Zeit nach Friedrich II. und im 19. Jahrhundert zugetragen haben.

Betrachtet man die Maßnahmen zur Zeit Friedrichs II. im einzelnen, so wird man sich mit Ansätzen und Vorläufigem begnügen, aber doch auch erste Schritte zur Kenntnis nehmen müssen, die für den äußerst eng bemessenen Lebensrahmen, den das Feudalsystem dem Einzelnen bot, als höchst bedeutungsvoll dastehen.

Es war ja die breite Schicht der Landbevölkerung, etwa 80 Prozent der Gesamteinwohner des Staates, die Bauern also, die mit ihren Abgaben und Diensten die „feudale" Existenz des Landadels, der Junker[105] sicherten und mit der Gestellung der Rekruten für das Heer den militärischen Schutz des Staates zu tragen hatten[106]. Denn der Schutzgedanke war es damals (wie heute), der die Finanzierung und Unterhaltung einer im Verhältnis zur Bevölkerungszahl und zum Staatsgebiet übermächtigen und überpräsenten Armee rechtfertigte. Was der Staat den Bauern dafür entgegen brachte (do ut des), der Bauernschutz, die Bewahrung der bäuerlichen Arbeitsstellen, diente in erster Linie der Selbsterhaltung des Staates und dann in zweiter oder dritter Linie der Humanisierung des bäuerlichen Lebens, wie man es von einem „aufgeklärten" Absolutismus erwarten dürfte.

Die Maßnahmen der Bauernbefreiung [107] sind als Folgeerscheinung zu sehen, die mit dem „Bauernschutz" begonnen hatten.

Von einer Bauernbefreiung kann überall dort nicht gesprochen werden, wo es nicht nötig war, Bauern zu befreien, also dort, wo es freie Bauern gab; so in Teilen Schleswig-Holsteins, in Nordfriesland, in Norwegen, Schweden, den Niederlanden und in der Schweiz [108]. Eine Bauernbefreiung konnte nur dort von Wert sein, wo es unfreie Bauern gab, also wo das gutsherrlich-bäuerliche Arbeitsverhältnis vorherrschte, wo es Erbuntertänigkeit mit allen Schattierungen vom Erbzinser über den Lassiten bis herab zum Kossäten, Tagelöhner und Leibeigenen gab. Die Bauernbefreiung vollzog sich sozusagen mehrgleisig: Das strenge Gesetz der Schollengebundenheit mußte gelockert, die Plage der ungemessenen Dienste mit der persönlichen Verfügbarkeit des Bauern bei Tag und Nacht und jeden Tag in der Woche mußte menschenwürdiger und in gemessene Arbeitszeit umgestaltet werden, und vor allem war die Frage der Besitzrechte aufzurollen: die Annäherung von uneigenem Besitz zu eigentümlichem, von unerblichem zu erblichem. Es waren Versuche, Stufen auf der Lehensleiter zurück und hinauf zu verbessern.

Insgesamt gesehen haben die Bemühungen der preußischen Könige Friedrich Wilhelm I. und Friedrich II. am gutsherrlich-bäuerlichen Rechtszustand wenig zur Hebung des Bauernstandes zu leisten vermocht. Die Umwandlung der Leibeigenschaft in Erbuntertänigkeit blieb im Formaljuristischen stecken [109]. Die Lockerung der ungemessenen Dienste begnügte sich mit einem Arbeitstag, lediglich das Verbot des Bauernlegens konnte zwar die Macht des Adels einschränken, nicht aber seine prinzipielle Verfügungsgewalt über die Bauern.

Als Versuchsfeld der Neuerungen dienten zunächst die Domänen. Um 1800 waren von den rund 33 Prozent aus der Zeit Friedrich Wilhelms I. noch gut 11 Prozent der gesamten land- und forstwirtschaftlichen Betriebsflächen des Staates reines Domänenland mit Domänen- oder Amtsbauern (im Unterschied zu den privaten Bauern der Rittergüter)[110].

Seit die preußischen Könige, wiederum Friedrich II. in entschiedenem Maße, in den Bauern die „Pflanzschule der Armee" sahen, sorgten sie sich um die Erhaltung der bäuerlichen Arbeitskraft, die in der Landarbeit nicht so aufgerieben werden durfte, daß für die Armee nur Arbeitskrüppel übrigblieben. Ihre körperliche Kraft mußte also rationalisiert werden.

Verschiedene Versuche zur Befreiung der Bauern waren gescheitert. So die Flecken-, Dorf- und Ackerordnung vom 16. Dezember 1702, nach der die ostpreußischen Bauernfamilien gegen eine ratenweise Bezahlung des Wertes des lebenden und toten Inventars „von der Leibeigenschaft losgesprochen und in eine bürgerliche Freiheit gesetzt werden" sollten. So einige Versuche 1703, Domänenland überhaupt aufzulösen. So das Edikt vom 21. Februar 1709, das die Verleihung der persönlichen Freiheit und die Übertragung des Eigentumsrechts am Boden an die Bauern vorsah. Zwischen 1720 und 1763 ruhten die Befreiungsbemühungen.

Ein großes Domänenareal befand sich in Masuren. Das Gebiet wurde 1525 von Herzog Albrecht zum Domänengebiet erkoren. 1713 erließ Friedrich Wilhelm I. ein Edikt über die Unveräußerlichkeit der Domänen. Er konnte auf das Geld aus dem Verkauf von Domänenland verzichten, seit die Lehen in Allodial- und Erbgüter der Adligen umgewandelt wurden und Geld dafür weiter hereinkam. Diese Geldabgaben wurden in Ostpreußen durch den sog. „Generalhufenschoß" von 1715 bis 1719 geregelt.

Am 16. Januar und 10. Juli 1719 wollte Friedrich Wilhelm I. seinen Domänenbauern in Ostpreußen den Status des freien und erblichen Besitzes an ihren Höfen zugestehen, scheiterte aber an Einsprüchen der Domänenkammern und mußte sich damit begnügen, die Leibeigenschaft aufzuheben, was insofern nicht vordringlich war, als es Leibeigene im strengen Sinne (wie z. B. in Pommern) auf ostpreußischem Domänengebiet so gut wie nicht gab. Also beließ er es beim Zustand der Erbuntertänigkeit der Domänenbauern und ihrer Dienste im Auftrag des Landesherrn. Die Zeit der Frondienste wurde auf 60 Tage pro Jahr festgesetzt; mehr Entgegenkommen brachten die Domänenverwalter den königlichen Wünschen nicht entgegen.

Es blieb bei den Landesordnungen der Jahre 1620 und 1685, die zwischen kölmischem, adligem und bäuerlichem Grund unterschieden und die jeweiligen Besitzrechte garantierten.

1763 untersagte Friedrich II. den Domänenpächtern, die Verpflichtungen, die dem Gesindezwangsdienst oblagen, weiter auszudehnen und auszunutzen. Dieses Verbot wurde in die Gesindeordnung von 1767 aufgenommen[111]. Die Aufhebung der Erbuntertänigkeit der Domänenbauern in Ostpreußen ging zwar auch auf seine Anregung aus dem Jahre 1763 zurück, wurde aber erst am 29. Dezember 1804 für die Domänenbauern Ost- und Westpreußens kodifiziert. 1777 erließ er eine Kabinettsordre, wonach die Kinder in die Höfe ihrer Eltern rechtens nachfolgen sollten; ebenfalls keine umwerfende Neuregelung des Erbrechts, weil das in den meisten Fällen ohnehin schon geschah. Wichtig war lediglich, daß dieser schon bestehende (Gewohnheits-)Zustand rechtlich sanktioniert, aber erst im Gesetz vom 25. März 1790 verankert wurde. Die Domänenbauern hatten damit zwar noch nicht Eigentum an ihrem Besitz erworben, wohl aber das Recht der Vererbbarkeit.

In der Mark und in Pommern wurde die Eigentumsfrage dahingehend gelöst, daß die Bauern dann Eigentümer und von ihren Domänendiensten befreit wurden, wenn sie die Sorge für Brot- und Saatkorn, Zugvieh, Bau- und Brennholz übernahmen, also auf die königliche Hilfe im Falle von Mißernten oder Viehseuchen verzichteten.

Die Ablösung der Spann- und Handdienste kam erst 1801 in Gang. Da nun aber die Gefahr bestand, daß den Domänenpächtern überhaupt keine Arbeitskräfte mehr zur Verfügung standen, wurde ihnen das Recht eingeräumt, in der Erntezeit jeden Bauern auf Domänenland zu fünf Spann- und Handdiensttagen heranzuziehen. Diese Regelung wurde 1805 abgeschafft.

Die volle Eigentumsverleihung für die Domänenbauern erfolgte 1806/1807, im Edikt vom 17. Juli 1808 wurde sie in west-, ostpreußischen und litauischen Domänen vollzogen. Die Bauern mußten für den Erwerb des Eigentumsrechtes an ihrem Besitz weder Geld an den König als obersten Lehensherrn zahlen, noch ihm Land abtreten (wie die Privatbauern). Alle Leistungen des Staates an die Domänenbauern fielen im Jahr 1810 fort. In Preußen wurden etwa 50 000 Domänenbauern befreit[112].

Die „Befreiung" der Privatbauern konnte nicht so zügig durchgeführt werden wie die der Domänenbauern, sie brauchte bis zu ihrem Abschluß daher mehr Zeit.

Eine Vorstufe der Befreiung der gutsherrlichen Bauern brachte eine Verordnung Friedrichs II. vom 12. August 1749, die den Gutsherren die volle Verfügungsgewalt über das Bauernland entzog, was einer Aberkennung des vollen Eigentumsrechts der Adligen am Bauernacker gleichkam und dem Verbot des Bauernlegens 1764 in Preußen vorauslief. Der König griff damit in das Gewohnheitsrecht der Adligen ein, die sich zu gern über die in den Landesordnungen von 1620 und 1685 festgelegten Besitzrechte der Bauern hinwegsetzten. Friedrich II. tat zunächst nichts anderes, als die alten verfassungsmäßigen Rechte der Bauern formell zu schützen. Obgleich der König seinen Adligen in der Behandlung der Domänenbauern mit gutem Beispiel voranging, widersetzten sich die reformfeindlichen Gutsherren aus Sorge um den Fortbestand ihres Wohlstandes.

Der unfreie Zustand der Privatbauern mit Erbuntertänigkeit und Frondiensten, einschließlich des Bauernlegens trotz des Bauernschutzes, dauerte an bis zum Edikt vom 9. Oktober 1807, als ihnen erstmals persönliche Freiheit zugesichert wurde. Dies betraf die Privatbauern in den Provinzen Preußen, Pommern, Brandenburg und Schlesien. Das Edikt von 1807 wurde schließlich am 14. Februar 1808 kodifiziert. Damit war die Erbuntertänigkeit abgeschafft, gleichzeitig fand die soziale Kluft zwischen Adligen und Bauern ein Ende. In den Regulierungsgesetzen von 1811 und 1816 wurden auch die Laßbauern einbezogen.

Auszüge aus dem Edikt von 1808 [113]:

§ 1. Der Adlige darf nicht nur adlige, sondern auch unadlige bürgerliche oder bäuerliche Güter erwerben – und der Bürger und Bauer darf adligen Grundbesitz erwerben.

§ 2. Der Adlige darf bürgerliche Gewerbe betreiben; jeder Bauer darf in den Bürger- und jeder Bürger in den Bauernstand treten.

§ 6. Die Zusammenziehung der bäuerlichen Höfe in Gutsland muß der Gutsherr der Kammer melden.

§ 10. Es besteht kein Untertänigkeitsverhältnis mehr, weder durch Geburt, Heirat oder Übernahme einer untertänigen Stelle.

§ 12. Mit dem Martinstag 1810 hört alle Untertänigkeit in allen sämtlichen preußischen Staaten auf.

Diese Verordnungen wurden für Schlesien erlassen am 8. April 1809 und endlich am 24. Oktober 1810 tatsächlich auf alle anderen Provinzen ausgedehnt. Damit waren die schlimmsten Bestimmungen des Untertänigkeits-Arbeitsverhältnisses beseitigt: Gesindezwangsdienst, Heiratskonsens und Loskaufgeld.

Viele Gutsherren gebärdeten sich wie Märtyrer. Sie zeigten sich vor allem in Ostpreußen mit der Landabtretung als Freikauf der untertänigen Bauern einverstanden (1811), forderten aber bald anstelle von Landabtretung Dienstgeld von den Bauern und den Fortbestand wenigstens der Handdienste, denn sie fürchteten um den Bestand ihrer Existenz, wenn sie nur mit freien Lohnarbeitern auskommen mußten. Kein Gutsherr fragte übrigens, wie die freigewordenen Bauern zurechtkamen und ob ihnen nach der Landabtretung überhaupt noch eine Existenzbasis blieb[114].

In einem Reskript des Staatsministeriums vom 2. Oktober 1818 hieß es: „Unter allen Umständen haben die Gutsherren das Recht, für die bisherigen Leistungen der Bauern und ihre sonstigen aus den Bauernhöfen gezogenen Vorteile vollständige Entschädigung zu fordern"[115]. Diese Regelung zugunsten des Adels hatte ein Edikt vom 29. Mai 1816, das nicht nur eine Erläuterung des Edikts von 1811, sondern ein völlig neues Gesetz war, vorbereitet. Durch Hardenberg wurde nämlich die Zahl der regulierbaren, d. h. in Freiheit zu setzenden Bauernstellen drastisch eingeschränkt. Daraus vier Punkte:

1. Regulierungsfähig sind die Ackernahrung, wenn der Bauer Zugvieh hält und bisher spannfähig war. War er nur handdienstpflichtig, wird er von der Regulierung ausgenommen;

2. die bäuerlichen Stellen müssen steuerlich veranschlagt werden;

3. das Bauerngut muß bereits vor dem Normaljahr 1752 bestanden haben. Die 1752 besetzten und katastrierten Bauernstellen waren nicht geringer als 1816. Der Bauernschutz Friedrichs II. war 1749 in Ostpreußen eingeführt worden. Er hatte neben vielen Eigenkätnern auch bäuerliche Ansiedler in Ostpreußen nach der Beulenpest angesetzt. Somit waren alle von Friedrich II. wiederhergestellten Bauernhöfe von der Regulierung ausgeschlossen (Normaljahr!);

4. auf dem Bauerngut muß die Verpflichtung ruhen, daß der Gutsherr die Stelle immer mit einem Wirt besetzt hält.

Nach dieser Regelung von 1818 war die Mehrzahl der bäuerlichen Grundstücke von der Regulierung ausgeschlossen. Sie blieb 30 Jahre in Kraft.

Eine weitere Ablösungsordnung vom 7. Juni 1821, die für Erbzinsbauern und (Domänen)-Erbpächter galt, brachte zwar die Befreiung von Diensten, Natural- und Geldabgaben, aber immer noch nicht volles Eigentumsrecht am Besitz. Erst mit dem Gesetz vom 2. März 1850 sah man die endgültige Lösung der Bauernfrage für das gesamte Königreich Preußen gekommen.

Zu dieser Zeit war aber die Mehrzahl der Bauerngüter zum Herrenhof geschlagen worden, so daß die großartig betriebene „Bauernbefreiung" am Ende nur noch ganz wenige Bauernhöfe betraf. Die Bewegung der Bauernbefreiung blieb indes nicht allein auf Preußen beschränkt. Am 4. Juli 1806 wurde die Leibeigenschaft in Schwedisch-Vorpommern abgeschafft, aber das Recht des Bauernlegens blieb weiterhin erhalten. Die Leibeigenschaft in Dänemark fand 1788, die in Baden 1783, die in Rußland 1861 ihr Ende und befreite dort 45 Millionen Bauern. Der Versuch Kaiser Josephs II., die Leibeigenschaft für Böhmen und Mähren aufzuheben, scheiterte, wie bereits erwähnt, 1781.

Insgesamt gesehen war die Bauernbefreiung kein Meisterwerk preußischer Sozialpolitik. Der Staat, speziell unter Friedrich II., tat sich ungemein schwer, am altüberkommenen feudalen Rahmen zu rütteln, und hütete sich auf peinlichste Art, seinem Adel mit harten Forderungen gegenüberzutreten. Friedrich II. konnte sich so gut wie nichts dem Adel gegenüber herausnehmen, weil er total von ihm abhing. Denn er hatte den Adel dazu erkoren, das Offizierscorps in der Armee zu stellen, und die Adligen taten ihm nur diesen Gefallen, wenn am Wohlstand ihrer Rittergüter möglichst nichts geändert wurde.

Die Bauernbefreiung brachte den Bauern nur mehr oder weniger eine Lockerung in ihrer Abhängigkeit vom Adelsstand, keinesfalls aber eine völlige Befreiung vom Adel. Denn durch die Raffinesse, durch Landabtretung zu persönlicher Freiheit zu gelangen, beraubten sich viele Bauern ihrer eigenen Existenzgrundlage. Dies betraf vor allem Kleinbauern wie Insten oder Häusler, die nach ihrer Landabtretung überhaupt keine wirtschaftliche Basis mehr hatten und sich gezwungen sahen, wiederum bei Adligen in Dienst zu gehen. Andererseits brauchte der Gutsherr auch nach 1850 noch Arbeitskräfte und Handdienste der Bauern, und so griff er gern auf diese neue unterbäuerliche Schicht zwar bettelarmer, aber freier Arbeitskräfte zurück. Die Bauernbefreiung bescherte ein doppeltes Dilemma: der Gutsherr war zu viel Land auf dem legalen Weg der Landabtretung gekommen, aber er hatte kein festes Dienstpersonal mehr; auf der anderen Seite entstand eine große Zahl Dienstpersonal – aber ohne Land.

Wie in den Städten aus den Handwerksgesellen in großer Zahl Fabrikarbeiter geworden sind, so auf dem Lande aus den Häuslern und Insten eben Tagelöhner. Besitzlose Insten und Tagelöhner gingen im 19. Jahrhundert feste Arbeitsverhältnisse mit dem Gutsherrn ein, in ihren Verträgen waren Arbeit, Arbeitszeit und Lohn genau festgelegt. Aus dem Gutsherrn war der wohlhabende Großbauer und Unternehmer geworden; aus dem erbuntertänigen Bauern aber ein freier, wenngleich armer Gutstagelöhner.

Ein nicht unerheblicher Rest aus der Feudalzeit war allerdings bis zuletzt geblieben: Der Gutsherr besaß nach wie vor die Patrimonialgerichtsbarkeit, die sich auf alle Personen erstreckte, die für ihn auf seinem Gut arbeiteten. Anstelle der Erbuntertänigkeit war ein patriarchalisches Verhältnis getreten. Gleichwohl war die Lage der landlosen Tagelöhner keine schlechte, insofern, als sie oft lebenslang und über Generationen hinweg einen gesicherten Arbeitsplatz hatten.

Belastungen der Bauern

Dienste, Dienstvergütungen

Um sich ein genaueres Bild über die Dienste, Steuern und Einnahmen der Bauern machen zu können, war es erforderlich, den unbestimmten Begriff der Hufe zu definieren. Unter einer Hufe verstand man 17 Hektar landwirtschaftlicher Nutzungsfläche. Die Nutzungsfläche legte man zugrunde für die Berechnung des Vermögens der Bauern wie der Adligen, um über deren Armut oder Reichtum sich ein Urteil bilden zu können.

Dabei machte es keinen Unterschied, ob ein Bauer ein Domä-
nen- oder ein Rittergutsbauer war. Für ein und dieselbe Nutzungsfläche ergaben sich nämlich verschiedene Größen der Dienst-Be-
lastung.

Den Domänenbauern im Dienste und auf dem Besitz des Landesherrn (König, Kirche, Fürst) ging es in der Regel besser als den
Bauern auf einem Adelsgut. Dienste und Abgaben auf Domänengebiet waren üblicherweise gesetzlich geregelt, diejenigen auf
Adelsgebiet schwankten je nach den Forderungen des einzelnen
adligen Gutsbesitzers.

Während die erbuntertänigen Bauern des Adels in persönlicher Abhängigkeit standen und lediglich ein Nutzungsrecht an
dem von ihnen bewirtschafteten Adelsboden hatten, waren die
Domänenbauern in ihrer persönlichen Freiheit weniger beschränkt.

Ostpreußen, das Ursprungsland des späteren Staates Brandenburg-Preußen mit der Hauptstadt Königsberg, bestand bis ins
18. Jahrhundert aus zwei Kammerbezirken, nämlich Ostpreußen
und Litauen [116].

Gegen Ende des 18. Jahrhunderts gab es im Kammerbezirk Ost-
preußen etwa 17 400 Domänenbauern; demgegenüber etwa 8400
Rittergutsbauern. Im Kammerbezirk Litauen lebten etwa 2300
Rittergutsbauern, insgesamt also 10 700 Rittergutsbauern.

Beide Gruppen waren durch Dienste und Abgaben verschieden
belastet: Die Domänenbauern waren einmal zuständig für das sog.
„Landesscharwerk", worunter Dienste für den Landesherrn zu
verstehen waren, also etwa zum Wege-, Brücken-, Festungs- und
Dämmebau, für Schul- und Kirchenbauten samt Reparaturen, für
Post-, Holz-, Branntwein- und vor allem Militärfuhren. Diese Dienste beliefen sich auf etwa 8–10 Tage pro Jahr. Hinzu kamen Dienste in Form von Gespanngestellung zur Überlandbeförderung
königlicher Beamten. Dafür rechnete man 12–15 Tage pro Jahr
(jeweils in Friedenszeiten).

Die meiste Zeit, nämlich 80–85 Tage pro Jahr, mußten die
Domänenbauern für Ackerarbeiten auf Domänengebiet (Pflügen,
Eggen, Mistfuhren usw.) aufbringen.

Die Dienstleistungen der Bauern im zweiten Drittel des 18. Jahrhunderts wurden recht einheitlich vergütet:

Das Pferd/Meilen-Geld betrug:

	pro Tag	pro preußische Meile (= 7,5 km)	Groschen
1 Gespann	pro Tag		25–28
1 Gespann mit 2 Pferden	pro Tag		45
1 Pferd		pro preußische Meile	5– 6
2 Pferde		pro preußische Meile	10–12

An einem Tag waren bei guten Wegeverhältnissen höchstens vier Meilen (= 30 km) zu schaffen, wofür der Bauer 40–48 Groschen erhielt. Da die Gespanne oft lange auf ihren Einsatz zu warten hatten, Wartezeit aber nicht angerechnet wurde, kam der Bauer meistens auf weniger als 30 Groschen pro Tag und Gespann. Für Handtage (Ackerarbeit) erhielt der Bauer 8–15 Groschen. Schickte er eine Gesindekraft, so wurde sie wie ein Tagelöhner mit 10–15 Groschen pro Woche bezahlt.

Die durchschnittliche Größe eines landesherrlichen Hofes betrug 2 Hufen = 34 ha. Von dieser landwirtschaftlichen Nutzungsfläche mußten die Domänenbauern an naturalen Abgaben pro Jahr erbringen: 42 kg Roggen, 34 kg Gerste, 25 kg Hafer, 1 Gans, 4 Hühner, dazu Flachs und Garn.

Geldabgaben bestanden hauptsächlich aus 12 Groschen Torwächtergeld und rund 9 Taler Fischknechtgeld.

Die Rittergutsbauern des Adels waren durch Dienste höher belastet: Sie mußten bis zu 340 Tage im Jahr für Ackerarbeiten zur Verfügung stehen, sowohl mit Spanndiensten für Pflügen und Eggen als auch für Handarbeiten mit der Sichel, Sense oder Hacke.

Die Dienstleistung der Bauern in Ostpreußen, Westpreußen und der Mark Brandenburg (Hand- und Spanndienste) belief sich auf 15–40 Prozent ihrer Arbeits- und Zugkräfte.

Um 1720 gab es in Ostpreußen eine Anzahl kleinerer adliger Güter, die nicht die Frondienste von Großbauern brauchten, sondern mit der Arbeit von Gesindekräften, Gärtnern, Insten und Tagelöhnern auskamen, oft genügte nur ein Gespann, wodurch hier der Prozentsatz der Arbeits- und Zugkräfte niedriger anzusetzen ist.

In Oberschlesien gab es im 18. Jahrhundert überwiegend Kleinbauern wie Kossäten und Gärtner, in Niederschlesien dagegen mehr Großbauern. Etwa zwei Drittel der insgesamt 44 500 Bauern waren (1767) einem adligen Gut erbuntertänig. Hinzu kamen etwa 88 000 Kossäten und Gärtner als Kleinbauern mit wenig Land und

51 500 Häusler mit einem Garten ums Haus. Die Dienstleistungen auf den Rittergütern waren meist täglich, lediglich im Raum um Breslau gab es kaum tägliche Dienstleistungen.

An Spanndiensten hatten die Bauern dort mehr Fuhr- als Acker-dienste zu leisten, wo der Gutsherr in erster Linie nicht mehr Landwirt, sondern Unternehmer wie Manufakturist, Glas- oder Eisenhüttenbesitzer geworden war [117].

War der Grundherr geistlich, so war die Belastung der Bauern oft recht gering, so z. B. im Falle des Klosters Grüssau bei Landeshut in Schlesien [118]. Die dort beschäftigten Gärtner und Häusler lebten in 37 Dörfern der Kreise Bolkenhayn, Schweidnitz, Striegau.

In Oberschlesien hatten die Bauernhöfe meist weniger als 8 ha. Ein Gärtner hatte durchschnittlich 4 ha,
ein Häusler hatte durchschnittlich 1 ha,
ein Einlieger hatte durchschnittlich 1–0 ha,

In Mittel- und Hinterpommern gab es Ende des 18. Jahrhunderts

    20 000 Großbauernhöfe,
     2 500 Halbbauern oder Kossäten,
   13 000 Büdner oder Kätner,
    5 500 Domänenbauern.

In Hinterpommern mußten die Bauern in der Regel soviel Guts-land wie eigenes mit täglichem Spanndienst bearbeiten. In Schwe-disch-Vorpommern und Mecklenburg gab es etwa 4000 bis 6000 Rittergutshöfe. Die Spanndienste waren ungemessen:

	Tage pro Woche	Personen	Dienstleistung
Vollbauer	4–6	2	4 Pferde
Halbbauer	3–4	2	2 Pferde/Ochsen
Kossät	2–3	2	Handdienste

Hatten die Gutsherren keinen Bedarf an Diensten, mußten die Bauern statt dessen 30 bis 50 Taler pro Jahr zahlen.

In Holstein gab es tägliche Spanndienste mit 4 Pferden; ebenso in Dänemark (60 000 Bauern); in der Lausitz waren tägliche Spanndienste mit 3 Pferden und 2–3 Personen angesetzt.

In Polen lebten am Ende des 18. Jahrhunderts etwa 1 Million Bauern und Gärtner. Davon waren

55 % auf Adelsgütern,
15 % auf Kirchengütern,
1 % auf Domänen,
29 % freie Bauern und Gärtner.
Tägliche Hand- und Spanndienste.

In der preußischen Provinz Posen und im Netzedistrikt waren die Spanndienste täglich mit 2 Pferden und 2 Personen zu verrichten. Sogar Höfe mit nur 7,5 ha hatten 100 Spanntage, 104 Handtage und 70 Tage für Haus- und Gartenarbeiten zu erbringen. Im Netzedistrikt lebten etwa 4000 Bauern auf Domänen[119].

In Galizien überwogen kleinbäuerliche Betriebe. Von 6487 Familien waren 31 % Bauernfamilien mit 11 ha Nutzfläche, 50 % Gärtner mit 3,8 ha Nutzfläche, 19 % Häusler mit 0,6 ha Nutzfläche. Sie waren zu 3–6 Handdiensttagen verpflichtet.

Die gemessenen bzw. ungemessenen Dienste beanspruchten den erbuntertänigen Bauern verschieden, je nachdem, in welchem Land und für welchen Gutsherrn er zu arbeiten hatte. Auf die Woche gerechnet, war an folgender Anzahl von Tagen zu arbeiten:

Gebiet	Tage
Böhmen	6 halbe Tage oder mehr
Dänemark	täglich
Galizien	3–6
Holstein	täglich
Lausitz	täglich
Mähren	3
Mecklenburg	4–6
Österreich	2–4
Polen	täglich
Pommern	6–7
Posen und Netzedistrikt	täglich
Preußen	5
Schlesien	täglich

Diese Angaben sind Durchschnittswerte, die je nach Jahreszeit noch mehr ausgedehnt (Saat- und Erntezeit) oder beschränkt (Winter) werden konnten.

Erstgeborene Söhne, die vom Gesindezwangsdienst befreit waren, sofern der Bauer sie auf seinem eigenen Hof brauchte, erhielten in der Regel keinen Lohn. Mußte der Bauer aber zur Bewirtschaftung seines eigenen Hofes zusätzliche Gesinde-Hilfskräfte einstellen, so erhielten sie von ihm – wie vom Gutsherrn – den Betrag eines Tagelöhners.

Neben dem Gesindegeld mußten die Bauern auf adligen Gutshöfen weitere Gelder zahlen. Sie hatten die Pflicht, beim Gutsherrn ihr Mehl mahlen zu lassen und das von ihm gebraute Bier, seinen Branntwein und sein Salz zu kaufen. Neben den Gesindezwang trat also der Mahl-, Bier-, Branntwein- und schließlich der Salzabnahmezwang.

Das Mahlgeld betrug etwa 8–9 Prozent vom Getreidepreis, für das Jahr 1774 berechnet kamen 0,3 bis 0,5 Taler pro Kopf zusammen, also für eine ganze Bauernfamilie einschließlich Kindern und Gesinde etwa 2–4 Taler.

Der Gutsbauer mußte sein Bier/Branntwein von der Gutsbrauerei bzw. -brennerei unbedingt beziehen, sonst wurde er dadurch bestraft, daß der Pfarrer ihn nicht traute, seine Kinder nicht taufte und keine Begräbnisse vornahm.

Da die Bauern fromme Menschen waren, trafen sie solche Strafen besonders hart, also lieferten sie sich lieber dem Gutsherrn aus und zahlten. So wurden sie nicht nur finanziell von ihm abhängig, sondern auch von der Qualität des von ihm gebrauten oder gebrannten Getränkes. Da die Bauern recht viel zu trinken pflegten, vor allem gerade bei Hochzeiten, Taufen und Begräbnissen, kam der Gutsherr allemal auf seine Kosten.

Nach königlichem Reglement sollte der Gutsherr zwar die Preise berechnen, die in der nächstgelegenen größeren Stadt üblich waren, aber entweder hielt er sich nicht daran, oder er verkaufte schlechte Qualität.

Das Bier sollte nach einem Reglement von Brandenburg aus dem Jahre 1749/50 „gut, gesund und klar", keinesfalls aber unschmackhaft oder sauer sein. Ob es den Richtlinien entsprechend schmeckte, läßt sich bezüglich der einzelnen Adelsgüter kaum noch feststellen, genug sagt schon aus, daß der Gutsherr zweierlei

Bier braute: eine bessere und teurere Sorte für sich und seine Gäste – und die billigere und schlechtere Sorte, „Tafelbier", „Dünnbier", „Braunbier" oder „Kofent" für seine zur Abnahme gezwungenen Bauern. Dieses Dünnbier kostete 1774: 1 Liter = 8 Pfennig.

Dasjenige Bier, das der Gutsherr selbst mit seinen Gästen trank, kostete dagegen das Achtfache, das sich sein Bauer sowieso nicht leisten konnte.

Der Salzabnahmezwang schien recht hoch angesetzt, nämlich 15 bis 25 kg pro Kopf und Jahr. Das Salz wurde nicht nur zur Würzung von Speisen benutzt, sondern hauptsächlich als Konservierungsmittel, etwa zum Einsalzen von Butter oder zum Einpökeln von Fleisch oder Fisch. Die genannte Salzmenge kostete pro Person und Jahr 0,5 bis 0,8 Taler. Das waren hohe Belastungen, weshalb die Bauern verbotenerweise dazu übergingen, das billigere Grobsalz, das an das Vieh verfüttert wurde, selbst zu essen statt des vorgeschriebenen Feinsalzes, das 25 Prozent teurer war als Grobsalz. Wurden sie beim Verzehr von Grobsalz erwischt, mußten sie eine hohe Geldstrafe dafür bezahlen.

Faßt man alle Belastungen zusammen, unter Abzug des Gesindelohnes (der von der Zahl der Gesindeleute und des Betrages für das zu mahlende Mehl, für Bier, Branntwein und Salz abhing), so kommt man auf eine durchschnittliche Gesamtbelastung pro Bauernhof pro Jahr von 1,5 Taler[120]. Das waren etwa 8 Prozent der bäuerlichen Gesamtbelastung.

Die Pachtpreise (= Grundrente des Landesherrn oder Adligen) stiegen mit den Getreidepreisen und waren auf Domänen ebenfalls anders berechnet als auf Rittergütern.

Pachtpreise	Taler pro ha	Jahr
Domänen-Pachtpreis	0,9	1710
	2,1	1740
	2,5	1785
Ritterguts-Pachtpreis	0,5	1710
	0,9	1740
	1,3	1785[121]

Die Kosten für den sachlichen Betriebsaufwand der Bauernhöfe ergaben folgende Rechnung: Die Kosten für die Unterhaltung der

Geräte (Wagen, Pflüge, Eggen, Hufbeschlag und Pferdegeschirr, Handgeräte wie Sensen, Sicheln, Harken und Dreschflegel) bestimmten sich aus den Preisen, die Schirrmacher, Sattler, Schmiede, Reifenschläger etc. verlangten. So kam der Bauer auf etwa 1 Taler pro ha pro Jahr, in Schlesien auf nur 0,4 Taler (= Betriebskosten).

Weitere Abgaben der Bauern [122]:

1. Abgaben an den Grundherrn: Sie verstanden sich als Entgelt („Bede" genannt) für die vom Landesherrn überlassene landwirtschaftliche Nutzfläche einschließlich der Höfe mit lebendem und totem Inventar.

2. Abgaben an den Gutsherrn: Sie verstanden sich aus dem Schutzverhältnis früherer Jahrhunderte („Ackerzins" genannt), als der Gutsherr noch Ritterdienst ausübte und für die Sicherheit seiner untertanen Bauern sorgte.

3. Abgaben an den Gerichtsherrn: Sie waren in Form von Sporteln regelmäßig für die Inanspruchnahme der Gerichte zu zahlen. Gerichte wurden tätig bei: Hofübertragungen, Erbschaftsangelegenheiten, Heiratsverträgen, Zivilprozessen, Inanspruchnahme der Polizei.

4. Abgaben an die Kirche: Diese Abgaben wurden „Calende" genannt, weil sie an bestimmten Tagen des Kalenders fällig wurden für Pastoren, Küster, Kantoren und den „Zehnten" betrugen, der in Naturalien zu entrichten war.

5. Abgaben an Schulen: Zur Erhaltung der Schulgebäude und Entlohnung der Lehrer, wobei meist nur das erste Kind den vollen Betrag zu leisten hatte.

6. Abgaben an die Armenkasse: Vom Gesindelohn einbehaltene kleinere Beträge für arme oder alte Dorfbewohner. Das Geld wurde dem Pfarrer übergeben.

7. Mahl-, Bier-, Branntweineinkaufs- und Salzabnahmezwang an den Landesherrn oder Gutsherrn.

8. Gesindekosten.

9. Betriebskosten.

Der 34-ha-Hof wurde als Durchschnitt angesetzt. Häufig lag die Grenze zwischen einem Groß-Bauernhof und einem Rittergut bei 100 ha Nutzfläche. 1802 lebten von den insgesamt 20000 Adelsfamilien allein in Ostpreußen etwa 940. Einige hatten nur Höfe von knapp 100 ha, andere Höfe mit 500 ha [123]. Im Durchschnitt kam eine Adelsfamilie in Ostpreußen im letzten Drittel des 18. Jahrhunderts je nach Hofgröße auf etwa 700 bis 1300 Taler Jahreseinnahmen.

Dienten die Adligen, wie meist, als Offiziere in der Armee, so mußten sie den Lohn für ihre Pächter abziehen. Die Beträge von Kirchen und Schulen, die in die Adelskassen flossen, waren gering, obwohl davon auch der Unterhalt der Gebäude finanziert werden mußte.

Ende 16. bis 18. Jahrhundert gab es in:

Land	Güter	ha Ackerland
Ostpreußen	11 Domänenvorwerke	167
Ermland	27 Vorwerke	176
Oberlausitz	4 Vorwerke	120
Schlesien	Schaffgotsche Güter	226
Sachsen	13 Vorwerke	142
Schleswig-Holstein	4 Vorwerke	217
Hannover	3 Vorwerke	140
Braunschweig	6 Vorwerke	291 [124]

Im Jahre 1939 besaßen die reichsten Adligen folgende Ländereien:

	ha Land
Hohenzollern	97 000
Fürst Pleß von Fürstenberg	50 000
Fürst Hohenlohe-Öhringen	48 000
Fürst von Sigmaringen	46 000
Fürst Solms	39 000
Graf Stolberg-Wernigerode	37 000
Fürst von Ratibor	31 000
Fürst von Anhalt-Dessau	29 000
Graf Schaffgotsch	28 000
Fürst von Sachsen	22 000

Darüber hinaus gab es noch viele Tausende kleinerer Rittergüter [125].

Im letzten Drittel des 18. Jahrhunderts schwankte das bäuerliche Einkommen je ha Nutzfläche zwischen 1–13 Taler.

Das Einkommen hing ab von dem Getreidepreis, dem Sachaufwand und der jährlichen Belastung der Bauern.

In den Gebieten östlich der Elbe gab es zwar mehr landwirtschaftliche Nutzfläche, dafür aber schlechteren Boden. In den Gebieten westlich der Elbe war das Verhältnis umgekehrt, besserer Boden aber weniger genutzte Fläche, so daß sich finanziell gesehen ein West-Ost-Gefälle ergab, d. h., in den westlichen Gebieten waren die Einnahmen pro ha höher als in den östlichen.

Einkommen aus einem 34 ha-Hof pro Jahr (berechnet auf 1784), abzüglich der Abgaben und Unkosten:

Stand	Land	Taler	Taler	Doppelzentner Roggen
Freibauer	Ostpreußen	60–90	weniger als 75 =	35 und mehr
Großbauer	Ostpreußen	60–90	weniger als 60 =	35 und mehr
Domänenbauer	Ostpreußen	40–70	weniger als 55 =	25–35
Gutshofbauer	Ostpreußen	20–60	weniger als 45 =	18–35
Gutshofbauer	Schlesien	10–50	weniger als 30 =	11
Gutshofbauer	Mark Brandenburg	20–40	weniger als 30 =	11

Von diesen Einkommen minus Abgaben konnte eine Groß- bis Halbbauernfamilie mit 4–5 erwachsenen Personen über den notwendigsten Lebensbedarf hinaus existieren, sich also etwas Luxus je nach Anspruch leisten [126].

Erst Bauernhöfe mit mehr als 30 ha Nutzfläche boten der Bauernfamilie mehr Geldmittel, als für Wohnung, Kleidung und Ernährung gebraucht wurden (= Groß- und Halbbauern). Höfe mit weniger als 8 ha warfen kaum das Existenzminimum ab, so daß der Bauer auf Nebenverdienst angewiesen war (= Viertel- und Achtelbauern).

70 bis 80 Prozent der Bauern, also weitaus die Überzahl, konnten so gut wie keine Überschüsse erwirtschaften.

Höfe mit weniger als 8 ha hatten üblicherweise Häusler, Büdner und Kätner. Ihr schmales Einkommen durch Nebenverdienste aufzubessern, war besonders ab 1763 oft nicht ohne weiteres möglich, denn zusätzliche Tätigkeit auf größeren Höfen zu finden war

Der bewaffnete Gutsherr beaufsichtigt mit seiner Familie die Heuernte seiner Bauern.

Kupferstich aus Florinus' „Der kluge und rechtsverständige Haus-Vater", Nürnberg, 1750

◁ Der Gutsherr hoch zu Roß im Gespräch mit zwei Bauern.
Kupferstich von Daniel Chodowiecki, 1796

Der Gutsherr feiert mit seinem Gesinde den Abschluß der Erntearbeiten (Ausdruck eines intakten Verhältnisses zwischen den Ständen).
Radierung von Daniel Chodowiecki, 1783 (Ausschnitt)

Auf dem Potsdamer Marktplatz: In die Prügelszene zwischen zwei Eierhändlerin-
nen greifen Polizeidiener ein.
  Ausschnitt aus einem Gemälde, um 1770

Der Radmacher mit seinen Gesellen bei der Arbeit im Hof. Er war für den Deichsel-, Achsen- und Radbau, der Stellmacher (Wagner) für den allgemeinen Fahrzeugbau zuständig.

Kupferstich aus der „Werkstätte der heutigen Künste . . .“, Brandenburg und Leipzig, 1765 (Ausschnitt)

Arbeit im Kohlenbergwerk unter Tage. Bereits um 1113 wurde vom Kloster Klosterrade (heute Rolduc) der erste europäische Steinkohlebergbau betrieben.
  Kupferstich aus der „Werkstätte der heutigen Künste ...", Brandenburg und Leipzig, 1765

In der Schuhmacherwerkstatt werden einer Dame Schuhe angepaßt. Schuhmacher gehörten zu den ersten der sich seit dem Jahre 1000 herausbildenden Handwerksberufen in den Städten, die sich in einer Zunft zusammenschlossen.

Kupferstich von A. Gabler, 1788

Medizinische Behandlung beim Barbier: der Aderlaß. Barbiere waren wie Bader zum Ausüben der niederen Chirurgie und zum Rasieren berechtigt.

Kupferstich von G. Vogel nach einer Zeichnung von A. Gabler, 1788

meist deshalb schwer, weil diese größeren Höfe ihren Bedarf an Gesinde-Arbeitskräften gedeckt hatten. Also blieben ihnen fast nur landwirtschaftliche Hilfsarbeiten als Schäfer oder Hirten. Aber auch in den Städten fand die große Masse der landarmen Häusler kein Unterkommen, weil hier das Handwerk mit seinen Zünften vorherrschte und kein Bedarf an landwirtschaftlich geschulten Kräften bestand. Die große Zahl der Landbesitzarmen bildete so die große Zahl der Landarmut.

Überwiegend hatten die Bauern östlich der Elbe keine Geldmittel für besondere Ausgaben oder Investitionen zur Verfügung[127], die westlich der Elbe besaßen größere Höfe und geringere Belastungen, konnten sich also wesentlich mehr für besondere Aufwendungen leisten.

In den letzten drei Jahrzehnten des 18. Jahrhunderts stiegen die Getreidepreise um etwa 90 Prozent, was zur Einkommenserhöhung der Bauern um etwa 10 Prozent führte. Zwischen 1770 und 1800 stieg der Preis für einen Doppelzentner Roggen von 2 auf 3,2 Taler. Ein Tagelöhner mit durchschnittlicher und gleichbleibender Taxe von 9 Groschen konnte sich nur noch die Hälfte bis ein Drittel des Getreides von 1767 leisten[127a].

Die erworbenen Geldmittel gaben die Bauern wie folgt aus:

| | Jahre | |
	1765–1770	1800
Abgaben	25%	17%
Erwerb gewerblicher Güter	36%	30%
Gesindebarlohn	34%	26%
Bedürfnisse der Bauernfamilie	5%	27%
(3 Taler je Bauernfamilie mit 34-ha-Hof)		(22 Taler je Bauernfamilie mit 34-ha-Hof)

Die Preisverschiebung ergab sich aus der Steigerung der Agrarpreise bei gleichzeitiger Verminderung der Belastung[128].

Die Kontribution

Die Besteuerung des Adels stellte in Preußen ein Problem eigener Art dar. Zunächst ist zu beachten, daß die Adligen nicht generell im preußischen Staat von jeder Grundsteuerbelastung befreit gewesen sind. Denn in Ostpreußen hatte der Adel zuerst unter dem

Deutschen Ritterorden und später unter polnischer Lehenshoheit nie die totale Steuerbefreiung erlangt, wie die Adligen in der Mark Brandenburg unter den Hohenzollern [129].

Die Steuern waren seit je die Haupteinnahmequelle des Staates. Sie mußten immer wieder von den Ständen auf den Landtagen bewilligt werden.

Die Adligen waren so knauserig, daß der Landesherr anfangs nicht einmal seine Schulden tilgen oder eine standesgemäße Hofhaltung sich erlauben konnte. Zu ersten Auseinandersetzungen zwischen dem Landesherrn und den Ständen um die Steuerhöhe kam es unter Herzog Albrecht (1490–1568), Hochmeister des Deutschen Ordens und Herzog von (Ost-)Preußen. Die Stände, und d. h. der Adel, versuchten die Steuerlast auf die dichtere Stadt- und Domänenbevölkerung abzuwälzen und plädierten für die Erhöhung der Bierzise (= der Biersteuer), die allein auf den Städten lag. Für das Land wurde eine Kopfsteuer erhoben für Menschen und ein Horn-, Huf- und Klauenschoß (Schoß = Steuer) für alle Tiere, die Hörner, Hufe und Klauen trugen. Der Adel drückte sich vor dieser Steuer, indem er seine Tiere abschaffte, dafür die Fron-Spanndienste der Bauern erhöhte und so seine Steuern auf die Bauern abschob. Die Bauern wiederum drückten sich vor dem Kopfgeld, indem sie einmal so wenig wie nur möglich Gesinde hielten und ihre Kinder ins benachbarte Polen schickten, wohin auch viele Kleinbauern, Tagelöhner und Insten flohen. Beide Maßnahmen, die der Adligen wie die der Bauern, schadeten sehr der Landwirtschaft. Der Horn-, Huf- und Klauenschoß wurde in ganz Ostpreußen erhoben, ohne die Bodenbeschaffenheit zu berücksichtigen. Ein Bauer mit vielen Pferden und schlechten Bodenerträgen mußte mehr Steuern zahlen als ein Bauer mit wenigen Pferden und guten Bodenerträgen.

Eine wesentliche Verschärfung in die Diskussion um die steuerliche Veranlagung der Adligen und Bauern in Ostpreußen brachte der Große Kurfürst mit seiner rigorosen Forderung von mehr Steuergeldern zur Finanzierung seines stehenden Heeres.

1666 verfügte er zunächst folgende Regelung: ⅓ der Steuern hatten die Städte aufzubringen, ⅔ das Land. 1671 verlangte er vom Land eine Hufensteuer. Der Plan dazu stammte aus dem

Jahre 1664 und sah die Einführung einer einheitlichen Grundabgabe, berechnet nach Aussaat, Viehbestand und Ernteertrag pro Hufe (= 17 ha), vor. 1684 verbesserte er seinen Steuerplan, indem er die Güte (= Bonität) der Äcker in die Steuerberechnung mit einbezog.

Der Adel widersetzte sich mit dem Argument, er sei nicht verpflichtet, Angaben über seine Vermögensverhältnisse zu machen und seine Nebeneinkünfte aus Brauerei, Brennerei und Mühlen, aus Pferdezucht und dem Bierumsatz in Krügen (= Kneipen) taxieren zu lassen.

Als die Beamten eintrafen, um ihre Erhebungen durchzuführen, kam es zu wilden Bestechungen: Tausende von Hufen wurden in den Steuerkatastern unterschlagen[130] oder auch von den Adligen auf Kosten der Bauern zu viel angegeben, nur, um sich ein rotes Röckchen bei den Steuerbeamten einzuheimsen. Die Bauern wiederum bestachen die Beamten, indem sie ihnen kostenlose Fuhren von Holz, Baumaterial usw. anboten. Manche sollten für 40 Hufen nur so viel zahlen, als besäßen sie 10, und manche Bauernfamilie hatte plötzlich statt acht oder zehn Köpfen nur noch zwei zu versteuern.

Friedrich Wilhelm I. versuchte eine Einheitlichkeit in die steuerliche Belastung in Ostpreußen zu bringen und hob als erstes den „nexus feudalis" auf[131], die sog. „Lehnpferdegelder". Die Lehnpferdegelder waren eine geringe Steuer, die aus den Anfängen der Lehenszeit herrührten: Als der Landesherr (Markgraf) Land als Lehen (= Leihgabe) „hingab", erhielt er dafür von den Rittern die Gefolgschaft zu Pferde, wenn er über Land oder in den Krieg zog oder Schutz auf seinen Burgen brauchte. Der Schutz durch Ritter wurde durch den von Söldnern abgelöst, die Lehen-Pferde der Ritter wurden nicht mehr gebraucht, der Einsatz von Pferden wurde in Geld umgerechnet, so entstand die „Lehenpferdegeld" genannte Abgabe.

Indem Friedrich Wilhelm I. den „nexus feudalis" auflöste, kündigte er den Vasallendienst seiner Ritter, was um so leichter war, als viele Ritter ihre Güter inzwischen nicht mehr als Lehen (Leihgabe) des Landesherrn, sondern als Erbgüter betrachteten. Er berechnete nun auf je 6 Hufen ein Lehenpferd und verlangte eine jährliche Steuerabgabe von 40 Taler für jedes im Kriegsfall früher erforderlich gewesene Ritterpferd. Also 40 Taler für 6 Hufen.

Mit dieser Absicht des Königs waren die Adligen keinesfalls einverstanden, sie klagten in einem vierjährigen Streit vor Kaiser und Reich und verwiesen darauf, daß einige Adlige mehr als ein Pferd hatten, andere weniger als 6 Hufen, kurz, es kam keine Einheitlichkeit in das Steuerwirrwarr.

In den Jahren 1715 bis 1719 führte deshalb der König in Ostpreußen eine einzige Grundsteuer ein, den „Generalhufenschoß". Der „Generalhufenschoß" bestand aus einer Grundsteuer (an die Kriegskasse zu zahlen) und einem Grundzins als Entgelt für die Überlassung der Bodennutzung (an die Domänenkasse zu zahlen) [131a]. Mit der Einführung des Generalhufenschoßes entfielen die naturalen Abgaben an den Landesherrn zugunsten von Geldabgaben. Naturalabgaben erhielten nur noch der Pfarrer, Lehrer, Küster und Kantor, und zwar in Form von Getreide, Erbsen, Heu, Stroh, Flachs, Brot; Gänsen, Schweinsköpfen, Eiern und Hühnern [132]. Hufenkommissionen zogen durchs Land und führten Lokalbesichtigungen durch, vernahmen die Eigentümer, sowohl Adlige wie Bauern, prüften Grund und Boden und den Zustand der Gebäude, Brauereien, Brennereien und Mühlen. Das Land wurde geometrisch vermessen und der Reinertrag der Hufe als einzige Bemessungsgrundlage der Steuern angesetzt, d. h.: der Naturalreinertrag der einzelnen Getreideprodukte wurde in einen Geldnettobetrag verwandelt, dem wiederum die jeweilige Taxe des Getreideverkaufspreises zugrunde lag.

Die Situation jedes Dorfes und jeder Bodenbeschaffenheit wurde berücksichtigt [133], ob ein Dorf in der Nähe zur nächsten Stadt (Königsberg) lag oder weiter weg, Aussaat und Ernteertrag von Getreide, Erbsen usw. wurden ermittelt, auch der Reinertrag aus der Fischzucht, Eichelmast, Bienenzucht ... Ebenso die Produktionsfähigkeit der Äcker, Wiesen, Weiden und Waldbestände nach Holzart, Größe und Güte ... Aus diesem Reinertrag errechneten die Steuerbeamten einen jährlichen Steuersatz für die beste (= 14 Taler) und schlechteste Hufe (= $\frac{1}{3}$ Taler) und kamen für *Ostpreußen* auf einen durchschnittlichen Steuersatz für eine mittelmäßige Hufe: 1 Hufe = 3½ Taler Steuer (Kontribution)/ pro Jahr.

Das entsprach einem Generalhufenschoß von 33⅓ Prozent des Reinertrages in Ostpreußen[134]. Anders ausgedrückt: vom Reinertrag einer Hufe mußten 33⅓ Prozent als Steuer (Kontribution) an den Staat abgeführt werden.

Im Generalhufenschoß war zusammengeschlossen, was früher an ständischen Steuern differenziert nach Kopf-, Horn-, Klauen- und Hufenschoß erhoben wurde. Im Generalhufenschoß war das Prinzip der Steuergleichheit für alle eingeführt, also für Adlige wie für Bauern.

Die Adligen wehrten sich erneut gegen diese Gleichstellung, wurden aber vom König mit dem Argument nach guter alter Lehensdenkart zurechtgewiesen: Der König sei im Kriegsfall verpflichtet, alle Hufen zu schützen, die adligen wie die bäuerlichen gleichermaßen, also müßten die Adligen auch gleichermaßen besteuert werden.

Dieses Schutzargument sahen die Adligen ein, nun gingen sie aber ans Feilschen mit dem Ergebnis, daß sie den Satz des Lehnpferdegeldes von ursprünglich 40 Talern auf 10 Taler für 6 Hufen herabdrückten.

Der Druchschnittswert von 3½ Taler pro Hufe pro Jahr verschob sich nun dahin, daß der Adlige in Ostpreußen pro Hufe nur zwei Taler Kontribution zu zahlen hatte, der Bauer, wie der in Brandenburg, pro Hufe aber acht Taler.

Die ganze Wucht der Steuerreform durch den Generalhufenschoß traf also die Bauern.

1724 wurde der Generalhufenschoß für Ostpreußen erneut festgesetzt und blieb dann das ganze 18. Jahrhundert über auf gleicher Höhe: Die Domänenbauern hatten demnach 0,12 Taler Grundzins + 0,18 Taler Hufenschoß pro ha zu zahlen (rund = 0,3 Taler), die Gutshofbauern dagegen 1–1,2 Taler/ha.

Der Adel in Ostpreußen mußte zum Generalhufenschoß von rund 0,3 Taler/ha noch das winzige sog. „Ritterdienstgeld" in Höhe von 0,015 Taler/ha pro Jahr bezahlen. Das Ritterdienstgeld hatte kaum mehr als symbolischen Wert.

Anders sah es in Hinterpommern aus. Hier hatte der berühmte und schon erwähnte Landtagsrezeß zu Stargard von 1653 dem Großen Kurfürsten gegenüber noch darauf bestanden, daß die Zahlung der Steuern an den Landesherrn eine aus gesprochen freiwillige Angelegenheit sei. Der Große Kurfürst kaufte den Adligen das Steuerbewilligungsrecht ab, indem er ihnen die Bauern im Status der Leibeigenschaft auslieferte. 1654 ließ er Landvermessungen durchführen; 1685 bemängelten die Adligen, daß dabei nur die Quantität der Hufen berücksichtigt werde, nicht aber die Qualität. Die Adligen behielten hier ihre Grundsteuerfreiheit, hatten aber nach wie vor die Bürgschaft für die bäuerliche Steuerbelastung zu übernehmen, weshalb sie daran interessiert waren, im Notfall möglichst wenig Vorschuß leisten zu müssen.

So ergab sich für Hinterpommern zwischen der obersten (108 Taler) und untersten (8 Taler) Berechnungsgrenze ein durchschnittlicher jährlicher Steuersatz (1722) von: 1 Hufe = 13 Taler 15 Groschen = 35 Prozent des Reinertrages, die als Steuer (Kontribution) an den Staat abzuführen waren.

Zur Kontribution kamen überall auf dem Land noch die finanziellen Belastungen der Bauern durch die Unterbringung und Verpflegung der Kavalleriepferde und -soldaten. Eine spürbare Erleichterung brachte das Edikt Friedrich Wilhelms I. vom Jahr 1717, wonach die gesamte Kavallerie in die Städte verlegt wurde und diese Belastungen somit entfielen (endgültig 1721).

In Vorpommern [135] begann der Große Kurfürst 1681 mit geometrischen Landvermessungen im Interesse seiner Steuerreform, die erst 1717 abgeschlossen wurde, nachdem Vorpommern 1715 an Preußen gefallen war. Hier war zu zahlen: 1 Hufe = 14 Taler 4½ Groschen (1741) = 36⅓ Prozent vom Reinertrag.

In Schlesien waren die Verhältnisse noch komplizierter. Unter österreichischer Verwaltung gab es seit 1721 lediglich eine „Bekenntnistabelle"; darin sollten aufgeführt werden: Aussaat, Ernteertrag, Viehbestand, Nebeneinkünfte aus Brauereien, Krügen usw. Wurde, wie meistens, Vermögen verschwiegen, so wurde für den Fall des Auffliegens eine Strafe von 1000 Dukaten angedroht. Außer der Vermögenssteuer seit 1527 gab es noch eine Fülle verschiedener Steuern: Rauchfang-, Vieh-, Türken-, Fräuleinsteuer, Mahlreluition, Tanzimpost, Legationsgelder, Kriegsmetzen, Rekruten-, Gewehr- und Remontegelder.

Eine Revisionskommission zur Untersuchung der Bodenbeschaffenheit war letztmals unter den Österreichern im Jahre 1725/

1726 eingesetzt worden, aber sowenig wie eine zweite Kataster-Revision 1733 zum Abschluß gekommen. Diese Mißstände fand Friedrich II. vor, als er Schlesien 1740 annektierte [135a].

Sein Provinzialminister für Schlesien, von Münchow, ging sofort an die Arbeit, versuchte im Auftrag des Königs Ordnung zu schaffen und das preußische Steuersystem (Akzise für die Städte, Kontribution für das Land; diese Trennung hatte es bisher in Schlesien nicht gegeben) auf Schlesien zu übertragen, ohne auf Einsprüche des schlesischen Adels Rücksicht zu nehmen, denn der König war von diesen Adligen nicht in so hohem Maße abhängig wie von den preußischen.

Seit 1736 hatte die österreichische Kommission nicht mehr gewagt, die Natural- und Geldabgaben des Adels, der Geistlichkeit und der Bauern in eine einheitliche Geldabgabe umzusetzen, weshalb die bäuerlichen Frondienste in Schlesien besonders hart und ungemessen waren.

Von 1748 an funktionierte dort die preußische Steuergesetzgebung. Zunächst wurde festgehalten, daß alle Bauernhufen, die die Adligen ihren Gütern vor 1721 einverleibt hatten, adlige Güter bleiben sollten, die danach einverleibten wurden in Bauernhufen zurückverwandelt und als bäuerliche im Kataster verzeichnet (kontribuierbar).

Nach durchgeführter Landvermessung nach preußischem Stil errechneten die Steuerbeamten als Steuern für *Schlesien*: 1 Hufe des Adels = 28 Prozent vom Reinertrag pro Hufe pro Jahr; 1 Hufe der Bauern = 34 Prozent vom Reinertrag pro Hufe pro Jahr.

Für wie gerechtfertigt Friedrich II. die steuerliche Belastung hielt, mag daraus hervorgehen, daß er für das 1772 erhaltene Westpreußen sofort Maßstäbe des Generalhufenschoßes anwandte, wie sie für Ostpreußen ausgearbeitet worden waren.

Am 13. September 1772 konnte er von Westpreußen Besitz ergreifen, und bereits am 23. September 1772, also 10 Tage später, begann die preußische Kommission, die Hufen zu vermessen und die Bonität der Böden zu prüfen, Aussaat, Viehbestand und Ernteerträge festzustellen usw. Freilich wurde nicht ganz Westpreußen vermessen, sondern nur das Ermland, das Marienburger- und Kulmer Land [136]. Eine Volkszählung und eine Viehstatistik wurden durchgeführt und für Adel und Bauern die sofortige Konfiskation aller derjenigen Güter angedroht (Wälder, Seen etc.), die sie bei ihren Abgaben verschwiegen hatten.

In keiner anderen preußischen Provinz waren die Frondienste neben den Abgaben der Bauern so hochgeschraubt wie in Westpreußen. Vor allem hatte die Geistlichkeit noch 1771 die Lasten der Bauern bis zum Erdrücken gesteigert [137]. Die gemessenen und ungemessenen Hand- und Spanndienste wurden in Geld berechnet, die Naturalleistungen nach der Zahl der Hämmel, Kälber, Geflügel, Eier, Salzmenge nach den üblichen Durchschnittspreisen ermittelt, so daß die bäuerlichen Lasten auf den wirklichen Geldreinertrag kamen.

Die leibeigenen Bauern erschienen zum erstenmal neben Adel und Geistlichkeit als selbständige Wirtschaftssubjekte und als ökonomisch gleiche Individuen, die steuerlich veranlagt wurden. Zu den Einkommen von Adel und Geistlichkeit wurden auch die jährlichen Einnahmen aus den Fronen, Natural- und Geldzinsen, Zehnten und Marktzöllen berechnet. Das in den Krügen ausgeschenkte Bier und den Branntwein belegte man mit der Tranksteuer je nach der Größe des jährlichen Umsatzes. Hier wurde der Grundsatz der Steuergleichheit realisiert, wie er in Ostpreußen durchgeführt worden war.

An konkreten Steuergeldern mußten nun bezahlt werden, jeweils pro Hufe berechnet:

	Taler
Freibauern	5
Fronbauern	3
Kleinbauern (Einlieger, Insten, Kätner usw.)	$\frac{1}{3}$–2

Der Adel in Westpreußen hatte mehr Lehnpferdegeld zu zahlen als in anderen Provinzen, nämlich:

Hufen	Taler
bei mehr als 25	15
bei 15–24	10
bei weniger als 15	6$\frac{2}{3}$

Die Handwerker wurden aufgefordert, binnen Frist in die neu eingerichteten Akzise-Städte einzuwandern. Auf dem Land durf-

ten an Handwerkern nur bleiben: Hufschmiede, Stell- und Radmacher, Zimmerleute, Schuhflicker, Leineweber, Schneider –
wenn sie zugleich Küster waren –, Höker – falls sie nur mit den in
den Akzise-Städten gekauften und durch Passierschein legitimierten Waren handelten (Tran, Teer, Öl, Licht, Seife, Schwefel, Lein,
Band und Schnur, Nähnadeln, Essig).

Juden unterlagen dem Schutz- und Nahrungsgeld[138]. Die Bet-
tel-Juden mußten die Städte verlassen und auf das platte Land ziehen, vermögende Juden mit Schutzbriefen wurden in die Städte
gewiesen. Schankgewerbe, Brauerei und Brennerei waren damals
überall in den Händen der Juden.

Tabelle über die prozentuale Steuerabgabe (Kontribution) des
Bauern von seinem Reinertrag an den Staat[139]:

Land	Steuerabgabe in Prozent
Ostpreußen	33⅓
Ostpreußen (Domänenbauern)	27
Mark Brandenburg und Westpreußen	33
Galizien und Böhmen	30
Schlesien (Bauern)	34
Schlesien (Adel)	28
Hinterpommern	35
Vorpommern	36⅓
Paderborn	23
Österreich	34

Rechnet man einmal zusammen, was einem Kleinbauern für
den eigenen Verbrauch nach Abzug der fälligen Kontribution
blieb, so sah das Ergebnis recht mager aus. Konnte er 13 Scheffel
Roggen zum Verkauf erübrigen, so erhielt er dafür bei einem
Preis für den Scheffel Roggen von 18 Groschen bis 1 Taler: höchstens 13 Taler. Nach Abzug der Kontribution von 8 Talern blieb
ihm ein Reinverdienst von 5 Talern. Rechnet man zur Kontribution noch die weiteren Abgaben dazu, so ergibt sich folgende Aufstellung:

Abgaben für	Groschen	Pfennig
den Priester	18	
den Küster	12	6
den Schmied	18	
Huf- und Giebelschoß	15	
Marschfuhrengelder	12	
die Kriegswehr zur Magazinkasse	12	
	87	6
= 3 Taler	15	6

Zusammen mit den 8 Talern Kontribution gibt das eine Gesamtabgabe von 11 Taler 15 Groschen 6 Pfennig. Wenn man davon den höchstgeschätzten Reinverdienst von 5 Talern abzieht, ergibt dies einen Fehlbetrag von rund 6 Talern.

Außer diesem Fehlbetrag fielen neben Mehlgeld usw. aber noch die Unkosten an, die sich aus Vorspann-, Bau-, Nachbarfuhren ergaben, dazu der Gesindelohn und die Betriebsunkosten. Die Unkosten erhöhten sich, solange zur Manöverzeit (Juni bis September) Kavalleriepferde auf den Wiesen weideten, Soldaten einquartiert waren und vom Bauern verköstigt werden mußten, wenn er Fouragefuhren für die Armee durchzuführen hatte. Alle diese Unkosten hätte er sozusagen aus seinem Fehlbetrag finanzieren müssen. Es war also für einen Kleinbauern unmöglich, das zum Leben Notwendigste herauszuschlagen. Ein Hof brachte erst einen gerade hinreichenden Reinertrag, wenn er mehr als 8 ha hatte. Aber auch davon konnte der Bauer nicht mehr als die reinen Lebenshaltungskosten bei geringsten Ansprüchen abdecken.

Wenn er sich am Leben erhalten wollte, blieb ihm nichts anderes übrig, als die Kontributionssumme zu manipulieren, was dadurch möglich war, daß er etwa ⅓ mehr aussäte und dementsprechend mehr erntete, als für seinen Hof veranschlagt war. Es war ihm dabei nicht wie vorgeschrieben möglich, das Vieh, Wohnhaus und Stallgebäude in ordnungsgemäßem Zustand zu erhalten, also ließ er das Vieh verkommen und das Haus verfallen; einmal gehörte es ihm nicht, also hatte er kein persönliches Interesse daran, zum anderen mußte ihm der Gutsherr im eigenen Interesse wiederum

Zugtiermaterial zur Verfügung stellen, wenn er seine Äcker rentabel bestellt haben wollte.

Solange noch Naturalabgaben üblich waren, konnte der Bauer beim Dreschen wiederum mogeln, indem er nur den schlechten Ausdrusch ablieferte, aber das wertvolle Korn für sich behielt. Außerdem konnte er am Scheffelmaß für sich einsparen, wenn er statt des gehäuften Maßes nur den knappen Glattstrich ablieferte.

Addiert man unterm Strich die Ausgaben und den Reingewinn zusammen, so mußte der Bauer (ohne Berücksichtigung des häufig schlechten Bodens) von jedem Taler Ernteertrag jährlich 13 Groschen Kontribution bezahlen, für sich selbst behielt er 11 Groschen pro Taler, also eine Abgabe von mehr als 50 Prozent (1 Taler = 24 Groschen [140]).

Alltag und Widerstand

Zur Charakterisierung der Bauern

„Der Bauernstand ist für den Staat sehr wichtig; er bildet seine Grundlage und trägt seine Last; er hat die Arbeit und die anderen den Ruhm." Ein bedenkenswerter Satz Friedrichs II.

Überblickt man die in den vorangehenden Kapiteln dargestellten Reglementierungen, unter denen bäuerliches Leben sich abzuspielen hatte, so mögen die Bedingungen recht abschreckend klingen. Keine Bewegungsfreiheit, keine geregelte Arbeitszeit, keine Erlaubnis, ein Handwerk zu lernen, von Urlaub, Freizeitgestaltung oder gar Erholungsaufenthalten konnte überhaupt keine Rede sein; keine ausreichende Entlohnung, tägliche Abhängigkeit vom Gutsherrn und kaum eine Rechtshandhabe gegen ihn, dafür überdies eine hohe steuerliche Belastung und noch Militärdienst dazu: Wie hat das ein Bauer überhaupt ausgehalten?

Konnte er sich wehren? Etwa keine Kinder zeugen und damit dem Staat das Gesinde entziehen? Den Staat also in puncto Arbeitskraft aushungern? Das wäre eine Möglichkeit gewesen, denn für Kinderreichtum gab es keine Prämien.

Weglaufen bei Nacht und Nebel, von der Scholle desertieren wäre ebenso möglich gewesen, aber das Risiko, erwischt und hart bestraft zu werden, war zu groß.

Blieb nur die Sackgasse der Ergebung, das Dahinvegetieren seit Generationen, ohne Aussicht auf Besserung, überhaupt ohne Zukunft. Das scheint eine letzte Möglichkeit gewesen zu sein.

Der Bauer wird gern pauschal und abschätzig beschrieben als träge, dumm, gedankenlos, grob, trunksüchtig, mißtrauisch und boshaft, rückständig, trotzig, diebisch und heimtückisch, zu jedem Schabernack gegen seinen Herrn jederzeit aufgelegt, zu jeder Hinterlist freilich; Schadenfreude scheint so seine einzige Freude gewesen zu sein [141].

Auf der anderen Seite mochte zu Buche schlagen, daß seine schwere und einförmige Arbeit Tag für Tag zwar eine lokale Abgeschlossenheit mit sich brachte – er durfte ja nicht verreisen und die Welt kennenlernen –, zugleich aber auch ein gewisses Solidaritätsgefühl mit seinesgleichen entwickelte, woraus er Kraft schöpfte, sicher nicht, indem er darüber reflektierte, sondern sich eher instinktiv tragen und treiben ließ.

Die Bauern und ihr Gesinde lebten gesellschaftlich gesehen streng unter sich, sie sahen sich täglich bei der Hofarbeit, im Sommer auf dem Feld, im Winter in der Scheune oder Spinnstube, sie kannten also keine Geheimnisse voreinander, auch bei Nacht nicht, denn für das Gesinde stand meist nur ein Raum, kaum möbliert und unwohnlich, zugig und gegen Kälte oder Hereinregnen schlecht abgedichtet, zur Verfügung. Außer Bauern sahen die Bauern kaum andere Menschen; falls einer von ihnen lesen konnte, dann griff er vor dem Einschlafen oder sonntags zur Bibel, zum Katechismus oder zum Gesangbuch.

Gerade diese gesellschaftliche Abgeschlossenheit der Bauern schätzte Friedrich II., denn daraus konnte er einen bodenständigen Korpsgeist entfachen, der dem Dienst im Militär zugute kam. Hier, in ein und derselben Kompanie, hielten die Bauern zusammen, sie exerzierten und kämpften füreinander, d. h., sie halfen sich gegenseitig, wie sie es von der Feldarbeit her gewohnt waren [142], freilich weit entfernt von einem gern unterstellten Nationalbewußtsein.

Spricht man vom täglichen Leben der Bauern, so sind nicht die wenigen reichen Großbauern repräsentativ, sondern die Masse der Kleinbauern mit wenig Besitz und Zwang zum Nebenverdienst – und das waren immerhin zur Zeit Friedrichs II. – wie davor und danach – 70 bis 80 Prozent, die mit dem Existenzminimum auskommen mußten[142a]. Sie machten das Gesinde aus, auf ihnen lastete die schwere Fronarbeit und fast totale Rechtlosigkeit, vor allem seit jenem nicht oft genug zu erwähnenden Landtagsrezeß von 1653.

Einmal im Jahr, meist im November zu Martini, jedenfalls vor Weihnachten, rief der Gutsherr die Kinder seiner Untertanen auf das Gut, musterte sie und suchte sich die kräftigsten und tauglichsten aus[143]. Die schwächeren unter ihnen hatten keine „Aufstiegschancen", sie wurden wieder auf den Bauernhof zurückgeschickt, wo sie oft nicht einmal den Gesindelohn erhielten. Das Minimum war auf zwei Taler pro Jahr festgesetzt.

Was konnte ein Knecht oder eine Magd mit zwei Talern anfangen? Ein paar neue Schuhe wären am dringendsten, denn die Gesindeleute mußten von früh bis spät auf den Beinen sein. Aber ein paar Schuhe im Jahr reichte nicht. Sie waren von schlechter Qualität und rasch durchgelaufen. Ein paar Schuhe kostete mindestens einen Taler, für zwei Paar reichte der Jahreslohn schon nicht aus. Also schnürten sie sich im Winter das eine Paar mit Weiden oder Bändeln an die Füße und liefen im Sommer barfuß. Für die notwendigsten Alltagsbedürfnisse reichte es nicht, selbst wenn die Ansprüche noch so gering gehalten wurden. Wie sollten sie zu mehr Geld kommen? Stehlen war der eine Ausweg, Prostitution der andere.

Der Tag, an dem die Gesindearbeitskräfte gemustert wurden, war nie ein Freuden-, sondern ein Tränentag. „Du mußt auf das Gut", damit trösteten sie sich ergeben, damit besiegelten sie ihr Schicksal. Gar nicht selten blieb der Knecht oder die Magd oder der arme Kleinbauer zehn und zwölf Jahre ununterbrochen auf demselben Hof ohne jede Lohnaufbesserung. Die Jahre vergingen oft ohne die geringste persönliche Neuanschaffung, die sowieso dort keinen Zweck hatte, wo die Leibeigenschaft sehr streng gehandhabt wurde.

Heute unverständliche Schikanen kamen dazu. Die Hugenotten führten die Holzpantoffeln ein, die man gern gerade auch im Winter trug[144]. 1717 sollte das Tragen von Pantoffeln in der Kurmark abgeschafft werden, aber weder die Bauern noch die Städter hielten sich daran. Der König ließ Hausdurchsuchungen durchführen und die Pantoffeln beschlagnahmen. In einem erneuten Edikt vom 7. Dezember 1726 verbot er bei Gefängnisstrafe oder Halseisen das Tragen der Pantinen, die gerade bei den Bauern sehr beliebt, weil billig waren. Die Verfügung nutzte nichts. Friedrich II. erneuerte das Edikt verschiedentlich (11. 6. 1745; 30. 11. 1746; 4. 6. 1767). Als alles nichts nutzte, erlaubte er schließlich ein Schuhwerk, dessen Sohlen aus Holz, die Kappe aber aus Leder sein mußte.

Zu essen bekamen die Leute gerade so viel, um ihre Arbeitskraft zu erhalten. Zum Frühstück oft: Brotwassersuppe mit Milch geschmälzt, zum Mittagessen gequellte Kartoffeln mit Sauermilch oder eine Mehlsuppe mit Gurken und Bier. Zum Abendessen wieder Brotwassersuppe. Der Hauptbestandteil jeder Mahlzeit bestand aus (Hirse-)Brei oder musartigen Speisen.

In Schlesien war die Ernährung besonders schlecht: Es gab höchst selten Fleisch, manchmal rohes Schweinefleisch, denn geräuchertes Fleisch zu verzehren kam nur der Herrschaft zu. Magister Laukhard, ein in der preußischen Armee der neunziger Jahre dienender Soldat aus der Pfalz (Wendelsheim)[145], berichtete aus Schlesien: große Strecken des Landes hätten noch nie einen Pflug gesehen, der Gartenbau in den Dörfern tauge nichts, ja, die Bauern sehnten sich nicht einmal nach Gartenfrüchten. Jahraus, jahrein gebe es die berühmten Schlesischen Knödel: Mehl wurde in Wasser gerührt, sehr schwach gesalzen, zu länglichen Stücken geformt und in bloßem Wasser gesotten, ohne die geringste Schmelze. Die Suppe bestand aus Mehl und Salz und Wasser, selten ein paar Tropfen Milch. Damit mußten sich die Menschen begnügen.

Auch sah er, wie die Leute den Weizen droschen, bis zum Zerplatzen sotten, mit etwas Fett schmälzten und ihn dann aßen. Das Weizendreschen geschah oft in kniehohem Kot. Das Brot der Armen bestand in höchster Notzeit aus Häcksel und gemahlener Baumrinde[146], schon zu Zeiten des Großen Kurfürsten.

Als Leckerbissen, der auch im Lazarett gereicht wurde, nannte er eine Suppe, worin zwar Graupen, Mehl, Grütze oder etwas Brot zu finden sei, aber kein Fettauge, und das schmecke wie Jauche. Gab es Fleisch, so stammte es nicht nur von abgemagertem bis verhungertem Vieh (meist Schweinen oder Ochsen), sondern stank oft und war von Maden übersät.

In Schlesien mußten die Untertanen nach einem Bericht Hoyms vom März 1805 zum Fleisch von Katzen und krepierten Pferden Zuflucht nehmen [147].

Gab es als Zugemüse Reis und Gerste, Rüben und Kartoffeln, auch Erbsen, Linsen und Bohnen, so galt das als ein besonderes Sonntagsessen. Die teure Butter wurde höchstens zum Schmelzen der Speisen benutzt, niemals als Brotaufstrich. Butter und Milch spielten auf dem Land eine Nebenrolle. Man begnügte sich mit Verwertungsprodukten wie Käse, Quark oder Buttermilch, alles recht mager. Dünne Milchsuppe „würzten" die Bauern mit Pellkartoffeln.

Das Brot wurde zu Hause oder im Dorfbackhaus hergestellt. Auf einen Zentner Mehl kam eine Kanne warmes Wasser. Der Sauerteig vom letzten Buk wurde darin zerdrückt. Im Backkübel wurde das Mehl dazugerührt, bis ein dicker Brei entstanden war, dann wurde der Kübel warm zugedeckt und blieb über Nacht stehen. Am Morgen wurde das übrige Mehl dazugeschüttet und soviel warmes Wasser nachgegossen, daß beim Kneten ein steifer Teig entstand, dabei gebrauchte man einen Knetscheit. Der Backofen wurde voll Holz gesetzt: drei Scheite der Länge nach, die übrigen quer darüber, dann wieder eine Längsschicht.

Was man zuletzt aus dem Trog kratzte, nannte man die „Teigkratze", ebenso das daraus gebackene Brotel. Ein etwas zurückgebliebenes „verdärbliches" Kind, das letzte in der Familie, wurde im Riesengebirge mit dem gleichen Namen belegt: „Siech och Bräters Trägkrotze". In Schlesien nannte man das Kleinbrotel auch „Klebrutla" [148].

Als der Anbau und Verzehr von Kartoffeln nach dem Siebenjährigen Krieg von Friedrich II. forciert wurde, um an Getreidenahrung zu sparen, begegneten die Bauern ihnen mit höchstem Mißtrauen. Es hieß: Die Kartoffel blähe, stille zwar den Durchfall, mache aber sinnlich. Niemand wollte sie anbauen oder gar essen. Als Viehfutter war sie gerade gut genug – oder zum Schnapsbrennen. Dabei führte Friedrich II. nichts Neues ein: 1649 war sie auf Wunsch des Großen Kurfürsten im Lustgarten des Berliner Schlosses angepflanzt worden, zunächst als Zierpflanze. In vielen Teilen Deutschlands freilich war während des Dreißigjährigen Krieges aus der großen Not heraus bereits ab 1625 intensiv Kartoffelanbau betrieben worden [149].

Erst im letzten Drittel des 18. Jahrhunderts fand die Kartoffel Eingang in die Küchen der Bauern wie der Städter Preußens. Und nun wurde sie recht vielfältig zubereitet: als Brei, Suppe, Eintopf, Salat und als Klöße. Sie verdrängte tatsächlich das Brot als Hauptnahrungsmittel und wurde zusammen mit Salz, Quark und Zwiebeln, Quark und Leinöl, Salz und Kümmel gegessen, dazu gab es auch sauren Kohl, Möhren, Rüben, Erbsen, alles Gemüse[150].

Beim reichen Bauern erhielt das Gesinde im Durchschnitt fünf- bis achtmal Fleisch im Jahr[151], meist ebenfalls von krankem oder schon eingegangenem Vieh, und nur soviel Graupen, Hirse oder Erbsen, daß ein Erwachsener davon unmöglich satt werden konnte. Beschwerden nutzten nichts, denn allzu rasch drohte der Gutsherr mit Zuchthausstrafe, wo das Essen noch knapper gehalten wurde.

Bauern, die mit ihrem Gespann fronen mußten, kampierten oft weit entfernt vom Gutshof, hatten eine lange Anfahrts- und Heimfahrtszeit, mußten sich also frühmorgens auf den Weg machen und kamen erst spät abends wieder zurück, zu müde für die eigene Ackerarbeit.

Waren am Morgen alle Bauern beisammen, so wies der Dorfschulze die Arbeit an. Regnete es, fiel die Arbeit aus, und der Bauer war umsonst gekommen. Je nach Wetterverhältnissen und Laune schickte der Gutsherr einen berittenen Boten über Land, um den Dienst abzublasen und den Bauern für die nächsten Tage neue Anweisungen zu bringen.

Um seinen eigenen Acker bestellen zu können, mußte der Bauer darauf bedacht sein, die Kräfte der Tiere zu schonen, wo es nur ging. Also leistete er nur Notdienste, was den Ärger des Gutsherrn oder seines Pächters hervorrief, die ständig mehr Arbeit von den Bauern verlangten. Streitereien über den Zustand des Zugviehs, der Wagen und Ackergeräte gehörten zum Alltag. Das Verhältnis zwischen Gutsherr und Bauer stand permanent unter dem Unstern des Mißtrauens.

Worauf der fronende Bauer sich gern stützte und was ihm einen gewissen seelischen Halt gab, war die Gewohnheit. Wie er gestern gearbeitet hatte, so wollte er es auch heute tun. Er murrte schon und muckte auf, wenn er heute Gerste und Weizen anbauen sollte, wo er doch gestern Roggen und Hafer gepflanzt hatte. Es kostete

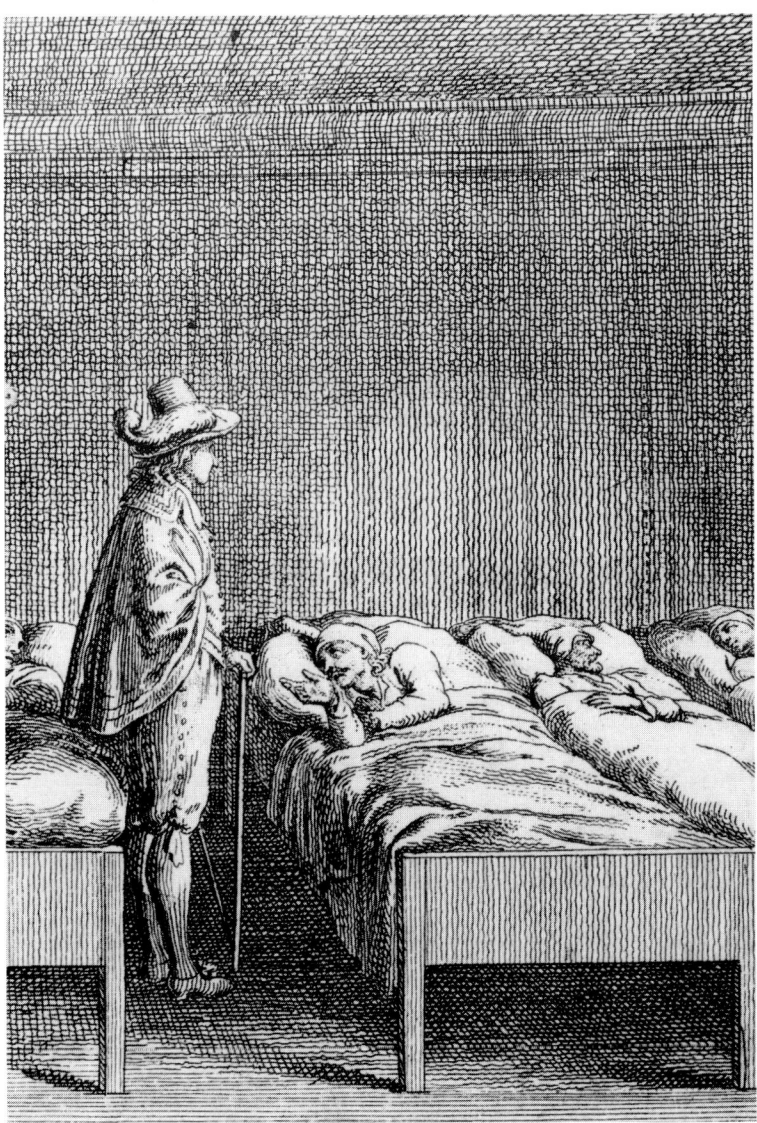

Im Mehr-Bettenzimmer eines städtischen Krankenhauses. Das bekannteste Krankenhaus in Berlin ist die 1710 von König Friedrich I. gegründete Charité, eröffnet
1726.
Kupferstich von Daniel Chodowiecki, 1784

Ländlicher Schulunterricht in einer Scheune. Dorfkinder wurden oft von ausge-
dienten Soldaten in Lesen, ein wenig Rechnen und Singen unterrichtet.
Holzstich aus dem 19. Jahrhundert

◁ Unterricht einer gemischten Klasse in einer Stadtschule gegen Ende des 18.
Jahrhunderts. Nur reiche Eltern konnten das monatliche Schulgeld von 1 Taler
(1787) bezahlen. 1791 wurden an allen Berliner Schulen nur 1319 Kinder unterrichtet. Die Mehrzahl der Arbeiterkinder blieb daher ohne jede Schulgrundbil-
dung.
Kupferstich von J. W. Meil

In Notzeiten wurde von König Friedrich II. verbilligtes Getreide aus den staatlichen Kornspeichern an die hungernde Bevölkerung verkauft.

Holzstich nach einer Zeichnung von Adolph (seit 1898 von) Menzel, 1840

Das bettelnde Soldatenweib. Hilflose Not bei Mutter und Kind.
Kupferstich von Daniel Chodowiecki, 1764

Zur Prangerstrafe des 18. Jahrhunderts gehörte die „Trülle", in der der fest einge-
zwängte Gefangene zum Ergötzen des Publikums rasend schnell um seine eigene
Achse gedreht wurde.
Radierung, 1780 (Ausschnitt)

„Spießrutenlaufen", seit etwa Ende des 16. Jahrhunderts bekannt, war eine der ▷
häufigsten Militärstrafen, z. B. bei Fahnenflucht und Trunkenheit. Dabei mußte
der Delinquent ein- oder mehrmals durch eine von bis zu 300 Mann gebildete
Gasse laufen (daher auch „Gassenlaufen"). Unter Trommelwirbel wurde er mit
Rutenhieben auf den entblößten Oberkörper bestraft.
Kupferstich aus dem Jahre 1786 von Daniel Chodowiecki

Seit 1766 ließ König Friedrich II. die Kaffeesteuer durch französische Steuerbe-
amte, gen. „Kaffeeschnüffler", eintreiben. Der Kaffee war um 1517 nach Europa
gelangt. Erste Kaffeehäuser entstanden in Europa um 1640 (Venedig), 1679 das
erste deutsche in Hamburg.

    Holzstich nach einem Gemälde von L. Katzenstein, um 1860 (Ausschnitt) ihn Überwindung, wenn der Gutsherr verlangte, heute tiefer zu pflügen als gestern. Zur Lebenseinstellung der Bauern, mit der sie ihren Alltag meisterten, gehörte neben der Gewohnheit eine gehörige Portion Sturheit. So fuhren sie mit ihrem Gespann auf den Gutsacker und warteten, bis der Wagen beladen war. Forderte der Herr den Bauern auf, für die Zeit des Beladens sein Zugvieh vor einen schon beladenen Wagen zu spannen und diesen wegzuschaffen, so weigerte sich der Bauer und ließ die Pferde lieber stundenlang unbeschäftigt stehen. Er war nur für seinen Wagen zuständig und nicht für einen anderen.

Wo ungemessene Dienste üblich waren, z. B. in Pommern, litt die Bestellung der Äcker des Gutsherrn wie der Bauern unter permanenter Übermüdung von Zugvieh und Bauer. Wo gemessene Dienste üblich oder gar vorgeschrieben waren, ging es den Bauern nicht besser, denn zur Saat- und Erntezeit dehnte der Herr die Dienste völlig unbekümmert und widerrechtlich zu ungemessenen aus.

Besonders schlimm waren die Zustände im polnischen Teil Oberschlesiens, wo es riesige Herrschaften gab, zu denen oft 45 oder mehr Dörfer gehörten, die zwei, drei oder auch fünf Meilen entfernt lagen.

Neben den Ackerdiensten hatten die Bauern hier auch Fischereidienste zu leisten [152]. Mit Netzen oder bloßen Händen mußten die Bauern Fische für den Herrn fangen. Dazu standen sie oft stundenlang und knietief im eiskalten Wasser, bis sie ihre vorgeschriebene Fischfangquote erreicht hatten.

Ehe sie im Wasser erstarrten oder vor Erschöpfung umfielen, flößte man ihnen warmes, mit Pfeffer geschärftes Bier ein, so lange, bis sie wieder fischen konnten, wenngleich halb betrunken.

In Oberschlesien war das Ausmaß der Ausbeutung besonders rigoros, weil neben den Ackerarbeiten viele zusätzliche Dienste, etwa als Zutreiber bei der Jagd, Holzfuhren für die Küche, Schafe waschen und scheren vom Gutsherrn verlangt wurden, auch dort, wo er in Rechte der Bauern eingriff.

Sollten Rodungen durchgeführt, Büsche oder sumpfige Wiesen urbar gemacht oder Weiden zu Wiesen umgewandelt werden, galt das ebenfalls als Zusatzarbeit, gegen die der Bauer auch dann nicht protestieren konnte, wenn Weiden oder Wiesen betroffen waren, auf denen er selbst Nutzungsrechte für sein Vieh besaß. Den Gutsherrn kümmerte es nicht, wo der Bauer sein Vieh weiden lassen sollte.

Kein Wunder also, wenn der Bauer seinem Herrn feindselig gegenüberstand. So war der Gutsherr verpflichtet, die Gebäude der Bauern in Schuß zu halten, neue zu bauen oder alte zu renovieren. Die Bauern wußten das natürlich und machten sich selbst zum eigenen Schaden eine hämische Freude daraus, wenn das Haus, in dem sie wohnen mußten, allmählich verfiel. Der Schaden traf den Herrn viel mehr als den Bauern. Er kam nicht auf die Idee, ein Loch im Dach zu stopfen oder eine Tür abzudichten, selbst wenn es hereinregnete oder durchzog.

Jede noch so kleine Schadstelle im Haus meldete er lauthals dem Herrn, der wiederum dem Bauern entgegenwirkte, indem er die erforderlichen Ausbesserungsarbeiten höchst selten prompt erledigen ließ, so daß aus dem kleinen Schaden rasch ein großer wurde. Was scherte es den Bauern, wenn das Haus, das seinem Herrn gehörte, in schlechtem Zustand blieb? Nicht Faulheit, wie der Vorwurf in Preußen gern lautete, dürfte der Grund dafür gewesen sein, sondern ohnmächtiger Trotz. Was der Herr besaß, sollte zugrunde gehen. Das war der einfache Leitgedanke. Lieber hauste der Bauer im Gestank und Mist, als aus eigener Initiative sich selbst einige Annehmlichkeiten zu verschaffen. Warum sollte er auch? Schließlich war es Aufgabe des Herrn, ihm jeden Schritt und jeden Handgriff vorzuschreiben. Er war also gar nicht gewohnt, aus eigenem Antrieb den Hammer in die Hand zu nehmen.

In derart bescheidenen, aber prinzipiellen Reaktionen des total Abhängigen, Hörigen und Leibeigenen mag durchaus die ganze Fäulnis gesehen werden, die das Denken in Feudalkategorien mit sich brachte. Das Hingeben von Land bis herab zum Bettgestell bedeutete mehr als Verpflichtung und Abhängigkeit (vom ursprünglichen Schutzgedanken, Ordnung und Sicherheit, redete keiner mehr[153]). Es war die vollkommene Aushöhlung jeder eigenständigen menschlichen Regung, die nicht einmal den Anschein von sozialer Geborgenheit aufkommen ließ. So verkehrte sich mit fast dialektischer Logik der von den preußischen Königen so über alles hochgeschätzte Begriff der Arbeit in sein Gegenteil.

Wem kein Besitz zustand wie der Masse der Leibeigenen, denen man alle Habe, ihre Person und auch noch den Namen nehmen durfte, dem konnte nicht abverlangt werden, anders als schadenfroh zu denken.

Mochte der Bauer schuften wie er wollte, woher sollte das Interesse an seiner Tagesarbeit kommen, wenn es ihm nie gelang, auch nur kleinste Vorräte fürs nächste Jahr oder auch nur für den kommenden Winter beiseite zu legen [154]? „Je fleißiger der arme Bauer ist, desto schlechter ergeht es ihm; denn fast jedermann möchte sich von seinem Schweiß erquicken und von seinem Blute mästen; er wird dadurch niedergeschlagen, entmutigt, und wird am Ende gleichgültig und faul, weil er begreift, daß er mehr geschunden und mißhandelt wird als ein Lasttier."[155]

Trafen ihn noch Katastrophen wie Unwetter, Hagelschlag, Blitzfeuer, so stand er mit seiner Familie völlig mittellos da. Was tröstete es ihn, wenn dann der Staat auf seine Kontribution und der Gutsherr auf seine Zinszahlung verzichten mußte?

Der Gutsherr war verpflichtet, dem zahlungsunfähigen Bauern die Staatssteuer auszulegen. Man kann sich vorstellen, mit welcher Freude er das getan hat. Nur so, daß er wieder seinen Bauern unter Druck setzte. Dem verarmten Bauern schickte er Gerichtshalter auf den Hof, die alles auf den Kopf stellten, jeden Winkel durchsuchten und den letzten selbst im Gebälk versteckten Spargroschen mitnahmen. Es hatte also auch gar keinen Wert, ans Sparen zu denken, denn Kredit erhielt der Bauer ohnedies nicht. Die Staatseinnahmen mußten stimmen, mochte dem Bauern auch jedes Gespür für Geld untergraben werden.

Der Bauer rettete sich, indem er so oft er konnte aus seiner miserablen Wirklichkeit heraustrat – und Branntwein in Unmengen konsumierte. Oder, wieder zum Schaden des Herrn, indem er bis Weihnachten aus Not schon das ganze Saatgut gegessen hatte, das für den nächsten Frühling bestimmt war. Also mußte er betteln oder stehlen, betteln um Brot, etwas Getreide und Salz[156]. Meist erhielt er nichts mehr, obgleich es Salz übergenug gab, Salz war ja das alte Monopol der Fürsten und Gutsherren.

Preußen war ein Bauernstaat, und die preußischen Könige hatten durchaus die Wichtigkeit des Bauernstandes erkannt: nicht des Bauern als eines lebenden Individuums mit bescheidensten

Lebensansprüchen, sondern allein des Bauern als Arbeitskraft, Steuerzahler und Rekrut. Nichts unternahmen sie gegen die Armut ihrer so wichtigen Staatsstütze, nichts gegen das tägliche Einerlei ihrer stumpfsinnigen Arbeit, nichts boten sie, um einen Hoffnungsschimmer aufglimmen zu lassen, nichts taten sie, um den Bauern ein Gefühl dafür zu vermitteln, daß das Leben auch lebenswert sein könnte. Es glückte Friedrich II. „nie, die rechtliche und soziale Stellung der Bauern innerhalb der ostdeutschen Gutsherrschaft auf eine menschenwürdige Stufe zu heben" [157].

Für den Lebenswert war die Religion zuständig, die vor allem von Friedrich II. in allen Schattierungen toleriert wurde, sofern sie den Rhythmus der täglichen Arbeit nicht störte. Friedrich II. schaffte nicht nur den blauen Montag und viele Feiertage ab, sondern verfügte auch, daß die Messen vor allem zur Sommerzeit auf dem Land um 8.00 Uhr morgens beendet sein mußten, damit ja keine halbe Stunde von der Arbeitszeit verlorenging.

Ein Schwatz nach der Kirche auf dem Kirchplatz war verboten. Von einem Sonntagsvormittagsumtrunk in der Kneipe konnte keine Rede sein. Nein, es entsprach dem grobkörnigen Moraldenken der Könige, den Bauern prinzipiell als dumm und faul einzustufen. Damit hatte man ein knetweiches Menschenmaterial in der Hand und obendrein jede Rechtfertigung, mit der Peitsche Abhilfe im Interesse des Staates zu schaffen. Warum sollte der Bauer also in den Wald gehen und Brennholz für den Winter holen oder gar auf Vorrat stapeln? Nein, er riß lieber die Sparren aus dem Dach und verheizte sie; wurde es deshalb im Winter kalt, so zerhackte er Türen oder Fensterrahmen, sie gehörten ihm ja doch nicht. Über die Bauern Schlesiens sagte man nicht ohne Zynismus: „Man hält sie wie das Vieh!"

Friedrich Wilhelm I. hatte zwar strenge Verordnungen gegen das Prügeln der Bauern erlassen [158], sei es mit dem Stock oder der Reitpeitsche – die Gutsherren hielten sich nicht daran.

In Schlesien sah es nicht besser aus. In den slawischen Landesteilen Oberschlesiens machte die Mentalität das geringe Bildungsniveau wett. Dank guter und flinker Auffassungsgabe lernte der schlesische Bauer viel, auch ohne Unterricht. Seine angeborene Schläue, List und Tücke, sein Hang zur Verschlagenheit ließ ihn zum Soldaten ebenso geeignet erscheinen wie zum Kutscher: Er kam schon zurecht. Die kriechende, unterwürfige Art dieser Bauern gründete vor allem in der Furcht vor körperlicher Bestrafung (auf Kopf und Rücken). Die Furcht vor dem preußischen Korporalstock gehörte in den Städten wie in den Dörfern zum alltäglichen Alpdruck. Der schlesische Bauer schien nur willig und sah im Stehlen durchaus sein Recht. Was der Herr hatte und er brauchen konnte, das nahm er sich bedenkenlos, denn seiner Meinung nach wurde der Herr dadurch nicht ärmer, er selber aber auch nicht reicher. Das Stehlen war hier derart verbreitet, daß viele Gutsherren Scheuerwächter auf ihren Vorwerken einsetzen mußten, um schlimmste Diebstähle zu verhindern, die manchmal soweit gingen, daß zur Ackerarbeit notwendige Geräte wie Wagen, Pflüge oder Eggen durch Diebstahl von beweglichen Teilen gebrauchsunfähig geworden waren.

Dorflehrer und -unterricht

Friedrich Wilhelm I. versuchte, das äußerst niedrige Bildungsniveau der Untertanen zu heben. 1717 und 1736 wurde in Preußen die allgemeine Schulpflicht eingeführt, vorläufig eine rein verbale Verfügung. In seinem Schulgesetz von 1717 befahl er allen Eltern bei Strafe, ihre Kinder vom 5. bis 12. Lebensjahr in die Schule zu schicken, ja, der Geistliche solle kein Kind konfirmieren, das nicht wenigstens lesen könne. Aber wo gab es auf dem Land Schulen und wo die fähigen Lehrer? Schulhäuser wurden da und dort errichtet oder einfach Scheunen zu so etwas wie einem Schulzimmer hergerichtet. Doch woher sollten die Lehrer kommen?

Wer Lehrer werden wollte, mußte beim Superintendenten oder einem Offizier ein Examen bestehen. Das Examen konnte gelegentlich schon dadurch bestanden werden, daß der Examinator den Truthahn, das Dutzend Hasen, Rebhühner oder auch ein Ferkel des Prüflings annahm. Soll er die Gaben prüfen statt den Kandidaten!

1729 bewarben sich nach dem Tod des Schullehrers in einem pommerschen Dorf fünf Kandidaten: ein Schuster, ein Kesselflikker, ein Schneider, ein Weber und ein Unteroffizier, alle zwischen 30 und 60 Jahre alt und vor allem mit einer guten Stimme gesegnet. Im Examensprotokoll wurden die vor der versammelten Gemeinde vorgetragenen Gesangsstücke notiert („Christ lag in Todesbanden", „Jesus meine Zuversicht", „Wer nur den lieben Gott läßt walten" o. ä.), dann mußte der Kandidat eine Bibelstelle vorlesen und buchstabieren[159] und eine Probe seiner Handschrift abgeben. Lese- und Schreibfehler wurden notiert. Konnte er nicht über seine zehn Finger hinaus rechnen, galt das nicht als Mangel. Der Weber ging als Sieger hervor, er sang zwar laut, aber falsch, konnte langsam im Katechismus lesen, machte acht Fehler, zu Buche schlug jedoch: „Addieren und Bisken Subtrahieren". Für den Unterricht im Rechnen mußten pro Woche ein Groschen, für Lesen sechs Pfennig bezahlt werden. Im 1776 erschienenen Lesebuch mit dem Titel: „Der Kinderfreund" stand als Kernsatz: „Spare und sei wahrhaftig, so wirst du glücklich sein hier wie im Jenseits."[160]

Im Grunde hatten aber die Adligen wenig Interesse daran, den Bauern Bildung beibringen zu lassen[161]. Wichtig war die Erhaltung des Abstandes zwischen der Oberschicht und dem Volk. Auch die Geistlichkeit hielt dies für sehr angebracht. Sie fürchtete, Bildung könne ihr die christliche Lehre abspenstig machen, wodurch die Bauern schwerer zu lenken wären. Nur der Pietismus war sich nicht zu gut, die Niedriggeborenen als Christen und Menschen zu achten.

Friedrich Wilhelm I. war Pietist, also drang er auf die Durchsetzung seines Schulgesetzes. Friedrich II. setzte die Bemühungen seines Vaters fort. 1754 erließ er für einen Teil Preußens eine Landschulordnung und erhöhte die Schulpflichtzeit auf das 13. und 14. Lebensjahr. Er bedrängte die Gutsherren, dafür zu sorgen, daß die Kinder ihrer Untertanen in die Schule gingen. Ausreden, sie müßten im Sommer das Vieh hüten, ließ er nicht gelten. Er schlug vor, ein Kind solle an einem Tag mehrere Herden hüten, am nächsten Tag ein anderes, so daß jedes wenigstens abwechselnd in die Schule gehen könne. Den Lehrern verbot er, eine Wirtschaft mit Bier- oder Branntweinausschank zu unterhalten, und riet ihnen, Geselligkeiten mit fröhlicher Musik zu meiden. Der Unterricht sei ernsthaft zu führen, Hauptfächer hießen: Lesen und Schreiben. Das Lehrfach war ausschließlich Bibel und Katechismus, die die Kinder ohne jede Erklärung hersagen lernen mußten. Die Kinder sollten nur das Notwendigste lernen, keinesfalls aber soviel, daß sie Flausen in den Kopf bekämen und aus ihren

Dörfern in die Stadt abwandern wollten. Der Status der Erbuntertänigkeit dürfe wegen der Bildung keineswegs aufgehoben werden.

Lehrer war kein Haupt-, sondern ein Nebenberuf. Das galt noch
1763 im „Königlich-Preußischen-General-Schul-Reglement". Lehrer genossen nur wenig Achtung und waren schlecht besoldet.
1736 erlaubte Friedrich Wilhelm I. ihnen, zur Erntezeit sechs
Wochen auf Tagelohn zu arbeiten und etwas nebenher zu verdienen.

1779 verlangte Friedrich II. in einer Kabinettsordre, daß der
Lehrer lesen, schreiben und rechnen können müsse, woraus zu
entnehmen ist, daß diese Bedingung vorher nicht unbedingt erfüllt werden mußte[161a]. Gegenüber seinem Minister für Kirchen-
und Schulangelegenheiten, dem Freiherrn von Zedlitz, äußerte
der König: es ist „auf dem platten Land genug, wenn sie ein bisgen
lesen und schreiben lernen; wissen sie aber zu viel, so laufen sie in
die Städte und wollen Sekretaires und sowas werden; deshalb muß
man auf'n platten Land den Unterricht der Leute so einrichten,
daß sie das Notwendige, was zu ihrem Wissen nötig ist, lernen, aber
nach der Art, daß die Leute nicht aus den Dörfern weglaufen, sondern hübsch dableiben". 1765 erließ er eine „drakonische Verfügung" für Schlesien, wonach Kinder von Bauern, Gärtnern etc.
nicht eine höhere Schule besuchen dürfen[161b]. „Es ist nicht gut,
den Bauern klug zu machen!"[161c]

Die Anforderungen an den Lehrerberuf waren auf ihre Art
recht hoch: Er sollte die Arbeiten des Küsters übernehmen, Orgel
spielen, Vorlesen und Vorsingen können, außerdem war er bei
Handreichungen für den Pfarrer zuständig, etwa beim Anlegen
des Chorrockes[162], sollte dessen Gäste bedienen und den Willen
des Gutsherrn respektieren.

Forderungen, die kaum ein abgedankter und invalider Unteroffizier erfüllen konnte, abgesehen von seiner Gewohnheit, Soldaten
zu prügeln, die er allzu leicht auch auf kleine Kinder übertragen
konnte. Insofern dürfte die Vorstellung nicht stimmen, daß die
Dorfschullehrer hauptsächlich dem Unteroffiziersstand entstammten. Musisch begabte Weber oder Schneider oder Schuhmacher oder ähnliche schienen geeigneter. Abgedankte Soldaten
wurden eher wie Sozialfälle behandelt, sie kamen in allen mög-

lichen Berufen unter: Holzwärter, Nachtwächter, Feld- und Wiesenhüter, als Hirten und in den wenigsten Fällen als Lehrer.

Somit dürfte an preußischen Dorfschulen auch nicht der soldatische Drill überwogen haben. Geprügelt wurde allerdings durchweg, aber da stand Preußen nicht allein: In Sachsen, Bayern, Holstein, Württemberg, Hessen, Hannover oder Österreich wurden Ohrfeigen ebenso oft verabreicht wie die Prügelstrafe mit Stöcken oder Ruten.

Eine beliebte Strafe an Schulkindern war, sie lange Zeit auf Erbsen neben einem warmen Ofen knien zu lassen. Begann das Kind, sein Gesicht vor Schmerzen zu verzerren, wurde die ganze Klasse vom Lehrer aufgefordert, „die lächerlichen Gebärden des Affengesichts" anzusehen und nachzuahmen.

Die Schulbildungspolitik Friedrichs II. hatte insgesamt nicht die erwarteten Erfolge gezeitigt; sie lag in ganz Preußen im Unterschied zu den Leistungen Maria Theresias in Österreich sogar sehr im Argen.

Es gab Elementar-, Bürger- und Winkelschulen. Ein Lehrer verdiente nicht mehr als ein ungelernter Manufakturarbeiter, vor allem, seit 1780 sämtliche 16 Freischulen dem Armendirektorium in Berlin unterstellt wurden. Dreimal hatte Friedrich II. es abgelehnt, das Berliner Gymnasium am „Grauen Kloster" finanziell zu unterstützen.

Die Verdummungspolitik im allgemeinen spielte bei Friedrich II. trotz aller Aufgeklärtheit eine ebenso große Rolle wie unter jedem anderen absolutistischen oder demokratischen Herrscher. Wie oft kanzelte der König z. B. berechtigte Verbesserungsvorschläge seiner Minister mit dem Hinweis auf Unverständnis ab. Im Fall des königlichen Akzise-Beamten Erhard Ursinus, der gewagt hatte, die Bank- und Steuerpolitik des Königs ungeschminkt zu kritisieren, reagierte Friedrich II. voll Entrüstung: „Ich staune über der impertinenten Relation so sie mir schicken, ich entschuldige die Ministres mit ihre Ignorance, aber die Malice und corruption des Concipienten muß exemplarisch bestraft werden, sonsten bringe ich die Canaillen niemahls in der Subordination." Amtsenthebung und Einkerkerung in der Festung Spandau waren die Folge für ein offenes Wort (1766).

In den westlichen Provinzen konnte kaum die Hälfte der Einwohner lesen und schreiben, in den östlichen reichten die Analphabeten oft bis an die 100-Prozent-Grenze heran. Es darf nicht vergessen werden, daß auch der märkische, pommersche und ostpreußische Landadel weit hinter dem bürgerlichen Bildungsniveau zurückblieb.

Schlesische Bauern und Gutsherren

Hat die preußische Besetzung und Verwaltung des Landes seit 1742 den schwer bedrängten Bauern Erleichterungen gebracht? Das Feudalsystem mit dem gutsherrlich-bäuerlichen Arbeitsverhältnis war unter österreichischer Verwaltung oft bis ins Extrem der Unerträglichkeit ausgedehnt worden. Hinzu kam, daß neben den erbuntertänigen Bauern die große Masse der ebenso erbuntertänigen Weber voll ins Gewicht fiel, ein Arbeitskräftepotential und ein wirtschaftlicher Faktor von nicht zu unterschätzendem Ausmaß.

Schlesien war in der zweiten Hälfte des 18. Jahrhunderts eines der am dichtesten bevölkerten mitteleuropäischen Gebiete. 47,1 Personen kamen auf einen Quadratkilometer. 1787 betrug der Anteil der Stadtbevölkerung 17,5 Prozent der Gesamtbevölkerung[163]. Das von Österreich an Preußen abgetretene Gebiet betrug 40 000 qkm mit etwa 1,4 Millionen Einwohnern. Preußen umfaßte nun ein Gebiet von 160 000 qkm mit knapp 4 Millionen Einwohnern[164]. Damit hatte Friedrich II. seinen Staat um mehr als ein Drittel an Umfang, Bevölkerung, Einkünften und Streitkräften vergrößert[165].

Die Steuerleistung der schlesischen Wirtschaft lag bei 3,5 Millionen Taler/Jahr. Es gab 4743 Dörfer, ⅘ der landwirtschaftlichen Nutzfläche wurden von den 3100 ritterschaftlichen Herrengütern bewirtschaftet, während ⅕ als direkte Wirtschaftsfläche der Bauern galt[166]. Gegen Ende des 18. Jahrhunderts waren es im Anschluß an die friderizianische Kolonisation 4970 Dörfer. Das größte schlesische Dorf war das Weberdorf Langenbielau im Reichenbacher Kreis, das sich eine ganze Meile lang hinzog[167]. Jedes schlesische Dorf besaß mit wenigen Ausnahmen einen Herrn, seinen Grundherrn. Diese Grundherrschaft hieß seit den Tagen der deutschen Besiedlung Schlesiens: Dominium.

Im Jahr 1742 lebten in den 130 schlesischen Städten 275000 Menschen, auf dem Land etwa 1,2 Millionen Bauern[168], die sich statistisch aufteilten in 24,2 Prozent Groß- und Halbbauern, 47,8 Prozent Gärtner und 28 Prozent Häusler[169].

Schlesien war 1526 an das Habsburger Herrscherhaus gefallen, im Ersten Schlesischen Krieg kamen davon 6/7 des Landes an Preußen[170], der Rest blieb bei Österreich.

Die Religion spielte bei der Annexion Schlesiens durch Preußen eine große Rolle, so sehr, daß einige Interpreten die Schlesischen Kriege geradezu als Religionskriege auffaßten. Denn die Lage der Protestanten in Schlesien war zur Zeit der Habsburger Verwaltung denkbar schlecht. Sie litten unter dem katholischen Glaubensdruck (seit 1621) der Österreicher und jubelten den Preußen als Befreier, nicht als Eroberer zu. Der überwiegende Teil der Bewohner war evangelisch, im katholischen Oberschlesien standen die Leute auf der Seite des katholischen Habsburger Herrscherhauses.

Gerade der protestantische Teil der Bevölkerung erleichterte den Preußen das rasche Vordringen (Breslau wurde bereits 14 Tage nach dem Einmarsch von Friedrich II. besetzt), indem viele des Landes Kundige Spionendienste leisteten.

Friedrich II. galt vielen Schlesiern als Beschützer des protestantischen Bekenntnisses, denn die Habsburger hatten die Protestanten ihrer kirchlichen Rechte beraubt, was so weit ging, daß evangelische Pfarrer amtsenthoben und des Landes verwiesen wurden, so daß sie nur sonntags und an geheimem Ort im Wald für die Evangelischen Gottesdienste abhalten konnten.

Schlesien war ursprünglich ein rein katholisches Land, ging durch die Reformation (Luther predigte 1523 in Breslau) und die Gegenreformation und befand sich nun in der gemischt-religiösen Lage, die Friedrich II. antraf.

Schlesien erhielt unter preußischer Verwaltung einen vom Generaldirektorium unabhängigen Oberpräsidenten (wodurch die Provinz der ständigen Vertretung ihrer Interessen im Generaldirektorium beraubt wurde), der mit einer bis dahin unerhörten Selbständigkeit schalten durfte[171]. Friedrich II. konnte bereits nach dem Zweiten Schlesischen Krieg (1745) 2 Millionen Taler mehr als Maria Theresias Vater, Kaiser Karl VI., herausziehen und 40000

Soldaten ausheben[172]. Die annektierte Provinz war ein wirtschaftlich sehr ertragreiches Land, berühmt wegen seiner Eisenindustrie und seiner zwei Millionen Schafe als Wollelieferanten für die Wolle-, Tuch- und Leinenweberei. Besonders kraß war das Übergewicht des meist deutschsprachigen Adels in Schlesien, jenem „klassischen Lande des ostelbischen Feudalismus"[173].

Man darf sich die Schlösser schlesischer Edelleute nicht allzu pompös vorstellen. Ursprünglich war es ein schlichtes Holzhaus, das „Schlössel", in dem der Gutsherr mit Gemahlin und weiterer Familie ein dunkles Gemach bewohnte. Kamen Gäste, bat er sie in einen unförmigen Saal[173a], worin in geselliger Runde geschmaust, getrunken, Tabak geraucht wurde; man schlief mit den Hunden gemeinsam auf Stroh. Später verwandelten sich die Herrenhäuser in solche aus Mauerwerk mit vielen Zimmern und Kammern, mit Gewölben und Abstellplätzen. Die Wohnräume waren dunkel, die Tapeten bestanden aus Wolle oder Leder, an den Wänden hingen Jagdtrophäen, Hirschköpfe mit großen Geweihen, Abbildungen von wilden Schweinen, Wölfen, Hunden oder Luchsen, öfter auch kleine Wandspiegel. Kachelöfen, oft mit Vasen oder Krügen verziert, sorgten für Wärme.

Der schlesische Adlige galt nicht als besonders guter Wirtschafter. Von Bildung hielt er nicht viel, wurde oft geradezu als dumm bezeichnet. Ein großer Teil des oberschlesischen Adels konnte nicht einmal lesen[173b]. Sein Geld verbrauchte er fast ausschließlich zur Aufrechterhaltung seiner Standesansprüche. An intensiverer Ausnutzung seiner Ländereien lag ihm wenig, noch weniger an der Neuanschaffung technisch verbesserter Ackergeräte.

In der zweiten Hälfte des 18. Jahrhunderts nahmen die lukullischen Genüsse erheblich zu. Die schlesischen Adligen, obgleich meist verschuldet oder gar verarmt, aber unter österreichischer Herrschaft ähnlich hochgeachtet wie die preußischen Adligen unter Friedrich II., pflegten wahrhaft ein feudales Leben. Aus der Mitte des 18. Jahrhunderts berichtete Graf Fabian von Reichenbach vom Lebensstil seines Vaterhauses. Hier waren sechs bis acht Speisen pro Mahlzeit üblich, die von Bedienten „mit aufgesetzten Hüten" serviert wurden. Trompeter riefen die Gäste zu Tisch und unterhielten sie mit Blasmusik und Pauken über die sich hinziehende gemütliche Zeit des Speisens.

Auf dem Rittergut des Grafen bestand das Personal aus einer Oberhofmeisterin, zwei Hoffräulein, je einem Hofkavalier, Forstmeister und Hofmeister, die an Sonn- und Werktagen im Livree „mit dem Degen an der Seite und weißen Handschuhen" die Exzellenzen umsorgten. Den Kaffee nahmen die Herrschaften stehend ein, indem sie sich ehrerbietig voreinander verbeugten, eine Sitte übrigens, die bei den schlesischen Fürsten und Standesherren üblich war.

Besuchten sich die Herrschaften gegenseitig auf ihren Gütern, so geschah das unter großem Aufwand mit Läufern, Pagen und „gallonierten Lakaien", sie fuhren mit mehreren Wagen zwei- oder vierspännig vor und hielten Hof.

Graf von Reichenbach gehörte offenbar zur gebildeten Adelsschicht, denn er vermerkte abschätzig über viele seiner Standesgenossen, sie würden nur ihr Bier, ihren Tabak und die unreinen Getreidesorten auf ihrem Speicher kennen[174]. Die Pagen waren meist junge Adlige, die in solchen Hofdiensten den ersten militärischen Unterricht erhielten und ihrem Vater oder Onkel als Offizierspage dienten, ehe sie ins Militär übernommen wurden. Die Hofetikette galt über alles, wenngleich gerade die schlesischen Adligen mit notorischem Geldmangel zu kämpfen hatten und Friedrich II. darum angingen, ihre Rittergüter an Bürgerliche verkaufen zu dürfen. Der König gab seine Einwilligung, zog diese aber sofort nach dem Hubertusburger Frieden 1763 wieder zurück[175]. So trieben sie Raubbau an ihrer Wirtschaft, verkauften alles irgendwie Entbehrliche wie Stroh, Futter und Vieh, zumal das preußische Besatzungsheer gute Preise bot. Natürlich litt darunter ihre Ackerbestellung, was oft bis zur völligen Bodenerschöpfung führte, worunter wiederum die untertänigen Bauern zu leiden hatten. Da empfindlicher Mangel an Bargeld bestand, waren die Adligen erpicht auf jeden Taler, den die Untertanen als Zins zu entrichten verpflichtet waren. Die Adligen machten lieber Privatschulden und retteten sich vor Zwangsversteigerungen ihrer Gläubiger, die die Eintragungen ihrer Forderungen ins Hypothekenbuch forderten. Aber nach schlesischem Gesetz durfte die hypothekarische Verschuldung eines Rittergutes nur bis zur Hälfte des Gutswertes zugelassen werden, eine Notmaßnahme, um den Großteil des schlesischen Adels vor dem totalen Bankrott zu bewahren[176].

Die preußische Regierung griff den Adligen unter die Arme mit einem Gesetz von 1765, wonach die Adligen nur die laufenden Zinsen rechtzeitig zu bezahlen hatten, die bisher aufgenommenen Kapitalien aber erst nach Ablauf von drei Jahren zurückgezahlt werden brauchten. Die Schonzeit von drei Jahren verstrich, und 1768 mußten mehr als 400 Rittergüter zwangsversteigert werden.

Erst die Schaffung des Landschaftlichen Kreditinstituts im Jahr 1770 brachte eine spürbare Erleichterung. Nun war jeder schlesische Rittergutsbesitzer befugt, sein Gut bis zur Hälfte, meist aber bis zu zwei Dritteln des Wertes mit Pfandbriefen zu belasten. Der Pfandbrief war jederzeit verkäuflich, bedeutete also bares Geld. Der preußische Provinzialminister für Schlesien, Graf Hoym, beklagte sich 1787 darüber, daß die schlesischen Adligen allzu herzhaft von diesem Kredit Gebrauch machten, alles Geld an sich rissen und dadurch die Kreditmittel „dem fleißigen Bürger und Fabrikanten entzogen". Das Kreditinstitut arbeitete mit enormen Geldbeträgen, etwas Vergleichbares gab es in Deutschland nicht [177].

Die „Landschaften" arbeiteten auf dem Prinzip der gemeinsamen Haftung aller Grundbesitzer für den Kredit des einzelnen [178]. Dazu Friedrich II.: „Nach Errichtung der Landschaften vigiliert ... nunmehr ein Landstand auf dem anderen ... und das ist nützlich, denn dadurch wird der Adel konserviert, woran mir gar viel liegt, da mir der Adel bei der Armee ganz unentbehrlich ist."

Viele protestantische Gutsbesitzer blieben in der österreichischen Besatzungszeit dem kaiserlichen Dienst fern, wie umgekehrt in der preußischen Besatzungszeit die katholischen Gutsbesitzer vom Staats- und Militärdienst ausgeschlossen waren [179]. Eine große Zahl katholischer Adliger waren nach dem Einmarsch der Preußen nach Österreich emigriert, für die Jahre 1765–1769 konnte man geradezu von einer Adelsflucht sprechen.

Trotz der Segnungen des Kreditinstituts mußten sich viele ausgediente, pensionierte und arme adlige Offiziere mit einem äußerst knappen Ruhegeld begnügen. Sie wurden Hof- oder Verwaltungsbeamte oder mußten als „Krippenreiter" umherziehen, d. h. von Schloß zu Schloß reiten und um Almosen betteln [180]. Ein Teil der schlesischen Adligen lebte 1785/86 auf ihren Gütern, ein protestantisches Viertel diente als Offiziere und Beamte, wohnte nicht auf dem Lande und bewirtschaftete demgemäß auch nicht selbst ihre Güter, sondern gab sie in Pacht.

Litten die Adligen schon unter Geldknappheit, wie waren dann aber erst die Untertanen finanziell gestellt?

Die Gutsuntertanen, also der größte Teil des Hofgesindes, stellten die Arbeitskräfte für Haus und Hof, einschließlich der Frauen und Kinder. Viele verheiratete Knechte dienten ihr Leben lang der Herrschaft. Ihr Lohn, der sog. Zwangsgesindelohn, rangierte an unterster Stelle. Etwas besser stellten sich die Tagelöhner (Freigärtner, Häusler und Einlieger), die nur für kürzere oder längere Zeit je nach Bedarf als Guts- oder Waldarbeiter zur Verfügung standen.

Die Verköstigung des Gesindes galt in allen Teilen Schlesiens, vor allem aber in den polnischen, der Quantität nach als selten hinlänglich, um einen Menschen zu sättigen. Vieles mußte roh gegessen werden „ohne alle Zutat". Brot war oft ungenießbar und zu klein gebacken; beschwerte sich das Gesinde, so wurde das sofort als Rebellion ausgelegt und entsprechend bestraft. Ging es mit einer körperlichen Züchtigung ab, so mußte das unzufriedene Gesinde noch von Glück reden[181].

Am besten war die Gesindekost in der Gegend um Breslau. Hier gab es in der Woche oft sogar zweimal Fleisch, während in den Kreisen Ohlau, Öls, Trebnitz, Schweidnitz oder Löwenberg-Bunzlau das ganze Jahr über kein Fleisch ausgegeben wurde.

Die tägliche Nahrung der Leute bestand aus schwarzem und grobem Brot, aus Sauerkraut, Buchweizen, Hirse und Milch. 1755 meldete der Landrat des Kreises Tost an die Breslauer Kammer: „Weil hierorten weder Wirt noch Wirtin zu ihrer Kost das ganze Jahr durch ein Stück Fleisch siehet, sondern von puren Erdgewächsen, als Kraut, Rüben und dergleichen, und das ungeschmalzen, und viele von einem halben Jahr zum anderen und ohne Brot leben ..., so sind hierorten die meisten Dörfer beschaffen, unerachtet es auch einige wenige gibt, welche etwas besseren Boden haben und folgsam durch das Jahr durch Brot haben, vom Fleisch aber wissen die wenigsten."[182]

Als Delikatesse aßen sie Hamster, auch das Fleisch von krepierten oder verbrannten Kühen. Oft auch Kadaver von unter Schutt bereits vergrabenem Vieh[183, 184].

Der Jahreslohn des Gesindes belief sich in der Regel auf zwei Taler. Gab es zu Weihnachten getrocknetes Obst oder einen Hering, so galt das als Leckerbissen, auf den das Gesinde im österreichischen Teil Schlesiens kaum reflektieren konnte, denn hier erhielt „das unterthänige Gesinde ... weit geringeren Lohn und schlechtere Nahrung, als selbst jeder Bauer seinen Dienstboten abreicht"[185].

Das Gesinde in Schlesien hatte nach der alten Gesindeordnung nur Anspruch auf vier Pfund Fleisch jährlich und nur auf etwa ⅔ so viel Brot, wie das Gesinde in Preußen erhielt. Aber seitens der preußischen Regierung geschah nichts, wenigstens die Gesindetaxe aufzubessern und der preußischen anzupassen.

In Polnisch-Schlesien besaßen die Bauern zwar relativ viel Ackerland, aber ihr Zugvieh und Gesinde waren derart leistungsschwach, daß an eine sorgfältige Ackerbestellung nicht zu denken war. Es gab in Oberschlesien Großbauern mit acht und mehr Kühen, die aber so abgemagert waren, daß der Bauer „kein Quart Butter" davon verkaufen konnte. Es gab das Jahr über nur trockenes Brot zu essen. Die ganze Zukunft Polnisch-Schlesiens lag in der „kaninchenhaften Fortpflanzungsfähigkeit der Bevölkerung" und im Waldreichtum[186], von dessen Früchten und Gräsern sich Mensch und Vieh ernährten.

Das Gesinde war zu schwach, um die Hutungen zu pflegen, mit dem Ergebnis, daß das Vieh im Sommer nicht viel zu fressen fand, im Winter mit Stroh Vorlieb nehmen mußte und zu kraftlos war, wenn es im Frühjahr auf die Weide laufen sollte. Stroh, dürres Laub oder abgefallene Nadeln der Nadelhölzer als Streu, damit mußten die Tiere auskommen. Ihre Beine knickten ein bei jedem Schritt, und die Bauern mußten sie am Schwanz auf Karren ziehen und auf die Weide fahren. Man sprach daher vom „Schwanzvieh", wenn man die ausgemergelten Tiere meinte. Dementsprechend mager und kraftlos war auch das Fleisch, das von ihnen stammte und höchstens an Feiertagen dem Gesinde vorgesetzt wurde. Um einen Pflug zu ziehen, mußte der Bauer vier, ja sechs Ochsen vorspannen, und das ging auch nur kurze Zeit gut, dann fielen die Tiere vor Erschöpfung hin. Das magere Vieh gab aber auch kaum Dünger für die Felder, deren Erträge somit ebenfalls sehr bescheiden ausfielen.

Ein Elendskreislauf, den auch Friedrichs II. Vorschlag, statt elender und verkrüppelter Tiere stattliche Gäule anzuschaffen, nicht zu durchbrechen vermochte[187], weil die „stattlichen" Gäule bald genauso abgemagert waren.

Die Lebensbedingungen des Gesindes sahen denkbar unmenschlich aus. Als Schlafräume dienten im Winter die warmen Ställe, im Sommer die „luftigen Dachböden". Betten oder Decken für das Gesinde galten als unerschwinglicher Luxus, sie schliefen auf Viehstroh oder nacktem Boden. Krankheiten waren weit verbreitet. Zog sich eine Krankheit länger als vier Wochen hin, lag es im Ermessen des Gutsherrn, Lohn und Kost ganz zu streichen oder auf die Hälfte herabzudrücken[188].

Der Gutsherr empfand weder ein persönliches Interesse an seinen Untertanen noch an ihren Bedürfnissen. Was allein zählte, war die pure Arbeitskraft[189]. Kein Wunder, daß der Zustand der Bauernschaft von Jahr zu Jahr schlechter wurde. Am 19. Januar 1771 berichtete Hoym an den König: „Der Bauernstand ist ohne Zweifel itzo derjenige in Schlesien, welcher am schwächsten."[190]

Der Landrat von Hirschberg berichtete 1772: Die Not der schlesischen Bauern sei unbeschreiblich groß. Er wisse nicht mehr, die Steuern auszupressen, da die Leute Kleider, Betten und alle Immobilien verkauft hätten[191].

In seinem Hauptbericht an die Breslauer Kammer schrieb der Landrat von Glatz 1779: „Daß die Bauern und kleinen Leute in der Grafschaft zuviel Steuern an die Dominia (= Gutsherrschaften) entrichten müssen, ist der Grund, daß sie so arm sind. Ein Kantonist (= Bauer) hat also nichts zu verlieren, und das befördert die Desertion, wenn auch jetzt jeder Deserteur gehenkt wird."

Ähnlich ärmlich sah auch die Kleidung aus: Ein Schafspelz vererbte sich vom Vater auf den Sohn und Enkel, bis er durchlöchert war und nur noch aus Zipfeln bestand. Die Frauen trugen aus Sparsamkeitsgründen sehr kurze, vorn offenstehende Röcke.

1755 meldete ein Landrat, daß die Oberschlesier nur etwa alle Vierteljahre Haare und Bärte schneiden lassen, wenn sie in die Stadt kamen, sie liefen fast das ganze Jahr hindurch ohne Strümpfe, viele sogar im Winter ohne Mantel und Schuhe. „Im Sommer", berichtete ein Landrat 1782, „haben die meisten nur ein grobes wergenes Hemd und ein paar Beinkleider an. Ja, einige

Weiber, junge und alte, gehen noch im Oktober ganz ohne Hemd und haben bloß einen schlechten Weiberrock und eine Juppe auf ihrem Leib, und auch diese nicht etwa zugemacht, folglich kann man die ganze bloße Brust und den Leib bis auf die Hüften sehen."

1780 schrieb ein durchreisender Engländer über das Oppelner Land [192]: „Die Wohnungen des Volkes sind niedrige Hütten von aufeinandergelegten Baumstämmen, die im Winter mit Mist und Laub bekleidet werden. Schornsteine sind nur seit einigen Jahren durch Befehl und Zwangsmittel eingeführt worden. Die Unreinlichkeit der Einwohner und ihrer Hütten übersteigt die westfälische. In den meisten Dörfern ist ein Jude, welcher den Gastwirt vorstellt und ein abscheuliches Getränk verkauft, der reinlichste und gesittetste Einwohner. Für die Pferde und Kühe sind Ställe da, Kälber, Ferkel, Hühner und Gänse aber wohnen mit dem Wirt und seinen meist nackenden Kindern in einem Gemach zusammen ..."

Nicht nur im Oppelner Land, auch anderswo in Schlesien liefen die Menschen in ihren Wohnungen aus Armut und Gewohnheit fast ohne Bekleidung herum, nachts zogen sie selbst die Hemden aus, um sie zu schonen. Die Wohnungen hatten keine verschlossenen Höfe und Gärten, die Häuser oft keine Türen und Schlösser. Das Leben war ganz auf Vorläufigkeit eingestellt, denn bei geringster Veranlassung zogen die Leute samt Familie und Vieh nach Polen ab – wo es ihnen auch nicht viel besser ging [193].

Zur häuslichen Armut und Armseligkeit, dem beengten Leben von drei oder vier Generationen in einer Stube, Hausvieh und etwas Mundvorrat an Erdäpfeln und anderen Erdfrüchten, in stickiger Luft und ohne Aussicht auf Steigerung des Lebensniveaus, kam die bei Schlesiern oft zu bemerkende Gemütsträgheit, ihr langsames Arbeiten und ihre Gleichgültigkeit Schicksalsschlägen gegenüber [194]. Kein Wunder, daß die Leute den einzigen Trost im häufigen Genuß von Branntwein (meist Rüben- und Kartoffelschnaps) fanden, dem Hauptgetränk, das ihnen ein bißchen Fröhlichkeit und Ausgelassenheit verschaffte, manchmal aber auch ihren gedämmten Mut in puren Übermut überschnappen ließ. Sie tranken ihren Fusel, den zu brauen nach Feudalrecht der Gutsherr das alleinige Vorrecht hatte und der keinen Wert darauf legte, ein edles Gebräu für teures Geld an seine Untertanen zu verkaufen. Selbst erst wenige Monate alte Kinder wurden mehr mit Branntwein als mit Muttermilch gestillt, nur damit sie Ruhe gaben. Branntwein tranken Gesunde und Kranke, Junge und Alte bei besonderen Gelegenheiten wie Kindstaufe oder Begräbnis, aber auch ohne jeden Anlaß.

Gegenüber dem polnischen Oberschlesien trug Mittelschlesien deutschen Charakter. Auch hier gab es den Gesindezwang, eine Folge des Arbeitskräftemangels, überall gab es mehr unerblichen als erblichen Besitz, hier herrschten die Reihendörfer vor, überhaupt eine große Anzahl von Dörfern.

In Nordschlesien gab es die wenigsten herrenhoflosen Dörfer, der Gutsbetrieb wurde durch die Arbeit der Dreschgärtner bestritten. Die Frondienste waren demnach weniger als anderswo. Nach dem Hubertusburger Frieden schwoll die Zahl der Landhandwerker, die übrigens trotz des Reichsgewerbegesetzes von 1731 nicht durchwegs zünftlerisch organisiert waren[195], beträchtlich an, im ganzen aber war Nordschlesien das Land der Gutsherrschaften von bescheidener Größe und Landwirtschaft[196]. Hier wurde sehr viel mehr als in Polnisch-Schlesien mit Gesinde gearbeitet, die Kinder des Landvolkes machten dort etwa zwei Drittel des Gesindes aus, wohingegen in Nordschlesien sie noch nicht einmal die Hälfte stellten.

Seit Jahrhunderten herrschte in Deutsch-Schlesien die Dreifelderwirtschaft, was bedeutete: Im Winterfeld wurde Weizen und Roggen gepflanzt, im Sommerfeld Gerste und Hafer, das letzte Drittel der Flur bildete die Brache, die als Weideland diente. Dies hatte auch bei Abwechslung von Winter- und Sommerfeld zur Folge, daß jedes der drei Felder nur alle drei Jahre gründlich gedüngt werden konnte[197], denn auf den meisten Gütern reichte der Dünger nicht. Demnach fand das Vieh im Sommer wenig nahrhaftes Futter und gab dafür auch wenig Dünger ab.

Erst zur Zeit Friedrichs II., der auch in Schlesien den Kartoffelanbau vorantrieb und die Benutzung der Brachfelder für den Anbau von Flachs, Hanf, Raps, Hülsenfrüchten, Klee und anderen Futterpflanzen, Kraut und Runkelrüben durchsetzte, verschwand allmählich das „Schwanzvieh", denn durch seine Maßnahmen konnte auch die Stallfütterung verbessert werden[198].

Der vermehrte und kräftiger gefütterte Viehbestand führte zu mehr Dünger, und: Je höher der Misthaufen, desto größer der Ernteertrag.

Führte Friedrich II. auf dem Gebiet der Landwirtschaft manche Besserung ein, so blieb doch die Lage der Bauern und des Gesindes wie früher, ja, sie verschlechterte sich unter preußischer Verwaltung[199].

Zur Verbesserung der Lage der Untertanen konnte zunächst schon deshalb wenig getan werden, weil nach der Besetzung Schlesiens durch Preußen neue Verwaltungsbeamte eingesetzt wurden[200], die sich nicht auskannten und fürs erste die Gebührenabgaben nach früherem Stand beließen. Die Laudemiumfrage (= Abgabe an den Lehnsherrn) richtete viel Verwirrung an und führte zu zahlreichen Prozessen. Das Laudemium war in Schlesien im Unterschied zu Preußen eine besonders charakteristische Abgabe (= Marktgroschen), die je nach Bedarf ausgedehnt werden konnte[201] und oft weit den Wert der Bauernstellen überschritt. Jede Steigerung von Getreide- und folglich Lebensmittelpreisen schlug sich auf die Untertanen nieder, überwiegend im letzten Drittel des 18. Jahrhunderts, was zu einer wesentlichen Verschlechterung des schlesischen Landvolkes gerade unter preußischer Verwaltung führte.

Seine Schlesien-Minister, vor allem Hoym, waren mit Erfolg darum bemüht, die Zustände in Schlesien zu beschönigen und dem König ein rosarotes Bild zu vermitteln, das mit der Wirklichkeit nicht übereinstimmte. So mußten für die nach dem Siebenjährigen Krieg regelmäßig durchgeführten Revue-Reisen Friedrichs II. durch Schlesien die Straßen und Brücken, die er berührte, schleunigst repariert werden. Die Vorderseiten der Häuser sollten abgeputzt, die Dächer mit Ziegeln gedeckt, die Straßen gereinigt, die Hunde wohlverwahrt werden. Die dem königlichen Wagen begegnenden Fuhrwerke sollten anhalten oder ausbiegen. Alle Blumengefäße, die nicht innerhalb eiserner Gitter standen, waren wegzuräumen, Laternen anzuzünden, damit sie die Nacht hindurch brannten. Die Polizei mußte Bettler, Dirnen und „störende Geschöpfe" entfernen; Gastwirte hatten ihre Gäste zu melden „nebst deren Charakter, damit die S. M. zu überreichende Liste vollständig ist". S. M. sollte „alles in voller Arbeit finden" und überdies ordentlich gekleidet[202]. Friedrich II. durchschaute gelegentlich den Betrug, aber meistens schwieg er dazu.

Er befragte zwar die Bauern über die Ernte und den Zustand des Viehs, begnügte sich aber mit Versprechungen, Verbesserungsvorschlägen und Notgroschen. Nachdem Friedrich II. im Ersten Schlesischen Krieg das Land annektiert hatte und mit den weitverbreiteten Gepflogenheiten der Gutsherren, Bauernhöfe ihren eigenen Besitzungen zuzuschlagen, konfrontiert wurde, versuchte er mehrmals und mit Nachdruck, mit seiner Bauernschutzpolitik Abhilfe zu schaffen.

Seine Bauernschutzpolitik ist im größeren Zusammenhang des Feudalsystems zu sehen[203]. Und unter diesem Aspekt ist mit besonderem Interesse zu fragen, ob und wieweit der König seine Pflicht Bauern gegenüber erfüllt hat, denen unter österreichischer Verwaltung durch die Mode gewordene Art des ungehemmten Bauernlegens seitens der Adligen so übel mitgespielt worden war. Diese Frage gewinnt noch dadurch an Gewicht, daß Friedrich II. seine per Edikte erlassene Bauernschutzpolitik in Schlesien ausprobierte, ehe er sie in kaum veränderter Form auf Preußen, Neumark und Pommern übertrug.

Schlesien bot sozusagen den klassischen Fall, wie es nicht sein sollte: Je größer die gutsherrlichen Besitzungen geworden waren, desto mehr war folglich das Bauernland zusammengeschrumpft und desto schlimmer waren die Fronforderungen der Gutsherren ausgeartet.

Am 14. Juli 1749 verbot Friedrich II. in betonter Abhebung zum Usus unter österreichischer Verwaltung den schlesischen Adligen jedes weitere Einziehen von Bauerngütern[204]. Er gestattete nur eine Ausnahme: War ein Bauernhof so hoch verschuldet, daß kein neuer Käufer sich finden ließ und der Hof unter den Hammer zu geraten drohte, so sollte der Gutsherr weiterhin das Recht behalten, den Bauernhof seinem Gut zuzuschlagen.

Nun waren aber in der Tat meist durch schlampige Bewirtschaftung die meisten schlesischen Bauernhöfe verschuldet. Friedrich II. ordnete daher im § 4 jenes Ediktes von 1749 an, daß ab sofort die Bauernhöfe nicht mehr über die Hälfte ihres Wertes hinaus verschuldet werden dürften. Eine Maßnahme, die sich recht bald als undurchführbar erwies.

Sein erster Provinzialminister für Schlesien, von Münchow, genehmigte die Einziehung von Bauerngütern unter der Bedingung, daß der Gutsherr auf jeden vereinnahmten Bauernhof zwei bis drei verarmte Bauern als Gärtner mit schlechterem Besitzrecht wieder einzusetzen hätte.

Die Gutsherrn deuteten diese Bestimmung falsch, und d. h. zu ihren Gunsten. Sie glaubten nämlich an eine Aufhebung des königlichen Bauernschutzes und setzten das Bauernlegen fort.

Andererseits pochten die Bauern auf ihre Wiedereinsetzung, wenn auch nur als Gärtner. Es kam zu einer Lawine von Prozessen, und fast alle Prozesse der Bauern gegen die Gutsherrn drehten sich um die Gärtnerstellen und die zu hohen Robotforderungen, die nicht schlimm genug vorzustellen sind: waren z. B. keine Pferde vorhanden oder zu ausgemergelt und zu schwach für die harte Ackerarbeit, so mußten sich Bauern vor den Pflug spannen lassen, wenn die Herrschaft das wie üblich verlangte[205].

Friedrich II. befal nun, daß bei allen Prozessen die Gutsbesitzer die Hälfte der Kosten zu übernehmen hätten, eine Verordnung, die sich ebenfalls nicht durchführen ließ.

Im Dezember 1755 löste von Schlabrendorff den Schlesienminister von Münchow im Amte ab, und es schien, als fänden die Bauern in ihm einen besonders einsichtigen Fürsprecher.

Provinzialminister Ernst Wilhelm von Schlabrendorff (1719 bis 1769) war ein begeisterter Anhänger der Abschaffung der Leibeigenschaft in Pommern, ein Befürworter der Einschränkung der Frondienste und ein Mann, der unermüdlich für die Freiheit des Bauernstandes plädierte[206]. Er stammte aus Gröben im Kreis Teltow, war also gebürtiger Brandenburger[207], tüchtig und katholikenfeindlich. Kaum war er im Amt, bereiste er das Land und schwang sich zum Schutzherrn der Bauern gegenüber den Gutsbesitzern auf. Er nahm eine Reform des unerblich-lassitischen Besitzrechtes in Angriff (für Polnisch-Schlesien), geleitet von der Einsicht, daß „es gewiß ist, daß die Bauern alsdann, da sie vor ihr Eigentum arbeiten, sich der Wirtschaft noch mit viel größerem Eifer annehmen würden"[207a]. Für diesen fortschrittlichen Gedanken fand er beim König durchaus ein offenes Ohr, keinesfalls aber bei den schlesischen Adligen.

Am 17. März (und am 18. Mai) 1756 forderte er die breslauische und glogauische Kammer auf, ihm eine Liste der auf dem Land befindlichen Wüstungen einzusenden, und zwar so, daß daraus die Wüstungen, die seit 1633 wie diejenigen, die nach 1723 und 1749 entstanden sind, ersichtlich würden. Die Breslauer Kammer teilte den königlichen Wunsch den oberschlesischen Landräten am 23. März 1756 mit. Allein, die Landräte gingen auf den Wunsch nicht ein und sandten auch keine Listen, mit der inoffiziellen Begründung, das Kriegsgeschehen verhindere deren Aufstellung.

Im Verlauf des Siebenjährigen Krieges erhöhte sich die Verschuldung der Bauernhöfe gewaltig, viele Bauern wurden bankrott, zahllose Höfe ausgeplündert oder niedergebrannt, Frauen vergewaltigt und die Stelleninhaber vertrieben [208]. Besonders schwer heimgesucht wurden die Kreise Wartenberg, Trebnitz, Öls und Guhrau durch die Russen. Der Hauptkriegsschauplatz war Deutsch-Schlesien.

Es gelang Schlabrendorff zwar, den Menschenhandel mit leibeigenen Untertanen zu unterbinden, nicht aber sein Versuch 1761, alle wüst gewordenen Stellen wieder zu besetzen. Seine Erbitterung gegen den schlesischen Adel im Interesse der Bauern wuchs, und nach 1763 schlug er gegen die tyrannische Herrschaft des Adels einen Ton an, wie er zuvor nie in Schlesien gehört worden war.

Die Fronten zwischen Schlabrendorff und den schlesischen Adligen verhärteten sich. Bald schimpften sie ihn „Bauernprotektor", gewiß „kein Ehrentitel im Ständestaat" [209].

Am 21. und 22. Juni 1764 befahl er die Wiederbesetzung aller seit 1723 eingegangenen Bauernstellen. Das Jahr 1723 wurde als Normaljahr angesetzt. Die Adligen unternahmen nichts. Friedrich II. erneuerte das Edikt am 5. Juli 1764, wonach für jede binnen Jahresfrist nicht wiederbesetzte Bauernstelle der Gutsherr eine Strafe von 1000 Talern zu zahlen hatte, für jede nicht wieder besetzte Halbbauern- und Kossätenstelle 500 Taler und für jede nicht wieder besetzte Gärtner- und Häuslerstelle eine Strafe von 300 Talern. Von 1723 bis 1764 waren 2687 Stellen wüst geworden. Das traf den Nerv der königlichen Politik, wonach die vorherige Zahl der Bauern schon deshalb wiedererlangt werden mußte, um den Spanndienst (Lieferungen und Fuhren für die Armee) sicherzustellen, wozu spannfähige Bauern natürlich wesentlich geeigneter waren als die nur zu Handdiensten verpflichteten Gärtner.

Die Gutsherren unternahmen immer noch nichts, zumal es schwer war, bei den meist hoch verschuldeten Gutsherren eine so hohe Straftaxe einzutreiben. Das Edikt von 1764 mußte immer wieder erneuert werden, schließlich unter Verdoppelung der Strafsumme. Abermals keine Reaktion. Da griff der Landrat des Neumarkter Kreises im Auftrag Schlabrendorffs drastisch durch und verfügte die Zwangseinquartierung kleinerer Truppenkommandos auf den adligen Gutshöfen, verbunden mit dem Befehl, daß die Gutsherren die Soldaten aus eigener Tasche verpflegen müßten. Schlabrendorff machte sich weiter unbeliebt, indem er im Weigerungsfalle eine Verdoppelung des Truppenkontingents alle acht Tage draufsetzte. Gleichzeitig mit der Wiederbesetzung sollten alle seit 1749 verkauften Acker- und Wiesenstücke wieder zurückgegeben werden. Jeder sollte seinen Besitz behalten oder zurückerhalten, wie er ihn 1749 innegehabt hatte. Die Durchsetzung beider Maßnahmen gelang Schlabrendorff nur zögernd, und 1769 hatte er das Edikt des Königs gegen die schlesischen Adligen immer noch nicht vollständig verwirklichen können[210].

Edikte und Strafandrohungen nutzten wenig. Die schlesischen Adligen respektierten weder das Normaljahr 1723 noch das Edikt von 1764: Sie zogen weiterhin Bauerngüter ein – und zwar heimlich. Bis die Breslauer Kammer davon Kenntnis erhielt, konnten Jahre vergangen sein, die Gutsherren beriefen sich dann auf das Gewohnheitsrecht und ließen sich nachträglich die Genehmigung für das Einziehen der Bauernhöfe erteilen[211]. Der friderizianische Bauernschutz gelang bei weitem nicht so vorzüglich zugunsten der Bauern, wie oft betont wird. Für die betroffenen Bauern blieb es fürs erste beim unerblich-uneigentümlichen Besitz, dem Kennzeichen der Leibeigenschaft.

Die Bauern wußten natürlich von den Bemühungen des Königs – dem sie übrigens, sofern sie protestantisch waren, äußerst wohlwollend gegenüberstanden –, wie von den Versuchen Schlabrendorffs. Sie pochten auf die ihnen versprochenen Rechte.

Endlich schickte die glogauische Kammer am 30. Juli 1764 eine Liste der wüsten Stellen. Allein, Schlabrendorff mußte die Tabelle als unzuverlässig zurückweisen und am 23. November 1764 erneut verfügen, daß die schlampige Arbeit der Landräte zu unterbleiben habe. Er übersah nicht, daß manche Landräte Freunde oder Verwandte deckten, weshalb er jeden Landrat für jeden ausgelassenen Hof mit einer Strafe von 100 Talern belegte.

Auch das nutzte nicht viel, denn nun gaben die Landräte zwar an, wie viele Höfe wüst geworden, nicht aber, mit wieviel Wirten sie neubesetzt waren. Auch bemerkte Schlabrendorff bitter, daß andere Provinzen schneller und gründlicher arbeiteten als gerade Schlesien.

Eine am 18. Dezember 1764 erneut eingereichte Liste wies er abermals als „unzuverlässig" zurück.

Endlich konnte er am 20. Februar 1765 eine für ganz Schlesien (Breslauer und Glogauer Kammer) gültige Liste seinem König vorlegen. Ihr war zu entnehmen, daß von den seit 1723 wüst gewesenen und bei der Aufnahme 1749 befundenen Stellen noch 1500 und zwischen 1749 und 1764 noch 1187, mithin insgesamt noch 2687 wüste Bauernhöfe, Gärtnerstellen und Häuslerstellen vorhanden seien.

Wiederhergestellt worden waren: 3,5 Prozent der vorhandenen Bauerngüter, 1,8 Prozent der vorhandenen Gärtner- und 1 Prozent der vorhandenen Häuslerstellen [212].

Der König erließ eine Kabinettsordre an das General-Direktorium, worin er sagte: trotz aller Mühe, die er sich gegeben habe, erreiche er nicht die Absicht, daß alle noch wüst liegenden Bauernhöfe von den Herrschaften wieder bebaut und mit Wirten besetzt werden, „weil die schlesischen Herrschaften aus Eigennutz sich widersetzen!" Trotzdem solle das für Schlesien ergangene Edikt auch für die anderen preußischen Provinzen publiziert und ernstlich durchgeführt werden [213]. Für Preußen wurde als Normaljahr 1756 angesetzt.

Zwar legte das General-Direktorium am 6. Juli 1764 dem König ein dem für Schlesien gültigen entsprechendes Edikt für alle anderen Provinzen vor, stellte aber gleichzeitig die Frage, ob das schlesische Edikt ohne weiteres übertragbar sei. Schließlich habe der König selbst verordnet, daß einzelne Höfe mit kleinen Familien besetzt würden. Wenn dies rückgängig gemacht werde, sei der eigentliche Zweck des Königs, nämlich die Bevölkerung (Peuplierung) des Landes, ins Gegenteil verkehrt [214].

Die schlesischen Herrschaften machten geltend, daß sie keine Leute zur Besetzung fänden, und hofften vielmehr, nach der Entlassung der schlesischen Landeskinder, besonders der einzigen Söhne und angesessenen Wirte aus der preußischen Armee, die Wüstungen leichter besetzen zu können.

Auf den letzten Gedanken antwortete der König persönlich am 24. Februar 1765 an Schlabrendorff: „Es ist ganz gut, daß es mit der Wiederbesetzung soweit gekommen. Was aber Euer sonstiges Anführen betrifft, so müsset Ihr wissen, wie es wohl der Gebrauch ist, daß eine Armee sich aus dem Lande completiert, keineswegs aber die maniere ist, daß ein Land sich aus der Armee completieren und ergäntzen will. Wann es im Lande noch an Wirthen auf wüsten Stellen fehlet, so lieget die Schuld daran, daß die Eigentümer darunter nachlässig sein und sich nicht genugsam Mühe geben um Wirthe zu bekommen, wozu sie dorten insbesonderheit wegen des benachbarten Sachsens, aus welchem Leuthe gern weg und nach Schlesien ziehen, und dergleichen aus anderen benachbarten Ländern mehr bekommen können. Und auf dieses müsset Ihr halten, maßen was aus der Armee dazu kommen wird, nicht anders als superflue dabei anzusehen und zu rechnen ist."

Da auch diese königliche Ordre nicht zum Erfolg führte, drohte Schlabrendorff mit militärischer Exekution bei Nichtbesetzung wüster Stellen. Die Auseinandersetzungen Schlabrendorffs mit den schlesischen Adligen erfuhren eine gefährliche Zuspitzung, als es zu erheblichen Bauernaufständen kam.

Wachsende Unruhe und Bauernaufstände

Das Problem der Bauernaufstände folgte aus der bäuerlichen Arbeitsverfassung. Während im Westen des Staates nach wie vor das Bauernland überwog und die Bauern großenteils nur einen Grundherrn über sich hatten, war ihre Arbeitsverfassung eine wesentlich freiere als im Osten die gutsherrlich-bäuerliche. Die Agrarstruktur des Staates war somit getrennt in eine westliche und eine östliche.

Wo das Bauerngut vorherrschte, fanden die Bauern keinen oder weniger Grund, Widerstände durchzuführen als dort, wo das Rittergut bestimmend war. Wie es keine einheitliche Agrarstruktur

gab, so auch keinen einheitlichen Bauernstand und keinen einheitlichen Widerstand.

Bauern-Widerstände entstanden demnach vorwiegend in Gebieten östlich der Elbe. Hier bildeten sich verschiedene Formen des
Widerstandes heraus: Flucht; Streik (betonte Langsamkeit und
Nachlässigkeit bei der Fronarbeit); Prozesse gegen Gutsherrschaften; Aufstände.

Erste schwere Bauernunruhen brachen im Herbst 1765 und im
Frühjahr 1766 in Polnisch-Schlesien aus, angestachelt durch Vorfälle, die sich in Odersch im Kreis Leobschütz auf dem Gut des
Feldmarschalls Grafen Wilhelm von Geßler zugetragen hatten.
Hier waren die Bauern aufgrund einer alten Robotordnung von
1562 und eines Edikts von 1574 [215] nur zu geringen Frondiensten
verpflichtet, aber die Herrschaft hielt sich nicht daran und erhöhte die Frondienste ins Ungemessene. Die Bauern prozessierten
und erhielten vor Gericht ihr Recht (1748 und 1753). „Trotzdem
hat uns von anno 1753 her unsere Grundherrschaft immerfort ge-
quält und von Jahr zu Jahr die nur erdenklichen Bedrückungen
ersonnen und solche durch Schläge, Arrest, Geldstrafe etc. von
uns zu erzwingen getrachtet", hieß es in einer Gerichtseingabe
vom Dezember 1765 [216]. Die Untertanen verweigerten alle Dienste
und wandten sich an Schlabrendorff um Hilfe. Er setzte den Landrat von Eicke mit der Aufgabe ein, die Vorfälle nochmals zu untersuchen. Von Eicke war ein Adliger und stand auf der Seite der
Gutsherren. Statt sachlich zu ermitteln, verprügelte er eigenhändig die Bauern, und als sie sich wehrten, setzte er 30 Husaren gegen sie ein. Die Bauern griffen zu Mistgabeln, Stöcken und Steinen und schlugen 12 Sturmangriffe der Husaren ab. Diese holten
Verstärkung und brachen den Bauernaufstand. Aber die Nach-
richt verbreitete sich wie ein Lauffeuer, und bald standen 40 Dörfer im Aufruhr.

Der Aufstand griff auf die Untertanen der Herrschaft Rybnik
über, von da auf die Kreise Ratibor, Pleß, Beuthen und Tost-Gleiwitz [217]. Ein Schneidergeselle schwang sich zum Anführer auf und
gaukelte den Bauern vor, die königlichen Befehle genau zu kennen und die Bauern stünden voll im Recht, wenn sie sich gegen
ihre Herrschaften erhoben und ihre schuldige Robotarbeit verweigerten. Der Landrat des Toster Kreises, von Sack, rief die Kavalle-

rieregimenter der näheren Umgebung zusammen, kreiste die aufständischen Dörfer ein, griff selbst zur Waffe und „schoß wie wild unter die Menge"[218].

Der Aufstand brach zusammen, und die Gutsherren rächten sich unter dem Schutz des Militärs furchtbar an ihren Bauern. Es kam zu schweren körperlichen Verletzungen, die Gutsherren traten auf ihre Untertanen, straften sie mit 150 Prügelschlägen „aufs bloße Hemd", verurteilten sie zu vierjähriger Festungshaft und zwangen sie, vor dem Landrat Abbitte zu leisten.

Der Besitzer der Herrschaft Guttentag im Lublinitzer Kreis, Rittmeister von Paczkowski, wütete mit Marterwerkzeugen, scharfer Esel genannt, so grausam gegen seine Untertanen, daß seine Bauern nach Polen flohen und Friedrich II. auf Antrag Schlabrendorffs den Zwangsverkauf der Herrschaft anordnete.

Diese Maßnahme des Königs ermunterte erneut die Bauern. Rasch griffen die Unruhen über Odersch hinaus. Bauern und Dreschgärtner im Kreis Ohlau, im Nimptscher Kreis, in der Grafschaft Glatz, im Schweidnitzer Kreis und in Schnallenstein erhoben sich. Die Welle der Aufstände zog sich bis ins Jahr 1768 hin.

Die Fronten verhärteten sich. Auf der einen Seite erklärten sich die Gutsherren nicht mehr bereit, Freigärtnern, Häuslern und Einliegern für zusätzliche Frondienste den zustehenden Tagelöhnersatz zu zahlen, sondern lediglich den geringeren Lohn für Zwangsgesinde; Schlabrendorff auf der anderen Seite widersetzte sich den Maßnahmen der Gutsherren mit dem Verweis, der Gesindelohn entspreche nicht einmal den Sätzen, die in der Gesindeordnung von 1676 festgelegt waren, und trat für die bessere Bezahlung wie bei Tagelöhnern ein.

Die schlesischen Adligen wiesen solidarisch und empört die Forderungen des „Bauernprotektors" zurück und suchten Gründe, um Schlabrendorff zu stürzen.

Sie reichten bei Friedrich II. ihre Beschwerde ein und verdächtigten den Schlesienminister der unerlaubten Bereicherung. Das war ein schwerer Vorwurf, und der König glaubte ihnen wider jede Erwartung[219].

Zum Schaden der Bauern und seiner eigenen Bauernschutzpolitik distanzierte sich Friedrich II. von Schlabrendorff und ließ ihn letztlich fallen. Er setzte ihm den bisherigen Präsidenten der Breslauer Oberamtsregierung von Carmer (den späteren Großkanzler) vor die Nase, der Schlabrendorffs bauernfreundliche Politik nie gebilligt hatte. Am 21. Januar 1768 ernannte Friedrich II. Carmer zum schlesischen Staats- und Justizminister mit der Auflage, jede Verletzung der Privilegien der schlesischen Adligen in Zukunft zu verhindern. Carmer erhob schwerste Vorwürfe gegen Schlabrendorffs Geschäftsführung und kompromittierte ihn vor aller Öffentlichkeit. Friedrich II. hatte eindeutig Position bezogen: gegen die Bauern und für die Adligen. Er blieb somit zwar der im Feudalsystem vorherrschenden Adelsstellung treu, wurde aber gleichzeitig hinsichtlich seiner Bemühungen um Bauernschutz und schließlich auch um Aufhebung der Leibeigenschaft unglaubwürdig. An der Frage: Tagelohn oder Gesindelohn – eine Groschenfrage –, scheiterte eklatant das ihm gern und leichtfertig unterstellte Humanitäts- und Wohlfahrtsideal seines aufgeklärten Despotismus.

Schlabrendorff, der einzige Minister, der sich im Rahmen seiner gesetzlichen Möglichkeiten zumindest um rückhaltlose Aufklärung von Bauernschicksalen bemüht hatte, war in die Ungnade des Königs gefallen. Er starb kurz vor seinem landweit verkündeten Sturz am 14. Dezember 1769, erst 50 Jahre alt[220].

Die Ernennung des dritten Schlesienministers unter Friedrich II., des 30jährigen Pommern Karl Georg Heinrich von Hoym, ließ am weiteren Schicksal der Bauern keinen Zweifel aufkommen: Er heiratete in den schlesischen Adel ein. Seine Frau, eine Freiin von Dyhern, brachte einen ausgedehnten Grundbesitz in die Ehe (die Herrschaft Dyhernfurth, auf der übrigens 200 der insgesamt 6847 Juden in Schlesien – 1770 – lebten)[221], so war es kein Wunder, daß Hoym sich sofort auf die Seite der Schlabrendorff-Gegner, d. h. der schlesischen Adligen, schlug und deren Partei ergriff – mit dem Einverständnis seines Königs. Seine bauernfeindliche Haltung wurde vom König abgesegnet mit dem Satz: er solle „mit dem Adel im Lande auf eine ganz bescheidene Art und ... niemals grob umgehen und verfahren".

Die Bauernschutzpolitik wurde zur Farce, denn Hoym erteilte regelmäßig den Gutsherren die Erlaubnis, wüste Bauerngüter einzuziehen, ohne zu fragen, wo die vielen Gärtner und Häusler blieben. Er tat nichts gegen die schwerste Belastung durch tägliche Fronarbeit, nichts gegen die Geldabgaben[222].

Mit der Absetzung Schlabrendorffs machte Friedrich II. nicht nur einen bedenklichen Rückzieher aus seiner als wohltuend und für seinen Staat effektiv verkündeten Bauernschutzpolitik, sondern er verriet den Schutzgedanken überhaupt, der das Fundament des Feudalsystems prinzipiell trug.

Die Bauern, die Stütze seines Staates und seiner Armee, opferte er – fast müßte man sagen: heuchlerisch – dem Wohlstand des hochprivilegierten und von keinem wie von ihm so hoch und überschätzten Adels – selbst des schlesischen.

Es wird daher später zu fragen sein, ob und wieweit der Adelsstand wenigstens den staatstragenden Erwartungen entsprach, unter denen er angetreten oder besser, zu denen er gezwungen war, um das jahrhundertealte Feudalsystem unter und mit Friedrich II. auf den Höhepunkt seiner Entwicklung zu treiben.

Zuvor aber muß nach der gerade in Schlesien so typischen anderen großen Gruppe der Untertanen, der Weber nämlich, gefragt werden. In der bedeutenden Gruppe der Weber bekam es Friedrich II. mit einem Menschenschlag und Wirtschaftszweig zu tun, für den es in seinem Staat keine vergleichbare Größe gab. Er trat einem Faktor gegenüber mit allen Chancen, der miserablen Lage dieser Menschen unter österreichischer Verwaltung ein respektables Vorbild entgegenzusetzen. Nutzte er diese Chance?

Schlesische Weber

Die schlesische Leinenweberei hatte sich bereits im 16. und 17. Jahrhundert in den Gebirgsgegenden angesiedelt, zuerst am Gebirgsrand, dann immer weiter hinauf dem zurückweichenden Wald nach. Denn die Leinenweberei bedurfte zum Bleichen und Walken großer Wiesenflächen, zumal solcher, die für den Ackerbau ungeeignet waren. Für Bleichplätze boten sich Wiesenhänge an, die sich in günstiger Sonnenlage befanden, reichlich Bachwasser führten und in der Nähe von Wäldern lagen, wo die Weber ihr Holz sowohl als Heizmaterial als auch für ihre Pottasche holen konnten. Die Hauptsitze der schlesischen Leinenweberei lagen in den Kreisen Jauer und Striegau. Nachdem diese Gebiete ihre Holzvorräte einbüßten und der Waldboden nach und nach unter den Pflug kam, verschob sich der Sitz der Leinenweberei an die Hänge des Eulengebirges und in den Kessel von Glatz, schließlich vor allem zum Riesengebirge hin. Die Weberhäuser kletterten immer höher die Hänge hinauf, Weberkolonien entstanden.

Der höhere Feuchtigkeitsgehalt der Luft in den Gebirgsgegenden ermöglichte das feinere Drehen des Fadens und verminderte die Fadenbrüche; der reiche Tau und das vorhandene Wasser förderten die Bearbeitung des Materials; die zahlreichen Quellen erleichterten das Bleichen der Garne ebenso wie die Färberei. Um zum „Netzen" den nötigen Speichel zu haben, aßen die Spinnerinnen (in besseren Zeiten) Backobst, das war die „Netze"[222a].

Alte Tuchweberstädte waren Reichenbach, Goldberg, Löwenberg (= 1209 gegründet, älteste deutsche Stadt Schlesiens)[223], Sagan, Guhrau, Glogau, Grünberg[223a].

Der kaufmännische Mittelpunkt Schlesiens war Hirschberg, daneben erlangten Schmiedeberg und Landeshut selbständige Bedeutung. Überall dem Gebirge entlang, von der Lausitz bis Teschen und Bielitz, klapperten in den Weberhäusern der Dörfer die Stühle, überall glänzten von den Wiesen die weißen Bleichgarne und wer immer eine Hand frei hatte, beschäftigte sich mit Spinnen, Weben oder Bleichen.

Die Weber, ob Häusler oder Einlieger, waren schollengebundene[224] Untertanen und schuldeten ihrem Gutsherrn Frondienste, oder sie mußten als Ersatz dafür ein Schutzgeld zahlen und wurden dadurch Schutzuntertanen. Das schlesische Spinner- und Weberwesen wurzelte voll und ganz in der Gutsherrlichkeit. Da es in Schlesien im Unterschied zu Preußen zahlreiche Handwerker auf dem Land gab, war hier der Gutsherr der alleinige Inhaber der Gewerbeberechtigung; er besaß also das Recht, den Webern die Erlaubnis für ihr Handwerk zu erteilen[224a]. Die Gutsherren kassierten daher einerseits stattliche Beträge an Loslassungs- und Schutzgeldern, wo der Gebirgsboden keine Ackerarbeit zuließ, die Weber aber auf die genannten Bedingungen des Leinenbleichens angewiesen waren und in Gebirgsgegenden wohnen mußten. Die Weber und Bleicher hatten aber auch andererseits ihrem Herrn einen jährlichen Handwerker-, Weber- und Bleicherzins für die Gewerbeerlaubnis zu zahlen. Die Schutzuntertanen waren insofern schlechter dran als die Gutshofbauern, als ihnen das Recht auf Armen- und Krankenunterstützung abging, das sich allein aus der Gutsverfassung herleitete. Sie waren aber insofern besser dran als die Fronbauern, als sie vom Militärdienst befreit waren [224b]. Die Kreise Reichenbach, Schweidnitz, Bolkenhain-Landeshut, Hirschberg, Jauer und Bunzlau-Löwenberg waren bereits unter österreichischer Verwaltung einzig aus Rücksicht auf die Weberei vom Militärdienst ausgenommen. Der Handwerker- und Weberzins betrug rund einen Taler pro Jahr. Die preußische Regierung hatte zwar am 4. Dezember 1750 die Erhebung dieses Zinses abschaffen wollen, die schlesischen Grundherren ließen sich von diesem Verbot aber keineswegs einschüchtern und zogen ihn weiterhin ein, bis 1808.

Es gab in Schlesien auch „freie Dörfer", deren Bewohner nur Zinsen zahlten und keine Frondienste zu leisten hatten. So gehörte z. B. das Dorf Gurtsch im Strehlener Kreis dem Breslauer Kloster St. Vincent. „Freie" Dörfer, die überhaupt keinen Grundherrn über sich hatten und nicht einmal Zinsen zahlen mußten, gab es im Kreis Rosenberg. Die 213 Bewohner von Neudorf am Rennwege hatten sich 1676 losgekauft, und Friedrich II. erkannte am 23. Juni 1756 ihr Privileg voll an. „Freie" Dorfbewohner bildeten in Schlesien nur eine dünne Schicht neben der großen Masse der erbuntertänigen Bauern und Weber.

Wollte ein untertäniger, d. h. unfreier Weber auswärts Arbeit aufnehmen, wurde eine zweite Art von Schutzgeld erhoben, das sog. „Lytrum personale", vergleichbar dem Loskaufgeld des Gesindes in der Gutsverfassung. Wollte er mit seinen Angehörigen und seinem Hab und Gut auswärts arbeiten, wurde das „Lytrum reale" fällig. Zog er aber in das Gebiet einer Gutsherrschaft, mußte er sofort ungemessene Frondienste übernehmen. Die Lage war also finanziell, besitz- und dienstmäßig recht verzwickt. Es konnte sein, daß es ihm als Fronarbeiter besser ging als dem fronfreien Schutzuntertan, es konnte aber auch sein, daß der Schutzuntertan sich besser stellte, je nach den örtlichen Bedingungen, die er zum Weben und Bleichen brauchte.

Die Weber waren meist nicht zunftmäßig organisiert und somit voll und ganz vom Händler abhängig, der ihnen ihre Produkte abkaufen und auf dem Markt in Breslau weiterverkaufen mußte. Der häufig schwankende Marktpreis mußte voll vom Weber getragen werden, denn keine zunftbedingte Preisbindung oder -absprache schützte ihn. Wie die Fronbauern in völliger Abhängigkeit von ihren Gutsherren, so lebten die meisten Weber ebenso schlimm von den Ankäufern ihrer Waren[224c] aus Preußen, Sachsen und Österreich. Baumwollene Waren wurden vornehmlich im Inland abgesetzt, Wollfabrikate gingen wesentlich nach Polen. Ausländische Händler kauften im Jahre 1742: Tuche, die früher nur in England erzeugte Kasche (einen leichten Wollstoff), Wollwaren aus der Langenbielauer Gegend, Wollgarne, Zwirne und Bänder, wollene Strümpfe, Brustflecke, Schlafröcke, „feine und gemeine" Leinwand und Schleier, Halb-Kasche aus Leinen und Wolle, Zwillich, Drillich, Barchent und Kanevas aus der Reichenbacher Gegend, seidene Bänder, Posamentierwaren, goldene und silberne Tressen, Spitzen, Borten, Hüte usw.[225].

In den typischen Webergebieten überwog der soziale Stand des Häuslers bzw. des Einliegers, also der kleinen Leute ohne viel Landbesitz und dementsprechend geringen Bodenerträgen aus dem wenigen und oft steinigen Garten oder Miniacker. Zwischen 1763 und 1779 entstanden in Schlesien 3539 neue Häuslerstellen[226]. Gewebt und gesponnen wurde in den Wohnungen im Heimarbeitsverfahren, lediglich Appretur und Drucke wurden in der Manufaktur hergestellt[227].

Der von Wien nach Schlesien entsandte Freiherr von Kessel berichtete, daß die Weber in den Gebirgsgegenden und die Tuchmacher in den Städten bettelten, nachts unter den Fenstern sangen, aber viele lagen auch in ihren verschuldeten Häusern ohne Betten auf Stroh und wünschten die Pest herbei, um von ihrem Elend befreit zu werden[228].

Dessenungeachtet zog der preußische Staat die Steuerschraube kräftig an. Während die Nahrungssteuer 1778 in ganz Schlesien 6,7 Prozent der 1748 festgesetzten Grundsteuer ausmachte, kletterte sie im Grenzstreifen auf 10 Prozent, in den Kreisen Löwenberg–Bunzlau und Bolkenhain–Landeshut auf 14 Prozent, im Hirschberger Kreis gar auf 21,4 Prozent der Grundsteuer[228a]. Die Folge war nicht nur eine zunehmende Armut, sondern zur Ernährungsknappheit kam die übermäßige Arbeit bei dauernd sitzender Lebensweise, so daß gegen Ende des 18. Jahrhunderts viele Weber körperliche Entartungserscheinungen davontrugen. Die Krankheit war hier ebenso typisch wie die bei den Berliner Webern:

Schwindsucht, Kurzatmigkeit, Sehschwäche, Epilepsie, Leisten-
brüche und Beingeschwüre. Berücksichtigt man die tägliche Nahrung der Weber: Sauerkraut, Buchweizen, Hirse und Milch[229], so
ist klar, daß an eine gesundheitliche Kräftigung dieser Menschen
nicht zu denken war. Um den Hungertod abzuwehren, und weil
das notwendige Brot nicht vorhanden war, holten sie gefallene
Tiere aus der Schindergrube und verzehrten sie – oder statt des
Brotes aßen sie ein Gebäck aus isländischem Moos. Infolge der
schlechten Lebensbedingungen, der Unterernährung und übermäßigen Arbeit waren viele vorwiegend in Oberschlesien schwach,
hinfällig und klein. Unter 80 Rekruten fanden sich kaum drei, die
größer als sechs Fuß waren, also nicht die erforderliche Mindest-
größe für den Militärdienst aufwiesen[230].

Trotz der Existenznot der Weber florierte die schlesische Leinenindustrie bis gegen die Mitte des 18. Jahrhunderts, also nur in den
ersten Jahren der preußischen Verwaltung.

Friedrich II. indes sah in der schlesischen Leinenweberei einen
lukrativen Wirtschaftszweig und glaubte dadurch der Webernot
Abhilfe zu schaffen, daß er nun auch den männlichen Teil der Bevölkerung zum Weben und Spinnen nötigte und eigens Spinnschu-
len einrichtete und im Jahr 1766 von den Hirschberger Kaufleuten verlangte, zusätzlich 1000 Kinder im Alter von 10 bis 12 Jahren
zum Spinnen zu schicken. Als die ortskundigen Kaufleute das
ablehnten, sei er außer sich vor Zorn geraten[231].

Gleichwohl blieb der König bei seiner Ansicht, der Weg zur Linderung der Webernot bestehe in der Kinderarbeit. Alle in der
Wirtschaft entbehrlichen Kinder sollten jederzeit, mit Ausnahme
der Schulzeit, in der Spinnstube spinnen, besonders an langen
Winterabenden zwischen 6 und 9 Uhr. Jedes Kind wurde bei
Strafe zu dieser Arbeit verpflichtet. Weiter: Kein Knecht unter 30
Jahren durfte heiraten, sofern er nicht spinnen gelernt hatte. Das
gleiche galt für die Mägde. Neben dem spinnenden Gesinde wurden nun auch Maurer, Zimmerer, Soldatenfrauen und Soldaten
zum Spinnen verpflichtet.

Gesponnen wurde unter primitivsten Bedingungen mit der alt-
modischen Handspindel, während man z. B. in England dazu
übergegangen war, mit der 1767 von James Hargreaves auf dem
Markt erschienenen Wagenspinnmaschine „Jenny“ – so benannt

nach seiner Tochter – zu arbeiten oder mit der 1769 von Richard Arkwright erfundenen Spinnmaschine (1775 mit Wasserkraft; Arkwrights Spinnerei in Nottingham galt als erste moderne „Fabrik") oder mit der von Samuel Crompton um 1773 herausgebrachten Spinnmaschine „Mule-Jenny", die Garne von großer Gleichheit und Feinheit produzierte.

Statt diese besseren Techniken nach englischem Vorbild einzuführen und den Spinnern die Arbeit zu erleichtern, beließ es Friedrich II. bei der alten Handspindel und billigte sogar Hoyms härteste Strafmaßnahmen per Karre, Stock, Halseisen, Zuchthaus und Spießrutenlaufen; letzteres eine heilsame – weil öffentliche – und somit moralisch gut wirksame Strafe ohne das Risiko arbeitshindernder körperlicher Schädigung. Gern hörte er, daß sein Schlesienminister in solchen Strafen das wichtigste und beste Mittel zur Hebung der schlesischen Leinenindustrie sah[232].

Hoym fälschte nicht nur Finanz- und Steuerlisten, sondern er täuschte dem König auch einen Wohlstand vor, der gar nicht bestand. Friedrich II. bemerkte manchmal den Betrug, versagte sich jedoch abermals eine Rüge Hoym gegenüber. Hoym und Danckelmann (der schlesische Justizminister) hintertrieben geradezu Friedrichs II. jüngste Anordnungen zugunsten der Untertanen. Friedrich II. schickte z. B. 1784 an Hoym das Modell einer modernen englischen Spinnmaschine, das in Breslau ausgestellt werden sollte, um mit ihrer Einführung die Produktion zu erhöhen. Hoym aber ließ das Modell im Verschlag und erst zehn Jahre später prüfen. Er war der Meinung, die Hausspinnerei wie bisher sei so verbreitet und billig, daß wenig Interesse an technischen Neuerungen bestehe.

Schlimme Auswirkungen brachten den einheimischen Leinewebern Friedrichs II. Peuplierungsmaßnahmen. Er war weiterhin der Meinung: Je mehr Menschen spinnen, desto höher steige der Ertrag der Leinenindustrie, in der er einen wichtigen Exportartikel sah. Daß er aber durch die Ansiedlung zusätzlicher Weber den einheimischen Webern nicht nur eine gefährliche Konkurrenz brachte, sondern auch Blutfeindschaft und regelrecht Brotneid, sah er nicht ein. Er dachte nur an das Arbeitsergebnis und die Umsatzbilanz, nicht aber an die Produktionsbedingungen und die Lebensumstände, unter denen sie erbracht werden sollten. 1774 schrieb er an den Landrat von Dresky im Kreis Reichenbach: „Laß Er nur so viel Fabrikate als möglich fertigen: für den Verkauf will Ich schon sorgen."[233]

Seine Zuziehung weiterer Arbeitskräfte hielt die Webernot also nicht nur nicht konstant, sondern erhöhte sie beträchtlich.

Als Friedrich II. Schlesien besetzte, gab es nur an zwei Orten des ganzen Landes die von ihm so hochgeschätzte Damastweberei: in Greifenberg und in Friedeberg[234]. Gleich 1742 lockte er mit vielversprechenden Angeboten ausländische Künstler und Weber ins Land. Aber niemand kam freiwillig. Er schrieb seinem Feldmarschall von Schmettau, unter Drohungen und Versprechungen sächsische Damastweber ins Land zu zwingen. Zu den Lockungen gehörte neben der Befreiung vom Militärdienst das freie (d. h. kostenlose) Bürger- und Meisterrecht, eine dreijährige Befreiung von der Steuer und zehnjährige Befreiung von allen anderen Lasten.

1744 wurden in Berlin vier Familien gefunden, die sich zur Umsiedlung nach Schlesien bereit erklärten. Reisekosten, Webstühle und Häuschen erhielten sie bezahlt. 1745 kamen vier weitere Familien. Das war dem König zur Ankurbelung der schlesischen Damast-Industrie zu wenig. Also befahl er 1745 dem Obersten von Mannstein[235], mit Gewalt sächsische Weber ins Land zu holen. Von Mannstein versprach dem König, 55 Familien mit zusammen 179 Köpfen umzusiedeln. Der Zug der Umsiedler wurde von einer großen Eskorte Soldaten begleitet, trotzdem kamen aber nur 34 Familien in Schlesien an. Die anderen 21 Familien waren unterwegs ausgerissen.

1747 kamen 42 Familien neu dazu, 1751 waren sechs davon schon wieder verschwunden. Während des Siebenjährigen Krieges kamen überhaupt keine mehr, von den angesiedelten starben einige, andere nutzten die Kriegswirren und flohen. Am Ende des Siebenjährigen Krieges gab es nur noch 34 Meister gegen 61 im Jahre 1751.

Das Peuplierungsprogramm konnte hier somit keinesfalls als erfolgreich abgehakt werden.

Im Gegenteil: Für den neugefertigten Damast fehlte der Markt. Schlesien war bis dahin das klassische Land der Leinenweberei, wenn auch die Leinensorten die billigsten und schlechtesten wurden. Schlesisches Leinen wurde schließlich nur noch zum Auslegen von Särgen benutzt. Bessere Leinen arbeiteten die preußischen Zunftmeister. Den Ruf für beste Damaste aber hatten Sachsen, die Schweiz und Frankreich.

Friedrich II. suchte sich einen Markt für schlesische Damastwaren zu schaffen, indem er verschiedentlich (1748, 1749, 1752) den Einfuhrzoll auf ausländische Damaste erhöhte und 1753 eine Ausfuhrprämie von 6 Prozent für schlesischen Damast einführte[236].

Die Maßnahmen führten zu keinem Erfolg. Die Damastweber wurden allmählich unzufrieden, die Aufträge gingen ihnen aus. Während des Siebenjährigen Krieges floh auch noch einer der beiden Musterzeichner nach Böhmen. Musterzeichner waren aber wichtig, denn die Kunden schrieben die gewünschten Muster vor, die überdies immer modern sein mußten, sie ließen sich also nicht lagern.

Um 1760 waren von den 34 Weberfamilien nur noch 27 vorhanden. Alles nutzte nichts, auch nicht die neue Vorschrift, eine Schau für die Damastwaren einzuführen, die die Qualität garantieren und konkurrenzfähig machen sollte. Aus Sachsen Weber ins Land zu ziehen, scheiterte ebenfalls, weil Sachsen ein Auswanderungsverbot für Weber erließ.

Friedrich II. blieb uneinsichtig. Er befahl 1764 dem reichen Grüssauer Stift, binnen 6 Jahren 150 Damastweberfamilien anzusetzen und zu beschäftigen. Kaufleute wurden gezwungen, die inzwischen unverkäuflichen Damastwaren abzukaufen. Sie weigerten sich. Harte Strafen waren die Antwort: Falls die Kaufleute nicht jährlich für 1500 Taler Damast abkauften, wurden ihnen nicht nur militärische Exekutionen angedroht, sondern sie wurden tatsächlich mit Einquartierungen in ihren Häusern belastet.

Als Friedrich II. im Sommer 1769 eine Revuereise durch Schlesien unternahm, überhäuften ihn die Weber mit Bittschriften[237]. Dem Grafen Hoym war es aber äußerst unangenehm, daß hungernde Weber mit ihren Bittschriften dem König die Realität vor Augen führten. Er kam auf die Idee, Klöster, Kaufleute und Städte sollten Aktien kaufen, und eine Aktiengesellschaft würde dann für den Vertrieb der Waren sorgen. Außer dem Kloster Grüssau, das 100 Aktien kaufte, beteiligte sich niemand an der Aktienidee. Damit brach Friedrichs II. Damastunternehmen in sich zusammen. Viele Tausende Taler hatte sein Versuch der „Zwangsbeglückung"[238] gekostet, eine Fehlinvestition gewiß und eine völlig falsche Einschätzung der wirtschaftlichen Erfordernisse überdies.

Die Lage der Weber in Schlesien wurde durch Friedrich II. nicht besser, sondern schlechter als zuvor. „Denn die zwangsweise Vermehrung der Weber vermehrte nur die Zahl der Leidenden, während die unvernünftigen Maßnahmen der Verwaltung ihre Leiden vergrößerten."[239]

Von der Mitte des 18. Jahrhunderts an, als Friedrich II. die schlesische Leinenindustrie auf ein Höchstmaß ankurbeln wollte, begann aber die Industrie der britisch-irischen Konkurrenz immer mehr zu erliegen. Der Grund dafür lag in der wesentlich besseren Qualität der Waren, die wiederum nicht nur deshalb besser waren, weil die schottischen und irischen Weber das fortschrittlichere Spinnrad benutzten, sondern weil sie frei (nicht schollengebunden) und aus Eigeninitiative heraus arbeiten konnten[240].

Hier zeigte das feudale System der Gutsherrlichkeit überdeutlich seine Grenzen, weil und sofern es jede Konkurrenzfähigkeit dank eingesetzter Zwangsmittel verhinderte.

Im Jahr 1773 verdienten z. B. die Weber in Schottland 10, in Irland 8 Pence pro Tag, in Schlesien aber (umgerechnet) nur 2−6 Pence. Diese günstige Rechnung ergab sich aus deren freier Arbeitsverfassung. Denn sie waren nicht nur von einem Gutsherrn samt dessen Schikanen unabhängig, sondern auch von den feudalen Zahlungen und Diensten, die ihre schlesischen Kollegen dem Gutsherrn zu leisten hatten.

Während in Schlesien so wenig wie in Preußen die Abschaffung der Unfreiheit zur Zeit Friedrichs II. gelang und die Staatsgewalt die Wirtschaftsinteressen diktierte, war im Unterschied dazu in England, Irland und Schottland die Staatsgewalt nur ein Organ der Wirtschaftsinteressen[241]. Wurde dort jede Eigeninitiative gefördert, so wurde sie in Preußen−Schlesien gemaßregelt und gar bestraft. Statt der psychologischen Triebfeder des eigenen Interesses als Hauptanreiz zur Arbeit, herrschte im Feudalsystem der physische Zwang mit dem Ergebnis seelischer und geistiger Verkrüppelung.

Die freien Weber in England konnten bei sinkender Konjunktur ohne weiteres nach Amerika auswandern und dort ihr Glück suchen, die schlesischen mußten an Ort und Stelle bleiben, ganz gleich, ob der Arbeitsplatz sie ernährte oder nicht. Der Gutsherr kümmerte sich noch weniger als in Preußen um seine feudale Pflicht, den Untertanen eine ausreichende Existenzbedingung zu bieten. Im Gegenteil: Die vom Weber geforderten Zinsen waren zahlreich und nur zu verstehen aus den Ansprüchen der Gutsherrschaft: Schutzgeld und Loskaufgeld wurden neben Hof- und Akkerfrondiensten und Naturalleistungen vor der Umwandlung in Geldsummen in Preußen ebenso erhoben, in Schlesien aber kamen zu diesen Grundgeldern noch Hundehafer-, Hühner-, Gänse-, Eier-, Besen-, Wächter-, Silber- und sonstige Kleinzinsen hinzu, die sich auch summierten [242].

Trotz schärfster Vergeltungsmaßnahmen gegen die Rädelsführer der Unruhen, die in Odersch im Kreis Leobschütz ihren Ausgang genommen hatten, beruhigte sich der aufgestaute Zorn der Bauern gegen ihre Gutsherren und in zunehmendem Maße auch gegen die preußischen Besatzungstruppen nur vorübergehend. Friedrich II. verhängte Zuchthausarbeit zwischen vier und sechs Jahren und drohte allen, die im Wiederholungsfall sich den Aufständischen anschlossen oder gegen die zu Hilfe eilenden Soldaten sich zur Wehr setzten, lebenslange Strafarbeit auf der Festung an.

Die Bauern waren aus mehreren Gründen gegen den König aufgebracht. Vor allem unter seiner Regierung vermehrten sich die Häusler und Einlieger sehr stark auf Kosten der Bauern. In vielen Dörfern gab es überhaupt keine Bauern mehr. Die Gutsherren legten sich immer mehr Gespanne zu, wodurch sich die Zahl der Gesindekräfte und ihrer Arbeitszeit erhöhte. Immer mehr frühere Halb- oder Kleinbauern mußten ihre Arbeitskraft als Tagelöhner verkaufen. Dieser Zustand verschärfte sich unter preußischer Herrschaft, vor allem während des Siebenjährigen Krieges, der Tod und Zerstörung, Raub des Bauerneigentums und den Verfall der Wirtschaft mit sich brachte. Die preußische Regierung umhegte sorgfältig die „leibeigene Vorwerkswirtschaft" [243], sehr im Unterschied zu der von ihr verkündeten Politik.

Ein weiterer Punkt kam hinzu. Kaum hatte Friedrich II. das

Land besetzt, begann er mit der „Germanisierung" des polnischen Teils Schlesiens. Darunter war sein Versuch zu verstehen, die deutsche Sprache zu verbreiten und allmählich die polnische Landessprache, Kultur und Sitte abzuschaffen. Er beschwerte sich 1764 darüber, daß es in Oberschlesien Pfarrer wie Lehrer gebe, die überhaupt kein Deutsch könnten[244]. Er dehnte seine Verfügung am 1. Juni 1764 auch auf die Kreise Niederschlesiens aus, in denen zum Teil noch polnisch gesprochen wurde. Das ging wie üblich nicht ohne Strafandrohung. Es hieß in jenem Edikt, daß „alle Lehrer, welche kein Deutsch beherrschen, innerhalb von sechs Wochen bis zwei Monaten ihres Amtes enthoben und durch andere mit entsprechenden Qualifikationen ersetzt werden müssen, und das bei einer Strafe von 50 Talern für die Domänen und der Strafe remotionis ab officio (Entfernung aus dem Amt) für den Pfarrer". Diese Verfügung traf einen großen Teil der Lehrer Ober-, Mittel- und Niederschlesiens mit der Folge, daß an manchen Schulen der Unterricht zusammenbrach.

Der Germanisierungsversuch Friedrichs II. stieß auf den entschlossenen Widerstand der schlesischen Bevölkerung, die weiterhin ihre Muttersprache pflegte und um die polnisch sprechenden Lehrer kämpfte. Sie zogen ihre Kinder aus den öffentlichen Schulen, in denen nicht mehr polnisch gesprochen werden durfte, ab und gaben sie in Privat- oder Winkelschulen, die von den preußischen Behörden verfolgt wurden. Gleich im Ersten Schlesischen Krieg hatte Friedrich II. zwölf evangelische Pädagogen dabei (die „zwölf Apostel"), um den Deutschunterricht zu fördern und den Einfluß der Jesuiten einzuschränken, die er weniger wegen ihres Glaubens schätzte als wegen ihrer Sprachkenntnisse. Er beließ sie in ihren Lehrstellungen in Klöstern und auf dem Lande. Vor allem mochte er sie aber, weil sie kostenlos unterrichteten und es an Lehrern sowieso mangelte.

Bereits 1773 mußte Friedrich II. eingestehen, daß seine Versuche so gut wie gescheitert waren. Also griff er zu härteren Maßnahmen und verbot Eheschließungen unter nicht deutsch sprechenden Personen[245], er verbot die polnischen Winkelschulen und unterdrückte die Volkskultur. Besonders rücksichtslos gingen dabei die neuen preußischen Feudalherren vor.

Erste Unruhen gegen die preußische Regierung waren bereits

kurz nach der Besetzung des Landes im Jahr 1741 ausgebrochen, verursacht durch die zusätzlichen Lasten, die der Krieg der Bevölkerung vor allem durch Einquartierungen und Fuhrdienste brachte, aber auch wegen Plünderungen, Brandschatzungen und Vergewaltigungen.

Nach den Unruhen auf dem Gut des Feldmarschalls Grafen Geßler und ihrer Niederwerfung durch preußisches Militär schaffte sich die Unzufriedenheit der Bauern in immer zahlreicheren Prozessen und Arbeitsverweigerungen[246] ihren Ausdruck, in den Jahren 1779, 1780 und 1781. Die Bauern streikten in den Kreisen Löwenberg, Bunzlau und Goldberg-Haynau während der besonders empfindlichen Erntezeit, was die gutsherrliche Wirtschaft schwer schädigte.

Bauern der Kreise Glogau, Wohlau und Grünberg schlossen sich ebenfalls zur Erntezeit dem Arbeitsstreik an. Dazu Prozesse über Prozesse: 34 Gemeinden des Kreises Freystadt klagten, 60 im Kreis Neustadt, 12 im Kreis Pleß, 76 im Glatzer Kreis usw. Auch in Böhmen zogen sich die Unruhen 11 Jahre (1773–1784) ununterbrochen hin, die Fronbauern rotteten sich zusammen und verprügelten Beamte wie Adlige.

Der Prozeß um den Müller Arnold (1779), in dem Friedrich II. sich für den Müller und gegen sein eigenes Kammergericht entschied, ermunterte die Bauern, es kam zu zahlreichen Fronstreiks in der Mark Brandenburg, die sich bis nach Schlesien auswirkten.

Ebenfalls im Jahr 1779 revoltierten erneut die Untertanen auf dem Gut des Feldmarschalls Geßler in Odersch. 1782 schließlich brach im Neustädter Kreis ein Aufstand zusammen, weil jeder 10. Mann zum Militär eingezogen und die Höfe zwangsverkauft wurden.

Noch immer hofften die Bauern auf eine Fürsprache Friedrichs II., vergebens. Er schickte 140 Kavalleristen und 100 Infanteristen zur Bekämpfung des Aufstandes und in den Jahren 1780 und 1782 ging er systematisch so weit, die Höfe der äußerst Widerspenstigen kurzerhand zu verkaufen, die Bauern also ihrer Existenzgrundlage zu berauben.

Die Bauern trauten der als bauernfreundlich verkauften Politik des Königs nicht mehr und nahmen eine feindselige Haltung gegen jegliche Verfügung der preußischen Regierung ein.

Schließlich erfaßten die Unruhen auch die Gebirgsgegenden. Über die Haltung der Untertanen berichtete am 6. August 1785 der Kriegsrat Balde an Minister Hoym: „. . . Es ist so wenig bei mir als im ganzen hiesigen Gebirge bei dem überaus großen Mutwillen und Aufsässigkeit des ganzen Volkes nicht mehr möglich, Wirtschaft zu treiben. Jeder tut, was ihm beliebt, alle Subordination ist verschwunden und, wenn durch ein starkes Kavalleriekommando, welches von Ort zu Ort patrouilliert und sich der Aufwiegler in continenti bemächtiget, Ruhe und Ordnung nicht bald hergestellt wird, so geruhen Euer Exzellenz dieser untertänigsten Versicherung Glauben zu geben, daß im Gebirge eine allgemeine Rebellion mit kombinierten so starken Gemeinden entstehen wird, welche mit Ernst und Mühe nicht bald zu bestillen ist. Das Volk respektiert weder mehr königliche Edikte, noch hohe Ministerialordres, noch oberamtliche oder Haupturbarienkommissions-Verfügungen . . .“[247].

Der König reagierte mit einem verschärften Edikt über Strafmaßnahmen, trotzdem muß das Jahr 1785 als Beginn einer allgemeinen revolutionären Stimmung, ja Rebellion bezeichnet werden. Überall in den Dörfern fanden Massenversammlungen der Bauern statt, die Zahl der dagegen eingesetzten Truppen erhöhte sich von fünf auf mehr als 400[248]. In die Dörfer wurden Soldaten zwangseinquartiert, Zusammenstöße mit ihnen und Bauern im eigenen Haus blieben nicht aus. Schließlich standen 600 bis 700 Dörfer im offenen Aufstand.

Lage der schlesischen Weber und Bauern nach Friedrichs Tod

Im Sommer 1786, kurz vor dem Tod Friedrichs II., kam es in den Kreisen Löwenberg und Namslau zu blutigen Kämpfen. In ganz Schlesien empörten sich die Bauern und verweigerten die Frondienste sowie die feudalen Abgaben. Graf Hoym und der preußische Staat eilten nicht den Bauern zu Hilfe, sondern den bedrohten Gutsherren und erhöhten die Lasten der Bauern manchmal um das Doppelte[249].

So breit diese Aufstände über ganz Schlesien gestreut waren, so fehlte ihnen doch einerseits die zündende Idee oder ein politisch allgemeines Programm des Umsturzes – die Unruhen schritten selten über die Grenzen eines Dorfes hinaus –, andererseits richteten sie sich prinzipiell gegen die adligen Gutsherren, nie gegen den König oder Graf Hoym persönlich.

Es scheint indes jedoch festzustehen, daß der schlesische Bauernaufstand gegen Ende des 18. Jahrhunderts durch die preußische Besetzung des Landes wesentlich mitausgelöst wurde[250].

Vor der Französischen Revolution kämpften die Bauern lediglich um eine Abmilderung ihrer feudalen Lasten, während und nach ihr aber um deren völlige Beseitigung, denn nun hatten sie die Ideologie an der Hand, die örtliche Zerstreutheit und mehr oder weniger Zufälligkeit ihrer Erhebungen unter ein Ziel zu stellen und ihrer Stoßkraft Richtung zu geben[251].

Friedrich Wilhelm II. erließ am 8. November 1789 eine Verordnung gegen Ungehorsam und Widerspenstigkeiten der Untertanen für alle Provinzen, besonders in Schlesien. Sie nutzte nichts.

Die zunächst gegen die schlesischen Gutsherren gerichtete Mißstimmung richtete sich zunehmend gegen die Preußen. In einer polnischen Satire hieß es:

„Die Preußen sollte man massakrieren,

Daß Schlesien sie ohn' Grund ruinieren.

Nach Schlesien drang ein des Teufels Heerschar,

Zerstörte das Schöne, wo es zu finden war."

Die Unruhen wuchsen, griffen von den Bauern auf die Weber über. Die Ideen der Französischen Revolution verbreiteten sich anhand von Flugblättern, die überall kursierten. Am 7. April 1793 schrieb der Steuerrat Heinrich aus Schweidnitz an Hoym: „Noch muß ich Euer hochgräfl. Exzellenz anzeigen, wie ich aus sicherer Hand erfahren, daß im Reichenbachschen Kreise, besonders in den Dörfern nach dem Gebirge zu, wo die Baumwoll- und Raschweber wohnen, Leute nächtlich zusammenkommen, sich in ihren Stuben verschließen und die Broschüre, betitelt 'Proserpina', so bei 100 Dukaten Strafe verboten, auch andere aufrührerische Gesänge mit vieler Begierde sich kommunizieren und lesen lassen"[252].

„Proserpina" war eine hochbedeutsame Flugschrift, die der radikale schlesische Publizist Konrad Engelbert Oelssner herausgab. Oelssner hatte die Revolution in Paris erlebt, war nach Schlesien zurückgekehrt und kritisierte die schlesischen Feudalherren wie die preußischen Beamten und das Militär unter den Kriterien, die in Frankreich zum Sturz der Monarchie geführt hatten. Er forderte die Bewohner des Reichenbachschen Kreises auf, die volle Freiheit von ihrer Herrschaft zu verlangen, andernfalls „Groß und Klein, was adligen Atem hat, in einer bestimmten Nacht totzuschlagen ..."[253]. Das Motto der Flugblätter lautete: „Es lebe die Freiheit aus Frankreich!"

Lauthals sangen die Weber der Gebirgsdörfer das Nachtwächterlied: „Ein Hundsfott müsse der Deutsche sein, der jetzt mit den Franzosen nicht stimmet ein: Der Teufel hole den Adel und Pfaffen!"[254]

In den Gasthäusern Breslaus wurden die neuesten Zeitungsnachrichten aus Frankreich laut vorgelesen. Sofort reagierte Hoym mit dem Befehl, alle zu verhaften, die die Revolution und ihre Errungenschaften rühmten. Er setzte Polizeispitzel ein und ließ die Gasthäuser aushorchen.

Aber die Französische Revolution war nicht allein der Auslöser der schlesischen Bauern- und Weberaufstände. Selbst ein Gönner des schlesischen Adels wie Hoym mußte 1799 rückblickend zugeben, daß „sie so ganz unerwartet nicht sind ... Der Druck, worin die dortigen Untertanen bisher gelebt haben, ist zu groß, und es ist sehr leicht einzusehen, daß der Bauer bei sechs Robottagen die Woche selbst bei dem besten Willen und dem größten Fleiß außerstande war zu subsistieren, und bei dieser Unmöglichkeit, ihren Unterhalt auf dem bisherigen Fuß zu erwerben, war früh oder spät eine Explosion zu befürchten ..."[255].

Mag sein, daß Hoym den preußischen Staat entschuldigen wollte, fest stand aber, daß gerade durch die von ihm gebilligten Vorkommnisse des Bauernlegens viele Weber der Berggebiete ihre Kleinäcker verloren und aus der Weberei, die bisher mehr oder weniger eine Nebenarbeit war, die Hauptquelle ihres Lebensunterhaltes machen mußten. Die Weber produzierten auf eigene Rechnung und verloren vollends ihren Markt im Winter 1792/93, weil England und Spanien in den Krieg gegen Frankreich eingetreten waren und damit den schlesischen Übersee-Export abblockten. Die Folge waren Preissteigerungen bei gleichzeitiger Drückung des Weberlohnes um etwa ein Drittel. Ein Zeitgenosse namens Coelln hielt seine Eindrücke nach seiner Reise durch die Webergebiete fest: „Schlesien ist ein Land der Armen und der Bettler. Auf dem Weg von Friedland nach Reichenbach begegnete ich fast nur Bettlern; einige von ihnen waren bereits vor Hunger aufgedunsen, und es schien, daß ihre Tage gezählt sind ... Ich sah Mütter mit blutigen Beinen, die ihre nackten Kinder auf den Händen trugen."[256]

Seit Ende 1792 mehrten sich gefährliche Aufstände im Kreis Löwenberg-Bunzlau und im Kreis Goldberg in Schlesien. Weberrevolten im Gebirge folgten unter Führung der Maurer- und Zimmerergesellen. Flugzettel gingen von Hand zu Hand, in denen die Französische Revolution als Vorbild dargestellt wurde. Parolen gingen um: „Schlagt alles entzwei, was adlig ist, tot, kein Kind laßt am Leben!"

Das Jahr 1793 war angefüllt von Weberaufständen, es brachte jene „Explosion", von der Hoym gesprochen hatte. Die Zahl der Aufständischen kletterte auf etwa 20 000 Personen, es waren nicht nur Weber, sondern Bauern, Gesellen und Tagelöhner schlossen sich ihnen an. Im April 1793 kam die Losung im ganzen Vorgebirge auf: „Das beste wäre, wir würden mit Spießen und Knüppeln gegen die Grundherren losziehen, sie töten und ihre Häuser zerstören!"

Hoym verfügte wiederholt das Spießrutenlaufen unter dem Zusatz, die Geprügelten mit ihrem „aufgehauenen Buckel" in die Heimat zu schicken, „damit sich die übrigen an den Spuren der erlittenen Strafe um so mehr spiegeln"[257]. Er ließ Kavallerie, Infanterie und sogar Artillerie in den kleinen Vorgebirgsstädten und -dörfern stationieren, um die feudale Ordnung zu sichern. In Breslau brachen die blutigsten Formen des Kampfes zwischen Militär und Aufständischen aus. Am Tag nach dem Sieg der Gesellen (29. April 1793) wurde Breslau von Kürassieren besetzt, Patrouillen kontrollierten alle Straßen und schürten so noch mehr den Haß der Gesellen, Dienstleute, Tagelöhner und „Sansculotten" gegen das preußische Militär. Am 30. April demolierten die Aufständischen das Breslauer Offizierskasino und töteten sogar einige Offiziere.

Mitte Mai 1793 griffen die Aufstände vom Gebirge auf Mittel- und Oberschlesien über. In vielen Kreisen, so Ohlau, Trebnitz, Oels, Neumarkt, Grottkau, Oppeln, Kreuzberg, Guhrau in Nordschlesien, wurden Arbeitseinstellungen, Zinsverweigerungen, Befreiung von Gefangenen, Mißhandlungen der Gutsbeamten und

Schulzen und Bedrohungen der Gutsherren gemeldet. Widerrechtlich wurden herrschaftliche Weiden und Wälder benutzt. Überall kam es zu Beschwerden gegen die harte Behandlung durch die Gutsbeamten, gegen die scharfen Strafen und rücksichtslose Ausnutzung der bäuerlichen Dienste.

Die Weberaufstände in den Dörfern verbanden sich mit den Unruhen in den Städten und griffen auf ganz Schlesien über. Der Kampf gegen das Feudalsystem mußte aber auch zu einem Kampf gegen das Militär werden, denn an der Spitze waren beide identisch: der Gutsherr und der Offizier.

Zwei wichtige Momente schürten diese explosive Situation an: Am 1. Juni 1794 wurde das Allgemeine Preußische Landrecht verkündet. Von ihm versprachen sich die Bauern wie die Weber eine gesetzliche Regelung ihrer Pflichten, vor allem ihrer Freiheiten. Sie sahen sich getäuscht. Das Landrecht schrieb die bisherigen Verhältnisse lediglich fest, ohne am System der Guts- und Militärherrschaft etwas zu ändern. Die Antwort auf das Gesetz waren erneute Unruhen im Juni und Juli 1794, da 35 meist größere Dörfer in Nordschlesien ihren Dienst verweigerten. Denn sie sahen sich vom neuen König, Friedrich Wilhelm II., ebenso brüskiert wie von Friedrich II. Nichts hatte sich geändert.

Das zweite wesentliche Moment geschah 1795: Die preußischen Truppen kehrten nämlich aus dem Frankreich-Feldzug in ihre Garnisonen in Schlesien zurück, sie waren aber nicht mehr dieselben, die von Schlesien aus in den Krieg gezogen waren: Sie waren „angesteckt" von der revolutionären Propaganda, die sie in Frankreich kennengelernt hatten. Jetzt sprach auch das Militär von „Freiheit, Gleichheit und Brüderlichkeit"[258], die Stimmung in der Truppe war auf die der Bauern und Weber übergetreten: nämlich gegen die Gutsherren.

Mit diesem Impuls geladen setzten sich die Aufstände in den Jahren 1796, 1797 und 1798 fort. Jetzt waren es keine 20 000, sondern 50 000 und mehr Aufständische; kein Jahr verging ohne Prozesse, Klagen und Aufbegehren. Die Hauptklagen richteten sich gegen den zu niedrigen Lohn für die Hofdienste, gegen das ungemessene Fronen und gegen die Dienstverpflichtungen.

1798 berichtete der Schlesienminister Hoym aus Hirschberg, daß die sich im Aufstand befindenden 50 000 Mann rasch auf eine

Zahl von 200 000 anwachsen könne. 1799, im Frühjahr, brach in 50 Gemeinden der Kreise Tost-Gleiwitz und Beuthen der blutigste Aufstand aus, den Oberschlesien bisher erlebt hatte[259]. Hoyms Strafmaßnahmen gegen die Rädelsführer blieben zwar die alten, gleichzeitig wurden aber erste Stimmen zum Einlenken laut. 1798 schrieben der Kabinettsrat Beyme, 1799 der preußische Kanzler von Goldbeck an Hoym. Im Brief Goldbecks hieß es u. a.: „Viele einsichtsvolle Gutsbesitzer, sowohl in Schlesien als in anderen königlichen Provinzen äußern jetzt bei jeder Veranlassung, daß es besser sei, etwas freiwillig nachzugeben, als gezwungen alles aufopfern zu müssen ... Schreckliche Folgen würden unvermeidlich sein, wenn der gemeine Mann, durch Not gedrungen, auf die solange vergeblich vom Staat erwartete Hilfe nicht ferner hoffen, sondern sich selbst Recht verschaffen wollte."[260]

Die Unruhen und Aufstände des schlesischen Volkes, die noch während der Regierungszeit Friedrichs II. begonnen hatten und sich nach seinem Tod fortsetzten, nötigten endlich die preußischen Behörden, aus Furcht vor weiteren Revolutionen konkrete Versuche zu unternehmen (in den Jahren 1798/99 und 1803), die drückende Leibeigenschaft der schlesischen Bauern und Weber abzuschaffen.

Völlig uneinsichtig blieben indes die meisten schlesischen Gutsherren, die den Versuchen der preußischen Regierung reaktionär und feindselig gegenüberstanden und unter allen Umständen den status quo beibehalten wollten. Die Adligen äußerten mehrmals, daß die „bestehende Ordnung der Dinge noch ferner ... fortdauernd erhalten werden" solle.

Graf Hoym antwortete auf den Brief des Kanzlers Goldbeck am 23. Dezember 1799: „Die Aufhebung oder Schwächung einer solchen Unterordnung wie die Hörigkeit kann leicht den Umsturz des ganzen Gebäudes zur Folge haben."

Er sah durchaus, daß das „Gebäude", d. h. das ganze Feudalsystem, auf dem Spiel stand, sobald Lockerungen nach unten eingeführt würden. Denn jedes Zugeständnis von Freiheit würde negativ das „Gebäude" in der oberen Etage erschüttern: nämlich die Privilegien der Adligen. Das „Gebäude" des Feudalsystems bestand, solange es innerhalb der Stufen der Stände nach oben wie nach unten ausgedehnt werden konnte: Immer mehr Privilegien zugunsten der Adligen, immer mehr Unfreiheit zuungunsten der Bauern und Weber.

In der Endphase des Feudalismus, nicht zuletzt durch die exzeptionelle Hoch- und Überschätzung des Adels durch Friedrich II., wurde die Überdehnung nach oben wie nach unten auf die Spitze getrieben. Noch immer galt Friedrichs II. Satz, den sich alle Adligen ins Stammbuch schrieben: „Mein Verhältnis zum Adel war immer vom Gefühl der Hochachtung und Hochschätzung diktiert, denn gerade er lieferte mir die Offiziere für die Armee und die Beamten für höhere Staatsposten" (Politisches Testament, 1768).

Die Agonie-Symptome wuchsen viel mehr von innen als von außen. Symptome, die kein Staatsgebilde aushält, nicht einmal das feudale, das trotz Standesschranken dehnbar war wie kein anderes. Die schlesischen Weber und Bauern waren es, die der preußischen Verwaltung die Augen für die Grenzen des Staates öffneten.

Der Österreicher von Coelln nannte die schlesischen Bauern eine „Klasse, die den vollständigen Zusammenbruch des Staates und seiner bisherigen Formen bewirken kann"[261].

Die Unruhen setzten sich fort bis in die Jahre 1810, 1811 und kulminierten in den Aufständen der schlesischen Weber 1844. Schlesien war jedenfalls die revolutionärste Provinz des preußischen Staates, vielleicht trotz oder wegen des slawischen Anteils der Gesamtbevölkerung, vielleicht trotz oder wegen der katastrophalen Lebensbedingungen der Untertanen, die kaum noch tiefer ins Elend gestürzt werden konnten – und die außerdem diesen preußischen Staat nie liebten. Schlesien war und blieb polnisch geprägt.

Überblickt man Soll und Haben von Friedrichs II. Annektion dieses Landes, so hat er weder den Lebensstandard erhöht noch die Leinenindustrie zu dem Wirtschaftsfaktor machen können, den er sich versprochen hatte. Eingehandelt hatte er sich ein rebellisches Land, das seinem eigenen Staat gefährlich werden konnte.

Ein Vertreter des schlesischen Adels schrieb: „Es herrschte die Überzeugung, daß, wenn das den Bauern freisprechende Gesetz (d. h. das Edikt von 1807) nicht erlassen worden wäre, der Ausbruch einer barbarischen Revolution, nach dem Vorbild der Französischen, unvermeidlich gewesen wäre, und die Gutsbesitzer von wütendem Pöbel, ähnlich wie dort, zerfleischt worden wären"[262].

Es wird daher zu fragen sein, ob die Annektion Schlesiens ein außenpolitischer Fehlgriff Friedrichs II. gewesen ist, ob er durch diese Expansion seines Staats ein europäisches Gleichgewicht geschaffen und vor allem: den Frieden in Europa verteidigt hat und bewahren konnte.

Nirgendwo in Preußen, Mecklenburg und Schwedisch-Vorpommern war der Bauernstand so gedrückt und völlig in der Hand des Staates oder Adels wie in den Bereichen der schlesischen Gutsherrschaften. Gewiß hatte der Bauernschutz einiges bewirkt, die Befreiung der staatlichen Domänenbauern, die Erhebung der untertänigen Bauern zu Staatsbürgern, aber die Patrimonialgerichtsbarkeit und die Polizeigewalt auf den Gutshöfen blieb bestehen. Erst 1891 erhielten die östlichen Provinzen eine Landgemeindeordnung, und die Gutsbezirke wurden erst 1927 aufgehoben.

Brauchtum und Aberglaube

Das Gehäuse

„Der Alte Fritz hat die Zwerge verjagt, aber Napoleon hat allen Spuk aus dem Lande vertrieben." Diesen Satz sprach um 1843 ein Bauer aus Halberstadt im Land Sachsen-Anhalt[263], das 1648 als Fürstentum an Brandenburg gekommen war, also ein brandenburg-preußischer Bauer, und er brachte mit diesem Satz ein welthistorisches Resultat zum Ausdruck. Er sprach diesen Satz für jene Gegend westlich und östlich der Elbe aus, die vorzugsweise und mit besonderer Treue am Alten und Althergekommenen festhielt, und in der die Erfahrung sowie der Umgang mit geisterhaften Erscheinungen sowohl im Brauchtum wie in den Sagen des Aberglaubens einen fundamentalen Einfluß auf das Alltagsleben ausübten.

Was jener Bauer mit Zwergen meinte, waren demnach keine Märchenfiguren, die beliebig gegen andere, bessere oder neuzeitlichere austauschbar waren, sondern gemeint war ein zum bäuerlichen Leben gehörender Bereich, für den man aufgeschlossen war und ein Gespür besaß, weil man Tag für Tag davon abhing.

Wenn nun Friedrich II. die Zwerge verjagt hatte, so hatte er eine empfindliche Verarmung und Verkürzung der bäuerlichen Lebensbräuche herbeigeführt. Unter Zwergen verstand man in Norddeutschland, mehr als im Süden, die „Unterirdischen". Das waren die unschönen und kleinwüchsigen, mit einer Tarnkappe versehenen Geistwesen, die man sich als Verkörperung der Erdkräfte dachte. Sie hausten in alten Grabhügeln und wirkten von dort auf die „Oberirdischen", auf die Menschen ein. Sie waren menschenfreundlich, sofern man sich ihre Gunst nicht verscherzte, und die Menschen scheuten sich, auf die kleinen Rasenhügel auf der Heide, unter denen sie ihr Wesen trieben, zu treten. Die Menschen rechneten also mit ihnen, kalkulierten sie in ihr Leben ein, richteten sich nach ihnen und nahmen sich vor ihnen in acht.

Im Begriff der Zwerge vereinigen sich mythische Vorstellungen der Urzeit, solche der mittelalterlichen Dichtungen und schließlich die des modernen Aberglaubens. Ihre Lebensweise, ihr Charakter und ihre Haushaltung unterschieden sich nicht wesentlich von denen der Menschen. Ihr Alltag war auf Arbeit ausgerichtet, man schrieb ihnen das Schmiedehandwerk zu, und vor allem auf Geld. Man vermutete bei ihnen unermeßlichen Reichtum, ihre Schätze bestanden aus Gold, Silber und Edelsteinen.

Arbeit bestimmte auch das menschliche Leben, nur mit dem Reichtum haperte es in der Regel. Wenn man die Zwerge verjagte, vertrieb man damit auch den uralten menschlichen Wunschtrieb nach Reichtum, das heißt das in den Zwergen symbolisierte Erstrebenswerte und Vorbildhafte. Ein anderer Wesenszug war diesen heidnischen Zwergen aber auch eigen: Sie arbeiteten zwar, und ihr eigener Arbeitslärm störte sie nicht, wohl aber jener der menschlichen Arbeit. Sie scheuten zum Beispiel das Glockenläuten, aber auch andere laute Geräusche wie Hämmern, Schlagen, Stampfen (von Hirse, Kraut z. B.), wohl auch lautes Fluchen.

Daraus ergab sich das Paradox, daß derjenige die arbeitsamen Zwerge bei guter Stimmung hielt und die ihnen eigene Boshaftigkeit und Schädlichkeit abwehrte, der beim Arbeiten keinen Lärm machte, am besten gar nicht arbeitete [264].

Wenn die Zwerge verjagt wurden, so betraf dies zweierlei: das Streben nach Reichtum und das Nicht-Arbeiten. Beide Momente liefen der Tagesforderung des preußischen Staates, noch und noch zu arbeiten für möglichst wenig Geld, zuwider.

In der Feststellung jenes Bauern aus Halberstadt wurde somit der Tatbestand zum Ausdruck gebracht, daß die durch die Zwerge bedingte mythische Überhöhung und Umkleidung des Alltagslebens abgeschafft worden war. Diese Umkleidung war aber kein beliebiges Anhängsel, sondern ein unersetzliches Wesensmerkmal menschlichen Lebens überhaupt, ebensowenig zu ersetzen wie etwa die Religion, die Friedrich II. seinen Untertanen vorbehaltlos zugestanden hatte.

Der Begriff der Zwerge beinhaltete aber auch all das, was mit Erdkräften zusammenhing, mit Kräften, die aus der Erde, aus der Natur kamen und menschliches Leben mythisch nährten und erst eigentlich am Leben erhielten. So fühlte sich der Tag für Tag mit der Natur umgehende und von ihr abhängige Bauer wesentlich entschiedener von der Verjagung der Zwerge betroffen als der Städter.

Versteht man die Zwerge als begriffliche Thematisierung alles dessen, was im Brauchtum wie im Aberglauben den Menschen an die Natur band und ihn in ihr verwurzeln ließ, so war mit der Verjagung der Zwerge auch der breite und umfassende Bereich von Brauchtum und Aberglaube verjagt.

Die Beschwerde richtete sich gegen die seelische Verarmung des bäuerlichen Lebens. Brauchtum und Aberglaube im allgemeinen und der Glaube an die Zwerge (als Verkörperung aller „Unterirdischen") im besonderen kommen aus weiter Vergangenheit her, sie sind meist mündlich überliefert, in der Tragweite ihrer Bedeutung selten durchreflektiert oder gar begrifflich auslotbar: sie wirken einfach auf den Menschen ein, kräftig wie ein Urquell, aus dem der Mensch ein Leben lang und noch darüber hinaus bis in den Tod hinein zuverlässig schöpfen konnte.

Brauchtum und Aberglaube boten also weit mehr als nur eine gelegentliche Orientierungshilfe in dieser oder jener Lebensfrage, man schlug nicht wie in einem Rezeptbuch nach, sondern sie trugen viel mehr und bestimmten das naturabhängige Leben, sie öffneten dem, der sich ein Gespür dafür bewahrte, den Alltag für das Einwirken von Unerklärlichem, aus dem heraus er zu leben hatte und in dem er sich geborgen fühlte. Beide bedeuteten also eine Bereicherung, die das menschliche Leben ausfüllte und mit ihm an Bedeutung wuchs. Somit kam ein seelisches Erleben in der

Pflege des Brauchtums zum Ausdruck, auch ein stets empfundenes Gemeinschaftsgefühl[265], jedenfalls eine bindende Gültigkeit für jeden einzelnen.

Die Begriffe „Brauch" und „Brauchtum" werden synonym mit „Sitte" bzw. „Gewohnheit" verstanden. Mit Formulierungen wie „nach altem Brauch" oder „nach Sitten und Gebräuchen" verweist man auf einen altüberkommenen Usus, der nicht weiter begründbar ist als aus der Erfahrung „wie es immer war".

Der Begriff „Aberglaube" erscheint bereits vor dem Ende des 15. Jahrhunderts als Übertragung des lateinischen Wortes „superstitio", worunter man Unglaube, Mißglaube und auch Afterglaube verstand. Unter Aberglaube versteht man heute den „Glauben an die Wirkung und Wahrnehmung naturgesetzlich unerklärter Kräfte"[266]. Der Aberglaube ist auch ein Überglaube, dessen Glaubensinhalt über das in der Religion dogmatisch zu Glaubende hinwegreicht, davon abweicht, es sogar verkehrt. Was im Aberglauben geglaubt wird, ist somit weder aus der Religion zu verstehen noch aus Naturgesetzen zu begründen. Der Aberglaube dürfte somit wie der Brauch auf Gewohnheit beruhen, nur spezialisiert auf naturbedingt Übersinnliches oder naturbedingt sinnliche Erscheinungen am Himmel und auf der Erde, die mit Inhalten ausgefüllt werden und sich bedrohend oder schonend auf den Menschen selbst auswirken.

Die Pflege von Brauchtum und Aberglaube haben die Menschen nie als lästige Pflichtübung empfunden, sondern als eine Selbstverständlichkeit, genauso selbstverständlich, wie man eben religiös war und zu Gott betete, ohne viel zu fragen, ob es den Gott überhaupt gab und wie man seine Existenz beweisen könne.

Brauchtum und Aberglaube galten als Erfüllung und Abrundung der Lebenszeit selber. Verjagte man aber die Zwerge, so nahm man dem Menschen etwas von seiner Lebenszeit und d. h. von seinem Lebensinhalt. Die Menschen freuten sich auf die Pflege ihrer Bräuche, denn oft waren Bräuche mit Fröhlichkeit und Tanzen und Singen und Trinken verbunden. Das Leben in Brauchtum und Aberglaube brachte ihnen Ausgleich, Bedeutung und vor allem Selbstbestätigung im Einerlei des Alltags, auch Schutz und Sicherheit, wenn man nur pünktlich beachtete, was Brauch und Aberglaube forderten.

Fassen wir Brauchtum und Aberglaube, in die das Leben eingebettet war, als „Gehäuse" zusammen, so ist festzuhalten, daß Bräuche nicht für alle Menschen gleichermaßen galten, sondern spezifiziert vorkamen.

Das Leben der „ehrbaren" Handwerker war in seinem Gehäuse verankert, in den Bräuchen, Regeln und Ordnungen, die die Zünfte vorschrieben, sie gaben dem Handwerker inneren Halt und schirmten ihn nach außen hin ab gegen unzünftlerische Einflüsse und Zugriffe. Diese Regeln waren strikt zu beachten sowohl im privaten wie im geschäftlichen und religiösen Bereich.

Das Leben der Bauern war auf andere Art in seinem Gehäuse verankert, in Bräuchen und Aberglauben, die mit dem ländlichen Lebensbereich zusammenhingen, also mit Abhängigkeiten von der Natur, von Wachstum und Ernte, von Jahreszeiten und Wetter.

Anders sah das Gehäuse bei der Gruppe der Einwanderer aus, zumal wenn sie in so großer Zahl wie die Hugenotten gekommen waren. Sie brachten als geschlossene Gesellschaft nicht nur ihre im preußischen Staat so gut brauchbaren Berufe mit, sondern vor allem ihren Glauben, um dessen Erhaltung willen sie ja aus Frankreich geflohen waren, der ihnen von den preußischen Herrschern garantiert und sogar weitgehend unterstützt wurde[267]. Sie kamen voll in den Genuß der Religionsfreiheit, die Friedrich II. kurz nach seinem Regierungsantritt 1740 verkündet hatte und die keineswegs überbewertet werden darf, weil und sofern sie eine direkte Konsequenz seiner Peuplierungsmaßnahmen war. Nur wenn er den Einwanderern ihre Religion beließ und sie ihnen nicht raubte wie den Bauern die Zwerge, konnte er sie im Lande halten, in seine Wirtschafts- und Militärpolitik einspannen. Daher klingt es nur scheinbar großzügig, wenn er auch Türken ansiedeln wollte und sich bereit erklärte, Moscheen für sie zu bauen. Religion sollte also kein Hinderungsgrund sein, den preußischen Staat zu bevölkern.

Eine gesellschaftlich nicht geschlossene Schicht wie das gerade entstehende Proletariat der Manufakturarbeiter war schon aus Gründen der fehlenden Generationenfolge nicht in der Lage, sich in einem Gehäuse aus Brauchtum und Aberglaube zu etablieren und Sicherheit darin zu finden. Diese Schicht war daher den Zugriffen des Staates unmittelbar und schutzlos ausgeliefert, weshalb auch sie zu denen gehörten, die als erste und auf breiter Front zu direktem Widerstand neigten.

Wieder anders sah das Gehäuse bei kleineren eingewanderten Gruppen wie den Nowaweser Spinnern (vorwiegend aus Böhmen) aus, die zwar auch mit ihrem heimatlichen Pfarrer angesiedelt wurden, deren Brauchtum und Aberglaube aber infolge der geringen Kopfzahl zu schwach war, um daraus einen tragfähigen Gegenpol zur harten, vom Staat verfügten Tagesexistenz und -arbeit aufzurichten.

Ähnlich sah es bei der zahlenmäßig kleinen Gruppe der eingewanderten Salzburger aus, die nicht nur ihre Religion und Bräuche mitbrachten, sondern auch ihre Trachten und ihren Dialekt. Sie blieben in Ostpreußen eine abgekapselte Minderheit, isoliert und ausgeschlossen von den Bräuchen und Sitten der Einheimischen, und zwar so lange, bis ihre eigenen Bräuche sich nach zwei oder drei Generationen eingebürgert hatten – also zur Gewohnheit geworden waren. Auch ein eingewanderter Brauch und Aberglaube galt erst und wurde anerkannt, wenn er alt geworden war.

Tragfähige – und d. h. alte – „Gehäuse" besaßen im preußischen Staat demnach nur die Handwerker (Zünfte) und die Bauern (Bräuche und Aberglaube), wenn man einmal absieht von kleineren, nicht sonderlich ins Gewicht fallenden „Gehäusen", die Berufsgruppen wie die Kaufleute, Bergwerksarbeiter (in Schlesien besonders), Künstler, Studenten usw. hatten, aber auch (adlige) Offiziere in ihrem Ehrbegriff.

Ein eigenes Kapitel wäre es wert, Brauchtum und Aberglaube der Juden zu untersuchen, besonders interessant, weil jüdischer Glaube und Aberglaube mehr als einmal im Laufe der Jahrhunderte mit der offiziellen christlichen Staatsreligion kollidierten, was aber angesichts der Stoff-Fülle unterbleiben muß, zumal es Juden auf finanzwirtschaftlich-geschäftiger Basis immer wieder verstanden, sich auf ihre Art dem Staat nützlich zu machen und sich über diesen Umweg anzupassen.

Daß der Staat versuchte, in die Zunftordnung massiv einzugreifen (z. B. mit dem Reichsgewerbegesetz von 1731), wurde oben beschrieben.

Nun geht es darum, hinsichtlich der Tragweite der Verjagung der „Zwerge" nachzufragen, also nach dem Lebensgehäuse von immerhin 80 Prozent der preußischen Gesamtbevölkerung, um Brauchtum und Aberglaube der Bauern, der Landeskinder, die ja mehr waren als bloße Lebensmaschinen, mit denen der Staat nach Belieben umspringen konnte, indem er sie als Arbeitskräfte, Steuerzahler und Soldaten ausbeutete und sie seinen politischen Pflichten unterwarf. Diese rund 80 Prozent bäuerliche Untertanen stellten die unverbrüchliche Volkskraft dar, aus der der Staat lebte und mit der er seine Staatsmacht vor allem außenpolitisch zu verwirklichen suchte.

Bäuerliches Alltagsleben war wesentlich bestimmt und bedingt durch seine Naturverbundenheit, war im wörtlichen Sinne „auf Gedeih und Verderb" von der Natur und ihren Jahreszeiten abhängig. Außer dem Pflug stand dem Bauern keine moderne Maschine als Hilfsmittel zur Verfügung, um seine Feldarbeit zu verrichten, sondern nur seine Arbeitskraft und die seiner Tiere.

Tag für Tag war der Bauer angewiesen auf und ausgeliefert an die Natur mit Himmel und Erde, an übersinnliche Mächte und irdische Zufälligkeiten. Er teilte sein Leben und seine Arbeit nach christlich-heidnischen Festtagen ein und richtete seine Zeit und seine Wirtschaft nach den Naturvorgängen mit ihren meist heidnischen Einflüssen. Seine Zeit pendelte zwischen Saat und Ernte, Ernte und Saat. Das waren die entscheidenden Daten, denen sich alles andere unterzuordnen hatte, denn von der Saat und der Ernte hing sein Leben ebenso ab wie das des ganzen Staates, zumal etwa Ernteausfälle durch internationale Handelsbeziehungen (noch) nicht abgedeckt werden konnten.

Zu den Hochfesten Weihnachten, Ostern und Pfingsten, zu Saat und Ernte kamen erst in zweiter Linie andere wichtige Daten, etwa die Zeit der Zinsabgaben, kalendarische Daten wie Georgstag (23. April: hl. Georg, im Abendland einer der 14 Nothelfer, Patron der Ritter und Reiter, besonders der Bauern und ihres Besitzes, namentlich ihrer Pferde, die beim Georgiritt, einer reitenden Flurprozession, gesegnet wurden), Markus- (25. April), Walpurgistag (1. Mai), Johanni (24. Juni) oder Michael (29. September)[268].

Der Bauer kann den Umgang mit der mythisch besetzten Natur nicht so verlernen oder verdrängen wie der Städter, aber das, was mit der Natur zusammenhängt, sein „Gehäuse" nämlich, wollte ihm der preußische Staat wegnehmen, indem er wie Friedrich II. seine Zwerge verjagte.

Wenn kein Leben ohne Brauchtum, Glaube und Aberglaube denkbar war, warum wollte dann der Staat ausgerechnet das bäuerliche Leben verarmen? Zumal Brauchtum und Aberglaube stärker und tiefer verwurzelt waren als die friderizianische Aufklärung mit ihren rationalen Begründungs- und skeptisch-überheblichen Abwertungsversuchen. Brauchtum und Aberglaube trugen das Weltverständnis der Bauern und waren in ihrer natürlichen Welterfahrung ähnlich verwurzelt wie der Glaube in der Offenbarung. Die geoffenbarte Religion ließ sich notfalls rational begründen (Gottesbeweise), der nichtgeoffenbarte Aberglaube aber nicht. So hing das Verjagen der Zwerge mit der uralten Frage nach dem Verhältnis von Glaube und Aberglaube überhaupt eng zusammen.

Das bäuerliche Brauchtum hatte mit dem Wechsel der Jahreszeiten zu tun wie der Aberglaube mit der religiösen Überhöhung natürlicher Erscheinungen. Der ewig gleiche Rhythmus der Naturzeiten zeigte mehr Bestand und zuverlässige Herkunft als alle politischen Systeme, die mit ihren Ge- und Verboten darübergestülpt wurden, den Rhythmus störten und nicht selten versuchten, sich Brauchtum und Aberglaube zu unterwerfen oder eben zu „verjagen".

Das Zuverlässige der Natur lag in der ewigen Wiederkehr des Gleichen, in jenem Zyklus, woraus die Gewohnheit stammte und die eine andere Geschichte begründete und garantierte als die politische Geschichte mit ihren einmaligen Daten wie etwa Gesetzesverordnungen, Schlachten, Geburts- und Todestagen der Herrschenden.

Zyklisch kehrten hohe Festtage ebenfalls wieder, und sie werden gerade von Bauern (oft) heute noch so gefeiert wie gestern, weil es heute wieder so sein sollte, wie es gestern gewesen war. Diese Regelmäßigkeit brachte Pünktlichkeit, Orientierung, somit Ordnung und Stabilität in den Zyklus. Regelmäßigkeit hieß Wiederholbarkeit und diese wiederum begründete Glaubwürdigkeit.

In Brauchtum und Aberglaube mischten sich christliche wie heidnische Einflüsse, und der Bauer war in der Regel nicht geneigt, sie auseinanderzudividieren, sondern er bestand viel eher auf seinem alten Gewohnheitsrecht, ihre Anlässe zu beachten, zu feiern oder auch zu fürchten.

Auf zweierlei Art konnte Friedrich II. die Zwerge verjagen: Er konnte zum einen den Bauern den Geldhahn zudrehen, ihnen also das zur Pflege und Ausstattung des Brauchtums nötige Geld verweigern, was aber bei der großen Mehrheit der ohnehin armen Masse der Bauern gar nicht mehr möglich war. Sie besaßen kaum Geld zum Leben, schon gar nicht, um es bei festlichen Anlässen zu verjubeln. Er konnte ihnen zum anderen aber die Zeit nehmen, welche die Pflege des Brauchtums ebenfalls erforderte. Und das war tatsächlich sein entscheidender Eingriff: mit der Abschaffung des Blauen Montags, womit er die Handwerker traf, und mit der Abschaffung der Dritten Feiertage bzw. der Streichung der Anzahl der jährlichen Feiertage um die Hälfte, mit der Verlegung der Feiertage von Werktagen auf den Sonntag und schließlich mit der Verordnung, die Sonntagsgottesdienste bis acht Uhr morgens zu beenden, damit die Bauern Zeit hatten, ihrer Feldarbeit pünktlich nachzukommen.

Sonn- und Feiertage bedeuteten dem Bauern nicht nur einen Ausgleich und eine Verschnaufpause im harten Rhythmus der Arbeitszeit und -welt, sondern sie waren der Zeitraum, in dem der Bauer seine alten Bräuche entfalten und aufleben lassen konnte, um neue Lebenskraft aus ihnen zu schöpfen. In der Pflege der Bräuche fand er neue Nahrung für sein ausgemergeltes und abgestumpftes Gemüt, für sein Gefühlsleben, für seine religiösen Bedürfnisse.

Gegen die Abschaffung ihrer Feiertage konnten die Bauern sich so gut wie nicht wehren, denn sie besaßen nur Gewohnheitsrechte, die man ihnen – im Unterschied zu den Gewohnheitsrechten der Gutsherren – rasch streitig machte, indem man sie so mit Arbeit überhäufte, daß ihnen keine andere Wahl blieb, als auch ihre Feiertage dafür zu opfern.

Der Staat nutzte ihr Unaufgeklärtsein aus, indem er ihre Arbeitskraft im Frieden ausschlachtete und den ganzen Menschen im Krieg opferte und ausbluten ließ, als wären sie keine Menschen, sondern nur funktionierende Maschinenteile im Interesse der großen Wirtschafts- und Militärmaschine des Staates.

Die Zwerge zu verjagen war aber nicht viel schlimmer als sie zu bespötteln, wie es gern aufgeklärte Geschichtsschreiber tun, die Bräuche und Aberglauben mit Wetterregeln usw. als überwunden abtun. Verfährt man so aus welchem Grund auch immer, so mißversteht man bäuerliches Leben oder man interpretiert es mit Absicht zu kurz.

Was Friedrich II. den Bauern für den Entzug ihrer Lebensfreizeit für Brauchtum und Aberglaube bot, war nichts als Arbeit und Mehrarbeit, die sie eh schon übergenug hatten. Und wenn sie auch mehr arbeiteten, nur weil sie mehr arbeiten mußten, ihr Arbeitssoll ebenso erhöht wurde wie ihre Bestrafungen, so brachte ihnen die Mehrarbeit rein gar nichts. Ihr Lohn wurde nicht erhöht und ein sicher erstrebenswerter Aufstieg in eine bessere Lebensqualität schloß das feudalistische Standesdenken aus. Mehrarbeit brachte ihnen keinen Mehrwert. War der Bauer wie meistenteils arm geboren, mußte er fast ausnahmslos sein Leben lang arm bleiben, wie der Schuster bei seinem Leisten und der Adlige immer adlig bleiben mußte.

Entzug von gewohntem Lebensraum engt ein, verbittert, macht aggressiv und süchtig nach dem Entzogenen. Gut und leicht vorstellbar, wie gern die Bauern am Sonntagmorgen nach dem Kirchgang oder an gestrichenen dritten Feiertagen lieber ihr Brauchtum ausgelebt hätten, als aufs Feld zu gehen und zu schuften wie an jedem gewöhnlichen Werktag.

Das Verjagen der Zwerge, der Entzug von Brauchtum und Aberglaube durch Streichung der Zeit für Brauchtumspflege, brachte eine falsche Nüchternheit in ihr kleines aber sicheres Denken, was gewiß nicht mit „Aufklärung" zu entschuldigen war.

Man könnte freilich einwenden, daß Friedrich II. mit der Streichung von Feiertagen oder ihrer Verschiebung auf den nächsten Sonntag mit wahrlich mittelalterlichen Zuständen aufgeräumt habe. Es gab ja Gegenden, in denen die Hälfte des Jahres aus Feiertagen bestand (z. B. Xanten), die natürlich der Wirtschaftskraft des Staates verlorengingen. So gesehen war seine Maßnahme durchaus als fortschrittlich zu verstehen. Aber das eine Extrem wurde mit einem anderen Extrem ausgemerzt. Denn mit der Streichung der Zeit für Brauchtumspflege ging auch die Bedeutung der Bräuche selbst durch Ent-wöhnung verloren. Die allmähliche Ent-wöhnung hat aber dieselbe Wirkung, als wenn so gut wie alle

Sonn- und Feiertage gestrichen worden wären. Der Bauer war aber gerade dank der Bräuche in der Lage, die Natur zu verstehen und zu deuten, auf sie zu reagieren, was wiederum seinem alltäglichen Umgang mit der Natur und ihrer wirtschaftlichen Nutzung zugute kam.

Denn die Natur war bedrohlich und mit ihrer Bedrohung mußte er fertig werden. Wenn dies nicht mehr mit Hilfe von Schutzmaßnahmen möglich war, so wurde sie ihm noch unheimlicher als zuvor.

Ein hilfreicher Ersatz für die Streichung der Brauchtumszeit konnte daher nicht die Mehr-Arbeit liefern, sondern es hätten andere Maßnahmen sein müssen, die Friedrich II. aber nicht bot.

Sich mit Hilfe von Bräuchen vor bösen Geistern schützen zu können, setzte freilich den Aberglauben an die Existenz böser Geister voraus. Dieser Aberglaube war aber so lange nicht zu widerlegen, als die Wirkung der bösen Geister spürbar war, eben in Form von Krankheit bei Mensch und Vieh, bei Blitzeinschlag und Feuer, bei Unwetter und Mißernte. Das waren die Realitäten, die das bäuerliche Leben bedrohten und die sie von sich abwehren mußten. Indem sie ihre Bräuche gegen böse Geister einsetzten, halfen sie nicht nur ihrer eigenen Existenz und Wirtschaft, sondern gerade auch der des Staates.

Auch heute reicht die aufgeklärte Technik der Naturbeherrschung keineswegs aus, um Naturkatastrophen zu verhindern. Wir aber sind ihnen hilfloser ausgeliefert als die Bauern, solange man ihnen den Reichtum der Brauchtumssicherheit beließ und wir den Glauben an ihre Bedeutung verloren haben.

Sehen wir also, in welchem Ausmaß der Bauer sich von der Natur („Zwerge") bedroht fühlte, wie er sich dagegen schützte und gerade deshalb zu effizienter Arbeit kam.

Was also machte der Bauer, wenn er sein Brauchtum pflegte?

Abwehr- und Schutzbräuche

Die Zeit der „Zwölften", der zwölf heiligen Nächte (24. 12. bis 6. 1.), in der die Sonne am tiefsten steht, die Tage am kürzesten und die Nächte am längsten sind, war jene Zeit, in der die Mächte der Finsternis ihr Unwesen trieben und Haus und Hof, Mensch

und Vieh gleichermaßen bedrohten. Die Weihnachts-, Neujahrs-
und Dreikönigsnacht waren die meistgefürchteten Nächte der
„Zwölften" und des ganzen Jahres.

Es ist die Zeit, in der die Natur leblos, kraftlos und tot erscheint,
alles Leben unter dem weißen Leichentuch des Schnees und des
Frostes begraben ist. Der Tod der Natur zeigt sich durch Abwesen-
heit von Kraft und Licht. Aus dieser Zeit der welken und kahlen
Natur schöpften die „Unterirdischen", die dunklen Mächte ihre
Kraft. Sturmgespenster und Schneegeister fegten über das wehr-
lose Land und schlugen in wilder Jagd Mensch und Vieh mit
Krankheit.

Es gab eine ganze Reihe mittwinterlicher Schreckgestalten, die
ihren Schadenzauber und Angstspuk verbreiteten. Spuk-, Scha-
den- und Hausgeister, Gespenster und Teufel lebten auf und kamen den Menschen auf bedrohliche, wenn nicht vernichtende Art
spürbar nahe. Die Menschen mußten sich vor ihnen schützen und
retten, indem sie sich gegen sie wehrten. Sie taten es mit Abwehr-
zaubermitteln. Es war naheliegend, zu solchen zwei Mitteln zu
greifen, die gegen das fehlende Leben und gegen das fehlende
Licht wirkten.

Sie retteten sich gegen die tote und finstere Natur mit einem
natürlichen und künstlichen Mittel. Das natürliche Mittel war
jener Teil der Natur, der nicht verwelkte und abstarb. Das war die
geheimnisvolle winterliche Naturkraft, die immer lebte und d. h.:
immer ihr Grün behielt, also das Immer-Grün. Immer-grüne und
unverwelkliche Naturkräfte sahen die Bauern verkörpert im
Buchsbaum, in der Eibe, der Arve, Föhre, Kiefer (Latsche), Tanne,
Fichte, Stechpalme, dem Wacholder, auch dem Efeu, den Disteln,
Misteln und dem Rosmarin[269]. Die Wirkung des Immer-Grüns
wurde noch verstärkt durch den Duft als verscheuchende Kraft.
Das Grün bedeutete ewige Jugend, Kraft und Leben schlechthin[270].

Das im Immer-Grün liegende und erhalten gebliebene Abwehrmittel gegen die Herrschaft der bösen Geister setzte somit die
kraftvoll weiterlebende unverwelkliche Seite der Natur gegen ihre
eigene, vorübergehend kraftlos gewordene und verwelkende Seite
ein.

Besonders der Eibe und dem Buchsbaum, auch der Stechpalme

schrieb man längst vor der Tanne und der Fichte, die im Brauchtum des späteren Weihnachtsbaumes vorherrschten, gespensterscheuchende und teufelabwehrende Kräfte zu. Die Stechpalme besaß besonders blitz- und hexenabwehrende Kraft[271].

Das andere, künstliche Abwehrmittel gegen die finstere Natur, gegen die lichtärmste Zeit des Jahres, war logischerweise das Licht, das sich jeder leicht herstellen konnte, indem er etwas Öl in eine halbe Nußschale tröpfelte und einen Baumwollfaden als Docht benutzte.

Alle Bräuche, die sich aus dem Gebrauch von Immer-Grün und Licht im Laufe der Jahrhunderte entwickelten, besaßen Abwehrkraft und dienten zur Verscheuchung unheilbringender Nacht- und Naturgeister.

Die Bräuche prägten sich je nach Gegend und Religion verschieden aus. Der Brauch, sich der Abwehrkraft des Immer-Grüns anzuvertrauen, entstand und überwog ursprünglich dann auch im katholischen Südwesten (z. B. Elsaß und der Pfalz). Zwölftenzeit und Lichterglanz waren schon seit dem Mittelalter in ganz Deutschland verbreitet, hatten sich aber im Norden, Osten und Süden mehr durchgesetzt als im Südwesten. Noch um 1880 war es in Mecklenburg Brauch, am Weihnachtsabend auf einen lichtgeschmückten Tisch ungebundenen Hafer zu legen und die Kühe einzeln damit zu füttern. Und im Erzgebirge bekamen noch zu Beginn des 20. Jahrhunderts die Tiere Salz und Brot zu fressen und vor jedem Tier strahlte eine Kerze im Stall[272].

Es dauerte bis ins späte Mittelalter, in manchen Gegenden bis ins 18. und 19. Jahrhundert hinein, ehe beide Bräuche zu dem einen Brauch des Lichter-Baumes zusammenschmolzen, zunächst unter Beibehaltung der Abwehrkraft.

Die beiden Bewegungen Licht – Baum wurden am Anfang von der ärmeren ländlichen Bevölkerung getragen, denn sie war weit mehr als die städtische den Naturkräften ausgeliefert. In den südlichen Gegenden ging die Entwicklung vom Immer-Grün weiter zum Weihnachtsreis, dann zum Schmuckbaum und schließlich zum Lichterbaum.

In den nördlichen Gegenden führte die Entwicklung vom Licht zum Weihnachtsleuchter, zur Lichterkrone und endlich zur mit Grünzweigen geschmückten Lichterpyramide oder zur Weihnachtskrone.

Nur in den katholischen südlichen Gebieten spielen teilweise noch heute die drei „Rauchnächte" (Christ-, Neujahrs- und Dreikönigsnacht) eine Rolle. Da werden die an Mariä Himmelfahrt (15. August) gesammelten und in den Kirchen geweihten Kräuter des „großen Frauentages" zum „Räuchern" als Schutz gegen allerhand Schadenzauber verwandt[273]. Dieser Brauch ging vom Landvolk aus und griff später erst als Sitte auf die Städter über. Zum Schutz gegen Verhexung gab der Bauer seinem Vieh von diesem geweihten „Wurzbüschel" zu fressen. Oder der Bauer ging bei eintretender Dämmerung mit der Bäuerin und dem Gesinde durchs ganze Haus, in den Stall und auf die Tenne. Die Bäuerin trug das Weihbrunnenkrügel mit der Glutpfanne, in der sich Weihrauchkräuter und „Dreißgenkräuter" befanden. Jeder Winkel und jede Ecke wurde mit Rauch und Weihwasser gesegnet und besprengt, vor allem aber die Betten, Türen und Schlafräume der Mägde. Dabei sprach der Bauer stets: „Glück ins Haus, Unglück raus!" Zum Schluß stellten sich alle in einen Kreis und empfingen vom Bauern einzeln und nacheinander den „Rauchsegen".

In den protestantischen Gebieten Norddeutschlands entstand im Anschluß an den Licht-Brauch die Sitte, mit viel Lärm, mit Schellen, Hörnerblasen, großem Geschrei und Peitschenknallen die bösen Geister zu vertreiben. Zum Lärmen und Schießen kam das Glockenläuten in der Christnacht, denn alle Gespenster mieden wie die Zwerge jeden von Menschen erzeugten Lärm. Die Geistervertreibung durch Lärm ist seit 1680 von einem Berliner Konrektor namens Grabow verbürgt[274].

Verhaßt war den Zwergen aber auch der erste Morgenschrei des Hahns[275], vor dem alle nachtfahrenden Geister weichen mußten. Er war das einzige Tier, das die Geister verscheuchte.

Von der Wirkung des Hahnenschreis wußten die Bauern und betteten den Hahn vielerorts symbolisch in ihren Weihnachtsbaumbrauch ein, indem sie ihn (aus Papier) auf die Spitze ihres Baumes setzten, wie er ähnlich in kunstvoller Schmiedearbeit auch auf protestantischen Kirchtürmen zu finden war, später als Wetterhahn.

Von den drei gefährdeten Nächten war wiederum die Neujahrsnacht am meisten bedroht, weil in ihr sämtliche bösen Geister darauf bedacht waren, den Anfang zu schädigen, wodurch das ganze kommende Jahr von ihnen geschädigt wurde. Die Bauern achteten daher ganz besonders auf einen guten Jahresanfang, weil ihm ein guter Fortgang folgen würde.

Der Eibe kam im Aberglauben besondere geisterscheuchende Kraft zu. Sie galt als Segensbaum. Trug man ein Stückchen Holz vom Eibenbaum auf dem bloßen Leib, so bewahrte seine Kraft wie kein anderes Mittel vor Hexenspuk und Schadenzauber[276]. Noch in den 70er Jahren des 19. Jahrhunderts steckten Bauern in Thüringen alljährlich am Sonntag Trinitatis (dem ersten Sonntag nach Pfingsten) Eibenzweige kreuzweise in der Küche und im Keller, in Stuben und Ställen übereinander, um Hexen den Zugang zu versperren. Von der Kraft der Eibe sprach erstmals 1520 ein niederdeutsches Kräuterbuch. 1546 stellte ein in Straßburg erschienenes Kräuterbuch von Hieronymus Bock in einem Holzschnitt die teufelbannenden Kräfte im Bild dar. Und noch im 19. Jahrhundert wurden in Westpreußen ebenfalls Eibenzweige zur Ausschmückung des Weihnachtsgebäcks benutzt, indem man etwas Eibengrün in das aus Weizenmehl hergestellte Backwerk in der Form von Lämmchen, Hasen oder Pferden steckte[277].

Der Aberglaube an die gespensterscheuchende Kraft des Immer-Grüns ging stellenweise so weit, daß Waldschäden entstanden. Dagegen schritt ein behördliches Verbot von 1525 in Salzburg ein „betreffend das Abhacken des Weihnachtsgrüns". Dieses Verbot wurde 1729 erneuert, und 1755 erließ der Bischof Sigismund von Salzburg eine Waldordnung, in der „das Holen von Weihnachts- oder Bachlboschen" verboten wurde „wegen waldnachteiliger Verhackung". Die Waldordnung enthielt aber noch einen entscheidenden Zusatz: Der Brauch von Grünem wurde ausdrücklich als Aberglaube abgetan. Diese Waldordnung lautete vollständig: „wegen waldnachteiliger Verhackung und überhin noch zu abergläubischem Gebrauch"[278].

Darin kommt eindeutig zum Ausdruck, daß der Brauch von Weihnachtsgrün ursprünglich rein heidnisch eine häusliche Sitte gegen Gespenster war und noch nichts mit dem kirchlichen Weihnachtsbaum zu tun hatte, zumal das Grün das ganze Jahr über und nicht nur zur Weihnachtszeit seinen Abwehrzauber bewahrte.

Im Unterschied zum stehenden späteren Weihnachtsbaum wurden die gespensterscheuchenden Grünzweige vorwiegend an der

Wand und an der Decke aufgehängt. Besonders dort, wo zwei Balken sich kreuzten, weil man hier den Aufenthaltsort der bösen Hausgeister vermutete. Im Erzgebirge, Egerland und in Thüringen war es bis ins 20. Jahrhundert noch Brauch, den Christbaum oder die Lichterpyramide an die Decke zu hängen[279]. Vom Brauch des hängenden Weihnachtsbaumes oder der hängenden Lichterpyramide rückten – zuerst – das reiche Bürgertum und die Adligen in dem Moment ab, als schönverzierte Stuckdecken aufkamen, in die sich nicht mehr schadlos Nägel und Haken wie in schlichte Holzdecken zum Aufhängen schlagen ließen. Beim Wechsel des hängenden zum stehenden Baum spielte demnach allein die reichverzierte Deckengestaltung eine Rolle.

Der Weihnachtsbrauch ist also kein kirchlicher, sondern ein allgemein volkstümlicher Abwehrbrauch. Die Verbindung des rein heidnischen Brauchs der Gespensterabwehr zum christlichen Brauch des Weihnachtsbaums wird erstmals aus dem Elsaß (= Ursprungsland des Weihnachtsbaums) erwähnt. Der 1605 in Straßburg aufgestellte Baum hatte allerdings noch keine Kerzen[280]. Die erste christliche Erwähnung von einem weihnachtlichen Lichterbaum stammt aus der Feder der Herzogin Liselotte von Orleans aus dem Jahre 1708 in Erinnerung an ihre Jugendzeit als pfälzische Prinzessin, doch hier ist nicht von einem Tannen-, sondern von einem Buchsbaum die Rede.

Die naturverbundenen und von ihr abhängigen Bauern wußten vom Schaden der kraft- und lichtlosen Natur, der sich in den „Zwölften" besonders konzentrierte, und sie wußten vor allem auch, daß und wie sie sich mit ihren Bräuchen dagegen wehren konnten. Ihr einfacher Gedanke dabei war: Indem man das Böse abwehrt, bleibt das Gute übrig.

Die Bauern waren sich also der Bedeutung ihrer Brauchgewohnheiten bewußt. Indem man ihnen nun aber, wie jener Halberstädter Bauer sagte, die Zwerge verjagte dadurch, daß man ihnen die Zeit für die Pflege ihrer gespensterabwehrenden Bräuche durch Mehrarbeit wegnahm, verarmte oder verdummte man sie gar gerade um dieses ihr Brauchtumswissen. Diese Verarmung geschah natürlich nicht abrupt, sondern allmählich durch Entwöhnung, sie war also eher ein Verkümmern. Aber diese Verarmung ist die letzte Stufe jener Entwicklung, die mit der Ent-eignung der

Bauern im frühen Mittelalter begann, sich in ihrer Ent-rechtung fortsetzte und schließlich in ihre Ent-machtung mündete.

Die letzte Stufe aber, die Verarmung nämlich, die Streichung der Zeit für Brauchtumspflege und damit das Verkümmern des Wissens um die Bedeutung der Bräuche überhaupt, ist zugleich eine De-Naturierung des ländlichen Lebens.

Hatte der Halberstädter Bauer gesagt, der Alte Fritz habe die Zwerge verjagt, so war damit die Zeit der Brauchtumspflege gemeint. Daß Napoleon den Spuk vertrieb, hängt natürlich mit der Revolution und der nachrevolutionären Zeit zusammen, in der die neuen Parolen von Freiheit, Gleichheit und Brüderlichkeit als letztes Ergebnis des aufgeklärten Denkens galten, und gerade diese Parolen drangen aus Frankreich per Flugblätter nicht nur in jede Stadt, sondern auch in jedes Dorf ein und veränderten das Denken. Jetzt hatte man keine Zeit mehr für Bräuche, sondern für Parolen und Ideen, man glaubte auf das Wissen über die alte Bedeutung der Bräuche verzichten zu können.

Nachdem die neuen Ersatzparolen aber selbst schal geworden waren, nachdem aus der Freiheit des aufgeklärten Citoyen wieder der gedrückte Untertan und eine neue und härtere Diktatur entstanden waren, konnte dieses alte Wissen über die Bedeutung der Bräuche nicht mehr reaktiviert werden, es war verloren; darauf wieder zurückzugreifen hätte man aus der Aufgeklärtheit heraus als rückschrittlich empfunden. Aus der Pflege der Natur, dem Auf-sie-Eingehen mit den Bräuchen wurde mit zunehmender Industrialisierung die planbare Ausbeutung der Natur, aus der Abhängigkeit von ihr die vermeintliche Beherrschung über sie. Das technische Wissen um die Naturbeherrschung mit Beginn des 19. Jahrhunderts (Industrialisierung) besetzte nun die Zeit, die die Bauern des 18. Jahrhunderts für ihre Bräuche „brauchten". Die Natur ging aber im selben Maße verloren, wie der brauchtumsbedingte Umgang mit ihr durch Aufklärung wegrationalisiert wurde.

Uns Heutigen ist inzwischen nicht nur die Kenntnis der Bedeutung der Bräuche für den Umgang mit der Natur verlorengegangen, sondern vielmehr das ursprüngliche Gespür für sie, die im Umgang mit ihr gewachsene Empfindung für sie, also eine stimmungsmäßige Offenheit.

Der Brauch des Lichts war ursprünglich nicht auf die Zwölften begrenzt, sondern das Licht wurde zur Abwehr böser Geister beim Anfang eines jeden neuen Zeitabschnittes innerhalb des Jahres benutzt (11. November: Martinstag; 13. Dezember: Lucientag; 2. Februar: Lichtmeß). Die Kirche hat die Abwehrkraft des Lichts anerkannt und es seit dem 10. Jahrhundert in die Segensformeln der Lichtmeßfeuer aufgenommen[281].

Die skeptische und ablehnende Haltung der Kirche gegenüber dem Weihnachtsbaum änderte sich erst im 18. Jahrhundert mit dem Verjagen der Zwerge, der De-Naturierung. Jetzt waren nämlich weite Kreise der Bevölkerung dazu übergegangen, den immer-grünen Baum der Weihnachtszeit mit der Geschichte von Christi Geburt gedanklich in Beziehung zu bringen[282].

Bei den Reichen des 18. und beginnenden 19. Jahrhunderts war es Sitte geworden, neben vergoldeten Erdäpfeln und Nüssen auch allerhand Tiere, Vögel und Blumen, z. B. Rosen aus rosa und weißem Seidenpapier und Lilien aus weißem Glanzpapier, Strohhalmstückchen und zu langen Ketten auf Wollfäden aufgereihte Rosetten von Buntpapier für die Ausschmückung des Weihnachtsbaumes zu verwenden und ihn symbolisch mit dem Baum im Paradies zu vergleichen. Nie allerdings wurden Eier oder Eierschalen an den Baum gehängt, was bedeutet, daß der Weihnachtsbaum niemals als Fruchtbarkeitssymbol verstanden wurde, eine rein heidnische Deutung der Eier, die ausschließlich dem Osterfest vorbehalten blieb[283].

Der lichterlose Weihnachtsbaum wurde 1755 in Berlin erwähnt, mit Lichtern geschmückt 1780. Um 1800 erschienen auch erstmals Pyramiden von Buchsbaum und Kiefergrün auf dem Berliner Weihnachtsmarkt[284]. Dies zeigt, daß sich der lichtergeschmückte Baum nicht gleich durchsetzen konnte, denn auch Schleiermacher schrieb noch 1806 in seiner Schrift „Die Weihnachtsfeier" von einem mit grünem Blattwerk geschmückten Gabentisch, ohne Lichter daran zu erwähnen.

Unbekannt war der Lichterbaum im preußischen Ostpreußen noch zufolge einer Schilderung aus dem Jahre 1808. In den Jugenderinnerungen des 1801 geborenen Bogumil Goltz wird berichtet, er habe bei seinen Großeltern einen „Tannenbaum mitten aus der Heide" gesehen, „in eine große Bütte mit nassem Sande gepflanzt, so daß der goldene Apfel auf der Spitze beinahe die Zimmerdecke anstieß"[285].

In Danzig soll der Weihnachtsbaum erst 1815 durch preußische Offiziere und Beamte eingeführt worden sein. Neben der Kiefer und Fichte wurde lange noch der Buchsbaum wegen der geringeren Brandgefahr bevorzugt.

War der Baum auch aus den einfachen Volksschichten hervorgegangen, so geschah die Verbreitung des Lichterbaumes im 18. Jahrhundert zunächst nur über die städtischen, bürgerlichen und höfischen Kreise. Am österreichischen Kaiserhof wurde 1816 der Lichterbaum eingeführt durch die Gemahlin des Erzherzogs Karl (einer geborenen Prinzessin von Nassau-Weilburg), dem Sieger von Aspern. Sie veranlaßte ihren Schwager, Kaiser Franz I., zur Übernahme des Brauches, aus dem nun bereits die Erinnerung an die alte Doppelbedeutung von Licht und Baum verschwunden war[286].

Bei der ärmeren Bevölkerung im Norden und Osten Deutschlands, von Berlin bis Breslau, Erzgebirge, in Pommern, Hamburg und Hannover überwog aber noch bis in die zwanziger Jahre des 19. Jahrhunderts hinein die Lichterpyramide mit bunten Papierschnippeln, mit Buchsbaum oder Tannengrün umwunden, Flittergold, auch Wachsfiguren und bunten Wachskerzen. Wiederum war dies ausschließlich eine Sitte des Hauses und der Familie.

Wilhelm Raabe erwähnte 1857 in seinem Roman „Die Chronik der Sperlingsgasse" die „Pyramiden von Papierschnitzeln", und Karl Holtei sprach 1861 in seinem Berliner Roman „Die Eselsfresser" gelegentlich von den „papiernen Pyramiden, wie sie hier Mode sind".

Spät wurde der Lichterbaum in den katholischen Landen Süddeutschlands eingebürgert, wo neben den Räucherungen die lichterumstellte Weihnachtskrippe üblich war. Dort fehlte lange die Aufnahmefähigkeit für ihn um so mehr, als er für eine protestantische Eigentümlichkeit angesehen wurde[287].

Die Weihnachtstanne scheint lange ein spezifisch deutsches Brauchtumssymbol gewesen zu sein, denn in Oberösterreich, Kärnten und der Steiermark war sie noch bis zu Beginn des 20. Jahrhunderts unbekannt. Sie wurde im Osten erst durch deutsche Kolonisten Ende des 19., Anfang des 20. Jahrhunderts bekannt, z. B. durch deutsche Lehrer und Geistliche in der Ukraine[288].

Ein guter Angang

Weihnachten, das jedes Jahr wie neu gefeierte Geburtsfest Christi (erstmals 354 in Rom gefeiert, 379 in Konstantinopel, 388 in Antiochien), war ursprünglich die heidnische Zeit der Wintersonnenwende, in der das Licht- und Lebensgestirn Sonne seinen Lauf zur Höhe zu nehmen begann und den Kampf gegen Kälte und Unfruchtbarkeit antrat[289]; es war der Termin des Jahresbeginns, des Neujahrs.

Es kostete auch die ärmsten Landlosen oder Leibeigenen so gut wie nichts, sich ein Weihnachtsbäumchen aus dem Wald in ihre Bude oder Scheune zu holen oder ihre aus Holzstäbchen hergestellte Pyramide aufzubauen; dabei spielte gewiß auch der Nachahmungseffekt gegenüber den reicheren Herrschaften eine beträchtliche Rolle.

Die Geldfrage war erst akut geworden, als der heidnische Brauch, sich aus Anlaß des heidnischen Jahresbeginns zu beschenken, auf den heiligen Abend übertragen wurde, denn in der Geschenkgabe lebte der alte Anfangszauber fort, wonach der, der Geschenke gab, das ganze Jahr über Geld besitzen sollte[290].

Geld besaßen aber die Gutsherren, Geld brauchten die Armen. So stammte aus dem Mittelalter der Brauch, daß hörige Bauern-Untertanen und Gesindeleute ihren Gutsherren Geschenke brachten als Zeichen des „guten Angangs"[291], d. h. des guten Beginns eines neuen Lebensabschnittes. Dem Gutsherrn etwas zu schenken bedeutete ganz prosaisch die Hoffnung, selbst zu mehr Geld zu kommen, als es im vergangenen Jahr der Fall gewesen war. Später kehrten die Gutsherren den Brauch um und beschenkten ihr Gesinde, sie erfüllten praktisch dessen Hoffnung auf mehr Geld und machten die Untertanen dadurch von sich abhängig. Sich an Weihnachten zu beschenken, wurde am preußischen Fürstenhof zur Zeit des Großen Kurfürsten um 1650 Sitte[292].

Der christlich verstandene erste Weihnachtsfeiertag war ein rein kirchliches Fest, während die zweiten und dritten Feiertage die eigentlichen Gabentage für die Dorfjugend bedeuteten. Nach dem

Frühgottesdienst liefen die Kinder auf die Dorfstraße und holten sich bei ihren Paten und Verwandten ihre Geschenke ab, das waren Patensemmel, Zuckerwerk, Wurst oder Geldgaben.

In Schlesien gehörte es zum Weihnachtsbrauch, beim Heiligabendessen für „arme Seelen" mitzudecken, und zwar ließ man drei Teller mit Opfergaben für herumziehende Seelen über Nacht stehen. Später wurden diese Gaben dem „heiligen Christ" zugedacht. In der Gegend um Glatz wurde Semmelmilchbrei für „die Engel" aufgehoben. Aber es wurde nie Brauch, arme Lebende damit zu speisen[293]. Um 1793 war es durchaus üblich, auch Tiere am Kultsegen teilnehmen zu lassen, indem man z. B. den Hühnern Hirsebrei gab, damit sie viele Eier legen sollten.

Christlicher Weihnachts- und heidnischer Fruchtbarkeitsbrauch trafen sich, wenn Bauer und Bäuerin in der Christnacht um die Obstbäume tanzten, um jeden Baum ein Seil banden und die Lieblingsbäume mit alten Kleidern behängten, denn der Aberglaube besagte, daß solche Bäume im nächsten Jahr besonders reichlich Ernte tragen würden. Oder man vergrub aus dem gleichen Grund und Zweck[294] Fischgräten des Weihnachtskarpfens bei den Obstbäumen.

Hatte ein Baum wenig Früchte getragen, ging der Hausvater mit seinem Kind in der Christnacht hinaus und bedrohte ihn zur Strafe mit einem Beil (Axt)[295]. Das Kind bat nun, den Baum nicht umzuhauen, woraufhin der Vater dem Baum eine Frist bis zum nächsten Jahr einräumte.

Ein anderer Brauch: Man legte am Weihnachtsabend Stroh unter den Tisch und band es am nächsten Tag um die Obstbäume, das sollte ihre Kraft stärken und ebenfalls reiche Ernte bringen[296].

Wer in der Christnacht zwischen elf und zwölf Uhr unbekleidet einen Faden spann (die einzige Ausnahme des strengen Spinnverbotes), ohne ihn zu benetzen und sich ihn um den Hals knüpfte, der würde das ganze Jahr von dem Gedanken befreit sein, sich aufzuhängen.

In der Silvesternacht wollte man den Schleier der Zukunft lüften und wissen, was kommen wird. Deshalb wurde Blei gegossen und aus den Bleifiguren gedeutet wie auch aus den geringelten Schalen eines abgeschälten Apfels – was billiger war als Blei. Und wenn in der Silvesternacht zwischen elf und zwölf ein verliebtes

Mädchen unbekleidet den Ofen bestieg, wurde ihm ebenfalls ein Blick in die Geheimnisse des neuen Jahres gegönnt.

Die Bauern pflegten an hohen Feiertagen ausgiebig zu speisen. Die üblichen Festtagsessen (meist Karpfen, Braten mit Grünkohl, Trockenobst aus Birnen und Pflaumen, Rosinen, Pfefferkuchen und gewürzreichem, honiggesüßtem Brot) werden in der Regel aber nur von reichen Bauern beschrieben, von Vollbauern mit 4–6 Hufen und 4–6 Pferden im Stall, die das ganze Jahr über wie Könige unter den Kleinbauern lebten, sogar zu stolz, sich mit „Bauer" anreden zu lassen. Derartige Brauchtumsbeschreibungen vermitteln somit nicht ein allgemein-typisches Bild, sondern eher die Ausnahmeerscheinung bei der zahlenmäßig geringen reichen bäuerlichen Oberschicht.

Neben dem obligatorischen Weihnachtsstriezel oder -stollen, der an Frau Holle erinnern sollte, bevorzugten sie Gerichte, die mit den heiligen Zahlen sieben und neun verbunden waren. So gab es eine sieben- und eine neunfache Schüsselfolge (Grünkohl, Wurst, Schweinefleisch, Sauerkraut, Mohnklöße oder -striezel, Karpfen, gebackene Birnen und Pilze, Butternudeln).

Aber wie bei den Armen durften auch bei den Reichen weder Erbsen- noch Hirsegerichte fehlen, wovon jeder wenigstens einen Löffel voll nahm und in die Ecke warf [297], weil damit der Aberglaube verbunden war, daß im neuen Jahr das Geld nicht ausgehen werde. Erbsen wie Hirse besaßen neben der Nährkraft hohe symbolische und über Weihnachten hinausreichende Bedeutung.

Erbsen waren das Symbol für Münzen, bedeuteten also Geld [298], und zur Advents- und Fastnachtszeit führten die jungen Leute einen Erbsenbär durchs Dorf, weil sie sich den Wachstumsgeist in Tiergestalt vorstellten und wiederum Wachstum mit Reichtum und Geld zusammenhing [299].

So sollte man Erbsen nur mittwochs und samstags säen, weil den an allen anderen Tagen gesäten Samen die Vögel holten [300]. Und in Berlin sollte man nur donnerstags Erbsen mit Speck essen, weil man an anderen Tagen Schwären bekomme [301]. Hatte einer Pockennarben im Gesicht, hieß es, auf dem habe der Teufel Erbsen gedroschen [302]. Auch war es Brauch, am Johannisfeuer Erbsen zu kochen [303]; und wer sich in der Christnacht auf ungedroschenen

Erbsen wälzte und die ausgefallenen Erbsen unter die Saaterbsen mischte, der glaubte an eine reiche Erbsenernte[304].

Von ähnlicher Bedeutung war im Aberglauben die Hirse. Sie gehörte auch zum Festtagsgericht (Fastnacht, Gründonnerstag, Weihnachten, Silvester), besonders aber bei der Hochzeit: denn das erste Gericht, das eine jungverheiratete Frau nach dem Einzug in ihr neues Heim kochen mußte, war etwas, das quillt, eben Hirse, damit der Wohlstand im Haus zunehmen solle[305].

Hirsebrei war wegen der quellenden und sättigenden Wirkung und der ständigen Hoffnung auf Geld das Alltagsessen der armen Leute. Sie aßen Hirse werktags als Suppe mit Grütze und Milch oder Wasser, sonntags ausnahmsweise auch einmal mit etwas Geflügel, und zum Nachtisch wieder Hirse mit Reis[306].

Hirse war schon bei den alten Römern und Griechen eine wichtige Nährpflanze, und sie blieb es in Deutschland, bis sie durch die Kartoffel verdrängt wurde. Da Hirse eine billige, sättigende und geldverheißende Speise war, kannte der Küchenzettel auch der Ärmeren gewisse Abwechslungen in der Zubereitung. So gab es neben Hirsewurst und Hirsebrei die Milchhirse, die man in der Gegend des Spreewaldes mit Fisch zusammen aß[307]. Die hohe rituelle Bedeutung der in Milch gekochten Hirse kam dadurch zum Ausdruck, daß beim Auftragen des Gerichts die Braut (Niederlausitz) den Brautkranz abnahm und wie im Gebet kurze Zeit stumm verharrte[308]. Die uralte Kraftnahrung Hirse durfte beim Hochzeitsessen auch deshalb nicht fehlen, weil der Verzehr von Hirse an diesem Tag als Fruchtbarkeitssymbol galt und einen reichen Kindersegen erwarten ließ.

Am Neujahrstag war es Brauch, vom üblichen Hirsebrei nach der Mahlzeit stillschweigend einen kleinen Rest in die oberen vier Ecken des Zimmers zu werfen, und zwar als Gabe für die Hausgeister[309]. Um den Stall vor dem Besuch böser Geister zu schützen, streute man Hirse, die im sandigen Boden der Mark Brandenburg gut gedieh, sich aber nicht gut zum Brotbacken eignete, auf die Türschwelle[310]. Weil Hirse so wichtig war, sollte sie auch erst nach Sonnenuntergang gesät werden, dann würde der Samen nicht von Vögeln gefressen[311].

Gravierend war die Streichung der dritten Feiertage durch Friedrich II. Die dritten Feiertage hatten meist der Pflege lustiger

Bräuche gedient. Am dritten Weihnachtsfeiertag trafen sich die Gesindemädchen in der Spinnstube, nicht um zu arbeiten, sondern sie saßen lustig beisammen und warteten, bis die Burschen an die Tür klopften und sie in die Dorfkneipe zum Tanzen und Trinken aufforderten. Am dritten Ostertag war es üblich, rot gefärbte Ostereier auf der Erde vor und in die Kirche zu rollen. Wer als erster mit einem heil gebliebenen Ei ankam, hatte gewonnen, sein Ei wurde gesegnet[312]. Auch Ballspiele waren weit verbreitet. Es war übrigens nicht üblich, am 2. und 3. Osterfeiertag Verträge oder sonstige Vereinbarungen zu schließen[313].

Am dritten Pfingstfeiertag tanzten die jungen Leute, und eine besondere Attraktion war es, wenn dabei ein als Bär oder Schimmel verkleideter Bursche auftrat[314]; oder es war auch Brauch, an diesem Tag zum Dorfanger zu laufen, wo ein Maibusch aufgestellt war, an dem bunte Tücher flatterten. Die Burschen rannten, angefeuert von den Mägden, um die Wette, aber nicht der erste, sondern der letzte hatte gewonnen. Danach wurde der Brauch umgedreht und die Mägde rannten zu einem ähnlichen Busch, bei dem ein Lamm stand. Auch hier gewann die letzte. Die Gewinner, der letzte Bursche und das letzte Mädchen, wurden daraufhin auf eine Tragbahre gesetzt und unter Spott und Gelächter ins Dorf zurückgetragen[315]. In manchen Gegenden wurden auch ein Maikönig und eine Maikönigin gewählt und durch die Fluren geführt.

Noch um 1800 war es in schlesischen Dörfern üblich, Pferde einzureiten und das Reitzeug zu putzen. Am Pfingstdienstag begann schon frühmorgens das Wettrennen der Bauernsöhne und Großknechte zu der blumengeschmückten Maistange. Wer zuerst ankam, wurde Pfingstkönig, dessen Anweisungen an diesem Tag alle befolgen mußten. Der schlechteste Reiter hieß „Rauchfieß". Während der Pfingstkönig auf den Maibaum kletterte, um sich den Maienkranz zu holen, mußte der „Rauchfieß" in die nächste Dorfkneipe eilen, 30 paratstehende Semmeln anbeißen und 4 Flaschen Kornbranntwein antrinken. Nach dem Kirchgang ritt ein stattlicher Zug Bauernjungen durch das Dorf, der blumengeschmückte Pfingstkönig voran, der „Rauchfieß" als letzter, mit umgedrehten Kleidern. Vor jedem Haus hielt der Zug, zwei Wächter zerrten den „Rauchfieß" in das Haus, wo er von der Hausfrau einen Beitrag zur Bartseife erbetteln mußte[316].

In mehreren Orten der Altmark wurden entweder 14 Tage vor Ostern oder am dritten Ostertag nach Anweisung des Schulzen die Pfingstwiesen abgesteckt, dann durften die Schafe bis Pfingsten nicht mehr darauf weiden. An Pfingsten fand dann zuerst ein Wettlauf zu Fuß statt; wer siegte, wurde König, der letzte mußte die Teerlappen tragen, womit die Peitschen geschmiert wurden. Danach fand ein Wettreiten statt, wobei der „Läuferkönig" den Ehrenplatz als erster in der Reihe erhielt. Fiel einer bei diesem Wettreiten vom Pferd, mußte er die Teerlappen tragen.

Pfingstdienstag fanden vielerorts auch Vogelschießen statt. Wer den letzten Vogel abschoß, wurde König und erhielt einen geschmückten Hut, den er beim abendlichen Tanzvergnügen trug und bis zum nächsten Jahr behalten durfte.

In vielen Gegenden hatten sich Schützengilden gebildet, so in Berlin, Königsberg, in der Mark, die ebenfalls ein Vogelschießen veranstalteten. Scheibenschießen war sehr beliebt. Der Schützenkönig nagelte die Scheibe an seinen Dachgiebel.

Eine weitverzweigte Sitte (z. B. in der Uckermark, in Mecklenburg, in der Altmark, in Ostfriesland) war es, so früh als möglich die Kühe auszutreiben. Jede Magd bemühte sich, die erste zu sein. Kehrten abends die Kühe heim, band der Hirt der erstausgetriebenen Kuh einen Maibusch an den Schweif, der letztausgetriebenen einen Kranz an die Hörner. Man nannte sie je nach Gegend Daufäjer und bunte Kuh oder Pfingstkärel und Dauschlöpper.

Allgemein herrschte der Brauch, zu Pfingsten die Häuser mit Maibüschen zu schmücken, Kalmus und Blumen vors Haus zu streuen [317].

Feiertagsbräuche

Gelegentlich schon in der Vorweihnachtszeit (Martini) und vor allem in der ausgiebig gefeierten Fastnachtszeit spielten der Schimmelreiter und der Erbsenbär eine große Rolle. Beide, Schimmelreiter und Bär, trieben symbolisch und mit dämonenscheuchenden Geräuschen den fliehenden Winter vor sich her. Man nannte das auch „Judasaustreiben" [318].

Der Schimmelreiter wurde verschieden dargestellt: zwischen zwei Knechten befand sich eine Leiter, um die Strohwische und ein Roßhaarschweif gewickelt waren. Auf den Rumpf kam ein Pferdekopfgestell, alles noch mit grauen Rapstüchern behangen, und so wurde der „Schimmel" von einem anderen Knecht an der Kette durchs Dorf geführt.

Oder man nahm keine Leiter, sondern kostümierte einen Knecht mit Pferdekopfgestell und hängte ihn mit weißen Tüchern ab, wobei man auf Rücken und Brust des Knechts mehrere mit einem Leintuch bedeckte Siebränder band[319]. Der Hals des Schimmels wurde aus einem ausgestopften Frauenstrumpf gebildet.

Dem Schimmel bzw. dem Bär folgte eine bucklige Gabensammlerin (ebenfalls ein verkleideter Knecht) mit einem Korb in der Hand. Bis in den Abend hinein folgten viele Knechte und Mägde in fröhlicher Stimmung dem Fastnachtszug, ließen ihre Peitschen knallen, gingen in die Höfe und ließen sich mit Gaben beschenken, meist süßem Gebäck. Anschließend folgte ein ausgelassenes Tanzvergnügen.

Beide Figuren gehörten unbedingt zu den Fastnachtsumzügen, wobei der Schimmelreiter in verschiedenen lokalen Abwandlungen häufiger vorkam als der Erbsenbär. Er war in vielen Gegenden Norddeutschlands, bei den Wenden und bis nach Thüringen verbreitet.

Während man im Schimmelreiter eine Winterdämonen scheuchende Kraft sah, bedeutete der Erbsenbär mehr ein Fruchtbarkeitssymbol für das kommende Frühjahr. Denn Erbsen waren das Symbol für Saat- und Erntereichtum, also für bare Münzen.

Aus Stroh gefertigte Puppen symbolisierten alles Böse schlechthin: Krankheit, Mißwuchs, Sterben von Mensch und Vieh. Um das Unheil abzuwenden, trug man am Sonntag Laetare (= 4. Fastensonntag) eine Strohpuppe aus dem Dorf und der eigenen Flur hinaus und warf sie auf eine benachbarte Feldmark, um dort das Böse abzuladen. Die Nachbardörfler wehrten sich dagegen, warfen die Strohpuppe zurück, es kam deshalb oft zu Schlägereien, bis man den „Tod" (man nannte diesen Brauch auch „Todaustreiben", „Wintervertreiben") in einen Bach warf oder verbrannte[320].

Katholisch war der Brauch, am Palmsonntag Palmen, meist Weidenkätzchen, weihen zu lassen als Schutz gegen Behexung und Gewitter. Man steckte die geweihten Palmsträucher hinter Heiligenbilder, Fenster oder Spiegel, räucherte mit ihnen den Stall aus, wiederum, um das Böse zu vertreiben. Man steckte sie auf frisch bestellte Äcker, um die Saat vor Hagel, Unwetter und Mäusen zu schützen.

Im Osterfest vereinten sich heidnische und christliche Brauchsitten. Ostern ist ein altes germanisches Lenzfest, an dem der Göttin Ostara Gaben gebracht wurden, vor allem Ostereier, das Symbol der Fruchtbarkeit[321]. Nach altem deutschen Volksglauben machte die Sonne an Ostern beim Aufgehen drei Freudensprünge, deshalb eilten frühmorgens die Bauern auf den nächstgelegenen Hügel, um das Springen der Sonne, das mehr ein Flimmern war, zu sehen.

In manchen Gegenden schlichen junge Mädchen in der Nacht von Samstag auf Ostersonntag bei Mondenschein zu einem fließenden Gewässer, um gegen den Strom Osterwasser zu schöpfen. Diesem Wasser wurden besondere Segens- und Abwehrkräfte zugeschrieben[322]. Es galt als heilkräftig und schützte gegen Sommersprossen und Ausschlag. Auf dem Weg zum und vom Gewässer durfte kein Wort gesprochen werden, da sonst die heilkräftige Wirkung verlorenging. So machten sich die Burschen einen Scherz daraus, den Mädchen aufzulauern, sie zu necken, damit sie das Wasser verschütteten und zu schimpfen begannen.

Der zunehmende Mond galt allgemein als Zeit des Heiratens und Säens, als Beginn aller wichtigen Unternehmungen[323]. Alles, was man bei zunehmendem Mond vornahm, geriet wohl, und der Vollmond brachte alles im vollen, während Dinge, die bei abnehmendem Mond begonnen wurden, mißrieten. Gegen Krankheiten bestimmte Getränke mußten aber bei abnehmendem Mond eingenommen werden, dann nahm auch die Krankheit ab[324].

In Mecklenburg holten die Mägde entweder in der Frühe des Ostersonntags das Osterwasser, oder sie breiteten am Abend vorher ein Linnen im Garten aus und wuschen sich andern morgens mit dem Tau, Regen oder Schnee, der darauf gefallen war. Dies schützte sie das ganze Jahr vor Krankheit[325].

Die Angst vor Krankheit war nach den verheerenden Pestzeiten begreiflicherweise sehr groß. Bei einer besonderen Pestart mußten die Menschen immer niesen und gähnen, bis sie tot niederfielen. Am schlimmsten wütete sie als „Schwarzer Tod" in den Jahren 1347 bis 1350, wo z. B. 1348 die Jugend von Erfurt unter Lachen und Händeklatschen starb.

Wer diese ersten Krankheitszeichen, Niesen und Gähnen, an sich wahrnahm, machte über seinem Mund das Kreuz. Diese Geste war noch häufig bis in die Mitte des 20. Jahrhunderts hinein beim Niesen und Gähnen der Brauch in Südwestfalen und in Luxemburg. Später wurde aus dem Kreuzzeichen die leichte Handbewegung und aus dem „Gott helf" „Prosit"[326].

Buntgefärbte oder bemalte Eier waren bereits in der Antike bekannt, sie dienten zu magischen Zwecken, und im indogermanischen Kulturbereich fand man sie als Grabbeigaben. Vom 16. Jahrhundert an wurde es in Deutschland Brauch, Eier, die als Geschenk gedacht waren, zu färben. Das Ei hatte von der Frühzeit an die Bedeutung von lebenschaffender und somit auch lebenbergender Potenz. Schenkte man ein Ei, so war damit der Wunsch nach Steigerung der Lebenskraft verbunden.

In diesem Brauch spielte der alte Fruchtbarkeitszauber eine Rolle, der besonders auf Frauen zutraf[327]. Der an das Ei gebundene Brauch verzweigte sich vielfach, etwa in das Eierlesen oder Eiertanzen zur Osterzeit, und war über ganz Deutschland verbreitet, einschließlich Schlesien und der Schweiz. Z. B. drangen am frühen Ostermorgen die Burschen in die Häuser ein und suchten junge Mädchen und Frauen auf, um sie mit einer mit bunten Schleifen geschmückten Weidenrute, der „Lebensrute", zu schlagen, d. h. die Langschläferinnen aufzuwecken und zu strafen. Der „Loskauf" der Frauen und Mädchen bestand im Geschenk von Eiern, erst danach sollte der Zauber zu seiner Wirkung kommen. Von der Kirche wurde das Ei zum Auferstehungssymbol umgedeutet. Seit dem 13. Jahrhundert wurde es als Zehnt an die Kirche und als Zins an die Herrschaft abgegeben. Man sprach daher von Zinseiern.

In der Walpurgisnacht (30. April/1. Mai) ritten die Hexen auf Besenstielen zum Hexensabbat auf den Blocksberg[328]. Deshalb versteckten die Bauern alle Besen und zeichneten zum Schutz vor den Hexen drei Kreuze über Haus- und Stalltüren. Das einfache und leicht zu handhabende Arbeitsgerät wie der Besen besaß eine erhöhte Brauchtums-Bedeutung, z. B. beim Umgang mit Zwergen. Denn verärgerte Zwerge konnten durchaus boshaft reagieren, indem sie Menschenmüttern ihre eigenen häßlichen Zwergenkinder in die Wiege legten und dafür deren wohlgeratene Menschenkinder stahlen (Wechselbalg). Entdeckte der Bauer das üble Tauschgeschäft, so durfte er nicht mit den Händen nach dem Wechselbalg greifen und ihn hinauswerfen, sondern er mußte die Wiege umkehren, so daß er von selbst hinausfiel. Dann nahm er einen alten Besen und fegte ihn zur Tür hinaus. Dort holten ihn die Zwerge wieder ab und brachten das Bauernkind dafür zurück. Kannte der Bauer diesen Brauch nicht, so zog er unweigerlich ein häßliches, kleinwüchsiges Kind groß.

Der Besen-Aberglaube hatte eine weltweite Verbreitung. Er ist nachweisbar im griechisch-römischen Altertum, in China und Japan – wo sich fast Zug um Zug Entsprechungen zum europäischen Aberglauben herstellen lassen. Auffällige Ähnlichkeiten finden sich auch in Indien, Indonesien, im Kongogebiet und bei den Negern Jamaikas [329].

Das Material für den Besen war im deutschen Volksgebiet in erster Linie die Birkenrute (Birkengrün nahm man üblicherweise auch für die „Lebensrute"), doch wurden ebenso die Buche und die Tanne verwendet (dies vornehmlich in Mecklenburg und in der Schweiz) [330].

Dem Besen sprach man also magische Kräfte zu. An Himmelfahrt z. B. zogen die Bauern einen Besen hinter sich her, um Krankheitsdämone aus ihrem Bannkreis zu verscheuchen [331]. Der Besen schützte allemal vor Hexen [332] das ganze Jahr über (besonders bei der Hochzeit), sofern er in den „Zwölften" gebunden worden war.

Das Pfingstfest, ein scheinbar rein christliches Fest zum Gedenken an die Ankunft des Heiligen Geistes, sieben Wochen nach Ostern gefeiert, brachte die Birke zu Ehren; die Birke galt aber heidnisch als Götterbaum und war dem Gott Donar geweiht und geheiligt. Sie war der erste Baum, der im Frühjahr Blattschmuck anlegte [333].

Das Pfingstfest hing eng mit dem bäuerlichen Brauchtum zusammen [334]. In Schlesien war es z. B. üblich, dem letztverheirateten Paar eine „Maie" zu setzen und sie bis zur Geburt des ersten Kindes stehen zu lassen, denn die Kraft des Maibaumes sollte der wachsenden menschlichen Familie zuteil werden.

Pfingsten war aber auch die Zeit des Viehaustriebes. Beim Almauftrieb wurde der Leitstier mit einem Blumenstrauß geschmückt und herausgeputzt „wie ein Pfingstochse" [335].

Feuerbräuche hatten befruchtende und reinigende, Übel abwehrende Kraft[336]. Osterfeuer, Flammenspringen, Osterreiten oder Kreuzreiten waren weitverbreitete Bräuche, um die Saat zu schützen. Sie wiederholten sich auch im Brauch des Johannisfeuers (24. 6.). Das Johannisfest gehörte zu den höchsten christlichen Festtagen. Auch dieser Tag wurde als Festtag gestrichen.

In ganz Europa herrschte der Glaube, daß in der Johannisnacht alle Kräuter und Wurzeln heilkräftig seien. Man sammelte sie und flocht aus neunerlei Sorten einen Kranz, den man durchs Fenster in die Stube warf, ihn in der Mitte der Stube aufhängte, damit er sich das ganze Jahr über drehen konnte und gegen verschiedenste Krankheiten seine Wirkung haben sollte[337].

An Johanni des nächsten Jahres wurde der alte Kranz abgenommen, verbrannt, mit seinem Rauch das Vieh beräuchert, um es vor Krankheit und Unglück zu schützen, und der neu geflochtene Kranz an die Stubendecke gehängt.

Als besonders heilkräftig galten das Johanniskraut (Hartheu), das wilde Löwenmaul, Zymbelkraut, Sumpfgarbe (= Beschreikraut), Waldkreuzkraut, Schreckkraut und Holunder.

Es war auch am Johannisabend üblich, kleine Kränze aus Rosen oder Feld- und Wiesenblumen zu flechten und über Hoftore und Stalltüren zu hängen, um das Eindringen böser Geister zu verhindern[338]. In der Johannisnacht blüht das Farnkraut. Seine Blüte verlieh die Gabe, die Sprache der Tiere zu verstehen. Zerrieb man das Kraut und streute es aus, so vertrieb es die Kröten. In der Oberlausitz trugen Erwachsene an Johanni Beifußzweige auf dem Kopf, so blieben sie das ganze Jahr über von Kopfweh verschont.

In dieser Nacht wurden auch gegen Gicht helfende Nußbaumblätter gepflückt. Jungfrauen sollten nach Alraunwurzeln graben, um zu erfahren, ob ihre Liebessehnsucht bald in Erfüllung gehen werde.

Die Johannisfeier war ursprünglich das germanische Fest der Sommer-Sonnenwende. Auf den Feuerball Sonne deutete das Feuerrad zurück, das einen Berg hinabgerollt wurde; die Jugend sprang dann über das brennende Rad hinweg. Der alte Aberglaube besagt, daß ein junges Paar, das gemeinsam über die brennenden Scheite springe, eine glückliche und kinderreiche Ehe führen werde. Ein einfacher und billiger Brauch also, den sich arme Leute nicht gern entgehen ließen. Auch das Vieh jagten die Bauern durch die Glut, um es vor Krankheiten zu schützen. Dasselbe erhoffte sich die Mutter, wenn sie mit ihrem Kind durch den Rauch sprang mit der zusätzlichen Absicht, den Hexenzauber zu brechen[339].

Saat und Ernte waren die beiden rein naturbedingten Hoch-Zeiten im ländlichen Lebenskreislauf. Ein bedeutsamer Grund für den Bauern, selbst die Feldarbeit zu verrichten, die sonst reine Gesindearbeit war: Das Säen. Dabei warf er das Saatgut möglichst hoch, eine Geste, die bedeutete, daß die Fruchthalme ebenso hoch wachsen sollten. Diese Säarbeit nahm der Vollbauer zum Zeichen der Ehrfurcht barhäuptig vor und in bedächtigem Schritt durchmaß er die Ackerfurchen. Das Säen war eine heilige Handlung, weil die Natur zum Wachsen und Gedeihen aufgefordert wurde. Von nun an galt seine direkte Abhängigkeit von ihr. Nach beendeter Feldbestellung erfolgte der Flurumgang, wiederum ein feierlicher Brauch, der auf vorchristliche Zeit zurückging.

In Brandenburg säte der Bauer Hirse und Weizen aus der Mütze eines Verstorbenen, um Sperlinge abzuwehren[340]. An Mariä Verkündigung (25. 3.) wurde Flachs gesät, in einigen Gegenden auch an Gründonnerstag, weil er dann gut gedieh.

Dabei wurden Stäbe in die Erde gesteckt. So hoch sie waren, sollte der Flachs wachsen[341]. Dem Sämann steckte man auch zwei Eier in die Tasche, die er auf dem Feld essen und die Schale aufs Feld werfen mußte, damit der Flachs gut gedieh[342]. Beim Hafersäen warf man einige Äpfel voraus aus dem gleichen Grund[343]. Um die Saatfelder vor schädlichen Einwirkungen böser Geister zu bewahren, veranstalteten die katholischen Wenden am Markustag (25. 4.), am Tag davor und am Tag danach, also drei Tage lang, Flurprozessionen unter Teilnahme des Pfarrers, bei denen vier Kirchenfahnen vorausgetragen wurden[344]. Dabei wurde um Gottes Schutz für die Saat gebetet.

Der Jahreszyklus gipfelte im Herbst, in der Zeit der Ernte, der Kirchweihfeste, der Kirmes. In dieser Zeit erfüllte sich die Arbeit der Bauern, nun brachten sie den Erfolg oder Mißerfolg ihres Fleißes in die Scheunen, um den Winter über davon zu zehren.

Am Jakobustag (25. 7.) wurde gewöhnlich das erste Korn geschnitten. Dieser Tag wurde daher als besonders segenbringend angesehen. Wie bei der Aussaat arbeitete der Bauer nun höchstpersönlich, indem er das erste Korn mähte. Am Abend überreichten ihm die Gesindeleute einen Strauß aus Feldblumen.

Die Erntefeste gingen meist von Montag bis Donnerstag, in Schlesien dauerten sie volle acht Tage[345]. 1703 wurde das Erntefest (noch unter österreichischer Regierung) zeitlich verkürzt und auf den Mittwoch gelegt, sehr zum Protest der Bauern, denn sie wollten nicht hinnehmen, „daß man uns die Kirmes nimmt und der Freudentage weniger machet"[346]. Kirmes war das fröhlichste Fest im Jahr, denn Küche und Keller waren des Segens der Natur, Gottes und der Geister voll. Reichliches Essen, Trinken, Tanzen und Singen gehörte zum Brauch. Die Kuhjungen knallten mit ihren Peitschen von Haus zu Haus und baten um Kuchen.

Von hoher Bedeutung war der St. Michaelstag (29. 9.). In der letzten Septemberwoche beginnt die Epoche der Tag- und Nachtgleiche. Im sog. „Äquinoktium" halten sich Tag und Nacht die Waage. Aber das Licht schwindet, die Finsternis wächst. Auf den Weltmeeren beginnen die gefürchteten Herbststürme, dringen ins Binnenland und fegen durch die Wälder. In der Offenbarung Johannis, Kap. 12, wird von einem gewaltigen jenseitigen geistigen Ringen erzählt. Die bösen Mächte, die alles hassen, was gut und schön und wahr aus Gottes Händen kam, sind entschlossen, in einem letzten Einsatz alles zu wagen, bis zum letzten Gefecht.

Viele Jungen trugen den Namen des Erzengels Michael (bis heute), viele Kirchen und Kapellen waren ihm geweiht. Und als die deutschen Ritterheere ostwärts zogen, flatterte ihnen die Standarte mit dem Bild Michaels voran. Vermutlich stammt aus dieser Zeit auch die später zum Spottnamen gewordene Bezeichnung „Deutscher Michel". Später war der Michaelistag der Zeitpunkt des Schuljahreswechsels, es gab „Michaelis-Zeugnisse" und „Michaelis-Ferien".

Nach Michaelis begannen dann auch gewöhnlich die Erntefeste. Sie bargen wiederum uralte Bräuche mythischen Inhalts und weitverbürgter Herkunft. Dazu gehörte auch der Brauch, den Gutsherrn, wenn er aufs Feld kam, um die Erntearbeiten zu überwachen, mit einem Strick aus Stroh zu fesseln. Er konnte sich nur lösen, wenn er Bier oder Branntwein spendierte, vorausgesetzt, das menschliche Verhältnis Gutsherr–Untertan war das Jahr über intakt geblieben.

Diesem Binden und Lösen des Gutsherrn lag ein alter Zauber zugrunde, der aus dem antiken wie aus dem germanischen Kultbereich überliefert ist. Danach soll durch das Binden oder Fesseln mit Stroh die Vegetationskraft der Erntegabe auf den Herrn übertragen werden. Nach anderer Deutung soll der mit dem geschnittenen Korn entweichende Fruchtbarkeitsdämon festgehalten werden; das gefesselte Opfer sollte nach altem Brauch getötet werden und konnte sich nur dadurch retten, daß es sich „löste", das hieß nun: etwas spendierte.

Von allen Früchten des Feldes und des Gartens wurde etwas vor dem Kirchenaltar als Dankesgabe für den Segen, den Gott und die Natur dem Wachstum hatten zuteil werden lassen, niedergelegt. Gemeinsam mit dem Gutsherrn sangen Bauern und Gesinde das Kirchenlied: „Nun danket alle Gott", ein allgemein gebräuchliches Dankeslied, das z. B. auch nach der Fertigstellung eines Baues unter dem Richtkranz oder -kreuz gesungen wurde, das auch die preußischen Soldaten nach der siegreichen Schlacht bei Leuthen (5. 12. 1757) anstimmten und das unter der Bezeichnung „Choral von Leuthen" in die Geschichte einging.

Eine ganz besondere Rolle spielte „die letzte Garbe". Sie wurde mit Feldblumen, flatternden Bändern und mit Flitterwerk geschmückt und in feierlichem Zug mit Liedern auf den herrschaftlichen Gutshof gefahren[347]. Dem Zug voran tänzelten Frauen und Mädchen mit dem Erntekranz, danach folgten die Schnitter mit geschulterter Sense und das ganze Gesinde.

Nach dem Aberglauben zog sich in die letzte Garbe der alte Vegetationsgeist zurück. Sie hieß allgemein „der" oder „die" Alte[348]. Sie genoß eine besondere Verehrung, weil sie, ins Haus gebracht, allen seinen Bewohnern Segen und Fruchtbarkeit bringen würde[349].

Mit der letzten Garbe auf dem Erntewagen wurde auch die Roggenmuhme eingefahren und in der Scheune bis zur nächsten Saatzeit aufbewahrt[350]. Der Gutsherr und seine Frau empfingen die letzte Ähre mit dem letzten Erntewagen vor dem Gutshof, wo kleinere Happen zur Bewirtung gereicht wurden – wiederum ein intaktes gegenseitiges Auskommen vorausgesetzt. In diesem Fall pflegte der Gutsherr den Erntetanz mit der Vorschnitterin zu eröffnen, danach der Vormäher mit der Gutsherrin.

Den Vegetationsgeist dachte man sich in der Gestalt eines Tieres, meist eines Hahns. In ganz Deutschland war es Brauch, einen Hahn zu töten. Damit sollte der alte Wachstumsgeist getötet werden, damit seine Altersschwäche sich nicht auf das Wachsen der Natur im nächsten Frühjahr übertrug [351].

Als Beginn des Winters galt der Martinstag (11. 11.). Dieser Tag war in mehrfacher Hinsicht für die Bauern von wichtiger Bedeutung: Üblicherweise wechselte dann der Gutsherr das Gesinde, was für viele Mägde und Knechte einen Lebenseinschnitt bedeutete. Nun begann für Zehnjährige der Zwangsdienst auf dem Gutshof, d. h. das Arbeitsleben ergriff sie, aus dem sie bei geringster Bezahlung oft jahrelang nicht mehr frei wurden. Die ganze Härte der Fronarbeit oder gar Leibeigenschaft erfaßte sie und zwang ihnen ein Leben auf, das nach heutigem Ermessen kaum als lebenswürdig, gar lebenswert bezeichnet werden kann. Daß mit dem zehnten Lebensjahr im preußischen Staat unter Friedrich Wilhelm I. und Friedrich II. auch die „Enrollierung" und damit die Verfügbarkeit für den Heeresdienst begann, wird unten beschrieben.

Am Martinstag mußte weiterhin das fällige Zinsgetreide abgeliefert werden, die Spinnarbeit in den Spinnstuben setzte ein und die Bäuerin ging ans Gänseschlachten („Martinsgans") [352].

Martinstag und Martinsgans gingen nach christlicher Überlieferung auf den Heiligen Martin zurück, der sich in einem Gänsestall verborgen haben soll, als man ihm die Bischofswürde übertragen wollte. Aber das Gänsegeschnatter verriet ihn, und so mußte er trotz Demut und Bescheidenheit doch den Bischofsstuhl einnehmen [353].

Schweine wurden zwar mehrmals im Jahr geschlachtet, aber nach alter Sitte wurde das Schlachten um die Zeit des Martinstages besonders gefeiert. Der Bauer gestaltete eine Familienfeier, lud Verwandte und Bekannte ein und bewirtete sie mit Schlachtessen, Wurstsuppe, Grieben- und Leberwürsten, Brot und Umtrunk. Er entfaltete im Besitz voller Scheunen und zum Abschluß des Wirtschaftsjahres ein Wohlleben, wie es über den Tag hinaus anhalten sollte.

In heidnischer Zeit wurde zu Beginn des langen germanischen Winters nicht ein Schwein, sondern ein Zuchteber unter Anwesenheit der ganzen Sippe zu Opfer und Mahl geschlachtet[354].

Ein rein germanisch-heidnischer Brauch lebte vor dem Andreastag (30. 11.) auf. Nun öffnete sich nämlich dem Abergläubischen der Blick in die Zukunft. Man benutzte dazu das „Losorakel", d. h. aus Latschenwerfen, Tellerheben, Bleigießen, Türhorchen, Schütteln des Grenzzaunes oder aus dem Werfen von Apfelschalen deutete man das kommende Schicksal heraus, das sich in christlicher Zeit an diesem Abend aber auch enthüllen konnte, wenn man vor dem Einschlafen den hl. Andreas, Bruder von Petrus, im Gebet anrief[355]. Bei den Germanen war der Andreastag ein wichtiger Zahlungstermin.

Bäuerliche Wetterregeln

Vom Wetter sind zwar alle Menschen gleichermaßen abhängig, ganz besonders aber der Bauer, weil von Wetter und Witterung sein täglicher Umgang mit der Natur bestimmt wird. Ihm sind Feldarbeit und Ernte anvertraut und ausgeliefert, weshalb keiner so wie der Bauer das Wetter und die Vorgänge am Himmel beobachten muß, um davon zu profitieren oder sich davor zu schützen.

Deshalb nahmen Wetterregeln, Vorhersagen aus Vorgängen am Himmel und auf der Erde einen breiten Raum im bäuerlichen Alltagsleben ein. Bestätigten sich gewisse Folgeerscheinungen aus gewissen Andeutungen, so wurden leicht Regeln daraus, die über den Tag hinaus Geltung beanspruchten; insofern konnte der Bauer sich auf Prognosen verlassen.

Die Bauern mußten daher Wetterveränderungen sehr genau beobachten, um daraus Regeln abzuleiten, und meist waren sie tatsächlich imstande, Naturerscheinungen sehr präzise und ausgiebig zu erkunden, auch mündlich zu beschreiben. Dabei darf nicht übersehen werden, daß bäuerliche Prognosen jeweils nur für eine bestimmte Gegend galten und der Schluß von Naturvorgängen auf Auswirkungen nicht ohne weiteres auf andere Gegenden übertragbar oder gar zu verallgemeinern waren.

Erste Aufzeichnungen über den Wetterverlauf und seine Auswirkungen auf Pflanzen und Tiere stammten von Abt Mauritius

Knauer aus dem Kloster Langenheim bei Bamberg, der zwischen 1652 und 1658 Buch führte und dabei zu der irrigen Meinung kam, das Wetter würde sich nach Ablauf des siebenjährigen Planetenzyklus wiederholen. Aus seinen Aufzeichnungen entstand der legendäre Hundertjährige Kalender, der in dem Moment an Glaubwürdigkeit verloren hatte, als feststand, daß das Klima sich nicht nach der Stellung der Planeten richtete.

Von den vielen bäuerlichen Wetterprognosen, die alle auf Erfahrung beruhen, seien nur einige genannt. Sie haben nichts mit Aberglaube zu tun, sondern bringen eher den praktischen Umgang mit der Natur zum Ausdruck: Ein Regenbogen am Vormittag läßt schlechtes Wetter erwarten; Abendrot ist dagegen ein sicheres Vorzeichen für schönes Wetter am nächsten Tag; Abendrot fällt in den Kot, Morgenrot bäckt hartes Brot; stellt sich Nebel erst nach Sonnenaufgang ein, ist gutes Wetter für zwei und mehr Tage zu erwarten; beginnt es mittags zu regnen, so dauert der Regen fast niemals lang; besonders starker Regen am Morgen deutet auf gutes Wetter; schneit es nachts ausgedehnt, steht Tauwetter in Aussicht; gute Fernsicht am Morgen läßt Regen erwarten; wenn Steinmauern im Winter schwitzen, ist wärmeres Wetter zu erwarten; wenn Salz feucht wird, Wurst oder Speck schwitzen, steht regnerisches Wetter bevor; Erdbeeren und Fuchsien zeigen kommenden Regen an, wenn sich Tautropfen an den Blatträndern bilden.

Derart eng mit der Natur verbunden sind die meisten Bauernregeln, die die Bauernarbeit das Jahr über ordnen. Wetter- oder Himmelszeichen sagten ihm, was er von der Ernte zu erhoffen hatte[356] und wie er seine Arbeit einteilen mußte.

Vom Wetter an St. Michael (29. 9.) deutete man den Verlauf der nächsten Herbstwochen. Wenn es am Michaelstag warm sei, müsse man mit einem sonnigen Herbst und einem kalten Winter mit dicken Eiszapfen rechnen.

Bauernregeln sind als Bauernweisheiten oft in kurze Merkverse zusammengefaßt und eindeutige, sozusagen praktische Anleitungen.

Anknüpfend an den Martinstag (11. 11.) besagte eine Regel: Aus dem Brustbein der Martinsgans, gegen das Licht gehalten, könne man schließen, wie der Winter werde: weiße Flecken deuteten auf Schnee, braune (seltener: rote) auf Frost und Kälte, und zwar so, daß der vordere (am Hals) bzw. der hintere Teil des Brustbeins die Winterzeit vor bzw. nach Weihnachten bezeichne. Im Reim ausgedrückt:

„Ist's Brustbein der Gans braun,
Wirst du viel Kälte schaun,
Ist's aber weiß,
Viel Schnee und Eis." [357]

Es hieß (z. B. in Schlesien): Wenn am Heiligen Abend viele Sterne am Himmel stehen, gibt es im nächsten Jahr viele Eier. Wie sich die Witterung vom Christtag bis Heilig Dreikönig verhält/so ist das ganze Jahr bestellt; Weihnachten im Schnee/Ostern im Klee.

Aus der Witterung jeder der zwölf heiligen Nächte wurde in ganz Europa auf die Witterung der zwölf kommenden Monate geschlossen (in England seit 1120, in Deutschland frühestens seit 1468 erwähnt).

Wenn's an Lichtmeß stürmt und schneit/ist das Frühjahr nicht mehr weit; soviel im März die Nebel streichen/soviel sich im Sommer Gewitter zeigen; regnets am Siebenschläfertag (27. 6.)/der Regen sieben Wochen nicht weichen mag.

Aus dem Anfang der Hundstage (23. 7. bis 23. 8.) folgerte man: Wie die Hundstage beginnen/verweilen sie und ziehen so von hinnen; Sankt Elisabeth (19. 11.) sagt an/was der Winter für ein Mann.

Auch aus dem Verhalten von Pflanzen und Tieren verstand der Bauer Hinweise zu lesen, etwa: wenn die Herbstzeitlose ihre Wurzeln nicht sehr tief in den Boden treibt, kommt ein milder Winter, treibt sie sie aber 60 cm tiefer, so wird der kommende Winter sehr kalt; ebenso soll der Winter kalt werden, wenn die Ameisenhaufen und Maulwurfhügel im Herbst besonders große Höhen erreichen; kehren die Bienen abends sehr früh in den Stock zurück, so wird das schöne Wetter anhalten, bleiben sie aber abends lange aus, ist schlechtes Wetter zu erwarten; graben sich Engerlinge dicht unter der Erdoberfläche ein, zeigen sie einen milden Winter an; tagsüber quakende Frösche künden schlechtes Wetter an, quaken sie aber nachts, wird das Wetter schön; abends fliegende Mistkäfer galten als besonders zuverlässige Vorboten für schönes Wetter; kommen Regenwürmer an die Erdoberfläche oder schreien Pfaue in der Nacht, gibt es Regen; auch weidende Kühe galten als Wetterpropheten: fressen sie abends auf der Weide besonders gierig, wird es am nächsten Tag regnen; behalten im Spätherbst die Wiesel lange Zeit ihren braunen Pelz, wird der Winter mild, färbt sich der Pelz aber bald weiß, gibt es einen strengen Winter mit viel Schnee[358].

Durch Brauchtum bedingte Arbeitsverbote

Wie Brauchtum und Aberglaube vorschrieben, was man zu bestimmten Zeiten zu unternehmen hatte, so schrieben sie aber auch ebenso unmißverständlich vor, welche Arbeiten an welchen Tagen nicht verrichtet werden durften (wiederum je nach Gegend verschieden).

Die Verbote betrafen hauptsächlich jene beiden Arbeitsbereiche, deren Steigerung Friedrich II. zwecks Expansion seiner Staatswirtschaft durchsetzen wollte: das Spinnen und die Feldarbeit.

Eine Reihe von Beispielen kann daher erwähnt werden, die der friderizianischen Forderung nach stetiger Arbeitszeit- und Arbeitssteigerung direkt entgegengesetzt war und aus der hervorgeht, daß brauchtumsbedingte Arbeitsverbote mit staatsbedingten Arbeitsgeboten kollidieren konnten:
- nicht gesponnen werden durfte, solange ein Verstorbener noch im Haus lag. In diesen Tagen mußte auch jede lärmende Arbeit wie Holzhacken oder Dreschen unterbleiben; das Vieh durfte nicht eingespannt und jede Feldarbeit mußte vermieden werden[359];
- am Freitag vor Fastnacht mußten die Mägde in Torgau (Ostpreußen) den Rocken (= Stab des Handspinnrades, um den die Fasern gewunden wurden, aber auch das aufgewundene Faserbündel selbst) abspinnen, denn am Samstag zog nach dem Aberglauben Frau Herke umher und besudelte allen Flachs, den sie finden konnte[360];
- donnerstags und samstags abends sollte in der Altmark weder gesponnen noch Mist ausgetragen werden[361];
- samstags abends sollten in der Gegend von Zossen bei Teltow (Brandenburg seit 1493) weder Pferde angeschirrt noch gesponnen, noch Mist ausgefahren werden[362];
- am Vortag des Andreastages (30. 11.) begann die Adventszeit. Das Spinnverbot an diesem Tag erklärte sich aus der großen Verehrung des heiligen Andreas speziell von unverheirateten Spin-

nerinnen, denn nach dem Volksglauben galt die Nacht in den Andreastag hinein als die Zeit, in der die Liebesorakel sprachen;

- am Vorabend des Thomastages (21. 12.) durfte nicht gesponnen werden, da sonst der heilige Thomas erschien und eine Mulde voll Därme in die Stube warf[363];
- vom 24. 12. bis 6. 1. (Zwölften) durfte man nicht spinnen. In den Spinnstuben wurden die Rocken bis zum 23. 12. abgesponnen. Überhaupt durften keine mit Lärm verbundenen Arbeiten verrichtet werden, wie Holzhacken, Krautstampfen usw. Die jungen Spinnerinnen achteten ängstlich darauf, daß kein Flachs mehr auf dem Rocken hing, denn das bedeutete Unglück im Haus oder Mißernte im nächsten Jahr[364];
- dienstags, donnerstags und freitags durfte in der Uckermark kein Mist gefahren werden[365]. Derartige Verbote des Mistausfahrens bedeuteten einen direkten Eingriff in die bäuerliche Feldarbeit gerade in der Zeit, als die Dreifelderwirtschaft durch Friedrich II. in Fruchtwechsel- und Vierfelderwirtschaft zwecks besserer Ausbeute des Ackerbodens umgestellt werden sollte, was zweifellos mit Mehrarbeit verbunden war;
- neun Tage nach der Geburt eines Kalbes sollte kein Dünger gefahren werden, da sonst das Kalb von der Kuh verstoßen werde[366];
- nach dem Brauch sollte das Kalb am Sonntagvormittag, während die Kirchenglocken läuteten, entwöhnt werden, denn der Glockenklang vertrieb Krankheiten vom Kalb. – Folgte ein rekrutierter Bauernbursch diesem Brauchtumsgebot, geriet er mit dem preußischen Militärreglement in Konflikt, wonach er am Sonntagmorgen in voller Uniform in der Kirche zu erscheinen hatte, sonst machte er sich der Desertion schuldig[367];
- waren Mädchen am Sonntag zum Abendmahl gegangen, so wollten sie abends keinen Flachs mehr brechen (Vorarbeit für den Montag) aus Furcht, sich dabei an der Hand zu verletzen; dies aber hätte zur Folge, daß das Abendmahl wirkungslos blieb[368];
- solange eine Stute trächtig war, durfte sie weder für Feldarbeit eingesetzt, noch durfte ihr Schwanz beschnitten oder gebürstet werden, weil das Unglück über das Fohlen brachte[369]. Besaß ein Kleinbauer oder Kossät nur dieses eine Tier, mußte er demnach die Feldarbeit liegen lassen;

– am Montag durfte man nicht umziehen, sonst ging die Wirtschaft zurück[370].

Viele Bräuche waren an Milch und Butter geknüpft. Sehr verbreitet war das Verbot, nach Sonnenuntergang Milch aus dem Haus zu geben, und die erste Milch einer Kuh nach dem Kalben durfte überhaupt nicht weggegeben werden, da sonst der Abwehrzauber (von Krankheit) nicht zur Geltung kam[371].

In Stendal (Altmark) war es Brauch, nur dienstags oder freitags zu heiraten, also mitten in der Arbeitszeit (und an keinem anderen Tag sonst), weil das einen harmonischen Verlauf der Ehe verhieß. Wer donnerstags heiratete, bei dem donnerte es während der ganzen Ehe. Später wurde das Heiraten auf sonntags verschoben.

Die „Zwölften" brachten allerhand weitere Arbeitsverbote mit sich: Es durfte weder Mist gefahren noch gebacken noch gewaschen werden. Die Hausfrau durfte keine Wäsche ins neue Jahr hinein hängen lassen, sondern mußte alles aufarbeiten, ehe das neue Jahr kam, andererseits sollte aber ein Rest des Silvesteressens ins neue Jahr übernommen werden. Ebenso war Stiefelschmieren verboten[372].

Wer dennoch Mist fuhr, riskierte, daß sein Vieh erkrankte oder Wölfe sich in den Stall zogen. Wer dennoch spann, bekam statt Garn Bratwürste oder Blutwürste und zog damit Kröten ins Haus. (Wer in Brandenburg spann, zog seinen Schafen auf dem Hof die Drehkrankheit zu.)

Wer aus diesem Garn gesponnene Leinwand trug, wurde vom Wolf angefallen. In ganz Norddeutschland wurde von Gespenstern heimgesucht, wer das Gebot der Heilighaltung der „Zwölften" durch Arbeit (vorwiegend spinnen) brach.

Lichtmeß (2. 2.) galt zwar nur bei den Katholiken als Feiertag, aber auch die Evangelischen hielten sich an das Spinnverbot, weil jede Übertretung eine böse Krankheit nach sich zog[373]. Von diesem Tag an nimmt das Licht um einen Hahnenschrei zu, das erste Zeichen dafür, daß die Macht des Winters gebrochen ist[374]. Bis zu diesem Tag wurde in den Spinnstuben abends bei Licht gesponnen, von nun an durfte nur Tageslicht benutzt werden. Sprichwörter sagten, was zu tun war: „Lichtmessen müssen die Herren bei Tag essen!" Oder: „Lichtmeß Spinnen vergeß, reiche Leut bei Tag zu nacht ess'". Spinnen vergessen hieß: An diesem Abend durfte deshalb nicht gesponnen werden, weil er dem Vergnügen vorbehalten war. Burschen luden die Dorfschönen zu Lichtmeßfeiern ein, und manche Lichtmeßfeiern hatten bereits Fastnachtscharakter, denn die Burschen verkleideten sich in fast allen Teilen Deutschlands mit scherzhaften Dingen, vor allem die vermummte Bärengestalt kam oft vor, die in den Dorfstraßen Neckereien trieb und mit der Lichtmeßbraut tanzte.

In manchen Gegenden war überhaupt nächtliches Spinnen verboten, weil der Aberglaube besagte: Wer im Finstern ohne Licht spinnt, der spinnt sich sein Totenhemd [375]. Jede Nachtarbeit galt als gefährlich, und zwar im Freien wie daheim. Bis neun oder gar zehn Uhr abends zu spinnen war aber von Friedrich II. befohlen worden, nicht nur Erwachsenen, sondern auch Kindern.

Fastnacht wurde ausgiebig und in der Regel drei Tage lang gefeiert. An diesen Tagen sollte man nicht arbeiten, sondern fleißig tanzen und dabei recht hoch springen, damit der Flachs gedieh und hoch wuchs [376]. Ursprünglich wurden diese Tänze eigens auf dem Flachsacker ausgeführt. Wer trotzdem an diesen Tagen spann, dem lahmte das Vieh das ganze Jahr über, deshalb mußten in den Spinnstuben die Rocken abgesponnen sein. Ebenso war es verboten, Dünger zu fahren [377].

Am Karfreitag herrschte strenges Arbeitsverbot, das betraf nicht nur das Spinnen, sondern auch jede Garten- und Feldarbeit, da man sich sonst die Raupenplage zuzog.

Wer am Himmelfahrtstag arbeitete oder ein an diesem Tag genähtes Kleid trug, wurde vom Blitz erschlagen [378]. Ein alter religiöser Brauch forderte, daß an den letzten drei Tagen vor Himmelfahrt die Arbeit zu ruhen habe, um an Bittprozessionen über die Felder teilnehmen zu können [379].

An Fronleichnam war jede Feldarbeit verboten. Statt nach christlichem Brauch an der Prozession teilzunehmen, sollte man nach heidnischem Brauch an diesem Tag Kuchen backen [380].

Am Johannistag durfte aus Furcht vor Krankheit nichts Grünes eingeholt, die Kräuter mußten am Tag davor gepflückt werden [381]. Überhaupt ruhte die Arbeit am Johannistag. In der Gegend von Halberstadt trafen sich die jungen Burschen zum Spiel: dem Hahnschlagen. Dabei wurde ein Hahn unter einen Topf gesetzt, einem Burschen wurden die Augen verbunden, dreimal drehte man ihn um sich, dann mußte er mit einem Stock schlagen und den Topf treffen. Hatte er Glück, mußte er etwas zum Besten geben. Andernorts kamen die Bauern zusammen, um sich zu amüsieren. Die älteren tranken Johannisbier, die jüngeren tanzten[382]. Wie zu Weihnachten bestand auch an Johanni das Verbot des Verleihens. Dies wurzelte in der Angst vor Behexung[383]. Am Michaelistag war Spinnen und jegliche Feldarbeit verboten[384].

Derartige Beispiele von Arbeitsverboten an bestimmten Tagen ließen sich je nach Gegend wie nach der Art der Arbeit beliebig erweitern. Es drehte sich dabei nicht um staatlich erwirkte Verbote, sondern um solche, die ausschließlich im Brauchtum ihre Wurzel hatten.

Es gab aber auch den umgekehrten Fall, wo ein Brauch zu geradezu kriminellen Handlungen aufrief und z. B. das Staatsverbot des Stehlens unterlief. So hieß es nämlich, in der Christnacht solle der Bauer Grünkohl aus dem Garten des dritten Nachbarn stehlen und seinem Vieh verfüttern, weil das gegen Hexerei schütze[385]. Oder: Wer nach Untergang der Sonne Wasser aus dem Brunnen des Nachbarn stehle, raube ihm Glück und Segen[386].

Harmlos war dagegen ein anderer Brauch: Wollte ein armer Bauer, daß sein Pferd das Jahr über gut genährt sei, ohne es ausreichend füttern zu können, so nahm er am Christabend ein Bündel Heu, lief gegen Mitternacht dreimal um die Kirche und gab dieses Heu dann seinem Pferd zu fressen[387].

Bräuche, ob vom Staat direkt durch Abschaffung unterbunden oder auch nur ungern geduldet, waren immer mit einem gewissen Zeitaufwand verknüpft, meist mit einer solchen Zeit, die der Arbeitszeit abging. In der Pflege des Brauchtums prallte somit das Problem der Arbeitszeit mit dem der Freizeit zusammen. Gerade weil aber die Bauern Freizeit (Urlaub) im modernen Sinne nicht kannten, waren ihnen die brauchtumsbedingten Arbeitsunterbrechungen so wichtig.

Als Beispiel für einen Fall, bei dem der Staat in einen Brauch direkt eingriff, sei der Moritztag (22. 9.) angeführt: An diesem hohen Feiertag war es schon im mittelalterlichen Magdeburg üblich, den Heiligen und Schutzpatron der Stadt mit einem ausgelassenen Kirchenfest zu feiern[388]. Nicht nur Stadtbürger nahmen daran teil, sondern auch Bauern reisten aus der näheren und weiteren Umgebung an und umdrängten in Scharen die Kirche. Auf dem weiten Platz vor dem Gotteshaus entfaltete sich ein glänzendes Leben und Treiben. Erst zogen Prozessionen vorüber, Heiligtümer und Reliquien wurden gezeigt und die kniende Menge empfing andächtig den Segen des Geistlichen. Danach überließ man sich der Lebenslust, denn um die Kirche herum waren Buden aufgestellt, wo Händler und Marktschreier Werkzeuge, Hausgeräte, Tuche u. a. anpriesen und um Geld feilschten. Dieser Jahrmarkt ging auf das Jahr 1035 zurück, als Kaiser Konrad II. den Kaufleuten die Marktfreiheit verkündet hatte.

Es gab auch große Garbratereien, in denen Hunderte von Schweinen geschlachtet und gleich zu leckeren Gerichten verarbeitet und gegessen wurden. Und man trank dazu gern Broyhan und Branntwein.

Das ging gut, bis das Magdeburger Land an den brandenburg-preußischen Staat kam, das Kirchen- und Schulwesen einem besonderen Konsistorium unterstellt wurde, dem Friedrich Wilhelm I. seinen Sitz in Magdeburg gab. 1739 verbot er die Benutzung des Kreuzgangs durch Verkaufsbuden, griff also drastisch in den Bereich der Volksbelustigung mit der Begründung ein, er wolle nicht, daß das Gotteshaus zur Mördergrube gemacht werde. Durch das Verbot erfuhr aber nicht nur das ausgelassene Markttreiben einen empfindlichen Eingriff, sondern auch das Marktgeschäft.

Persönliche Festtage

Neben den jahreszeitlich bedingten Bräuchen, Aberglauben und Sprüchen spielten solche eine große Rolle, die an das Leben eines jeden einzelnen gebunden waren. Von der Geburt über die Taufe, Hochzeit, Krankheit und Tod begleiteten den Menschen Bräuche, auf deren strikte Einhaltung zu achten war. Eine besondere Bedeutung hatten dabei immer die Räume, in denen sich die wichtigsten Etappen des Lebens vollzogen: Kinderzimmer, Hochzeitsstube und Sterbekammer.

Bevorzugt schienen Sonntagskinder zu sein, auch Friedrich II. war eines. Für sie galt der Spruch: „Ein Kind, das sonntags morgens während der Kirche geboren wird, hat immer Glück"; am

Donnerstag oder Freitag Geborene haben dagegen wenig Glück[389].

Eine gute Vorbedeutung hatte es auch für das ganze Leben, wenn das Kind mit einem Muttermal am Körper zur Welt kam[390]. Die Dorfgroßmutter oder die Hebamme besaßen die Gabe, in die Zukunft zu sehen und somit gute Ratschläge für das junge Leben zu geben. Wer mit einer Kappe auf dem Kopf ins Zimmer vor das Neugeborene trat, raubte ihm die Ruhe; es würde unter Schlaflosigkeit leiden. Kein Hausgenosse durfte mit einem ungetauften Kind über die Straße gehen, sonst würde es später nicht seßhaft werden und aus jedem Dienst fortlaufen. Im ersten Lebensjahr durfte man dem Kind nicht die Nägel schneiden, sondern mußte sie abbeißen. Trat zwischen den Augen eine blaue Ader auf der Stirn heraus, so würde das Kind früh sterben. Hing man seine gewaschenen Windeln und Kleidungsstücke zum Trocknen in den Mondschein, würde es mondsüchtig werden. Damit das Kind bald Zähne bekomme und später nicht an Zahnschmerzen leide, gab man ihm geriebenes Brot vom Hochzeitstisch eines unbescholtenen Brautpaares zu essen. Standen die Zähne weit auseinander, würde es das Kind in der Welt weit bringen[390a].

Starb ein Kind vor der Taufe, so kam es weder in die Hölle noch in den Himmel, sondern blieb dazwischen hängen und ging als Irrlicht um. Deshalb sollte bereits am zweiten, spätestens am dritten Tag nach der Geburt die Taufe vorgenommen werden.

Wichtig neben der Taufzeremonie war die Wahl des Paten, der notfalls an Vater- oder Mutterstelle zu treten und für das Kind zu sorgen hatte. Nach altem Glauben hatte das Kind um so mehr Glück im Leben, desto jünger der Pate war. Zwei und auch drei Taufpaten waren üblich, es kam aber auch vor, daß der Taufvater 30 und mehr Paten einlud, um möglichst viele Taufgeschenke zu erhalten. Friedrich Wilhelm I. hatte per Edikt im Jahre 1713 verfügt, daß ein Soldat nicht einen Gemeinen zum Paten nehmen dürfe, sondern nur einen Offizier oder den Gutsherrn.

Das Tauffest richtete in der Regel der Taufpate aus, der auch die Einladungen („Gevatterbriefe") ausschrieb, sofern er schreiben konnte, wenn nicht, mußte er es mündlich tun.

Von der Geburt an war der Mensch dem Aberglauben ausgeliefert, längst ehe er zu glauben lernte. Vor allem war er für Hexen und Dämonen anfällig und mußte besonders geschützt werden. Gegen Verhexung z. B. legte man ihm Dill und Salz in seine Kleider. Sollte das Kind einmal gescheit werden, dann wurde ein Blatt aus dem Gesangbuch in seine Windeln gesteckt; um es vor Armut zu bewahren, wurde noch ein Geldstück dazugeschoben.

Aß eine Schwangere Quitten oder Koriandersamen, so brachte sie kluge Kinder zur Welt, aß sie aber Bohnen und Zwiebeln, gebar sie grobe und dumme Kinder.

Bei der Taufe durfte das Kind nicht hoch liegen. Floß ihm Taufwasser in die Augen, wurde es geistesseherisch, floß ihm aber Taufwasser in die Haare, verhalf das zur Weisheit. Ein Mädchen durfte nie mit dem Taufwasser eines Jungen getauft werden, sonst bekam es einen Bart. Die Taufe wurde üblicherweise sonntags nach altem Brauch vorgenommen. Die jüngste Patin trug den Knaben, der jüngste Pate das Mädchen zur Kirche. Auch der Frau des Paten stand diese Ehre zu. Je mehr Hausmütter dem Taufzug folgten, desto besser war es für den Täufling nach dem Satz: „Je mehr Frauen, desto mehr Staat!" Nach der Taufe trug die Patin den Täufling im Geschwindschritt ins Haus der Wöchnerin, denn je schneller sie ausschritt, desto eher lernte das Kind laufen.

Zu Hause fiel dann der Großmutter die Rolle zu, den Täufling in Empfang zu nehmen und in die Wiege zu legen, dabei hielt sie ihn zuerst an den Brotschrank, damit er kein Schreihals werde, dann legte sie ihn einen Augenblick unter den Tisch, damit er groß und kräftig werde.

Taufgeschenke waren in der Hauptsache Geldgeschenke, sog. „Patengroschen", die in einem Papier eingewickelt waren, das an das Taufkissen gebunden oder darauf gelegt wurde („Angebinde"). Mit Geldgeschenken wurde von reichen Taufpaten gern geprotzt, weshalb eine Ordnung der Stadt Magdeburg 1544 bestimmte, daß der Patengroschen nicht mehr als einen halben Taler ausmachen dürfe.

Es war auch Sitte, daß Paten und Hausmütter sich erst geziert lange bitten ließen, ehe sie der Einladung zum Taufmahl nachkamen, dann hatten sie aber auch das Recht, sehr fröhlich und ausgelassen zu feiern. Unverheiratete Patinnen erschienen zum Taufmahl im Kranzschmuck; Tauffeiern zogen sich bei wohlhabenden Bauern oft über zwei Tage hin, und der Taufvater regelte die Tischordnung mit Vorliebe so, daß neben unverheirateten Patinnen passende junge Burschen ihren Platz fanden[391].

Am „Gevatterntisch" befanden sich die Ehrenplätze, da saßen nämlich nur die Paten mit dem Dorfpfarrer. Auch hier gehörte es zum Brauch, sich lange an die Ehrentafel bitten zu lassen.

Ihre Wohlhabenheit brachten reiche Bauern verschiedentlich zum Ausdruck und zur Anschauung. Je mehr Kleider übereinandergetragen wurden, vor allem Röcke bei der Bäuerin, desto reicher war der Bauer; wie auch beim Tauffest, wenn sich die aufgetragenen Speisen häuften. Die Bauern suchten sich dabei gegenseitig zu überbieten, weshalb die genannte Stadtordnung von 1544 auch gleich vorschrieb, daß nur billiger Landwein, in der Hauptsache aber Bier ausgeschenkt werden dürfe.

Beim dörflichen Tauffest kamen die Gerichte in irdenen Schüsseln auf den Tisch, gespeist wurde von hölzernen Tellern. Auch das Tauffestessen entsprach altem Brauch. Zunächst gab es Hirsebrei, dann Rindfleisch in Rosinentunke, Hühner mit Reis, Hechte in Petersilienbrühe, Schweinefleisch und verschiedene Bratensorten. Weil es Kuchen wie Bratenstücke sehr reichlich gab, gehörte es zum guten Ton, wohlbepackt nach Hause zu gehen, „beladen mit einem Patenbündel".

Fungierte eine junge Frau zum erstenmal als Taufpatin, so brachte ihr die Hebamme während des Taufessens einen Napf mit Wasser, was bedeutete, daß sie als zukünftige junge Mutter in den Kreis der verheirateten Frauen aufgenommen war. Für diesen Einstand mußte sich die junge Frau lösen, indem sie etwas zu trinken spendierte. Der Lösungsbrauch bedeutete auf verschiedenen Gebieten das Einlösen oder Sichfreikaufen für eine empfangene symbolische Würde.

Die junge Mutter mußte sich vor Leuten hüten, die ihr nicht in die Augen sehen konnten, denn solche Menschen konnten hexen und Schaden bringen. Sechs Wochen lang mußte sich die Wöchnerin dem aus altem Brauchtum stammenden Hausschutz anvertrauen, denn erst am 40. Tag nach der Geburt wurde sie wieder in den Schutz der Kirche aufgenommen und war damit vor allerlei Zauber, Spuk und Hexerei abgesichert.

Für heiratslustige Bauerntöchter und Burschen, Knechte und Mägde war die Spinnstube zur Winterzeit ein beliebter Ort zum

Anbandeln. Gewisse Spinnstubenlustbarkeiten machten den Anfang, das waren Neckereien, Späße und nicht selten gegenseitige Störungen bei der Arbeit. Bei den Lustbarkeiten wurde oft gesungen, meist Liebeslieder, aber auch neckische Spottlieder. In den Spinnerliedern spielten häufig die Hochzeitsblumen Rosmarin und Thymian eine Rolle.

Rosmarin vor allem hatte eine weitverzweigte Bedeutung: zunächst galt er als Zeichen der Jungfräulichkeit und wurde deshalb im Brautkranz am Hochzeitstag getragen. Ein Rosmarinstrauß gehörte ferner zum Hochzeitsbitter. Schließlich wurde er auf den Sargdeckel gelegt, weil Rosmarin auch als Zauberkraut gegen die nächtliche Wiederkehr des Verstorbenen diente. Im Havelland bekamen bei Hochzeiten der Prediger und der Küster ein Glas Bier, eine Kerze und einen Rosmarinstengel, der mit einem Faden roter Florettseide (= geringwertige Abfallseide) umwunden war. Von dieser Seide trug auch die Braut einen Faden um den Hals, man nannte ihn die „Brautseide"[392].

Bei Verlobungen und Verheiratungen war bei Bauern wie auch bei Handwerkern die Liebe oft nicht das Hauptmotiv, sondern die materiellen Verhältnisse. Wichtig war die reiche Mitgift und die soziale Stellung der Eltern. Damit reich zu reich kommt, sorgten „Freiwerber", welche die geeigneten Partner aussuchten und ihnen die Hochzeit schmackhaft machten. Um das angeborene Mißtrauen der Bauern gegeneinander abzubauen, wurde eine „Bedenkzeit" von einigen Wochen eingeräumt, ehe es zur Verlobung kam. In dieser Zeit wurde die Höhe der Mitgift ausgehandelt und ein schriftlicher Ehevertrag geschlossen, ohne den selten eine Ehe eingegangen wurde, zumal in ihm auch genau geregelt war, was im Todesfall dem Hinterbliebenen zustand. Durch diesen praktischen Brauch waren Erbstreitereien unter Bauernfamilien so gut wie ausgeschlossen.

Zum Stolz einer jeden reichen Bauernbraut gehörte möglichst viel selbstgesponnenes Leinen, das in einer Truhe aufbewahrt wurde. Je größer und je wohlgefüllter die Truhen, desto reicher die Braut. In vielen Hochzeitssprüchen wurde der Bedeutung des Spinnens Ausdruck verliehen. Auch arme Gesindemädchen setzten ihren Ehrgeiz daran, etwas Selbstgesponnenes mit in die Ehe zu bringen, selbst wenn es in heimlicher Arbeit außerhalb der Hauptarbeitszeit entstanden war.

Zum Brautschatz gehörte neben reichlich Leinen auch eine Anzahl von Schafen, Kühen und Schweinen, die die Eltern aus ihrem eigenen Stall beisteuerten und wiederum Rückschlüsse auf ihren Reichtum gestatteten. Junge Burschen brachten dann die festlich geschmückten Tiere auf das Anwesen des Bräutigams.

Der Brautschmuck war derart kostbar und teuer, daß nur sehr reiche Vollbauern ihre Tochter damit ausstaffieren konnten; die ärmeren, und das waren die meisten, mußten ihn entleihen. Aber auch die Leihgebühren waren oft unerschwinglich, so daß 1570 eine Magdeburger Ratsordnung feste Taxen einführte: Die Leihgebühr für einen Brautkranz und ein Perlenhalsband betrug je sechs Groschen, vier Groschen eine silberne vergoldete Kette und zwei Groschen eine Goldschnur.

Bei den Hochzeiten armer Leute (wie z. B. Leibeigener) wurden statt der Ringe zwei talergroße Myrtenkränzchen vom Geistlichen geweiht und den Brautleuten aufs Haupt gelegt[393].

Schon wenige Jahre nach dem Dreißigjährigen Krieg nahmen vielerorts Luxus und Aufwand bei Hochzeiten so übermäßig zu, daß z. B. in Sachsen 1662 eine besondere Hochzeitsordnung für Bürger und Bauern erlassen werden mußte. Danach waren für das Hochzeitsfest nur sechs Tische voll Gäste erlaubt, für jeden weiteren Tisch mußte eine Strafe von vier Taler gezahlt werden. Drei, höchstens vier Speisegänge waren zugelassen; wurde mehr serviert, kostete das ebenfalls Strafe, und zwar zwei Taler.

Konfekt durften nur Adlige und vornehme Bürger kredenzen, Bauern hatten sich zum Nachtisch nur mit Gartenfrüchten und Selbstgebackenem zu bescheiden. Wer sich nicht danach richtete, mußte 30 Taler Strafe zahlen. Auch der Genuß von Wein war nur Adligen und reichen Bürgern erlaubt, Bauern sollten sich mit Bier zufriedengeben, und zwar „mit Mäßigkeit getrunken".

Die Ordnung bestand, aber die Bauern hielten sich nicht daran. Wie aus Trotz richteten sie nach der entbehrungsreichen Zeit des Dreißigjährigen Krieges ihre Hochzeiten noch luxuriöser aus und feierten wider offizielle Erlaubnis oft eine ganze Woche und länger. Statt nur sechs Tische mit Gästen zu füllen, luden reiche Vollbauern das ganze Dorf zum Hochzeitsschmaus ein. Die Armen bekamen auch vom Hochzeitsessen etwas ab; es wurde ihnen durchs Fenster gereicht. Sie blieben die staunenden Zaungäste.

Bereits einen Tag vor der Hochzeit wurde die Braut feierlich angekleidet von den Kranzjungfern, die auch Geschenke brachten. Sie erhielten einen Ehrenplatz am Brautspinnrad. Die Geschenke waren teils scherzhafter Art, meist aber Sachen für das zu erwartende Kind wie Mützen, kleine Klapperstörche, Knabberringe usw.

Fackeltragende Junggesellen geleiteten das Brautpaar zur Kirche und anschließend zum Brautbett. Auch dieser Brauch wurde in der Magdeburger Hochzeitsordnung von 1570 verboten. Ebenfalls vergebens.

Der Brautwagen mit der Aussteuer der Braut war reich geschmückt und mit Kisten und Truhen voll beladen. Er wurde unter Jubel und Jauchzen durch die Dorfstraße gefahren. Obenauf befanden sich das Spinnrad und die Wiege. Die Bauern folgten dem Wagen, den der Bräutigam vor seinem Haus erwartete. Und nun begann der lustigste Teil: Vom Wagen wurden Betten und Kissen herabgeworfen. Der Bräutigam mußte sie auffangen, ohne dabei zu straucheln. Rutschte er aus oder verfing er sich, so bedeutete das untrüglich, daß einst die Frau das Regiment im Haus führen werde.

Auch jetzt kam der Losbrauch zur Geltung: Über die Dorfgasse wurden Leinenstricke gehalten, die Brautleute mußten sich mit Geschenken „freikaufen".

Wichtig war die Ausschmückung des Brautbettes, denn der ersten gemeinsamen Nacht kam in puncto Nachkommenschaft höchste Bedeutung zu, die Sippe durfte nicht aussterben.[394]

Der Aberglaube hielt für den Weg des Hochzeitszuges und in der Kirche manche Deutung bereit. Regnete es z. B., so durfte die Braut mit vielen Kindern rechnen. Während des Trauaktes traten sich die Brautleute gegenseitig auf die Füße. Und wer beim Ringwechsel den Fuß in der Höhe hielt, der führte später die Herrschaft im Haus.

Nach der Zeremonie und dem Heimzug übergaben die Gäste an der Schwelle des Hauses ihre Geschenke. Bis ins 19. Jahrhundert war es z. B. in Magdeburg und der Börde üblich, Brot und Salz zu reichen. Dann trank der Bräutigam aus einem mit Bier oder Wein gefüllten Glas, reichte das Glas seiner Braut, die ebenfalls trank und es danach hinter sich werfen mußte. Erst jetzt wurde ihnen die Haustür geöffnet.

Zog eine Braut in ihr neues Heim ein, so spielten ganz alltägliche Werkzeuge eine wichtige Rolle, z. B. Besen, Axt und Eisen. Die Braut brachte in der Regel einen „Zwölftenbesen" mit; er war in einer der zwölf heiligen Nächte gebunden worden, verhieß Glück, schützte vor Hexen und half, die Milch zu entzaubern (so beispielsweise in Mecklenburg und Westfalen). Mit diesem Besen kehrte sie das Getreide nach dem Dreschen zusammen, dann kam kein Brand ins Haus. Nach schlesischem Aberglauben saßen die armen Seelen im Kehrbesen, weshalb man nie einen Besen werfen oder mit einem harten Gegenstand darauf schlagen durfte. Im Fegen und Abstreifen des Besens lag die Bedeutung, Böses wegzufegen oder abzustreifen. Umschritt man mit dem Besen das Feld oder steckte man ihn in den Feldern auf, so kam ihm neben dem Abwehr- auch ein Fruchtbarkeitszauber zu [395].

Beim Einzug ins Brauthaus mußten aus ähnlichem Grund ein Stück Eisen oder eine Axt auf der Türschwelle, über welche die Braut trat, liegen, weil durch sie alle bösen Geister, überhaupt alles Übel abgewehrt wurden oder draußen blieben [396].

Wenn die Wöchnerin dann (wie z. B. in der Niederlausitz) mit ihrem Kind den ersten Kirchgang antrat, sollte sie zuerst mit dem rechten Fuß über eine auf der Türschwelle liegende Axt treten, bei der Rückkehr zuerst mit dem linken Fuß [397], um nicht gute Geister hinaus- bzw. böse Geister hineinzutragen.

Eisen, etwa in Form von Nägeln, sollte die Braut mitbringen, damit sie oder ihr Mann noch am Einzugstag ein Hufeisen auf der Schwelle oder über der Tür des neuen Hauses anbringen konnten, und zwar mit drei Nägeln, und jeder Nagel mußte mit einem einzigen Schlag eingehauen werden [398].

Während die Braut sich mit den Brautjungfern und dem Dorfpfarrer am „Brauttisch" niederließ, mußte der Bräutigam sich als junger Hausherr bewähren und den Ausschank übernehmen. Gegen vier Uhr mittags wurde gegessen, zehn Gänge waren das mindeste für eine reiche Bauernhochzeit. Branntwein in Mengen sorgte für eine ausgelassene Stimmung, die jungen Leute tanzten und scherzten, bis sich die Balken bogen. Es passierte gelegentlich auch, daß ein „Tanzboden" durchgetanzt wurde.

Am zweiten Hochzeitstag zogen Brautpaar und Dorfjugend mit Musik zum Dorfanger. Hier war das Brautspinnrad aufgestellt, um das herum nun getanzt wurde, und zwar züchtig und ehrbar „wie von alters her Brauch". Erst am Abend wurde der Braut der Rosmarinkranz abgenommen. Damit war das Hochzeitsfest zu Ende.

Brot, ein Hauptnahrungsmittel der Armen, durfte auch an der üppigsten Hochzeitstafel nicht fehlen, denn Brot bedeutete dem Bauern eine heilige Gottesgabe[399]. Die Hochzeiterin brachte auf dem Brautwagen neben der Ausstattung auch das erste Brot ins neue Heim, dann würde sie immer dort ihr Brot haben[400].

Brot und Salz waren Lebenssymbole, wie überhaupt für alle Bauersfrauen das Brotbacken eine feierliche Handlung war. Für den Weg zum Dorfbackhaus legte die reiche Bäuerin ihre Festtracht an, als gehe sie zur Kirche.

Brotlaibe hatten ungeheure Ausmaße; die Bäuerin brauchte 54 Pfund Mehl für drei Laibe. Das Brot wurde im stroh- oder holzgeheizten Dorfbackofen in Strohkörben ausgebacken. Diese Bauernbrote schmeckten mit einem Zusatz von Gerstenmehl besonders herzhaft und kräftig. Unter Friedrich II. mußten die Laibe wesentlich kleiner gebacken werden, sehr zum Nachteil der Dorfpfarrer, Kantoren und Organisten, die zu Neujahr oder Ostern zwei oder mehr Brotlaibe als Naturallohn erhielten.

Für das Gesinde bedeutete es schon Festtagsstimmung genug, wenn es zum Brotbacken Freizeit erhielt. Brot war nicht nur eines der Hauptnahrungsmittel, sondern ursprünglich eine Opfergabe. Es galt als Gottesbrot. Man durfte es nicht auf den Boden fallen lassen. Passierte es trotzdem einmal, mußte man es mit Reverenz und Ehrfurcht aufheben und küssen; ein Brauch, der fast überall in Deutschland verbreitet war.

Nach anderen Brauch- und Brautregeln sollte die Braut den ersten Anschnitt des selbstgebackenen Brotes aufheben und zu sich stecken, weil er nicht schimmelte und als heilkräftig galt, besonders gegen Zahnschmerzen und Krampfanfälle der Kinder[401]. Neben der Heilkraft war mit Hilfe des Brotes ein Blick in die Zukunft möglich: Beim ersten Brotbacken im neuen Jahr machte die Hausmutter für jeden Familienangehörigen ein Loch in den Laib, streute Salz hinein und prüfte nach dem Backen das Aussehen der Löcher: ein schwarzes Loch deutete auf Tod, ein aufgesprungenes auf Krankheit, ein breitgezogenes auf Auswanderung. Anders:

War das Salz nach dem Backen weiß, bedeutete das Gesundheit, braun Krankheit und schwarz Tod[402].

Ein christlicher Brauch war es, das Brot vor dem Anschneiden mit einem Messer zu bekreuzen[403]; borgte man Brot aus, mußte man ein Stück davon abschneiden und daheim behalten, sonst gab man den Segen des Herrn aus dem Haus. Aus dem gleichen Grund durfte man auch das letzte Stück nicht ausborgen[404].

Ein weiterer Symbolwert: Brotbacken wurde als etwas Schöpferisches gedeutet, denn nach dem Volksglauben wurde das Werden des Brotes in geheimnisvollen Zusammenhang gebracht mit dem Werden des Menschen, d. h. das Werden zwischen Saat und Ernte verkörperte sich im Brotbacken, weshalb Brot als Gottes (= Natur) Gabe verstanden wurde, die man keinem Bettler versagen durfte, um sich nicht zu versündigen[405].

Das Wort Brot hängt mit „Brauen" zusammen und heißt das „weich und genießbar Gekochte", und die Schlesier backten aus dem Teigrest das „Kleinbrotl", welches früher „Gott" genannt wurde.

Wie Geburt, Taufe und Hochzeit waren auch Sterben und Tod in Brauchtum und Aberglaube gebettet. Weit verbreitet war der (Aber)Glaube an ein Weiterleben des Verstorbenen. Tote zogen als unheimliche Dämonen durch das Dorf und suchten aus der Dorfgemeinschaft den nächsten aus, um ihn zu holen.

Damit der Tote keine Lebenden nach sich ziehe, halfen verschiedene Bräuche. So legte man dem Verstorbenen ein Rasiermesser in den Sarg; die von der Leichenwäscherin benutzte Schüssel mußte vergraben werden; der Name des Verstorbenen mußte aus all seinen Wäschestücken herausgeschnitten werden; wenn nicht, starb bald die ganze Familie aus. Fiel eine Trauerträne auf den Grabhügel, zog der Tote die Trauernden nach sich ins Grab. Die Zauber- und Bannmacht des frisch Verstorbenen beschränkte sich nicht nur auf Menschen, sondern betraf ebenso Tiere, weshalb das im Stall liegende Vieh hochgescheucht wurde, damit es nicht in „Todesschlaf" fiel. Nach altem Brauch verkündete der Knecht dem Vieh, daß der Hofherr gestorben war. Er klopfte an die Stöcke und verkündete den Bienen den Tod ihres Herrn. Dabei sprach er die Bienen laut an. Ebenso ging er zu den Bäumen. Dieser noch bis ins 20. Jahrhundert geübte Brauch bedeutete, daß das

Besitzrecht des Herrn aufgehoben wurde. Unterblieb die Anrede, flogen die Bienen fort oder folgten ihrem Besitzer in den Tod; die Bäume starben ab[406].

Der Aberglaube hatte viele Anzeichen parat, die auf einen Sterbefall hinwiesen, so etwa: wer von weißen Mäusen oder ausgefallenen Zähnen träumte oder wer einen Strauß weißer Rosen geschenkt erhielt. Aus der Zahl der Kuckucksrufe und dem Klopfen des Holzwurms (= Totenuhr) errechnete man die Zahl der noch bevorstehenden Lebensjahre. Auch der Ruf des Käuzchens „Kiwitt" = „Komm mit" war eindeutig.

Während die Farbe Grün die Farbe des Lebens bedeutete Tannenbaum zu Weihnachten, Pfingstgrün oder auch das Grün des Brautkleides (z. B. in Schlesien)[407], sagte Weiß oft den Tod an. In manchen Gegenden war noch bis 1945 die Trauerkleidung über das ganze Trauerjahr hinweg weiß. Sie war vordem nicht nur in Schlesien, sondern im gesamten westdeutschen, ja europäischen Trachtengebiet gängig. Ihr Ursprung ist in der – vielleicht nach antikem Vorbild gewählten – Mode der französischen Königinnen des 15. Jahrhunderts zu sehen, in Weiß zu trauern. Seitdem hieß man jede verwitwete Königin gern „reine blanche"[408].

Die Sitte, dem Toten den Mund zu verschließen, um zu verhindern, daß er nicht zum Nachzehrer oder Vampir werde und andere nachrufe, war über ganz Europa verbreitet[409]. Ebenso, das Fenster und die Tür zu öffnen, damit die Seele des Verstorbenen ins Freie ziehen könne[410]. Die im Sterbezimmer aufgestellten Kerzen mußten völlig ausbrennen, sonst fand der Tote weder Frieden noch Ruhe.

Leichenträger holten den Sarg aus dem Sterbezimmer, sagten den Hinterbliebenen per Handschlag „Tröste Sie Gott" und gingen erst an die Arbeit, nachdem sie ein Glas Branntwein erhalten hatten.

Zunftbräuche deckten sich bei der Beerdigungszeremonie oft mit Bauernbräuchen. So mußten Sargträger den Sarg im Gleichschritt auf den Schultern tragen. In der freien Hand trugen sie entweder das Zunftzepter oder auf dem Land einen schwarzen Bahrstab, ein umflortes Bahrzepter. Am oberen Ende des Stabes befand sich eine Stütze, auf die der Sarg abgestellt wurde, damit die Sargträger sich auf dem Weg zum Grab ausruhen konnten. Ein

Zepterträger schritt mit zwei Gesellen bzw. Knechten dem Sarg voran, in der linken Hand hielt er eine Zitrone als Sinnbild des Lebens[411]. Das war nach den Pestjahren Brauch geworden, als die Zitrone als Schutzmittel gegen Ansteckung diente.

Ein Selbstmörder mußte querliegend begraben werden, sonst störte er die anderen Toten, und diese schickten Maulwürfe, um Ruhe zu bekommen. Die Maulwürfe drehten die Leiche um und warfen dabei Totenhügel auf. Gehängten gab man vor dem Losschneiden eine Ohrfeige, damit sie einen nicht belästigten.

Die Trauernden mußten das Grab dicht umstellen und durften keine Lücke lassen (wie das Brautpaar vor dem Altar dicht nebeneinander stehen sollte, daß niemand zwischen ihnen hindurchsehen konnte), um alles Böse abzuwehren.

Die Angehörigen wandten sich beim Einsenken des Verstorbenen vom Grab ab, um nicht in seinen Bannkreis zu geraten.

Zum Totenmahl schlachteten reiche Bauern oft einen Ochsen, es gab reichlich Fleisch- und Fischgerichte, dazu Bier und Branntwein. Gegen allzu üppiges Totenmahl erließ der Große Kurfürst am 3. Januar 1688 eigens eine brandenburgische Polizeiverordnung.

Auch ein anderer alter Brauch fiel einer Verordnung (von 1821) zum Opfer, nämlich das „Schulsingen" (z. B. in Schlesien). Schulkinder begleiteten den Trauerzug bis zum Grab, je nach Bezahlung sang eine ganze oder nur eine halbe Klasse, man sprach daher von ganzen oder halben „Schulleichen".

Brauchtum und Volksmedizin

Sofern Brauchtum und Aberglaube mit Pflanzen und Kräutern zusammenhingen, öffnete sich das fast unerschöpfliche Gebiet der Volksmedizin. Wie vielen Pflanzen und Kräutern wurde eine Heilwirkung zugesprochen!

Kossäten, Gärtner, Häusler, Instleute usw. hielten sich mit Vorliebe ein Gärtchen vor dem Haus, in dem nicht nur Gemüse und Blumen, sondern oft auch Beerengewächse für Mus oder Tee, gegen Husten und Leibschmerzen, Kräuter oder roter Mohn für die beliebten Mohnstriezel und als Schlafmittel gezüchtet wurden; im Garten hinter dem Haus standen meist die Obstbäume und größeren Sträucher.

Reichhaltig war das Angebot von Heilkräutern auf dem Feld. Spitzwegerich half gegen Lungenleiden; Huflattich diente als Brusttee und Wundauflage; aus Bitterklee kochte man Fiebertee; Kümmel und Karbe waren als Magentee bewährt; Schafgarbe half gegen Gicht und verhalf zu schöner, faltenloser Haut; die Königskerze lieferte Brusttee; Tausendgüldenkraut wirkte gegen Fieber und Magenleiden; Ackerschachtelhalm (= Zinnkraut, Katzenschwanz) gegen Wassersucht und Nierenleiden; Arnika gegen Quetschungen und Wunden; Sauerampfer reinigte das Blut; Quendel heilte erfrorene Glieder, dämmte Leberschwellungen ein und half bei Krämpfen von Magen und Darm; der Flachs war bei Brandwunden gut und behob Verdauungsschwächen. Ein Allheilmittel war das Johanniskraut[412].

Mit Majoran wurden nicht nur Speisen und Würste gewürzt, es half auch bei Erkältungen und Magenbeschwerden. Rosmarin schließlich wurde angewandt bei Blähungen, Gliederschmerzen, Hautausschlägen, Blasenschmerzen und bei wäßrigen Geschwüren. Nicht zuletzt war es auch ein beliebtes Würzkraut und vertrieb außerdem, ähnlich wie Quendel, das Ungeziefer.

Getrocknete Kräuter hing man in einem Säckchen zwischen die Wäsche und Kleider. Mit der Myrte hatte es eine besondere Bewandtnis: Sie gehörte zwar unerläßlich zu dem Kranz, den die Braut die letzten drei Wochen vor der Hochzeit zum Kirchgang aufsetzte, sie durfte aber nicht von unverheirateten Mädchen gepflanzt werden, sondern nur von Frauen oder Hausmüttern. Das Sprichwort sagte: „Wer Myrten baut, wird keine Braut."

Vielen Pflanzen wurden ungewöhnliche Kräfte zugeschrieben. Die zauberkräftigste Pflanze aber war das Eisenkraut, dessen Wunderwirkung bereits in einer Handschrift von 1594 belegt wurde. Das Eisenkraut war ein häufig an unkultivierten Standorten wie Wegrändern oder auf Weiden vorkommendes Unkraut. Schon die alten Römer, Germanen und Kelten schätzten es und benutzten es bei kultischen Handlungen, z. B. beim Reinigen von Altären hoher Gottheiten. Als Heilmittel kam ihm Zauberkraft zu, denn es wirkte innerlich (als Aufguß oder Tee-Ersatz getrunken) wie äußerlich bei Verwundungen. Es galt als zuverlässiges Mittel gegen Wassersucht, bei Hexenschuß, Ischias, Nerven- und Ohrenschmerzen, Gliederreißen, Nieren- und Gallenbeschwerden und beim Stillen.

Brauchte man es gerade nicht gegen eine Krankheit, dann gefiel es als beliebte Zierpflanze.

Aber auch die angenehm und süß schmeckende Hirse hatte medizinische Eigenschaften. Sie war harn- und schweißtreibend, man benutzte sie innerlich wie äußerlich bei Erkältungen, Ohrgeräuschen, Durchfall usw.

Nicht nur gegen menschliche Leiden wirkten die brauchbeladenen Pflanzen, auch zum (klein)bäuerlichen Leben gehörende Tiere wurden damit versorgt. Die Christwurzel steckte man Schweinen gegen das Sterben ins Ohr. Eibischbeeren und Erbsen gab man Schafen am Weihnachtsabend gegen die Blattern; fraß das Schaf am Weihnachtsabend kein Eichenlaub, so starb es im kommenden Jahr; die Farnwurzel legte man unbändigen Pferden zur Beruhigung unter die Zunge und gab ihnen Teufelsdreck gegen die Fallsucht; Liebstöckel war ein Mittel gegen Behexung der Pferde, und auch die Meisterwurz half zu ihrer Beruhigung; Odermennig gab man den Pferden zu Ostern gegen den Wurm und das Geißblatt half allezeit gegen nächtlich plagende Kobolde.

Es gehörte auch zum Brauchtum, Krankheiten dadurch auszutreiben, daß man sie mit besonderen Zaubersprüchen auf andere übertrug. Denn in der Krankheit sah man einen Dämon, der mit einer symbolischen Handlung auf andere Naturwesen übertragen werden konnte, genannt „Sympathiekuren".

Aus dem 13. Jahrhundert war der Brauch überliefert, gegen Fieber Hand- und Fußnägel abzuschneiden, auf den Rücken eines lebenden Krebses zu binden und ihn ins Wasser zu werfen. Um Gichtschmerzen loszuwerden, sperrte man einen Haushahn ein und gab ihm nur von dem zu fressen und zu saufen, was auch der Gichtkranke aß und trank. Der Kranke kaute dem Hahn die Speisen vor und stopfte sie ihm in den Schnabel, so war auf ihn die Gicht übertragen. Um Gelbsucht zu vertreiben, nahm man etwas Stroh vom Lager des Kranken, legte ein Stück Rindfleisch hinein, kochte alles und warf es einem hungrigen Hund vor. Fraß er es, so bekam er die Gelbsucht. U. a. wurde auch das beliebte Krankheitsübertragen auf Bäume bei Zahnschmerzen in verschiedenen Formen geübt. Eine besonders intensive Verbindung wurde dabei durch das Beißen in den Baum hergestellt, wobei neben dem Holunder gern ein durch Blitzschlag geheiligter Baum gewählt wurde (noch bis in die dreißiger Jahre des 20. Jahrhunderts stellte man Zahnstocher aus Blitzbäumen her).

In Schlesien ging man an einen Bach, an welchem Weiden standen und umbiß von einem Weidenbaum drei Ruten mit den Zähnen. Danach trank man drei Schluck Wasser aus dem Bach – und war die Zahnschmerzen los[413].

In der Mark Brandenburg zerbiß man auf dem Kirchhof Erbsen und spuckte sie in ein frisches Grab: Hier wurde durch das Beschwören der Zahnschmerz auf die Erbsen übertragen und mit ihnen in das Grab geworfen, um dort zu vergehen oder zu ersterben[414].

Wenn das Leben so eng mit der Natur verbunden, von ihr abhing, ja ihr ausgeliefert war wie das der Bauern, und wenn der Bauer der Natur überdies Wirkungen gegen Krankheiten oder Hexen oder Unheil aller Art zuschrieb, ist es nicht mehr weit, die Natur auf irgendeine Art zu vermenschlichen, wie es im Glauben an Dämonen zum Ausdruck kam. Mit den Dämonen oder Hausgeistern konnte man Umgang pflegen, sie vor allem besänftigen, indem man ihnen Opfergaben bot.

Eine der ältesten Opfergaben war das für die Bauersfrau so bedeutsame Brot. Bezog sie eine neue Wohnung, so steckte sie Brot, Salz und möglichst noch eine kleine Münze ins Ofenrohr, sozusagen die Einstandsgabe an die Hausgeister. Verlor das Kind sein erstes Milchzähnchen, so opferte man es den Seelen der Vorfahren, man warf es hinter sich oder in den Ofen, wodurch man sich unter den Schutz der Hausgeister stellte.

Einen großen Raum beanspruchte im Aberglauben die Vorstellung, die Seelen der Verstorbenen würden in Tieren fortleben. Man nannte sie daher „Seelentiere", und man glaubte bevorzugt an die Maus als Seelenträger. So sollten Mauselöcher an Gräbern ein Zeichen dafür sein, daß Seelen umgingen. Als Mäuschen verließ die Seele auch den Mund des Verstorbenen. Die Ratten und Mäuse, die Hameln in der Sage vom Rattenfänger plagten, waren nach dem Aberglauben unzufriedene Seelen, die die Stadt beunruhigten. In Mäuse verwandelte Seelen waren es auch, die den hartherzigen Hatto von Mainz in seinem „Mäuseturm" auffraßen.

Aber nicht nur die Maus galt als „Seelentier", auch der Hausot-

ter, das Wiesel, das in der Grafschaft Glatz (Schlesien) „Gevatterle"
hieß, der Holzwurm oder der Vampir.

In Seelengeistern oder Seelentieren fortlebende Tote wurden
meistens als Schädiger oder Feinde der Lebenden empfunden,
weshalb man sie möglichst weit vom Haus fernhalten mußte,
jedenfalls, um ihre Rückkehr zu verhindern [415].

Um wandernde tote Seelen endgültig zu töten und ihnen jede
weitere Möglichkeit der Seelenwanderung und damit Rückkehr zu
nehmen, wurden „verdächtige" Beerdigte (in Schlesien üblicher
Brauch) oft in Gegenwart der Ortsbehörde ausgegraben und vom
Henker oder Totengräber geköpft. Man legte den Toten ihren ab-
geschlagenen Kopf zwischen die Beine, rammte ihnen einen Pfahl
durch die Brust und begrub sie ein zweites Mal. Kehrte das ge-
köpfte Gespenst trotzdem wieder zurück, grub man den Leich-
nam noch einmal aus und verbrannte ihn.

Die Kirche interpretierte diesen Brauch als Grabschändung und
verbot ihn. Daraufhin rettete man sich vor der wandernden Seele
des Toten, indem man Mund und Nase der verdächtigen Leiche
mit Erde verstopfte und sie mit dem Kopf nach unten ins Grab
legte.

Die Ursache und Ausbreitung von Pestseuchen, die im Mittelalter immer wieder auftraten, sah man besonders in den wandernden Seelen verstorbener Frauen.

Zeigte eine weibliche Leiche im geöffneten Sarg „gräßliche Gebärden", ein feuerrotes Aussehen und blutiges Gesicht und trieb
sich gar ein Rabe an ihrem Grab herum, so wies das eindeutig auf
eine tote Hexe hin, der man ebenfalls den Kopf abschlug.

Ließen sich herumziehende Seelen auf der Brust nieder, so entstand das Alpdrücken (Alptraum). Dagegen halfen Zaubersprü-
che, die dem Plagegeist Aufgaben stellten, welche er unmöglich
lösen und somit nicht mehr zurückkommen konnte. Der Aberglaube
empfahl, einen Strohhalm in der Hand zu zerreißen, weil dadurch
der Alpdruckgeist einen Leibesschaden davontrage, in seiner Wan-
derung behindert würde und ebenfalls nicht mehr kommen
könne.

Umgekehrt hatte der Aberglaube aber auch Weissagungen von
Glück und Unglück parat, z. B. bedeutete die Begegnung mit
einem Wolf, Bussard, einer Schlange oder einem Schwein Glück.

Nisteten Schwalben im Stall, so brachten sie nach altem Volksglauben Frieden ins Anwesen und schützten es vor Blitzschlag. Sie zu vertreiben oder zu töten, bedeutete allemal Unglück.

Der Freitag galt in der christlichen Vorstellung als Unglückstag, der Dienstag in der germanischen Mythologie dagegen als Glückstag. Unglückskündend war morgens die erste Begegnung mit einem Mönch, einem alten Weib, Hund, Fuchs, Käuzchen oder Raben. Eine gackernde Henne oder der Kuckucksruf kündeten Böses an. Knisterte das Feuer, so war ein streitbarer Besuch zu erwarten[416].

In Brauchtum und Aberglaube war das Alltagsleben der Bauern so sicher eingebunden und verwurzelt wie in die Religion. Beides gehörte wesentlich und gleichermaßen wirksam dazu, und man kann verstehen, daß der Bauer darum kämpfte, wenn er sich Abstriche gefallen lassen mußte. Dabei darf nie vergessen werden, daß in die Pflege und Ausgestaltung der Brauchtumsgepflogenheiten ein gewisser gradueller Unterschied dadurch kam, daß die reichen Großbauern aus oft einfachen und alltäglichen Handlungen einen wahren und kostspieligen Kult machten und einen Brauch geradezu „ausprotzten" im gegenseitigen Sichüberbieten der Brauchtumszeremonie; die eigentlichen Bewahrer aber der ursprünglichen Bedeutung der Bräuche waren die einfachen und armen Bauern oder Landleute, die sich keinerlei Luxus leisten konnten und deshalb dem einfachen Brauch nahe bleiben mußten. Sie hielten die Quelle der Bräuche fest und überlieferten sie. Ihr Hang zur Nachahmung der Reichen mochte groß gewesen sein, eine Entfernung vom Ursprung brachte er allemal mit. Die reichen Bauern lebten immer mehr vom Brauch, während die kleinen Landlosen und Armen in ihm lebten.

Deshalb darf etwa luxuriösen Bauernhochzeiten nicht der Rang des Allgemeinen oder Typischen zugesprochen werden, sondern eher bereits erste Anzeichen von Auflösung und Ablösung vom Ursprung.

So war das Wissen über die Wirkung von Heilpflanzen und -kräutern gewiß ein altüberkommenes, aber irgendwann mußte ja der Bauer hinter solche Wirkungen gekommen sein, er mußte sie selbst erfahren haben, vielleicht nicht selten, indem er damit experimentierte, indem er ausprobierte, ob dieses oder jenes Kraut diese oder jene Wirkung habe, denn nur dann hatte der Brauch einen Wert und Sinn, wenn er auch zuverlässig wirkte. Insofern konnte der Bauer durchaus stolz sein, wenn er sich in Bräuchen so gut auskannte wie in der Bibel. Die Kenntnis der Bräuche bedeutete Lichtpunkte in seiner dumpfen Alltagsexistenz; Licht, das den Schatten seines mageren und entbehrungsreichen Lebens etwas aufhellte.

Jeden staatlichen Eingriff in seine Lebenswelt mußte der Bauer daher als Raub empfinden, mehr noch als Entzug, für den ihm kein gleichwertig gewachsener Ersatz zur Verfügung gestellt werden konnte.

Die Fron- und Gesindezwangsdienste, die totale Abhängigkeit vom Gutsherrn waren ihm insofern erträglich, als er samt seinen Vorfahren nie etwas anderes und Besseres gekannt hatte. Den Begriff der Freiheit, der freien Lebensentscheidung und Lebensführung gab es noch nicht. Seine von Brauchtum und Aberglaube durchdrungene Lebenswelt erlitt zweifellos einen ersten, wenn auch noch kaum spürbaren Einschnitt von dem Tag an, wo der zehnjährige Bauernbub „enrolliert" wurde, sich also für den Heeresdienst zur Verfügung halten mußte.

Mit der Existenzform als exerzierender und kämpfender Rekrut im Dienste des preußischen Militärstaates trat aber dann ein völlig neuer Inhalt in sein gewohntes Leben. Es kamen Pflichten, Aufgaben und Lebensumstände dazu, die seiner reinen Bauernexistenz bisher völlig fremd waren (abgesehen von der untertänigen Unterwürfigkeit und vom Arbeitsdrill).

Es war nämlich ein Moment, das zu erleben die strikte Schollenpflichtigkeit ihm bis dahin total versagt hatte: als Rekrut „durfte" er, wenn auch unter körperlichen Strapazen, fremde Länder in Form von Marschrouten, Kriegsschauplätzen und Plünderorten kennenlernen, vor allem aber begegnete er im Soldatendienst anderen Soldaten aus anderen Ländern, die ihm bereits als Ausländer erscheinen konnten, sofern sie von Gegenden kamen, die außerhalb seines Arbeitsplatzes als Bauer, also der Gutshofgrenze, lagen. Das mochten Bayern oder Hessen, Sachsen oder Pfälzer oder Rheinländer sein, es waren zuerst Fremde, bevor er sie als Freund oder Feind unterscheiden lernte.

Aus diesem Erlebnisbereich mochten sich aber auch Konsequenzen ergeben. Einmal war es die konkrete Erfahrung von Leid und Tod auf dem Schlachtfeld, gegen die der Bauer sich mit Hilfe seiner Bräuche nicht mehr absichern konnte, weil es keine Natur-Erfahrungen und somit keine natürlichen waren, sondern dienstlich befohlene.

Zum anderen kam er mit den „Ausländern" in Kontakt. Und wovon erzählten Soldaten mit Vorliebe? Von daheim. So mochte der preußische Bauern-Soldat hören, wie es bei anderen mit ihren Bräuchen und deren Pflege stand. Und er mochte staunend zur Kenntnis nehmen, daß man anderswo den Bauern nicht die „Zwerge" verjagt und ihnen nicht die Feiertage gestrichen oder verschoben hatte, d. h., daß die „Ausländer" mehr Frei-Zeit hatten als seine preußischen oder schlesischen Kollegen.

Das mochte wiederum zweierlei Folgen nach sich ziehen. Entweder er verbiß sich schon aus einfachstem Gerechtigkeitsgefühl in seine bisherigen Brauchtumsgewohnheiten – oder aber er fand Abstand zu seinem ungestörten Leben im heimatlichen Brauchtum und Aberglauben. Eine solche Entwöhnung mochte sogar einigen Anlaß zur Überheblichkeit bieten, denn aus seiner neuen Welterfahrung wirkte die Scholle rasch antiquiert.

Die Pflege von Brauchtum und Aberglaube blieb so lange intakt, wie sie innerhalb einer lokalen Abgeschlossenheit und daher von außen unbeeinflußt blieb. Dagegen spricht keinesfalls, daß ein und derselbe Brauch in mehreren und voneinander entfernt liegenden Gegenden bekannt sein konnte. Das sprach gerade für das Funktionieren seiner Bedeutung.

Die Spitze der Lehenspyramide: Agon und Agonie

Der Militärstaat Preußen

Immer wieder und unmißverständlich erklärte Friedrich II. seinen Staat als Militärstaat. „Wir müssen Preußen als einen Militärstaat betrachten, alles muß darauf eingestellt sein; denn wir haben mächtige Nachbarn voller Neid und Eifersucht", schrieb er in seinen Politischen Testamenten an seinen Nachfolger[1]. „Alles", das heißt seine gesamte Wirtschafts-, Finanz-, Außen-, Innen- und Peuplierungspolitik, nicht zuletzt auch das, was man heute Jugendpolitik nennt, war auf die Finanzierung, Ausrüstung und Unterhaltung seines Heeres ausgerichtet. Er verstand die Armee als das „Schwungrad an der Staatsmaschine"[2].

Wenn ein Staat derart als Militärstaat definiert wird, so müssen sich Zweck und Rechtfertigung seiner Existenz in erster Linie im militärischen Bereich erfüllen und bewähren.

Zahlen scheinen die Richtigkeit einer solchen Politik zu belegen: während seiner 46jährigen Regierungszeit vergrößerte Friedrich II. die Armee von rund 80 000 Mann auf 195 000 Mann. Innerhalb dieser Zeit führte er vier Kriege, darunter den Siebenjährigen oder Dritten Schlesischen Krieg, den man auch als „ersten Weltkrieg" bezeichnet hat.

Von den dreizehn Schlachten des Siebenjährigen Krieges, in denen er sein Heer einsetzen, bewähren und opfern mußte, konnte er sieben mehr oder weniger zu seinen Gunsten entscheiden[3].

Am glänzendsten gelang sein Reitersieg bei Roßbach nahe der Saale (geführt von Seydlitz) am Nachmittag des 5. November 1757, der im Laufe einer guten Stunde errungen war.

Der Sieg bei Roßbach wurde als sein populärster bezeichnet, denn er sei „der erste glänzende Triumph deutscher Truppen über die Franzosen seit Menschengedenken"[4], sogar „ein beflügelndes nationales Erlebnis" gewesen[5], das dazu beigetragen habe, „die Vorherrschaft Frankreichs im Abendlande zu erschüttern". Obgleich die Franzosen zusammen mit der Reichsarmee Friedrichs II.

Gegner waren, wurde der Sieg viel mehr als ein solcher über die Franzosen als über die Reichsarmee gefeiert[6].

Die Franzosen wurden vom Prinzen von Soubise geführt, der wegen seiner totalen Abhängigkeit von Paris und seiner Entscheidungsschwäche das „Bild einer geradezu abgründigen Hilflosigkeit"[7] bot und von seinen eigenen Offizieren abschätzig genug als Prinz Soubise-Sottise bespöttelt wurde.

Die Reichsarmee wurde von Prinz von Hildburghausen geführt.

21 600 Preußen standen 64 080 Gegnern (27 840 Reichsarmee und 36 240 Franzosen) gegenüber[8]. Auf preußischer Seite wurde der Verlust mit 548 Mann angegeben, auf der Seite des Gegners dagegen 3552 Mann.

In seiner verlustreichsten Schlacht von Kunersdorf (12. August 1759) mit 19 100 Toten und Verletzten standen 50 000 Preußen rund 41 000 Russen und 18 523 Österreichern gegenüber mit 13 477 gefallenen oder „blessierten" Russen und rund 2000 Österreichern. Am Ende des Siebenjährigen Krieges hatte er durch Tod, Desertion und Krankheit rund 180 000 Mann verloren, etwa 40 000 Mann mehr, als seine Armee zu Kriegsbeginn stark gewesen war[9].

Berücksichtigt man, daß rund die Hälfte der Soldaten aus Landeskindern bestand, so waren es immerhin etwa 90 000 Menschen, die dem Staat unmittelbar verlorengingen, d. h. als steuerzahlende Bauern.

Denn die friderizianische Armee rekrutierte sich, abgesehen von Ausländern, fast ausschließlich aus demjenigen Stand, der den größten Teil der Gesamtbevölkerung ausmachte: aus dem Bauernstand. Er trug die Hauptlast der von den Einheimischen aufzubringenden Steuern und zugleich des zu leistenden Heeresdienstes[10].

Nicht zum Kriegsdienst herangezogen wurden Berliner und fast alle Stadtbürger, Handel- und Gewerbetreibende, Pfarrer und Lehrer und deren Söhne und Studenten, angesessene Bauern-Väter und deren erstgeborene Söhne, Neusiedler, sowie die meisten Manufakturarbeiter, königliche Beamte und reiche Leute mit mehr als 10 000 Taler Vermögen[11].

In der Schlacht um Prag (6. Mai 1757) hatte Friedrich II. mit 65 000 Mann sein zahlenmäßig größtes Truppenkontingent eingesetzt; die größte Übermacht auf österreichischer Seite mit ca. 90 000 Mann stellte die Schlacht bei Liegnitz (15. August 1760), der nur 30 000 Preußen gegenüberstanden.

Solche Zahlen mögen beeindrucken. Um so mehr, als die siegreich entschiedenen Schlachten voll und ganz den alten Feudalgedanken bestätigen, wonach der Herrscher zum Schutz der Untertanen verpflichtet war. Der Schutzgedanke war im Kriegsfall nur dadurch einzulösen, daß zu schützende Untertanen geopfert wurden. Es wird zu fragen sein, ob und wieweit das Hinopfern von Menschen den Schutzgedanken rechtfertigt oder ihn an die Grenze seiner Legitimität treibt.

Abgesehen von den wenigen Freiwilligen mußten im 17. und 18. Jahrhundert in Preußen wie in Rußland, Österreich oder Frankreich die Soldaten angeworben, dienstverpflichtet, gemietet oder gekauft werden. Der Obrist war mit seiner Söldnertruppe ein selbständiger Militärunternehmer, der für einen kriegführenden Fürsten ins Feld zog, sich bezahlen ließ und im nächsten Krieg wieder einem anderen Kriegsherrn diente[12].

Preußen kam im 18. Jahrhundert auf zweierlei Art zu seinem stehenden und allein dem den Staat repräsentierenden Monarchen verpflichteten Söldnerheer: entweder durch die oft rüde Methode der Werbung oder die von Friedrich Wilhelm I. verfügte Methode der „Enrollierung".

Im Agrarstaat Preußen kamen als Rekruten überwiegend solche Landeskinder in Frage, die im Wirtschaftsgefüge der Gutsherrschaften lebten, also vornehmlich in den Gebieten östlich der Elbe. Das System der Gutsherrschaften mit Gutsherren und erbuntertäniger Bauern wurde auf das Militärsystem mit adligen Offizieren und Soldaten übertragen, so daß die Identität zwischen Bauer = Soldat und Gutsherr = Offizier die soziologische Grundstruktur darstellte. In keinem anderen Staat der Welt gab es eine vergleichbare Verzahnung, und die nahtlose Durchdringung beider Bereiche machte im eigentlichen Sinne das aus, was unter Militärstaat und Militarismus zu verstehen war[13].

Ohne das gutsherrlich-bäuerliche Verhältnis, wie es im Feudalsystem aus dessen historischem Entstehen herrschte, war die Heeresverfassung des preußischen Staates nicht denkbar. Wo das gutsherrlich-bäuerliche Verhältnis nicht bestand, wie in den westlichen

Besitzungen Preußens (Kleve, Mark, Geldern, Moers, Ostfriesland)[14], gab es auch nicht das Soldaten-Reservoir, das der Staat
brauchte, um seinem Zweck und Selbstverständnis gerecht zu werden[15].

Als Rekruten kamen also nur die Domänen- und Rittergutsbauern bzw. deren Söhne in Betracht. Die Dienstpflicht betraf jüngere
Bauernsöhne, Knechte, Häusler und landlose Leute. Der Land-
mann war rechtlich gesehen als Bauer Privatperson, als Rekrut
aber zugleich Staatsuntertan.

Seit der Errichtung des stehenden Heeres durch den Großen
Kurfürsten im Jahre 1644 lebte der Bauer in völliger Ungewißheit,
ob und wann er seinen Hof und seine Familie verlassen müsse, um
in das Heer gesteckt zu werden. Wer einem Werber in die Hände
fiel, war meist rettungslos verloren. Die Werber waren gefürchtete
Menschen, sie kidnappten Bauern vom Feld weg („systematischer
Menschenraub"[16]), sie verfolgten sie bei deren Fluchtversuchen,
es kam zu Mißhandlungen, ja Tötungen, falls der Bauer sich allzu
heftig wehrte. War der Bauer Landbesitzer und einigermaßen
reich, konnte er sich durch Zahlung hoher Lösesummen dem
Dienst entziehen; manche verkauften deshalb sogar ihren gesamten Besitz und zogen bittere Armut dem Heeresdienst vor, andere
wiederum verstümmelten sich oder wanderten in benachbarte
Länder aus. Die Landflucht oder „Depeuplierung des platten Landes" grassierte überall, wo Bauern als Soldaten geworben wurden,
in den östlichen Provinzen entschieden mehr als in den westlichen.

Diese unsicheren Zeiten änderten sich, wenn auch kaum zufriedenstellend, als der „Soldatenkönig" Friedrich Wilhelm I. im Jahr
1721 per Edikt die gewaltsamen Werbungen von Inländern verbot.
Diesem Verbot widersprach ein anderer Befehl des Königs, wonach die Kompaniechefs für die Ausstattung ihrer Regimenter mit
genügend Soldatenmaterial verantwortlich gemacht wurden und
demzufolge nicht zurückscheuten, sich gegenseitig in den Werbemaßnahmen zu konkurrieren, sich sogar gegenseitig die Bauern-
rekruten abzujagen. Derjenige Kompaniechef erfüllte den
Wunsch seines Königs, dessen Regiment vollzählig oder gar über-
zählig belegt war. Da der König nicht gut sich selbst widersprechen
konnte und das Verbot von 1721 nichts nutzte, versuchte er einen
anderen Weg, indem er die Schollengebundenheit der Untertanen

verschärfte, wonach das Vermögen der Landeskinder, „so aus
Furcht vor der Werbung ausgetreten . . ., konfisziert . . . sein soll"
(Edikt vom 11. November 1722)[17].

Die Verfügungen von 1721 und 1722 waren nichts weiter als for-
melle Erneuerungen jener Bestimmung von 1714, die bereits ein
Verbot von Zwangswerbungen von Inländern ausgesprochen oder
zumindest die Soldatenwerbung „ohne große Gewalttätigkeit" erlaubt hatte. Das neue Edikt von 1722 gab die Bauernjungen demnach dem Zugriff der Werber preis, sofern sie „gewaltlos" vorgin-
gen, was immer darunter zu verstehen war.

Das Problem der Soldatenwerbung bestand in Preußen bis ins
Jahr 1806 und fand vor allem dort seine Rechtfertigung, wo es um
die Werbung der „Langen Kerls" ging, eine Spezialleidenschaft
des „Soldatenkönigs".

Die Werbeoffiziere waren regelrecht auf hochgewachsene junge
und kräftige Menschen angesetzt. Sie gaukelten den Opfern beste
Aussichten beim Eintritt in die preußische Armee vor, versprachen ihnen den Aufstieg in den Korporalsrang (was nie geschah),
zeigten sich großzügig, indem sie ihnen Essen und Trinken, vor
allem Branntwein spendierten, drängten ihnen das Handgeld auf
und zwangen sie in betrunkenem Zustand zur Unterschrift (oft
drei Kreuze, weil die wenigsten Geworbenen schreiben konnten).

1730 führte Friedrich Wilhelm I., der seit 1725 nur noch die
blaue Uniform trug[18], geradezu eine Preisliste ein, wonach für
einen Soldaten (ob Infanterie oder Kavallerie) die Taxe nach der
Körpergröße festgelegt war:

	Fuß	Zoll	Taler
Bezahlung für einen Menschen von	5	10	700
Bezahlung für einen Menschen von	6	und größer	1000
	(= mindestens 1,80 Meter)		

Für einen geworbenen Iren von 2,16 Meter Größe soll er einmal
sogar 9000 Taler gezahlt haben[19], das dreifache Jahresgehalt eines
Ministers.

Das Regiment der „Langen Kerls", die Leibgarde Friedrich Wilhelms I. mit der Garnison in Potsdam, setzte sich aus Angehörigen

fast aller europäischen Nationen zusammen (Franzosen, Holländer, Wallonen, Schweden, Österreicher, Litauer, Polen und andere), die gebürtigen Preußen waren bei weitem in der Minderzahl. Das Riesen-Regiment bestand aus 60 Offizieren, 165 Unteroffizieren, 53 Trommlern, 15 Pfeifern, 15 Sanitätern („Feldscher" genannt) und 2160 Gemeinen (= Musketieren), die alle über sechs Fuß groß waren[20]. Für die „Riesen" mußten die Steuerzahler etwa 36 Millionen Taler aufbringen für Aufstellung, Unterhalt und vor allem für Werbung.

Fast märchenhaft klingen Geschichten über Werbemethoden. So soll Friedrich Wilhelm I. ein besonderes Prunkstück aus dem Familienbesitz an Sachsen für Riesenmenschen eingetauscht haben. Es ging um ein 532 Pfund schweres Hirschgeweih, wofür er vom sächsischen Kurfürsten August eine ganze Kompanie Riesengrenadiere erhalten habe[21]. Eine andere Geschichte: Ein Werber soll bei einem hünenhaften Schreiner einen langen Sarg bestellt haben. Als der Sarg fertig war, bat der Werbeoffizier den Schreiner, sich probehalber selbst hineinzulegen, denn er glaube nicht, daß der Sarg die gewünschte Länge besitze. Als der Schreiner ausgestreckt darin lag, habe ein Gehilfe rasch den Sargdeckel geschlossen, vernagelt und die Kiste in die Stadt geschafft. Diese Werbemethode schlug fehl, denn als der Sarg mit dem riesenhaften Schreiner geöffnet wurde, war er tot, entweder vor Schreck gestorben oder erstickt[22].

Wie dem auch sei, solche Geschichten vermitteln ein Bild, was man von dem Schreckgespenst preußischer Werbeoffiziere zu halten hatte, sie machen jedenfalls glaubhaft, warum Bauern vor ihnen außer Landes geflohen sind. Doch nicht nur Bauern verließen Scholle und Arbeitsplatz, sondern auch viele Arbeiter der städtischen Manufakturen, vor allem der Wolle-Industrie. Hier war die Massenabwanderung so stark, daß manche Wirtschaftszweige zu erliegen drohten. Aus Gründen der harten Werbemaßnahmen ging aber auch die Zahl der Einwanderungslustigen beträchtlich zurück. Es war eine bedenkliche Entwicklung eingetreten, der zufolge die Wirtschaft des Staates unter der militärischen Expansion des Staates zu leiden hatte. Um Abhilfe zu schaffen, verfügten Friedrich Wilhelm I. und besonders Friedrich II. (gegenüber Schlabrendorff z. B. im Jahre 1755), daß die einzustellenden Lehrlinge bzw. Knechte nicht größer als 5 Fuß 4 Zoll sein sollten, weil die Werbeoffiziere an „kleinen" jungen Leuten sowieso kein Interesse hätten und sie verschonten.

Nicht einwandern oder außer Landes fliehen – das waren Möglichkeiten der Untertanen, sich vor Werbeoffizieren zu retten. Dazu gehört auch der „Fall" des ostpreußischen Pfarrersohnes und später bekannten Dichters Johann Christoph Gottsched, der 1724 als Student aus Königsberg nach Leipzig floh, eben wegen seiner Körpergröße[22a].

Andere Vorfälle spielten sich 1770 ab: Als der General der westfälischen Provinzen von Wolfersdorff in Altena Rekruten werben wollte, ahnte er wohl, daß er auf den Widerstand der Untertanen stoßen würde und ordnete daher einen bewaffneten Überfall auf die Stadt an. Sein Plan wurde aber vorzeitig bekannt. Die Bewohner rüsteten sich zu entschlossenem Widerstand, besetzten die einzige schmale Gasse ihrer zwischen Lenne und dem Burgberg eingeklemmten Stadt, bewaffneten sich und empfingen den Aushebungstrupp mit glühenden Eisenstangen. Männer, Frauen und sogar Kinder kämpften zwei Stunden lang gegen die Leibkompanie des Generals und schlugen die Soldaten ihres Königs in die Flucht. Die Untertanen bejubelten ihren Sieg und veranstalteten am nächsten Sonntag ein feierliches Sieges- und Dankesfest in ihrer Stadt.

Der geschlossene Widerstand der preußischen Untertanen von Altena schlug hohe Wellen im ganzen Staat, mit dem Erfolg, daß Friedrich II. den General öffentlich maßregelte.

Das mochte eine spontane Reaktion des Königs gewesen sein. Im gleichen Jahr kam es aber zu einem weiteren Aufstand. Diesmal kämpften die Kolonisten von Luckenwalde südlich von Berlin um die in den Edikten von 1747 und 1764 versprochene Befreiung ihrer Kinder vom Militärdienst. Der mit der Aktion beauftragte Generalleutnant von Saldern ließ sich aber nicht vertreiben, sondern wies die Forderung der Kolonisten mit dem Hinweis zurück, daß im Herzogtum Magdeburg seit acht Jahren die Kinder enrolliert würden und trotzdem 1000 ausländische Kolonisten neu zugezogen seien. Auch machte er geltend, daß in der Kurmark Kolonisten-Kinder ohne jede Beanstandung enrolliert würden.

Nun reagierte Friedrich II. nicht mit einer Maßregelung des Generals, sondern unterstützte dessen Argumentation, freilich unter Abschwächung der beiden obengenannten Edikte: Nur die Kolonisten-Kinder der ersten Generation sollten in Zukunft von der Enrollierung ausgenommen werden, nicht aber die danach Geborenen. Damit bezog der König sozusagen eine Mittelstellung zwischen notwendiger Enrollierung einerseits und ebenso notwendiger Erhaltung der Arbeitskräfte für die Wirtschaft andererseits.

Bei Werbungen im Inland und vor allem im Ausland wurde bis zuletzt trotz Verbots jede Art von roher, brutaler Gewalt angewandt. Die Werbeoffiziere raubten nicht nur einzige Bauernsöhne, die normalerweise nicht eingezogen werden durften, sondern auch Studenten von der Universität weg, sogar, wenn sie konnten, ganze Kolonien von Untertanen, besonders zu Kriegszeiten, wenn starker Mangel an Soldaten herrschte. Die Werbeoffiziere ließen sich derart mit Freistellungsgeldern erpressen, daß sie offen die gesetzlichen Beschränkungen ihrer Methoden verhöhnten. Sie führten regelrechte Razzien an den Stadttoren und in den Straßen durch, durchsuchten sogar private Wohnhäuser vom Keller bis zum Dachgeschoß nach großen und kräftigen Menschen, auch bei Familien, die befreit sein sollten[23], z. B. Hugenotten.

Die „Langen Kerls" (das Regiment wurde 1740 von Friedrich II. aufgelöst und die Soldaten auf andere Truppenteile verteilt) waren mehr als ein bloßes Spielzeug des „Soldatenkönigs", die ihn auch noch in Mußestunden beschäftigten, wenn er Handzeichnungen von ihnen herstellte. Sie hatten auch ihren kriegerischen Nutzen: Nach der Einführung der Steinschloßflinte für die Infanterie anstelle der alten Luntenmuskete[24] waren „Lange Kerls" erforderlich, denn das neue Gewehr war mindestens 1,55 Meter lang[25] und konnte nur von hochgewachsenen Menschen mit langen Armen in der erforderlichen Schnelligkeit von oben geladen werden.

Eine wesentliche Neuordnung des Rekrutenaushebens führte Friedrich Wilhelm I. im Jahr 1733 ein: Er teilte das Land in fest abgegrenzte Aushebungsdistrikte ein, in sog. „Kantons". Jedes Regiment erhielt einen bestimmten „Kanton", aus dem die Soldatensollstärke rekrutiert werden durfte. Dieses „Kantonsreglement" fand seine Ergänzung im "Enrollierungsprinzip" (Verordnungen vom 1. Mai, 10. Mai und 15. September 1733). Es drehte sich dabei um Listen oder Stammrollen, in welche die Namen der jungen Bauern eingetragen wurden. Damit waren sie von der Militärverwaltung erfaßt, d. h. ihre Verfügbarkeit war festgelegt.

Die „Enrollierung" (Erfassung) brachte den Vorteil, daß die Stärke des Mannschaftsersatzes nicht nur abzuschätzen, sondern ziemlich genau zu planen war. Das zahlenmäßig ständig wachsende stehende Heer konnte nur bestehen, wenn es sich auf seinen Nachschub verlassen konnte. Die mit den Methoden der Werbung verbundene Zufälligkeit der Dienstverpflichtung fand in der Methode der Enrollierung eine berechenbare Größe: Der Regimentskommandeur kannte sich durch laufend durchgeführte Inspektionen in seinem Kanton genau aus und wußte demnach, welche Anzahl von Rekruten ihm zur Verfügung stand. Damit war aber auch die Vergrößerung des Heeres insgesamt planbar geworden. Pro Jahr wurden im Frieden 25, im Krieg 100 Mann ausgehoben (seit 1733). Seit 1714 wurden auf Befehl Friedrich Wilhelms I. aus jeder Kompanie (= 120 Mann) jährlich 25 Mann „von denen alten und schlechtesten Leuten" ausgemustert.

Mit dem zehnten Lebensjahr begann für den Bauernjungen nicht nur der Gesindezwangsdienst auf dem Gutshof, sondern auch seine Enrollierung als Rekrut. Seine Dienstzeit dauerte lebenslang. Erst nach 1792 wurde die Dienstzeit auf 20 Jahre beschränkt.

Vom zehnten Lebensjahr an hatte der enrollierte erbuntertänige Bauernbub als Zeichen seiner Zugehörigkeit zum militärischen Nachwuchs ein militärisches Montierungsstück zu tragen: eine rote Halsbinde oder einen „Regimentspüschel" am Hut, und zwar immer, ob bei der Feldarbeit oder in seiner Freizeit; sonntags mußte er sogar in voller Uniform in der Kirche erscheinen, tat er das nicht, machte er sich der Desertion (Fahnenflucht) verdächtig und wurde dafür schwer bestraft.

Enrollierte durften nicht auswandern; ihre Schollengebundenheit bestand nach wie vor. Vom zehnten Lebensjahr an war das Leben des Bauern fest verankert zwischen Rittergut und Regiment. Jedes Regiment erhielt als Kanton etwa 6000 Feuerstellen (= Bauernhaushalte) zugewiesen. Dort wurden die Heranwachsenden vom Regimentschef jährlich kontrolliert und nach der Konfirmation[26] auf den König vereidigt. Vom 17. Lebensjahr an durften sie zum (Kriegs-)Dienst eingezogen werden, sofern sie die erforderlichen Körpermaße besaßen. Wichtig bei der Aushebung waren der Pastor mit dem Kirchenbuch, das als Standesamtsregister diente, und der Aushebungsoffizier mit der Meßlatte.

Üblicherweise mußte der junge Bauer zwei Jahre zur Grundausbildung einrücken. Danach hatte der bäuerliche Kantonist pro Jahr erst drei, später (ab 1743) zwei Monate und noch weniger (sechs Wochen) in der Garnison zum Exerzieren zu erscheinen, meist zwischen März und Oktober, je nach den Bedürfnissen der Landwirtschaft und dem Stand von Saat oder Ernte. Konnte er lesen und schreiben, hatte er die Chance, eines Tages bei viel Glück zum Unteroffizier befördert zu werden, wenn nicht, blieb er sein Leben lang Gemeiner.

Wer nicht als Kantonist erfaßt war, galt automatisch als Ausländer. Dazu zählten auch die Freiwilligen oder die Bewohner dienstbefreiter Städte oder Bezirke.

Während der jährlichen Dienstzeit übte der Kantonist nicht nur in dem vom alten Dessauer eingeführten Gleichschritt marschieren, sondern vor allem den Umgang mit der Waffe. In hartem Drill wurde jeder Handgriff eingeübt und oft genug eingeprügelt, bis die auf Kommando erwarteten Reaktionen wie mechanisch funktionierten.

Nur während der Exerzierzeit war das Regiment vollständig beisammen, exerziert wurde fünfmal wöchentlich. In der übrigen Zeit wurde der Kantonist „beurlaubt", das heißt, auf seine heimatliche Scholle entlassen, wo er wieder, z. B. als Gesindearbeitskraft, seine Fronleistung zu erbringen hatte.

Auf dem Lande gab es nun die untertänige Arbeitskraft in drei Kategorien: 1. den zum künftigen Soldatendienst „Enrollierten", der im Kriegsfall jederzeit eingezogen werden konnte; 2. den bereits vom Soldatendienst "Beurlaubten" und 3. den fronenden, nicht zum Soldatendienst gezogenen Hofbauern (die „Haus und Hof Angesessenen")[27] oder den erstgeborenen und einzigen Bauernsohn, der Besitzrechte, welcher Art auch immer, zu wahren hatte.

Zum Stand des Bauernsoldaten oder Soldatbauern gehörte logisch folgend seine zweifache Gerichtsbarkeit: als Soldat (ob beurlaubter Rekrut oder Enrollierter) unterstand er samt Familie der Militärjustiz, als Bauer nach wie vor der Patrimonialgerichtsbarkeit des Gutsherrn. Da der Gutsherr oft identisch war mit dem Regimentschef, übte er diese doppelte Funktion in einer Person aus[28].

Das preußische Heer bestand zeitweise zu einem Drittel aus Landeskindern, zu zwei Dritteln aus geworbenen Ausländern, im Siebenjährigen Krieg war das Verhältnis 50:50. Es gab auch bestimmte Truppenteile, die ausschließlich aus Landeskindern bestanden, z. B. die Artillerie[29].

Die meisten Freiwilligen gab es bei den Husaren; jede berittene Truppe war besonders deshalb beliebt, weil bei ihr in Kriegszeiten leicht und viel Beute geraubt werden konnte.

Aus der Verzahnung von Bauer – Soldat einerseits und Gutsherr – Offizier andererseits ergaben sich für den Untertanen auch eine Reihe von Verdoppelungen im Bereich der Vorschriften.

Das Recht, den Heiratskonsens zu erteilen, stand dem Offizier ebenso zu wie dem Gutsherrn. Der Offizier erteilte den Trauschein für den Soldaten und den Enrollierten wie der Gutsherr für den Fronbauern[30]. Beide waren gleichermaßen bestechlich. Ein Trauschein kostete in der Regel 1 Taler 14 Groschen. Der verheiratete Soldat erhielt 8 Groschen pro Woche Sold, im Volksmund nannte man ihn den „Acht-Groschen-Mann"[31]. Viele Soldaten heirateten, gerade die geworbenen ausländischen, weil sie dadurch der lästigen Pflicht entgehen konnten, während der Exerzierzeit ständig im Quartier liegen zu müssen. Herr im eigenen Haus zu sein war ihnen allemal angenehmer als das Leben im engen Quartier. Trauscheine waren in der preußischen Armee im Unterschied zur kaiserlichen und französischen recht leicht zu erhalten. Verheirateten sprach man den Vorteil zu, lieber bei Weib und Kind und Nahrung zu Hause zu sein als zu desertieren. Ihr Nachteil war zugleich, daß sie äußerst ungern ins Feld zogen, wenngleich sie sich im Kampf wacker und treu schlugen, eben aus Anhänglichkeit zu ihrer Familie.

Wollte der Soldat seinen Abschied vom Militär nehmen, so mußte er genauso ein Loskaufgeld zahlen wie der Bauer, der vom Frondienst und von der Schollengebundenheit freizukommen wünschte. Wiederum eine Gelegenheit für den Regimentschef, sich zusätzlich Geld zu verschaffen, obgleich das offiziell verboten war. Die Soldaten verstanden solche Ausgaben als „Plackereien".

Da der Regimentschef nicht nur seinen Kanton zur Enrollierung besaß, sondern als Gutsherr oft dasselbe Gebiet als Gutsgebiet, mußte ein zugewanderter Bauer auch bei ihm die Erlaubnis
einholen, wenn er sich auf dem Lande niederlassen wollte. Auch
dieser Erlaubnisschein kostete Geld und konnte überzogen verlangt werden.

Die enge Verzahnung von Gutswirtschaft und Regiment griff somit nicht nur in die Finanzen des Bauern ein, sondern man kann
geradezu von einer Militarisierung der bäuerlichen (Finanz-)Wirt-
schaft sprechen. Der Staat bzw. der König hatten wenig Chancen,
regulierend zu wirken, denn die Staatsmacht mit ihren Behörden
endete rechtlich an den Grenzen der Gutswirtschaft[32].

Die Strafen in der Armee waren aus den gleichen Gründen der
Verzahnung identisch mit denen im Gutsbetrieb: Prügel, „in den
Stock spannen", „spanischer Mantel", Halskrause, „scharfer Esel",
„Krummschließen" und Arrest. Der Regimentschef griff ebenso
rasch zur Peitsche wie der Gutsherr. Auch das Spießrutenlaufen,
zunächst eine militärische Strafart, wurde auf Zivilisten angewandt.

Bei den Landeskindern war der Militärdienst teilweise beliebt,
teilweise wurde er auch als Strafe verstanden wie auch die Einquartierungen preußischer und erst recht fremder Truppen im Kriegsfall.

Obgleich Friedrich II. seinen Staat als Militärstaat verstand (der
österreichische Staatskanzler Fürst von Kaunitz nannte ihn sogar
„Kriegsstaat")[33] und somit voll und ganz von der Einsatzbereitschaft seiner Soldaten abhing, galt der Soldatenstand als der am
schlechtesten bezahlte. Er war der einzige Stand, der seit 1714
kaum eine Erhöhung seines Soldes erhielt.

In der Schlacht von Kolin (18. Juni 1757) soll Friedrich II. seinen
berühmt gewordenen Satz ausgerufen haben: „Kerls, wollt ihr denn
ewig leben?" Darauf brüllte ein alter Grenadier zurück: „Hör' mal,
Fritze, ich dächte doch, für 13 Pfennig wär's für heute genug!"[34].

Vom Bauernsoldaten verlangte Friedrich II. äußerste Disziplin,
die mit den Begriffen Gehorsam, Pünktlichkeit und Subordination umrissen wird[35]. Diese Disziplin war gewährleistet, weil und
sofern das Leben des Bauern auf dem Feld wie im Dienst aus
Furcht vor der Strafe bestimmt war. Die Furcht hielt schließlich

auch im Kampf die Truppe zusammen, gemäß Friedrichs II. Satz: der gemeine Soldat müsse „vor dem Offizier mehr Furcht als vor dem Feind haben"[36]. Dieser Satz geht übrigens auf die Soldatendisziplin im alten Sparta zurück.

Es gab freilich auch eine Art patriarchalisches Band, in dem Güte und Zuneigung vorherrschen mochten. Oft wurde ein Rittergut über Generationen hinweg von ein und derselben Gutsbesitzerfamilie geführt, und ebenso oft konnte ein und dieselbe Untertanenfamilie dem Gut verbunden sein. Dieser Zustand dauerte jedenfalls bis ins letzte Drittel des 18. Jahrhunderts, als die große Zeit des Güterhandels und demnach auch des Wechsels der Gutsherren gekommen war[37]. (In zwei schlesischen Bezirken hatten zwischen 1764 und 1770 so gut wie alle Güter ihren Besitzer gewechselt.[38])

Die Idealform des gutsherrlich-bäuerlichen Verhältnisses, oft genug als Muster hingestellt, mochte durchaus den Boden abgeben für eine Art Heimatgefühl der Bauern, freilich weit entfernt von einem Nationalgefühl oder gar -bewußtsein. Friedrich II. schätzte gewiß nicht den gemeinen Soldaten, sofern es sich um geworbene Ausländer drehte, gestand aber doch seinen Landeskindern im Heer ein verfügbares Maß an Treue und Tapferkeit zu, wenn dem Untertan nur seine Bindung zu Freunden und Verwandten und schließlich zum heimatlichen Hof klargemacht werde[39]. Diese Gefühlsbasis war weder den Bauern östlich noch denen westlich der Elbe abzusprechen, und dennoch zeigte sich, daß sie nicht ausreichte für das, was man eventuell vom Geist der Truppe erwartete.

Die Arbeitsverfassung der östlichen Gutswirtschaften mit den im Feudalsystem ausgeprägten und verfeinerten Formen der Erbuntertänigkeit oder Leibeigenschaft mit allen Konsequenzen der Schollengebundenheit und der Fronpflichtigkeit, der Gesindedienstpflicht und der meist ungemessenen Arbeitszeit bot eine wesentlich stabilere Grundlage für die Disziplinierfähigkeit der Bauern und deren bedingungslose Verwertbarkeit in der Armee als in den Gebieten westlich der Elbe.

Der ostelbische Gutsherr wuchs als Gerichts- und Polizeiherr wie von selbst in die Sphäre des Herrschens und Befehlens und schien so auch von Hause aus prädestiniert, die Befehlsgewalt im

Heer zu übernehmen. Desgleichen lernte hier aber auch der bäuerliche Untertan von Kindesbeinen an das Dienen und Gehorchen, das im Militär von ihm verlangt wurde.

In den westlich gelegenen Teilen des preußischen Staates folgte das Herrschaftsrecht über Bauern nicht unbedingt aus dem Besitz eines Rittergutes. Erbuntertänigkeit war hier so gut wie unbekannt. Im Sinne des preußischen Landrechts gab es hier auch keine Gutsobrigkeit; der Bauer unterstand direkt seinem Landesherrn, er war meist ein recht wohlhabender Besitzer oder Pächter seiner Höfe. Wäre er zum Militärdienst herangezogen worden wie sein ostelbischer Kollege, so hätte der Adel den Schaden zu tragen gehabt, da er allein auf die (Zins-)Abgaben der Bauern angewiesen war. Dennoch war der Adelsstand der westlichen Provinzen dem Militärsystem unterworfen[40].

Da hier die Gutsherrschaft nicht vorherrschend und nicht ausgebildet war, hatte das zur Folge, daß es die Einheit von Grundherrschaft und Gerichtsbarkeit und das heißt Polizeigewalt nicht gab. Die Gutsherrschaft in Ostelbien war dagegen nicht nur die „Vorschule zum Heeresdienst" oder die „beste Pflanzschule für die Armee"[41], sondern darüber hinaus die Verquickung von Militär- und Polizeistaat mit dem Bauernstand.

Gerade weil das Militärsystem im Westen nicht so radikal ausgebaut werden konnte wie im Osten, gerade weil hier weder das Kanton- noch Enrollierungsprinzip durchführbar war, legten Friedrich Wilhelm I. und vor allem sein Sohn keinen besonderen Wert auf ihre westlichen Besitzungen[42], und Friedrich II. hätte zu gern seine rheinischen Provinzen hingegeben, wenn er dafür das Kurfürstentum Sachsen hätte einstecken können[43]. Sein Griff nach Schlesien war nicht zuletzt dadurch zu motivieren, daß hier das erwünschte Feudalsystem, wenn auch durch slawisch-österreichische Nachlässigkeit desolat, fertig gebildet bestand[44].

Die Einführung des Kantonsystems trieb einen bedeutenden Keil in das bis dahin (1733) funktionierende totale Ausbeutungsverhältnis der Gutsherren gegenüber den Untertanen. Denn als Kantonist wurde der Bauer direkter Untertan des Königs. Der schlaue Bauer sah darin eine Stärkung seiner Rechtsposition gegenüber seinem Gutsherrn, indem er seine Frondienste in der Zeit seiner Beurlaubung gern vernachlässigte und auf dem heimatlichen Hof sogar seiner Faulenzerei frönte. Durch seine direkte soldatische Unterstellung unter den König konnte der Bauer des Rittergutes sich fast so fühlen wie ein Domänenbauer.

Die Gutsherren sahen sofort die Gefahr, die das Kantonsystem mit sich brachte. Es kam zu langen Auseinandersetzungen zwischen Gutsherren und königlichen Beamten, bis sich Friedrich II. schließlich auf die Seite der adligen Gutsherren schlug und deren Gerichtsbarkeit samt Patronat über Kirche und Schule bestätigte, jedenfalls für solche Bauern, die lediglich enrolliert, aber noch nicht eingezogen waren[45]. Ungehörig blieb es für den Gutsherrn dennoch, daß der gemeine Kantonist sich mit seinen Beschwerden direkt an den König wenden konnte, was er meist zu hintertreiben verstand.

Die Gutsherren wehrten sich, indem sie die Maßnahmen des Bauernschutzes, worauf Friedrich II. so großen Wert legte, unterwanderten. Nicht selten kam es vor, daß durch die Einberufung der bäuerlichen Kantonisten und Enrollierten Höfe, wenn auch nur kurzfristig, frei wurden. Obgleich Friedrich II. ausdrücklich verfügt hatte, eine eingegangene Bauernstelle wieder mit einem Bauern zu besetzen, schon im Interesse an dessen Kontributionszahlungen, schlugen die Gutsherren die Höfe bei Heer dienender Kantonisten ihrem eigenen Land zu (= Bauernlegen), setzten statt Bauern lieber Kossäten, Instleute, Knechte, Gärtner oder auch nur Hirten auf deren Stellen und nutzten sofort das ihnen zustehende Recht, solche Kleinbauern nach eigenem Gutdünken abzusetzen oder zu versetzen.

Diese für die Gutsherren günstige Lage wurde nolens volens während des Siebenjährigen Krieges noch verbessert. Etwa die Hälfte der am Kriegsgeschehen beteiligten preußischen Soldaten fiel aus und mußte aus den Kantons ersetzt werden[46]: Je länger der Krieg dauerte, desto mehr Bauern mußten ihre Höfe verlassen. Fiel der Bauer im Krieg, so konnte das dem Gutsherrn nur recht sein.

Vor allem in Schlesien waren viele Bauernstellen durch den Tod der Stelleninhaber „wüst", aber auch Land und Höfe zerstört oder die Bewohner vertrieben worden. Die Gutsherren schlugen das Land zu ihrem Besitz und schoben die Last der anfallenden Militärfuhren, der Vorspanndienste usw. auf die Bauern der näheren

Umgebung ab. So mußten Kleinbauern oder Landlose die Pflichten der Vollbauern übernehmen, was eine beträchtliche Schwächung der sozialen Lage der Bauern nach sich zog. Ein so verlustreicher Krieg wie der Siebenjährige konnte den Gutsherren mehr als willkommen sein, stärkte er doch automatisch ihre aus wachsendem Besitz folgende erhöhte Machtstellung gegenüber den Untertanen.

Nach dem großen Krieg ging Friedrich II. daran, das zerstörte Land wieder aufzubauen und die Bauernstellen wieder mit Bauern zu besetzen. Aus mehreren Gründen scheiterte sein Vorhaben – zum Vorteil der Adligen: Viele Höfe waren verwüstet oder mit Absicht so heruntergewirtschaftet, daß kein Bauer sie übernehmen wollte. Die Gutsherren konnten mit gutem Grund argumentieren, es gebe einfach keine Leute für die Neubesetzung der freien Stellen.

Zum anderen waren aber die Steuern derart hochgeschraubt, daß ein in Frage kommender Bauer vor den hohen Abgaben zurückschreckte und lieber von selbst verzichtete [47].

Etwas mehr als ein Drittel des Reineinkommens als Steuer abführen zu müssen, galt als Norm. Es gab aber auch viele Bauern, z. B. aus Tempelhof bei Berlin, welche die Hälfte ihres jährlichen Einkommens als Steuer abzuführen hatten. Es rentierte sich also für solche Bauern überhaupt nicht, dem Wunsch des Königs zu entsprechen und einen freien Hof zu übernehmen.

Das trostlose Bild einer Verelendung des Bauernstandes war nicht unbegründet: Viele Bauern würden sich bald nicht mehr ernähren können und müßten als Bettler ihr Leben fristen. Da Friedrich II. die einzig rettende Möglichkeit nicht wahrnehmen wollte, nämlich den Adel beträchtlich höher zu besteuern, konnte er das Prinzip des Bauernschutzes nicht grundsätzlich und generell durchsetzen. Da er überzeugt war, nur Adlige seien in der Lage, den Anforderungen des Offiziersdienstes zu genügen und die Rittergutsbesitzer zwang, Offiziersstellen zu übernehmen, machte er sich nach altem Feudaldenken des „Do ut des" wieder von ihnen abhängig, indem er seinerseits die Pflicht übernahm, den Adel in seinen Besitzungen und Privilegien zu schützen und ihm die unumschränkte Herrschaft in seinem Gutsbezirk zu bestätigen.

So und nur so gesehen kann man vom preußischen Militär- und Polizeistaat als einem Sozialstaat sprechen, als der königliche Schutzgedanke sich ausschließlich auf Adlige bezog und nicht, wie zur Zeit der Regie verkündet, auf die Untertanen.

Deutlich genug hieß es im Politischen Testament von 1752, „die Erhaltung des Adels (sei) ein Gegenstand der Politik des Königs von Preußen", denn der „Adelsstand (sei) die Grundlage und die Säulen des Staates"[48].

War bereits mehrmals und besonders gewichtet davon gesprochen worden, daß die Frage der Steuerbewilligung für ein stehendes Heer vom Großen Kurfürsten zu einer Entmachtung des Adels geführt hatte, so wurde nun durch Friedrich Wilhelm I. und besonders durch Friedrich II. diese Entmachung ebenso bedeutungsschwer wieder rückgängig gemacht. Damit ging der feudal bedingte Gegensatz zwischen Adligen und König verloren[49].

Zwei wesentliche Bestimmungen zugunsten des Adels waren es also, die zur Durchbrechung und damit zum Untergang des Feudalsystems beitrugen: einmal die Allodifikation durch Friedrich Wilhelm I., zum anderen die Vormachtstellung des Adels im Heer als des allein privilegierten Standes durch Friedrich II.

1717 hatte Friedrich Wilhelm I. fast in ganz Preußen auf sein ihm als Landesherrn und d. h. oberstem Lehensherrn zustehendes Obereigentum am Grund und Boden verzichtet und gegen Bezahlung einer geringen Steuer die „Leihgabe" in Eigentum der Adligen[50] überführt (= allodifiziert). Diese Verfügung wurde 1723 in einer neuen Lehensverfassung kodifiziert. Ihr zufolge durften die Adligen über ihr zu Besitz gewordenes Lehen frei verfügen, sie durften ihren Besitz beim Aussterben des letzten Erben sogar verkaufen.

Es kam zu einer Fülle von Familienstreitigkeiten und -verträgen, von Erbregelungen und Abfindungen der Witwen und Töchter, zur Verschuldung der Güter, zu ihrer Aufteilung und Zerstückelung.

Um dem entgegenzuwirken, erließ Friedrich II. am 3. April 1754 eine Kabinettsordre, in der er den Adligen die Bildung von Majoraten in ihren Familien empfahl, also dem ältesten Sohn Vorzugsrechte auf das Erbgut zu übertragen, damit der Besitz des Rittergutes insgesamt erhalten blieb und damit auch die Gesamtzahl der Rittergüter[51].

Indem der Adlige sein Gut nun als Eigentum und nicht mehr als bloßes Leihgut besaß, war er daran ebenso gebunden wie der schollenpflichtige Bauer an den Hof. Er durfte sein Gut nicht verkaufen und keinen anderen Beruf ausüben als den des Gutsherrn. Seine Söhne bedurften der Heiratserlaubnis durch den König wie der Bauernsohn durch den Gutsherrn. Der Bodenbesitz brachte aber gleichzeitig eine ungeheure Machtverfestigung und zugleich -verpflichtung. Der Adlige durfte nicht außer Landes reisen oder in fremde Dienste treten[52]. Er mußte wie der Untertan an Ort und Stelle und somit verfügbar bleiben, andernfalls er sich wie jener der Fahnenflucht und Desertion schuldig machte. Die adligen Söhne durften nicht an ausländischen Universitäten studieren und waren verpflichtet, sich in Kadettenanstalten zu Offizieren ausbilden zu lassen.

Friedrich Wilhelm I. sagte in seinem Politischen Testament von 1722 bezüglich des Verbots, daß die Söhne der Adligen ins Ausland gehen, dort studieren oder in Militärdienst treten, das „... wird den Vorteil haben, daß der ganze Adel in Euren Diensten von Jugend auf darinnen erzogen und keinen Herrn kennen als Gott und den König in Preußen"[53]. Also blieben die Adligen an ihren Besitz und Stand gebunden – und mußten dafür nach alter Lehensdenkart entschädigt werden. Der Gutsbesitzer nahm einige nicht unerhebliche Pflichten auf sich, wenn er sich dem Staat als Offizier zur Verfügung stellte. Zunächst war die Offizierslaufbahn im preußischen Heer sehr langsam. Erst nach ungefähr 15 Dienstjahren wurde der Kapitänsrang (Hauptmann) erreicht, nach etwa acht Jahren erfolgte der Aufstieg zum Major und wieder sechs oder acht Jahre dauerte es bis zum Obersten. Die meiste Zeit mußte der adlige Offizier von seinem Gut abwesend sein und nicht selten war er 50 Jahre oder älter, bis er wieder zurückkehrte.

Zum anderen schnitt er sich beim Bauernlegen im Interesse der Besitzerweiterung selbst ins Fleisch, denn sein eigenes Gut war zwar grundsteuerfrei bis auf das geringe Lehenspferdegeld, nicht aber das Bauernland, das er an sich zog und auf dem die Last der Kontribution lag, die er als Besitzer nun zu zahlen hatte. Und schließlich mußte er die Ausbildung finanzieren, die seine Söhne auf der Kadettenakademie genossen.

Die Entschädigung, auf die Friedrich II. zurückgriff, zahlte sich bar nicht unmittelbar aus. Es war vielmehr eine moralische Hochfixierung, die im alten Begriff der Ehre begründet war.

Obgleich es „niemals zu einer völligen Deckung der Interessen der adligen Grundbesitzer mit dem Dienst in der Armee gekommen" sein mag[54], so versuchte Friedrich II. die wirtschaftlichen Verluste, die einem von seinem Gut abwesenden Gutsbesitzer entstanden, dadurch wettzumachen, daß er ihn in seinem sozialen Prestige aufwertete und ihm alle Aufstiegschancen in der militärischen Hierarchie offenhielt. Vom Offiziersdienst als einem Ehrendienst konnte vornehmlich dann gesprochen werden, wenn der Offizier sich im Krieg auszeichnete. Denn nun hing von ihm – im Unterschied zur langen Friedenszeit Friedrich Wilhelms I. –, von seiner militärischen Leistung und seinem persönlichen Einsatz im Kampf der Bestand des Staates ab, ja, die Vergrößerung der Monarchie an Macht und Landzuwachs.

Daß ein Mensch Ehre habe, nur weil er ein adliger Offizier war oder besser: dazu gemacht worden war, war eine Unterstellung Friedrichs II., durch nichts begründet als durch das Standesdenken[55]. Er wollte in seinen Hauptwaffengattungen kein „unadelig Geschmeiß", „weil der Adel gewöhnlich Ehre hat" und gewohnt sei, „zu gehorchen und sich Gehorsam zu verschaffen"[56] und sich durch den Degen auszuzeichnen.

Das Militär nahm in seinem Staat nicht nur die Stelle des ersten Standes ein, sondern innerhalb des Heeres bestand eine strenge Trennung zwischen Offizierskorps einerseits und Unteroffizieren wie Gemeinen andererseits. Um die Exklusivität des Offiziersstandes auch äußerlich sichtbar zu machen, trugen die Offiziere vom Fähnrich aufwärts keine Rangabzeichen mehr.

Waren zwei Menschen adlig, der eine Offizier, der andere Zivilbeamter, galt der Offizier stets mehr. So wurde auch innerhalb der Adligen eine scharfe Trennungslinie gezogen.

Im ganzen 18. Jahrhundert bestand das preußische Offizierskorps zu 90 Prozent und mehr aus Adligen. Von den 3116 Offizieren (1740) bzw. 5511 (1786) waren neun Zehntel adlig bei einer Truppenstärke von 80000 Mann (1740) bzw. 195000 Mann (1786). Nicht-adlige Offiziere gab es lediglich bei den Husaren und bei der Artillerie. Die Offiziere der Artillerie standen in ihrer sozialen

Geltung innerhalb des Offizierskorps daher auch weit unterhalb der „konventionellen" Waffengattungen [57].

In den drei Schlesischen Kriegen waren 1550 Offiziere gefallen, darunter 60 Generäle [58]. In keiner Armee waren die Verluste innerhalb der Generalität so hoch wie in der preußischen [59]. Die adligen Offiziere stammten von den etwa 20 000 Adelsfamilien [60] ab, die auf den Rittergütern ihre Stammsitze hatten.

Noch 1806 waren von den 7000 bis 8000 Offizieren nur 695 nichtadlig (Anteil der Adligen am preußischen Offizierskorps 1819 = 54 Prozent). War ein Bürgerlicher zehn Jahre oder länger Kapitän bei der Artillerie, wurde er in der Regel in den Adelsstand erhoben. Hatte sich ein bürgerlicher Unteroffizier im Krieg besonders bewährt, so konnte auch er zum Offizier avancieren und geadelt werden. Solche Fälle blieben die Ausnahme.

Gewiß: der Adlige sollte in seinem Besitzstand in letzter Konsequenz durch die Allodifikation geschützt werden, er sollte nicht mehr wie bei Friedrich Wilhelm I. „ausgekauft", sondern „vermehrt" werden; kein Bürgerlicher durfte daher seinen Besitz kaufen (er durfte nur als Pächter eingesetzt werden), denn der Adlige ohne Landbesitz war für Friedrich II. fast ein Widerspruch in sich selbst, ein bloßer „Nominaladel" (Allgemeines Preußisches Landrecht, 1794, 4. Teil, Titel 9, § 1).

Wie es einen Bauernschutz mit allen Abstrichen und Durchlöcherungen gab, so identisch damit einen Soldatenschutz durch das Kantonsreglement, einen Güterschutz durch die Bewahrung der schollengebundenen bäuerlichen Soldatenuntertanen als Zubehör und Inventar des Gutes und Gutswertes [61], so auch einen Adelsschutz durch die Offiziersstellung und die Besitzgarantie (Allodifikation) [62].

Dies waren sozusagen die inneren Schutzmaßnahmen, für deren Erfüllung und Einhaltung der Staat sorgen mußte, und zwar als Voraussetzung dafür, daß der äußere Schutz, nämlich der des Staates insgesamt und besonders im Kriegsfall, gewährleistet werden konnte.

Das „landschaftliche Kreditsystem" diente einzig und allein der finanziellen Unterstützung in Schulden geratener Adelsgüter. Die „Landschaften" wurden durch Friedrich II. nach dem Siebenjährigen Krieg ins Leben gerufen: in Schlesien (1770), Kur- und Neumark (1777), Pommern (1781), Westpreußen (1787) und Ostpreußen (1788). Dadurch werde, so argumentierte Friedrich II., der Adel „konserviret", „woran mir gar viel liegt, da mir der Adel bei der Armee ganz unentbehrlich ist"[63].

Wenn dem König der Adel schon so unentbehrlich war, so wäre die daraus logisch folgende Annahme freilich falsch, er sei auch vom König bezahlt worden wie Staatsbeamte. Um den adligen Offizier zu bezahlen und d. h. finanziell gut abzusichern, lieferte er ihm bedenkenlos die Untertanen aus, die ihm ebenso „unentbehrlich" gewesen sein dürften.

Der Große Kurfürst hatte die Untertanen dem Adel ausgeliefert durch die Bestätigung der Leibeigenschaft. Friedrich II. lieferte die Untertanen dem Adel nicht minder aus durch die „Kompaniewirtschaft".

Das Heer insgesamt war insofern das „Schwungrad" an der Wirtschaft, als es der Hauptabnehmer der landwirtschaftlichen Produkte, Getreide vor allem, war. Der Bekleidungsbedarf des Heeres (jedes Jahr eine neue Uniform seit 1724, davor alle zwei Jahre seit 1714[64]) nutzte der Berliner Wollmanufaktur (Lagerhaus), wie der Einsatz und Verschleiß von Waffen im Frieden und Krieg der Gewehrmanufaktur in Spandau und Potsdam. Die Preise der Grundnahrungsmittel des Heeres: Brot, Fleisch und Bier bestimmten die Offiziere in den Garnisonsstädten und damit auch die städtischen Marktpreise für die Bevölkerung sowie die der ländlichen Produkte der Bauern[65]. Der bäuerliche Untertan aber hatte als Soldat den Finanzbedarf des Offiziers hauptsächlich zu tragen und war insofern auch eine Art „Schwungrad" im Kleinen.

Die Kompaniewirtschaft

Offiziere vom Fähnrich bis zum Hauptmann führten meist ein recht kümmerliches Leben und waren auf die finanzielle Unterstützung von zu Hause angewiesen. Erreichte aber einer den Kapitänsrang, so war er Chef einer Kompanie Infanterie oder einer Schwadron Kavallerie[66]: Er hatte nicht nur im Frieden und Krieg eine Kompanie zu führen, sondern er „besaß" sie wortwörtlich wie ein Wirtschaftsunternehmen, von dem er leben konnte; ob gut oder schlecht, ob er mit Gewinn oder Verlust wirtschaftete, hing allein von seinen Qualitäten als Unternehmer ab, und er allein war dafür verantwortlich [67].

Als Startkapital bezahlte ihm der König lediglich ein „Pauschquantum" an Unteroffiziers- und Soldatensold aus der Kriegskasse, also Steuergelder, denn die Kontributionen und Akzisen wurden in die Kriegskasse bezahlt.

Von diesem „Pauschquantum" hatte der Hauptmann seine Kompanie nach Zahl und Ausüstung komplett zu unterhalten, d. h., die Kosten für Verpflegung, Bekleidung, Sold, Montierung, Fourage und Werbung zu tragen. Das Pauschquantum, das der König jedem Kompaniechef zahlte, betrug pro Soldat und Monat drei Taler fünf Groschen [68].

Wie der Kompaniechef damit wirtschaftete, war dem König gleichgültig, wenn nur bei seinen jährlich abgehaltenen Revuen (Paraden) die Kompanien und Regimenter gut exerziert, vorschriftsmäßig uniformiert und vollzählig waren.

War nun der adlige Offizier von Hause her gewohnt, sein Rittergut wirtschaftlich mit optimalem Erfolg zu führen, so fiel es ihm nicht schwer, auch mit seiner Kompanie maximal zu wirtschaften und aus dem Pauschquantum für seine eigene Tasche soviel wie nur möglich auf Kosten seiner Soldaten herauszuschlagen.

Bereits unter Friedrich Wilhelm I. war nach Vorschlägen des Feldmarschalls Fürsten Leopold von Anhalt-Dessau (1676–1747 – der „Alte Dessauer" –) der Etat genau berechnet und auf Jahre hinaus festgelegt. Ein Unsicherheitsfaktor blieb der Posten „Werbegelder". Er hing davon ab, wie viele Soldaten, vor allem Ausländer, desertierten und wie teuer ihre Neubeschaffung ausfallen würde. Ein zusätzliches Problem bildeten die „Langen Kerls", die besonders Friedrich Wilhelm I. bei der Truppe wünschte, ohne zu fragen, wie teuer sie den Kompaniechef gekommen waren.

Um am Werbeetat wirksam einsparen zu können, bevorzugte der Kompaniechef (= Gutsherr) seine eigenen bäuerlichen Gutsuntertanen, denn sie waren „enrolliert" und dienstverpflichtet und kosteten überhaupt kein Werbegeld. Genau diese Soldaten (= Gutsuntertanen) wurden aber während der langen Urlaubszeit von 10 Monaten als Arbeitskräfte auf das Gut mit dem Vorteil entlassen, daß der Kompaniechef den halben (1714), später (1718) sogar den ganzen Sold einbehalten konnte[69].

Während der Urlaubszeit galten die ausländischen Soldaten als „Freiwächter". „Freiwächter" und ihre Frauen arbeiteten in Woll-, Baumwoll- und Porzellanmanufakturen, im Bau- oder Transportgewerbe, andere hatten einen Hökerstand (Verkaufsbude) und handelten mit Vögeln, Hunden, Katzen usw., um ihren Lebensunterhalt zu verdienen, denn auch ihren Sold behielt der Kompaniechef ein.

Zwar sollten nach Vorschrift von einer durchschnittlich 120 Mann starken Kompanie Infanterie nie mehr als 60 beurlaubt werden, (jeweils 30 Kantonisten auf das Land und 30 Freiwächter in die Stadt), aber es lag im Ermessen des Kompaniechefs, diese Zahl zu übertreten, um noch mehr Sold einzusparen.

Eine einschneidende Änderung der Höhe des Pauschquantums nahm Friedrich II. nach dem Siebenjährigen Krieg vor, indem er den Werbeetat selbst in die Hand nahm, die Ausländerwerbung auf eigene Kasse durchführte und den Kompaniechefs nur noch 10 bis 20 Beurlaubte zugute kommen ließ[70]. Nur wenigen auserwählten Regimentern beließ er den nun als Privileg zu betrachtenden Werbeetat.

Eine weitere Änderung der Pauschquantum-Regelung wurde erforderlich, nachdem der Übelstand eingetreten war, daß schlecht wirtschaftende Kompaniechefs sich finanziell auch schlechter stellten als gut wirtschaftende. Um die Kompaniechefs sozial gleichzustellen, erhielten sie ein feststehendes Basisgehalt („Traktement") und das erwirtschaftete Geld sozusagen als Zugabe. Auch wurde ihnen 1786[71] die Werbung im Ausland wieder zugestanden, so daß es nun neben der „großen" Werbung des Königs die „kleine" des Kompaniechefs gab[72].

1763 bestimmte Friedrich II., daß statt 60 wenigstens 76 Soldaten pro Kompanie beständig bei den Fahnen bleiben sollten, aber der Geschäftsgeist mancher Kompaniechefs unterlief diese Bestimmung, so daß sie von diesen 76 Mann nochmals 26 als Freiwächter abstellten, sogar 40 Mann, was zur Folge hatte, daß in den zehn Monaten Freizeit des Jahres nur insgesamt 30 bis 40 Soldaten pro Kompanie beständig unter den Waffen standen. Eine weitere Aushöhlung der Kampfesdisziplin nach dem Siebenjährigen

Krieg bewirkten die Junker zur Befriedigung ihres Geldhungers, indem sie inländische Rekruten, die bei ihrem Eintritt ins Heer zwei Jahre unter den Waffen bleiben und exerzieren sollten, schon nach einer einmaligen Exerzierzeit von zwei Monaten beurlaubten, ohne Rücksicht auf ihre militärische Ausbildung und Qualifikation zu nehmen [73]. Friedrich II. unternahm nichts gegen den Geschäftsgeist seiner Offiziere, obgleich er hinnehmen mußte, daß die Schlagkraft seiner Armee dadurch immer mehr ruiniert wurde, ja, in beträchtlich schlechteren Zustand geriet, als sie es 1806 war.

Es war nun wiederum ein Unterschied, ob einer Kompaniechef bei der Infanterie, Schwadronchef bei der Kavallerie oder Kapitän bei der Artillerie war, weil je nach Waffengattung die Unkosten verschieden hoch ausfielen [74]. So erhielt der Chef einer Infanterie-Kompanie 41 Taler Werbegeld pro Jahr, der Schwadronchef dagegen nur 36 Taler pro Jahr. Dazu kamen noch 15 Taler Pferdeverpflegungsgeld, 22 Taler Reparaturgeld, 19 Taler Gewehrgeld und sieben Taler Pferdearzneigeld. Abzüglich des Pferdeverpflegungsgeldes (15 Taler) ergab das zusammen 84 Taler, von denen der Schwadronchef 40 Taler pro Jahr für sich einsparen konnte.

Rechnet man dazu noch von den drei Talern fünf Groschen zwei Taler pro Freiwächter als Urlaubsgeld, so kam, um ein Beispiel zu nennen, der Schwadronchef bei 15 Freiwächtern = 30 Taler zu folgendem Ergebnis:

30 Taler = 15 Freiwächter
40 Taler = Reparatur-, Gewehr-, Arznei- und Werbegeld-Einsparungen
107 Taler = Traktement (92 Taler) und Pferderation (15 Taler)
_____
177 Taler pro Jahr

Zwei Taler 22 Groschen gab der König dem Schwadronchef pro Mann und Jahr für Montierungen (= Schuhe, Sohlen, Stiefelklappen, Oberhemden, Unterhemden, Haarzopfbänder, Halsbinden usw.). Bestand die Schwadron aus 144 Mann, so kam bei guter Wirtschaftsführung ein weiterer Gewinn von rd. 150 Talern pro Jahr dazu.

Das „Traktement" war das Grundgehalt, das bei einem Schwadronchef 92 Taler betrug, bei einem Major 275 Taler, bei einem Regimentschef 836 Taler (ein Dragonerregiment bestand aus 10 Schwadronen à 144 Mann). Rechnet man das Grundgehalt und die verschiedenen Nebeneinkünfte zusammen, so läßt sich eine ungefähre Gehaltsliste aufstellen, die wiederum nach Friedens- oder Kriegszeit und nach dem Kurswert des Silbertalers differierte. (Die Offiziersgehälter wurden zu einem Viertel in Gold bezahlt, was den Kurswert des Silbertalers um 13 1/3 Prozent erhöhte.)

Ränge	pro Jahr: Taler	Groschen
Soldat	38	12 (als Pausch-
Subalternränge		quantum)
(etwa Sekondelieutenant)	108– 132 (hauptsächlich durch häusliche Unterstützung)	
Schwadronchef	2 282	
Major	2 737	
Oberstleutnant	2 737–3 101	
Oberst (Regimentschef)	5 054–5 728	
Dragoner-Regimentschef	6 487	
Generalmajor	6 000–6 800	
Generalleutnant	7 000–7 933	
General	10 000	
Generalfeldmarschall	15 000 [75]	

Diese Gagen konnten sich um so mehr erhöhen, je strammer eingespart wurde. Die Haupteinnahmequelle war und blieb die Kompanie, die der Offizier auch beibehielt, wenn er über den Rang eines Kompaniechefs hinausgestiegen war. In der Regel wurden jedes Jahr pro Kavallerie-Regiment 105 Pferde ausrangiert und 105 neu eingekauft. Der Schwadronchef sparte, wenn er seine Pferde nicht in der Stadt, sondern im entfernt gelegenen Land (Ukraine oder Moldau) einkaufte, wo sie beträchtlich billiger waren. Er konnte schlechtes und billiges Pferdefutter kaufen und dabei Geld einsparen, vor allem aber an seinen Soldaten. Hier schlug die Kompanie als zuverlässige Einnahmequelle direkt in Ausbeutung der Rekruten um. Wintermäntel hatte Friedrich II. bereits bei seinem Regierungsantritt 1740 abgeschafft. Am Uniformschnitt wurde gespart durch Verkürzung der Röcke und Westen, die Lederqualität der Schuhe schlug zu Buche wie die Stoffqualität der Hemden.

Aus der Kleiderkasse machten die Junker-Offiziere eine wahre Groschengrube: Durch die Kürzung der Uniformröcke sparten sie eine Menge Geld an mancher Elle Stoff, die Weste fiel bald ganz fort, die Ärmel wurden abgeschnitten und durch Lappen an der Vorderseite ersetzt; gestorbene Soldaten führten sie weiterhin in ihren Listen, um sich an ihrem Pauschquantum zu bereichern, und füllten für die Revuen ihre Reihen, indem sie Kranke aus den Lazaretten holten [76].

Nicht nur an seinen Soldaten sparte der Kompaniebesitzer, sondern auch bei der Zivilbevölkerung, wo es bei Einkäufen für die Truppe nicht selten zu regelrechten Erpressungen und Preisdrückungen kam. Dazu kamen die stillschweigenden Bestechungsgelder bei Beurlaubungen, Heiratskonsensen und Abschieden, Freistellung von der Enrollierung usw.

Kein Wunder also, daß ein preußischer Offizier seinen Dienst als reicher Mann quittieren konnte. So war der Feldmarschall von Schwerin, von Haus aus ein armer Mann, zu einem Vermögen von 150 000 Taler gelangt [77].

Um gegen immer wieder zu beklagende Übertreibungen und Ausschreitungen bei der Kompaniewirtschaft einzutreten, wurde ein Regimentsquartiermeister als Kontrollorgan und Rechnungsprüfer eingesetzt; Leute mit juristischer Vorbildung zwar, aber eben auch Adlige, die gegen ihre adligen Standesgenossen so gut wie nie eingriffen, denn Offiziere hätten sich gegenseitig prüfen müssen [78], und Übertretungen der Grenzen der Kompaniewirtschaft galten als „Kavaliersdelikte", keineswegs als Wirtschaftsverbrechen.

Hatten sich Offiziere im Krieg besonders ausgezeichnet, so zeigte sich Friedrich II. in Form von Geld-, Land- bzw. Gütergeschenken durchaus erkenntlich. Geldgeschenke betrugen nicht selten mehrere tausend Taler. Krockow: 4000 Taler, Fouqué: 5000 Taler, Lossow: 6000 Taler, Zieten: 10 000 Taler [79]. Ging ein Offizier in Pension, so erhielt er oft Amtshauptmannschaften oder Dompfründen als lukrative „Gnadengeschenke" des Königs. Die Pensionen von Generalen betrugen 1200 bis 2000 Taler, die von Kompaniechefs einige hundert Taler.

Pensionierte Offiziere wurden auch durch einträgliche Posten entschädigt, z. B. wurden sie Domänen-, Kriegs- oder Steuerrat, Forstrat, Postmeister oder Inspektor, Kammerdirektor und -präsident, Mitglieder des Generaldirektoriums, Regierungsräte, sogar Minister [80]; den wichtigen Posten des Landrats nicht zu vergessen, der ein Bindeglied zwischen dem Stand der Rittergutsbesitzer und dem König bzw. der staatlichen Bürokratie war.

Der Landrat

Die Rittergutsverfassung mit ihrer privatrechtlichen Eigengesetzlichkeit, ihrer patrimonialen Gerichtsbarkeit und lokalen Jurisdiktion über Enrollierte [81], die das gutsherrlich-bäuerliche Verhältnis aus dem alten Feudalgedanken heraus regelte, blieb zwar bis 1807 in Kraft, also bis zum Sturz der altpreußischen Monarchie, aber sie wurde bereits im Laufe des 18. Jahrhunderts eben durch diese Monarchie ausgehöhlt und verfiel von innen heraus.

Einen entscheidenden Schritt dazu darf man in der Änderung der Domänenpolitik Friedrich Wilhelms I. sehen. Sie war zunächst darauf ausgerichtet, den adligen Grundbesitz zugunsten seiner Domänen auszukaufen und damit seinen Souveränitätsanspruch gegenüber den opponierenden Ständen in noch viel schärferem Maße zu stabilisieren, als es der Große Kurfürst schon getan hatte. Bekannt war sein Ausspruch: „Ich komme zu meinem Zweck und stabilisiere die Souveränität und setze die Krone fest wie ein Rocher von Bronse" [82]. Er „domestizierte" den widerspenstigen Adel.

Diese Domänenpolitik änderte sich in dem Moment, als der adelige Gutsbesitzer zu Offiziersdiensten verpflichtet wurde und gezwungen war, dem König zur Verfügung zu stehen. Diese Dienstverpflichtung ging mit dem alten Feudal-Gedanken konform, wonach der Vasall als getreuer Ritter seinem Landesherrn mit einer Anzahl von Knechten und Pferden, die er selbst ausrüstete und führte, beim Heereszug folgte [83]. Jetzt aber war der Adlige nur imstande, im Sinne des „stehenden" Heeres ständig dem König zur Verfügung zu stehen, wenn sein Landbesitz nicht ausgekauft, sondern bewahrt wurde. Der Adlige mußte also sicher sein, daß sein

Land nicht der auf Ausdehnung bedachten Domänenpolitik zum Opfer fiel und seine Güter vom König aufgesaugt wurden.

Sicherer Landbesitz war die unbedingte Voraussetzung für seine militärische Leistungsfähigkeit[84]. Diese Voraussetzung konnte nur glaubwürdig gewährleistet werden, wenn das alte Lehensprinzip (Landhingabe gegen Ritterdienst) aufgehoben wurde: das wiederum erbrachte die Maßnahme der Allodifikation, die Sprengung der Lehensklammer durch die Überführung von Lehensbesitz in Eigentum. Damit hatte die Ausdehnung von Domänenbesitz auf Kosten von Adelsbesitz ein Ende gefunden. Die Adligen mußten nun anstelle der Lehensverpflichtung gemäß dem „Generalhufenschoß" eine geringe Steuer bezahlen, die fast eine Art Dankesschuld war und seit 1717 in der Kurmark, in der Neumark (seit 1718), in Magdeburg (seit 1719), in Pommern und in Preußen (seit 1733) zu zahlen war[85].

Der adlige Offizier brachte nun nicht mehr nur einige Knappen mit in den alten Ritterdienst, sondern seine enrollierten Kantonisten in den umfassenden Militärdienst. Dies konnte er nur, wenn die Agrarverfassung seines Gutsbesitzes bewahrt blieb. Er mußte seine ganze Gutswirtschaft in den Militärdienst mit einbringen.

Der Militärstaat Preußen konnte nur so effizient funktionieren, wie er sich in den Schlesischen Kriegen bewährt hatte, wenn auch der aus dem Lehens-Gedanken stammende Schutzgedanke eine Uminterpretation erfuhr: aus dem Schutz, den der Landesherr seinen Untertanen besonders im Kriegsfall zu geben hatte, wurde nun ein Schutz des Landbesitzes als Voraussetzung des militärischen Schutzes. Der Schutzgedanke differenzierte sich in: Bauernschutz, Soldatenschutz, Adelsschutz und nicht zuletzt Güterschutz[86].

Aus dem feudalen Schutzgedanken nach dem Prinzip der Lehensleiter „von oben nach unten" wurde der militaristische Schutzgedanke auf ein und derselben Ebene, d. h. also ein gegenseitiger Schutz. Der König konnte seinen Staat militärisch nur schützen, wenn der Bauer in seinem Hofbesitz ebenso geschützt wurde wie der Adlige in seinem Landbesitz, wenn nötig mit Hilfe der landschaftlichen Kreditkasse.

Militärische Macht wurzelte daher in der Macht, die sich aus dem Landbesitz ergab. Dies fand auch darin seine Bestätigung, daß durch die Allodifikation die Arbeitsverfassung der Rittergüter garantiert wurde als Existenzgrundlage des Offizierskorps[87] wie des Soldatenstandes der Armee (wenigstens zur ungefähren Hälfte). Aus der „Domestizierung" des Adels unter Friedrich Wilhelm I. wurde seine „Unentbehrlichkeit" unter Friedrich II. Er stabilisierte die Rittergutsverfassung durch die Festschreibung des „Staates im Staat". Deshalb endete auch das Staatsrecht beim Rittergutsrecht, vermittelt durch den Landrat.

Der Landrat gewann an Bedeutung, als nach 1763 die Kompaniekantons verschwanden und der Landrat zusammen mit einem Stabsoffizier des Regiments für die Aushebung der Bauern, der Bauernsöhne und der Gesindekräfte zuständig wurde. Über die Hälfte des Staatsgebietes war der privaten Gutsherrschaft unterworfen[88]. Aus dem Kreis der Gutsbesitzer wurde der Landrat gewählt und vom König bestätigt. Er stand an der Spitze der ständischen Selbstverwaltung und verkörperte vor allem politisch die Sonderstellung des Adels in Friedrichs II. Militärstaat. Der Landrat war immer adliger Herkunft, eine Person mit viel Machtkompetenz und sozusagen der „König in den Landkreisen"[89]. Sein Amt war ein Ehrenamt. Zu den Pflichten des Landrats gehörte die Ergänzung und Versorgung der Armee mit Soldaten; er trat in Aktion, wenn es galt, Deserteure wieder einzufangen bzw. ihr Vermögen zu beschlagnahmen; er mußte sich um die Beschaffung von Artillerie- und Proviantpferden für die Armee kümmern, die Wiesen für ihre Grasung im Sommer bestimmen und die Fouragegelder im Winter eintreiben. An ihn wandte sich der Rekrut mit seinen Beschwerden, er erteilte die Heiratserlaubnis und achtete darauf, daß der Bauer für geleistete Fuhren und Lieferungen mit seinem Gespann die Remissionsgelder ausbezahlt erhielt. Durchzog die Truppe besonders in Kriegszeiten das Land, so mußte er für sie Quartiere besorgen, den Vorspann für die Offiziere und den Troß organisieren und schließlich die Abrechnung mit den Kommandeuren überwachen.

Die Position des Landrats war also eine sehr verantwortungsvolle und begehrte zugleich. In der Regel wurden abgedankte Offiziere mit Landratsaufgaben betraut[90]. Gerade weil die Landräte meistens Offiziere waren, verfuhren sie mit Übergriffen durch das Militär oft mehr als nachsichtig. Der Landrat war also die Spitze der gutsherrlichen Selbstverwaltung und in eins das unterste Organ der staatlichen Verwaltung auf dem Land. Schließlich war es die Position des Landrats, die die „Unentbehrlichkeit" des Adels garantierte und das Prinzip der Gegenseitigkeit innerhalb des Feudalsystems verkörperte[91]. Der Landrat war der entscheidende Amtsträger zwischen Krone und Ständen. Er war zugleich Beamter des Königs und „Repräsentant des einsässigen Adels", er war „das Bindeglied zwischen dem in der Person des Königs gipfelnden Staat und dem ländlichen grundbesitzenden Adel"[92]. Der König erreichte direkt den letzten Untertan auf dem Land nur noch in seinem Domänenbesitz und in den Städten mit Hilfe der Steuerräte. Der Rekruten-Bauer im Bereich der Gutsherrschaften blieb dem direkten Zugriff des Königs entzogen, seine Macht endete an der Gutshofgrenze. Hier begann der Rechtsbereich des Landrats oder, anders ausgedrückt: Der preußische Staat endete beim Landrat[93].

War der Große Kurfürst durch seine „Entmachtung" des Adels zum „primus inter pares" geworden, so kehrte nun auf der Basis des gegenseitigen Schutzes nahezu die alte Funktion des „par inter pares" wieder zurück, besiegelt durch die Allodifikation. „Die Machtfaktoren Junkertum und Krone, die das Militärsystem erhielten, zwangen sich zu gegenseitigem Schutz und zu gegenseitiger Garantie. Die Umstellung der Agrarpolitik der Könige von dem Bestreben der Ausdehnung des Domänenlandes auf Kosten des Adels zur Bewahrung des Junkers in seinem Besitz um jeden Preis, bildete ein Beispiel. Nicht mehr Gegensatz, wie im 17. Jahrhundert, sondern Ergänzung bedeuteten sich im 18. Jahrhundert Junkertum und Landesherr"[94].

Die Parität zwischen König und Gutsadligen war nie so fest zementiert wie durch die Allodifikation, d. h. durch die Durchbrechung des Lehenssystems, denn die Landhingabe war nun nicht mehr rückgängig zu machen. Ein einmal allodifiziertes Rittergut blieb im Besitz des Gutsadligen und konnte vom Landesherrn als dem ursprünglichen „Leiher" nicht wieder zurückverlangt werden. Das Prinzip des „Leihens" war damit aufgehoben.

„Die Erhaltung des Junkers in seinem Landbesitz zugunsten seiner Dienstleistung für das Militärsystem, die Erhaltung des Bauern in seinem Besitz seiner militärischen Rolle wegen bedingten und motivierten den Güter- und Adelsschutz ebenso wie den Bauernschutz"[95]. Das war es, was man unter „Militarisierung der Agrargesellschaft" verstand[96].

Die Stabilisierung des Verhältnisses König – Adelsstand auf paritätischer Ebene im Interesse des Militärstaates führte zwar zu den Maßnahmen des Bauernschutzes, verhinderte aber gleichzeitig die Bauernbefreiung. Würden nämlich die Bauern aus dem Zustand ihrer Leibeigenschaft und Untertänigkeit befreit, ging gleichzeitig ihre Verfügbarkeit als Rekruten für das Militär verloren. Trat zwar Friedrich II. für die Befreiung seiner Domänenbauern ein, so ist einsehbar, warum die Gutsherren an einer Befreiung ihrer untertänigen Bauern kein Interesse finden konnten, denn sie begaben sich ihrer Pflicht, den Militärstaat mit Landeskindern zu versorgen und sie zeigten sich mit Recht brüskiert, wenn aus dem Heeresdienst entlassene Bauern nicht wieder auf ihre Güter zurückkehrten.

Desertion und Kriegstaktik

Die Zusammensetzung des preußischen Heeres aus jeweils einer Hälfte Landeskindern und einer Hälfte Ausländern (das Verhältnis 2/3 Landeskinder zu 1/3 Ausländer war zwar gut geplant (1742), wurde aber nie erreicht[97]), machte es nicht möglich, von einer Truppe, die sich einer großen Idee wegen oder aus Vaterlandsliebe schlug, zu sprechen.

Gleichgültig, ob man von einem Staat spricht, der eine Armee oder von einer Armee, die einen Staat habe (Graf Mirabeau – 1749–1791 – französischer Staatsmann und Revolutionär): Diese Armee tat nur ihren Dienst, weil sie dazu gezwungen war.

Gerade der geworbene ausländische Anteil bestand oft aus leichtsinnigen, nichtsnutzigen, kriminellen, liederlichen oder einfach abenteuerlichen Menschen, darunter auch ungeratenen Söhnen. Er machte ein Gewerbe daraus, sich für Handgeld, warmes und relativ regelmäßiges und gutes Essen (ein Pfund Rindfleisch pro Soldat und Woche)[98] und Trinken anwerben zu lassen, um bei nächster Gelegenheit wieder zu desertieren und bei einer anderen Armee unterzuschlüpfen. Die Fahnenflucht war den Soldaten fast zum Beruf geworden.

Friedrich II. war die Moral seiner Truppe durchaus bewußt. Er sagte einmal: „Wen nimmt man zum Soldaten? Die Hefe des Volkes. Faulenzer, die lieber müßiggehen als arbeiten, lüderliches Gesindel, das die Ungebundenheit im Soldatenrocke sucht, junge Taugenichtse, die daheim nicht guttun und sich aus Leichtsinn anwerben lassen. Diese Leute hegen ebensowenig Neigung und Anhänglichkeit für ihre Herren als selbst Fremde. Bei allen unseren Heeren ist das Desertieren gang und gebe"[99].

Die Armee mußte wie ein Werkzeug, wie eine Maschine behandelt werden, sollte sie funktionieren. Um die geworbenen Soldaten einigermaßen an die Fahne zu fesseln, mußten sie in straffer Zucht gewaltsam behandelt werden bis hin zu Soldatenmißhandlungen, was wiederum auf den mitbetroffenen Anteil der Landeskinder mehr als demoralisierend wirkte.

Denn die Landeskinder hafteten für die geworbenen Soldaten. Es war üblich, einen ausländischen mit einem einheimischen Soldaten zusammen auf die Stube zu legen, gewiß nicht im Interesse der Menschenverständigung, sondern ausschließlich als Repressalie: Desertierte der Ausländer, mußte der Einheimische unbarmherzig spießrutenlaufen. Ähnlich war es, wenn ein Soldat bei einem Bauern einquartiert war und desertierte: Der Bauer mußte an seiner Stelle wieder in den Militärdienst[100]. Die preußische Armee wurde mit Strafen verschiedenster Grausamkeitsgrade zusammengehalten. Fälle von Selbstmord und Wahnsinn waren unter den Rekruten recht hoch. Ehrgefühl wurde schon im Keim erstickt[101].

Allein das vornehme Potsdamer Garderegiment verlor zwischen 1740 und 1800 130 Soldaten durch Selbstmord, 29 durch Hinrichtung und, statistisch nicht genau erfaßt, eine große Anzahl durch das Spießrutenlaufen[102]. Friedrich II. sagte einmal zu de Catt (der junge Schweizer Henri de Catt – 1725 bis 1795 – war von 1758 bis 1780 Vorleser des Königs): „Für diese armen Soldaten fällt sehr wenig Ehre ab, denn von Anfang an bekommen sie mehr Prügel als Brod."[103]

Die preußische Armee war einerseits nicht grenzenlos rekrutierbar, andererseits mußte Friedrich II. stets mit einer gegnerischen Übermacht rechnen, weshalb seine einzige Siegeschance in „kurzen und lebhaften (vives) Kriegen" bestand, sie waren sozusagen

Vorläufer moderner Blitzkriege. In der relativ knappen Zeit seiner Entscheidungsschlachten mußte daher seine Truppe voll einsatzfähig sein, er mußte sich auf ihre einexerzierte Disziplin verlassen können. Unter einem Sieg verstand man noch nicht, wie Napoleon, die Vernichtung des Gegners, sondern seine Ermattung. Waren die Kräfte des Gegners erschöpft, stellte man seine weitere Verfolgung ein. Für den Kampfausgang war die Art des Kampfbeginns entscheidend. Von Vorteil war, den Gegner zu überrumpeln, ihn anzugreifen statt zu warten, bis er sich gesammelt, zur Schlacht aufgestellt und selbst den Angriff in die Hand genommen hatte. Auf diese Art gewann Friedrich II. im Ersten und Zweiten Schlesischen Krieg seine Schlachten, was ihm den Nimbus des unbesiegbaren Schlachtenlenkers einbrachte. Immer wieder äußerte er sich dazu: „Dahero je viver die Attacken seind, je weniger Leute kosten sie" ... „Keine Eskadron soll abwarten, bis sie attackiert wird, sondern allemal zuerst den Feind attackieren" ... Die „Preußen sollen allemal den Feind attackieren"[104].

Trotz seiner Niederlagen im Dritten Schlesischen Krieg stand ihm „die schlagkräftigste und am schnellsten operierende Armee zur Verfügung"[105]. Auf Schnelligkeit und hohe Risikobereitschaft war seine Kriegführung angelegt, deren Verantwortung er als oberster Heerführer allein trug, ob seine Generale damit einverstanden waren oder nicht, im Unterschied zur österreichischen Armee, deren Oberbefehlshaber Daun (österreichischer Feldmarschall, 1705–1766) keine absolutistische Autorität besaß und als Zauderer und Zaghafter von Friedrich II. oft genug verspottet wurde, wie überhaupt die russischen, die französischen oder die österreichischen Truppenkontingente während der drei Schlesischen Kriege „zu keinem Zeitpunkt unter einem gemeinsamen Kommando operierten und ihre militärischen Erfolge, zum Beispiel in den Schlachten bei Hochkirch (14. Oktober 1758) und Kunersdorf (12. August 1759) nur halbherzig nutzten"[106].

Feind war aber nicht nur der militärische Gegner, sondern in hohem Maße der Gegner in den eigenen Reihen, nämlich die Desertion. Sie war die Crux aller stehenden Söldnerheere. Die Reichsarmee hieß im Soldatenjargon „die Reißausarmee"[107]. Die Desertion trug nicht unbedingt den Charakter von Widerstand, sondern war einfach üblich, vergleichbar etwa der nachlässigen

Arbeit der Fronbauern oder dem Schmuggelunwesen, das bedingt und oft durch die strenge und enge Gesetzgebung herausgefordert wurde.

Zum größten Desertionsdebakel kam es 1756, als Friedrich II. nach der Schlacht bei Pirna auf einen Schlag 17 000 sächsische Unteroffiziere und Mannschaften in seine Dienste zwang, die freilich – statt für ihn zu kämpfen – fast vollständig desertierten und dabei einen Teil ihrer preußischen Vorgesetzten ermordeten [108].

Die 10 sächsischen Infanterie-Regimenter wurden geschlossen in preußische Uniformen gesteckt und erhielten preußische Fahnen und Offiziere. Das ganze Heer eines fremden Fürsten zu zwingen, geschlossen dem Eroberer zu dienen und für ihn zu kämpfen, war ein einmaliger Vorgang in der Weltgeschichte [109].

Während seines Rückzuges aus Böhmen 1744/45 liefen ihm 15 000 Mann von der Fahne, während der preußischen Besetzung Breslaus 1757 wechselten 4000 Preußen zu den Österreichern über [110]. Der „Arme Mann im Toggenburg", Ulrich Braeker, desertierte bei der Schlacht um Lobositz am 1. Oktober 1756 [111].

Die Annahme scheint allerdings nicht zu stimmen, daß während des Siebenjährigen Krieges der Anteil der geworbenen Ausländer unter den Desertierten den der Landeskinder überwogen habe. Der umgekehrte Fall dürfte eher zutreffen. [112].

Zahlreichen Deserteuren wurde durch einen „General-Pardon" die Rückkehr ermöglicht, so „normal" wurde besonders in Kriegszeiten das Problem der Desertion gelöst.

In seinen „Generalprinzipien des Krieges" (1748) hatte Friedrich II. eine Reihe von Maßnahmen gegen das Desertieren vorgeschlagen. So sollte verhindert werden, in der Nähe großer Wälder zu biwakieren; in Zelten untergebrachte Soldaten müßten öfter visitiert werden; Husaren sollten ständig um das Lager streifen; Lager sollten eingezäunt werden, damit die Leute nicht davonliefen. Für die Nacht mußten die Kavallerieposten verdoppelt werden, um einem Fliehenden sofort nachzusetzen; überhaupt hielt er Nachtmärsche für desertionsfreundlich, weshalb er sie zu verhindern suchte [113]. Zur Verfügbarkeit des Söldnerheeres gehörte es, die Truppe kasernen- oder gefängnismäßig zusammenzuhalten. Denn von keinem Söldner konnte erwartet werden, daß er sich für ihm oft fremde oder unverständliche Interessen feudaler

Fürsten opfern sollte. Die Truppe kämpfte nur, wenn sie unter permanenter Beobachtung und Strafe stand, in Zucht und Subordination gehalten und wie eine Schießmaschine ohne geistige Anforderung eingesetzt wurde[114]. Die als pure Schießmaschine verstandene und eingesetzte Armee war der „schlagkräftigste" Ausdruck preußischer Machtpolitik[115].

Das Steinschloßgewehr (Füsil) löste zu Beginn des 18. Jahrhunderst die alte Luntenmuskete ab, arbeitete schneller und zuverlässiger und machte den Drill auf Schußschnelligkeit erforderlich. Der Exerzierbetrieb unter Friedrich II. bestand hauptsächlich in der schnellen Handhabung des Gewehrs. Mit der Taschenuhr in der Hand überprüfte er bei seinen jährlichen Revuen, wie rasch hintereinander die Salven fielen. Bis ins hohe Alter exerzierte er seine Soldaten an mindestens 20 Tagen im Jahr persönlich[116].

Stimmten „Maß" und „Chargierung", so sparte Friedrich II. so wenig wie sein Vater mit Lob und Beförderung und Geschenken an die Truppe; verlief die Revue nicht zufriedenstellend, sparten sie ebensowenig an Tadel und bösen Schimpfereien wie: „ein Salat-Regiment", „ein Haufen ungezogener Bauern" oder „sie schießen wie die Pilger im Tal".

Das Gewehr mußte mindestens 1,55 Meter lang sein, damit durch den Druck und die längere Laufführung die Wirkung der Kugel von 150 auf 200 Meter Entfernung gesteigert werden konnte; zum anderen mußte die Truppe so gedrillt werden, daß für den komplizierten Ladevorgang nicht 30, sondern nur 20 Sekunden pro Schuß gebraucht wurden.

In der Praxis bewährte sich das Gewehr bereits im Ersten Schlesischen Krieg 1741. Im preußischen Heer feuerten alle 600 Mann drei Salven pro Minute auf 200 Meter; im österreichischen feuerten nur 450 Mann zwei Salven pro Minute auf 150 Meter[117].

Dem Erfolg der preußischen Blitzkriege ging ein Exerzieren voraus, das total auf Zeit und Tempo angelegt war. So hieß es in seinen „Generalprinzipien des Krieges", jener Lehrschrift für seine Offiziere aus dem Jahre 1748: daß „unsere Kriege kurz (!) und ›vives‹ sein müssen, massen es uns nicht conveniret, die Sachen in die Länge (!) zu ziehen, weil ein langwieriger (!) Krieg ohnvermerkt Unsere admirable Diszplin fallen machen, und das Land depeuplieren, Unsere Ressourcen aber erschöpfen würde"[118].

Oder: „Die Kavallerie soll sich auf solchen Fuß setzen, daß, wenn der König zu ihr kommt, selbige sofort (!) satteln und in einer viertel Stunde (!) alles fertig haben könnte."[119]

Kurz vor Ausbruch des Siebenjährigen Krieges hatte Friedrich diesen Gedanken noch einmal aufgenommen in seinen „Pensées et règles générales pour la guerre" von 1755.

An die preußische Armee, zur Schießmaschine gedrillt, stellte Friedrich II. sehr hohe technische Anforderungen, die wiederum auf seine Kriegstaktik zurückschlugen. Denn die mit dem Steinschloßbajonett ausgerüstete Infanterie kam erst dann zur vollen Wirkung, wenn sie in langgestreckten Treffen eingesetzt wurde. Er führte diese Linear-Taktik zur Vollendung, sie bewährte sich bei der „schrägen" oder „schiefen" Schlachtordnung, die er freilich im Verlauf des Siebenjährigen Krieges nur einmal perfekt durchsetzen konnte, nämlich bei der Schlacht von Leuthen (5. Dezember 1757) gegen einen fast doppelt so starken Gegner (Preußen ca. 33 000, Österreich 66 000 Mann).

Die Angriffsfront der preußischen Infanterie war in festgefügten Linien starr ausgerichtet, eine Linie Mann dicht neben Mann, in kurzem Gleichschritt, mit Trommelschlag und fliegenden Fahnen wurde vormarschiert, rechts und links von Offizieren kommandiert und zugleich bewacht, am Schluß die antreibenden Unteroffiziere. Die Salven wurden gemeinsam auf Kommando abgegeben, zuletzt mit dem Bajonett vorgestürmt. Für den einzelnen Soldaten kam es nicht darauf an, den Gegner tödlich zu treffen, sondern ein schnelles Feuern der Masse war wichtig[120].

Die Normalform einer friderizianischen Schlacht bestand im Frontalangriff parallel zur Linie des Gegners. Ein solcher Frontalangriff konnte nur zum Erfolg führen, wenn die eigene Linie länger wurde als die feindliche. Dies war leicht möglich, wenn die eigene Truppenstärke wesentlich höher war als die gegnerische. War dies nicht der Fall wie in der Schlacht bei Leuthen, wo die österreichischen Linien mit etwa 7½ km ungewöhnlich lang ausgestreckt waren, die preußische Linie dagegen etwa nur 4 km Länge betrug[121], so konnte die schräge Schlachtordnung hilfreich sein, die Friedrich II. bei der ersten Schlacht der drei Schlesischen Kriege in der Nähe von Mollwitz (10. April 1741) erstmals ausprobiert hatte (nach gründlichem Studium der älteren und neueren

Kriegstheorie und Kriegsgeschichte). Der Erfinder der schrägen Schlachtordnung war Epaminondas, jener Thebaner, der mit ihrer Hilfe 371 v. Chr. bei Leuktra über die Spartaner siegte[122]. Ein österreichischer Offizier berichtete über die Preußen in dieser Schlacht: „Ich kann wohl sagen, mein Lebtag nichts Superberes gesehen zu haben; sie marschierten mit der größten Contenance und so nach der Schnur, als ob es auf dem Paradeplatz wäre. Das blanke Gewehr machte in der Sonne den schönsten Effekt und ihr Feuer ging nicht anders als ein stetiges Donnergrollen."[123]

Die lineare Schlachtordnung wurde dadurch schräg, daß der eine Flügel der Angriffsfront stark zurückgehalten (refüsiert), der andere aber durch Massierung der Truppen und Vorausschicken einer Attacke verstärkt wurde[124]. Dieser vorstürmende Angriffsflügel sollte die gegenüberstehende feindliche Linie in der Flanke angreifen, eindrücken, umklammern und aufrollen. Die schräge Schlachtordnung lieferte also eine Parallelschlacht mit ungleich verteilten Kräften. Sie galt als eine der wirksamsten unter den damals bekannten 50 Formen einer Schlachtordnung[125].

Eine Linearordnung konnte durch die schräge Art des Angriffs ausgedehnt und durch ein rasch hintereinander folgendes Streufeuer wirksam werden. In der alten Linearordnung mit der Muskete mußten sechs Reihen hintereinander vormarschieren, in der neuen genügten dank des schnelleren Schießens drei Reihen.

Das rasche Aufmarschieren und Aufrücken der Soldaten zur Herstellung einer lückenlosen Schlachtlinie war ein weiterer Hauptgegenstand des preußischen Exerzierens. Da beim schrägen Vorrücken immer die Gefahr bestand, daß die Front aufriß und auseinanderfiel, dadurch gefährliche Angriffslücken zugunsten des Feindes enstanden, mußte das Auf- und Zusammenrücken ebenso rasch eingeübt werden wie das Schießen. Die preußische Armee war also in doppelter Hinsicht auf Tempo getrimmt.

In der Instruktion für seine Generale aus dem Jahre 1747 behandelte Friedrich II. die „Eigenart und den Wert der preußischen Truppen", worin er ausdrücklich das Zeitmoment, die Schnelligkeit, als entscheidend für den Erfolg der Truppe herausstellte[126] mit den Sätzen: „Die größte Stärke der preußischen Armee ist jene strenge, durch lange Übung zur Gewohnheit gewordene Zucht, pünktlicher Gehorsam und Tapferkeit der Truppen.

Die in Fleisch und Blut übergegangene Manneszucht dieser Truppen bewirkt, daß sie inmitten der größten Aufregungen und inmitten der augenscheinlichsten Gefahren in ihrer Unordnung noch
immer mehr leisten als die Ordnung ihrer Feinde ... Die preußische Disziplin befähigt diese Truppen zu den schwierigsten Bewegungen. Sie durchqueren einen Wald im Gefecht, ohne die Richtung und den Abstand zu verlieren. Sie rücken im Geschwindschritt (!) in schnurgerader Linie zum Angriff vor. Sie stellen sich
rasch (!) auf. Sie schwenken, wo es die Lage erfordert, unvermutet,
um dem Feind blitzartig (!) in die Flanke zu fallen. Sie erringen
durch Gewaltmärsche Vorteile, kurzum, sie übertreffen den Feind
durch Standhaftigkeit und Festigkeit. Der Gehorsam der Offiziere
und die Unterordnung ist so streng, daß auf einen gegebenen Befehl niemand etwas erwidert, daß die Zeiten (!) pünktlich eingehalten werden, daß ein General des Gehorsams sicher ist, wofern er
sich überhaupt Gehorsam zu verschaffen versteht ... Die Preußen
sind ihren Feinden an Ausdauer (!) überlegen ...".

Neben der Schnelligkeit beim Auf- und Nachrücken in der
Schlachtordnung, beim Laden und Schießen spielte die Frage der
Versorgung der Armee eine dritte Hauptrolle für ihre Funktions-
tüchtigkeit.

Das Söldnerheer des 18. Jahrhunderts war an die Magazinver-
pflegung gebunden. Damit wurde den in der Landsknechtszeit üblichen Plünderungen Einhalt geboten; man versuchte jetzt, das besetzte Feindesland weitgehend zu schonen, weil mit einer längeren
Kriegsdauer gerechnet wurde und die Nahrungsbeschaffung für
das Heer durch Ankäufe nur unvollständig gedeckt werden
konnte.

So hing das Heer hauptsächlich von seinen mitgeführten Magazinen ab, die an leicht erreichbaren Orten angelegt wurden, zugleich aber die Kampfhandlungen an sich banden: länger als fünf
bis sechs Tagesmärsche durfte sich die Armee nicht von ihren Vor-
räten entfernen. In den Magazinen waren überwiegend Brotgetreide und Fleischprodukte gestapelt. Vom Gelingen des Proviant-
transports und der Vorratsspeicherung konnte das Glücken eines
Feldzuges abhängen, wie sich bei der Besetzung Böhmens 1744
zeigte, wo Schlesien als Verpflegungsbasis eingerichtet war [127]. Andererseits bedeutete es einen empfindlichen Verlust für die

Schlagkraft des Heeres, wenn ein Magazin in feindliche Hände fiel.

Um den riesigen Bedarf an Heu, Stroh und Hafer für die Kavalleriepferde zu decken, mußte freilich das besetzte Land in der Winterzeit herhalten, falls der Beginn des Feldzuges nicht bis in den Juni verschoben werden konnte, um genügend Grünfutter zu ernten und zu lagern.

Zog die Armee ins Feld, so lagerten die Söldner besonders nach Schlachttagen, wenn sie keine Quartiere fanden, unter freiem Himmel, sonst in mitgeführten Zelten.

Der Troß war sehr umfangreich: jedes Infanterieregiment wurde von 60 Packpferden begleitet[128], welche die Zelte trugen. Jeder Kompaniechef hatte Anspruch auf eine Packkalesche und zwei Reitpferde, jeder Leutnant auf ein Pack- und ein Reitpferd[129]. Stabsoffiziere und Generale führten oft ihren halben Haushalt mit sich, etwa das Fünf- bis Zehnfache an Gepäck gegenüber dem Kompaniechef, auch Reisekutschen und Rüstwagen, nicht selten mit der ganzen Familie. Das war noch bescheiden gegenüber den Offizieren der französischen Armee.

Die Armee, vor allem die Artillerie, kam, bedingt durch schlechte und schlammige Wegverhältnisse durch Morast, tiefe und sandige Feldwege nur mühsam voran. Die schweren Geschütze wurden von beschlagnahmten Ackergäulen der Bauern gezogen, die leichteren Bataillonsgeschütze von den Soldaten.

Zuletzt kamen auf 1000 Mann Infanterie sieben Geschütze, pro Soldat sechs Schuß pro Minute (also alle 10 Sekunden) und dazu ein nochmaliges Laden für den siebenten Schuß[130].

Anders als Friedrich II. konnte eine Generation später Napoleon mit seinem Massenheer auf der Basis der allgemeinen Wehrpflicht operieren. Einmal war er nicht so stark von finanziellen Sorgen abhängig wie Friedrich II., zum anderen kämpften seine Soldaten für die Freiheit ihres Landes. Seine Riesenarmee erlaubte ihm, weit ins Feindesland vorzustoßen, ohne dadurch die rückwärtigen Linien zu schwächen oder in Nachschubschwierigkeiten zu geraten. Kranke und Verwundete konnten rasch ersetzt werden, so daß er die Marschleistung seiner Truppen rücksichtslos steigern und den geschlagenen Feind bis zur Vernichtung verfolgen konnte[131].

Seine Armee bestand aus Staatsbürgern mit nationaler Gesinnung, die für ihr Vaterland kämpften. Er hing nicht mehr wie Friedrich II. von geworbenen Ausländern ab, die mit dem Stock zusammengehalten werden mußten und sich in eine mordende Räuberbande verwandeln konnten.

Der auf Schnelligkeit ausgerichtete Rekruten-Drill der preußischen Armee galt als besonders hart und schikanös. Abgesehen von der Prügelsucht der Offiziere und ihrem rasch verhängten Bestrafen durch Gassen- oder Spießrutenlaufen (durch 200–300 Mann mußte der Delinquent achtmal langsam durch die Gasse laufen, jeder Mann mußte so kräftig wie möglich zuschlagen. Schlug er nur zaghaft und schonend zu, setzte er sich selbst dem Gassenlaufen aus) war auch das pure Exerzieren auf dem Paradeplatz in Friedenszeiten streng genug. Ulrich Bräker berichtete: „... oft fünf Stunden lang (mußten wir) in unserer Montur eingeschnürt wie geschraubt dastehen; in die Kreutz und Querre pfahlgerad marschieren, und ununterbrochen blitzschnelle Handgriffe machen ...; und das alles auf Geheiß eines Offiziers, der mit einem furiosen Gesicht und aufgehobenem Stock vor uns stund. Bey einem solchen Traktement mußte auch der starknervigste Kerl halb lahm, und der geduldigste rasend werden. Und kamen wir dann todmüde ins Quartier, so giengs schon wieder Hals über Kopf, unsre Wäsche zurecht machen, und jedes Fleckgen auszumustern; denn bis auf den blauen Rock war unsre ganze Uniform weiß. Gewehr, Patrontasche, Koppel, jeder Knopf an der Montur, alles mußte spiegelblank geputzt seyn. Zeigte sich ein Haar in der Frisur nicht recht, so war, wenn er auf den Platz kam, die erste Begrüßung eine derbe Tracht Prügel. Das währte so den ganzen May und Juni fort. Selbst den Sonntag hatten wir nicht frey, denn da mußten wir auf das properste Kirchenparade machen. Also blieben uns zu jenen Spaziergängen nur wenige zerstreute Stunden übrig, und wir hatten kurz und gut zu nichts Zeit übrig – als zum Hungerleiden"[132].

Zur Ausrüstung des preußischen Soldaten gehörten: Helm und Gewehr, Stiefel und Küraß, Schärpe und Patronentasche, Tornister und Bajonett, Wolldecke und Pulverbehälter.

Den Einmarsch der Preußen in Sachsen, der den Siebenjährigen Krieg auslöste, hatte Ulrich Bräker mitgemacht und beschrieben:

„Itzt wurde Marsch geschlagen; Tränen von Bürgern, Soldatenwei-
ber, H... und d.gl. flossen zu Haufen. Auch die Kriegsleuthe selber, die Landeskinder nämlich, welche Weiber und Kinder zurück-
liessen, waren ganz niedergeschlagen, voll Wehmut und Kummers
... Jeder war bebündelt wie ein Esel, erst mit einem Degengurt
umschnallt; dann die Patronentasche über die Schulter mit einem
fünf Zoll langen Riemen; über die andre Achsel den Dornister, mit
Wäsche u.s.f. bepackt; item den Habersack, mit Brodt und andrer
Fourage gestopft. Hiernächst mußte jeder noch ein Stück Feldge-
räth tragen; Flasche, Kessel, Hacken, oder so was; alles an Riemen;
dann erst noch eine Flinte, auch an einem solchen. So waren wir
alle fünfmal übereinander kreutzweis über die Brust geschlossen,
daß anfangs jeder glaubte, unter solcher Last ersticken zu müssen.
Dazu kam die enge gepreßte Montur, und eine solche Hundstags-
hitze, daß mir's manchmal däuchte, ich geh' auf glühenden Koh-
len ... Oft hatt' ich keinen trockenen Faden mehr am Leib, und
verschmachtete bald vor Durst.

So marschierten wir den ersten Tag ... zum Köppeniker Thor
aus, und machten noch 4 Stunden bis zum Städtchen Köppenik,
wo wir zu 30–50 zu Burgern einequartirt waren, die uns vor einen
Groschen traktiren mußten. Potz Plunder, wie giengs da her! ...
Immer hieß es da: Schaff her, Canaille! wasd' im hintersten Winkel
hast. Des Nachts wurde die Stubde mit Stroh gefüllt; da lagen wir
alle in Reihen, den Wänden nach. Wahrlich eine curiose Wirth-
schaft! In jedem Haus befand sich ein Offizier, welcher auf guter
Mannszucht halten sollte; sie waren aber oft die Fäulsten. – Den
zweiten Tag ... giengs 10 Stunden bis auf Fürstenwalde; da gab's
schon Marode, die sich auf Wagen mußten packen lassen; das auch
kein Wunder war, da wir diesen ganzen Tag nur ein einzig Mal halt-
machen, und stehnden Fusses etwas Erfrischung zu uns nehmen
durften. An letztgedachtem Orte gieng es wie an dem ersten; nur
daß hier die meisten lieber soffen als frassen, und viele sich gar
halb todt hinlegten.

Den dritten Tag giengs 6 Stunden bis Jacobsdorf, wo wir nun ...
drey Rasttage hielten ... und die armen Bauern bis aufs Blut aus-
gesogen wurden ...

Denn von da an campirten wir im Felde, und machten Märsche
und Contremärsche, daß ich selbst nicht weiß, wo wir all durch-

kamen, da es oft bey dunkeler Nacht geschah. Nur so viel erinnr' ich mich noch, daß wir . . . am zwanzigsten Tag . . . nun ein weites fast unübersehbares Lager aufgeschlagen . . . Bis hierher hat der Herr geholfen! Diese Worte waren der erste Text unsers Feldpredigers bey Pirna. O ja! dacht' ich: Das hat er, und wird ferner helfen – und zwar hoffentlich mir in mein Vaterland – denn was gehen mich eure Kriege an?"[133] (Tatsächlich floh Bräker wie erwähnt am 1. Oktober 1756 bei Lobositz.)

Ein preußischer Unteroffizier des Regiments Anhalt berichtete über dieses Zusammentreffen bei Lobositz, daß sie Hunger, Durst und Kälte im Überfluß hatten. Die preußische Armee sei höchstens 28 000 Mann stark gewesen, die des Feindes dagegen 66 000. „Unsere Infanterie hatte den 30. September größtenteils kein Brot mehr und dazu einen so starken Marsch, und am 1. Oktober fast gar kein Brot mehr und mußten noch fechten. Die Pferde der Kavallerie hatten in 48 Stunden nichts gefressen und waren nur einmal getränkt worden. . . Dem ohngeachtet stand Gott unserer gerechten Sache bei und legte durch unsere abgematteten Leute unsern . . . viel stärkeren Feind darnieder"[134].

Ulrich Bräker, 1735 in Wattwil (auch Wattwyl) in der ehemaligen Grafschaft Toggenburg in der Schweiz geboren, gehörte neben Magister Laukhard zu den wichtigsten Augenzeugen des 18. Jahrhunderts, die in einer Autobiographie, 1781 erschienen, über das Leben eines geworbenen Söldners in der preußischen Armee berichteten. Der Sohn eines armen Salpetersieders war wie sein Bruder ein armer Spinner und Weber, trieb nebenher ein bißchen Garnhandel und widmete sich in „mutlosen Stunden" dem Lesen und Schreiben.

Er ist das wohl früheste bekannte Beispiel eines Menschen, der „aus der niedersten außerzünftlerichen Handwerkssphäre ganz aus eigenen Kräften und doch, ohne seine gewohnte Umgebung zu verlassen, den Eintritt in die Bildungswelt vollzogen hat . . ."[135].

Der „Arme Mann im Toggenburg" beschrieb detailgenau sein Leben auf der Wanderschaft, seine Erfahrungen als Bediensteter eines preußischen Werbeoffiziers in Rottweil; die Rekrutenzeit in Berlin, das Lagerleben bei Pirna und schließlich seine Flucht vor den preußischen Stockschlägen (1756)[135a].

Der Begriff „Ehre" im preußischen Offizierskorps

Nach der Meinung Friedrichs II. hatte nur der Adel Ehre, wenn auch nicht zu leugnen sei, daß es Verdienste und Talente gelegentlich, wenngleich selten, auch bei Bürgerlichen gebe [136]. Die bei ihm geläufige Redewendung, der Offiziersstand sei der Stand der Ehre, verlor im 19. Jahrhundert ihren guten Klang und wurde oft als verletzende Überheblichkeit abgetan.

Der Begriff der Ehre war freilich nicht ohne weiteres auf einen anderen Stand übertragbar, denn der Ehrbegriff hatte seine Heimat allein im Kriegsgeschehen und in kriegerischer Tapferkeit. Ehre hieß soldatische Ehre und hatte im Rittertum ihren Ursprung. Von daher rührte auch das Ideal einer heroischen Lebensauffassung, die im Gegensatz zum christlichen Gebot: „Du sollst nicht töten" im Töten und Getötetwerden durchaus einen guten und gerechtfertigten Sinn fand. Schande im Kampf war schlimmer als Sünde vor Gott, Mannestreue galt mehr als Nächstenliebe [137]. Ehre war ein ethischer Kampfbegriff und als solcher zunächst wesentlich ein heidnischer.

Im Laufe der mittelalterlichen Kreuzzüge wurde der heidnische Ehrbegriff christianisiert, als die Ritter ihr kriegerisches Können und ihr Heldenethos in den Dienst der christlichen Lehre stellten und eine Brücke zwischen heidnischer Heldenmoral und christlichem Gottesglauben schlugen. Der Ehrbegriff mit seiner heidnisch-christlichen Doppelbedeutung, der gerade im preußischen Offizierskorps hochgehalten wurde, erfuhr im Laufe der Zeit zwei wichtige Prägungen: im Duell und im Ehrengericht.

Das Duell war der Krieg in Kleinstform, ein Kampf zwischen Ritter und Ritter, Mann gegen Mann, und verkörperte den Urinstinkt des Menschen, nämlich die Rache, einmal im Interesse der Selbstbehauptung, zum anderen im Interesse, ein erfahrenes Unrecht wiedergutzumachen. Seine angegriffene Ehre zu verteidigen erforderte allemal Mut zum bewaffneten Zweikampf, literarisch dargestellt in der Person des Innstetten in Fontanes „Effie Briest" und der des „Leutnant Gustl" von Arthur Schnitzler.

Das Ehren-Duell wurde im 17. Jahrhundert, wohl begünstigt durch die Völker- und Kulturmischungen während des Dreißigjährigen Krieges, häufig ausgefochten, obgleich Kaiser Matthias

(1557–1619, Bruder Rudolfs II. von Habsburg) bereits in einem Edikt von 1617 das Duell als „blutiges Selbstgericht" verboten und die Einschaltung der Obrigkeit in Injuriensachen verlangt hatte. Das Duell wurde wie im Mittelalter in den Gerichtssaal zurückverlegt, wo „duellum" den gerichtlichen Zweikampf bedeutete und vom Hohenstaufen-Kaiser Friedrich II. (1194–1250) im Fall von Majestätsbeleidigung, Totschlag und Zauberei ausdrücklich zugelassen wurde.

Der Sieger erhielt recht; wer sich weigerte oder unterlag, war der Schuldige. Eine derart vereinfachte Rechtsentscheidung im Rahmen des Fehderechts wurde bald als unvollkommen erkannt, denn es konnte auch der Schuldige siegen und sein Recht behalten, während der Unschuldige verlor und deshalb sein Leben einbüßte. Das Fehderecht wurde verboten und abgeschafft, weil man die Entscheidung über Recht und Unrecht allein dem Kampfausgang überlassen hatte, was wiederum als unchristlich galt[138].

Vom 17. Jahrhundert an wurden immer wieder Antiduellgesetze in Deutschland erlassen und mit strengen Strafen bedroht, weil das Duell mit der göttlichen und menschlichen Rechtsordnung nicht in Einklang zu bringen war und außerdem als vernunftwidrig galt[139]. Das erste preußische Duellverbot stammte vom Großen Kurfürsten, am 17. September 1652 erlassen. Er verbot „bey Leib und Lebensstraffe" alle „Rauffhändel, Balgereyen und Schlägereyen, alle Außforderung, Duella ..." und versprach jedem, der sein Recht auf dem Rechtswege suchte, seinen Schutz. Trotz dieses Verbotes erhoben sich einige „fürnehme" Juristen und bezeichneten das Ehrenduell bei einem „Fürnehmen", also Adligen, für erlaubt. So wurde aus dem verbotenen Duell ein Vorzugsrecht des Adelsstandes, wiederum begründet in der alten Bedeutung des Schwertes, das nur dem Adligen für Kampf- und Schutzzwecke zustand. Das Schwert des Rechtes gehörte nun ebenso zum Adligen wie das Schwert des Krieges, oder umgekehrt begründet: Wer den Degen zu führen berechtigt ist, war zugleich sein eigener Richter und Rächer.

Noch immer behielt also das Fehderecht seine Bedeutung und konnte nur im gleichen Maße ausgemerzt werden, wie der brandenburgisch-preußische Staat sich allmählich konsolidierte, die Unbotmäßigkeit seiner Adligen durch deren finanzpolitische Entmachtung brach und dem allgemeinen, durch die Obrigkeit (Kurfürst) bestimmten Rechtsbewußtsein zum Sieg verhalf. Die Einbeziehung des standeseigenen Rechtsbewußtseins des Adels in das übergeordnete des Staates gelang jedoch nie vollkommen.

Kurfürst Friedrich III., der spätere König Friedrich I., erließ am 6. August 1688 per Edikt ein erneutes Antiduellgesetz, wo „nach dem höchsten Gott seiner Majestät die Rache alleine vorbehalten" sei, dem Menschen somit das Recht abgesprochen wurde, selbstgerecht Rache zu üben. Wer das Schwert gebrauche, um das Böse und das Unrecht zu rächen, wie es in „Duella" geschehe, verachte nicht nur die göttlichen Gesetze und verkleinere eigenmächtig der „höchsten Landes-Fürstlichen Obrigkeitlichen Ampts-Gerichte", sondern er rufe gerade den gerechten Zorn Gottes über Land und Leute, weshalb „Duella gäntzlich auffgehoben" seien.

Schon die pure Herausforderung zum Duell und dessen Annahme hatte Dienstentlassung bzw. Einkommensbeschlagnahme zur Folge. Wurde dennoch ein Duell ausgefochten, so verfielen beide, auch bei unblutigem Ausgang des Kampfes, der Todesstrafe, und zwar die Kontrahenten selbst wie ihre Sekundanten im In- wie im Ausland. Schlimmer als die Todesstrafe mochte aber die Verfügung sein, dem Duellanten den Degen zu verbieten und ihn durch die Wegnahme des Schwertes aus dem Ritterstand auszuschließen. Ein Ritter ohne Schwert ist ein Widerspruch in sich selbst und entzieht ihm den Stand der Ehre.

Das Duell-Gesetz von 1688 wurde von Friedrich Wilhelm I. im Jahre 1713 voll bestätigt, wenn auch die Todesstrafe zur Freiheitsstrafe von acht bis zehn Jahren gemildert wurde. In dieser Fassung ging das Gesetz in jenes Friedrichs II. aus dem Jahre 1749 ein, wenn auch nur dem Buchstaben nach. Denn mit dem durch ihn geförderten Anwachsen der Bedeutung des Militärs und seines Offizierskorps im Staat gestattete er eine entscheidende Modifizierung zugunsten der Offiziers-Ehre: Entzog sich nämlich dem Staatsgesetz folgend ein Offizier dem Duell und damit der Satisfaktion, so wurde er aus seinem Korps ausgeschlossen und fand als „unehrenhafter" Offizier in ganz Europa keinen Dienst mehr. Friedrich II. ließ also zu, daß die Standesehre über das Staatsgesetz gestellt wurde: eine rechtliche Stärkung des Adelsstandes, die mit der

Allodifizierung seines Besitzes begonnen hatte und nun in der An-
erkennung der spezifischen Offiziers-Ehre ihre Ergänzung fand.
Darin darf man im Rahmen des Adels-Schutzes eine spezielle
Form des Offiziers-Schutzes sehen.

Im Entwurf des Allgemeinen Preußischen Landrechts von 1785
fand der Duell-Gedanke seinen Niederschlag in der Anerkennung
des Ehrengerichts, über dessen Strafmaß adlige Standesgenossen
zu entscheiden, vor allem Vorfälle der Beleidigung zu ahnden
hatten [140]. Der Gedanke des Ehrengerichts als einer standeseigen-
tümlichen Rechtsprechung trat im Preußischen Landrecht zum erstenmal in der Rechtsgeschichte auf und kam der Absicht Friedrichs II. entgegen, in das noch immer vorherrschende römische
Recht spezifisch deutsche, und das hieß germanische, Rechtsele-
mente einzuführen, jedenfalls in bezug auf den Adelsstand.

Denn gerade das preußische Offizierskorps mit seiner nahezu
ausschließlichen Adelstradition verkörperte in typischem Maße
den germanischen Genossenschaftsgedanken, der seine genaue
Entsprechung im Genossenschaftsgedanken der Handwerker-
Zünfte fand mit der zunfteigenen Bestimmung des Begriffs der
„Ehrbarkeit" bzw. der „unehrbaren" Berufe, die in einer Zunft
keine Aufnahme fanden.

Es war nicht zufällig gerade der Begriff der Ehre, der in geschlossenen Gesellschaftskreisen, im Offizierskorps wie in den
Zünften, seine standeseigene Bedeutung und Rechtsgrundlage
hatte, die im Unterschied und in Abhebung von der Rechtsprechung des Staates ihre Gültigkeit besaßen.

Eigene Gerichtsbarkeit und eigenes Recht waren in beiden Gesellschaftskreisen ein Vorzug, dessen teilhaftig zu werden wiederum Ehre bedeutete.

Aus dem Offizierskorps ausgestoßen zu werden war ebenso
unehrenhaft, wie es schimpflich war, aus einer Zukunft verstoßen
zu werden. „In Unehren aus der Armee entlassen" – das war ein
Urteilsspruch, härter als jedes vom Staat verhängte Urteil.

Der Zwiespalt zwischen dem Recht des Staates und dem Ehrenkodex des Standes hatte freilich bezüglich des Offizierskorps eine
größere Tragweite als in den Zünften. Noch in den Kabinettsordres von 1791 begnügte man sich damit, daß die Ausrottung des
Duells letztlich ein Wunschgedanke bleiben müsse, gleichzeitig die

Einführung von Ehrengerichten bedenklich sei und bestenfalls einen vorläufigen Charakter haben solle[141].

Das Allgemeine Landrecht formulierte daher im § 77 nur recht formal und vage bezüglich der Offiziere: „Dagegen ist Niemand sich durch eigene Gewalt Recht zu schaffen befugt" und im § 79: „Die Entscheidung der vorfallenden Streitigkeiten, sowie die Bestimmung der zu verhängenden Strafen, muß den einem jeden Einwohner des Staates durch die Gesetze angewiesenen Gerichten überlassen werden."

Sollte das Gesetz für alle Einwohner des Staates gleichermaßen und d. h. ohne Unterschied des Standes gelten, so schrieb eben dasselbe Gesetz demjenigen Stand eine Vorzugsstellung zu, der wie kein anderer Stand den Schutz des Militärstaates zu tragen hatte. Im Allgemeinen Landrecht, II. Teil, 9. Titel, § 1, hieß es ausdrücklich: „Dem Adel, als dem ersten Stand im Staat, liegt, nach seiner Bestimmung, die Verteidigung des Staates, sowie die Unterstützung der äußeren Würde und inneren Verfassung desselben, hauptsächlich ob."

Die Verteidigung des Staates rechtfertigte nicht nur den Adels-Stand, sondern durchlöcherte das Allgemeinheitsprinzip des Gesetzes, indem es Sonderrechte anerkannte, eben die Selbst-Gerechtigkeit der Offiziere in Ehrensachen, die wichtiger war als die staatliche Autorität. Das Staats-Recht unterwarf sich gleichsam freiwillig dem Militär-Recht des Adelsstandes, und vom Rechtsgesichtspunkt aus war der Adels-Stand nicht nur der erste Stand im Staat, sondern geradezu über dem Staat. Die Konsequenz lautete daher in aller Schärfe: Der preußische Staat würde aufhören, Staat zu sein, sobald er dem Militärstaat das Vor-Recht verweigerte.

Die weitere Tendenz lief wie zu erwarten: nicht das Staatsgesetz fand in der nach Friedrich II. kommenden Zeit das Übergewicht, sondern das Militär-Recht in der Form der Ehrengerichtsbarkeit.

Am 3. August 1808 bestätigte Friedrich Wilhelm III. das Ehrengericht voll und ganz, indem er die Art der Bestrafung von Offizieren wegen liederlichen Lebenswandels oder Insubordination oder sonstwie niederer Denkungsart ausschließlich dem Standesgericht überantwortete. Die Strafe hieß: einen, der keinen standesgemäßen Lebenswandel führte, für das „Avancement für unfähig zu erklären". Der Urteilsspruch folgte nicht dem allgemeinen Gesetz, sondern dem Spruch der Mehrheit der Offiziere des Regiments. Jeder Offizier hatte etwa im Fall von Beleidigung das Recht, das Ehrengericht anzurufen, und jeder Offizier hatte die Pflicht, sich dem Spruch des Ehrengerichts zu unterwerfen.

Friedrich Wilhelm III. äußerte sich unmißverständlich in einem Kriegsgerichtsurteil aus dem Jahre 1808, „daß in Duellsachen nicht die Gesetze des Landes, sondern nur die der ‚Ehre' anwendbar seien"[142].

Der Vorrang der Militärgerichtsbarkeit gegenüber dem allgemeinen Landesgesetz wurde in der Folgezeit immer wieder bestätigt und daran festgehalten, auch, nachdem Preußen als in Europa vorherrschender Militärstaat bereits aus der Geschichte auszuscheiden begann. Das alte Duell behielt jedenfalls seine Funktion, in Ehrensachen eine Entscheidung herbeizuführen, wenn auch nicht mehr mit dem Schwert oder Degen in der Hand, sondern mit dem Wort des legalisierten Ehrengerichts.

Friedrich Wilhelm I., der eigentliche Begründer und Schulmeister der preußischen Armee, hatte die Idee der Ehrengerichte insofern schon angelegt, als er den Begriff der Ehre über den des Gehorsams stellte und den Offizier damit zum selbstberechtigten Richter über das ernannte, was selbst der Landesherr als der Oberstkommandierende ihm befehlen würde. 1726 schenkte er jedem Offizier ein Reglement, in dem es zwar hieß, der Offizier sei seinem Vorgesetzten Gehorsam schuldig, mit einer großen Ausnahme freilich. Wörtlich hieß es: „Es sei denn, daß es gegen seine Ehre sei."[143]

Der moralische und rechtliche Standpunkt der Ehre war es schließlich, der dem preußischen Offizier vorschrieb, welcher Fahne er zu dienen hatte. Nur derjenigen nämlich, die seine Ehre respektierte. In den Jahren 1807 und 1812 traten massenweise preußische Offiziere in russische Dienste, weil sie allein hier „ihr Preußen" fanden und nicht unter Napoleon, dem Bürgerlichen, der aus seinem Stand heraus kein Verständnis für den Ehrenstand der Offiziere aufzubringen brauchte.

Der Wert der Beförderung im preußischen Offizierskorps entsprach nicht nur der im Feudal-Denken angelegten Tendenz, sich nach oben, zur Spitze der Pyramide hin zu verbessern, sondern entsprach in entschiedenem Maße dem Offiziers-Ehrenbegriff, der keinen Abstieg zuließ. Wer bei einer Beförderung übergangen wurde, reagierte genauso wie derjenige, der „in Unehren" aus der Armee ausgestoßen wurde: Der Offizier konnte nur seine Ehre retten, indem er „den Abschied" nahm. Nicht befördert zu werden rangierte auf der Ebene der Beleidigung, die man einem Offizier nicht ungestraft antun durfte. Wem die Ehre der Beförderung versagt wurde, der ging aus zweierlei Gründen: einmal bewies er damit, daß sein Stand keinen Makel duldete, die Ehre also übergesetzlich hochgehalten werden mußte, zum anderen vermied er es, daß man auf ihn als den Übergangenen moralisch mit dem Finger deutete.

Denn ein Makel auf dem Fundament der Ehre zog unweigerlich den nächsten nach sich, „lawinenartig", hieß es [144], so daß der Offizier ohne Ehre schließlich überhaupt den Boden unter den Füßen verlor.

Ein drittes Moment kam hinzu: Der preußische Offizier haftete mit seiner Person für den Schutz des Königs und damit des Staates; wer demzufolge den Offizier mit einer Beleidigung in der Ehre kränkte, beleidigte zugleich den König wie umgekehrt: Der Offizier fühlte sich persönlich betroffen, sobald dem König etwa auf diplomatischer Ebene Unrecht geschah. So kam dem Begriff der Offiziers-Ehre ein staatserhaltendes Gewicht zu.

Einer der ganz seltenen eklatanten Fälle von Gehorsamsverweigerung wegen Berücksichtigung der Offiziersehre trug sich im Januar 1761 zu, als Friedrich II. dem Obersten Johann Friedrich Adolph von der Marwitz (1723–1781) den Befehl gab, das Brühlsche Lustschloß Hubertusburg zu plündern, um Rache zu nehmen für die Plünderungen und Zerstörungen, die sächsische Truppen im Jahr zuvor (10. Oktober 1760) an den Schlössern Schönhausen und Charlottenburg angerichtet hatten. Der König stellte seinen Offizier zur Rede und erhielt folgende Begründung: „Weil sich dies allenfalls für Offiziere eines Freibataillons schicken würde, nicht aber für den Kommandeur von Seiner Majestät Gensdarmes".

Nach Kriegsende wurde von der Marwitz statt befördert zurückversetzt, worauf er 1769 seinen Abschied aus der Armee nahm. Auf seinem Grabstein in Friedersdorf sind die Worte zu lesen: „Er sah Friedrichs Heldenzeit und kämpfte mit ihm in allen seinen

Kriegen. Wählte Ungnade, wo Gehorsam nicht Ehre brachte." Dieser Grabinschrift ist eindeutig zu entnehmen, daß die Offiziersehre höher bewertet wurde als die Gehorsamspflicht, selbst gegenüber dem König. Der Ehrenkodex gab dem Offizier den Rückhalt, sich einem standeswidrigen, unmoralischen oder gar verbrecherischen Befehl des Herrschers zu widersetzen[145].

Auch General von Saldern (1719–1785) hatte sich demselben Befehl gegenüber geweigert, obgleich der König ihm eine hohe Belohnung versprochen hatte und seine Rüge in die Worte zusammenfaßte: „Saldern, Er will nicht reich werden!"[146]

Der Befehl wurde dann ausgeführt vom Freikorps-Führer Quintus Icilius, mit dem es freilich innerhalb des preußischen Offizierskorps eine eigene Bewandtnis hatte. Er hieß eigentlich Karl Gottlieb Guischardt (1724–1775), geboren in Magdeburg als Sohn französischer Emigranten, und galt im 18. Jahrhundert als der bedeutendste Kenner der Kriegskunst des Altertums, war überhaupt einer der gelehrtesten Männer unter den Offizieren. Der Sohn eines Juristen hatte in Halle, Marburg, Herborn und Leyden selbst Jura studiert und beherrschte neben den klassischen Sprachen des Altertums Griechisch und Latein auch noch Syrisch, Arabisch und Chaldäisch. Er war der Lehrer des Sohnes des Erbstatthalters der Niederlande, dem er die Kriegskunst der Alten beizubringen hatte. Schließlich beherrschte er diese Materie wie kein zweiter[147]. Er war nicht nur Altphilologe und Historiker[148], sondern auch Numismatiker und Liebhaber alter Geräte, Handschriften und Bücher.

Zu Beginn des Siebenjährigen Krieges hatte er sich freiwillig zum Dienst im preußischen Heer gemeldet, hatte aber kein Glück, weil er Friedrich II. gegenüber behauptet hatte, daß die Traglast eines römischen Legionärs schwerer gewesen sei als die eines preußischen Grenadiers. Friedrich II. glaubte ihm nicht, ließ ihn einige Tage später kommen und trat auf seine Art den Gegenbeweis an: Er postierte den Hauptmann mitten im Saal, ließ ihn wie ein Rekrut strammstehen, hob ihm das Kinn, drückte ihm die Grenadiermütze bis auf die Ohren, wie es Vorschrift war, band ihm den Säbel um und belud ihn mit Gewehr, Patronentasche mit 60 Patronen und Tornister – und ließ ihn stehen, sagte dann zu ihm: „Ich muß zugeben, daß Er so sehr schön ist. Er sieht ganz wie ein preußischer Soldat aus. Ich bin sicher, Er wird das seinen Römern vorziehen."[149] Nach einer Dreiviertelstunde befreite er ihn von seiner Last und sagte: „Nun, hat Er die Last unserer Soldaten erträglich gefunden? Jetzt wollen wir noch große Märsche machen. Ich hoffe, Er wird zugeben, daß sie ebenso stark sind wie die der Römer. Er wird Operationen sehen, von denen sie keine Ahnung hatten noch haben konnten. Adieu, sei Er ein wenig Preuße, dann wird Er Grund haben, mit mir zufrieden zu sein."

In Magdeburg und England setzte Guischardt seine Studien fort, veröffentlichte 1758 seine Abhandlung: „Mémoires militaires sur les Grecs et les Romains", kehrte nach Deutschland zurück und wurde im gleichen Jahr von Friedrich II. zum Major und Flügeladjutanten ernannt. Ein Jahr später kam es zu einem seltsamen gelehrten Disput zwischen beiden. Der König fragte ihn, wer unter Caesars Offizieren der beste Adjutant gewesen sei. Guischardt erwiderte, es sei Quintus Icilius gewesen. „Schön", sagte darauf der König, „Ihr werdet mein Quintus Icilius sein, ich gebe Euch diesen Namen und bin sicher, daß Ihr ihn Euch verdienen werdet." Seltsam war dieser Disput, weil es einen Quintus Icilius im Altertum überhaupt nicht gegeben hat. Ob Guischardt sich geirrt hatte oder lediglich eine Antwort nicht schuldig bleiben wollte und rasch diesen Namen erfand, ist nie aufgeklärt worden. Jedenfalls ging er unter diesem Namen und aus einer puren Laune des Königs heraus in die Geschichte ein, wurde auch unter diesem Namen von ihm geadelt (1759), wurde Oberst und Kommandeur eines Freibataillons. Freibataillone kamen um 1759 in der preußischen Armee auf und führten vorwiegend Raubzüge und Plünderungen durch[150].

Nach dem Ende des Siebenjährigen Krieges setzte er seine Studien fort und veröffentlichte 1773 ein mehrbändiges Werk unter dem Titel: „Mémoires critiques et historiques sur plusieurs points d'antiquités militaires"[151]. Nach seinem Tod erwarb Friedrich II. seine umfangreiche Bibliothek und fügte sie seiner Königlichen Bibliothek zu Berlin ein, deren Inschrift „Nutrimentum spiritus" von Guischardt stammte.

In Sanssouci war Icilius täglich Gast an der königlichen Tafel und mußte sich manche Neckerei und unangenehme Szene gefallen lassen. Bei solcher Gelegenheit fragte der König ihn, wieviel er denn überhaupt bei der Plünderung des Schlosses des Grafen Brühl gestohlen habe. Friedrich II. trieb die Ehrverletzung auf die Spitze mit dem Satz: „Die Sache ist ja alt, es ist Gras über sie gewachsen. Und übrigens hat Er doch jede Scham verloren. Es weiß doch jeder, daß Er ein Plünderer ist, diesen Ruf hat Er nun einmal. Also vorwärts, heraus mit der Sprache! Was hat Er bei diesem Gaunerstreich verdient?"

Icilius erwiderte verärgert: „Was ich getan habe, ist alles auf Ihren Befehl geschehen. Ich habe Ihnen Rechnung abgelegt, und Sie haben mit mir geteilt."[152]

Er verließ die Tafel. Nachdem auch noch bekanntgeworden war, daß sich Icilius in Spekulationen mit Aktien einer Berliner Bank verwickelt hatte, sprach Friedrich II. ohne jeden Respekt von ihm, disqualifizierte seine Verdienste als Offizier mit der Bemerkung, der Siebenjährige Krieg sei nicht durch Feldherrenkunst gewonnen worden, sondern allein durch die Tapferkeit und Disziplin der Soldaten. Auf diese Äußerung angesprochen, sagte Icilius später: „Der König hat Freundschaft nie gekannt, er ist dieses Gefühls unfähig. Er sonnt sich in dem Bewußtsein des Abstandes zwischen dem, was er bei seinem Regierungsantritt war und was er heute ist. Seine Untertanen sind für ihn nur eine gemeine Herde, bestimmt, das Land nach seinem Befehl fruchtbar zu machen oder es zu verschönern. Der Machtwille und die Eitelkeit sind seine heftigsten Leidenschaften."

Unter Ehre oder Ehrenkodex verstand Friedrich II. als Rückgrat des Offizierskorps einen fundamentalen Wertbegriff[153], in dem Ruhm, Ehrgeiz, Führungswille und das Streben nach Auszeichnung mitschwangen. Ehrgeiz (Ambition) sollte dabei eine Tugend sein, sogar die einzige, die das Kriegshandwerk bestimmend trug und prägte. In seiner ersten Instruktion nach seinem Regierungsantritt bezeichnete er am 30. Juni 1740 gegenüber dem Oberstleutnant von Oelsnitz, dem Kommandeur des Kadettenkorps, es als „erste und vornehmste Sache", „denen Cadets eine vernünftige Ambition beizubringen". Und noch in einer seiner letzten Kabinettsordres vom 28. August 1785 hieß es gegenüber dem Generalmajor von Götzen, das Vornehmste bestehe darin, „daß eine bessere Zucht in die Officiers kommt, daß Ihr Euch bemüht, selbigen mehr Ehre und Ambition beizubringen."

Mit dem Begriff der „Ehre" verband er das Wohl des Staates. Ehre sei das Standesethos der Fürsten und werde mit dem Staatswohl gleichgesetzt [154]. Es war somit eine schwere Strafe, einen Offizier wie z. B. seinen Bruder August Wilhelm in Unehren aus der Armee zu verstoßen [155]. Ehre und Ambition, Ehre und Ehrgeiz des Offizierskorps, des Regiments, der Armee und schließlich des Staates verstand er synonym.

Er glaubte, allein der Adel und besonders der adlige Offizier könne seinem Ehr-Begriff gerecht werden, weshalb er das von seinem Vater angelegte Adelsmonopol im Offizierskorps zur bestimmenden Norm erhob und den Adel als den Ersten Stand im Staat definiert wissen wollte, ausformuliert im „Allgemeinen Landrecht", das zwar erst nach seinem Tod erschien (1794), aber zu seinen Lebzeiten konzipiert wurde und die Einheit des Staates erstmals umriß als Kompromiß zwischen „überkommenem Zustand und zukunftgerichteter Absicht" [156]. Das Allgemeine Landrecht verkündete die Fortdauer der ständischen Gliederung und verankerte die Vormachtstellung des Adels durch dessen volle juristische Eigentumssicherung [157].

Weil er Ehre ausschließlich dem Adel zusprach, verbot er den Offizieren den Umgang mit gemeinen Leuten und Bürgern; sie sollten standesimmanent „ihren Umgang immer mit höheren Offizieren und ihren Cameraden, so sich gut conduisieren und Ambition besitzen, haben . . ." [158], hieß es in seiner „Instruktion für die Kommandeure der Infanterieregimenter" vom 11. Mai 1763.

Generalfeldmarschall Friedrich von dem Knesebeck (1768–1848) bestimmte aus seiner Sicht den unter den preußischen Herrschern eigentümlich gewordenen Begriff der „Ehre": pünktliche Pflichterfüllung, Ordnungsliebe, „nicht ehrgeizig und stellensüchtig, aber ehrliebend und auf Ehre haltend. Ward diese gekränkt, so wußten sie ihre Existenz, und wenn nötig, ihr Leben einzusetzen, sie hatten sterben gelernt . . . Durch die langen Entbehrungen im Subaltern-Offiziersstande waren sie an keinen Luxus gewöhnt, und ihre höchsten Wünsche waren befriedigt mit der Erhaltung der Compagnie. Das fernere Dienst-Avancement blieb Ehrensache" [159].

Der Standesbegriff der Ehre führte nicht nur zu strengsten Maßstäben bei der Gewährung des Ehekonsenses [160], sondern einerseits zur Ehelosigkeit vieler adliger Offiziere und andererseits zu moralischen Ausschreitungen und Verwilderungen, die Friedrich II. eher hinnahm als die geringste Durchbrechung des Ehr-Begriffes.

Ehre war keine Naturgabe und daher nur einem Stand mehr oder weniger willkürlich zuzuschreiben, somit eine Angelegenheit der militärischen Erziehung. Wer nicht die Erziehung in Kadettenanstalten durchlief oder, weil er nicht zum Stand gehörte, durchlaufen durfte, konnte somit diesen Begriff auch nicht für sich in Anspruch nehmen.

Adel bedeutete Exklusivität: „Zum Adelsstande werden nur diejenigen gerechnet, denen der Geschlechtsadel durch Geburt oder landesherrliche Verleihung zukommt"[161]. Aus Gründen der Unvermischbarkeit der drei Stände Adel–Bürger–Bauern sollte daher auch der Adlige „in der Regel keine bürgerliche Nahrung und Gewerbe treiben" (Allgemeines Landrecht, II. Teil, 9. Titel, § 76)[162].

Man darf nicht übersehen, daß sowohl Friedrichs II. hoher Ehrbegriff wie seine Vorschriften über Kriegstaktiken, dargestellt in seinen „Generalprinzipien vom Kriege" von 1748[163], für die Offiziere und damit für einen Menschenschlag gedacht waren, dessen „Bildungsstand ... erschreckend niedrig war"[164].

Denn der Adel, auf den es ihm im Offizierskorps vor allem ankam, war der Landadel, der sich vom Bauernstand, was Bildung, Lebensniveau und Gesellschaft betraf, nur graduell unterschied und dem der Ehr-Begriff wie eine Kapuze übergestülpt wurde. Friedrichs II. Ehr-Begriff hatte also durchaus einen postulatorischen Charakter, war mehr Appell, vielleicht auch Utopie, als täglich praktizierte Realität.

Wenn der Adel zum Schutz und zur Verteidigung des Staates verpflichtet sein sollte, so war damit nicht nur die Stärkung der militärischen Macht gemeint, sondern ineins damit das Wohl des Volkes oder das Staatswohl[165]. Ganz darauf abgestellt sah Friedrich II. in seinem Politischen Testament von 1768 das Staatswohl im Vermögen: „Soll man dabei das Staatswohl (le bien de l'état) oder das Wohl des Einzelnen voranstellen, und welchen Entschluß soll man hier fassen? Ich antworte: Der Staat setzt sich aus lauter Privatleuten zusammen, und es gibt nur ein einziges Wohl für den

Herrscher und seine Untertanen. Jeder Privatmann soll zu den Staatskosten beitragen, aber er soll nicht sein halbes Einkommen mit dem Herrscher teilen. Bauer, Bürger und Edelmann sollen in einem gut verwalteten Staat den Hauptteil ihres Einkommens selber genießen und nur ein Teil davon an den Staat abgeben"[166]. In der Klammer Wirtschaft (Steuern)−Staatssicherheit− Wohlfahrt nahm wiederum der Adel als Träger und ausführendes Organ der militärischen Macht die erste Position ein, also bestand seine Ehre darin, für den Staat zu kämpfen und zu sterben. Der Bürger wurde nicht zum Soldatendienst herangezogen, wohl aber der Bauer, der eben doch bei Abgaben von 33 bis 50 Prozent von seinem Einkommen am wenigsten von der Wohlfahrt des Staates abbekam im Unterschied zum Adligen.

Im genannten Testament von 1768 führte Friedrich II. für alle drei Stände den Begriff der Pflicht ein. Pflicht (devoir) wurde von Friedrich II. zwar niemals genau definiert, er meinte damit vage das „vom Gewissen Verordnete". Da der Begriff häufig im Zusammenhang mit Staat, Land und patria auftritt, dürfte er für das „vom Dienst für den Staat Gebotene" stehen. Es ist die Pflicht jedes guten Untertanen, „seinem Vaterland zu dienen, zu bedenken, daß er nicht für sich allein auf der Welt ist, sondern für das Wohl der Gesellschaft zu arbeiten hat, in die ihn die Natur gestellt hat"[167]. Die Berufung auf die Natur sollte die prinzipielle Allgemeingültigkeit der Pflicht gegenüber der Besonderheit der Ehre zum Ausdruck bringen, sehr im Unterschied zu Kants rationalem Pflichtbegriff, definiert als „die Notwendigkeit einer Handlung aus Achtung fürs Gesetz" (Grundlegung zur Metaphysik der Sitten), bekannt unter dem „Kategorischen Imperativ", wonach das Gesetz das objektive Prinzip bedeuten soll, das „allen vernünftigen Wesen auch subjektiv zum praktischen Prinzip dienen würde, wenn Vernunft volle Gewalt über das Begehrungsvermögen hätte"[168].

Friedrichs II. Pflichtenlehre war demgegenüber als staatsbürgerliche Tugend angelegt und bot eben kein allgemeines Gesetz, sondern lediglich eine Richtschnur, die der Herrscher seinen Untertanen vorlebte.

Der König als oberster Tugendkanon sollte durch Vorbildlichkeit wirken, weshalb auch seine Armee allein auf ihn vereidigt wurde (Huldigungseid) und nicht (wie modern) auf den Staat.

Die Kadettenanstalten

Es war zunächst keine Besonderheit, die Bedeutung des Adels darin zu sehen, daß er mit Roß und Degen und Knappen in den Dienst des Landesherrn oder eines Fürsten trat, um militärische Schutzaufgaben zu übernehmen und dafür mit geliehenem Land entschädigt zu werden.

Diese Interpretation ging so lange mit dem Feudalsystem konform, als man dieses ingesamt akzeptierte und als historisch wahr respektierte. Der Adlige als Ritter und Edelmann war nichts weiter als ein einsetz- und opferbares Werkzeug in der Hand des Fürsten, dem man sich anvertraut und ausgeliefert hatte.

Über das ganze Mittelalter bis in die beginnende Neuzeit war dieses Kriegswerkzeug austauschbar, d. h. die Adligen verpflichteten sich diesem oder jenem Landesherrn, wo Waffendienst gerade gebraucht und bezahlt wurde. Das brachte ein vagabundierendes Element[169] in die Adelsschicht. Für verschiedene Fürsten und in verschiedenen Armeen zu dienen war der Normalfall. Die Adligen hatten ihre Berechtigung, solange sie ihren Zweck erfüllten; außerkriegerische Bindung an den Landesherrn wurde nicht gepflogen.

Dieser Tatbestand änderte sich, als aus den miet- und entlaßbaren Söldnerheeren eine ständig dem Fürsten zur Verfügung stehende Truppe gemacht wurde, als das „stehende" Heer aufgebaut wurde. Dies leistete für Brandenburg-Preußen der Große Kurfürst im Jahre 1644. Er brauchte nicht nur zum Zweck der Landesverteidigung ein jederzeit einsetzbares Söldnerheer, sondern auch die dazugehörigen Offiziere. Noch vor dem schwedisch-polnischen Konflikt 1655/56 stellte er 1653, jenem schicksalsträchtigen Jahr, das die Entmachtung des Adels und damit verbunden den Status der Leibeigenschaft für die Bauern brachte, ein ständiges Offizierskorps auf. Das erste brandenburgisch-preußische stehende Heer von rund 4000 Mann (1644) war aber noch zu schwach, um das Reservoir für das Offizierskorps abzugeben. Also griff der Große Kurfürst hauptsächlich auf Offiziere zurück, die schon in fremden Heeren, in kaiserlichen, schwedischen oder auch holländischen, gedient hatten. Diese im Dreißigjährigen Krieg kampferprobten Offiziere waren oft Haudegen mit wüsten

Landsknechtsmanieren, an kein Vaterland gebunden und in verschiedenen militärischen Schulen aufgewachsen.

Der Große Kurfürst nahm nur in seine Dienste, wer mehr als den Degen führen konnte. Er stellte gewisse Ansprüche bezüglich einwandfreier Charaktereigenschaften und eines gewissen Bildungs- bzw. Wissensniveaus, das nicht üblich gewesen sein dürfte, sonst hätte er es nicht nötig gehabt, darin ein Auslesekriterium zu sehen. Er forderte über die militärische Praxis und Erfahrung hinausgehend auch eine zuverlässige theoretische Beherrschung der Dienstaufgaben, die in naheliegenden Disziplinen wie Mathematik, Ingenieur-, Bau- und Befestigungskunst lagen [170].

Ein Offizier galt als gebildet, wenn er eine Ausbildung auf privater Basis vorweisen konnte. Bestenfalls hatte er im Elternhaus eine Hofmeister-Erziehung genossen, war danach auf eine Lateinschule und Universität gegangen, hatte sein Wissen durch Auslandsreisen (Niederlande, Frankreich, Italien, England, Spanien, Schweiz) erweitert und schließlich abgerundet. Möglich war auch der Bildungsweg über den Pagendienst bei einem Fürsten oder höheren Offizier.

Christian Weise sah als wichtige geistige Bildungselemente an: Beredsamkeit, Geschichte, Geographie, Kenntnisse von Anreden und Titeln und einen gewinnenden Briefstil. Unter Beredsamkeit oder Redekunst war die Fähigkeit zu verstehen, Französisch lesen, reden und schreiben zu können. Dazu kamen sportliche Qualitäten wie Reiten, Fechten und Tanzen. Ein religiöses Bewußtsein sollte angelegt sein.

So etwa sah das Bildungsniveau des Offizierskorps aus, es blieb im Prinzip fast unverändert vom Großen Kurfürsten an bis zum Ende des preußischen Staates. Dieses Niveau bestand mehr in der Forderung als in der Tat, denn es ist nicht charakteristisch für den Bildungsstand des gesamten preußischen Offizierskorps, sondern hatte Ausnahmecharakter [171]. Viele junge Offiziere konnten weder lesen noch schreiben. Das heißt: Nur ein geringer Prozentsatz der preußischen Offiziere wurde diesen geistigen Anforderungen gerecht.

Die einzige und beste Methode, die jungen Offiziere ans Land und ans Heer zu binden, war die, ihnen die Auslandsreisen zu untersagen, ihnen also die auf solchen Reisen zu gewinnenden Bildungsgrade abzuschneiden. Derartige Reiseverbote sprach der Große Kurfürst ebenso aus wie noch ein Jahrhundert später Friedrich II.[172] laut Edikt vom 18. Juni 1751, das jenes Friedrich Wilhelms I. vom 12. Januar 1731 erneuerte, in welchem an das Generaldirektorium die Ordre ergangen war, daß sämtliche Landräte der Kurmark und Pommerns dem Adel den Befehl bekanntmachen sollen, daß „kein Edelmann ohne besondere Erlaubnis seinen Sohn in fremde Dienste geben dürfe".

Eine für Brandenburg-Preußen spezifische Bildungs- und Kulturpolitik für junge Offiziere bahnte sich an, als der Große Kurfürst im Jahr 1653 die Ritterakademie in Kolberg ins Leben rief[173], eine adlige Erziehungsanstalt („Pflanzstätte") auf mathematisch-naturwissenschaftlicher Basis.

Kolberg an der Ostsee war 1644 an Brandenburg gefallen, wurde 1807 von Gneisenau (August Graf Neithardt von Gneisenau, 1760–1831) und Nettelbeck (Joachim Nettelbeck, 1738 bis 1824) gegen die Franzosen verteidigt und ist seit 1945 polnisch.

Viele Akten der Ritterakademie verbrannten bei der Belagerung der Festung Kolberg 1807, dennoch läßt sich der Aufbau dieser Akademie rekonstruieren. Diese Akademie wurde zum Vorbild für später gegründete ähnliche Akademien. Das aus ihr hervorgegangene Kadettenkorps bestand bis 1918[174].

Die Kolberger Akademie verstand sich als Bildungsstätte des pommerschen Adels und war ausgerichtet auf den Dienst beim Landesherrn nach schwedisch-pommerscher Ordnung. Die Kolberger Akademieschüler wurden bereits aktiven Kompanien zugeteilt, um neben dem theoretischen zugleich den praktischen Militär- und Kriegsdienst zu lernen.

Die in adligen Familien übliche Pagenerziehung mit Musik, Mathematik und französischer Sprache wurde beibehalten und ergänzt durch spezielle Kriegswissenschaften, hier wiederum vorzüglich die Fortifikationswissenschaft. Festungsbau als Lehrfach war naheliegend, denn die Festungsanlagen Kolbergs boten genügend Anschauungsmaterial dazu.

Die Kolberger Ritterakademie fand ihre Fortführung in der 1701 gegründeten Berliner Kadettenakademie[175], die zur ausschließlichen Ausbildung des inländischen Adelsnachwuchses gedacht war. 1701 wurde die Zahl der Zöglinge auf 120 angesetzt, 1710 auf 30.

Eine dritte Kadettenakademie entstand 1710 in Magdeburg. Kronprinz Friedrich Wilhelm, der spätere König Friedrich Wilhelm I., beeinflußte sie zusammen mit dem Fürsten Leopold von Anhalt, dem damaligen Gouverneur von Magdeburg. Diese drei Ritterakademien (Kolberg, Berlin und Magdeburg) wurden 1717 in Berlin zusammengezogen und zum „Corps des cadets" vereinigt.

Die Einwanderung der Refugiés hatte den französischen Kultureinfluß verstärkt. Wenngleich sie auch nur 0,1 Prozent der Gesamtbevölkerung Preußens ausmachten, war ihr Anteil am Offizierskorps beträchtlich: 20 Prozent der Infanterieoffiziere und 26 Prozent der Kavallerieoffiziere waren Franzosen. Von da her rührte auch die Einführung französischer Dienstgradbezeichnungen: wie Regimentschef, Kompaniechef oder Kommandeur. Statt des deutschen Wortes Hauptmann wurde für die Artillerie der Kapitän eingeführt.

Diese Akademie durchliefen von 1717 (110 Mann, ab 1721: 236 Mann) bis 1740 1612 Zöglinge[176], von denen 1483 später Offiziere wurden, 39 davon unter Friedrich II. General[177], die anderen 129 kamen im zivilen Beamtenberuf unter.

In der Berliner Kadettenakademie standen pro Woche 40 Unterrichtsstunden auf dem Lehrplan, und zwar Schreiben, Rechnen, Französisch, Fortifikation, Religion und Geographie. An zwei Nachmittagen fanden militärische Übungen statt[178]. Besonders arme Kadetten wurden unentgeltlich ausgebildet. Die Erziehung war auf strenge Willensbildung und Pflichterfüllung bedacht.

Unter Friedrich Wilhelm I. griff die unter allen anderen europäischen Fürsten unbekannte schlichte „spartanische" Lebensführung und harte Sparsamkeit um sich, die sich auch auf die Ritterakademie übertrug. Die religiöse Bildung wurde nun vor allem durch seinen Pietismus hallescher Prägung bestimmt. Latein wurde verboten, die französische Überfremdung der Sprache eingedämmt und der Tanzunterricht für kurze Zeit als überflüssig erklärt (1727–1730).

Fürst Leopold von Anhalt-Dessau (1676–1747, der „Alte Dessauer") trug wesentlich zur Bildung des Offiziers-Typs der preußischen Armee bei. Er führte nicht nur den Gleichschritt ein, sondern schuf auch den Typ des Berufsoffiziers und war der erste, der den Offizier auch in Friedenszeiten zum vollen dienstlichen Einsatz bei der Truppe veranlaßte. Durch ihn wurde der Offizier für alles verantwortlich gemacht, was die Truppe anging. Er darf als Vater des rational geprägten (späteren) Generalstäblers gelten. Als alter Generalfeldmarschall (sowohl kaiserlicher wie preußischer) verhalf er zum Sieg bei Kesselsdorf (1745).

Auf ihn ging letztlich auch die Herausbildung der Offiziersgruppe zum Stand zurück. Denn das von ihm geforderte ständige Zusammenbleiben der Offiziere bei ihren Regimentern führte zu einer Standwerdung; aus dem permanenten rein lokalen Stand-Ort wurde schließlich der soziale erste Stand des Offizierskorps [179]. Die dem Offizier früher eigen gewesene Möglichkeit, seinen Dienst nach Belieben zu wechseln und sich durch Tüchtigkeit vor dem Feind Aufstiegschancen zu erwerben, wurde nun durch die berufsständische Gebundenheit an das Regiment zu einer festen Kaste mit besonderen Verhaltensmaßregeln und Dienstvorschriften. Neben die Tapferkeit vor dem Feind trat als Aufstiegsmöglichkeit nun das Dienstalter mit automatisch erfolgender Beförderung, eine Regelung, die auch für die preußischen Prinzen galt. Ähnliche Stand-Bildungen vollzogen sich zur gleichen Zeit auch in der französischen Armee.

Die Stand-Werdung und das dazu ausgebildete Stand-Bewußtsein führten insofern auch zu einem Korpsgeist, als jede Verfehlung, die sich ein Mitglied dieses Standes zuschulden kommen ließ, auf den ganzen Stand zurückfiel. Daraus resultierte das Ehrgefühl dieses Standes, der in unbedingtem Gehorsam sein notwendiges Korrelat fand. Das Standesbewußtsein war zugleich ein ausschließendes Kastenbewußtsein, woraus Friedrich II. seine Legitimation zog, dem adligen Offiziersstand den Umgang oder gar die Eheschließung mit dem bürgerlichen oder Bauernstand zu verbieten.

Um das Standesbewußtsein kontrollieren und eventuell reglementieren zu können, mußten die Kommandeure jedes Jahr zum 1. Januar „Konduitenlisten" vorlegen, in denen sie „bei Ehr und Gewissen" über jeden untergeordneten Offizier Rechenschaft abzulegen hatten. Insbesondere war anzugeben, „ob der Offizier ein Säufer ist, ob er guten Verstand und einen offenen Kopf hat, oder ob er dumm ist" [180]. Der König prüfte diese Liste und legte sie seinen persönlich abgehaltenen Examinationen zugrunde.

Fortgeführt wurde diese Maßnahme in der „Instruction vor die Capitaines und Stabs-Capitains vom ersten Bataillon" vom 14. Mai 1750. Hier hieß es u. a.[181]: „Es ist nicht genug, daß der Capitaine die Officiers, Unter-Officiers und Gemeinen seiner Compagnie bey Nahmen Kennet, sondern er muß ihre Conduite auswendig wißen und muß also mehr mit seiner Compagnie zu thun machen, wie es bisher geschehen ist; umb sie alle gründlich zu kennen, muß er 2 Mahl die Woche die quartiere selber visitiren, wann Streite in denen quartieren entstehen, solche selber anthun, die Bursche umquartieren und alles nach möglicher Überlegung zum Besten einrichten.

Die Officiers reprimandiren (= eine Rüge erteilen), wann sie negligeant sind, Schulden machen oder spielen, und sie nach Befinden im arrest schicken, und die Uhrsache am Könige melden. Die Bursche, die liederlich sind, bey Unterofficiers legen, selbige reprimandiren, wann solches nicht hilft, solche in seiner Gegenwart fuchteln lassen (= mit der Breitseite des Degens schlagen), und wann solches auch nichts helfen will, in die Wache schicken und am Könige melden. Es muß nicht gelitten werden, daß die Bursche Menscher bey sich im quartire haben, daß sie sich nach dem Zapfenstriche auf der Straße sehen lassen ohne Urlaub, absonderlich aber muß mit aller Schärfe auf alles was subordination heißet, gehalten werden, alsdann es Zeit ist nach der rigeur (= Strenge) zu verfahren, und vom Ersten Lieutenant bis auf dem übercompletten (= überzähligen) Tambour, muß Keiner, der sich dawieder vergeth, geschonet werden.

Bey dem exerciren muß Keiner geschlagen, noch gestoßen, noch geschimpfet werden. Mit Geduld und methode lernet der Kerl exerciren, mit Schläge nicht... Wann ein Kerl raisonniret, oder nicht thun will, was ihm befohlen ist, oder tückisch ist, 2 bis 3 Patronen einladet, alsdann muß er gefuchtelt werden, aber doch mit Maaße, und muß nicht gesaget werden hohle ihn der Teufel, der König muß einen anderen geben. Der König wird alles erfahren, was passiret."

Weiter hieß es: „Wenn die Burschen in Montierung auf der Straße gehen, sollen sie allezeit rein und propre sein..., die Bärte seien wohl aufgestutzt und die Hosen und Kamaschen gut aufgezogen. Der König läßt hart verbieten, daß kein Soldat einen gefärbten Bart, sondern so wie seine Haare tragen soll...".

Der König war nicht nur oberster Lehensherr, sondern zugleich seiner Schutzfunktion entsprechend oberster Kriegsherr. Indem er selbst ein Regiment führte, nahm er die Pflichten des Offiziersstandes voll auf sich. Als äußeres Zeichen davon trugen Friedrich Wilhelm I. wie auch Friedrich II. nur noch die blaue Uniform ohne Offiziersrangabzeichen. Dieses oft als Standesdünkel verurteilte Standesbewußtsein brachte es mit sich, daß Offiziere untereinander zusammenhielten wie eine verschworene Gesellschaft; Verschwiegenheit und gegenseitiges Sichdecken gehörten dazu wie die Tatsache, daß Angehörige des Offiziersstandes nicht wie solche des gemeinen Standes bestraft werden durften. Die üblichen Stockhiebe Friedrich Wilhelms I. machten vor jedem Offizier Halt, und verprügelte gelegentlich ein gemeiner Untertan einen Offizier, so galt das als Ehrendelikt und wurde besonders hart geahndet.

Über die Zusammensetzung des preußischen Offizierskorps läßt sich sagen: Im Jahre 1740 gab es 3116 Offiziere (alle Waffengattungen zusammengenommen[182]). 1483 davon hatten die Kadettenanstalt durchlaufen und konnten als durchschnittlich gebildet bezeichnet werden. Zwischen 1740 und 1763 (Ende des Siebenjährigen Krieges) erhob Friedrich II. 249 nichtadlige Offiziere in den Generalsrang, zwischen 1763 und 1786 nochmals 183[183], zusammen also 432. Von diesen 183 Generalen waren 1740 nur 31, die das übliche Aufnahmealter (15 Jahre oder jünger) ins Kadettenkorps hatten. Auf deren Bildung in der Jugendzeit hatte er keinen Einfluß. 1746 waren es fünf Generale, die unter seinem persönlichen Einfluß gestanden haben dürften, darunter: K. A. von Backhoff (1720–1807), Alexander Freiherr von Knobelsdorff (1723–1799), F. W. von Goetzen (1734–1794). Diese drei hatten bei Friedrich II. Pagendienst geleistet. Feldmarschall von Knobelsdorff dürfte zu den markantesten Erscheinungen der preußischen Armee des 18. Jahrhunderts gezählt haben.

Von den 432 nichtadligen Offizieren ließ sich bei 157 eine höhere Bildung nachweisen: 68 höhere Schule und Universität, 52 preußisches Kadettenkorps, drei kursächsisches Kadettekorps, 34 Pagenerziehung[184].

Neben den Ritterakademien in Berlin und Kolberg galten als private Bildungsstätten das Joachimsthalsche Gymnasium in Berlin und die Universitäten Frankfurt/Oder, Königsberg und Halle. Friedrich Wilhelm von Rohdich (1719–1796), ein Schüler des Joachimsthalschen Gymnasiums, war übrigens der letzte Offizier, der Friedrich II. einen Tag vor dessen Tod besucht hatte[185].

Das Eintrittsalter der Kadetten lag bei 15 Jahren, es sollten insgesamt nicht mehr als 15 sein und die Ausbildungszeit war auf sechs Jahre berechnet. Von Buddenbrock wurde der Leiter der neuen Akademie. Neben Mathematik und Logik (gescheitert)[186], Geschichte und Geographie wurde nun auch Metaphysik und Geschichte der Philosophie gelehrt (Epikuräer, Stoiker, Bayle, Cicero, Descartes, Leibniz, Locke, Malebranche). Latein blieb weiterhin ausgeschlossen, das Französische aber wurde zur Bildungssprache Europas erhoben. Tanzen, Fechten und Reiten zählten weiterhin als Lehrfächer.

Galt beim Großen Kurfürsten die stoische Gemütshaltung als vorbildlich für den Offizier, so wollte Friedrich II. den total aufgeklärten, durch und durch rational ausgerichteten Offizierstyp heranziehen[187], ausgebildet in Truppenführung, Waffenwesen und vor allem Geländekunde, weshalb das Kartenzeichnen zu einem wesentlichen Bestandteil des Unterrichts gehörte, ein Studienzweig, der durch den Feldmarschall Samuel Graf von Schmettau (1684–1751) begründet wurde und vor allem der Artillerie zugute kam.

Die rasche Übersicht und taktische Beherrschung des Geländes wurde mit der Vermehrung der Artilleriegeschütze erforderlich. 1756 verfügte die preußische Armee über 200 Geschütze, 1781 über etwa 1000.

Mochte die „Ecole militaire" von Friedrich II. gut gedacht gewesen sein, so war doch ihr Lehrplan zu hochgeschraubt und überstieg das Verstandesvermögen und die Aufnahmefähigkeit der jungen Kadetten, die sich überfordert sahen und vor allem in Logik nicht die erwarteten Leistungen brachten. Bis 1786 waren 61 Eleven durch Friedrichs II. „Ecole" gegangen, davon traten 58 in die Armee ein, drei in den Zivildienst[188]. Seit 1805 wurde kein Eleve mehr angenommen, 1809 wurden die beiden letzten noch übrigen zu Offizieren befördert, 1810 wurde die Akademie aufgelöst[189].

Zwischen 1786 und 1806 wurden 223 Generale ernannt, und

zwar 144 unter Friedrich Wilhelm II. und 79 unter Friedrich Wilhelm III.[190]

Es wurde immer wieder beschönigend darzustellen versucht, welch hohes Bildungsniveau den friderizianischen Offizieren eigen gewesen sei. Überschlägt man aber, wie wenige Offiziere tatsächlich die Kadettenanstalt nach Friedrichs II. Bildungsidee mit Erfolg durchlaufen haben, ganze 61 in den 20 Jahren der „Ecole militaire", so drehte es sich nur um eine sehr dünne Schicht von Eliteoffizieren, die zwar als Vorbild, nicht aber als Durchschnitt den geistigen Horizont des Offizierskorps insgesamt repräsentierten. Ihnen gegenüber stand die Masse der Offiziere (5511 beim Tod Friedrichs II.), die größtenteils ungehobelte, ungebildete und im menschlichen Umgang rohe Landjunker waren, eben jene Rittergutsoffiziere mit aufgestülptem Ehrbegriff, denen die bäuerlichen Untertanen als Landeskinder und die geworbenen Ausländer unmittelbar ausgeliefert waren. Diese Landjunker machten insgesamt den Adel aus, der von Friedrich II. überprivilegiert und als Garant seines Militärstaates bevorzugt wurde. Gewiß mochte es „ein eigener Geist" gewesen sein, „der diese alten Herren des Siebenjährigen Krieges beseelte" (von dem Knesebeck)[191], aber eben diese Eigentümlichkeit im doppelten Wortsinne war standesimmanent geblieben und erreichte weder alle Kadetten noch gar die Untertanen.

Gleich zu Beginn seines Regierungsantritts 1786 führte Friedrich Wilhelm II. einige Neuerungen in der „Ecole militaire" ein. Er wollte sie zuerst völlig abschaffen, weil sie ihren Zweck nicht erfülle. Es würden hier nur junge Edelleute wie vornehme Herren ausgehalten und dann recht früh zu Leutnants ernannt[192]. Er sah den Plan Friedrichs II. als gescheitert an, hier den Stamm für die Gelehrten und für die Armee ausbilden zu wollen, weil der Lehrplan zu umfangreich sei. 1790 erhielt die Ecole neue Instruktionen, die darauf hinausliefen, die Aufklärung als Hauptfach einzuführen. Fächer wie Beredsamkeit, schöne Künste, Rechts- und Staatslehre und Philosophie blieben zwar im Lehrplan erhalten, vor allem aber wurde jener Philosoph in den Mittelpunkt des Unterrichts gerückt, von dem Friedrich II., der „Philosoph von Sanssouci", nie Kenntnis genommen hatte. Es war sein Zeitgenosse und der berühmteste Philosoph des Jahrhunderts, Immanuel Kant

(1724–1804), dessen Hauptwerk „Die Kritik der reinen Vernunft" (1781 erschienen) zum Studium empfohlen wurde wie auch Rousseaus „Contrat Social" (1762 erschienen).

Die Kolberger Ritterakademie als adlige Standesbildungsstätte war freilich nicht die erste Einrichtung dieser Art. Das erste Institut dürfte der Idee nach auf den Hugenotten François de la Noue zurückgehen, der in seinem „Discours politique et militaire" von 1587[193] die Diskussion darüber eingeleitet hatte. Die erste Ritterakademie wurde 1606 von dem Herzog von Bouillon in Sedan gegründet.

Als erster Deutscher richtete Graf Johann VII. von Nassau im Jahr 1617 in Siegen eine solche Kriegs- und Ritterschule ein, ein Jahr später der Landgraf Moritz von Hessen das nach ihm benannte Collegium in Kassel, schließlich Wallenstein seine friedländische Akademie (wahrscheinlich 1624) in Gitschin.

Einer der Vorgänger des Großen Kurfürsten, Herzog Albrecht von Preußen (1490–1568), hatte 1556 in seiner Kriegsordnung die Beschäftigung mit Kriegswissenschaft bereits empfohlen.

Daß die Mathematik ein Hauptlehrfach der Ritterakademien wurde, hing mit dem Verständnis der Kriegskunst als einer mathematisch-geometrischen Angelegenheit zusammen. Das Kriegführen war sozusagen angewandte Mathematik und Geometrie. Erfolgte eine Schlachtordnung nach geometrischen Formen, so war der Hergang einer Schlacht im voraus zu berechnen und somit Einfluß auf den Ausgang der Schlacht zu nehmen. Von Napoleon stammte der berühmte Satz: „Man muß Mathematik kennen, um ein guter General zu sein; ... vielleicht verdanke ich meine Erfolge meinen mathematischen Begriffen."

Nach dem Vorbild der preußischen Ritterakademien wurde 1756 in München das Bayerische Kadetten-Korps („Pagerie" genannt) ins Leben gerufen, das bis 1918 bestand[194]. Auch hier fanden die in ihrem Erbteil verkürzten armen Söhne des Adels ihr Unterkommen. Stammten die Schüler der bayerischen Ritterakademie zuerst aus sehr vermischtem sozialem Milieu, so wurde das Niveau etwas gehoben durch ein Rescript des Kurfürsten Karl Theodor (1724–1799) vom 22. Juni 1778, wonach „bei denen Regimenters keine Cadets angenommen werden, die nicht Kavaliers- oder Offizierssöhne oder doch von guter Herkunft sind"[195]. 1791 gehörten zur Anstalt 84 bürgerliche Zöglinge (= „Grobzeug") und 34 adlige, 1797 waren es 61 bürgerliche und 55 adlige.

Die Idee der Ritterakademien bedeutete zunächst so etwas wie einen totalen Einbruch in die Geistesverfassung der adligen Rittergutsbesitzer, der „Krautjunker", die in zwei Dingen perfekt gemacht werden sollten: im Offiziersberuf und im Stand der Ehre, wozu ihre Laufbahn als Gutswirtschafter nicht angelegt war.

Denn die Beschäftigung mit Lesen und Schreiben, mit Büchern und Wissenschaften hatte für sie etwas Anrüchiges an sich, widersprach sie doch der alten „Tugend" der Ritter, der Tapferkeit nämlich. Als tapfere Ritter waren sie Männer der Tat und nicht der Bildung.

Beides schloß sich gegenseitig sogar aus, weil derjenige, der sich vor dem Prügelstock des Schulmeisters fürchtete, niemals ein tapferer Krieger werden könne. Es kostete daher die adligen Rittergutsbesitzer keine geringe Selbstüberwindung, über ihre Tat hinaus- und nachzudenken.

Die schlechte Meinung über den allgemeinen Bildungsstand des preußischen Offizierskorps war nicht nur im 19. Jahrhundert noch vorherrschend, sondern wurde von dieser Zeit nicht einmal als besonders üble Nachrede empfunden. Der leicht dümmliche Charakter des preußischen Offiziers spiegelte sich in unzähligen Satiren bis ins 20. Jahrhundert hinein wider.

Der Adel

Spricht man heute vom Adel, so liegt die wohlwollende Unterstellung nahe, man habe es bei einem adligen Menschen mit einem bevorzugten, auserwählten oder gar elitären Menschenschlag zu tun, vielleicht auch mit einer besonders rein gearteten Rasse oder mit einem Idealtyp von Mensch überhaupt.

Ist einer „von" oder „Freiherr" oder „Ritter von", „Graf" oder „Baron" o. ä., so scheint er weit über dem Durchschnittsmenschen zu stehen, außerordentlich zu sein, fern und unnahbar auch, Respekt heischend jedenfalls, dessen Privilegien in Frage zu ziehen als unmoralisch und unanständig gilt.

„Adel verpflichtet", lautete ein Leitsatz der Adligen. Fragen wir, wozu er verpflichtet war und was diese Pflicht bedeutet.

Ist ein Mensch adlig, so ist er es zunächst nicht von Natur aus, sondern aufgrund einer bestimmten sozialen Stellung in einem bestimmten Staatssystem, das diese soziale Stellung braucht und nur mit ihr funktioniert.

Insofern haben Adlige nur dort Rang und Bedeutung, wo sie in der dazu passenden Staatsform leben. Diese ist einzig und allein die feudale. Wo ein Staat kein feudaler (mehr) ist und dementsprechend keine feudalen Sozialstrukturen und Stufen kennt, hat der Adel auch keine Berechtigung.

Das Feudalsystem verstand sich aus der Zeit der Völkerwanderung, die in Mitteleuropa um 250 n. Chr. begann, als im ursprünglich gallorömischen Bereich Land anfiel, das besetzt, als Eigentum erklärt und besiedelt wurde. Im Zuge dieser Besiedlung etablierte sich im 6. Jahrhundert das Fränkische Großreich, als dessen Gründer der Merowinger Chlodwig (465/6–511) gilt und der das römische Gallien, die Alemannen und die Westgoten besiegte. In der fränkischen Universalmonarchie, der Keimzelle Europas, die ihren Höhepunkt in Karl dem Großen (742–814, 800 von Papst Leo III. in St. Peter in Rom zum Kaiser gekrönt) fand, bildete sich das Feudalwesen aus, wie es über das ganze Mittelalter bestand und für Preußen in der Gestalt der Monarchie ihren Gipfel und Abschluß, ja Untergang erreichte. Die feudale Staatsidee ist somit keine theoretisch deduzierte, sondern eine praktische, ans Land gebundene und aus dem Grund- und Bodenbesitz erwachsene.

Feudum war als Landhingabe definiert. Landhingabe hieß Leihgabe, Land- und Bodenvergabe. Wer jederzeit rückforderbares Land verlieh, schaffte damit ein Abhängigkeitsverhältnis zwischen dem Leiher und dem Beliehenen. Dieses an den Boden gebundene Abhängigkeitsverhältnis wurde ein persönliches zunächst zwischen dem Grund- und Boden-Herrn und den ihm nahestehenden Menschen, meist Verwandten, die mit dem Lehen vor anderen nicht Belehnten bevorzugt wurden. So ergab sich aus dem Abhängigkeitsverhältnis ein Rangverhältnis, das heißt die Vorstellung einer Staatsform, die in Stufen dachte und die Menschen je nach Stufenzugehörigkeit und d. h. Landlehen und Abhängigkeit vom obersten Leiherrn aufgliederte.

Wesentlich in diesem feudalen Bodendenken war die Frage nach dem Schutz eben dieses Bodens gegenüber Bodenansprüchen anderer. Wer Schutz bot, verlangte dafür Treue und Unterwerfung. Die Schutzfunktion als Bodenverteidigung und -bewahrung war somit ein rein militärischer Gedanke, der auch nach dem Untergang des Feudalsystems erhalten blieb.

Wer Schutz bieten konnte, wurde automatisch zum Herrn gegenüber Schutzbedürftigen, erlangte Herrschaft über diese, indem er sich deren Gefolgschaft versicherte und damit in der Stufenhierarchie die oberste Stelle einnahm. Der Nutzen des Herrn wiederum wurde gefördert, um seine Schutzfunktion zu festigen und zu erhöhen.

Wer Land als Eigentum besaß, es hingab und es schützte, besaß gleichermaßen Macht. Landbesitz ist Machtbesitz, umgekehrt: je mehr Macht einer hatte, desto mehr Land konnte er sich aneignen[196], Landbesitz bedeutete Macht, noch nicht Geldbesitz und schon gar nicht Wissensbesitz.

Grundbesitz war der Hauptbegriff in dem Denken, das den Agrarstaat als feudalen interpretierte und daraus Macht, Schutz, Eigentum und sozial gegliederte Stellung der Abhängigen ableitete. Sozialprestige bedeutete Landprestige und umgekehrt; Grundbesitz – einschließlich der Frage, ob Lehen oder freies Eigentum (= „Allod") – war der Grundpfeiler des Feudalstaates.

Weil und sofern die Adligen sich als Erstbelehnte verstanden, waren sie prinzipiell Landadlige. Das blieb so lange legitim, wie das Feudalsystem bestand.

Durch das ganze Feudalsystem hindurch geht die Frage nach dem Gewicht von Landbesitz, zuletzt ausdiskutiert in den Zeiten der feudalen Endphase, in Preußen durch Friedrich Wilhelm I. und Friedrich II.

Domänenpolitik auf der einen Seite: Anspruch auf das Land als Königsland (also Staatsgebiet) – und Allodialpolitik auf der anderen Seite: Überführung von Lehensland in Adelseigentum mit allen Funktionen des Schutzgedankens zugunsten des Adels als des gleichwertigen Königspartners: Dies war zugleich die soziale Entscheidung über die Frage der Rangstellung des Adels im Feudalsystem. Über die Entmachtung des Adels und die Rückgängigmachung dieser Entmachtung kam es zum Adel als dem ersten Stand im Staat.

Friedrich II. nannte den Adel das schönste Kleinod seiner

Krone[197] mit Ausstattung von Privilegien in einem Ausmaß, wie sie der Adel in keiner Zeit davor genoß. In seinem Politischen Testament von 1752 schrieb er: „Ein Gegenstand der Politik des Herrschers in diesem Staat ist es, den Adel zu schützen. Denn welcher Schicksalswechsel auch eintritt, er wird vielleicht einen reicheren, aber niemals einen wertvolleren und treueren Stand zur Verfügung haben." Der Herrscher beschützte den Adel, und der Adel verteidigte dafür sein Land.

Wenn Friedrich II. sagte, er dulde kein „unadlich geschmeis unter der armée" (1768), so überantwortete er die Hauptbedeutung des Feudalgedankens, eben den Schutz, einzig und allein den Adligen als Offizieren. Ausgehend von der alten Gefolgschaftstreue des feudalen Gefolgsmannes (= Vasallen) wurde durch Friedrich II. die Aufgabe des Adels nicht nur darin gesehen, den Staat zu schützen und d. h. zu verteidigen[198], sondern dem Staat die Führungsschicht zu stellen[199].

Führungsschicht bedeutete ausschließlich Offiziersschicht als Träger des königlichen Willens gegenüber den Untertanen als den ausführenden Soldaten.

Dieser Ausschließlichkeitscharakter fand seine Zuspitzung in der Zeit, als der Hunger Brandenburg-Preußens auf Land und demzufolge auf Menschen (Peuplierung) wuchs und zum Abschluß kam.

„Ausschließlich" waren die Adligen als Erstbelehnte im Unterschied zu Zweit- oder Drittbelehnten, Bauern, Bürgern – und erst recht gegenüber überhaupt nicht Belehnten (Leibeigenen, Landlosen).

In der Zeit des Dreißigjährigen Krieges war die Grenze zwischen Adligen und Nichtadligen = Bürgerlichen verwaschen. Vom Großen Kurfürsten an nahm die Bevorzugung des Adels zu. An seiner Tafelrunde waren immerhin noch drei Bauernsöhne als Generale geduldet (Derfflinger, Lüdcke und Hennigs). Unter seinem Sohn König Friedrich I. erreichte der einheimische, besonders der märkische und pommersche Adel das Übergewicht im Offizierskorps[200], gleichwohl konzedierte er am 11. März 1704 den bürgerlichen Offizieren seiner Leibgarde, in Fragen der Beförderung den adligen Offizieren gleichgestellt zu sein. Dies galt sogar für Artillerie-Offiziere, die von den adligen Offizieren als standesunwürdig abqualifiziert wurden, weil sie in der technisch fortschrittlichen Waffe der Artillerie die größte Entfernung zu ihrer Ur-Waffe, dem Schwert, und im Umgang mit Kanonen mehr ein zünftiges Handwerk als ein standesgemäßes Kriegshandwerk sahen.

Unter den 34 Generalen Friedrich Wilhelms I. waren 1739 alle adlig, von den 211 Stabsoffizieren nur 11 nichtadlig. Ähnlich wie die Artillerie-Offiziere wurden auch die Husaren-Offiziere abgewertet, ja verachtet, weil man deren mitunter ausbrechende Wildheit, vor allem bei Panduren, nicht mit den feinen Standesgepflogenheiten der landbesitzenden Adligen vereinen konnte.

Die Vorliebe Friedrichs II. für die Adligen insgesamt und das adlige Offizierskorps im besonderen erlaubte zwar in Notzeiten die Indienstnahme von Bürgerlichen als Offiziere, erzwang aber deren Entlassung nach dem Siebenjährigen Krieg, als das Herr restauriert werden mußte[201].

Friedrich II. galt insofern als Schöpfer des preußischen Offizierskorps, als er allein Personen aus dem erblichen Adelsstand (Landadel) für den Offiziersdienst tauglich hielt.

1786 war nur 1/10 der Generalität bürgerlich, und diese fanden sich eben in den wenig geschätzten Garnisonsregimentern, bei der Artillerie und den Husaren. Das Verhältnis blieb auch bei dem Offiziersstand der preußischen Armee 1806 noch bestehen (7000 bis 8000), wo unter den nichtadligen Offizieren (695) die meisten, nämlich 289, Artillerieoffiziere waren[202].

Zwischen 1814 und 1918 waren alle Kriegsminister Adlige, ebenso die Chefs des Generalstabes, darunter große Namen wie Moltke, Hindenburg und Waldersee. Die einzige Ausnahme war Erich Ludendorff. Unter den 12 Generalen der Reichswehr waren 1919 nur zwei Bürgerliche, in der Weimarer Republik 1929 war es die Hälfte. Im Dritten Reich hatte sich das Verhältnis kaum geändert: Von den neun obersten Generalen waren fünf Adlige und vier Bürgerliche[203].

Die Artillerie (wie Husaren und Ingenieure) mit ihren bürgerlichen Offizieren stand an Rang und Wertschätzung weit unter der Infanterie und Kavallerie mit ihren adligen Offizieren, sie galt sogar als Sammelbecken für all die gescheiterten Individuen, die in anderen, geschätzteren Waffengattungen nicht unterkommen konnten.

Anders sah es in der kurbayerischen Armee aus, wo der Adel bei weitem nicht so zahlreich im Offizierskorps vertreten war wie in der preußischen Armee. Die höheren Offiziersposten waren hier zwar auch mit Adligen besetzt, aber mit ausländischen, nämlich vorwiegend italienischen und französischen.

Die als vorbildlich gepriesene Homogenität des preußischen Offizierskorps war eine direkte Folgeerscheinung der Herkunft dieser Offiziere: Es waren hauptsächlich Landadlige und als solche fast ausschließlich ostelbische Junker, also Rittergutsbesitzer und vor allem deren Söhne. Die Besitzer ostelbischer Adelsgüter nannte man Junker = junge Edelleute; weil sie dem Grund und Boden ihren Stand verdankten, nannte man sie auch leicht spöttisch „Krautjunker"[204].

Zu den Vorfahren dieser Junker gehörten jene Ritter, Söldner, Kolonisten und Abenteurer, die sich das deutsch-polnische Grenzgebiet in der Zeit der Landbesetzung angeeignet hatten[205]. Diese landbesitzenden Junker, aus denen der privilegierte Stand der adligen Rittergutsbesitzer und adligen Offiziere hervorging, waren ursprünglich typische Kleinadlige oder Niederadlige, die auf dem Land inmitten ihres Landes = Grundbesitzes lebten und wirtschafteten, vor allem aber ihrem kriegerischen Urinstinkt, nämlich in Gestalt der Jagd, nachgingen. Diese Junker waren von ihrem Landbesitz her gesehen Wirtschafter und d. h. Bauern, die Ritter werden konnten, weil sie ein Pferd besaßen[206]. Der ostelbische Kleinadlige war als Kleingrundbesitzer ein Bauernadliger.

Die Adligen entstammten dem Bauernstand, von dem sie später lebten, indem sie ihn unterjochten und ausbeuteten, entrechteten und enteigneten.

Als Bauern-Adlige waren sie somit keine Stadt-Adligen, sondern Provinz-Adlige, deren Lebensart sich oft überhaupt nicht von der der Acker-Bauern unterschied. Der Provinz-Bauern-Adlige war und blieb lange Zeit nichts anderes als Bauer, galt als Tölpel und Trunkenbold wie der Bauer, als Einfaltspinsel ohne geistigen Horizont, der wie der Bauer Tag für Tag von der Hand in den Mund lebte, trotz Land- = Lehensbesitz relativ arm sein konnte und sich in der Sprache und dem Gesellschaftsleben der Bauern heimisch fühlte. Dieser Bauern-Adlige pflügte selbst seinen Acker, ohne freilich den einzigen Standesunterschied zum nichtadligen Bauern zu vergessen: das Schwert nämlich, jenes durchgehende Symbol all derer, die aus der Schutzfunktion heraus sich verstanden. Nur Adlige durften ein Schwert (Degen, später Marschallstab – auch für bürgerliche Feldmarschälle –) tragen, nicht Bürgerliche, und gegen das Schwerttragen von Handwerksgesellen wurden eigens Gesetze erlassen. Die Land-Adligen bearbeiteten ihr Feld und lehnten ihr Schwert an einen Baum an der Straße, so daß alle sehen konnten: hier beackert ein Adliger sein Land.

Aus dieser niederadligen oder Bauern-Adelsschicht kultivierte sich im Laufe der Jahrhunderte die obere Schicht des niederen Adels, Bauern-Adlige eben, die mehr zu tun lernten, als bloß ihre Felder zu bestellen: Sie wurden wieder wie ihre Vorfahren Männer der Tat, nicht mit dem Schwert freilich, sondern mit dem Verstand. Sie verließen die soziale Welt der Bauern, indem sie sich ihres Land-Besitzes bewußt wurden. Neben preußischen Junkern zählten vor allem französische Adlige in diese Kategorie (= Barone), auch spanische (= Granden) und englische (= Lords)[207].

Je mehr die rein militärische Schutz-Bedeutung der Erstbelehnten mit dem Aufkommen der käuflichen Söldnerheere sank, desto stärker wurde ihr Wille zur Macht, der aus ihrem Landbesitz resultierte und sie von den Besitzlosen oder Enteigneten abhob.

Grund und Boden war das wichtigste aller Güter im Feudalsystem. Nicht nur, wer Boden besaß, sondern vor allem: wer den Boden kontrollierte, beherrschte die Gesellschaft. Beherrschung hing direkt mit Enteignung zusammen und daraus folgte die rechtliche Regelung der Besitzverhältnisse: Aus dem Bauern als Eigentümer wurde der Bauer als Lassit, der nur noch Nutzungsrechte an seinem Land besaß.

Lassiten auf höherer Ebene waren die Adligen ebenso wie die Bauern auf niedrigerer Ebene, solange sie ihren Besitz als Erstbelehnte zu benutzen und zu verstehen hatten, d. h. in direkter Abhängigkeit vom König als oberstem Grundherrn und Eigentümer standen. Dieser Status änderte sich im Moment der Allodifizierung, der Überführung von Lehnsgut in Freigut oder geschenktes Privateigentum, das man den Adligen zu- und den Bauern absprach.

Heraus kam das, was man die Verpflichtung des Adels nannte: die Verpflichtung zu sich selbst. Ein Großteil des europäischen Adels gab sein Einkommen aus seinem Landbesitz wieder nur für sich selbst aus, investierte also in Gebrauchsgüter. Daraus verpflichtete er sich einem standesgemäßen Lebensstil: So nicht mehr leben wie die Bauern, hieß nun die Devise.

Diese Selbstverpflichtung führte zu einer gesellschaftlichen Stellung innerhalb der Landbesitzer-Gesellschaft, die sich auf ihren Standesrang etwas zugute hielt. Standesgemäß leben hieß nun: möglichst luxuriös leben, einen Lebensstil als den standesgemäßen führen, der dem der Könige nicht nachstand.

Es war also ein aus dem Landbesitz herauswachsendes Selbstverständnis, das entschieden abhebenden Charakter hatte. „Aristokratisch" leben hieß es jetzt. Und es bedeutete: ein prächtiges Herrenhaus mit Dienerschaft, Pferden und Mätressen, verschwenderischer Prunk und unerschütterliches Selbstvertrauen. So wuchs aus dem Feudalstand der obersten Stufe ein Standes-Bewußtsein. Dies mußte man zur Schau stellen, indem man z. B. die Gastfreundschaft hoch kultivierte und zum Zeichen des hervorragenden Standes keinen Aufwand scheute[208].

Großzügige Lebensführung schlug sich auch nieder im Vorzeigen dessen, was man hat; das Schaugebaren wurde ein Standeszeichen, ob es sich wie beim Bauern-Adligen um das Schwert am Straßenrand handelte oder beim selbstbewußt gewordenen Adligen um den Prunk, und sei es auch nur teurer Schmuck oder sonstige Accessoires. Adlige hielten auf ihren Ruf, ein „offenes Haus" zu führen. Schaugepränge und Eitelkeit fanden wiederum im Besitz ihren Niederschlag.

Sein Vermögen vorzuzeigen, ließ allemal Rückschlüsse auf die Stellung des Besitzers zu. Je prächtiger das Haus oder die Residenz, desto größer wurden die Macht und der Geld-Reichtum des Besitzers eingeschätzt. Das Haus war zugleich Ausstellungsstück und Ausstellungsraum des adligen Besitzers[209]. Familienporträts, Stammbäume und Waffenarsenal sollten ihren sichtbaren Teil zur „vornehmen" Vergangenheit beitragen. Bei all der verschwenderischen Wirtschaftsführung galt es in Adelskreisen keineswegs als Makel, sich zu verschulden, denn der standesgemäße Lebensstil mußte gewahrt werden.

Waren die Bauern-Adligen gewiß keine Vorbilder für die ihnen untergebenen Bauern, so machten sie sich im Laufe der Zeit selbst zu Vorbildern mit dem Anspruch freilich, sich diese jederzeit anerkennen zu lassen.

Da dem Adel sein privilegierter Sozialstatus immer wieder garantiert wurde, ob vom Großen Kurfürsten 1653 oder von Friedrich Wilhelm I. und Friedrich II., machte es ihm trotz Widerstandes im Prinzip wenig aus, sich entmachten zu lassen und etwa auf das Recht der Steuerbewilligung zu verzichten. Denn der privilegierte Sozialstatus wurde dafür zur Rechtsnorm erhoben mit der spezifischen Machtform der Gerichtsbarkeit, des Patrimoniats und der Patronage. Um so mehr mußte es dagegen als Zwang verstanden werden, als Friedrich Wilhelm I. und Friedrich II. den Adel zum Offiziersdienst verpflichteten, d. h. den Selbstpflichten des Adels solche dem Staat gegenüber aufoktroyierten, was sich der Adel nur gefallen ließ, weil er zwar mit dem „Offizierprivileg" entschädigt wurde[210], in der Hauptsache aber deshalb, weil Friedrich Wilhelm I. auf die Vergrößerung seiner staatlichen Domänen verzichtete, was bis dahin nur zu Lasten des adligen Grundbesitzes geschehen konnte[211].

Der auf Kosten des Bauern-Landes zu Macht gekommene Land-Adel, dessen Landbesitz gerade Friedrich II. in seinen verschiedenen Sozial-Schutzmaßnahmen als Bedingung für den Staats-Schutz garantierte, wurde eben dadurch in seinem Selbstwertgefühl nicht nur bestätigt, sondern dieses gar noch gefördert durch die staatliche Aufgabe, die der Land-Adlige als Offizier im Heer und als Führungsschicht im Staat zugesprochen bekam – und damit die Rolle der Elite im feudalen Staatsgefüge zu übernehmen hatte.

Seine Machtstellung im Staat war eine logische Folge des alten Schutzgedankens und der Schutzpflicht, die der Grundherr auf sich genommen hatte und die sein Land-Besitzrecht legitimierte.

Landbesitz galt um so mehr und festigte die daraus folgende Schutz- und Machtfunktion, je weiter sich Landbesitz in einer Familie zurückverfolgen ließ. So spielte auf der einen Seite der Stammbaum eine große Rolle (als Absicherung des Besitzes in historisch zurückliegender Zeit), und die Erbschaftsregelung auf der anderen Seite (als Absicherung des Landbesitzes in die Zukunft). Im Landbesitz sollte möglichst kein Bruch und keine Lücke in der an den Landbesitz gebundenen Besitzer-Genealogie eintreten. Nicht von ungefähr wehrte sich Friedrich II. gegen die Veräußerung von Adelsgütern. Als dies aber, bedingt durch die hohe Verschuldung vieler Adliger nach dem Siebenjährigen Krieg, dennoch nicht mehr abwendbar war, bedeutete dies nicht nur einen Güterwechsel (in Schlesien wurden um 1770 etwa 400 Güter verkauft oder versteigert) und einen Besitzerwechsel auch in bürgerliche Hände, sondern vor allem eine Änderung der gesamten Schutzfunktion, die am adligen Landbesitz hing. Die in Bewegung geratenen Besitzverhältnisse adliger Güter waren somit ein weiterer und wesentlicher Schritt zur Auflösung des Feudalstaates, die von innen heraus erfolgte und auch unter diesem Aspekt keines militärischen Anstoßes von außen bedurfte. Gab Friedrich II. nur ausnahmsweise die Erlaubnis, adlige Rittergüter in bürgerliche Hände zu übergeben, so konnte er diese Entwicklung nur kurzfristig abfangen; gegen Ende des 19. Jahrhunderts war nur noch ein Drittel der Rittergutsbesitzer in den sechs östlichen Provinzen adlig[212].

Was man als Stärke des Feudalstaates betrachten mochte: seine Fundierung im Land-Besitz mit den daraus folgenden Schutz- und Rechtsgarantien im Dienste des Militärstaates, stellte sich zugleich als seine ebenso fundamentale Schwäche heraus. Das Feudalsystem funktionierte so lange reibungslos, wie der Grundbesitz von Generation zu Generation, d. h. auf lange Zeit, garantiert war. Es widersprach dem Feudalstaat als Land-Besitzer-Staat, dieses Land außerhalb der streng geregelten Erbfolge weiterzugeben, also zu verkaufen, zu versteigern, aufzuteilen oder mit Hypotheken so zu belasten, daß aus dem Landbesitz eine Land-Plage wurde[213].

Zum Begriff der Aristokratie, wonach die Land-Besitzenden die Herrschaft innehatten, gehörten die Erbfolge und nicht das Geschäft mit Gütern wie mit Spekulationsobjekten. Ganz gleich, wie groß der Grundbesitz war, auf seinen Besitzer mußte gerade im Militärstaat unbedingt Verlaß sein. Es war somit auch nicht einfach ein wirtschaftlicher Fauxpas, daß gegen Ende des 18. Jahrhunderts viele Adlige betteln mußten, sondern eine radikale Verkehrung des feudalen Selbstverständnisses, wonach Adlige allein aus ihrem Land-Besitz ihr Leben zu führen hatten.

In Preußen wurde 1789 den adligen Heeresoffizieren ausdrücklich das Betteln verboten. Bereits im 16. Jahrhundert gab es eine große Zahl armer und d. h. landloser Adliger, die sich den Makel des Heruntergekommenseins gefallen lassen mußten. Viele retteten ihr Leben, indem sie unstandesgemäß in reiche Bauernfamilien einheirateten und allmählich aus dem Stand der Adligen verschwanden, denn sie hatten die im Feudalsystem angelegte Stufenleiter nach unten hin beschritten und insofern umgekehrt.

Adlige empfanden es damals wie heute noch als standesunwürdig, arm zu sein und die Regierung um Pensionen oder Fürsorge angehen zu müssen, denn sie verstanden sich weit mehr als „gefallene" Menschen (aus dem Feudalsystem herausgefallen und deplaziert) wie etwa bürgerliche Bettler oder solche des Lumpenproletariats, die aus ihrem Stand nicht heraus- und d. h. herabfallen konnten. Der Feudalstaat konnte sich nur insofern zu Recht als Sozialstaat verstehen, als er die Fürsorge für seine obersten Bediensteten übernahm, weil es zu ihrem Standesrang gehörte, standesgemäß zu leben. Dafür sorgte der König, indem er ihnen, ihren Familien und Nachkommen dieses Leben absicherte. Der feudale Sozialstaat übernahm demnach nicht wie der demokratische Sozialstaat die angemessene Lebensbedingung für alle Bürger, sondern nur für seine Oberschicht[214], weshalb auch Friedrichs II. These von der allgemeinen Wohlfahrt unglaubwürdig war und in der Tat uneingelöst blieb.

Es galt schon als schlimm genug, wenn nachgeborene Söhne bei der Erbfolge schlecht abschnitten und nicht so beerbt werden konnten, wie es standesgemäß gewesen wäre, weil eben das zu vererbende Land zu gering war, um allen erbberechtigten Söhnen eine Existenzgrundlage zu bieten. Jede Möglichkeit, sich anders als durch das Erbgut den Lebensunterhalt zu finanzieren und etwa ein Amt zu übernehmen, bedeutete eine unwürdige wirtschaftliche Abhängigkeit, die den in sich geschlossenen Adels-Stand verließ.

Diese Frage wurde besonders akut durch die Maßnahmen der Allodifizierung unter Friedrich Wilhelm I., der den Notstand abfing, indem er die benachteiligten Söhne in seine Heeres-Dienste nahm und sich also sofort ihre durch die Allodifizierung entstandene wirtschaftliche Schwäche zunutze machte.

Der mittelalterliche Ausweg, wonach schlecht bedachte Rittersöhne per Faustrecht (Raubritter, Schnapphahn) die materiellen Nachteile ihres minderen Erbrechts ersetzten, war bereits durch das Reichskammergericht 1495 verboten worden. Ein anderer

Ausweg wurde in Preußen legalisiert durch die Tatsache, daß das stehende Heer immer mehr wuchs und ein Auffangbecken für die erbmäßig schlecht weggekommenen armen jungen Edelleute (= cadets) wurde. Das Angebot Friedrich Wilhelms I., bei der Waffe zu dienen, entsprach allemal besser und standesgemäßer der ritterlichen Tradition und Funktion des Adligen, als einen bürgerlichen Beruf zu ergreifen, was ihnen unter Friedrich II. ausdrücklich verboten wurde.

So bot sich das stehende Heer sozusagen von selbst als Arbeitsplatzbeschaffung und standesgemäße Existenzmöglichkeit für erblich schlecht bedachte junge Adlige an[215]. Hätte sich der preußische Staat seit dem Großen Kurfürsten nicht zunehmend zu einem Militärstaat entwickelt, wäre der preußische Land-Adel bereits früher und schneller finanziell am Ende gewesen.

Die Vorzugsrechte und -pflichten des intakten Adelsstandes wurden im Allgemeinen Preußischen Landrecht ausdrücklich fixiert. Es heißt hier u. a.: Zweiter Teil, 9. Titel: Von den Pflichten und Rechten des Adelsstandes

§ 1 Dem Adel, als dem ersten Stande im Staate, obliegt nach seiner Bestimmung hauptsächlich die Verteidigung des Staats sowie auch die Unterstützung der äußeren Würde und inneren Verfassung desselben.

§ 2 Zum Adelsstande werden nur diejenigen gerechnet, denen der Geschlechtsadel durch Geburt oder landesrechtliche Verleihung zukommt.

§ 35 Der Adel ist zu den Ehrenstellen im Staate, wozu er sich geschickt gemacht hat, vorzüglich berechtigt.

§ 37 Nur der Adel ist zum Besitz adliger Güter berechtigt.

§ 41 Adlige Gutsbesitzer sind zur Ausübung der dem Gute verliehenen Jagdgerechtigkeiten in ihrem eigenen Namen berechtigt.

§ 42 Sie können die dem Gute anklebende Gerichtsbarkeit in ihrem Namen ausüben lassen.

§ 43 Ihnen kommen die mit dem Kirchenpatronate verbundenen Ehrenrechte zu.

§ 44 Sie müssen also mit ihrer Familie in das Kirchengebet ausdrücklich eingeschlossen, und die Kirchentrauer, wo dieselbe üblich ist, muß für sie angelegt werden.

457

§ 51 Personen bürgerlichen Standes können ohne besondere landesherrliche Erlaubnis keine adligen Güter besitzen.

§ 76 Adlige sollen in der Regel keine bürgerliche Nahrung und Gewerbe treiben[216].

Der „Adel" war ein sozialer Stand, der an Landbesitz gebunden war, und seine Macht basierte allein auf seinem Landbesitz. Die Gleichung: Besitz = Macht = Recht galt durchweg im Feudalstaat. Nur die Landbesitzenden waren „liberi" = Freie und „nobili" = Edelleute oder Adlige. Der Bauer war ursprünglich ein freier Mann auf seinem eigenen Boden, und der landbesitzende Bauer hieß „Odal", woraus sich das Wort Adel herleitete[217]. „Adelbauer" war gleichbedeutend mit „freier Bauer", denn er war auf seinem Grund und Boden ein „freier Herr". Der „freie Herr" oder „Freiherr" dürfte somit die älteste Bezeichnung für einen Adligen sein. Aus dem „Freiherrn" entstand der Uradel, der Stand der Adelsbauern, die beritten waren und das Schwert führten. „Uradel" oder „Ritter" hieß daher auch „Schwertadel". Die „Freiherren" bezeichneten sich nach ihrem Landbesitz, sagten also mit ihrem Namen aus, von welchem Land sie kamen, welches ihnen gehörte. Sie nannten sich daher einfach „von" oder „zu", auch „von und zu". Viele aus dem Mittelalter stammende Adelsnamen enden mit einer Landangabe wie „-dorf" oder „-feld" oder „-heim". Der Name „von xy-heim" war also ursprünglich eine Orts- und eine Besitzangabe. Diese „Freiherren von…" waren die ersten, die mit Schwert und Pferd in den Dienst des Königs traten, ihn als obersten Dienstherrn anerkannten, ihm Gefolgschaft leisteten und mit ihm ihr Land beschützten.

Die Ritter verteidigten erst sich selbst, dann ihren Fürsten oder König. Sie kämpften gegen Bürger und Bauern und gegeneinander[218]. Die Bürger besaßen kaum Land und brauchten daher auch kein Schwert, um es zu verteidigen. Waffenbesitz war Bürgern somit verboten, nicht zuletzt, weil man im Schwertbesitz des Bürgers eine unerlaubte Standesanmaßung sah.

So war der Uradel der Freiherren ein reiner Dienstadel[219]. Zog der Dienstadel nicht mit dem König von Pfalz zu Pfalz, sondern blieb er daheim und verwaltete in Abwesenheit des Königs dessen Land, so wurde aus dem „Freiherrn von…" der „Graf von…", der Verwalter von Königsland und zugleich die Urform des späteren

Domänenpächters. Die Grafen kamen zu Macht und Einfluß, indem sie die Abwesenheit des Königs nutzten, souverän und selbstherrlich zu verwalten und bald das Land wie ihr Eigentum zu betrachten. Dieses Land hieß dann „Grafschaft".

Aus dem Landbesitz folgerte logisch die Sorge um die Bewahrung dieses Besitzes, auch und gerade über den Tod hinaus. Die Bewahrung wurde dadurch gewährleistet, daß das Land den nächsten Nachkommen vererbt wurde, und zwar den Söhnen. Das Erbrecht hat somit im Landbesitz seine Wurzel und wurde erstmals niedergeschrieben von den fränkischen Saliern in der „Lex Salica", die zur Grundlage des ganzen späteren Adelsrechts und -vorrechts wurde, auf die Völkerwanderung zurückging und in ganz Deutschland bis weit in den Osten des Reiches hinein verbreitet war [220]. Von den Saliern stammte nicht nur das System des Feudalstaates, sondern eben auch die damit verbundene „Lex Salica", wobei man unter „Lex" bei den Germanen das Volksrecht der einzelnen Stämme verstand; „Lex Salica" hieß demnach salisches Volksrecht oder Familien- bzw. Hausrecht der salischen Franken. Nur älteste Söhne sollten diesem Hausrecht zufolge den Landbesitz erben und später Thronfolger werden, nicht die Töchter [221]. Dieses Erbfolgerecht hielt sich bis in die Tage Maria Theresias, wo es erstmals darum ging, den Thron an die Tochter zu vererben, weil kein Sohn da war. In der „Pragmatischen Sanktion" (1713) war diese Änderung des Erbfolgerechts für das Haus Habsburg durch Kaiser Karl VI. vorbereitet und von anderen Herrscherhäusern bestätigt worden – mit Ausnahme von Bayern und der Pfalz. Die Freiherren und Grafen machten es den Königen nach und vererbten ihr geliehenes Land ebenso samt dem Besitzertitel. So wurden die Adelstitel erblich.

Während der Handwerker oft seinen Beruf im Namen führte (Schneider, Schlosser, Schmied, Müller o. ä.), führte der Adlige seinen Besitz im Namen. So wurde allein schon durch den Namen die Zugehörigkeit zum Stand gekennzeichnet.

Dieses Prinzip fand eine gewisse Aufweichung und zugleich eine Gliederung innerhalb des Adelsstandes in dem Moment, als der Bezug zum Besitz durchbrochen wurde. „Es wird in Preußen der Adel auf eine dreifache Weise erlangt: nämlich durch Abstammung, Adoption oder Ernennung seitens des Landesfürsten; er ist also entweder Geburts- oder Schrift-Adel." [222]

Der Geburtsadel oder Uradel ist der vom Landbesitz herkommende Erb-Adel, der einen Stammbaum hat (Abstammung), während der Schrift-Adel ein vom Landbesitz und Stammbaum unabhängiger, kein gewachsener, sondern ernannter Adel war.

Dies verstand man unter „Nobilitierung" = Erhebung in den Adelsstand. Nobilitierungen vorzunehmen war ausschließliches Recht des Landesherrn, sie waren nirgendwo gesetzlich geregelt, sondern lagen allein in seinem Belieben und in seiner Gunst und galten als Ehre und Auszeichnung, wurde doch durch die Erhebung die fehlende gewachsene Grundlage aus dem Landbesitz aufgehoben.

Friedrich II. sprach im Laufe seiner 46jährigen Regierungszeit 350 Nobilitierungen aus (darunter für verdiente Beamte wie den Oberpräsidenten West- und Ostpreußens Domhardt 1771). Das war wenig, gemessen an der Zahl der Nobilitierungen, die der Kurfürst Maximilian III. Joseph von Bayern (1727–1777) aussprach, nämlich allein im Jahre 1745 mehr als 100, und war zugleich viel, gemessen am Herzog Karl August von Weimar, der in seiner langen Regierungszeit von 1775 bis 1828 nur acht Nobilitierungen ausgesprochen hatte, darunter Goethe und Schiller, die jedoch nicht in den erblichen Adelsstand erhoben wurden, sondern nur den persönlichen Titel erhielten.

Verlieh nicht ein Landesfürst, sondern der Kaiser des Heiligen Römischen Reiches den Adels-Titel, so wurde der Geehrte Reichsfreiherr oder Reichsgraf (bis 1806).

König Friedrich Wilhelm I. von Preußen hatte noch ausdrücklich gewünscht, daß der Adelstitel nur in Verbindung mit Grundbesitz verliehen und somit vererbt werden sollte [223], später wurden auch Landlose damit geehrt.

Anlaß für Nobilitierungen konnte eine erfolgreich gewonnene Schlacht sein, aber auch eine vollkommen friedliche Angelegenheit wie eine Königskrönung oder der Geburtstag des Königs oder Fürsten. So erhob König Wilhelm I. kurz vor seiner Proklamation zum Kaiser noch auf dem Schlachtfeld des Krieges 1870/71 auf einen Schlag 170 bürgerliche Offiziere in den Adelsstand, was per Ritterschlag beim Niederknien geschah und das Recht nach sich zog, seinem bürgerlichen Namen das Adelsprädikat „von" beizufügen.

Solche Nobilitierungen wurden wegen der massenhaften Bevorzugung nicht mehr als etwas Besonderes geschätzt, auch deshalb, weil sie nicht mehr nur Offiziere betrafen, sondern auch Kaufleute, Fabrikbesitzer, Handwerker oder Bankiers, solche Leute, die sich außerhalb des militärischen Bereiches um König und Staat verdient gemacht hatten. Dem Uradel gefielen die vielen Titeladligen keineswegs. Außerdem wünschte Kaiser Wilhelm II., sehr im Unterschied zu König Friedrich II., daß der Uradel sich mit wirtschaftlich oder wissenschaftlich erfolgreichen Bürgerlichen durch Heirat vermischt. Dies hatte zur Folge, daß der „Wilhelminische Adel" in Uradelskreisen nie voll akzeptiert[224] und vom Kaiser verlangt wurde, daß zur Abhebung vom bürgerlichen Adel eine gewisse Standesdifferenzierung innerhalb des gewachsenen Adels durchgeführt werden müsse. So kam es zu Rangordnungen und Erhebungen innerhalb des Adels: aus den niedersten Titel-Adligen (von) wurden Freiherren (auch ohne Land) und aus Baronen wurden Grafen (auch ohne Grafschaft), aus Grafen wiederum Fürsten (auch ohne Fürstentum). Um 1900 rollte eine ganze Fürsten- und Herzogs-Welle durchs Land.

Bismarck gehörte zu denen, die die Adelsleiter hinaufkletterten: Er war zunächst ein einfacher Otto von Bismarck, wurde 1866 in den Grafen- und 1871 in den Fürstenstand erhoben. Die nächste Stufe, die des Herzogs, verschmähte er und daher ernannte der Kaiser ihn im Jahr 1890 zum Generalfeldmarschall.

So kam es innerhalb des Adelsstandes nochmals zu einer Gliederung mit verschiedener Wertvalenz:

1. an oberster Stelle standen die Fürsten, dazu zählten die noch regierenden oder entthronten Landessouveräne;
2. darunter die Grafen und Reichsgrafen. Diese beiden Gruppen bildeten den „Hohen Adel" oder „Hochadel" (diese Bezeichnung wurde erst nach 1815 eingeführt)[225];
3. darunter die Freiherren, wozu die nicht souveränen europäischen Fürsten (ohne Land) gezählt wurden, auch Ritter, Edelleute;
4. schließlich die einfachen Adligen, die „von"-Titel für Bürgerliche und Offiziere gleichermaßen (ohne Land).

Die letzten beiden Gruppen zählten zum niederen Adel.

Unter Friedrich II. war es streng verboten, mit Rittergütern

Handel zu treiben, bis die wirtschaftliche Not die Adligen dazu zwang und aus Rittergütern Handelsobjekte machte. Das Vorrecht, daß nur Adlige Rittergüter besitzen und erwerben durften, ging in Preußen 1806, in Schlesien erst nach 1844 verloren[226].

Eine ähnliche Bewegung fand im Bereich der Adelstitel statt, ebenfalls durch wirtschaftliche Not bedingt. Auch Adelstitel wurden Handelsobjekte, sie konnten gekauft oder durch Adoption erworben werden[227].

Gekaufte Adelstitel wurden vom Adelsrechtsausschuß nie anerkannt, wohl aber adoptierte, wenn es darum ging, einen Adelstitel vor dem Aussterben zu bewahren. Das alte, vom Landbesitz herkommende Erbrecht wurde daher mehr in der Form einer Notlösung übertragen.

In Preußen lebten zur Zeit Friedrichs II. etwa 20 000 Adelsfamilien, zu Beginn des 20. Jahrhunderts waren es etwa 30 000. In Schlesien wuchs die Zahl im gleichen Zeitraum von 3100 auf nahezu 4000. In Bayern gab es nach 1800 5000 Adelsfamilien, in Pommern 1300, in der Mark Brandenburg 1000 und in Ostpreußen mehr als 2000 (von 800 in der Mitte des 18. Jahrhunderts). Die meisten Adligen gab es in Polen. Jeder fünfte Pole gehörte zum Adel, weshalb der polnische Adel nicht nur verarmt, sondern auch politisch ziemlich bedeutungslos war.

Heute gibt es in der Bundesrepublik etwa 11 000 Adelsfamilien, von denen 1500 zum Uradel zählen und mindestens 700 Jahre alt sind[228].

Bis ins 19. Jahrhundert waren adlige Grundbesitzer ihre eigenen Dorf- und Steuerherren mit niederer Gerichtsbarkeit, Polizeigewalt und Patronat. Das Patronatsrecht (Recht, den Dorfpriester zu wählen) wird heute z. T. noch in der Bundesrepublik und in Österreich von adligen Gutsbesitzern ausgeübt; auch die Gutspolizei gibt es vereinzelt noch, nur Recht sprechen dürfen die Gutsbesitzer nicht mehr.

Ebenfalls bis ins 20. Jahrhundert besaßen die Adligen das Jagdrecht (wie die heutigen Landesfürsten = Ministerpräsidenten), jene letzte und zivilisierte Form der Kampflust der Urahnen, und mußten weniger Steuern als die nichtadligen Mitbürger bezahlen. Die tausendjährige Geschichte des Feudaladels und damit auch die letzten Reste des Feudalstaates endeten mit dem Untergang der Monarchie 1918, die Gutsherrschaft bestand de facto noch bis 1945. Mecklenburg war bis zuletzt das am stärksten von adligen Gutsherren geprägte Land.

Ein einheitliches Fürstenrecht hatte es nie gegeben, da jedes regierende Fürstengeschlecht seine eigenen Hausgesetze kannte. Bis 1918 wurde das Fürstenrecht (= Gewohnheitsrecht) als ein Bestandteil des Staatsrechts anerkannt, seit es 1919 außer Kraft getreten ist, hat es nur noch privatrechtlichen Charakter, wird aber von den Fürsten noch immer als verbindlich angesehen.

Das Lehensrecht wurde bereits 1875 aufgehoben durch Überführung der letzten Leihgaben von Land in Schenkungen[229].

Noch immer aber spielen beim Adel zwei Symbole eine große Rolle: Das Schwert (Degen) und der Schlüssel. Beide haben nur noch Erinnerungswert: Mit dem Degen verteidigten die Adligen die Macht der Könige, mit dem Schlüssel verwalteten sie die Finanzen. Schwert und Degen werden aufbewahrt und ausgestellt in den Waffenkammern der Burgen und Schlösser. Je größer das Waffenarsenal, desto beeindruckender das sichtbare Zeugnis der Macht der Adligen und desto höher ihr gesellschaftliches Ansehen, das ja im Ursprung ein kriegerisches war. Waffen, Stammbäume und Kriegsauszeichnungen zur Schau zu stellen, gehört zum Stolz eines jeden Adligen[230].

Die Landbesitzer waren in Deutschland wie in England und Frankreich die „freien" Herren im Lande (ursprünglich auf dem Lande), sie beherrschten und regierten „ihr" Land. Die adligen Grundherren waren diejenige Schicht, lange Zeit die einzige, die vom Militär-Adel wie vom städtischen Beamten-Adel (nobilitiert) gleichermaßen beneidet wurden, denn nur wer „Eigen" besaß, war zur Herrschaft befugt[231]. In der Stadt war nur Bürger, wer sein „Eigen" in der Form eines Stadthauses besaß, was mit adligem Landbesitz freilich nicht vergleichbar war.

Der Beamtenadel war innerhalb des Adelsstaates immer eine Sonderschicht und unterschieden vom Landadel. Wegen seiner engen Kontakte zum König wurde er einerseits vom Landadel oft beneidet, wegen eben dieser Abhängigkeit aber und wegen seiner Besitzlosigkeit andererseits geringgeschätzt. Da der Beamtenadel sich meist aus nachgeborenen Söhnen des Landadels zusammensetzte, war er genauso alt wie der Uradel.

Die hohen Hofämter des Beamtenadels waren ebenso erblich wie der Landbesitz des Uradels. Da die Beamten meist landbesitzlos waren, hatte ihre persönliche Beziehung zum König Vorrang. Sie bildeten den eigentlichen Hofstaat, wozu auch die adligen Diener gehörten, die Kammerfräulein als Mätressen und die Kammerherren als Liebhaber.

Der Adel insgesamt diente seinem König und nicht in erster Linie seinem Land. Die Adelsmacht war die Hausmacht der Könige. Führten Herrscherhäuser gegeneinander Krieg, so nicht wegen nationaler Interessen, sondern zur Vergrößerung ihrer Hausmacht.

So waren auch die drei Schlesischen Kriege keine solchen zwischen den Ländern Preußen und Österreich, sondern solche zwischen den Häusern Hohenzollern und Habsburg[232]. Durch Kriege vergrößerten (oder verkleinerten) sie ihre Gebiete und verteidigten mit dem Schwert ihr Land. Denn im Feudalstaat gab es sehr wohl ein Land-Selbstbewußtsein, aber (noch) kein National-Bewußtsein.

Im Feudalstaat schworen daher die Offiziere ihren Huldigungseid allein auf die Person des Landesherrn, erst nach der Französischen Revolution wurden die Offiziere auf den Staat vereidigt.

Das Scheitern des friderizianischen Militärstaates

Am Ende des Siebenjährigen Krieges hatte Friedrich II. das eine Hauptziel seines Regierungsprogramms erreicht: Die von Preußen annektierte Provinz Schlesien, um die drei Kriege geführt worden waren, blieb unter preußischer Hoheit. Der Landhunger des preußischen Staates war und blieb damit gestillt. Die Hinzuerwerbungen anderer Provinzen wie Polen und Westpreußen gelangen ohne kriegerisches Blutvergießen.

Das andere Hauptziel aber, die Etablierung des preußischen Staates als Militärstaat, blieb trotz stetiger Truppenvermehrung in Frage gestellt. Die preußische Armee hatte sich nach den Verlusten des Siebenjährigen Krieges nie mehr erholt, sie war innerlich ausgehöhlt und nur noch eine mächtig aussehende Attrappe.

Zum einen war der rekrutierbare Nachschub von Landeskindern knapp geworden, 14- bis 15jährige Enrollierte wurden eingezogen und an die Front geschickt, weil die Regimenter unaufhörlich ausbluteten und aufgefüllt werden mußten. Dies ging an die Substanz des Landes, denn daheim fehlten nun gerade diese Jahrgänge für die Feldarbeit, die weitergehen sollte. In vielen Gegenden konnten die Äcker überhaupt nicht mehr bestellt werden, weil es einfach an Arbeitskräften fehlte, anderswo mußten alte Leute und Frauen einspringen; die Ernteerträge sanken rapide. Dies wiederum hatte eine Preissteigerung zur Folge; die Lebenshaltungskosten erreichten den Höchststand des Jahrhunderts. Die Versorgung der Bevölkerung mit Lebensmitteln war gefährdet, Grundnahrungsmittel waren rar und teuer. Die Münzverschlechterung hatte zu inflationären Erscheinungen in allen Wirtschaftsbereichen geführt, die Armut wuchs von Tag zu Tag. Der preußische Macht- und Militärstaat war zu einem Volk von Bettlern herabgesunken.

Innerhalb der Armee zeigten sich zum anderen zunehmend Fäulniserscheinungen. Friedrich II. hatte nach dem Krieg zur erheblichen Schwächung der Truppe selbst beigetragen, indem er verdiente Offiziere entließ, nicht nur, weil sie überaltet, sondern weil sie Bürgerliche waren. Während des Krieges durften sie für ihn die Schlachten schlagen, danach aber stieß er sie rücksichtslos aus der Armee ohne jede Versorgung, oder er versetzte sie in demütigender Weise in die von ihm wenig geschätzte Artillerie bzw. zur Garnison-Truppe, die in der Werthierarchie der Armee an unterster Stelle standen. Ganz selten zeigte er sich bürgerlichen Offizieren gegenüber dankbar, indem er sie in den Adelsstand erhob, wie z. B. den späteren Artillerie-General Tempelhoff (1784) oder den bei Maxen 1759 gefangenen Generalmajor Wunsch[233].

Als keineswegs für die Truppe förderlich erwies sich Friedrichs Maßnahme, selbst die Werbung ausländischer Soldaten in die Hand zu nehmen. Solange die Werbeoffiziere für ihre eigenen Regimenter Rekruten anwarben, taten sie es mit einem gewissen Ehrgeiz und achteten auf die Qualität des „Menschenmaterials", jedenfalls was körperliche Robustheit und Größe betraf. Nun aber jagten die Werber auf Kosten des Königs jedem nach, den sie fassen konnten. Die Folge war ein erheblicher Verlust der Mannschaftsqualität. Sie stopften den „Auswurf der Menschheit" in die preußische Armee, Staats- und Religionszugehörigkeiten wild durcheinandergemischt, sie zahlten die Geworbenen ja nicht aus eigenem Werbefonds und handelten ohne jedes Interesse, mit ihnen eine schlagkräftige Truppe aufzubauen und damit vor dem König gute Figur zu machen. Ehrgeiz und Leistungsanreiz waren ihnen genommen. Weniger als je zuvor betrachteten sie die Rekruten als Menschen, sondern als seelenloses Schießmaterial und Kanonenfutter. Den geworbenen Ausländern fehlte natürlich die patrimoniale Bindung und eingefleischte Gehorsamsbereitschaft, die bei erbuntertänigen Kantonisten vorauszusetzen war und nahtlos in die militärische Disziplin übergeführt werden konnte. Das Prügelsystem im Heer verschärfte sich gnadenlos. Rücksichten beim Spießrutenlaufen wurden kaum noch genommen, der letzte Rest von Menschlichkeit, der die Offiziere vor dem glatten Totschlag noch zurückschrecken ließ, war verschwunden. Eine „Entmenschlichung der Beziehungen in der Armee"[234] war die brutale Folge.

So war die preußische Armee von innen heraus geschwächt und demoralisiert, ihr Nimbus als Träger und Garant des Militärstaates dahin. Obgleich Friedrich II. der desolate Zustand seiner heruntergekommenen Armee bekannt war, rechnete er nach dem Siebenjährigen Krieg nicht nur mit einem weiteren Krieg (in seinem Testament von 1768), dessen Dauer er auf acht Jahre schätzte und wofür er 12 Millionen Taler gefordert hatte[235] – beides übrigens Fehlrechnungen –, sondern er hatte nicht einmal viele Bedenken, diese Armee tatsächlich in einen vierten Krieg zu führen. Dies geschah im Bayerischen Erbfolgekrieg, dem teuersten und verlustreichsten aller seiner Kriege. Er wurde später von beiden Seiten verharmlosend dargestellt: als „Kartoffelkrieg" von preußischer und als „Zwetschgenrummel" von österreichischer Seite.

Worum ging es in diesem Krieg, in dem noch einmal die ganze Macht des preußischen Militärstaates in die Waagschale der Bewährung geworfen wurde? Diplomatisch ausgedrückt drehte es sich um die nach der Ersten Teilung Polens (1772) erreichte Bewahrung des Machtgleichgewichts zwischen Preußen und Österreich. Dieses Gleichgewicht schien bedroht durch die außenpolitischen Aktivitäten Josephs II., des habsburgischen Kaisers, Sohnes und Mitregenten Maria Theresias.

Äußerer Anlaß war der plötzliche Tod des bayerischen Kurfürsten Maximilian III. Joseph am 30. Dezember 1777, der keine Kinder hinterließ, wodurch die Frage der Erbfolge akut wurde. Rechtmäßiger Erbe war sein nächster Vetter, der Kurfürst Karl Theodor von der Pfalz und bei Rhein, abgesichert durch mehrere feierliche Akte wie Familienvertrag, Testament und Mitbesitzvertrag[236]. Karl Theodor besaß zwar eine Menge unehelicher Kinder, aber keinen erbberechtigten Nachfolger, weshalb die Gefahr bestand, daß nach dessen Tod beide Linien der Wittelsbacher, die bayerische und die kurpfälzische, das Land ohne Oberhaupt zurückließen.

Wie beim Tod Kaiser Karls VI. (1740) waren diese Erbansprüche angefochten worden: einerseits durch die verwitwete Kurfürstin von Sachsen, Maria Antonia, die Schwester Maximilians III., andererseits von Joseph II., der weit zurückliegende Erbregelungen mit den Kaisern Sigismund (1410–1437) und Matthias (1557–1619) für sich geltend machen wollte.

Sehr zum Unwillen seiner Mutter Maria Theresia ließ er sich am 3. Januar 1778 die Abtretung von zwei Dritteln Bayerns von Karl Theodor bestätigen und befahl daraufhin der österreichischen Armee den Einmarsch, um die ihm zugestandenen Gebiete von Niederbayern-Oberpfalz, dem Innviertel zwischen Donau, Inn und Salzach, in Besitz zu nehmen[237] und damit „ein breiteres Fundament für Österreich im Reich zu schaffen"[238]. Er tröstete den in Bayern wenig verwurzelten Karl Theodor mit der Hoffnung, das bayerische Erbe mit den österreichischen Niederlanden später einmal eintauschen zu können.

Die internationale Situation schien das Vorgehen Josephs II. zu begünstigen, denn durch den amerikanischen Unabhängigkeitskrieg war England gebunden, während Frankreich „den antikolonialen Befreiungskampf der Amerikaner für seine kolonialen Auseinandersetzungen mit England auszunutzen trachtete"[239]. Beide schieden somit als Bündnispartner für Preußen aus.

Friedrich II. hatte seit Jahren die außenpolitischen Aktivitäten Josephs II. mit Skepsis verfolgt. Er fühlte sich zu Recht empört und befugt, jede Verstärkung der Machtstellung des Kaiserhauses gemäß der einfachen Rechnung zu verhindern, daß Machtzuwachs auf österreichischer Seite mit Machtschwund auf preußischer Seite gleichzusetzen war. Er nutzte die „Gelegenheit, als Beschützer der Freiheit von Reich und Reichsverfassung aufzutreten gegen ein Kaisertum, das die ihm zuletzt im Westfälischen Frieden gezogenen Grenzen zu überschreiten sich anschickte"[240]. Er fühlte sich aber nicht nur aus staatspolitischen Gründen empört und aufgerufen, das einmal erreichte Machtgleichgewicht der beiden Staaten zu bewahren, sondern auch aus emotional-privaten Gründen: Konnte er sicher sein, daß die Art, wie der Kaiser mit dem bayerischen Lehen umging und mit Einzug drohte, nicht auch auf andere Länder angewendet würde und Preußen gefährden könnte? Das Beispiel seines Großvaters, des ersten Preußenkönigs Friedrich I., mochte ihm außerdem warnend vor Augen gestanden sein, die Leichtfertigkeit nämlich, Sicherheit und Schutz des Staates durch die Herabwürdigung des Staates zu einer puren Auxiliarmacht im Dienste anderer aufs Spiel zu setzen. Zur Machtfrage dürfte das Problem der Demonstration der militärischen Selbständigkeit seines Staates hinzugekommen sein.

Er versuchte, Rußland und einige Reichsfürsten auf seine Seite gegen Österreich zu ziehen, was nicht ohne weiteres gelang. Die Herrscher von Sachsen und Zweibrücken besaßen zwar Erbrechte auf Bayern, verhielten sich aber indifferent. Auf Erbansprüche aber einfach zu verzichten widersprach „nach seiner feudalen Wertvorstellung"[241] jedem Ehrgefühl. Er mußte Zweibrücken, Sachsen und Mecklenburg regelrecht dazu überreden, ihn mit der Wahrnehmung ihrer Interessen zu beauftragen. Am 16. März 1778 trugen Vertreter Preußens und Zweibrückens auf dem Reichstag zu Regensburg ihren Protest gegen das Vorgehen Josephs II. vor. Einige Tage später garantierte Preußen dem Herzog Karl von Zweibrücken und eventuellen Erben Karl Theodors sein Erbrecht auf Bayern, der als nächster Agnat die österreichischen Ansprüche auf Bayern rundweg ablehnte[242].

Joseph II. war an Bayern so stark interessiert (keineswegs aber die bayerische Bevölkerung an Österreich), weil er darin einen Ausgleich für den noch immer nicht verschmerzten Verlust Schlesiens sah. Maria Theresia entschied sich gegen einen neuen Krieg, denn ihr Heer befand sich in ähnlich desolatem Zustand wie das Friedrichs II. Sie riet ihrem Sohn aufs dringendste ab und begründete ihre Haltung in einem Brief vom 14. März 1778 an Joseph II.

mit den Worten: „Es handelt sich um nichts Geringeres als um den Verlust unseres Hauses und Reiches, vielleicht sogar um einen vollkommenen Umsturz in Europa." Die österreichische Armee sei um 30- bis 40 000 Mann schwächer als die preußische. Vor allem die Kavallerie sei der des Königs unterlegen. Der Anmarschweg sei für die österreichischen Truppen wesentlich weiter als für die preußischen, außerdem verfüge Friedrich II. über eine Anzahl Festungen, die sie nicht habe. Das Schicksal von fünf Ländern (Galizien, Ungarn, Italien, Niederlande und Bayern) stehe auf dem Spiel, vor allem aber das „Wohlergehen von Tausenden und aber Tausenden von Menschen". Im März beschloß Maria Theresia, sich nach Tirol zurückzuziehen und das furchtbare Schicksal ihres Hauses und ihrer Völker zu „beweinen"[243].

Am 5. April 1778 versammelte Friedrich II. seine Offiziere um sich (darunter den Herzog von Braunschweig und den Fürsten von Hohenlohe, die sich später bei Jena und Auerstedt schlagen sollten, und seinen 34jährigen Neffen und Nachfolger Friedrich Wilhelm II.) und erklärte ihnen den Kriegszweck: „Meine Herren, die meisten unter uns haben von ihren früheren Jahren an zusammen gedient und sind im Dienste des Vaterlandes grau geworden: wir kennen einander also vollkommen wohl. Wir haben die Unruhen und Beschwerlichkeiten des Krieges schon reichlich miteinander geteilt, und ich bin überzeugt, daß Sie ebenso ungern Blut vergießen wie ich. Aber mein Reich ist in Gefahr. Mir liegt als König die Pflicht ob, meine Untertanen zu beschützen, auch die kräftigsten und schleunigsten Mittel anzuwenden, um das über ihnen schwebende Ungewitter zu zerstreuen... Ich reise jetzt ab; aber ich verlange nicht, als König zu reisen: reiche und schöne Equipagen haben keinen Reiz für mich; doch erlaubt mir mein schwächliches Alter nicht, so zu reisen, wie ich es in der feurigen Jugend tat. Ich werde mich einer Postkutsche bedienen müssen und Sie haben die Freiheit, ebendergleichen zu tun; aber am Tage der Schlacht werden Sie mich zu Pferde sehen, und da, hoffe ich, werden meine Generale meinem Beispiel folgen"[244].

Noch einmal und zugleich zum letzten Mal berief sich Friedrich II., wie übrigens auch Maria Theresia, auf die von den Anfängen des Feudalsystems herkommende Pflicht des Fürsten, den Schutz der Untertanen verantwortlich zu übernehmen.

Sein Regierungskonzept aus den Kategorien des Feudalsystems hatte hier und jetzt die Chance, sich in der Tat voll zu bewähren, und zwar aufgrund zweier wesentlicher Voraussetzungen: Zum einen war durch die „Kompaniewirtschaft" und die „Allodifikation" eine gut funktionierende Gleichrangigkeit zwischen König und Adel (= par inter pares) hergestellt worden; zum anderen hatten die Maßnahmen der inneren Schutzgarantien (Güter, Adel, Offiziere und Bauern-Soldaten) trotz aller Abstriche und Durchlöcherungen eine theoretische Perfektion erreicht wie nie zuvor. Die Klammer zwischen vierfachem innerem Schutz als Ermöglichung des äußeren (militärischen) Schutzes des Staates galt es nun erstmals zu erproben, da sich der Staat vor einem neuen Krieg befand. Friedrich II. war aufgrund seiner innenpolitischen Schutzmaßnahmen für einen neuen Krieg gewappnet wie für keinen davor: Das Bauernlegen war verboten, die Bauernbefreiung in die Wege geleitet, die Adelsgüter waren durch die Landschaftlichen Kreditkassen auf eine stabile finanzielle Basis gestellt und die Offiziere in ihrer wirtschaftlichen Versorgung abgesichert; alles Voraussetzungen, die Chancen hatten, sich in der Praxis des Krieges siegreich zu bewähren.

Friedrich II. hatte das Feudalsystem am Ende seines Bestehens und seiner Regierungszeit zu einem Staatsgebäude aufgerichtet, wie es besser gefügt und in sich verzahnt kaum denkbar war. Der historische Entwicklungsprozeß des Feudalsystems hatte eine Spitze erreicht, die nicht weiter zu verbessern war und der der Umsturz und Abstieg logisch folgen mußte, gemäß des Prinzips des dialektischen Umschwungs, wie es von Hegel philosophisch ausformuliert wurde.

Unter diesem Gesichtspunkt muß der Bayerische Erbfolgekrieg betrachtet werden, wenn die Bewahrung der bisher aufgerichteten politischen Machtstellung des preußischen Militärstaates in Europa eingelöst werden sollte.

Friedrich II. warf seine ganze Machtposition in die Waagschale. Diese Machtposition stellte sich aber als eine Diskrepanz dar, wie sie schärfer ausgeprägt ebenfalls kaum denkbar ist, aber als typisches Anzeichen der Agonie einer solchen Diktatur gedeutet werden muß, wie sie im preußischen Absolutismus einen abschreckenden Höhepunkt erfuhr.

Auf der einen Seite das Fundament der Lehenspyramide: der desolate innere Zustand der Armee, die Verarmung der durch die „Regie" ausgebeuteten und durch die Hungerjahre 1770–1772 geschwächten Untertanen, für die das Motto gelten könnte: Der letzte Groschen war aus dem Volk herausgepreßt zur Finanzierung des letzten Soldaten.

Auf der anderen Seite die Spitze der Lehenspyramide: der sozial maximal gepolsterte, mit Privilegien überhäufte und geschützte und im Standesdenken hochpolierte Offiziers-Adel, für den das Motto gelten könnte: Der Adel war der Nutznießer der Untertanen von parasitärem Ausmaß.

Im Militärstaat Friedrichs II. genossen nur die Adligen mit ihren Familien ein menschenwürdiges Ansehen; die 20 000 Adelsfamilien machten kaum ein Prozent der Gesamtbevölkerung aus. Die restlichen 99 Prozent mit der Masse der steuerzahlenden Untertanen bedachte der alternde König nur mit hämischem Zynismus, über sie ergoß sich seine Menschenverachtung, sie qualifizierte er mit seinem Ausdruck „canaille" ab, aber gerade mit ihnen wollte er seinen vierten Krieg bestehen. Diese Diskrepanz der Staatsverfassung höhlte jedoch mit zunehmender Perfektionierung den Lebensnerv des Staates aus, der sich als der mächtigste in Europa verstand.

Hegel hatte wohl zutreffend geurteilt, wenn er sagte, Friedrich II. habe den allgemeinen Zweck des Staates denkend erfaßt, aber das Besondere nicht weiter gelten lassen (siehe Motto). Doch das Besondere waren eben die Individuen, die vorbehaltlos für den Staat leben mußten, wenn sie überhaupt in ihm leben wollten.

Maria Theresia dachte angesichts des Bayerischen Erbfolgekrieges auch an das Wohlergehen ihrer Untertanen und riet vom Krieg ab. Friedrich II. dachte hauptsächlich an seine zu bewahrende Machtstellung in Europa und war sogar bereit, die ausgebeuteten und ausgebluteten Untertanen zu opfern.

Einen kommenden Krieg in Erwägung ziehend, hatte er zu den verschärften Steuermaßnahmen der „Regie" gegriffen, und er ging in den Krieg, ohne zu vergessen, auch noch die allerletzten Geldmittel aus seinen Untertanen herauszuholen.

So schrieb er am 20. März 1778 an den Direktor der Königlichen Schauspiele zu Berlin, Baron von Arnim: „Die augenblickliche

Sachlage läßt ernste Dinge erwarten. Possen können wir also recht gut entbehren. Deswegen habe ich soeben sämtlichen Schauspielern und Schauspielerinnen meines französischen Theaters ihre Einnahmen und Gehälter gestrichen. Die Ihrigen sind darin einbegriffen..."[245]

Am 6. April brach Friedrich II. nach Schlesien auf. Die Unterhandlungen zogen sich Wochen hin; Joseph II. bot Friedrich II. an, im voraus sein Besitzrecht auf Ansbach und Bayreuth anzuerkennen, denn diese beiden Länder würden ihm im Erbfall ohnehin zukommen. Friedrich II. klammerte diese Frage aus. Ein persönliches Schreiben Maria Theresias an ihn brachte ebensowenig Erfolg wie ein Brief Friedrichs II. an Joseph II. vom 14. April 1778. Es hieß darin u. a.: „Es handelt sich darum, zu wissen, ob ein Kaiser nach seinem Willen über die Reichslehen verfügen kann. Bejaht man diese Frage, so werden diese Lehen Pfründen nach türkischer Art, die nur für die Lebenszeit gelten und über die der Sultan nach dem Tod des Besitzers verfügen kann. Das aber widerspricht den Gesetzen, Gewohnheiten und Gebräuchen des Römischen Reichs... Das ist es, was den ganzen Fürstenstand gegen die gewaltsame Art, mit der Bayern besetzt worden ist, hat aufschreien lassen. Ich selbst fühle mich als Glied des Reichs und, weil ich den Westfälischen Frieden durch den Hubertusburger erneuert habe, direkt verpflichtet, die Freiheiten und Rechte des deutschen Fürstenstandes... aufrechtzuerhalten..."[246]

Friedrich II. begründete damit ausdrücklich sein Recht zum Krieg aus der Lehensverfassung des Staates. Ebenso klar sah Maria Theresia das Unrechtmäßige im Vorgehen ihres Sohnes. Sie schrieb ihm am 20. Juni 1778: „Leider sind wir im Unrecht, da wir nicht deutlich sprachen, und das können wir nicht; denn wir begehren Unrechtes ..."[247] Sie erinnerte ihren Sohn auch daran, daß Friedrich II. „stets zu Anfang eine allgemeine Schlacht" liefere, der die eigene Armee nicht gewachsen sei, denn drei Viertel ihres Heeres bestehe aus Rekruten und aus Leuten, „die nichts mitgemacht haben" und die erst „kriegstüchtig" gemacht werden müßten. Im selben Brief meldete sie aber auch Bedenken gegenüber der Ehrlichkeit des friderizianischen Rechtsstandpunktes an mit dem berühmten Satz: „So ist dieser große Mann, den man für einen Salomon ausgibt; wenn man ihn nur sorgfältig und ununterbrochen beobachtet, ist er recht klein und ein bloßer Scharlatan, den Gewalt und sein Glück schirmt ..."[248]

Friedrich II. äußerte sich anläßlich ihres Todes (29. November 1780) staatsmännisch galanter, als er in einer Art Resümee sein Verhältnis zu der Frau charakterisierte, gegen die er vier Kriege geführt hatte: „Ich habe den Tod der Kaiserin – Königin bedauert; sie hat ihrem Thron und ihrem Geschlecht Ehre gemacht; ich habe mit ihr Krieg geführt, aber ich war nie ihr Feind."[249]

Am 5. Juli 1778 rückten die Preußen in Böhmen ein mit dem Ziel, in schnellen Märschen über Olmütz gegen Wien vorzustoßen und die Hauptstadt in einer „guten Bataille" einzunehmen. Maria Theresia hätte immer noch gern auf jede Kampfhandlung verzichtet, aber Joseph II. und vor allem der ehrgeizige Staatskanzler Fürst von Kaunitz fürchteten um den Prestigeverlust und drangen zur Entscheidung[250], denn Joseph II. verstand sich als Habsburger Kaiser zugleich als oberster Lehensherr des bayerischen Kurfürsten, weshalb er seinen Besitzanspruch für vollkommen rechtens ansah.

Der jetzt 66jährige Friedrich II. wiederum verurteilte den erst 37 Jahre alten Joseph wohl in Erinnerung an seinen eigenen jugendlich-impulsiven Einmarsch in Schlesien 1740 als „agressör" und warf ihm die Anmaßung vor, „wie ein Despot über die erledigten Erbfolgen zu verfügen"[251].

Die Preußen rückten mit einem riesigen Heer von 140 000 Mann an; die preußische Hauptarmee mit 80 000 Mann führte Friedrich II. persönlich, das sächsisch-preußische Heer mit 60 000 Mann sein Bruder Heinrich. Der Krieg begann im Winter 1778 in Oberschlesien. Im Januar 1779 fiel Graf von Wurmser in die Grafschaft Glatz ein; preußische Truppen behaupteten sich bei Troppau und Jägerndorf, aber gegen Friedrichs II. Erwartungen stellten sich die Österreicher nicht zum Kampf, sondern bissen sich in ihren Stellungen bei Königgrätz[252] fest. Hatte Friedrich II. während der drei Schlesischen Kriege immer versucht, kriegsentscheidende Schlachten mit Attacken zu provozieren, so zögerte er nun genauso wie Joseph II. und Kaunitz.

Der Winter war sehr regnerisch, die Wege fast unbegehbar. Auf den Bergwegen mußten die schweren Kanonen von Soldaten gezogen werden, der Nachschub riß ab, Pferde krepierten zu Hunderten[253]. Täglich mußten Heuwagen und Munitionskarren, die im knietiefen Schlamm und Kot steckengeblieben waren, liegengelassen oder vernichtet werden. Tagesmärsche scheiterten an den Schlammassen wie an der Erschöpfung der Truppe.

Statt Krieg zu führen, beschränkte sich Friedrich II. nicht nur darauf, das von seinen Einwohnern verlassene Land seinen Soldaten preiszugeben, es „auszuleeren"[254], sondern es „in eine Art von Wüstenei zu verwandeln"[255], womit er die Methode der „verbrannten Erde" vorwegnahm.

Aus der preußischen Armee war somit ein plündernder und marodierender mittelalterlicher Haufen geworden, von Disziplin konnte keine Rede mehr sein; die Truppe war nur noch Tag für Tag mit der Beischaffung von Fourage beschäftigt. Sein Bruder Heinrich war mit diesem Krieg nie einverstanden gewesen und fiel in Schwermut; denn jetzt grollte Friedrich II. ihm, weil er sich während des Feldzuges „zu nichts entschließen" konnte, d. h. er machte ihn dafür verantwortlich.

Die Truppen kamen über ein ständiges und sinnloses Hin- und Hermarschieren nicht hinaus, Operationen, wie sie für den Bayerischen Erbfolgekrieg typisch waren. Man sprach von einem reinen Kabinetts- und Manöverkrieg, in dem diplomatische Aktivitäten schließlich mehr ausrichteten als kriegerische Aktionen[256].

Die preußische Armee, diese gefürchtete Schießmaschine, funktionierte überhaupt nicht mehr, sie war ein Ding ohne Seele, eben eine „schlechtgeschmierte Maschine"[257] geworden. Hinzu kam, daß Friedrich II. von alten, abgelebten und kriegsmüden Generalen und jungen, noch zu wenig ausgebildeten Offizieren und Soldaten umgeben war, die ihren Spaß daran hatten, wenn königliche Befehle nicht ausgeführt wurden. Auflösungssymptome waren unverkennbar, die Zange des feudalen Schutz-Doppel-Prinzips klappte nicht.

Den Winter verbrachte Friedrich II. in Breslau am Schreibtisch, am 10. März 1779 versammelten sich die Unterhändler in Teschen, einem großen Dorf in Österreichisch-Schlesien, zu Friedensverhandlungen, die am 13. Mai 1779, dem 62. Geburtstag Maria Theresias, zum Friedensschluß führten.

Österreich erhielt zwar das sog. „Innviertel", was in Wahrheit eine schwere Schlappe war und kaum mehr bedeutete, als die

Blamage des Kaisers nicht gar zu offensichtlich werden zu lassen. Mecklenburg und Sachsen wurden finanziell entschädigt. Karl Theodor wurde als Herrscher von Bayern bestätigt und damit die Selbständigkeit Bayerns gerettet[258]. Das katholische Bayern ließ sich den Schutz des protestantischen Preußen gegen die Pläne des katholischen Österreich gefallen. Friedrich II. erhielt zwar die Erbfolge in Ansbach-Bayreuth garantiert, aber keinen Meter Landzuwachs, sondern mußte sich damit zufriedengeben, daß durch seine Aktion ein um die Hälfte Bayerns vergrößertes Habsburger Imperium verhindert wurde. Vor allem aber hatte er verhindert, daß Österreich für das verlorene Schlesien eine echte Kompensation oder gar Entschädigung erhielt.

Der überflüssige Scheinkrieg, ein „wunderliches Gemisch von diplomatischen Verhandlungen und militärischen Operationen" (Friedrich II. in seiner Betrachtung des Bayerischen Erbfolgekrieges)[259], hatte gezeigt, daß keine der beiden deutschen Großmächten mehr in der Lage war, eine entscheidende Änderung des status quo ohne fremde Hilfe, etwa durch Rußland, womit Friedrich II. allerdings „für die nächsten Zeiten nicht rechnete"[260], herbeizuführen. Die Wahrung des Gleichgewichts hatte zu einer militärischen, internationalisierten Pattsituation geführt.

War Friedrich II. in den Krieg eingetreten, um dem Ausland noch einmal die militärische Stärke Preußens vorzuführen, so mußte er nun ohne Kampfhandlung eingestehen, daß sein Militärstaat am Ende war. Nicht zufällig war es ihm mehr als peinlich, wenn einer seiner Besucher ihn später auf den „Kartoffelkrieg" ansprach, den er gern bagatellisierte, indem er ihn den „kleinen" Krieg nannte[261].

Dieser Krieg hatte nicht nur bewiesen, daß das letzte und größte Aushängeschild des Militärstaates gescheitert, sondern daß der Feudalismus in der von Friedrich II. ausgeprägten Endgestalt der preußisch-absolutistischen Diktatur nicht mehr weiter entwickelbar war.

Mit der Überspitzung aller militärischen Maßnahmen von der Enrollierung über das Kantonsystem, der Werbung von Ausländern und dem gnadenlosen Drill hatte Friedrich II. das Werk seines Vaters zerstört. Der Untergang des Staates war jetzt schon reif[262]. Diese verheerende Einsicht kam den preußischen Staat teuer zu stehen.

Die ersten beiden Schlesischen Kriege hatten zusammen 25 Millionen Taler gekostet; für jeden waren nur fünf Millionen veranschlagt gewesen[263]. Der Bayerische Erbfolgekrieg kostete 29 Millionen Taler; 12 Millionen waren gefordert worden[264]. Das Heer verlor durch Desertion und Krankheit mehr Soldaten als im ganzen Siebenjährigen Krieg[265]. 7000 Mann[266], sogar 20000 Mann[267] sollen an Hunger und Typhus (Rote Ruhr) gestorben sein, zeitweilig lagen beinahe 40000 Kranke und Verwundete in den Feldlazaretten[268].

Obgleich eine Heeresreform dringend erforderlich gewesen wäre, um der Armee wieder die Schlagkraft zu verschaffen, die sie unter seinem Vater erlangt hatte, unternahm Friedrich II. nach 1779 bis zu seinem Tod nichts mehr. Die pure „Peuplierung" der Armee auf schließlich 195000 Mann (1786) blieb nur in quantitativer, keinesfalls in qualitativer Hinsicht beeindruckend. Außer seinem Bruder Heinrich stand ihm kein begabter General mehr zur Seite. Vor allem machte sich auch die Überalterung im Offizierskorps bemerkbar: 1786 befanden sich unter den 37 Generalmajoren der Infanterie 25 in einen Alter zwischen 60 und 78 Jahren, von den 78 Obersten waren nur vier unter 50, dafür aber 30 über 60 Jahre alt[269]. Auch war ihm in Joseph II. kein Heerführer mit besonderer Feldherrenbegabung entgegengetreten.

Daß die adligen Offiziere ihren Schutz-Pflichten nicht genügten, d. h. ihre feudalen Privilegien in der Praxis nicht zur Geltung brachten, zog Friedrich II. nicht rügend in Betracht, wohl aber lud er die ganze Last des Versagens auf seine Truppe ab. Er schrieb in epischem Imperativ: „Den Preußen ... kann man vorwerfen, daß ihre sächsische Armee es an Nerv und Tatkraft fehlen ließ; denn sie versäumte eine ganz einzige Gelegenheit, die sich bot ... Ein Marsch über die Iser genügte, um den Kaiser zum Abzug zu zwingen ... In diesem Fall aber war halb Böhmen für ihn verloren, und die Preußen erlangten in diesem Feldzug ein entscheidendes Übergewicht über ihre Feinde."[270] Die herbe Kritik war eindeutig an seinen Bruder Heinrich gerichtet, denn er war der Führer der preußisch-sächsischen Truppen. Nie hatte er aber untersucht, wie „Nerv und Tatkraft" dieser Truppen aussahen.

Eine Rettung wäre gewesen, den Anteil bürgerlicher Offiziere zu erhöhen[271], aber seine Bindung und Auslieferung an den Adel legte ihm nun selbst vernichtende Schranken auf. Eine Kriegsakademie mit neuester Rüstungstechnik im Lehrplan hätte die alten Kadettenanstalten ablösen müssen, was wiederum den Widerstand der Adligen zur Folge gehabt hätte. Die Feldlager im Krieg hätten über ihre oft viehischen Zustände hinaus gebessert werden müssen. Und nicht zuletzt hatte sich das Kantonsystem überlebt. Aufbesserung des Soldes, Beschränkung der Dienstzeit (auf sechs Jahre) und die Ablösung der Dienstpflicht der Landeskinder durch die vermehrte Aufnahme von Freiwilligen hätte Abhilfe geschaffen. Aber dazu wollte Friedrich II. kein Geld ausgeben.

Er hinterließ eine durchschnittliche Defensivarmee, nicht besser als die Heerhaufen kleinerer Fürsten mit weniger hochgeschraubten politischen Ansprüchen. Der Militärstaat hatte sich im gleichen Maße das Wasser abgegraben, wie die Menschenbehandlung in pure Ausbeutung umschlug, wie die Schere zwischen wohlgeschütztem Adel und dahinvegetierender Bevölkerungsmasse auseinanderklaffte.

Dies entsprach durchaus dem Zynismus und der Menschenverachtung des alten Königs. Sobald der Mensch nicht mehr als bestens funktionierendes Werkzeug zu gebrauchen war, ließ er ihn fallen.

Wie unter einem Brennglas offenbarte sich die Inhumanität dieser Diktatur in ihrer Einstellung zur Krankheit (sich selbst und anderen gegenüber) besonders empfindlich, weil es ihre eigene Krankheit war.

Es kümmerte ihn nicht, daß im „Eislager" bei Wilsdruff in Sachsen im kalten Winter 1759–60 Tausende Soldaten erfroren[272], daß die Soldaten, welche die Macht seines Staates zu verkörpern hatten, in der Asche der Wachtfeuer lagen und sich aufwärmten oder in Zelten hausten, deren Wände und Dächer einzige Eisplatten waren; Hunger und Durst schienen eine selbstverständliche Zumutbarkeit. Bekannt ist auch, daß er sich gegen das Amputieren ausgesprochen hatte, weil und sofern es billiger war, Dienstunfähige sterben zu lassen, als ihnen eine Pension zu zahlen. Für das Lazarettwesen hat er so gut wie nichts getan, weil ihm im Prinzip an der Gesundheit und dem Wohlergehen seiner Truppe nichts lag.

Gerade die Rote Ruhr war eine typische Soldatenkrankheit, zurückzuführen auf äußerst unhygienische Verhältnisse. Die Kranken mußten sich mit elenden kurzen Lumpen zudecken, voll von Ungeziefer, und manche Schwache wurden geradezu lebendig aufgefressen. Das preußische Heer war derart verdreckt, daß es hieß, die Preußen hätten die Pest, weshalb niemand sie in seine Häuser zum Quartier aufnehmen wollte.

Die Aufseher im Lazarett waren durchweg Militärpersonen ohne medizinische Erfahrung und Kenntnisse, die nichts taten, weil sie schlecht besoldet waren – und dementsprechend nur denen etwas Abhilfe verschafften, von denen sie bestochen wurden. Feldschere und Krankenwärter tranken den Wein, der für kranke Soldaten bestimmt, die Huren der Feldscher verkauften die Lebensmittel, die als Krankenkost gedacht waren. Es gab Kranke, denen das Hemd auf dem Leib verfaulte, weil kein Geld für neue Hemden zur Verfügung stand. Oberchirurgen, für die Lazarettaufsicht zuständig, verspielten das wenige Geld, das für Arznei, Essig, Wein, Wundlappen ausgegeben wurde. „Drei solcher äskulapischer Büffel sind für 200, 300 Kranke zuständig", schrieb der Augenzeuge Magister Friedrich Christian Laukhard. Diebereien und Bestechungen waren im preußischen Heer ebenso an der Tagesordnung wie im österreichischen[273].

Solidarischer sei es in französischen Lazaretten zugegangen, wo reichere Kranke die ärmeren durchfütterten, wo überhaupt ein fröhlicherer Ton in der Truppe geherrscht habe.

Über die Zustände in den Lazaretten während des Bayerischen Erbfolgekrieges gab Bruno Frank eine Schilderung[274], die der Wahrheit nahekommen dürfte, zumal Laukhard über ähnliche Verhältnisse aus späterer Zeit berichtete.

Der Bayerische Erbfolgekrieg hieß übrigens „Kartoffelkrieg" oder „Zwetschgenrummel" nicht nur, weil die Soldaten aus Hunger rohe Kartoffeln und unreife Zwetschgen aßen, was die Ruhr förderte, sondern sich aus Langeweile damit bewarfen, statt aufeinander zu schießen.

Der Zustand der preußischen Armee gegen Ende der Regierungszeit Friedrichs II. und darüber hinaus bis 1806 wird in den düstersten Farben geschildert und in einem Satz lapidar zusammengefaßt: „Es war ein Unglück, eine Strafe und Schande, der preußischen Armee zu dienen."[275] Was einst als Tugend und Disziplin dieser Armee gepriesen wurde, eskalierte nun ins verwerfliche Gegenteil. Es fehlte jedes Wohlwollen seitens der Offiziere gegenüber ihren Soldaten, die wiederum keine Anzeichen von Achtung zeigten; der Hochmut der anmaßenden Adels-Offiziere, ihre Mißhandlung der Soldaten mit Prügel und Stock und Fuchtel trieb die Truppe in Verzweiflung, in Selbstmord, provozierte geradezu die Lust zum Desertieren. Der Lorbeer früherer Siege während des Siebenjährigen Krieges vertrocknete, und der alte Ruf der Unbesiegbarkeit trug nicht mehr; Moral und Geist des Heeres verkamen und erschlafften, das Heer war veraltet, verweichlicht und schwerfällig, auch feige und leichtsinnig, die Disziplin hatte Sinn und Zweck verloren angesichts der Prachtentfaltung, Prahlsucht und Überheblichkeit der Junker-Offiziere, ihre hochmütige Verachtung aller nichtmilitärischen Kreise zog deren innere Feindschaft nach sich, Der letzte Funke Ehrgefühl war aus der Truppe herausgeprügelt worden. Die Garnisonen glichen Gefängnissen, die Kasernen galten als Stätten des Elends, vor allem in Potsdam. Jede Spur von Vorbildlichkeit war der Armee verlorengegangen.

Rückblick und Ausblick

Wenn eine jahrhundertealte Staatsform, wie es die des Feudalismus war, in der festgefügten militärischen Endprägung des friderizianischen aufgeklärten Absolutismus schon 20 Jahre nach dem Tod des Vollenders an einem einzigen Tag in einer Doppelschlacht (Jena und Auerstedt am 14. Oktober 1806) zusammenbricht, so stellt sich nicht nur die eine Frage nach den inneren Voraussetzungen einer solchen Katastrophe, sondern aufgrund eines solchen Scheiterns vor allem die andere nach der Legitimation eines solchen Staates.

Daß Staaten und Kulturen absterben wie Menschen, scheint etwas ganz Natürliches zu sein und bedürfte keiner besonderen Beachtung, wenn Staatsformen und deren Amtsträger sich nicht immer wieder zu der Selbsteinschätzung hinreißen ließen, einen endgültigen Zustand von dauerhafter Zuverlässigkeit geschaffen zu haben. Nicht ein funktionierender Staat zwingt also zum Nachdenken über sein eigenes Selbstverständnis, sondern ein scheiternder.

Friedrich II. ist ein solcher Repräsentant, weil er sich der Frage nach der besten Staatsform stellte und eine Antwort zu geben versuchte. Immer wieder reflektierte er über sein Herrscheramt, fragte nach Fürstenpflichten und Staatsbürgerrechten, nach den Aufgaben eines Staates überhaupt.

Ob im „Antimachiavell" zu Beginn seiner Regierungszeit (1739/40) oder gegen deren Ende im „Essai sur les formes de gouvernement et sur les devoirs des souverains" (1777), er hielt das Königtum für die beste aller Staatsformen, unter der Voraussetzung, daß der König seine Pflicht erfülle, d. h. seine Untertanen schütze, der Sittlichkeit zur Herrschaft verhelfe, die Menschlichkeit verteidige und das Recht wahre – wobei den militärischen Begriffen Schutz bzw. Verteidigung eine vorrangige Bedeutung beizumessen ist.

Solange ein Königtum sich von Gott gewollt oder „von Gottes Gnaden" verstand, wie noch bei seinem Vater Friedrich Wilhelm I., war die Begründung des Herrschens abgesichert und die Erfüllung der Herrscherpflicht auf Gott ebenso zurückführbar wie die Nichterfüllung oder das Scheitern. Im Unterschied dazu

480

verstand sich Friedrich II. nicht mehr als gottgewollter Herrscher, sondern als „ersten Diener des Staates", wodurch sich die Begründung seines Herrscherauftrages von Gott auf den Zweck seines Herrschens selbst verlagerte, eben auf seinen Staat.

Wenn einer sich nicht mehr von Gott gewollt und eingesetzt versteht, so drängt sich die Frage auf, warum gerade dieser Mensch herrschen solle und nicht irgendein anderer. Es mußte also dem Verdacht des Usurpators entgegengetreten werden, um den Rechtsgrund des Herrscherauftrages zu legitimieren.

Sein Beweis lief darauf hinaus zu sagen: Seine und jede monarchische Regierung bestehe dann zu Recht, wenn sie dem allgemeinen Willen (Gesetz) derer entspricht, über die sie ausgeübt wird. Was der Wille aller sei, fuhr er fort, sei in einer Art von Gesellschaftsvertrag niedergelegt. Dieser konnte aber nur so lange Glaubwürdigkeit beanspruchen, wie er nicht nur für alle Untertanen eines Staates, sondern für alle gleichermaßen galt, d. h. ohne Unterschied. Das widersprach aber Friedrichs II. faktisch ausgeübter Herrschaft, welche die Bevorzugung einer Minderheit durch z. T. altüberlieferte Privilegien nicht nur anerkannte, sondern sie in ihrer Rechtsbegründung noch bestätigte und ausbaute.

Die Berufung auf einen Gesellschaftsvertrag steht und fällt mit der Einhaltung des Gleichheitsprinzips, das jede Überhöhung einzelner weniger in den Rang eines Standes-Superlativs ausschließt.

Ist der Ursprung der Monarchie nicht mehr auf Gott zurückführbar, sondern auf den Willen aller, so ist auch der Monarch einer von allen und nicht ein von Gott Erkorener und Hervorgehobener.

Das hieße radikal formuliert: Jeder „Obere" ist ein Mensch wie jeder „Untere". An die Stelle der göttlichen Legitimation des Herrschenden trat die naturrechtliche Begründung, schließlich die demokratische der „volonté générale" (gemäß Rousseaus Formulierung).

Friedrich II. hatte diese Konsequenz, die in seinem Selbstrechtfertigungsansatz lag, durchaus gesehen, wollte sie aber nicht wahrhaben, weil in ihr zugleich auch das Recht der Untertanen angelegt war, den Herrscher abzusetzen. Einen von seinen Untertanen abgesetzten Monarchen, sozusagen einen König a. D., konnte und wollte er sich nicht denken, denn er hielt nach wie vor am Prinzip der Erbmonarchie fest und ließ eine Wahlmonarchie nicht gelten.

Er kam seinem eigenen Rechtfertigungskonzept gemäß des Gesellschaftsvertrages nur insofern entgegen, als er die Macht der Minister in seinem Staat einschränkte, nicht aber zugleich auch die Macht der Adligen. Wenn er schon die Berufung auf einen Gesellschaftsvertrag in Ablösung des Gottesgnadentums in seinen Reflexionen anbot, so blieb er entschieden auf halbem Wege stehen.

Die konsequente Übernahme der naturrechtlichen Staatstheorie, wie sie in der Aufklärung (Hobbes, Rousseau, auch Pufendorf, Grotius) gefordert wurde, ließ sich in die Regierungspraxis Friedrichs II. nicht ohne weiteres integrieren, ohne diese selbst in Frage zu stellen.

Friedrich II. wollte zwar als König nicht mehr das Abbild Gottes sein, mußte aber als Äquivalent dazu ein säkularisiertes Staatsoberhaupt darstellen, das die königliche Machtposition mit dem Anspruch erhärtete, seiner Pflicht als Beschützer der Untertanen nur dann voll gerecht zu werden, wenn er auch Oberbefehlshaber des Heeres sei.

Wenn es zur Pflicht des Monarchen gehörte, die Landesverteidigung zu garantieren, dann war sie am besten dadurch zu erfüllen, daß der König persönlich bei seinem Heer war, es persönlich befehligte und persönlich den Gang der Schlacht und damit auch der Geschichte bestimmte. Das war in seiner Zeit nicht selbstverständlich, Karl XII. von Schweden und Peter der Große von Rußland galten als Ausnahmen.

Wenn der König also in optimaler Erfüllung seiner Schutzpflicht zugleich Oberbefehlshaber der Armee sein sollte, so war es gerade der Schutzgedanke, der zwar den militärischen Absolutismus, die Einheit von Politik und Kriegführung, nahelegte, zugleich aber das Herrscherprinzip aus dem Naturrecht ausklammerte.

Die Identität von König und Oberbefehlshaber (connétable), von keiner kriegführenden Macht seiner Zeit so konsequent durchgehalten wie von Friedrich II., wäre nur dann in den naturrechtlich begründeten Gesellschaftsvertrag integrierbar gewesen, wenn der Mensch von Natur aus ein prinzipiell kriegerischer wäre. Absoluter Schutz für permanent Bedrohte würde den Krieg als Normal-

482

fall rechtlich absichern und nicht als notgedrungenen Ausnahmefall.

So pervertierte er den Schutzgedanken im Staatsinteresse des Landerwerbs und Machtzuwachses, indem er den Staat hochrüstete und die Sicherheit der Untertanen aufs Spiel setzte. Nicht den Menschen beschützen, sondern ihn der Gefahr aussetzen und in Kriege stürzen, wäre dann die Basis des praktizierten Gesellschaftsvertrages. Konkret heißt das: In den vier Kriegen, die Friedrich II. geführt hatte, setzte er die Untertanen im Interesse seiner Machtpolitik der Schutzlosigkeit aus, um sie dann angeblich beschützen zu können. Er brauchte also zur Bestätigung seiner Herrscherpflichten nicht Frieden, sondern Krieg.

Das Naturrecht wäre dann nicht von der Vernunft geboten, sondern von der Aggression, nicht Rechtsbewahrung wäre der Ursprung des Herrscheramtes, sondern Unrecht.

Selbstherrschaft, wie sie im Absolutismus begründet wurde, setzte im Idealfall eine allgemeine Gerechtigkeit voraus, die sich aber nur im Zufall und der Geburt (Natur) des Amtsinhabers einlöste, d. h. der Anspruch an die natürlichen Gaben des Herrschers zur Erfüllung seines Amtes blieb dem Zufall seiner Persönlichkeit, seiner Geschicklichkeit, seiner politischen Fähigkeit überlassen.

Die Zufälligkeit, die in der Natur eines jeden Menschen liegen mag, wurde durch Friedrich II. noch dadurch potenziert, daß er als oberster Befehlshaber seine Macht hauptsächlich mit Hilfe Adliger verwirklichte, die dem Pflicht- und Schutzanspruch von Natur aus keineswegs in dem Maße entsprachen und deshalb dazu erzogen werden mußten, wie es der König für sich selbst als Vorbild in Anspruch nahm. Die Vorbildhaftigkeit eines einzelnen widerspricht aber dem natürlichen Prinzip der Gleichheit, besonders im Fall ihres Scheiterns.

Betrachtet man den friderizianischen Militärstaat, so war auf der einen Seite die Pflicht des Königs, wie er sie definierte, dadurch erfüllt, daß er tatsächlich den Staat in der Form, wie er ihn angetreten hatte, beschützte und sein Land und seine Macht sogar noch erweiterte. Der preußische Staat war im Kräftespiel Europas des 18. Jahrhunderts militärisch nie stärker als unter seiner Führung.

Der militärischen Hochrüstung des Staates stand aber auf der anderen Seite eine „Wohlfahrt" und „Menschlichkeit" der Untertanen gegenüber, um deren Schutz willen der Staat ja hochgerüstet werden mußte, die von keinem Zeitgenossen gepriesen wurde, der in diesem Staat lebte.

Die Ausbeutung und Ausblutung des Volkes als Voraussetzung seines Schutzes stellte die Existenzfähigkeit dieses Staates in Frage und bot keine Garantie für seine Existenzberechtigung. Gewiß: die üblichen Lebensbedingungen der Untertanen waren im preußischen Staat nicht viel anders als in anderen vergleichbaren Staaten. Gesindezwangsdienst, Fronarbeit, Leibeigenschaft, Heeresdienst, landweite Armut und Arbeitsüberforderung gab es vielerorts. Nirgendwo aber waren diese Lebensbedingungen der Untertanen derart in die Pflicht des Militärstaates genommen wie in Preußen.

Auf der einen Seite trugen genossenschaftliche Lebensgehäuse aus ihrem historisch weiterkommenden Ursprung die einzelnen auch durch dieses Staatskorsett weiter; ob es sich um Handwerkerzünfte, Bauernbräuche oder Offiziersehre drehte. Auf der anderen Seite förderte dieser Staat Lebensnotwendigkeiten, die ihm zuwider sein mußten, ob es sich um fronbedingte nachlässige Arbeit, um gesetzesbedingtes Schmuggeln, um disziplinbedingtes Desertieren oder einfach um überlebensbedingtes Betteln, Betrügen oder Stehlen handelte.

Die im friderizianischen Staat ins Extrem getriebene Diskrepanz zwischen (Schutz-)Verteidigungspolitik (heute sagt man: Sicherheitspolitik, sogar: Friedenspolitik) und breitester Verarmung der Bevölkerung sowohl in den Städten wie auf dem Land und sogar beim Adel macht gerade diesen Staat in seinem Scheitern so zeitlos modern und die Beschäftigung mit ihm so lehrreich.

Hochrüstung und „neue Armut" kennzeichnen heute wie damals Staaten ganz unabhängig von der Ideologie, ihrer Staatsform. Diese Klammer scheint sich im Spiegelbild des friderizianischen Staates nicht aus Abschreckung aufzulösen, sondern viel eher zu verhärten. Aus dem Hochrüsten wurde ein Wettrüsten – und aus der Massenarmut und Massenarbeitslosigkeit entstand eine immer weitere Entfernung von dem, was man damals wie heute unter einem „Wohlfahrtsstaat" verstehen mochte. Ob feudal gedacht oder modern, ob monarchisch oder demokratisch oder diktatorisch: am „Wohlfahrtsgedanken" wird die Gespaltenheit eines Staatssystems allemal eklatant.

Die Überprivilegierung des Adels wie im friderizianischen Staat trug nichts zur Rettung dieses Staates bei – und stellt somit Standesunterschiede jeder Art in Frage (damals wie heute); und die militärische Niederlage als Versagen des Schutzgedankens angesichts der hohen Verluste der Untertanen stellt Hochrüstung ebenfalls in Frage.

Sollte somit Verarmung statt Wohlfahrt das Aushängeschild eines auf Schutz, Verteidigung oder Sicherheit ausgerichteten Staates bleiben? Denn die alte oder „neue" Armut infolge der Auspressung der ohnehin Finanzschwachen und die Bevorrechtigung scheinbar unentbehrlicher Bürger (damals wie heute) sind im Prinzip geblieben. Sollte demnach die Verarmung der Bevölkerung auch heute der Motor zur Revolution geblieben sein?

Die Unzufriedenheit mit dem friderizianischen Adelsstaat, der am Bettelstab ging, fand einen derartigen Ausweg, wenngleich keine Lösung. Was fortbesteht, wenn auch nicht ewig im selben Armuts-Zustand, ist eben die Natur des Menschen und nicht die über ihn gezwängte Staatsform.

Blieb Friedrich II. aufgrund seines Schutzgedankens auf halbem Weg zur Verwirklichung des Gesellschaftsvertrages stehen, so wies sein Altersgenosse Rousseau (ebenfalls 1712 geboren) im „Contrat social" den Weg, der dann wirklich beschritten wurde und die Untertanen ein Stück weiterführte – jedenfalls in ihrem Verhältnis zur Obrigkeit.

Es mag als Paradox der Geschichte angesehen werden, daß der freie Bürger aus Genf 1762 seinen „Contrat" herausbrachte und im selben Jahr aufgrund persönlicher Bedrängnisse in Paris und Genf (die hier nicht näher zu verfolgen sind) bei Friedrich II. um die Aufenthaltserlaubnis im preußischen Staat nachsuchte und sie auch erhielt, vielleicht aus Friedrichs II. Erinnerung an den eigenen Fluchtversuch des Jahres 1730 und seine Hoffnung, Asyl zu erhalten.

Rousseau konnte sich aus zweierlei Gründen an Friedrich II. wenden: einmal hatte der in Paris in Ungnade gefallene Voltaire zwischen 1751 und 1753 ebenfalls Gastrecht bei Friedrich II. erhalten und genossen, zum anderen war auch er in Paris in Ungnade gefallen wegen seines Erziehungsromans „Emile", der als Vergehen oder Verbrechen gegen den französischen Staat gewertet wurde, weshalb er auf seine französische Staatsbürgerschaft verzichtete, nach Genf aber nicht reisen konnte, weil hier schon vor Paris seine „Héloise" verworfen worden war. Er befand sich also auf der Flucht und kam in das Städtchen Motiers in dem zu Preußen gehörenden ehemaligen Fürstentum Neuenburg (Neufchâtel, 1707 durch Erbschaft an Preußen gefallen). Von hier aus schrieb er am 30. Oktober 1762 an Friedrich II., nachdem ihn der Gouverneur von Neuenburg, George Keith, Earl-Marshal of Scotland, hatte wissen lassen, daß Friedrich II. den Aufenthalt Rousseaus im preußischen Staat billigen würde: „Sire, Sie sind mein Beschützer und mein Wohltäter, und ich habe ein Herz, das von Natur dankbar ist; ich will meine Dankesschuld gegen Sie abtragen, wenn ich es vermag. Sie wollen mir Brot geben…, fehlt es denn keinem Ihrer Untertanen…? Könnte ich Friedrich den Gerechten und Gefürchteten seine Staaten mit einem zahlreichen Volke bedecken sehen, dessen Vater er wäre, so wollte J. J. Rousseau, der Feind der Könige, zu Füßen seines Thrones sterben."

Paradox war die Situation nicht nur, weil Friedrich II. einen freien Schweizer Bürger in seinem Land aufnahm, der sich als „Feind der Könige" vorstellte und dazu noch unverschämt genug fragte, ob das Brot, das er ihm biete, auch keinem preußischen Untertan abgehe, sondern weil er mit einem Werk kam, das in diametralem Gegensatz zu Friedrichs II. eigener Staatsauffassung stand, das, um das Paradox auf die Spitze zu treiben, Friedrich II. nicht nur kannte und sich darauf berief, sondern den Widerspruch stehenließ, denn er fühlte sich durch die Grundsätze des „Contrat social" nicht in Frage gestellt.

In seiner genannten Spätschrift von 1777 konnte er den Gesellschaftsvertrag zitieren, indem er ihn umdeutete. Es hieß: „Die große Wahrheit, daß wir gegen die andern so handeln sollen, wie wir von ihnen behandelt zu werden wünschen, wird zur Grundlage der Gesetze und des Gesellschaftsvertrags. Hier ist der Ursprung der Liebe zum Vaterland, in dem wir das Obdach unseres Glücks erblicken. Da jedoch die Gesetze ohne unaufhörliche Überwachung weder fortbestehen noch Anwendung finden können, so bildeten sich Obrigkeiten heraus, die das Volk erwählte und denen es sich unterordnete. Man präge sich dies wohl ein: Die Aufrechterhaltung der Gesetze war der einzige Grund, der die Menschen bewog, sich Obere zu geben; denn das bedeutet den wahren Ursprung der Herrschergewalt. Ihr Inhaber war der erste Diener des Staates ..."

Der Gesellschaftsvertrag wurde von Friedrich II. bezüglich der Gesetze und des Rechts angemessen interpretiert, bis auf die eine entscheidende Ausnahme: Sein Königtum war niemals vom Volk gewählt, sondern als eine aus dem Feudalsystem herkommende Herrschaftsform übernommen (Erbmonarchie).

Der Begriff der Freiheit war bereits in Rousseaus „Emile" der Grundbegriff und gleich im ersten Kapitel des „Contrat social" stehen die oft zitierten Sätze: „Der Mensch ist frei geboren, und überall liegt er in Ketten. Mancher hält sich für den Herrn seiner Mitmenschen und ist trotzdem mehr Sklave als sie ... Die gesellschaftliche Ordnung ist ein geheiligtes Recht, das die Grundlage aller übrigen bildet. Dieses Recht entspringt jedoch keineswegs aus der Natur; es beruht auf Verträgen."

Diese Vertragstheorie führte zur Lehre von der Souveränität des Volkes und des Gemeinwillens, der volonté générale. Daß ein Staat durch einen freiwilligen Vertrag von freien Individuen gegründet wird, hatten Hobbes und Locke bereits ausgeführt, Rousseau konnte aber die praktische Erfahrung dazu einbringen, die er in der Stadtrepublik Genf gemacht hatte, wo tatsächlich die oberste Gewalt vom Volk und den von ihm delegierten Vertretern im Rat der Stadt lag.

Souverän des Staates ist bei Rousseau keinesfalls der Erbmonarch als oberster Lehens-, Landes- und Feldherr, sondern das Volk selbst, aus dem jedes Individuum auf einen Teil seiner natürlichen Freiheit verzichtet zugunsten einer übergeordneten (gesetzlich geregelten) Freiheit, in der alle Ungleichheit überwunden ist. Die natürliche Freiheit des einzelnen wird zu einer für alle Bürger gleichen Freiheit im Gemeinwillen. Zur natürlichen Freiheit gehörte aber nicht die durch Standeszugehörigkeit bedingte Ungleichheit der Menschen, wie sie im preußischen Absolutismus Friedrichs II. durch die Kategorien des Geburtsstandes der Landbesitzenden (Junker) und der Landlosen ausgeprägt war.

Wenn Rousseau weiter ausführte, daß „dem Staatsoberhaupt nie das Recht zusteht, einen Untertan stärker als einen andern zu belasten", so bezieht er die schärfste Position gegen Friedrichs II. bevorzugte unterschiedliche Pflichten- und Steuerbelastung der Untertanen. Folgerichtig konnte nach Rousseau der Stand des einzelnen auch nicht mehr aus seinem Besitz sich herleiten (Landbesitz der Gutsherren, Hausbesitz der Bürger), denn dies führte zu einem durch Besitz gebundenen und deshalb unfreien Stand, sondern die natürliche Freiheit sollte unabhängig vom Besitz definiert werden, weshalb er in seinem Aufsatz über die „Ungleichheit der Menschen" Eigentum überhaupt in Frage stellte. Der von Natur freie Stand der Menschen ist demnach kein „eigentümlicher". Oder, was dasselbe ist, allen kommt das gleiche Privateigentum zu.

Der „Contrat social" bezog also eine radikal andere Position als die feudalistische These des „Do ut des". Das „Do" = „ich gebe" setzt prinzipiell voraus, daß man einen Besitz habe und damit in einer stärkeren Position sei als derjenige, der diesen Besitz nehmen solle. Im Besitzen und Besitzrecht liegt somit eine soziale Hierarchie begründet.

Denkt man eine Staatsform aber nicht vom Besitz her, sondern von der Freiheit, so legt man ein natürliches Sein zugrunde, das frei von Boden-Besitz als Eigentum ist. Der natürliche Boden gehört allen gleichermaßen und keinem bevorrechtigt.

Resultierte im Feudaldenken die „Wohlfahrt" des Staates wie des einzelnen aus dem Besitz, woraus wiederum Macht des einen über den anderen folgte, so führte die aus der Freiheit gedachte Wohlfahrt nicht zu Macht. Denn die Freiheit besteht darin, daß jeder seine Wohlfahrt nach seinen Begriffen suchen kann, also gerade von anderen unabhängig bleibt und deren Freiheit nicht beeinträchtigen darf. Aus dem Freiheitsbegriff folgt demnach keine Macht-Hierarchie, sondern die individuelle Gleichheit. Gibt man von dieser seiner Freiheit etwas im Interesse einer übergeordneten gesetzlichen Regelung dieser Freiheit aller ab, so geschieht das nicht auf der Basis des Herrschens, sondern auf der der Brüderlichkeit. Der naturrechtlich gedachte Begriff der Freiheit schließt daher jede Form von Privilegien aus, die das Funktionieren des Feudalstaates garantiert hatten – und zu seinem Scheitern wesentlich beitrugen.

Das Kennzeichen des Feudalstaates in seiner Endform der absolutistischen Militärdiktatur war die Diskrepanz zwischen Hochrüstung und Armut. Nicht radikal genug ist daher die Wucht des Begriffes Freiheit zu denken, den ein ganz anders begründeter Gesellschaftsvertrag als Basis des Gemeinlebens entwickelte. Das Feudalsystem steht oder fällt mit der These, daß ein von irgendeinem Herrscher erobertes Land automatisch dessen Eigentum würde. Da aber gerade in der Zeit der Völkerwanderung das Land nicht menschenlos war wie der Mond, haftet jeder Form von Herrschaft der Charakter von Usurpation an.

Rousseau war wohl auch der erste, der die Parolen der Großen Revolution formulierte: Freiheit, Gleichheit und Brüderlichkeit; Begriffe, die wie der ganze „Contrat social" zur Bibel der Jakobiner wurden und im französischen „Wohlfahrtsausschuß" unter Robespierre leidenschaftlich diskutiert wurden.

Den Gesellschaftsvertrag nannte Jacob Burckhardt in seinen „Weltgeschichtlichen Betrachtungen" „ein größeres Ereignis" als den Siebenjährigen Krieg, weil sich hier „die Idee der Volkssouveränität" meldete. Einerseits betonte Rousseau die Rechte des Einzelbürgers und verurteilte die Willkür der Tyrannen der Vergangenheit sowie die Anmaßungen der Monarchen seiner Zeit, andererseits wich er jedoch einer klaren Stellungnahme aus, ob nun Monarchie, Aristokratie, Demokratie oder gar Anarchie die bestmögliche und erstrebenswerte Staatsform sei. Er war jedenfalls der erste in Frankreich, der sich Citoyen nannte, pikanterweise allerdings „Citoyen de Genève".

Wenn der „Contrat social" als Novum im klassischen Naturrecht die absolute Unveräußerlichkeit der freien Person herausstellte und jede ursprüngliche Unterwerfung des einen unter den anderen in Abrede stellte (sondern darauf bestand, daß das Subjekt seine Freiheit nicht veräußerlicht, wenn es diese seine Freiheit in die gleiche Freiheit aller einbringt), so wird ein Volk ohne alle Unterschiede als natürlich ursprünglich vorausgesetzt.

Diese ursprünglich naturbedingte gleiche Freiheit wird von Rousseau als eine solche von ursprünglich guten und gleichguten und d. h. friedlichen Menschen gedacht, deren Staat (= Gemeinwesen) keines Schutzes durch einen „Oberen" bedarf, weil er nicht der aus dem Besitz-Denken folgenden Gefährdung und Schutzlosigkeit preisgegeben würde. Wenn somit der „Obere" mit seiner Schutzpflicht gegenüber den Untertanen entfällt, so auch die Ausbeutung dieser Untertanen zur Ermöglichung der Schutzausübung. In einem solchen schutzlosen weil nicht schutzbedürftigen Staat aber wäre dann auch eine allen gleichermaßen zukommende „Wohlfahrt" garantiert.

In das Naturrechtsprinzip komme nach Rousseau erst dadurch eine Art Anti-Naturrecht, daß eine Klasseneinteilung und Klassenunterscheidung zugestanden werde, basierend auf verschiedenem Besitz wie im Feudalsystem. Erst die besitzbedingte Ungleichheit führe zum Zustand des „bellum omnium contra omnes", mache den Menschen zum Wolf unter Wölfen und damit zum schlechten und kriegerischen Menschen. Im „Discours" hatte er ausdrücklich die Schaffung des Eigentums als Quell aller Kulturübel bestimmt. Es gelte also, „die übergroße Ungleichheit der Vermögen zu verhindern". Mit ihm hielt dann auch Robespierre an der generellen Abschaffung von Eigentum eben aus naturrechtlich-ursprünglichen Gründen fest.

Wenn alle Menschen frei und gleich geboren sind (was schon im Römischen Recht steht), so sah man bis Rousseau diesen Zustand allein im Tod erreicht (das letzte Hemd hat keine Taschen), jetzt aber wurde dieser Zustand als ein natürlicher ins Leben selbst verlegt. Das Leben selbst hat nunmehr den naturrechtlichen Zustand der Gleichheit zu bewahrheiten, sehr im Unterschied zum feudalen (Land-)Besitzdenken.

Die Trikolore „Freiheit – Gleichheit – Brüderlichkeit", wie sie die französische Nationalversammlung am 26. August 1789 beschloß, ging ausdrücklich auf Rousseau zurück und etablierte den letztgültigen Stand des klassischen Naturrechts. In dieser Formel fand die gesamte bürgerliche Revolution ihre Parole, die Engels „die urkommunistische Gentilverfassung" nannte.

Das in der Bartholomäusnacht (Niedermetzelung der Pariser Hugenotten am 23./24. April 1572 anläßlich der Hochzeit Heinrichs von Navarra mit Margarete von Valois) beginnende klassische Naturrecht fand in Rousseau seine Formulierung, in der Französischen Revolution seine Anwendung und ging in dieser Fassung und mit dieser Erfahrung in alle europäischen Verfassungen ein – und nicht ein auf Erbmonarchie gegründetes absolutistisches und diktatorisches Königtum wie das Friedrichs II.

Wir haben somit zwei einander gegenübertretende Staatsauffassungen: Auf der einen Seite den friderizianischen Militärstaat absolutistisch-diktatorischer Prägung mit der Diskrepanz zwischen Hochrüstung und Verarmung. Dieser Staat hatte real existiert, wurde Tag für Tag erlebt und erlitten – und scheiterte.

Auf der anderen Seite den rousseauischen Entwurf eines freien und frei gewählten Staates ohne Hochrüstung und Verarmung. Ein solcher Staat hatte nie real existiert, sondern schildert einen archaischen Urzustand, eine Morgenröte und Utopie, die als zeitlose Aufgabe oder als Korrektiv bestehen bleibt, solange sie ihre Verwirklichung nicht erreicht hat.

Auf der einen Seite: Militärdiktatur – erreicht, aber nicht erstrebens- und nachahmenswert; auf der anderen Seite: ein freigewählter friedlicher „Wohlfahrts"-Staat – nie erreicht, aber erstrebenswert.

Von beiden aber, von der militaristischen wie der utopischen Staatsform, führten Entwicklungslinien weiter: Nach wie vor bestehen (Land-)Besitzansprüche, Standesunterschiede und unterschiedliche Formen von „Wohlfahrt", verfassungsmäßig begründet in freien Wahlen. Die Hochrüstung zwecks Staatssicherheit eskalierte zum Wettrüsten, impliziert das Scheitern, erhält sich aber in einer Pattsituation, in der Bewahrung des Gleichgewichts der Weltmächte. Ein Scheitern führte schlimmstenfalls zur Radikalausrottung der zu beschützenden Menschen und der Natur überhaupt.

Die andere Entwicklungslinie: demokratisch-freie Wahlen nach dem rousseauischen Muster des Naturrechts, die aber ebenso scheitern können, weil sie nicht das Aufkommen einer Diktatur (z. B. Hitler) verhindern. Aus freien Wahlen kann ebenso eine Militärdiktatur entstehen wie aus der nicht frei gewählten Erbmonarchie.

Der im Feudalsystem wurzelnde Unterschied aus dem Besitz-Stand = Staatsterritorium lebt auch in frei gewählten Demokratien fort, und zwar über den widernatürlichen Standesunterschied zwischen „Oberen" und „Unteren" bis zur militärischen Hochrüstung (absoluter Schutz als Idealform) und zur totalen Schutzlosigkeit, ja Todesmöglichkeit aller auf einen Schlag. Die „Wohlfahrt" aller gleichermaßen bleibt zwar naturrechtlich begründet, zugleich aber utopisch.

Die beiden Staatsformen: die friderizianische und die rousseauische, bestehen fort als Mischform, das Scheitern bleibt eine reale Möglichkeit.

Vielleicht hatte der aufgeklärte Friedrich II. den „Feind der Könige" Rousseau in seinem Staat als Untertan aufnehmen und ihm „Brot geben" können, weil er das Utopische seines „Contrat social" durchschaute, weshalb er sich auch nicht betroffen zu fühlen brauchte; abgesehen von seiner diplomatisch geschickten Haltung, seinen aufgeklärten Absolutismus gegenüber modernen französischen Aufklärern unter Beweis zu stellen, indem er gerade einem „Feind der Könige" Asyl gewährte.

Im übertragenen Sinne integrierte er den Gesellschaftsvertrag, ohne seine Militärdiktatur zu ändern.

Es bleibt somit die Staatsform einer Militärdiktatur oder Militärdemokratie mit der permanenten Aufgabe, diese mit naturrechtlichen Prinzipien in Frage zu stellen; die Aufgabe, beide Staatsformen als real existierende hinzunehmen, damit aber auch ihr Scheitern und das Ausbleiben von allgemeiner „Wohlfahrt".

Anmerkungen und Literaturhinweise

Zunfthandwerker

1 Jürgen Kuczynski: Geschichte des Alltags des deutschen Volkes, Köln 1981, 186; H. Möller: Die Deutschen und ihre Nation. Fürstenstaat oder Bürgernation. Deutschland 1763–1815, Berlin 1989

2 H. Möller: Die kleinbürgerliche Familie im 18. Jahrhundert. Verhalten und Gruppenkultur, Berlin 1969, 89 f.

3 Möller: Die kleinbürgerliche Familie ..., 78, 98

4 Möller, 58

5 Rudolf Stadelmann/Wolfram Fischer: Die Bildungswelt des deutschen Handwerkers um 1800. Studien zur Soziologie des Kleinbürgers im Zeitalter Goethes, Berlin 1955, 68

5a Vgl. auch R. Ennen: Zunft und Wettbewerb, Köln und Wien 1971; R. Wissell: Des alten Handwerks Recht und Gewohnheit, Berlin 1971–1985 (5 Bde.)

6 Kuczynski, 305; Werner Vogel: Führer durch die Geschichte Berlins, Berlin 1966, passim; Theodor Schieder: Friedrich der Große, Berlin 1983, 85 ff.; Stadelmann/Fischer, 68

7 Möller, 84

8 Möller, 83

9 Möller, 203, 312, 320

10 Möller, 94

11 Stadelmann/Fischer, 195 f.

12 Preußen, Versuch einer Bilanz, Hamburg 1981, Bd. 3, 68 f.

13 Das Buch der Stadt Nowawes, hrsg. vom Magistrat der Stadt Nowawes, Berlin-Spandau 1930, passim; G. Vogler: Zur Geschichte der Weber und Spinner von Nowawes 1751–1785, Potsdam 1965, passim; G. Vogler: Zur Lage und zum Klassenkampf der Weber und Spinner in Nowawes in der 2. Hälfte des 18. Jahrhunderts, Berlin 1956, passim

14 Möller, 238 f.

15 Stadelmann/Fischer, 73

16 Möller, 302

17 Stadelmann/Fischer, 74

18 Möller, 93

19 Möller, 211

20 Stadelmann/Fischer, 77

21 Stadelmann/Fischer, 78

22 Stadelmann/Fischer, 213

23 Möller, 161, 195

24 Franz Kugler: Geschichte Friedrichs des Großen, Wiesbaden 1981, 164 f.

25 Möller, 255

26 Möller, 232
26a bis 26d „Hinaus in die Ferne", Informationsbroschüre für Bauhandwerker über die zünftige Walz, Hamburg 1986
27 Stadelmann/Fischer, 141
28 Möller, 254
29 Stadelmann/Fischer, 194
30 Stadelmann/Fischer, 190
31 Stadelmann/Fischer, 191
32 Stadelmann/Fischer, 211
33 Möller, 172
34 Möller, 305
35 Möller, 308
36 Kuczynski, 193
37 Möller, 114
38 Möller, 120
39 Vogel, 86
40 Kuczynski, 327 ff.
41 Kuczynski, 328
42 Kuczynski, 303
43 Kuczynski, 303 f.
44 Stadelmann/Fischer, 162
45 Möller, 125
46 Möller, 125 f.
47 Kuczynski, 264
48 Möller, 129
49 Möller, 126
50 Bernt Engelmann: Preußen, Land der unbegrenzten Möglichkeiten, München 1979, 59
51 Möller, 138 ff.
52 Möller, 144
53 Kugler, 238 ff.
54 Preußen, Versuch einer Bilanz, 22
55 Johannes Scherr: Deutsche Kultur- und Sittengeschichte, Köln 1954, 348
56 Stadelmann/Fischer, 140
57 Vogel, 52
58 Stadelmann/Fischer, 101
59 Stadelmann/Fischer, 103
60 Stadelmann/Fischer, 213
61 Kuczynski, 107
62 Ingrid Mittenzwei: Preußen nach dem Siebenjährigen Krieg. Auseinandersetzungen zwischen Bürgertum und Staat um die Wirtschaftspolitik, Berlin 1979, 147
63 Stadelmann/Fischer, 87
64 Horst Krüger: Beiträge zur Geschichte des preußischen Manufakturwesens in der zweiten Hälfte des 18. Jahrhunderts unter besonderer Berücksichtigung der Lage der Manufakturarbeiter, Berlin 1957 (Diss.), 100

65 Stadelmann/Fischer, 92
66 Michael Stürmer: Der Untergang des Alten Handwerks. Zur Sozialgeschichte
   der Kleinen Leute im 19. Jahrhundert, Gießen 1985, 655 und passim

Manufakturarbeiter/„Regie"

 1 Krüger, 337, passim
 2 Krüger, 349
 3 Ulrich Bräker, Sämtliche Schriften des armen Mannes im Toggenburg, 2 Teile,
   Zürich 1789/92, Teil I, 124
 4 Krüger, 350;
   C. F. von Vechelde: Aus dem Tagebuch des Generals von Wachholtz, Braunschweig 1834, 63 f.
 5 Krüger, 354;
   W. Wolf: Zur Geschichte des Armen- und Arbeitshauses in Potsdam 1774 bis
   1800, Potsdam 1963, Heft 2
 6 Krüger, 357
 7 Kuczynski, 211 f.
 8 Krüger, 359
 9 Franz Mehring: Zur deutschen Geschichte, Berlin 1964, 479;
   Krüger, 372;
   K. Hinze: Die Arbeiterfrage zu Beginn des modernen Kapitalismus in Brandenburg-Preußen, Berlin 1927, 44
10 Krüger, 384;
   Gustav Schmoller/Otto Hintze: Die preußische Seidenindustrie im 18. Jahrhundert und ihre Begründung durch Friedrich den Großen, 3 Bände, Berlin 1892,
   Bd. II, 91
11 Krüger, 385
12 Krüger, 395;
   Schmoller/Hintze, Bd. II, 33
13 Johannes Wüsten: Rübezahl oder der Strom fließt nicht bergauf, Hildesheim
   1979, 19 ff.
13a M. Beheim-Schwarzbach: Hohenzollernsche Colonisationen. Ein Beitrag zur
   Geschichte des preußischen Staates und der Colonisation des östlichen Deutschlands, Leipzig 1874, passim
14 K. Hinze: Arbeiterfrage, 145
15 A. F. Büsching: Beschreibung einer Reise von Berlin über Potsdam nach
   Rekahn unweit Brandenburg, Berlin 1775, 43 f.
16 K. Hinze: Arbeiterfrage, 120
17 H. Rachel: Das Berliner Wirtschaftsleben im Zeitalter des Frühkapitalismus,
   Berlin 1931, 247
18 A. Wichgraf: Geschichte der Weberkolonie Nowawes bei Potsdam, Berlin 1862,
   7 und passim

18a Der Freundschafts- und Handelsvertrag von 1785 zwischen Seiner Majestät dem König von Preußen und den Vereinigten Staaten von Amerika (erstmals in deutscher Übersetzung), München 1985;

Erich Biber: Die Entwicklung der Handelsbeziehungen Deutschlands zu den Vereinigten Staaten von Amerika nach dem Kriege, Stuttgart-Zuffenhausen (Diss.), 1928, 7 ff.;

Karl Strupp: Urkunden zur Geschichte des Völkerrechts, Gotha 1911, Bd. I, 82 ff.,

Wilhelm Langenbeck: Geschichte des deutschen Handels seit dem Ausgange des Mittelalters, Leipzig und Berlin 1918[2], Brandenburg-Preußen betr., 54 ff.

19 Wilhelm Abel: Geschichte der deutschen Landwirtschaft, Stuttgart 1962, 254

20 Kuczynski, 271

21 Franz Mehring: Historische Aufsätze zur Preußisch-Deutschen Geschichte, Stuttgart 1947, 79

22 Franz Mehring: Zur deutschen Geschichte, 503

23 Ingrid Mittenzwei: Friedrich der Große, Köln 1980, 130 ff.

24 Mehring: Zur deutschen Geschichte, 503

25 Wilhelm Abel: Massenarmut und Hungerkrisen im vorindustriellen Deutschland, Göttingen 1972, 48 ff.

26 Aus den Tagebüchern des Grafen Lehndorff, hrsg. und eingeleitet von Haug von Kuenheim, München 1984, 16. 2. 1763

27, 28 H. Rachel: Der Merkantilismus in Brandenburg-Preußen, Berlin 1927, 252;

Reinhold Koser: Geschichte Friedrichs des Großen, 4 Bände, Stuttgart und Berlin 1912–1914, Bd. IV, 237

29 C. Matschoß: Friedrich der Große als Beförderer des Gewerbefleißes, Berlin 1912, passim

30 Wilhelm Abel: Massenarmut, 32

31 U. Bräker, passim

32 C. F. Nicolai: Beschreibung der Kgl. Residenzstädte Berlin und Potsdam und der umliegenden Gegend, 3 Bände, Berlin 1786, Bd. I, 55

33 Krüger, 441

34 Krüger, 448

35 Hinze: Arbeiterfrage, 159

36 Vogel: Führer, passim

37 C. D. von Dohm: Denkwürdigkeiten meiner Zeit oder Beiträge zur Geschichte vom letzten Viertel des 18. und vom Anfang des 19. Jahrhunderts, 5 Bände, Lemgo und Hannover 1814–1819, Bd. IV, 512

38 Dohm, 512 ff.

39 Krüger, 468

40 Rudolf Augstein: Preußens Friedrich und die Deutschen, Frankfurt/M. 1981, 146, 154

41 A. B. König: Versuch einer historischen Schilderung der Hauptveränderungen der Religion, Sitten, Gewohnheiten, Künste, Wissenschaften der Residenzstadt Berlin seit den ältesten Zeiten bis 1786, 5 Bände, Berlin 1792–1798, Bd. V, 2, 271

42 Möller, 295
43 Möller, 105
44 Möller, 294
45 Wolfgang Menge: So lebten sie alle Tage, Berlin 1984, passim
46 Mittenzwei: Preußen..., 51 ff.
47 Preußen, Versuch einer Bilanz, Bd. 3, 190
48 Krüger, 524
49 Schmoller/Hinze: Bd. II, 130
50 Krüger, 527
51 Krüger, 536 f.
52 Mittenzwei: Preußen..., 102
53 Mittenzwei: Preußen..., 104
54 Mittenzwei: Preußen..., 134
55 Mittenzwei: Preußen..., 111;
    Gerhard Ritter: Friedrich der Große, Königstein/Taunus– Düsseldorf 1954,
    185 f.
56 Mittenzwei: Preußen..., 109
57 Krüger, 499
58 Mittenzwei: Preußen..., 111
59 Mittenzwei: Friedrich der Große, 139 ff.
    Mehring: Historische Aufsätze, 71 ff.;
    Walther Schultze: Geschichte der preußischen Regieverwaltung von 1766–
    1786, in: Staats- und socialwissenschaftliche Forschungen, hrsg. von Gustav
    Schmoller, Leipzig 1888, Band VII, 9 ff;
    Mittenzwei: Preußen..., 57 ff., 102 ff.
60 Ritter, 207
61 Franz Kugler: Geschichte Friedrichs des Großen, 622;
    Mehring: Historische Aufsätze, 79

Bauern

1 Wilhelm Abel: Agrarpolitik. Grundrisse der Sozialwissenschaft, Göttingen
   1967, 17 f.
2 G. F. Knapp: Die Bauernbefreiung und der Ursprung der Landarbeiter in den
   älteren Teilen Preußens, Leipzig 1887, Bd. I, 34
2a Hermann Weber: Geschichte der DDR, München 1985, 110 f.
3 Wolfgang Wippermann: Ordensstaat, Hohenzollernmonarchie und ‚Drittes
   Reich‘ in Preußen, Beiträge zu einer politischen Kultur, Hamburg 1981, 335
4 Der Ordensstaat, die Mark Brandenburg, die Hohenzollern, in: Preußen, Versuch einer Bilanz, Hamburg 1981, 45 f.
5 Evalotte Preuß: Ostpreußische Landarbeiterschaft. Ihre Entwicklung von der
   Gründung des Ordensstaates bis zur Gegenwart (Diss.), Köingsberg 1926, 17 f.
6 Preuß, 18

7 Preuß, 21
8 Preuß, 19
9 Knapp, 29
10 Friedrich Großmann: Über die gutsherrlich-bäuerlichen Rechtsverhältnisse in der Mark Brandenburg vom 16. bis 18. Jahrhundert, in: Staats- und socialwissenschaftliche Forschungen, hrsg. von Gustav Schmoller, Leipzig 1890, Bd. IX, 7
11 Großmann, 9
12 Preuß, 24
13 Preuß, 25 f.
14 Knapp, 39;
   Karl Bosl/Eberhard Weis: Die Gesellschaft in Deutschland, München 1976, Bd. I, 217
15 Großmann, 14
16 Preuß, 26
17 Theodor Freiherr von der Goltz: Die ländliche Arbeiterklasse und der preußische Staat, Jena 1893, 47
18 Preuß, 27
19 Knapp, 41;
   Francis L. Carsten: Gutsherrschaft und Adelsmacht, Hamburg 1981, 34
20 Großmann, 17
21 Knapp, 42
22 Großmann, 46;
   Francis L. Carsten, 29
23 Knapp, 45 ff.
24 Wilhelm Abel: Agrarkrisen und Agrarkonjunktur. Eine Geschichte der Land- und Ernährungswirtschaft Mitteleuropas seit dem hohen Mittelalter, Hamburg 1966, 173
25 Knapp, 50
26 Knapp, 47
27 Großmann, 40
27a Bruno Schumacher: Geschichte Ost- und Westpreußens, Würzburg 1958, 218 Anm.
28 v. d. Goltz, 30
29 v. d. Goltz, 49
30 v. d. Goltz, 38
31 v. d. Goltz, 28
32 Die ständische Agrargesellschaft, 28 f.;
   Johannes Ziekursch: Hundert Jahre schlesische Agrargeschichte, Aalen 1978, 64, 68
33 Knapp, 9
34 Preuß, 38 f.
35 Preuß, 39
36 Rudolf von Thadden: Von der Mark zum Kaiserreich in Preußen, Beiträge zu einer politischen Kultur, Hamburg 1981, 16

37 Kräfteverhältnisse in der Ständegesellschaft, in: Preußen, Versuch einer
   Bilanz, Hamburg 1981, 58;
   Die ständische Agrargesellschaft, in: Preußen, Zur Sozialgeschichte eines Staa-
   tes, Hamburg 1981, 24;
   Wilhelm Treue: Staat, ‚Untertan‘, und Gemeinde als Unternehmer in Preußen,
   in: Preußen, Beiträge zu einer politischen Kultur, Hamburg 1981, 221;
   Gerhard Ritter: Friedrich der Große, Düsseldorf 1978, 219;
   G. P. Gooch: Friedrich der Große, München 1984, 36
38 Treue, 221;
   Kräfteverhältnisse in der Ständegesellschaft, 64
39 Treue, 221 f.;
   Kräfteverhältnisse..., 64 f.;
   Die ständische Agrargesellschaft, 24
40 Kräfteverhältnisse..., 58
41 Die ständische Agrargesellschaft, 23
42 Kräfteverhältnisse..., 63;
   Schieder: Friedrich der Große, 75
43 Die ständische Agrargesellschaft, 24
43a Barbara Beuys: Der Große Kurfürst, Hamburg 1979, 160;
   Rudolf Augstein: Preußens Friedrich, Quelle XX;
   Mehring: Historische Aufsätze..., 46
44 Das Haus Brandenburg-Hohenzollern, in: Preußen, Versuch einer Bilanz,
   78 f.
45 Ludwig Hüttl: Friedrich Wilhelm von Brandenburg – Der Große Kurfürst,
   München 1981, 207
46 Otto Büsch: Die Militarisierung von Staat und Gesellschaft im alten Preußen,
   in: Preußen, Beiträge zu einer politischen Kultur, Hamburg 1981, 47
47 Mehring: Historische Aufsätze..., 46 f.;
   Die ständische Agrargesellschaft, 24
48 Die ständische Agrargesellschaft, 26
49 Schieder, 303
50 Mehring: Historische Aufsätze..., 47
51 Schieder, 74
52 Schieder, 76
53 Schieder, 75
54 Francis L. Carsten: Gutsherrschaft und Adelsmacht, in: Preußen, Beiträge zu
   einer politischen Kultur, 28
55 Preuß, 29
56 Großmann, 51
57 Schieder, 78
58 Die ständische Agrargesellschaft, 27
59 Die ständische Agrargesellschaft, 25
60 Die ständische Agrargesellschaft, 25
61 Die ständische Agrargesellschaft, 26
62 v. d. Goltz, 22

63 Treue, 221;
   Kräfteverhältnisse..., 58
64 Abel: Agrarkrisen..., 190
65 Abel: Agrarkrisen..., 192
66 Abel: Massenarmut und Hungerkrisen..., 34
67 Treue, 221 ff.
68 Knapp, 1 ff.
69 Knapp, 19
69a Christian Jacob Kraus: Aufsätze über staatswirtschaftliche Gegenstände, Königsberg 1808, 201
70 Kräfteverhältnisse..., 27
71 Schieder, 78;
   Kräfteverhältnisse..., 27 f;
   Knapp, 16 f.
72 Großmann, 77
73 Großmann, 72
74 Schieder, 78
75 Großmann, 42
76 v. d. Goltz, 39 f.
77 Knapp, 121
78 Knapp, 394
79 Knapp, 285
80 Knapp, Bd. II, 42
81 Knapp, 304
82 Knapp, 306
83 Die ständische Agrargesellschaft, 108
84 Knapp, 150
85 Knapp, 308
86 Knapp, 309
87 Die ständische Agrargesellschaft, 111
88 Die ständische Agrargesellschaft, 112
89 Die ständische Agrargesellschaft, 28;
   Bosl/Weis, Bd. I, 140
90 Abel: Geschichte der deutschen Landwirtschaft, 197
91 Günther Franz: Geschichte des deutschen Bauernstandes vom frühen Mittelalter bis zum 19. Jahrhundert, Stuttgart, 45;
   Bosl/Weis, 175
92 Großmann, 59
93 Preuß, 51
94 Abel: Agrarpolitik..., 20
94a Friedrich Wilhelm Henning: Dienste und Abgaben der Bauern im 18. Jahrhundert, Stuttgart 1969, 26 f.
95 Knapp, 55
96 Knapp, 59
97 Knapp, 65

98 Knapp, 66
99 Francis L. Carsten: Gutsherrschaft und Adelsmacht, 35 f.
100 Francis L. Carsten, 36
101 Knapp, 55;
     Großmann, 93
102 Schieder, 79
103 Schieder, 82
104 Schieder, 83
105 Mehring: Historische Aufsätze, 83
106 Schieder, 83
107 Knapp, passim;
     Chr. Dipper: Die Bauernbefreiung in Deutschland 1790–1850, Stuttgart
     1980, passim
108 Abel: Agrarpolitik…, 23
109 Abel: Geschichte der Landwirtschaft, 269
110 Abel: Geschichte der Landwirtschaft, 169
111 Preuß, 44
112 Bosl/Weis, 220, 224
113 Preuß, 50
114 Preuß, 54
115 Knapp, 321
116 Henning, 8 und passim
117 Henning, 55
118 Henning, 55 f.
119 Henning, 29
120 Henning, 29
121 Henning, 32 ff.
122 Henning, 92 ff.
123 Henning, 45
124 Abel: Geschichte der Landwirtschaft, 189
125 Mehring: Historische Aufsätze, IX
126 Henning, 153 ff.
127 Henning, 158
127a Kraus, 196
128 Henning, 159
129 Mehring: Zur deutschen Geschichte, 492
130 Mehring: Zur deutschen Geschichte, 492 f.
131 Mehring: Zur deutschen Geschichte, 492 f.
131a Bruno Schumacher: Geschichte Ost- und Westpreußens, Würzburg 1958, 215
132 Henning, 19
133 C. A. Zakrzewski: Die wichtigsten preußischen Reformen der direkten länd-
     lichen Steuern im 18. Jahrhundert, in: Staats- und socialwissenschaftliche For-
     schungen, hrsg. von Gustav Schmoller, Bd. VII, Leipzig 1888, 23
134 Zakrzewski, 27
135 Zakrzewski, 53

135a Geschichte Schlesiens 1526–1740, hrsg. von Ludwig Petry und Joachim Menzel, Darmstadt 1973, 128
136 Zakrzewski, 83
137 Zakrzewski, 87
138 Zakrzewski, 91
139 Henning, 150 ff.
140 vgl. Mehring: Historische Aufsätze, 81 ff.
141 Preuß, 37
142 v. d. Goltz, 27
142a Franz, 213 ff.
143 Ziekursch, 117 f.
144 Menge, 88
145 Magister F. Ch. Laukhards Leben und Schicksale. Von ihm selbst beschrieben, bearbeitet von Viktor Petersen, Stuttgart 1908, passim
146 Beuys, 324
147 Abel: Massenarmut und Hungerkrisen…, 54
148 Joseph Klapper: Schlesisches Volkstum, Breslau 1925, 82
149 Hans Dollinger: Preußen, eine Kulturgeschichte in Bildern und Dokumenten, München 1980, Tabelle
150 Menge, 73
151 Knapp, 68
152 Knapp, 70
153 Rolf Pflücke: Beiträge zur Theorie von Patronage und Klientel, Augsburg 1972 (Diss.), 82
154 Knapp, 72
155 Die bäuerliche Welt – Geschichte und Kultur in sieben Jahrhunderten, hrsg. von Jerome Blum, München 1982, 57
156 Knapp, 74
157 Schieder, 294
158 Bernt Engelmann: Preußen, Land der unbegrenzten Möglichkeiten, München 1979, 87
159 Engelmann, 88;
Menge, 145 ff.
160 Franz, 233
161 Menge, 137
161a Kuczynski, 196 f.
161b Kuczynski, 199 f.
161c Kuczynski, 199
162 Menge, 143
163 Beiträge zur Geschichte Schlesiens unter der Redaktion von Ewa Maleczyńska, Berlin 1958, 402 (zit.: Ewa)
164 Hans-Ludwig Abmeier: Schlesien und Schlesier von 1740 bis 1844 im Spiegel deutscher und österreichischer Oberschulgeschichtsbücher, Würzburg 1975, 42
165 Abmeier, 41

166 Schlesischer Barock. Literatur – Geschichte – Kunst. Hrsg. von Werner Bein und Franz Heiduk, Würzburg 1979, 14;
Ziekursch, 62 f.
167 Ziekursch, 63
168 Ziekursch, 61
169 Franz, 218
170 Petry/Menzel: Geschichte Schlesiens..., 132
171 Abmeier, 103
172 Abmeier, 66
173 Franz Mehring: Geschichte der deutschen Social-Demokratie, Stuttgart 1921;
zit. bei Ewa, 410
173a Ziekursch, 44 ff.
173b Ziekursch, 69
174 Ziekursch, 49 f.
175 Ziekursch, 4
176 Ziekursch, 6 ff.
177 Ziekursch, 8
178 Büsch: Die Militarisierung..., 55 f.
179 Ziekursch, 11
180 Ziekursch, 45 ff.
181 Ziekursch, 115
182 Ziekursch, 143
183, 184 Ziekursch, 79 und 115 f.
185 Grünberg: Bauernbefreiung in Böhmen, Mähren und Schlesien, Bd. I, 279;
zit. bei Ziekursch, 117
186 Ziekursch, 147
187 Ziekursch, 34 ff.
188 vgl. Ziekursch, 116
189 Ziekursch, 60
190 Ziekursch, 82
191 Ernst Pfeiffer: Die Revuereisen Friedrichs des Großen, besonders die Schlesischen nach 1763 und der Zustand Schlesiens von 1763–1786, Berlin 1904, 119 ff.
192 Ziekursch, 142
193 Ziekursch, 142 f.
194 Ziekursch, 144
195 Bosl/Weis, 140;
Petry/Menzel, 130;
Hans Roemer: Die Baumwollspinnerei in Schlesien bis zum preußischen Zolltarif von 1818, Breslau 1914, 8
196 Ziekursch, 153 f.
197 Ziekursch, 33
198 Ziekursch, 34, 38
199 Ziekursch, 79
200 Ziekursch, 79 f.

201 Ziekursch, 79 f.
202 Pfeiffer, 47 f.
203 Pflücke, 82
204 Ziekursch, 160;
Knapp, 48
205 Pfeiffer, 121
206 Ziekursch, 165
207 Abmeier, 103
207a Ziekursch, 165
208 Ziekursch, 162
209 Ziekursch, 166
210 Ziekursch, 169
211 Ziekursch, 179
212 nach Knapp, 70
213 Knapp, 75
214 Knapp, 76
215 Ziekursch, 192
216 Ziekursch, 191;
Ewa, 387
217 Ziekursch, 193
218 Ziekursch, 194
219 Ziekursch, 195
220 Ziekursch, 198
221 Pfeiffer, 150
222 Ziekursch, 199
222a Joseph Klapper: Schlesische Volkskunde auf kulturgeschichtlicher Grundlage, in: Schlesisches Volkstum – Quellen und Arbeiten der Schlesischen Gesellschaft für Volkskunde, hrsg. von Theodor Siebs, Bd. 1, Breslau 1925, 132,
135
223 Klapper, 27;
Will-Erich Peuckert: Schlesien. Biographie einer Landschaft, Hamburg 1950,
262 ff.
223a Petry/Menzel, 163, 173
224 Lujo Brentano: Erbrechtspolitik, Alte und Neue Feudalität, Stuttgart 1899,
513
224a Mehring: Historische Aufsätze, 153
224b Ziekursch, 109
224c Ewa, 403
225 Klapper, 131 f.
226 Schieder, 84
227 Ewa, 404
228 Abel: Massenarmut und Hungerkrisen, 50
228a Ziekursch, 140
229 Ziekursch, 143
230 Ewa, 412

231 Brentano, 501 f.
232 Brentano, 503
233 Brentano, 581
234 Brentano, 583
235 Brentano, 583 f.
236 Brentano, 585 ff.
237 Brentano, 589
238 Brentano, 591
239 Brentano, 514
240 Brentano, 536
241 Brentano, 566 f.
242 Mehring: Historische Aufsätze, 155
243 Ewa, 383
244 Ewa, 384
245 Ewa, 386
246 Ewa, 393
247 Ziekursch, 213;
     Ewa, 395
248 Ewa, 397
249 Ewa, 398
250 Ewa, 400
251 Ewa, 415
252 Ziekursch, 230, Anm. 3;
     Ewa, 417
253 Ewa, 417
254 Ziekursch, 244;
     Ewa, 418
255 Ziekursch, 248, Anm. 5
256 F. von Coelln: Schlesien wie es ist. Von einem Österreicher, Berlin 1806,
     Bd. III, 119
257 Ewa, 422
258 Ewa, 436 f.
259 Ewa, 439
260 Ziekursch, 252;
     Ewa, 441
261 von Coelln, Bd. II, 173
262 Ewa, 442
263 A. Kuhn/W. Schwartz (Hrsg.): Norddeutsche Sagen, Märchen und Gebräuche
     aus Mecklenburg, Pommern, der Mark, Sachsen, Thüringen, Braunschweig,
     Hannover, Oldenburg und Westfalen. Aus dem Munde des Volkes gesammelt,
     Leipzig 1848, XVIII
264 Trübners Deutsches Wörterbuch, Berlin 1956, 544 ff.
265 Karl Hausdorff (Hrsg.): Unser Schlesien, Stuttgart 1954, 109
266 Trübners Deutsches Wörterbuch, Berlin 1939, 1. Bd., 11
267 Charles Ancillon: Geschichte der Niederlassung der Réfugiés in den Staaten

Seiner Kurfürstlichen Hoheit von Brandenburg, nach der französischen Originalausgabe vom Jahre 1690, Berlin 1939, passim;
W. Hérancourt: Geschichte der franz.-reform. Gemeinde Königsberg i. Pr. Ein Bild des Gemeindelebens aus den ersten 50 Jahren 1686–1736, Flensburg 1959, passim;
Geschichtsblätter des Deutschen Hugenotten-Vereins, Zehnt II, Heft 3, 1893, passim
268 Klapper, 266
269 Otto Lauffer: Der Weihnachtsbaum in Glauben und Brauch, Berlin und Leipzig 1934, 21
270 Klapper, 283
271 Lauffer, 19
272 Lauffer, 31
273 Lauffer, 15
274 Lauffer, 16
275 Lauffer, 19
276 Lauffer, 18
277 Lauffer, 23 f.
278 Lauffer, 22
279 Lauffer, 33
280 Lauffer, 29
281 Lauffer, 30
282 Lauffer, 47
283 Lauffer, 48
284 Lauffer, 34, 39
285 Lauffer, 40 f.
286 Lauffer, 41
287 Lauffer, 41 f.
288 Lauffer, 42
289 Eduard Stegmann: Aus dem Volks- und Brauchtum Magdeburgs und der Börde, Magdeburg 1935, 68
290 Edmund Schneeweis: Feste und Volksbräuche der Lausitzer Wenden, Leipzig 1931, 143, 146
291 Hausdorff, 119
292 Hausdorff, 120
293 Klapper, 283
294 Klapper, 282
295 Schneeweis, 212
296 Schneeweis, 138 f.
297 Hausdorff, 120 f.
298 Schneeweis, 143
299 Hausdorff, 124;
    Schneeweis, 140
300 Kuhn/Schwartz, 446
301 Kuhn/Schwartz, 445

302 Kuhn/Schwartz, 429
303 Kuhn/Schwartz, 445
304 Schneeweis, 140
305 Schneeweis, 70;
    Hausdorff, 120;
    Klapper, 79
306 Stegmann, 95 f.
307 Schneeweis, 57
308 Schneeweis, 58
309 Schneeweis, 143
310 Schneeweis, 182
311 Kuhn/Schwartz, 446
312 Schneeweis, 176 f;
    Klapper, 274
313 Klapper, 271
314 Kuhn/Schwartz, 384
315 Kuhn/Schwartz, 386
316 Hausdorff, 133
317 Kuhn/Schwartz, 388 f.
318 Klapper, 124, 127, 192 f.
319 Schneeweis, 118, 164;
    Stegmann, 70
320 Klapper, 269;
    Schneeweis, 167
321 Stegmann, 72;
    Klapper, 127
322 Schneeweis, 147;
    Klapper, 270
323 Schneeweis, 128
324 Kuhn/Schwartz, 457
325 Kuhn/Schwartz, 374
326 Klapper, 265;
    Handwörterbuch des deutschen Aberglaubens, hrsg. von Hanns Bächtold-
    Stäubli, Berlin und Leipzig 1934/35, Bd. VI, 1497 f.
327 Hausdorff, 129 ff.
328 Stegmann, 73
329 Handwörterbuch des Deutschen Aberglaubens, hrsg. von Hanns Bächtold-
    Stäubli, Berlin und Leipzig 1927, Bd. I, 1130
330 Handwörterbuch..., Bd. I, 1129
331 Klapper, 272
332 Kuhn/Schwartz, 410
333 Stegmann, 73
334 Klapper, 132
335 Klapper, 133
336 Schneeweis, 127; Klapper, 274 ff.

337 Schneeweis, 192 f.
338 Klapper, 136
339 Klapper, 275
340 Schneeweis, 103
341 Kuhn/Schwartz, 445
342 Kuhn/Schwartz, 445;
     Schneeweis, 166
343 Schneeweis, 211
344 Schneeweis, 211 f.
345 Hausdorff, 137
346 Schneeweis, 201;
     Klapper, 278
347 Stegmann, 75
348 Schneeweis, 219;
     Kuhn/Schwartz, 397 f.
349 Schneeweis, 201;
     Hausdorff, 140;
     Kuhn/Schwartz, 394
350 Stegmann, 75
351 Schneeweis, 218
352 Stegmann, 76
353 Hausdorff, 141
354 Klapper, 279
355 Klapper, 281
356 Klapper, 128
357 Handwörterbuch..., Bd. I, 1518 f.
358 Handwörterbuch..., Bd. I, 1518 f.
359 Schneeweis, 87
360 Kuhn/Schwartz, 370
361 Kuhn/Schwartz, 445
362 Kuhn/Schwartz, 447
363 Schneeweis, 117
364 Schneeweis, 134
365 Kuhn/Schwartz, 447
366 Schneeweis, 221
367 Schneeweis, 222
368 Kuhn/Schwartz, 446
369 Schneeweis, 226
370 Kuhn/Schwartz, 457
371 Schneeweis, 226
372 Kuhn/Schwartz, 409 ff.
373 Schneeweis, 159
374 Klapper, 285
375 Handwörterbuch..., Bd. VI, 785 f.
376 Schneeweis, 165 f.

377 Kuhn/Schwartz, 384 ff.
378 Schneeweis, 187
379 Klapper, 271
380 Schneeweis, 191
381 Kuhn/Schwartz, 392
382 Kuhn/Schwartz, 391 f.
383 Schneeweis, 182
384 Kuhn/Schwartz, 401
385 Kuhn/Schwartz, 405
386 Kuhn/Schwartz, 463
387 Kuhn/Schwartz, 406
388 Stegmann, 10 ff.
389 Schneeweis, 3
390 Stegmann, 56 ff.
390a Schneeweis, 21
391 Schneeweis, 16
392 Kuhn/Schwartz, 433
393 Klapper, 298
394 Stegmann, 36
395 Handwörterbuch..., Bd. I, 1129 ff.
396 Schneeweis, 4, 70
397 Schneeweis, 13
398 Schneeweis, 206
399 Stegmann, 94 f.
400 Kuhn/Schwartz, 445
401 Schneeweis, 58
402 Schneeweis, 153
403 Klapper, 78
404 Schneeweis, 208
405 Klapper, 76 f.
406 Klapper, 301
407 Hausdorff, 110, 119, 132
408 Hausdorff, 114
409 Schneeweis, 82
410 Schneeweis, 80
411 Klapper, 301
412 Klapper, 94
413 Handwörterbuch..., Bd. I, 1018
414 Handwörterbuch..., Bd. I, 1017
415 Klapper, 212
416 Klapper, 255

Die Spitze der Lehenspyramide

1 Ingrid Mittenzwei: Preußen nach dem Siebenjährigen Krieg, Berlin 1979, 13; dieselbe: Friedrich der Große, Köln 1980, 133

2 Der absolutistische Staat und seine Diener, in: Preußen, Versuch einer Bilanz, Hamburg, 1981, 155

3 Machtpolitik mit lebenden Figuren, in: Preußen, Versuch einer Bilanz, 195; Rudolf Augstein: Preußens Friedrich und die Deutschen, Frankfurt/M. 1981, 191, 212

4 Gerhard Ritter: Friedrich der Große, Düsseldorf 1978, 141

5 Willy Andreas: Friedrich der Große und der Siebenjährige Krieg, Leipzig 1940, 67

6 Theodor Schieder: Friedrich der Große, Berlin 1983, 218, 268, 482

7 Alfred Weise: Friedich und seine Soldaten, Jena 1926, 50, 61

8 Colmar Frhr. v. d. Goltz: Roßbach und Jena. Studien über die Zustände und das geistige Leben in der preußischen Armee während der Übergangszeit vom XVIII. zum XIX. Jahrhundert, Berlin 1883, Anhang Karten

9 Augstein, 193;
Schieder, 222

10 Das Prinzip von Befehl und Gehorsam, in: Preußen, Versuch einer Bilanz, 179

11 Augstein, 95

12 Das Prinzip von Befehl und Gehorsam, 176;
Schieder, 348

13 Das Prinzip von Befehl und Gehorsam, 180;
Schieder, 218

14 Otto Büsch: Militärsystem und Sozialleben im alten Preußen 1713–1807, Berlin 1962, 37

15 Franz Mehring: Zur deutschen Geschichte, Berlin 1964, 420, 496

16 Franz Mehring: Historische Aufsätze zur Preußisch-Deutschen Geschichte, Stuttgart 1947, 50

17 Büsch: Militärsystem, 17

18 Das Prinzip von Befehl und Gehorsam, 177

19 Augstein, 92

20 Bernt Engelmann: Preußen, Land der unbegrenzten Möglichkeiten, München 1979, 81

21 Claus Gaedemann: Prinzenliebe. Roman aus der Jugend Friedrichs des Großen, Bergisch Gladbach 1978, 220 f.

22 Gaedemann, 17

22a Hans Dollinger: Preußen, eine Kulturgeschichte in Bildern, 104

23 Preußen – zur Sozialgeschichte eines Staates, Hamburg 1981, 38

24 Ritter, 176

25 Wolfgang Menge: So lebten sie alle Tage – Bericht aus dem alten Preußen, Berlin 1984, 125 f.

26 Hans Bleckwenn: Preußen 1713–1740. Herausforderung und Antwort, in:

DAMALS, Zeitschrift für geschichtliches Wissen, Gießen 1981, Heft 7 und
Heft 8

27 Büsch: Militärsystem, 36
28 Otto Büsch: Die Militarisierung von Staat und Gesellschaft im alten Preußen,
in: Preußen, Beiträge zu einer politischen Kultur, Hamburg 1981, 51
29 Büsch: Militärsystem, 32
30 Büsch: Militärsystem, 39, 53
31 Magister F. Ch. Laukhards Leben und Schicksale. Von ihm selbst beschrieben,
bearbeitet von Viktor Petersen, Stuttgart 1908, 249
32 Büsch: Militärsystem, 42
33 Schieder, 270
34 Weise, 46;
Ludwig Reiners: Friedrich, München 1952, 202
35 Büsch: Militärsystem, 43
36 Büsch: Militärsystem, 43
37 Büsch: Militärsystem, 47
38 Büsch: Militärsystem, 150 f.
39 Büsch: Militärsystem, 12 f.
40 Büsch: Militärsystem, 98 f.
41 Büsch: Militärsystem, 49, 64
42 Mehring: Zur deutschen Geschichte, 420
43 Mehring: Zur deutschen Geschichte, 497
44 Andreas, 60
45 Büsch: Militärsystem, 54 f.
46 Büsch: Militärsystem, 67
47 Mittenzwei: Preußen..., 157
48 Büsch: Militärsystem, 79
49 Gerd Heinrich: Geschichte Preußens, Staat und Dynastie, Berlin 1981, 238
50 Büsch: Militärsystem, 84
51 Schieder, 74;
Büsch: Militärsystem, 106
52 Büsch: Militärsystem, 81
53 Büsch: Militärsystem, 81, Anm. 16
54 Schieder, 60
55 Büsch: Militärsystem, 91 ff.
56 Büsch: Die Militarisierung von Staat und Gesellschaft..., 57
57 Schieder, 361
58 Schieder, 64 f.
59 Schieder, 72
60 Schieder, 75
61 Büsch: Militärsystem, 153
62 Büsch: Militärsystem, 106 f.
63 Büsch: Militärsystem, 108
64 Karl Heinrich Kaufhold: Leistungen und Grenzen der Staatswirtschaft, in:
Preußen, Beiträge zu einer politischen Kultur, Hamburg 1981, 110

65 Büsch: Militärsystem, 111
66 Büsch: Die Militarisierung von Staat und Gesellschaft..., 55
67 Büsch: Militärsystem, 115
68 Reiners, 304;
    Augstein, 106;
    Mehring: Historische Aufsätze, 66
69 Büsch: Militärsystem, 115
70 Mehring: Historische Aufsätze, 67
71 Büsch: Militärsystem, 125
72 Büsch: Militärsystem, 161
73 Mehring: Historische Aufsätze, 69
74 Büsch: Militärsystem, 118
75 Büsch: Militärsystem, 120 ff.
76 Mehring: Historische Aufsätze, 69 f.
77 Büsch: Militärsystem, 133
78 Büsch: Militärsystem, 129
79 Büsch: Militärsystem, 131, Anm. 273
80 Büsch: Militärsystem, 139
81 Büsch: Militärsystem, 55
82 Peter Baumgart: Wie absolut war der preußische Absolutismus? in: Preußen,
    Beiträge zu einer politischen Kultur, 96
83 Büsch: Militärsystem, 84
84 Büsch: Militärsystem, 163
85 Büsch: Militärsystem, 84
86 Büsch: Militärsystem, 164 f.
87 Büsch: Militärsystem, 137
88 Büsch: Militärsystem, 78
89 Ingelore Winter: Der Adel. Ein deutsches Gruppenportrait, München 1981, 80
90 Büsch: Militärsystem, 88
91 Büsch: Militärsystem, 165
92 Schieder, 87, 299
93 Baumgart, 98
94 Büsch: Militärsystem, 165
95 Büsch: Militärsystem, 165
96 Büsch: Militärsystem, 167;
    Schieder, 218
97 Ritter, 163
98 Ritter, 166;
    Augstein, 97
99 Weise, 37
100 Menge, 132
101 Mehring: Historische Aufsätze, 67 f., Fußnote
102 Augstein, XXV
103 Augstein, 210
104 Weise, 42, 12 f., 15

105 Mittenzwei: Friedrich der Große, 126
106 Preußen – Zur Sozialgeschichte eines Staates, 47
107 Laukhard, 329
108 Augstein, 33;
Schieder, 188;
Preußen – Zur Sozialgeschichte..., 52
109 Preußen – Zur Sozialgeschichte..., 52 f.
110 Augstein, 96, 213
111 Augstein, 200
112 Lossow: Denkwürdigkeiten zur Karakteristik der Preußischen Armee unter dem großen König Friedrich, Glogau 1826, 3
113 Ritter, 164
114 Mittenzwei: Friedrich der Große, 128
115 Machtpolitik mit lebenden Figuren, 195
116 Augstein, 220
117 Bleckwenn, 688 f.;
Augstein, 93
118 Schieder, 190
119 Weise, 12
120 Ritter, 177 f.
121 Ritter, 175
122 Hans-Ludwig Abmeier: Schlesien und Schlesier von 1740 bis 1844 im Spiegel deutscher und österreichischer Oberschulgeschichtsbücher, Würzburg 1975, 72
123 Augstein, 93
124 Ritter, 179;
Pierre Gaxotte: Friedrich der Große, Berlin 1977, 385
125 Ritter, 180
126 Hans Jessen: Friedrich der Große und Maria Theresia in Augenzeugenberichten, Düsseldorf 1965, 247 f.
127 Ritter, 166 f.
128 Ritter, 168
129 Augstein, 210;
Ritter, 168
130 Augstein, 93;
Mehring: Historische Aufsätze, 108
131 Ritter, 161 f.
132 Preußen – Zur Sozialgeschichte..., 41
133 Preußen – Zur Sozialgeschichte..., 49 f.
134 Preußen – Zur Sozialgeschichte..., 50 f., Anm. 16
135 Stadelmann/Fischer: Die Bildungswelt des deutschen Handwerkers um 1800, Berlin 1955, 25
135a Ulrich Bräker: Das Leben und die Abenteuer des Armen Mannes im Toggenburg – Von ihm selbst erzählt, Berlin 1919, 133; sein Bericht über das Lager bei Pirna ist abgedruckt bei Augstein, 380 ff.

136 Karl Demeter: Das deutsche Offizierskorps in Gesellschaft und Staat 1650 bis 1945, Frankfurt/M. 1962, 4

137 Demeter, 111

138 Vgl. auch H. Fehr: Der Zweikampf, Berlin 1908;
Georg von Below: Das Duell und der germanische Ehrbegriff, Kassel 1896;
derselbe: Das Duell in Deutschland, Kassel 1896;
A. von Boguslawski: Die Ehre und das Duell, Berlin 1896

139 Demeter, 113 f.

140 Demeter, 118

141 Demeter, 119

142 Demeter, 121

143 Demeter, 234

144 Demeter, 237

145 Heinrich, 211;
Augstein, 69

146 Kugler, 474

147 Friedrich-Karl Tharau: Die geistige Kultur des preußischen Offiziers von 1640–1806, Mainz 1968, 114

148 Gaxotte, 434

149 Mittenzwei: Friedrich der Große, 161 f.
Gaxotte, 434

150 Mittenzwei: Friedrich der Große, 122

151 Tharau, 114

152 Gaxotte, 435

153 Schieder, 62

154 Schieder, 206

155 Schieder, 211

156 Reinhart Koselleck: Preußen zwischen Reform und Revolution, Stuttgart 1967, 25

157 Walter Grab: Preußische Demokraten im Zeitalter der Französischen Revolution und im Vormärz, in: Preußen, Beiträge zu einer politischen Kultur, 163; Hanna Schissler: Preußische Agrargesellschaft im Wandel. Wirtschaftliche, gesellschaftliche und politische Transformationsprozesse von 1763 bis 1847, Göttingen 1978, passim

158 Schieder, 62

159 Tharau, 150

160 Schieder, 62

161 Schieder, 293 f.

162 Schieder, 77

163 Schieder, 190

164 Schieder, 343

165 Schieder, 309 f.

166 Schieder, 309

167 Schieder, 381 f.

168 Schieder, 382

169 Schieder, 64
170 Tharau, 17
171 Schieder, 66
172 Tharau, 33
173 Tharau, 34
174 A. v. Crousaz: Geschichte des Kgl. Preußischen Kadetten-Corps, 1857, 27 f.
175 Tharau, 54
176 Schieder, 66
177 Tharau, 72
178 Tharau, 73
179 Tharau, 62
180 Tharau, 63
181 Weise, 38 ff.
182 Schieder, 64
183 Tharau, 77
184 Tharau, 79
185 Tharau, 82
186 Tharau, 96;
    Schieder, 67
187 Tharau, 104
188 Tharau, 104
189 Tharau, 145
190 Tharau, 138
191 Tharau, 149
192 v. d. Goltz, 113 f.
193 Demeter, 72
194 Demeter, 33, 72
195 Demeter, 33
196 Rolf Pflücke: Beiträge zur Theorie von Patronage und Klientel (Diss.), Augsburg 1972, 80 ff.
197 Reiners, 303
198 Demeter, 120
199 Abmeier, 115
200 Demeter, 2
201 Elsbeth Schwenke: Friedrich der Große und der Adel (Diss.), Berlin 1911, passim;
    Otto Hintze: Die Hohenzollern und der Adel, Hist. Zeitschrift 112, 1914, 494 ff.;
    Felix Priebatsch: Die Hohenzollern und der Adel der Mark, Hist. Zeitschrift 88, 1902, 193 ff.
202 Demeter, 4
203 Winter, 175
204 Winter, 245
205 Jerome Blum: Die bäuerliche Welt – Geschichte und Kultur in sieben Jahrhunderten, München 1982, 38

206 Winter, 65
207 Pflücke, 83
208 Blum, 44
209 Blum, 44
210 Preußen-Ploetz, 154
211 Preußen-Ploetz, 69
212 Demeter, 66
213 Blum, 36
214 Winter, 161
215 Demeter, 63
216 Preußen, ein Lesebuch, hrsg. von Peter Brandt und Reiner Zilkenat, Berlin 1981, 115
217 Winter, 65
218 Winter, 170
219 Winter, 67
220 Winter, 66
221 Winter, 252
222 Winter, 46
223 Winter, 49
224 Winter, 52
225 Winter, 55 f.
226 Winter, 253
227 Winter, 59
228 Winter, 63
229 Winter, 173
230 Winter, 169
231 Winter, 251
232 Winter, 160
233 Augstein, 104 f.
234 Büsch: Militärsystem, 44
235 Mittenzwei: Friedrich der Große, 134;
dieselbe: Preußen…, 14
236 Gaxotte, 450;
Kugler, 557
237 Gaxotte, 450
238 Schieder, 273
239 Mittenzwei: Friedrich der Große, 174
240 Schieder, 275
241 Mittenzwei: Friedrich der Große, 175
242 Gaxotte, 451
243 Jessen, 452 ff.
244 Jessen, 451 ff.
245 Jessen, 450
246 Jessen, 455
247 Jessen, 459

248 Jessen, 459 f.;
W. Hühne: Friedrich der Große, die europäischen Mächte und das Reich am Vorabend des bayerischen Erbfolgekrieges, Göttingen 1935 (Diss.), passim
249 Georg Holmsten: Friedrich II., Hamburg 1969, 152
250 Peter Berglar: Maria Theresia, Hamburg, 1980, 120
251 Holmsten, 150
252 Holmsten, 150 f.
253 Gaxotte, 453
254 Gaxotte, 453 f.
255 Mittenzwei: Friedrich der Große, 176
256 Gerhard Ritter: Staatskunst und Kriegshandwerk, München 1965, Bd. I, 47
257 Gaxotte, 453
258 Schieder, 274
259 Jessen, 462
260 Schieder, 277
261 Mittenzwei: Friedrich der Große, 177
262 Mehring: Zur deutschen Geschichte, 424
263 Preußen – Zur Sozialgeschichte... 54 f.
264 Augstein, 28 f.;
Mittenzwei: Friedrich der Große, 134; dieselbe: Preußen..., 14
265 Mehring: Historische Aufsätze, 66
266 Heinrich, 228
267 Engelmann, 119;
Augstein, 28
268 Augstein, 214;
Heinrich, 228
269 Mittenzwei: Friedrich der Große, 179
270 Jessen, 464
271 Heinrich, 228
272 Augstein, 209
273 Laukhard, 83
274 Bruno Frank: Tage des Königs. Einführung von Thomas Mann, München 1975, 131 ff.
275 v. d. Goltz, 51

Ortsregister

Sachregister

Bildnachweis: Alle Abbildungen des Buches entstammen dem Bildarchiv Preußischer Kulturbesitz, Berlin.

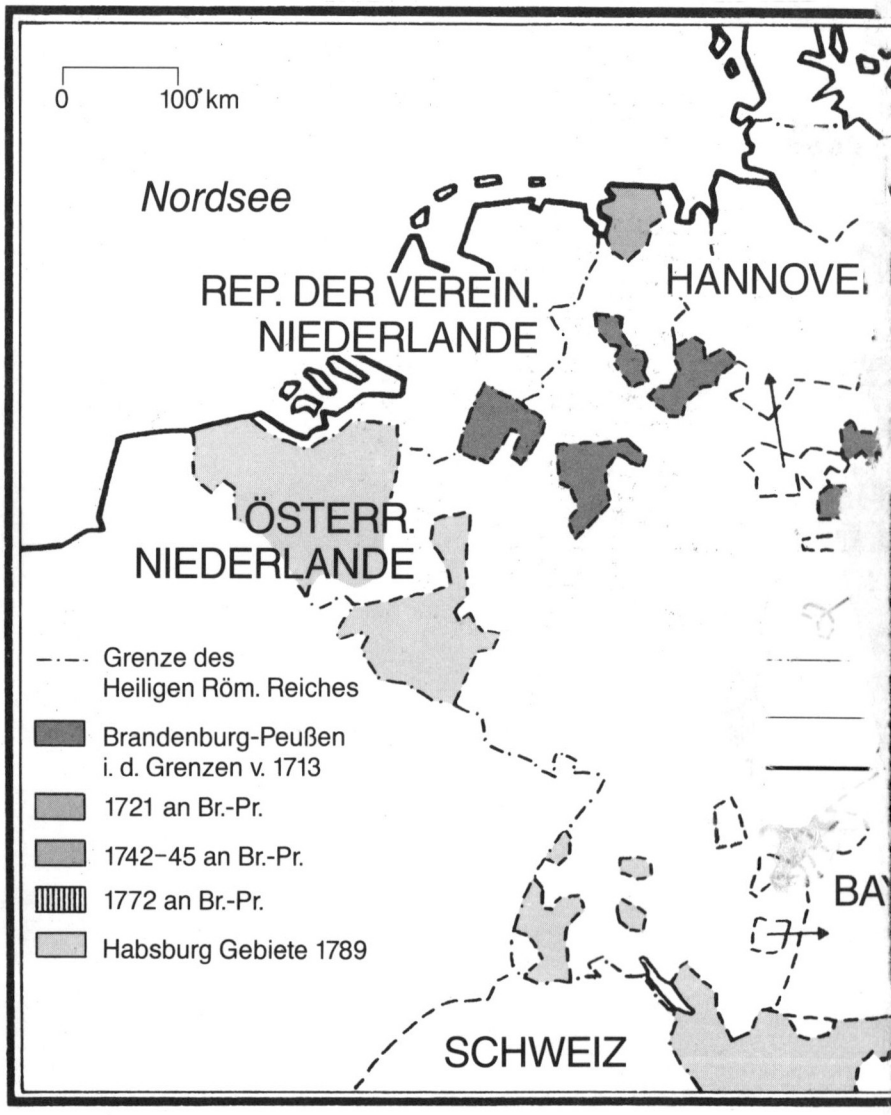

0   100 km

Nordsee

REP. DER VEREIN.
NIEDERLANDE

HANNOVE

ÖSTERR.
NIEDERLANDE

–·– Grenze des
Heiligen Röm. Reiches

Brandenburg-Peußen
i. d. Grenzen v. 1713

1721 an Br.-Pr.

1742–45 an Br.-Pr.

1772 an Br.-Pr.

Habsburg Gebiete 1789

BA

SCHWEIZ